中国社会科学院创新工程学术出版资助项目

陈开科

著

嘉庆十年

失败的俄国使团与失败的中国外交

社会科学文献出版社
SOCIAL SCIENCES ACADEMIC PRESS (CHINA)

序　窗含西岭千秋雪

什么是历史？历史就是人们的记忆。一个国家的历史就是这个国家民族的记忆。如果一个民族失去记忆，必将退化到比猿人还要蒙昧的状态，那是多么可怕的情景。历史学家的任务就是不断激活民族的记忆，让民族从自己的记忆中吸取经验教训，更好地认识今天，预知明天，使整个民族聪明起来。因此，凡是有助于提高民族智慧的历史记忆都应当激活，都应当加以研究。恩格斯说："新的事实迫使人们对以往的全部历史作一番新的研究。"恩格斯所指出的是"全部历史"，不是一部分历史，也没有分什么重要历史或次要历史；他说的是作一番"新的研究"，不是简单地重复。这就告诉我们，搞历史研究不允许留下"空白点"，研究要不断创新。历史空白点就是民族大脑上的盲点；盲点多了，这个民族就会退化成愚蠢的民族，在世界民族之林就无立足之地。《嘉庆十年》就是一部填补历史空白，创新研究思路、研究方法的著作。

嘉庆十年，也就是1805年，沙皇俄国派戈洛夫金使团来华，于年底抵达中国边境城市库伦。戈洛夫金因拒绝演习觐见嘉庆皇帝时所要施行的三拜九叩之礼，于嘉庆十年十二月二十七日（1806年2月15日）被清政府逐回。这件事，无论当时还是今天来看，都是极其一般的失败的外交事件。也许有人认为这种一般的失败的历史事件不值得研究，因而我们长期看不见系统深入的专题研究著作。其结果是：中俄关系史研究热点从《尼布楚条约》《恰克图条约》一下子跳跃到《瑷珲条约》《天津条约》《北京条约》，造成中间100多年的历史空档（当然这期间以恰克图贸易为中心的中俄贸易关系还是得到了学者们的重视，但是，这期间中俄许多外交往来事件被忽略了）。陈开科以史学家敏锐的眼光，选取别人看不上眼的这一历史事件为切入点，写成专著《嘉庆十年》，填补了这一时期的学术研究空白，激活了民族大脑的一个记忆细胞，让人们思考，从中得到教益，增长智慧，这项工作，没有很好的"史识"是做不到的。

戈洛夫金使华失败仅仅是中俄关系史长河中的一朵浪花。但作者不是孤立地阐述事件本身的来龙去脉，而是以崭新的思路，将之作为早期中俄关系史全过程的一个重要环节来考察，进而将它放在中俄社会历史发展过程中考察，更进一步将其放在世界历史发展进程中加以考察。也就是说，把这一外交事件放到外交史链条及世界大势背景下审视，既反思外交事件本身，又为未来将要发生的外交事件寻找历史依据。作者认为："戈洛夫金使团事件是中俄两国社会整体发展态势差别的一种反映"；"它不但是当时整个东、西方外交接触中的一环，也是当时俄国远东外交活动链条中的一环"；"戈洛夫金使团事件既是中俄两国异质文化的冲突，又是现实政治层面国际关系体制之间的冲突"。以抽蕉剥笋般的分析剖解，淋漓尽致地揭示出隐藏在这一事件背后的历史内涵。

作者指出嘉庆朝是清代由盛到衰的转折期，也是中国整个封建社会发展到高峰，旧的生产关系急需变革的转折期。当时欧洲主要国家经过文艺复兴、环球航海、发现新大陆、倡导重商主义、实现科技革命和工业革命、相继进行资产阶级革命，确立资本主义制度。这一系列的变革是世界发展潮流。任何一个国家和民族，要想立足于世界民族之林，必须从内政到外交实行彻底改革，融入这一世界发展潮流，赶上这个潮流发展的步伐，否则必被世界潮流冲垮。而高度封建中央集权的清帝国，没有发生文艺复兴和思想启蒙运动，实行海禁、抑商的农本主义，将西方科技发明视为奇技淫巧，在需要进行改革的时候拒绝一切改革。尽管从封建道德角度来看，嘉庆是无可指责的帝王，但他缺乏开拓进取的精神，集中全部精力守成。所谓守成就是坚守祖宗之法，维护政权稳定，对内对外一律实行保守政策。

岂知，这是扬汤止沸，越是千方百计地维稳，危机四伏的社会矛盾就越发尖锐，国力就愈发衰败。反观俄国，虽然比西欧落后，但经过彼得一世改革，叶卡捷琳娜二世实施强有力的重商主义，约从18世纪开始，俄国逐步融入世界发展潮流。中国当时的综合国力虽然未必弱于俄国，但其社会发展态势却无法与俄国相比。尤其在18、19世纪之交，中国根本就没有出现任何融入世界潮流的迹象，丧失了发展的可能性。中、俄社会发展的这种差异，所导致的后果到19世纪中叶便显现出来，俄国乘中国无力抵挡西方列强的"炮舰外交"之机，攫取中国大片领土，建构起两国关系的不平等格局。

实际上，戈洛夫金使团的东来给清政府带来了严重信号。俄国政府所赋予使团的重大外交使命，确定了俄国19世纪对华政策的基本框架。贸易方面，除保持恰克图贸易外，将贸易范围扩展到中国全境，参与广州贸易，在中国长江流域开通商口岸，通过西藏、新疆，与西亚、南亚地区开展贸易；在边界方面，准备推翻中俄《尼布楚条约》，占领《尼布楚条约》中待议的乌第河流域大片土地，取得在黑龙江的通航权，重新划定中俄东段边界等。这些对华战略目标正是俄国从19世纪初就开始追求，到19世纪中叶实现的。

而嘉庆朝从没有制定明确的对俄政策，更不想了解俄国对华有何战略企图。俄国主动派遣使团访华，对中国而言，正是了解俄国对华外交意图的良机。但嘉庆皇帝对此并不关心。他所关心的是人家送什么礼物（"贡品"）、行什么礼节。清廷依然将戈洛夫金使团视为"朝贡"使团对待。其实，与英、法等西方大国不同，俄国通过签订《尼布楚条约》和《恰克图条约》，已经将一个强大帝国的形象展现在清帝国面前。它不是也不可能成为接受中华正朔的"藩属"，而是关系到中国国家安危的强大邻居，必须从外交和国防方面认真对待。但是，清廷却颟顸自负，根本没有考虑俄国使臣因何而来，如何应对，仅因礼仪之争，就将使团驱逐出境，失去了一次解决中俄东段边界问题的有利时机。作者指出："根据当时戈洛夫金制定的三层方略，无论按哪层方略办，中国都能保住黑龙江以北大片土地。"作者进而指出："由于戈洛夫金使团未能到达北京，因此也就未能将俄国此时对华政策的新内容和盘托出，以致清廷对当时俄国觊觎黑龙江以北至海大片领土的阴谋毫不知晓。尽管清朝即使了解了俄国的侵略企图也未必能改变未来19世纪中叶的外交败局，但至少可以做到知己知彼,早为预防";"清朝根本不知道沙俄的对华领土要求，自然就无人关注东北问题。当半个世纪后面临沙俄处心积虑已久的领土侵占时，内扰外困的清朝竟然无法做出任何有意义的抵抗"。由此作者得出全新的历史结论："戈洛夫金使团的被逐对俄国来说不过是一次外交战术上的失败，却奠定了日后俄罗斯在远东对华外交战略上的胜利；而对中国来说，这充其量不过是一次外交战术上的胜利，却埋下了日后对俄外交战略失败的种子。俄国失败了一个外交使团，清朝则失败了整个外交战略。"这一结论是完全正确的，所得出的历史教训是深刻的。

但作者所揭示的历史教训远不止此。作者以戈洛夫金使华为观察点，从而将嘉庆朝定为清帝国应当进行改革的节点。也就是说，改革要选在社会矛盾已经暴露但尚未达到最尖锐程度，国家尚有力量的时候进行。到光绪实行戊戌变法的时候，社会矛盾已经极度尖锐，国家衰弱不堪，问题到了积重难返的地步，即使没有慈禧太后的反对，变法也很难成功。

作者的研究方法最突出的创新之处是以小见大，从小处着手，从大处着眼，以小题目揭示历史大内涵，用工笔画的方式展现历史画卷，从一个历史节点观察中俄两国历史发展大势，两国关系发展大势，世界历史发展大势，做出历史结论，引出历史教训。这里，我不禁想起杜甫那首著名的《绝句》：

> 两个黄鹂鸣翠柳，
> 一行白鹭上青天。
> 窗含西岭千秋雪，
> 门泊东吴万里船。

从眼前两个黄鹂、一行白鹭摄取小景，然后将镜头放大放远，看到窗子外头千里雪山,门外来自万里之外的东吴舰船。《嘉庆十年》的研究方法与杜甫写这首绝句的构思有异曲同工之妙,显示作者史才丰厚。

一个不忘历史,正视历史,保留历史的民族才有未来。希望在中俄关系史研究领域不断有像《嘉庆十年》这样的著作出现,填补那些不被注意的历史空白点,以增长我们民族的聪明才智。

薛衔天

2013年6月20日于北京

目 录
CONTENTS

前言　嘉庆十年的中俄交涉　/ 1

一　盛衰大局：18、19世纪之交的俄国与中国　/ **17**

　　（一）世纪之交俄、中两国所面临的世界大势　/ 18

　　（二）世纪之交俄、中两国的内政外交与世界大势　/ 34

　　（三）世纪之交的俄中关系格局分析　/ 83

二　使团使命：19世纪俄国对华政策的基调　/ **147**

　　（一）贸易使命：全面扩展俄中"商务边界"　/ 148

　　（二）外交使命：重新划定中俄东段边界的计划　/ 161

　　（三）附带使命：西班牙沉船申述及汉籍收集　/ 177

三 国书往来：俄国政府组建使团的倡议与清政府的呼应 / **183**

四 圣彼得堡的忙碌：俄国使团的组建 / **192**
  （一）人员与费用：遴选的认真与费用的充足 / *193*
  （二）礼品：俄国工业发展水准及历史文化的展示 / *202*

五 北京的热情：清政府对俄国使团性质的认定及接待准备 / **212**
  （一）"贡使"：清政府对俄国使团性质的认定 / *213*
  （二）"贡时"：清政府对俄国使团进京时间的建议 / *224*
  （三）"贡道"：清政府对俄国使团进京路线的规定 / *232*
  （四）"贡护"：清政府对俄国使团路途安全的考虑 / *239*

六 库伦的寒气：中俄边境的礼仪之争 / **251**
  （一）圣彼得堡—库伦：俄国使团的艰难跋涉 / *252*
  （二）明争暗斗：俄国使团抵达库伦之前中俄的外交争吵 / *257*
  （三）库伦的叩拜礼：中俄两国的礼仪之争 / *310*

七 是与非：中俄两国政府对待使团被逐事件的态度 / **353**
  （一）戈洛夫金与沙俄政府对使团被逐的态度 / *354*
  （二）库伦办事大臣与清政府对俄国使团被逐的态度 / *366*

八　和与防：中俄边境双边交往政策　/ *373*

　　（一）中俄双方在边境地区的互相防备　/ *374*

　　（二）中俄双方努力维持边境和局　/ *380*

九　调查与规划：戈洛夫金在西伯利亚　/ *386*

　　（一）俄国使团到达库伦之前戈洛夫金及使团成员的沿途调查　/ *387*

　　（二）俄国使团被逐之后戈洛夫金及使团成员在

　　　　西伯利亚的科考　/ *395*

十　善后：戈洛夫金使团的遗留及关联问题　/ *407*

　　（一）礼品的处理问题　/ *408*

　　（二）使团成员的奖励问题　/ *423*

　　（三）第九届布道团的续派问题　/ *429*

　　（四）中俄有关续派使团问题的交涉　/ *441*

结论　失败的俄国使团与失败的中国外交　/ *451*

参考文献　/ *468*

人名索引　/ *487*

后　　记　/ *496*

前言　嘉庆十年的中俄交涉

19世纪之交的中俄关系本来风平浪静，但嘉庆十年（1805）却发生了一件意想不到的外交事件——俄国戈洛夫金（Ю. А. Головкин, 1762-1846）使团访华失败，从而使中俄关系变得微妙。一时间，中俄中段边境地区风声鹤唳，草木皆兵。然而，奇怪的是，雷声大而雨点小，中俄双方都对此事表现出了极大的克制态度，以致最终并未酿成军事冲突。如今，此事已经过去了两百多年。现在，我们回过头来审视，发现这个失败了的戈洛夫金使团在中俄关系史上具有非常重要的历史意义。甚至可以说，正是这样一件半途而废的失败的外交事件，为19世纪中叶复杂的中俄关系格局的形成埋下了伏笔。

1803年2月25日（2月13日），俄国商务大臣鲁缅采夫（Н. П. Румянцев, 1754-1826）上奏沙皇亚历山大一世（Александр I Павлович, 1777-1825），请求向中国派遣使臣，以商谈有关在广州开展贸易的事情。① 是年11月28日（11月16日），俄国枢密院以国书形式征求清政府的意见。1804年3月5日（2月22日），清政府回复，同意接待俄国使团。② 但俄国政府办事缓慢，使团拖到1805年5月上旬才出发，迟至1806年1月14

---

① АВПРИ ф. Главный архив. 1-7. оп. 6. 1802г. д. № 1. п. 2. л. 2-3. *Тихвинский С. Л. и Мясников В. С.* Русско-Китайские отношения в XIX веке. 1803–1807. М. 1995г. с. 42.

② АВПРИ ф. Главный архив. 1-7. оп. 6. 1802г. д. № 1-а. п. 1. л. 45-46. Там же с. 56.

日（1月2日）才抵达中国边境城市库伦。此后双方在礼仪等问题上唇枪舌剑，互不相让。清政府遂于2月初将戈洛夫金使团驱逐出境。就史料来看，事后中、俄两国政府基于各自所面临的国际国内局势，采取了息事宁人的态度，努力淡化该事件对两国关系所产生的阴影，维护了两国边境的安定和睦局面。但表面的和局掩盖不了隐埋的深忧。随后的历史事实表明，这桩严重的外交事件最终对整个19世纪的中俄关系发展态势产生了非常大的影响。不过，多少令人感到有点奇怪的是，对这样一桩不幸且影响非常大的外交事件，俄、中两国学者都缺乏深入的专题研究。

当然，缺乏深入研究并不意味着无人关注此事。自使团铩羽之后，俄国学界就已开始整理戈洛夫金使团事件的相关史料。经过几代人的不断努力，取得了较大成绩。

首先，自戈洛夫金回到圣彼得堡之后，就有使团成员陆续发表自己的旅途札记或回忆录。① 其中最先发表的相关文字是画家亚历山德罗夫（И. П. Александров，1780–1822）的旅途书简（1806），介绍了从特洛伊茨萨夫斯克要塞至恰克图一路上的种种印象。② 1807年，使团拉丁文译员斯特鲁威（Х. А. Струве）又发表了两篇相关文字：一篇发表于柏林的《地理拾零》，还有一篇发表于《圣彼得堡公报》（Gasette de Petersbourg）。这两篇文字内容差不多，主要是依据亲身经历，记述了俄国使团访华失败的历程，对此事发表一些个人看法和议论。值得注意的是，作者没对使团说一句好话。他认为，俄国访华使团的使命不切实际，损害了中国的利益；所选择的大使戈洛夫金也十分不称职；使团人数众多，一半人是多余的；使团到达边境的时间也极不合适；使团官员在库伦的表现也十分令人不耻；③ 等等。1808年，使团医生列曼（О. О. Реман，1797–1831）发表了一篇关于贝加尔湖地区矿泉水的文章。稍迟，1819年，使团画家马丁诺夫（А. Е.

---

① Мясников В. С. Договорными статьями утвердили. Дипломатическая история русско-китайской границы XVII–XX вв. М. 1996. с. 257–258.

② Александров И. П. Письмо молодого художника из Кяхты своему приятелю 1805 года. Русско-Китайские отношения в XIX веке. 1803–1807. М. 1995г. с. 835–836.

③ Струве Х. А. Русское посольство в Китай в 1805г. Русско-Китайские отношения в XIX веке. 1803–1807. М. 1995г. с. 903–906.

Мартынов，1768—1826）也出版了一部旅途写生集《从莫斯科到中国边境的旅途素描》，发表了30多幅沿途风景画，每幅画都附有生动简要的文字说明。① 1823年后，克拉普罗特（Г. Ю. Клапрот，1783—1835）有关恰克图实地考察笔记及相关俄中关系研究的著作问世。此外，多年之后，还有一位使团成员维格里（Ф. Ф. Вигель，1786—1856）的《笔记》也得以出版。② 这份笔记对组建使团的过程包括使团人员的选拔、旅途情况，以及使团在库伦与清政府官员们的交涉情况等做了详尽的叙述。因为所记乃作者亲历，比较真实客观，是了解戈洛夫金使团的重要资料。

当然，真正具有史料整理意义的工作是从巴斯宁（В. Н. Баснин，1800—1876）开始的。他在自己的著作《戈洛夫金伯爵使华》中，从17个方面（如"使团成员""使团出发"等）比较详细地调查并简述了俄罗斯档案馆中有关戈洛夫金使团的档案材料。可惜，他没有说明档案资料的收藏地点以及所属卷宗，档案的标题也付之阙如。从他对材料的编排和取舍，我们可以看出，他试图确立评价整个事件的基调。③ 实际上，此书主要是一个编年性质的档案资料提要（档案资料的原文未获整理）。

当然，史料编辑工作取得最令人瞩目的成就还在当代。由著名史学家齐赫文斯基（С. Л. Тихвинский）院士和米亚斯尼科夫（В. С. Мясников）院士挂帅，组织了一批致力于研究中俄关系史的专家编辑出版了大型史料集《19世纪俄中关系（1805—1807）：资料与文件》（第1卷）。其中收集了俄文、法文、满文、汉文、蒙文和拉丁文有关戈洛夫金使团的档案文件536份，每份档案资料的收藏地点、档案所属卷宗等都交代得十分清楚。尤其有价值的是对每份档案所涉历史名词和历史人物都做了非常详尽的注释。这部资料集为我们拨开笼罩在戈洛夫金使团身上的迷雾提供了充足的史料基础，功不可灭！唯一有些遗憾的是，每份档案资料的时间都被换算成俄历，给

---

① *Мартынов А. Е.* Живописное путешествие от Москвы до Китайской границы. СПБ. 1819. c. 67.
② *Вигель Ф. Ф.* ВоспоминанияФ. Ф. Вигеля о его поездке в составе посольства Ю. А. Головкина в Цискую империю（1805—1806）. Русско-Китайские отношения в ⅩⅨ веке. 1803—1807. М. 1995г. c. 765—834.
③ *Баснин В. Н.* О посольстве в Китай графа Головкина. М. 1875г. c. 103.

研究者造成了不小的困惑。①

然就研究层面观察，相对来说就要逊色多了。专门研究戈洛夫金使团的专题著述极为稀见。无论是莫罗什金（М. Я. Морошкин）、瓦西里耶夫（В. П Васильев，1818-1900）院士、特鲁谢维奇（Х. Трусевич）、巴托尔德（В. В. Бартольд，1869-1900）院士，还是别兹普罗兹万内赫（Е. Л. Безпрозванных）、斯拉德科夫斯基（М. И. Сладковский，1906-1985）、库尔茨（Б. Г. Курц，1885-1938）、沃斯克列先斯基（А. Д. Воскресенский）等，都只是在自己的著述中附带涉及戈洛夫金使团问题，② 所论问题随著述的主题不一而各有偏重，且大都未能全面利用相关中、俄文档案资料。尤其他们的看法大都持一种带有某种偏见色彩的基调，即：这是一个失败的使团，且使团失败之咎全在中方！俄罗斯著名外交家布尔加科夫（А. Я. Булгаков，1781-1863）在19世纪中叶出版了自己的《回忆录》，③ "其中对恰尔托雷斯基（А. Ю. Чарторыйский，1770-1861）和戈洛夫金均给予了评说，提供了有关使团的简明资料，并分析了这次外交行动的失败对日后俄国东方政策的影响"，④ 但对使团的历程缺乏论述。此外，由于阿穆尔河问题是戈洛

---

① 根据该资料集的前言，编者将所有文件的时间都换算标注为俄历。但俄历时间与现行公历时间有差距。19世纪，俄历时间要比现行的公历时间少12天。为了方便读者，我采取公历、俄历双标注的方式，将每份文件的时间标注为公历（俄历）。这样，既能方便读者根据俄历在资料集中找到原档，又能知道原档的公历时间，不致在时间上误读历史事件。

② Морошкин М. Я. Иезциты в России. СПБ. 1867г. с. 311-369；Васильев В. П. Открытие Китая. Спб. 1900г. с. 85、86；Трусевич Х. Посольские и торговые сношение России с Китаем（до ⅩⅨ века）. М. 1882г. Бартольд В. В. История изучения Востока в Европе и в России. Л. 1925г. с. 236；Безпрозванных Е. Л. Приамурье в системе Русско-Китайских отношений：ⅩⅦ-середина ⅩⅨ в. М. 1983г. Сладковский М. И. История торгово-экономических отношений народов России с Китаем（до 1917 г.）. М. 1974г. Курц Б. Г. Русско-Китайские отношения в ⅩⅥ. ⅩⅦ и ⅩⅧ вв. Харьков. 1929г；Воскресенский А. Д. Китайские хроники о пребывании И. Ф. Крузенштерна и Ю. Ф. Лисянского в Гуанчжоу. И не распалась связь времен. М. 1993г. стр. 151-163.

③ Булгаков А. Я. Отрывок из записок старого дипломата. Библиографические записки. 1858г. Т. 1. № 10. с. 291-306；№ 11. с. 323-331.

④ Мясников В. С. Посольство Ю. А. Головкина в Китай. Русско-Китайские отношения в ⅩⅨ веке. 1803-1807. М. 1995г. с. 17.

夫金使团肩负的外交使命之重要一环，因此，某些阿穆尔问题的专家在自己的著述中亦附带论及戈洛夫金使团的访华。他们有一个共同的特点，那就是都采取实用主义的态度，叙述偏重有关阿穆尔河问题的内容，其余则多略而不记。① 唯一的专题论文是米亚斯尼科夫院士为《19世纪俄中关系》资料集所写序言《戈洛夫金使团在中国》。② 由于作者直接参与了资料整理的工作，因此，对戈洛夫金使团访华失败事件的论述较为全面深入。虽然有许多看法亦不尽如人意，但认识到使团的失败是多种因素综合作用的结果则是理智的。

至于西方史学界，只有郭玫瑰（Quested R. K. I.）女士在其大作中认真提到戈洛夫金访华事件，并对之做了力所能及的相对客观的简要分析。她认为直到19世纪初，中俄两国尚互知甚浅，正是这点导致俄国使团必然失败。③ 史实不错，但结论太笼统。限于史识，她未能看出这次外交事件背后的异质文化冲突和不同国际关系体制的对抗本质。她特别强调广州贸易风波对戈洛夫金使团成败的影响，显然是受了戈洛夫金报告的蒙蔽。尤其是将中俄礼仪之争的地点由库伦错位至张家口，这种史料上的明显失误无疑影响了其著作的学术价值。总之，由于研究戈洛夫金使团事件并非作者的主旨，故作者受时代局限，未能熟悉相关的俄文档案资料，对事件进行深入的分析和揭露。此后，美国费正清（J. K. Fairbank，1907-1991）主编《剑桥中国晚清史》，以其"朝贡制度"理论为基础，由约瑟夫·弗莱彻（Joseph Fletcher，1934-1984）执笔，简要涉及了戈洛夫金使团失败事件。弗莱彻认为扩展对华贸易是戈洛夫金使团访华的主要目的，同时，还认为清政府坚持传统的"朝贡礼制"是导致戈洛夫金使团铩羽的直接原因。姑且不论这些观点是否符合历史实际，他至少

---

① 〔苏〕П. И. 卡巴诺夫：《黑龙江问题》，姜延祚译，黑龙江人民出版社，1983，第55-57页；*Безпрозванных Е. Л.* Приамурье в системе Русско-Китайских отношений：ⅩⅦ-середина ⅩⅨ в. М. 1983г. с. 209-215.

② *Мясников В. С.* Посольство Ю. А. Головкина в Китай. Русско-Китайские отношения в ⅩⅨ веке. 1803–1807. М. 1995г. с. 5–22.

③ Quested R. K. I., *The expansion of Russia in East Asia 1857-1860*, University of Malaya Press, Singapore, 1968, p. 15.

同样没有触及库伦（与郭玫瑰女士一样，也将库伦错位为张家口）中俄礼仪之争的实质问题。①

而本应该特别重视这次外交事件的中国学术界，却如米亚斯尼科夫院士所指出的那样，在20世纪以前，几乎没有专门的相关研究成果。史料整理除了《清季外交史料》（嘉庆）、《清宫粤港澳商贸档案全集》中罗列了几份相关档案资料外，就只有王之相（1891-1986）译的《故宫俄文史料》了。王之相将嘉庆年间相关的俄国来档40多份译成中文，于1964年由《历史研究》编辑部内部编印，但内容却没有超出《19世纪俄中关系（1805-1807）：资料与文件》（第1卷）的范围。至于故宫所藏的数量可观的汉、满文相关档案史料则至今未能整理出版。在研究层面，20世纪40年代，陈复光（1899-1960）先生在其大作中，曾以两百多字的篇幅简单介绍了戈洛夫金使团访华失败事件；② 20世纪70年代，中国社会科学院近代史所专家的集体成果《沙俄侵华史》中，亦曾从俄国觊觎中国黑龙江流域土地的角度提到戈洛夫金使团及其所肩负的外交使命；③ 蔡鸿生先生从20世纪80年代开始探讨俄罗斯馆问题，并于90年代出版了名著《俄罗斯馆纪事》。④ 其中列专章全面论述了与戈洛夫金访华同期发生的"俄船首航广州风波"事件。⑤ 近年则有王开玺在其大部头著作中从礼仪之争的角度简要论及戈洛夫金使团访华事件，⑥ 但未能利用俄国专家整理出版的相关俄文档案资料，而且受限于该书的主旨，未能对戈洛夫金使团访华这一外交事件的前因后果进行详尽的分析。值得一提的是台北故宫博物院陈维新博士的论文《嘉庆时

---

① 〔美〕费正清编《剑桥中国晚清史》（上），中国社会科学院历史研究所编译室译，中国社会科学出版社，1983，第345-352页。
② 陈复光：《有清一代之中俄关系》，国立云南大学文法学院丛书乙类第1种，1947，第77-78页。
③ 中国社会科学院近代史研究所：《沙俄侵华史》，中国社会科学出版社，2006，第2卷，第29页。
④ 蔡鸿生先生的《俄罗斯馆纪事》初版于1994年，由广东人民出版社印行。后来，又经过先生的增订，于2006年由中华书局再版。
⑤ 蔡鸿生：《俄罗斯馆纪事》，中华书局，2006，第172-196页。
⑥ 王开玺：《清代外交礼仪的交涉与论争》，人民出版社，2009，第158-169页。

期中俄外交礼仪制交涉——以"封贡体制"概念分析》。① 该文的主旨在于阐述19世纪初清朝不知世界大势，一味守旧，坚持以"封贡体制"来对待一切外国来访者，以致引起激烈的中俄礼仪之争。基于这样的逻辑设定，该文隐含将戈洛夫金使团的失败原因归咎于中方的结论，值得商榷。至于资料，该文主要基于《故宫俄文史料》，而未能利用俄文档案资料和第一历史档案馆藏"满文月折档""满文俄罗斯档"中的档案资料。

如果从利用俄文档案资料的角度看，近期还有两篇专题研究论文需要提到，一是叶柏川的《戈洛夫金使团来华考论》。② 该文从使团的筹备、出使经过及使团失败原因分析等几个方面，利用相关俄文档案资料，对戈洛夫金使团访华事件进行了比较全面的介绍。二是笔者的《失败的使团与失败的外交》，③ 从历史背景、库伦礼仪之争的经过及事后中俄边境地区关系格局的变化及其对19世纪中叶中俄关系格局变化的影响等方面比较全面地阐述了戈洛夫金使团访华失败的问题。这两篇论文属于有关戈洛夫金访华失败事件的专论，标志着中国学术界开始从早期中俄关系史这一专业角度来研究戈洛夫金使团问题。不过，遗憾的是，这两篇论文均未能将俄文档案资料与满、汉档案资料综合起来分析问题。那时笔者也刚获得第一历史档案馆"满文月折档""满文俄罗斯档"中所藏相关档案资料，故亦未能及时将之运用到自己的论文中。这点遗憾在随后的课题研究中得到了补救。

一般来说，大多数治早期中俄关系史的中国学者主要关注中俄"条约

---

① 陈维新:《嘉庆时期中俄外交礼仪制交涉——以"封贡体制"概念分析》，《俄罗斯学报》2007年第6期。另参见陈维新著《清代对俄外交礼仪体制及藩属归属交涉》，黑龙江教育出版社，2012，第163–186页。
② 叶柏川:《戈洛夫金使团来华考论》，《中国边疆史地研究》2009年第4期。
③ 陈开科:《失败的使团与失败的外交》，2010年在纪念中国社会科学院近代史研究所六十华诞的"第三届近代中国与世界国际学术研讨会"上宣读，之后发表于《近代史研究》2011年第4期，中国人民大学复印报刊资料全文复制（《明清史》2011年第11期）。

体制"① 确立的过程。绝大部分涉及早期中俄关系的论著都从《尼布楚条约》开始，中经《恰克图界约》，转瞬即跃至19世纪中叶中俄之间建构和完善不平等条约体制的时期。只有从这个时候开始，中俄关系史才开始变得厚重。而从18世纪末到19世纪中叶之间（嘉道时期）半个多世纪的中俄关系史几乎成为一个学术研究的断裂带，没有多少人关注，更不用说戈洛夫金使团事件了。② 这是很不正常的一种现象。如果对中国学者忽视戈洛夫金使团的研究做一检讨，我认为有三方面问题值得注意。其一，可能正如米亚斯尼科夫院士所指出的，学者们习惯研究各类成功的辉煌的历史事件，很少有人会关注一个失败的使团，这是一种思维的惯性。其二，资料的局限，主要是两点。一是俄文档案资料的问题，该问题在1995年之后才获得解决，俄国学者在这一年整理出版了相关档案文件集，但是，迄今为止，中国学界同仁出于种种原因，并未充分利用这个档案资料集；二是中国第一历史档案馆所藏相关汉、满、俄文档案资料，在这方面，目前能够公共利用的只有已出版的《清代外交史料》（嘉庆朝）、《故宫俄文史料》和《清实录》等。但这些已出版的原始资料如前所述，仅有极少量文献涉及戈洛夫金使团问题，根本无法满足研究的需要。而大量相关原始档案资料一直收藏在

---

① "条约体制"（閻立：《"朝贡体制"と"条约体制"のあいだ》，《大阪経大論集》第58卷第6号，2008年1月，第91-111页）是以近代西方国际关系原则为基础所建构的一种国际关系模式，又称为"条约口岸体制""条约制度""通商口岸体制"等，有学者认为"是指鸦片战争后以不平等条约为核心建立起来的中西交往体制"（吴义雄：《条约口岸体制的酝酿——19世纪30年代中英关系研究》，中华书局，2009，第1页）。然而，中俄关系的历史实际却明显有异于学界对中、西"条约体制"的这种认识。清代中俄关系的历史实际表明，中俄两国之间的"条约体制"早在1689年就因签署《尼布楚条约》而开始建构，且分为"平等条约体制"和"不平等条约体制"两个时期。自中俄《尼布楚条约》始，18世纪中俄《恰克图界约》等系列界约、商约，基本属于"平等条约体制"范畴。1851年签署的《中俄塔尔巴哈台通商章程》实为中俄关系史上的第一个不平等条约（Мартенс Ф. Россия и Китай. Историко-политическое исследование. СПБ 1873г. с. 50；尼·维·鲍戈亚夫连斯基：《长城外的中国西部地区》，第278页；郦永庆：《〈中俄伊犁塔尔巴哈台通商章程〉再研究》，《近代史研究》1995年第3期），自此以降，中俄关系史开始进入"不平等条约体制"时期。

② 参见陈博文《中俄外交史》，万有文库，上海商务印书馆，1929；何汉文：《中俄外交史》，中华书局，1935；王希隆：《中俄关系史略》（1917年前），甘肃文化出版社，1995；李齐芳：《中俄关系史》，联经出版事业公司，2000；明骥：《中俄关系史》（上、下），三民书局，2006。

中国第一历史档案馆里，迄今未能整理出版。为此，笔者曾抽出大量时间至第一历史档案馆查找相关档案。经过笔者的调查，这些档案主要归于"满文俄罗斯档"及"满文月折档"。限于时间、精力，笔者仅仅整理了其中比较关键的部分。资料不全是导致人们忽视该问题的客观因素。其三，忽视对这一事件的研究也与中国学者的问题意识有一定关系。以前，由于国家和民族面临外部压力，大家都带着民族主义的观念从意识形态的角度来触及中俄关系问题，凡是有助于激发民族感情的中俄关系事件都被特别关注；反之，则被不同程度地忽视。于是，"沙俄侵华"的主题被特别强调成为早期中俄关系史研究的重心。而戈洛夫金使团作为一个失败的使团，无论其肩负的使命是否具有侵略中国的含义，毕竟半途而废，人们无法将之与沙俄侵华的历史实际相联系，故理所当然遭到学界某种程度的忽视。

总的来说，学界之所以忽视该问题的研究，资料局限是其中最主要的原因。就目前情况来说，中、俄文资料问题都得到了一定程度的解决。俄文资料本身仅仅只是一个有效利用的问题，至于汉、满文资料，也由于国家对资料整理课题的资助而得到了比较满意的解决。目前，第一历史档案馆所藏清代中俄关系档案资料，在李静杰、邢永福、朱金甫、鞠德源、任世铎、栗振复、薛衔天、许志新等先生的艰苦努力下，基本上都已经被整理出来，大量的相关满文月折档、满文俄罗斯档也都已经译为汉文（本书正文所引相关档案均源于未刊稿《清代中俄关系档案资料选编》第 2 编）。就资料挖掘而言，我们已经具备了综合中、俄文档案资料来分析问题的客观条件。因此，该是我们彻底研究和弄清戈洛夫金使团访华失败事件的时候了。

通过对本课题所涉资料的处理，我深切感觉，要顺利完成本课题的研究，尚需要突破如下三个方面的难关。

1. 本课题所涉问题十分独特，戈洛夫金使团在外交史上是一个典型的失败案例。这就需要突破一种学术思维上的偏见，即研究一个失败的外交案例，究竟有多大意义？俄罗斯的米亚斯尼科夫院士将中国学术界忽视该问题的原因归结为中国历史研究重成功、轻失败的传统。一般人都习惯性地认为，一个失败了的外交使团在历史上意义不会很大，不值得探讨。这种观点表面看有些合理性，实际上却是一种认识的误区。历史上，任何事件都有其特定的历史意义。尤其是这个所谓"失败"的戈洛夫金使团，其所隐含的历史意义十分重大。首先，它是嘉庆朝中国整个社会发展态势在外交层面的表现。实际上，嘉庆时期是清朝由盛趋衰的转折时期，这种转折不仅是内政方面的转折，同时也体现在对外关系方面。18、19世纪之交所发生的三次外交事件：乾隆朝末的马戛尔尼（George Macartney，1737–1806）使团，嘉庆朝的戈洛夫金使团、阿美士德（William Pitt Amherst，1st Earl Amherst，1773–1857）使团，本质上反映的应该是同一个问题，即象征中国开启了外交的保守退让时代，这与内政的盛衰转折是相应的。其次，这个失败的俄国使团奠定了整个19世纪俄国对华政策的基调，在一定程度上影响到19世纪中俄关系史的基本走向。

2. 如前所述，过去由于资料的局限及问题意识的淡薄，本课题缺乏大量前人的研究成果可资参考，因此研究本课题需要独立摸索和思考。同时，要使研究做到客观真实，还需要摆脱俄国学者某些偏见的影响。虽然大多数俄国学者只是附带涉及该问题，但他们囿于长期的意识形态斗争思维，大都未能客观公正地论述该问题。例如，他们一贯把戈洛夫金使团被驱逐的责任全部算在中国人的头上。他们认为完全是由于清政府的愚昧无知才导致俄国访华使团的失败，而根本不从自身去寻找原因。实际上，俄国的戈洛夫金访华使团肩负着沉重的外交使命，其中不乏侵略中国主权的内容。即使戈洛夫金使团成功到达北京，清政府也不会答允那些侵略性的外交要求。也就是说，俄国政府赋予使团的外交使命本身就决定了使团最终失败的命运。除了使团目的不纯外，在库伦礼仪冲突中，戈洛夫金本人狂妄高傲的顽固态度和坚决不遵守中国传统礼仪的做法无疑也是促成外交悲剧的最直接的因素。因此，俄国使团被驱逐的外交悲剧是中俄双方交涉过程中相互作用形成的一种综合结果，双方当事人都应承担相应的责任。历史上的外交事件都极少有单方面责任的情况，无论何种交涉结果都是双方互动造成的。至于西方的学者，虽然不像俄国学者这么明显地有所偏袒，但有些学者如费正清等把清朝的东亚国际关系体制"朝贡体制"看成落后于时代的东西。其实，以西欧为中心的欧洲近代国际关系体制虽然自17世纪中叶以来逐渐引领世界发展的大势，慢慢开始掌控世界秩序，但至少在18世纪末19世纪初的时候,这种发展中的欧洲近代国际关系体制尚未达到战胜或取代东亚"天朝体制"①的程度。也就是说,此时东亚的"天朝体制"只是一种客观存在的地域国际关系体制,且其历史文化基础远比新发展起来的西欧近代国际关系体制深厚。就当时的国际局势而言,我们尚无理由将"落后""愚昧"的道德评述加诸其身。只不过这种历史传统深厚的东亚国际关系体制,已经到了需要借鉴西方国际关系体制改革自身的时候了,然清朝当时根本没有意识到这种改革的必要性。因此在评价戈洛夫金使团失败这一历史事件时,基于对"天朝体制"落后性的设定,多数西方学者是间接地倾向俄国学者观点的。我们认为,正确的态度应该是遵循历史研究的求真精神,一切立足于史料,不预先对参与历史事件的任何一方预先存有某种偏见,毫无根据地否定或肯定什么。严格地说,历史研究只是貌似法院审判案件,除了要努力分析各种史料,找到案件的真相,分清历史责任,最重要的还应该分析其中的历史教训,以实践历史学最基本的使命——启人智慧。也就是说,历史研究注重的是通过分析历史事实,从中找出一些能够提升人类智慧的东西,以警醒当下的人们避免走上类似的歧途。

3. 要完成本课题的研究,首先需要准确解读500多份俄文档案文件和300多份中文档案文件。其中难度比较大的还是俄文文献。尽管这些俄文文献已经过俄国学者的整理,但毕竟属于19世纪初的俄文,要准确理解其文义,尚有一定难度。尤其是其中许多当时人译过去的中国人名、官名及地理名词等需要准确复原,在相关参考资料十分稀缺的情况下,的确有相当的难度。此外,如何将中俄两国的档案文献结合起来进行比较分析,得出客观公正的研究结论,亦是一件十分费力的事情。因此,资料的解读和

---

① 东亚以中国为中心的传统地域国际关系体制,自美国学者费正清以来,一直被东西方学术界俗称为"朝贡制度"或"朝贡国制度"(John K. Fairbank, *The Chinese World Order: Traditional China's Foreign Relations*, Cambridge: Harvard University Press, 1968)。但近年也有学者认为,根据中国第一历史档案馆所编《乾隆朝上谕档》,乾隆五十八年颁给英国国王的"敕谕"中将以清朝为中心的东亚地域性国际关系体制自述为"天朝体制"(中国第一历史档案馆编《乾隆朝上谕档》第17册,档案出版社,1998,第542页),因此应该将东亚地域性传统国际关系体制称为"天朝体制"(陈尚胜:《中国传统对外关系的思想、制度与政策》,山东大学出版社,2007,第14页)。笔者深以为然。

方法的运用，成为本课题的研究是否深入和是否有所创新的关键。当时中俄两国政府为了促成这次外交访问，态度都十分认真。俄国使团规模宏大、人数众多、大使官高位显、礼品丰厚等均前所未有。尤其清政府也破天荒安排大员、调集物资，准备热情接待。可是，如此牵动亚欧大陆的一场声势浩大的外交活动却在一个边境小城库伦神秘地烟消云散。这绝对不是一件寻常的独立的外交事件，其中每一个细节都牵连着历史的时空，其中的每一个误解都与中俄两国文明体系的差异相关。因此，隐藏在其中的奥秘远非简单地解读中、俄文资料就能解释。我们只有把中、俄文资料结合起来，以马列主义唯物史观为指导，把历史学与国际关系学的方法相结合，才有可能揭示这次失败的外交事件的内幕。

如前所述，尽管嘉庆时期俄国使团访华最终以失败告终，但失败的使团并不意味着其本身没有意义，或者研究该事件没有意义。事实上，就历史发展本身来说，往往失败的历史事件更有意义，更值得思考。戈洛夫金使团作为一个外交使团，未能达到组建它的目的，无疑属于失败的范例。但这个失败的使团却具有非同一般的意义。它不但象征着中俄两国18、19世纪之交国势发展的差异，同时，它通过倡议、组建、派遣和边境礼仪之争的动态过程奠定了整个19世纪俄国对华政策的基调。而清朝方面则开启了外交的保守退让时代，半途驱逐俄国使团，不但对俄国的对华政策一无所知，且基本没有建构自己的新的对俄政策。这两个方面——象征性和历史性——的意义的综合，实际上隐含着19世纪中叶中国在中俄交涉中的失败结局。因此，研究本课题具有非常重要的理论意义和实践意义。

首先，本课题研究在学术上具有补白意义。① 俄国学者曾公开评述中国学术界一直忽视该课题的研究。无论什么原因，这终究是中国历史学界的一种遗憾，需要我们来弥补。同时，本课题的研究，在一定程度上可以

---

① 20世纪80年代前一度兴盛的早期中俄关系史研究，如今已陷入停滞，主要表现为各种类型的学术断裂。其中有些是时代的断裂，如嘉道时期的中俄关系就几乎是一片处女地。还有一些是层面的断裂，主要表现为中、俄学界对中俄民间关系及地方层面中俄官方交涉的关注不够。陈开科：《俄总领事与清津海关道》，《中国社会科学》2012年第4期，第162页。

推进早期中俄关系史的研究。在中国中俄关系史研究领域，由于政治的影响，一度造成两种现状：一是忽视早期中俄关系史的研究，这是现实国际政治对历史研究的一种客观冲击。从21世纪初开始，中俄两国慢慢形成了战略合作伙伴关系。中俄关系格局的这种变化反映到研究领域，就是越来越多的学者加入中俄现实政治关系的研究中，而作为现实政治关系的根基——早期中俄关系史的研究就明显边缘化了。曾几何时的"显学"——早期中俄关系史——如今已成明日黄花了。学术史上，确有研究课题因政治而盛，也因政治而衰，早期中俄关系史研究就是其中一个显著例子。二是有意无意地把早期中俄关系史等同于"沙俄侵华史"。在20世纪六七十年代中苏意识形态大论争的过程中，针对苏联学者对中俄（苏）关系史的歪曲，中国学者也在官方背景下积极研究早期中俄关系史，产生了一大批"沙俄侵华史"的成果。于是，自民国以来就在中国中俄关系史研究领域形成的"沙俄侵华史"的研究路向进一步得到了加强，[①] 以致人

---

① 以沙俄侵华为主题的中俄关系史研究路向早在民国时期就已开风气。民国诸公及后来的台湾学者对此涉猎颇多，如陈沂《满清两百年来失地记》（神州复社，1911）、宋教仁《二百年来之俄患》、文公直《俄罗斯侵略中国痛史》（新光书店，1929）、黎孤岛《俄人东侵史》（商务印书馆，1930）、蒋廷黻《最近三百年东北外患史》（国立清华大学，1932）、周西村《苏联侵华史实》（正中书局，1950）、孙福坤《俄帝侵华史》（中央文物供应社，1953）、于鸿霖《俄侵华实录》（台湾书店，1954）、董铎《俄帝侵华史》（华国出版社，1954）、王华隆《中央文物供应社，1954》、吴相湘《俄帝侵华史话》（青年出版社，1954）、何保禄《俄国侵略东北纪事》（自由出版社，1954）、胡秋原《俄帝侵华史纲》（中华文化出版事业委员会，1955）、包遵彭《俄帝之侵略》（正中书局，1956）、吴相湘《俄帝侵华策略之剖析》（1956）、吴相湘《俄帝侵略中国史》（"国立"编译馆，1957）、张遐民《俄帝侵略下之外蒙古》（蒙藏委员会，1964）、郭廷以《俄帝侵略中国简史》（文海出版社，1983）等。至于大陆学者，基于20世纪60年代后中苏关系的恶化，为了应对苏联学者对中苏关系史的歪曲，亦争先恐后实践这种沙俄侵华史的研究路向，成就空前，如丁名楠等编《帝国主义侵华史》（第1卷，1961；第2卷，1983）、吉林师大历史系《新老沙皇侵华史》（长春，1970）、北京大学历史系《新老沙皇侵华简史》（北京大学出版社，1972）、史达《沙俄侵华简史》（中华书局，1975）、复旦大学历史系《沙俄侵华史》（上海人民出版社，1975）、吉林师大历史系《沙俄侵华史简编》（吉林人民出版社，1976）、北京大学历史系《沙皇俄国侵略扩张简史》（1976）、余绳武主编《沙俄侵华史》（人民出版社，1976）、傅孙铭等《沙俄侵华史简编》（吉林人民出版社，1976）、戎疆等编《沙皇俄国是怎样侵略中国的》（人民出版社，1979）、《沙俄侵略中国西北边疆史》（人民出版社，1979）、《沙俄侵略我国蒙古地区简史》（内蒙古人民出版社，1979）、黄心川编《沙俄利用宗教侵华简史》（辽宁人民出版社，1980）、佟冬主编《沙俄与东北》（吉林文史出版社，1985）等，蔚为大观。

们一提起早期中俄关系史，就联想到"沙俄侵华史"。确实，"沙俄侵华"不仅是中俄关系史研究领域一种重要的学术研究路向，也是基本的历史事实。只不过，根据历史实际，早期中俄关系史除了沙俄侵华的内容外，也还有许多双边正常交往的事实。如果说"沙俄侵华"的历史背景是中俄不平等条约体制的话，由于1851年《中俄塔尔巴哈台通商章程》即中俄第一个不平等条约签署后，中俄不平等条约体制才开始建构，则1851年以前的早期中俄关系显然有很多方面是平等的，如中俄《尼布楚条约》就是平等的双边条约。即使在1851年以后，中俄不平等条约体制已经建构，也不能说中俄之间除了"沙俄侵华"就没有任何平等交往。比如，自18世纪以来慢慢兴盛以至盛极一时的中俄恰克图茶叶贸易就不能被笼统视为"沙俄侵华"。既然中俄之间还存在平等交往的历史事实，便不能将早期中俄关系史笼统等同于"沙俄侵华史"。也就是说，"沙俄侵华"是历史事实，但绝对不是早期中俄关系史的全部内容。

总之，不重视早期中俄关系史的研究，中俄（苏）关系就失去了历史基础。没有早期中俄关系的层累，也就不会有目前中俄战略伙伴关系的格局。早期中俄关系史并非就是"沙俄侵华史"。在"沙俄侵华"之外，还有丰富的中俄两国平等交往的历史事实。历史的长河一贯是泥沙与珍珠共存。过去所发生的，不论平等与不平等，不论是国家层面还是地方层面，在我们眼里首先都是历史事实。但我们不能只看到其中的一部分内容，而始终对另一部分内容视而不见。本课题作为早期中俄关系史的个案研究，正是这一思维路向的实践。相信本课题的研究不但会丰富早期中俄关系史的研究内容，而且会在深度和广度上对中国早期中俄关系史的学科建设产生某种程度的推进作用。

其次，本课题的研究以揭开笼罩在嘉庆十年戈洛夫金使团访华失败这一历史事件表层的迷雾为主旨，并附带揭示其与西欧所引领的世界发展大势之间的延伸关系，及其与19世纪中叶中俄关系"大变局"之间的顺势关联。以系统的历史眼光来揭示18、19世纪之交中俄关系承先启后的联系趋势，势必有助于加强现实中俄战略伙伴关系的历史基础。从20世纪末开始，中俄两国的关系已经上升到战略伙伴关系的高度。中俄关系要进一步发展，需要坚实的历史基础。而这种坚实的历史基础，来自于我们对历史问题的深入研究。只要中俄两国关系史上的所有问题都水落石出，中俄两国人民心中不再存在历史的忌讳或疑点，坚持邓小平同志"结束过去，展望未来"的科学态度，认真客观地总结历史的经验教训，以史为鉴，中俄两国关系的发展就会更上层楼。

按照课题设计的预期，本课题的研究还有一个较为明显的方法论意义，那就是不但重视外交事件发生的历史背景，关注外交事件在外交链条中所引起的连锁反应，同时，还应该考虑到当时中俄两国所面临的现实的国际国内局势，以及东、西两种地域性国际关系体制之间的现实冲突。也就是说，我们不仅要从历史学的角度来考察外交事件，还要从国际关系学的角度来考察外交事件，既反思外交事件本身，又能为未来将要发生的外交事件寻找逻辑依据。因此，本课题在叙述上并不局限于戈洛夫金使团被驱逐这一外交事件本身，而是力图立足于比较长时段的历史背景来解释这次外交事件发生的所以然，揭示这次外交事件与19世纪中叶中国外交悲剧之间的内在联系；同时，还特别关注19世纪初中俄两国各自所面临的国际、国内局势，基于两国所奉行的不同地域性国际关系体制的冲突视角，从现实政治操作的层面来揭示戈洛夫金使团失败的内幕。通过这种宏观的、带有历史学和国际关系学理论色彩的综合性外交史研究，我们得出结论：俄国失败的不过是一次对华使团派遣行动，中国却失败了整个对俄外交战略。

一 盛衰大局：
18、19世纪之交的俄国与中国

要弄清某个时代两个国家之间发生的外交事件真相，首先必须弄清楚两个国家所处的国际环境及其内政外交情况。也就是说，两个国家所面临的世界大势及其内政外交基本情况决定着它们处理彼此外交关系的大方针。因为国家所面临的国际国内局势牵扯着其根本利益，而任何国家的外交政策都由其独特的国家利益所决定。基于各自利益的国家外交政策的异同又决定着国家之间具体外交交涉的成败。因此，如果我们要弄清楚嘉庆十年俄国为何组建庞大的使团主动访问中国，以及是什么因素致使这个空前庞大的访华使团最终因礼仪之争而功亏一篑，那么，我们就必须了解如下三个问题：其一，立足于世界史研究的成果，了解当时俄国和中国所面临的世界大势即西欧社会的发展态势；其二，了解18、19世纪之交俄、中的内政外交情况，并将之与西欧社会发展态势进行比较，寻找俄、中两国社会发展态势上的差距，对俄、中两国的盛衰大局进行合理的分析；其三，对世纪之交俄、中两国已经形成的外交格局进行分析，昭示嘉庆十年俄国使团访华的现实背景。

（一）世纪之交俄、中两国所面临的世界大势

实际上，欧洲社会从 15 世纪就已开始发生本质的变化。按照马克思主义唯物史观，经济因素对社会发展起决定作用。由于商业贸易的刺激以及手工业的发展，意大利沿地中海商业圈最先发生思想上的革命——文艺复兴以及在其影响下风靡西欧诸国的宗教改革运动。思想上的问题解决了，人从神的体系内解放出来了，终于促使当时西欧社会在经济、政治领域发生了一系列革命性的变动。简言之，当时欧洲经济、政治领域发生的本质变化主要外化表现为三个前后相续相辅相成的方面：航海探险与地理大发现、重商主义及全方位的社会革命（包括科学革命、工业革命、资产阶级革命）。西欧社会正是由于这三方面革命性的综合作用，最终引领了世界发展的大势。但这些问题，都是宏观性的大问题，非三言两语可以廓清。在此，我们不打算从专题研究的层面来触及这些问题，只想围绕我们的主旨，立足于世界历史的研究成果，简而述之，目的在为 18、19 世纪之交俄中两国所面临的世界发展大势做一个简要素描。

1. 文艺复兴

近代西方文明起源于意大利的文艺复兴。

何谓文艺复兴？有人认为它是一个文化时代，也有人认为它是一场思想文化的综合运动。我们认为，文艺复兴不是一个简单的历史名词，它牵涉到人们对人类历史文明时代变化的认识。"文艺复兴"（Rinascimento）作为语词，最先出现于 14 世纪意大利作家的著作中，其意义为"五百年代"，即 16 世纪。而在 18 世纪法国的《百科全书》中，所谓文艺复兴（Renaissance）指的是希腊、罗马欧洲古典文化的复兴、再生，并借以表述"14、15、16 世纪时期的学术和人文科学的繁荣"。[①] 也就是说，文艺复兴表面上是指复兴希腊、罗马的古典文化，实际上是指 14-16 世纪意大利乃至整个欧洲

---

① *The New Encyclopedia Britannica*, Macropaedie, Volume 15, 1980, Chicago, p. 660.

资产阶级文化的勃兴。这个时代既是中世纪的尾声，又是资本主义时代的开端，其内涵极其复杂。因此，恩格斯说："这个时代，我们德国人由于当时我们所遭遇的民族不幸而称之为宗教改革，法国人称之为文艺复兴，而意大利人则称之为五百年代，但这些名称没有一个能把这个时代充分地表达出来。"①

文艺复兴运动发端于意大利，然后传布西欧，这是当时意大利及西欧诸国社会发展的必然。从 14 世纪开始，地中海边缘的意大利城市共和国首先产生了资本主义萌芽。之所以如此，主要基于两方面条件。一是繁盛的手工业。14、15 世纪时，意大利的著名城市如佛罗伦萨、威尼斯、热内亚、米兰、罗马都出现了大规模的手工工场。其中最著名的就是纺织业手工工场。以佛罗伦萨为例，"在 1338 年约有二百余家从事呢绒生产的手工工场，有三万名左右的毛纺织工人，一年织成的毛呢，可达十余万匹"。② 二是介乎东方与西方的商业贸易。"到 1400 年左右，威尼斯商人的船队已由三百条大船、三千艘小于一百吨的船和四十五条总计由二万八千人操作的大帆船组成。"③ 与此类似，14-16 世纪，西欧的英国、法国、西班牙、荷兰、德国等都不同程度地存在着发达的工商业，并产生了资本主义萌芽。这是文艺复兴之发端于意大利并于 15 世纪末传布到西欧诸国的物质基础。

当然，文艺复兴作为一场文化运动之所以发端于意大利并席卷西欧，还有其思想文化背景。一是在意大利和西欧诸国，很多世俗的和教会的图书馆保存了很多古希腊罗马的古典作品，还有大量残存的古希腊罗马各种建筑风格如多利亚式、爱奥尼亚式、科林斯式等雄伟瑰丽的建筑，以及散落各地寺院的大量古典雕塑，这些文化遗产都成了刺激文艺复兴运动产生的文化和艺术养分。二是西传的古代中国的科技发明也成了文艺复兴运动的精神养分。马克思说："火药、指南针、印刷术——这是预告资产阶级社

---

① 恩格斯：《自然辩证法》，于光远等译编，人民出版社，1984，第 5 页。
② 陈小川、郭振铎、吕殿楼、吴泽义：《文艺复兴史钢》，中国人民大学出版社，1986，第 21 页。
③ 〔美〕斯塔夫里阿诺斯：《全球通史》（下），童书慧、王昶、徐正源译，北京大学出版社，2005，第 370 页。

会到来的三大发明。火药把骑士阶层炸得粉碎,指南针打开了世界市场并建立了殖民地,而印刷术则变成新教的工具,总的来说变成科学复兴的手段,变成对精神发展创造必要前提的最强大的杠杆。"① 马克思的话是对当时历史事实的高度概括。

其实,文艺复兴之所以发端于意大利,并取得了巨大的成就,最关键还在于文艺复兴是当时意大利各个阶层各种政治势力综合作用的结果。这些力量包括各个城市共和国的有影响力的商人家族,如佛罗伦萨的美第奇家族,他们在经济上支持文艺复兴、善待文艺复兴的艺术家和作家。有人甚至说:"在佛罗伦萨繁花似锦的文学创作活动中,美第奇家族始终起着轴心的作用";② 还有公爵贵族,如米兰的史佛拉(Sforza)、威尼斯的皮埃特罗·本博(Pietro Bembo,1470-1547)、吉安科莫·孔塔里尼(Giacomo Contarini,1536-1595)等,他们收藏了大量文艺复兴的美术作品和图书;还有当时的教皇包括尼古拉斯五世(Pope Nicholas V,1397-1455)、庇护二世(Pope Pius Ⅱ,1405-1464)、尤利乌斯二世(Julius Ⅱ,A. D. 1443-1513)、利奥十世(Papa Leo Ⅹ,1475-1521)等,"他们的需要、兴趣和口味点缀了文艺复兴时期的文化"。③ 历史是合力作用的结果,意大利各种政治力量的趋同性的综合作用是文艺复兴运动得以展开的关键因素。

欧洲文艺复兴大致经历了三个发展阶段。自14世纪初至15世纪中叶为早期文艺复兴时期。这一时期文艺复兴的代表是佛罗伦萨的文坛"三杰":但丁(Dante Alighieri,1265-1321)、彼得拉克(Francesco Petrarca,1304-1374)和薄伽丘(Giovanni Boccaccio,1313-1375)。自15世纪中叶至16世纪中叶为文艺复兴的繁荣期。这一时期最大的特点就是文艺复兴已扩展到西欧英国、法国、德国、荷兰、西班牙诸国,各国都涌现出了大批天才人物,如意大利"艺术三杰"达·芬奇(Leonardo da Vinci,1452-1519)、米开朗基罗(Michelangelo Buonarroti,1475-1520)

---

① 马克思:《机器、自然力和科学的应用》,人民出版社,1978,第67页。
② 张世华:《意大利文学史》(上),上海外语教育出版社,2003,第127页。
③ 〔美〕斯塔夫里阿诺斯:《全球通史》(下),第371页。

和拉斐尔（Raffaello Sanzio，1483-1520）。自16世纪中叶至17世纪中叶为文艺复兴的衰落期。这一时期最大的特点是萌发了近代的自然哲学和科学。此时，由于新航路的开辟和地理大发现，世界贸易中心由地中海转到大西洋、印度洋，意大利丧失了商业优势，文艺复兴失去了经济基础，也就不可避免地衰落了。

文艺复兴的主旨是人文精神，强调人自身在现实社会中的能力、价值及其意义，重视现实，追求物质幸福及肉欲满足，反对宗教禁欲主义，主张发挥人的聪明才智和创造能力，提倡科学实验。文艺复兴的人文精神对欧洲社会发展的影响主要有两点：一是刺激了社会各阶层尤其是商人资产阶级奋发进取开拓现实幸福生活的乐观精神，这种进取精神不仅驱使人们去挖掘人类的精神世界，还驱使人们积极去征服外部广袤的物质世界，推动了西欧当时正方兴未艾的航海探险和地理大发现，使西欧逐渐引领世界的发展大势；二是在反对宗教神学世界观的同时，也摧毁了僵化的经院哲学体系，当时涌现出来的许多"全才"都提倡科学实验，主张探索世界，为后来西欧自然科学的发展乃至工业革命铺好了思想文化的温床。

2. 航海探险与地理大发现

文艺复兴运动是人类对未知的精神世界的探索，而航海探险和地理大发现则是人类对外部物质世界的探索。但是，我们也不能忽略这两个探索之间的内在联系。如果没有精神世界的探索，把人从神的桎梏下解放出来，解除宗教对人类自由的束缚，充分发挥人的才智和创造力，那么，就很难想象，人们会勇敢地去探索外部世界。较早发生的文艺复兴运动推动了航海探险与地理大发现。①

15世纪是个很奇妙的世纪。正是在这个世纪，东西方的历史进程开始发生背道而驰的本质变化。其中，航海探险就是这种本质变化的表征之一。

---

① 刘祚昌：《论文艺复兴、地理大发现与宗教改革——兼论世界近代史的开端问题》，《史学月刊》1991年第1期；李丽、张爱华：《论地理大发现的文化背景》，《北华大学学报》（社会科学版）2004年第3期。

就航海探险而言，15世纪东西方都曾有过，甚至东方的航海探险比西方规模更大、时间更早，最终后果却完全不一样。还在1405年，东亚的明朝政府就派宦官郑和率领规模空前庞大的航海探险队南下印度洋。据历史资料，该船队有62艘大船，随行的军队有28000多人。最大的船宽180英尺，长444英尺，一般的船也宽达150英尺，长370英尺。而比郑和下西洋要晚很多的哥伦布船队中最大的"旗舰""圣玛利亚"号却仅宽25英尺，长120英尺。相比之下，郑和船队简直就是海上的"浮动宫殿"。[①] 就航行的距离来看，郑和船队也比西欧人远，最远曾到达东非。而到1445年，葡萄牙人才到佛得角。然而，东西方航海探险的命运却迥然不同：1433年以后，由于皇帝的一纸命令，中国从此停止了航海探险。与此相反，西欧的航海探险事业却蒸蒸日上，蓬勃发展，并最终导致地理大发现，开始殖民扩张和经济掠夺，建构了广阔的世界市场，终至改变了东西方历史发展的大趋势。于是，一个显而易见的问题摆在我们面前：东西方航海探险的后果究竟为何相异？或者说，东方郑和的航海行动为何会突然中止，而西欧的航海探险为何会持续下去直至导致地理大发现？当然，这是一个很古老的问题，历史上许多人都对此进行过研究，然仁者见仁，智者见智。从历史主义的观点看，任何一个历史事件发生的背景都不会是单纯的，一定都有种种复杂的因素在综合作用。其实，地理大发现只不过是果，而这个果的因却是航海探险。因此，究竟是何种背景驱使人们去航海探险应该是问题的关键。当然，我们现在来考察这类问题，一般都能找出一大堆原因，包括政治的、经济的、人文的各个方面。但是，根据马克思主义历史观，最关键的应该是经历了思想解放的经济动因。具体来说，东方郑和的航海动因主要是政治的而非经济的，且没有经历思想解放的洗礼。旧思想视界下的政治动因所驱使的航海只不过是一小部分人的意思，并非社会各阶层全面参与的行动，因此不会长久。而西欧诸国的航海探险行动主要由经历了文艺复兴思想解放洗礼的经济动因所驱使，其中既包括因土耳其的征服导致传统商路中断而引起开辟新商路

---

① 〔美〕斯塔夫里阿诺斯：《全球通史》（下），第396页。

的需求，① 也包括弥漫西欧社会的"东方热"② 以及疯狂的"拜金"。严格来说，后者更加直接。当时的西欧，全社会各个阶层全面参与"拜金"，追求金、银等贵金属已经形成一股势不可挡的社会洪流。③ 正是这股社会洪流，成为推动西欧诸国航海探险及地理大发现的直接动力。它同时也成为东西方航海探险之最不一致的地方。

由于西欧的拜金主义有着独特的历史和现实背景，尤其是经历了文艺复兴思想解放运动的洗礼，因而产生了巨大的历史影响力。马克思说过，"在资产阶级看来，世界上没有一样东西不是为了金钱而存在的，连他们本身也不例外，因为他们活着就是为了赚钱"，④ 资本"如果有百分之十的利润，它就保证到处被使用；有百分之二十的利润，它就活跃起来；有了百分之

---

① 传统的东西方商路主要有两条，即海上丝绸之路与陆上丝绸之路。而陆上丝绸之路根据具体路途自东向西（另有岔路南下印度）又可一分为三：一是北方草原丝绸之路，穿过蒙古高原，经阿尔泰山北麓草原地带、吉尔吉斯大草原、咸海、里海、黑海北岸至东罗马；二是伊朗北道，从中亚布哈拉出发，过阿姆河，至里海南岸，经伊朗高原北缘至哈马丹，西南直下美索不达米亚，经巴格达抵达地中海东岸利凡特；三是沿伊朗北道西行，经大不里士，横穿小亚细亚，过黑海海峡达伊斯坦布尔，入欧洲（参见李明伟主编《丝绸之路贸易史》，甘肃人民出版社，1994，第262-275页；赵汝清《从亚洲腹地到欧洲:丝路西段历史研究》，甘肃人民出版社，2005，第2-3页）。这些商路，大都要经拜占庭辗转到欧洲，而自1461年拜占庭灭亡后，奥斯曼土耳其的伊斯兰教势力占据巴尔干，东西方的传统商路被截断。这就迫使西欧商人不得不寻找新的通往东方的商路。

② 从14世纪开始，自马可·波罗（Marco Polo，1254-1324）游记出版之后，西欧就开始兴起一股东方热。后来，许多航海探险家每到一处地方，都要与游记的描写作对比，以确定是否到了游记所记述的地方。例如，哥伦布（Christopher Columbus，1451-1506）曾熟读马可波罗游记，对中国等东方国家的财富羡慕不已，"哥伦布在准备西航和率领船队横渡大西洋的整个航程中，始终把中国（大汗之国）作为航行的目的地，并不断寻找通往大汗京城的航道"。萨那:《新航路开辟与中西经济文化交流》，《通向现代世界的五百年》，北京大学出版社，1994，第373页。哥伦布在日记中亦记载:"远征军司令说，应设法前往大可汗国。"〔意〕哥伦布:《航海日记》，孙家堃译，上海外语教育出版社，1987，第50页。

③ 关于当时流行西欧的拜金主义，莎士比亚（William Shakespeare，1564-1616）有绝妙的描写:"只要有金子，我们什么都愿意干"；"金子，黄黄的、发光的、宝贵的金子……这东西，只这一点点儿，就可以使黑的变成白的、丑的变成美的、错的变成对的、卑贱变成高贵、老年变成少年、懦夫变成勇士"。《莎士比亚全集》（五），人民文学出版社，1994，第62页。

④ 《马克思恩格斯全集》第2卷，人民出版社，1972，第564页。

五十的利润，它就铤而走险；为了百分之一百的利润，它就敢践踏一切人间法律；有百分之三百的利润，它就敢犯任何罪行，甚至冒绞首的危险"。① 正是在这种有着特殊历史背景的拜金主义热潮驱使下，欧洲于15世纪末16世纪初开始了大规模的航海探险及地理大发现："在15世纪，追求黄金的热病弥漫全欧洲，其中葡萄牙人高烧更甚。"② 也因此，葡萄牙人最先开始航海探险及地理大发现。1415年，葡萄牙人占领休达；1488年，迪亚士（Bartholmeu Dias，1450-1500）发现好望角。随后，西班牙也加入航海探险的行列。1492年，哥伦布发现西印度群岛；1497年，达·伽马（Vasco da Gama，1460/1469?-1524）发现通往印度的新航路；1521年，麦哲伦（Fernando de Magallanes，1480-1521）首次横渡太平洋；1522年，麦哲伦船队中的"维多利亚"号首次完成环球航行。到17世纪中叶，大洋洲、美洲等新大陆基本上都被发现、占领。这些广袤的地区成为西班牙、葡萄牙和英、法等西欧国家的殖民地。这些殖民地以其人力、资源和消费整合成为广阔的世界市场，为西欧诸国的资本主义发展打下了坚实的基础。

尤要引起我们注意的是，15世纪西欧航海探险浪潮的关键在于封建贵族与商人的合作，也即是封建阶级与资产阶级的合作。也就是说，航海探险成为西欧全社会各阶层通力合作的事业。③ 他们合作的基础就是利益即"黄金"和"土地"。他们之间的合作首先表现为联合组织。一般来说，大多数航海探险都由政府即封建主与商人联合组织，但政府起主导作用。从航海探险的资金来源来看，主要由政府和商人联合承担，同样，政府占主导地位。如哥伦布的首航美洲，政府投资就占整个投资的73%。④ 正因为政府在整个过程中占据主导地位，因此，它获得的利益也就占绝大部分。1492年4月17日，西班牙国王和王后对哥伦布的航海探险草案表示同意，其中有关"利益"的协议是："一切商品，不论是珍珠或宝石、黄

---

① 《马克思恩格斯全集》第23卷，人民出版社，1972，第829页脚注250。
② 严中平：《老殖民主义史话选》，北京出版社，1984，第434页。
③ 参见王加丰《扩张体制与世界市场的开辟》，北京大学出版社，1999。
④ 王加丰：《"地理大发现"的双重背景》，《通向现代世界的五百年》，北京大学出版社，1994，第43-44页。

金或白银、香料或其他货物……凡是在司令管辖范围内购买、交易、发现或夺取的，他都有权把全部获得物的十分之一留给自己，以偿清耗去的费用，其余的十分之九应呈现给陛下。"① 这种合作具有一种文化进步意义：封建贵族与商人合作，其前提是封建贵族要从文化价值观上认同商人的身份。而正是在这种文化价值认同和经济合作过程中，封建制度被悄悄颠覆了。这是当时西欧社会最难得的深层的进步表现。如果说，此时尚不能确定东方的生产力发展水平低于西欧社会的话，那么，这种建立在文化价值认同基础上的社会各阶层通力合作的联合海外探险扩张的态势却绝对是东方社会所不存在的。

由于航海探险及其所带来的地理大发现，从此，欧洲与世界的关系格局发生了前所未有的变化。这种变化的影响首先表现在经济领域，即扩大了世界贸易的范围，"东印度和中国的市场、美洲的殖民地化，对殖民地的贸易、交换资料和一般商品的增加，给予了商业、航海业和工业空前未有的刺激"。②

地理大发现，正如亚当·斯密（Adam Smith, 1723-1790）所说："将商业体系提升到了一个繁荣壮大的程度"，这个商业体系的目标"与其说是靠土地改良及耕作而使国家富强，还不如说是靠贸易及制造业而使国家富强；与其说是靠农村产业而使国家富强，还不如说是靠都市产业来使国家富强"。③ 确实，此后，贸易和制造业成为推动西欧社会发展的主要力量。西欧社会按照这种发展路向，到18、19世纪之交终于酿成社会巨变，使西欧连续发生一系列革命：商业革命、工业革命和资产阶级革命，从而使欧洲终于成功支配世界大势。

3. 重商主义

在文艺复兴的伟大时代，西欧除了人文精神铺张一时、航海探险及地

---

① 〔苏〕约·彼·马吉多维奇：《世界探险史》，屈瑞、云海译，世界知识出版社，1988，第146-147页。
② 马克思：《共产党宣言》第4卷，《马克思恩格斯全集》，人民出版社，1958，第467页。
③ 〔英〕亚当·斯密：《国富论》，唐日松等译，华夏出版社，2005，第451页。

理大发现使市场扩展到全球外,还有一个值得我们注意的同样也是促使西欧引领世界发展大势的一个重要因素:重商主义。

在世界史研究领域里,有些学者认为,东西方封建经济发展的一个巨大不同就在于西方封建农业经济中牛羊等牲畜饲养的规模远大于东方国家。① 认识到这点非常重要,因为导致后来西欧商业和城市发展的一个重要基础就是羊毛纺织业,该产业需要大规模的牲畜饲养。皮雷纳(Henri Pirenne,1862-1935)曾得出结论:"呢绒比其他任何工业产品更加养活了中世纪商业。"② 可见,作为纺织业的基础羊毛产量直接立足于饲羊业。西欧商人的命运也依靠羊这种温柔的动物而得到改变。12、13 世纪,羊毛已经使尼德兰闻名于世;14 世纪,英国甚至曾禁止羊毛出口;16 世纪,英国羊毛业大规模发展,以致当时有如此谚语:"佛兰德人用英格兰羊毛织成的呢绒温暖着世界上所有的民族。"③ 当时产自英格兰的羊毛是质量最好的羊毛,它出口到低地国家佛兰德尔,被制成质量最好的毛呢。于是,一方面,英格兰的羊毛造就了佛兰德尔的毛织业,毛织业的发展又导致商业的发展;另一方面,佛兰德尔的毛织业又刺激了英格兰及其他地区的羊毛业的发展,由此导致英国的土地所有者不惜损害农业(进行"圈地运动")而发展畜牧业。在英国,贵族、地主、修道院甚至王室都成为羊毛供应商(请注意:发展羊毛业已经成为英国社会各阶层参与的事业——这再一次证明:历史的发展取决于社会的合力),羊毛出口税也成为国家最丰厚的收入。到 16 世纪,英国自己的毛纺织业发展起来,从规模上说,已经不再是农村个体经营,而是受商人资本的委托分工生产。从地域上来说,"16 世纪英国乡村毛织业的分布图,包括偏北的兰克夏郡、乞斯夏郡,约克郡,东、南、西部各郡,还有威尔士西南几个郡,几乎成了一个羊毛呢织国"。④ 乡村中这种商人资本和手工工场的发展,导致传统耕织经济结构的瓦解。

---

① 参见吴于廑主编《十五十六世纪东西方历史初学集》,武汉大学出版社,1985,第 10 页。
② 〔比〕亨利·皮雷纳:《中世纪的城市》,陈国樑译,商务印书馆,2006,第 99 页。
③ 〔美〕詹姆斯·W. 汤普逊:《中世纪晚期欧洲社会经济史》,徐家玲等译,商务印书馆,1996,第 84 页。
④ A. P. Usher, *Industrial History of England*, New York, 1920, p. 210. 转引自吴于廑主编《十五十六世纪东西方历史初学集》,第 24 页。

16世纪末，出口的英国毛呢成为"国家的支柱之一"。① 正是这种经济的诱因导致封建主与商人接近，以至出现了封建主发展成商人的趋势。而这种情况导致商人的社会地位上升。② 到16世纪下半叶，英国各阶层社会地位的排列顺序依次为"贵族、商人和市民、富裕自耕农、手艺人和劳动者"，③ 商人的地位仅居贵族之下。到17世纪时，商人更是被看作"肩负与其他各国往来的商务而被称为国家财产的管理者"，商业是一种"高贵职业"。④ 而与此同时，基于商业的发展而兴起的城市与乡村之间传统的结构关系也悄悄发生着变化。大约在15、16世纪之交，在尼德兰，乡村农业已经不再是自给自足，而是生产瓜果蔬菜以服务于城市，而牧业则以乳、奶酪、动物肉食为城市服务。在这种情况下，城市本身也慢慢失去其封建特性。商业开始与城市力量结合，慢慢取得了对农业的支配地位。由此，西欧的历史开始不可避免地出现了引领世界方向的新生大势。

从15世纪开始，西欧社会就普遍尊崇金银。这种拜金主义伴随着内部商业的兴盛，西欧诸国的对外贸易也发展起来。15世纪，由于地理位置的影响，商业最为发达的是意大利。但到15世纪末16世纪初，由于土耳其帝国的崛起，使得东方商路出现危机，意大利的商业贸易衰落。相反，由于独特的地理位置，西班牙和葡萄牙的对外贸易继意大利之后兴盛起来。西、葡所谓对外贸易由于伴随地理大发现，所以，基本上属于殖民掠夺贸易。1493–1606年，葡萄牙仅从非洲殖民地就掠夺了276000公斤黄金。

---

① D. C. Coleman, *The Economy of England 1450–1750*, Oxford, 1982, p. 70.
② 历史上，中世纪的西欧也和全世界各地的封建社会一样重视农业，社会观念瞧不起商人。中世纪最著名的神学家、经院哲学家托马斯·阿奎那（Thomas Aquinas, 1225-1274）就认为商业是"为了牟利而进行的"，"理应受到谴责"，因为商业势必"助长利欲"、"因此，从本质上看，贸易总含有某种恶劣的性质"（〔意〕《阿奎那政治著作选》，马清槐译，商务印书馆，1982，第144页）。当时阿奎那的这种看法是符合历史实际的。因为人们对社会某种角色的看法取决于其所从事的行当与人们生活的基础相联系。那时候，农业仍然是人类社会生活的基本方式。自然，阿奎拉的看法还有其思想渊源。中世纪西欧的精神价值主要依赖神学。按照神学价值观，当时教士是不允许从事工商业的。早期基督教有一条教义即"基督徒不得为商人"（E. Roll, *A History of Economic Thought*, N.Y., 1946, p. 38.）。
③ 赵秀荣：《1500–1700英国商业与商人研究》，社会科学文献出版社，2004，第146页。
④ 〔英〕托马斯·孟：《英国得自对外贸易的财富》，袁南宁译，商务印书馆，1965，第1页。

西班牙则主要掠夺美洲印第安人，也运回了大量黄金白银。但随后，荷兰取得了对外贸易的优势地位。到17世纪，荷兰已经成为西欧最大的贸易国。紧随其后的是英国和法国。英、法对外贸易的方式主要是创设拥有国家特许权的股份公司，如著名的东印度公司，它从印度、中国掠夺了无数的财富。对外贸易与殖民掠夺为西欧诸国积累了大量商业资本，十分有利于刺激西欧封建社会内部资本主义的发展。

　　拜金主义在欧洲一些国家内部的诉求则以政府干预经济的形式表现为重商政策。早在14世纪时，欧洲一些国家如英国就利用国家力量干预经济特别是商业。崇拜金银已成为15世纪西欧国家及社会的公共观念，[①]当时欧洲经济上的所有举措都基于此种观念。在此基础上兴盛起来的航海探险、地理大发现和对外贸易实际上也可以说是重商政策的表现形式。而事实上，早在14世纪商人拥有高贵地位之前，英国政府就已经实施了重商政策。对我们来说，最主要的问题并不在英国等西欧国家是如何实行重商政策的，而在于这种重商政策所显示的深层的社会文化含义。它与传统的抑商政策完全不一样。在传统的抑商政策背景下，商人处于社会底层，商业只是农业的附庸和补充，封建主与商人纯粹是一种统治与被统治的垂直关系。而在国家实施重商政策的背景下，商人的地位提高，商业被看作使国家富强的最主要的方式，封建主与商人是一种横向的联合关系，并且隐含着封建主商业化的趋势。而且，如果我们以西欧历史为观察对象，重商政策甚至成为许多民族统一的基础。

　　从时间上看，重商主义学说比重商政策的出现得要晚一些。重商主义作为一种资产阶级经济学说，其出现的背景除了前述英国等国实施重商政策外，还有很深厚的人文背景，那就是文艺复兴。文艺复兴发展了人文主义思想，解放了人性，大家都主张用商人的观点来看社会，强调世俗利益，把经济思想从宗教伦理教条的桎梏下解放出来，试图从实际出发来研究经济现象。虽然在后人看来，当初这些重商主义者对经济现象的观察很肤浅，但在当时，却具有革命的意义。

---

① 参见鲁友章《重商主义》，商务印书馆，1964，第28-29页。

重商主义是资产阶级早期经济学说,其最本质的观点有三:(1)认为货币即金银是财富的唯一形态,同时认为财富的源泉有二:金银矿的开采和发展商业尤其是海外贸易;(2)认为获得财富的真正源泉还是对外贸易,而且,要遵循多卖少买以求得贸易顺差,同时,国家还应输出货物而输入货币;(3)主张国家积极干预经济,一切都为对外贸易服务。由此,我们可以明显看出,重商主义者将财富与货币混为一谈,他们对货币起源的本质根本不清楚,对财富的真正源泉也不清楚。重商主义的这些观点不过反映了萌芽时期资产阶级积累货币资本的愿望,反映了拜金主义的迫切要求。重商主义的局限是当时封建时代所决定的,但其观点却正确反映了资本主义的赚钱使命,并且强力地推动了当时西欧诸国的对外贸易及手工工场的成长,从而加速了资本主义的发展,具有一定的进步意义。只有当资本主义确立了自己的统治之后,重商主义才退出历史舞台。

重商主义分两个阶段。早期重商主义观大致流行于15世纪至16世纪中叶。由于早期重商主义者的注意力主要集中于货币,因此,又被马克思称为"货币主义",也就是经济学史所称的"货币平衡论"。晚期重商主义流行于16世纪下半叶到17世纪中叶。晚期重商主义者主张多买多卖但须保持贸易平衡,追求出超。因此,奖励输出、限制输入就成为晚期重商主义时期两项主要使命。为此,晚期重商主义者主张保护国家关税。这既是晚期重商主义的一个基本原则,也是西欧诸国一项主要的重商政策。其主要内容包括:(1)为保证本国工业发展所需的廉价原料供应,政府制定法规,对出口原料课以高税,反之,对外国进口原料则低税甚至免税;(2)为保证本国工业品的出口,对出口工业品低税乃至免税,而对进口工业品则课以高税。此外,基于以上政策,国家还往往采取如下一些补充措施:(1)退税。为鼓励出口工业品,国家将该企业此前缴纳的税金部分或全部退还;(2)颁发奖金和特许状等给手工工场及商业公司;(3)政府与其他国家订立通商条约以保证贸易垄断;(4)实行殖民政策,进行殖民掠夺。[①] 由此可见,晚期重商主义者最基本的原则就是扩大商品出口,减少商品输入,以积累货币。

---

① 参见鲁友章《重商主义》,商务印书馆,1964,第27–44页。

关于重商主义在西欧英、荷等国发展史上的贡献,吴于廑先生曾总结说:"由海外贸易积累起来的利润,一部分转入工业,加强了工业资本。生产技术在竞争中逐步革新,辗转推广;劳动力因农民土地被剥夺而大量转向工业——所有这些,又都为18世纪英国工业革命创造了资本的、技术的、劳动力的前提";"重商主义是资本主义工业化的历史前提"。①

需要特别强调的是,重商主义实际上是封建主与商人结合的一个历史过程。也就是说,它同样也是一种历史合力作用的结果。把封建主和商人结合在一块的前提主要是利益即对货币财富的共同追求。到后来,封建主要统一国家,结束封建割据的局面,也要依靠商人的财政支援。这样一种结合具有深远的文化深层意蕴。其最终的结果是封建主商人化,资本主义迅速发展并最终埋葬了封建制度。

当然,英国等国家在经历了工业革命之后,已经开始从经济上控制世界。在这种情况下,此等发达的资本主义国家已经不需要贸易保护,于是,重商主义就注定要退出历史舞台,让位于资产阶级古典政治经济学的自由贸易论了。

4. 科学革命、工业革命与资产阶级革命

自17世纪开始至19世纪初两百年间,西欧社会发生了一系列的革命,最主要的是科学革命、早期工业革命和资产阶级革命。此前的文艺复兴、航海探险及地理大发现与重商主义只不过是世界大变的准备阶段,只有经历了后面这三大革命,西欧才真正牢固引领世界的发展大势。

实际上,科学革命开始于文艺复兴时期,具体而言,开始于16世纪中叶哥白尼(Mikolaj Kopernik,1473-1543)的天文学发现——日心说,此说取代了中世纪流行的宗教"地心说"。稍后,西欧的科学进步一日千里,取得了巨大发展。② 17世纪科学发展的累积构成了18世纪人类科学革命的基础。18世纪的西欧在数学、天文学、物理学、气象学、化学、地质学、

---

① 吴于廑主编《十五十六世纪东西方历史初学集》,第31页。
② 参见〔英〕W. C. 丹皮尔《科学史及其与哲学和宗教的关系》,李珩译,张今校,商务印书馆,1987。

地理学、生物学、医学等科学理论领域都取得了革命性成就。与此同时，西欧在农业、纺织业、动力机械制造业等实用技术领域也取得了全方位革命性的进步。① 然而，最值得我们注意的还是西欧所发生的科学革命并非单纯意义上的科学理论或实用技术的巨大进步，其可贵之处在于科学革命的过程表现为科学理论与实用技术的紧密结合，互相推助，这是一种具有革命性意义的结合，它开始于文艺复兴。在文艺复兴时期，学者们秉承人文精神，提倡科学实验，主张理论实践相结合。于是，原本没什么关联且完全属于不同阶层的匠人（身怀古老技术经验的工匠、雕刻家、手工工人等）与学者（艺术家、哲学家等）相结合，创造了一个辉煌的文化时代。同样，一脉相承，18世纪西欧科学革命与技术革命相结合，亦终于奠定了日后西欧引领世界大势的根基。②

科学革命使西欧人掌握了自然界的秘密，它的伟大意义首先在于为工业革命准备了科学理论和实验基础。没有科学原理与实用技术相结合的科学革命，就不会引发工业革命。基于政治、经济和文化一系列条件的综合作用，欧洲工业革命发端于英国的纺织业领域。③ 具有崭新眼光的全球史学派认为，欧洲工业革命在发生过程中存在一种骨牌效应，一个领域产生了技术上的不平衡就会引起相关技术领域的连锁反应。根据相关研究成果，最先引起技术连锁反应的领域是棉纺织领域，且棉纺织领域的这种技术上的连锁反应则与当时英国毛纺织业的困境及英国公众的消费需求有密切关系。④ 根据马克思的观点，机器尤其是其中最关键的"工具机"（即传动和工作装置）的出现和使用"是18世纪工业革命的起点"。⑤ 1733年，凯伊（John Kay，1704-约1764）发明飞梭，织布的效率提高了一倍。织布速度的提高，对纺纱的技术改进产生了要求。1735年，怀亚特（Wyatt，1700-1762）发明了转轴纺纱机。1764年，哈格里沃斯（James Hargreaves，

---

① 〔英〕亚·沃尔夫：《十八世纪科学、技术和哲学史》（上），周昌忠、苗以顺、毛荣运译，周昌忠校，商务印书馆，1997，第3-11页。
② 〔美〕斯塔夫里阿诺斯：《全球通史》（下），第479页。
③ 参见王铭、王薇《英国工业革命的前提条件》，《辽宁大学学报》2004年第1期。
④ 〔美〕斯塔夫里阿诺斯：《全球通史》（下），第489页。
⑤ 《马克思恩格斯全集》第23卷，人民出版社，1972，第410页。

1720-1778）发明了珍妮纺纱机，"降低了棉纱的生产费用从而扩大了市场，给工业以最初的推动力"，① 它的工作效率是旧式纺纱机的15倍。1768年，阿克莱特（Arkwright，1743-1823）发明了水力纺纱机，1776年克伦普顿（Crompton，1735-1827）综合了珍妮纺纱机和水力纺纱机，发明了骡机，大大加快了纺纱的速度。1787年，卡特赖特（Cartwright，1743-1823）发明了动力织布机。这些工具机的相继发明，迫使棉纺技术领域在动力方面进行改进。于是，工业革命开始蔓延到棉纺织业以外的领域，这就是蒸汽机的改进和任用。1769年，瓦特（Watt，1736-1819）发明单动式蒸汽机；1782年，瓦特又发明了复动式蒸汽机。1785年，瓦特组建了第一个蒸汽纺纱厂。新动力使棉纺织业的效率获得了前所未有的提高，因此，很快棉纺领域就广泛使用了蒸汽动力机："到1800年时已有500台左右的瓦特蒸汽机被付诸使用，其中有38%被用于抽水，剩下的则被用于为纺织厂、炼铁炉、面粉厂和其他工业提供旋转式动力。"② 所以，在工业革命的过程中，蒸汽机起了不可估量的推进作用。如此一来，技术领域的骨牌效应就呈现出来了。"棉纺织业所受到的刺激很快就传到了其他工业部门"，先是影响到纺织业的其他部门毛纺织业、麻纺织业和丝纺织业，蒸汽机等技术革新很快在这些部门使用，导致这些部门的生产率大大提高。然后，这种骨牌效应很快超越纺织业，渗入机械和化学工业领域，然后是采矿业，尤其是发达的煤矿业、金属加工业、冶金炼钢业、交通业包括铁路及其运输业、轮船业等，③ 形成链条式的革命变动。工业革命的总后果就是直接从经济上、间接从政治上奠定了未来西欧支配世界的基础。这个基础可以表述为：一方面，工业革命使机器生产的工厂代替了手工工场，大幅度提高了生产力；另一方面，随着机器生产代替手工生产，生产力的发展改变了生产关系，形成了资产阶级和无产阶级。工业革命为资本主义社会的到来拉开了序幕。从18世纪末开始，始自英国的这场工业革命慢慢蔓延到欧美其他国家——法国、美国、德国，直至19世纪30年代，俄罗斯亦开始了工业革命。如果说1763

---

① 《马克思恩格斯全集》第1卷，人民出版社，1965，第668页。
② 〔美〕斯塔夫里阿诺斯：《全球通史》（下），第490页。
③ 《马克思恩格斯全集》第1卷，人民出版社，1965，第671-677页。

年以前，西欧国家仅在亚非拥有一些立足点的话，那么，工业革命后，势力大增的西欧国家大量移民到新大陆，使澳大利亚和美洲欧化，使亚非大部分地区殖民地化，最终导致欧美执掌近代世界大势。

理所当然，我们探讨西欧国家执掌近代世界大势的问题，在强调科学革命和工业革命作用的同时，绝不能忽视与工业革命几乎同时进行的资产阶级政治革命、建立资产阶级政权的历史作用。事实上，工业革命和政治革命是息息相关的，工业革命决定着政治革命，在最先发生工业革命的英国同样最先发生了资产阶级革命。

自17世纪初叶开始，英国国王和掌握财权的议会之间在政治、经济、宗教等领域发生全方位不可调和的矛盾。1637年，苏格兰发生起义。为了筹集镇压起义的经费，查理一世（Charles I，1600-1649）不得不召开国会，这就是历史上有名的"长期国会"。长期国会不但拒绝了国王的经费要求，而且还提出了许多革命性要求。最令国王接受不了的如处决国王的首席顾问、彻底改组英国圣公会等。于是，从1642年开始，保皇的"骑士党"和清教徒的"圆颅党"之间就开始了战争，英国资产阶级革命正式爆发。根据史学家们的研究，自此至1688年的"光荣革命"，一系列革命事件综合构成了"英国革命"。这场资产阶级革命从时间上可以分为五个阶段。第一阶段，1642-1645年，保皇党被克伦威尔（Oliver Cromwell，1599-1658）的新模范军击溃；第二阶段，1645-1649年，清教徒分裂为温和派和激进派，克伦威尔最终把国王送上了断头台，建立了英格兰共和国，克伦威尔成为"护国主"；第三阶段，1649-1660年，克伦威尔统治英国，封建特权受到压制，宗教信仰得到自由；第四阶段，1660-1688年，斯图亚特王朝复辟时期；第五阶段，立宪君主制形成。1688年，英国发生"光荣革命"，詹姆士二世（King James II，1633-1701）的女婿威廉（William III，1650-1702）被迎为英国国王。1689年，威廉同意接受国会提出的《权利法案》。于是，一种"政府仍然强而有力，不过得受议会约束"①的资产阶级性质的"立宪君主政体"就诞生了。它标志

---

① 〔美〕帕尔默、科尔顿：《近现代世界史》（上册），孙福生等译，商务印书馆，1988，第214页。

着英国资产阶级政权正式确立，英国资产阶级革命成功。

17世纪英国资产阶革命成功后，其所建立的资产阶级性质的立宪君主政体采取了全面支持资本主义的经济政策，进一步推进了英国工业的发展。18世纪后，无论是工业革命，还是资产阶级革命，都从英国扩展至欧美。1775年，英国所属北美十三殖民地发生独立战争，是为"美国革命"。革命的后果是建立了独立的资产阶级的美利坚合众国。与此同时，法国亦发生启蒙运动，吹响了18世纪末法国资产阶级革命的号角。1789年，法国正式爆发资产阶级革命，建立了资产阶级政权。革命的浪潮席卷整个西欧，它们与工业革命相得益彰，新的世界近代大势终于牢牢掌握在西欧的手里了。

（二）世纪之交俄、中两国的内政外交与世界大势

通过上面的考察，我们基本上弄清了18、19世纪之交俄、中两国所面临的世界大局。下面再来比较分析俄、中两国的内政外交情况。为了较切实客观地反映问题，我们从千百个题材中，围绕课题研究的需要，选取了三个问题进行比较，即两国统治者的素质、两国对待和实践重商主义的情况、环球航行。之所以选取这三个方面进行比较分析，主要是基于18、19世纪之交的俄、中两国社会发展的基本情况。当时俄、中两国都属于封建专制国家，两国的各种政策都由皇帝及其亲近臣工集团决定。同时，俄国虽属欧洲国家，但其社会发展相对缓慢，到18、19世纪之交，俄国社会仅仅勉强有过重商主义和环球航行的实践，至于工业革命，当时还只是露出端倪，还没有任何相关实践，俄国工业革命要等到19世纪30年代才开始，那已经超出了本课题研究的时限了。如前所述，重商主义和环球航行虽然在西欧只是15—17世纪的事情，却是导致西欧国家引领近代世界大势的重要因子。西欧以外的国家，其社会发展是否"预流"即是否参与世界大势，重商主义和环球航海探险及地理大发现同样是我们下判断的重要因素。每一个特定的时期，世界各国都会面临世界发展的"潮流"。"预流"的国家就算是站在了世界的前列，否则就是未"预流"，就要落后。事实上，我们所选"重商主义""环球航行"这两个考察因素，作为15—17世纪流行西欧

的时代"潮流",到18、19世纪之交,在西欧实已不算"潮流"了。但是,考虑到俄、中两国社会发展的独特性,选择它们作为"潮流"来考察,虽然可以说是一种"错时",但仍然具有逻辑的、历史的合理性。从下面的分析中我们可以看出,社会整体发展滞后欧洲的俄国虽然"预流"较迟——约从18世纪开始,但是,无论是思想界还是政治实践界都在努力地"预流",这使俄国社会拥有了一种滞后但缓慢发展的可能性。而相对来说,其时孤立发展中的中国的综合国力虽然未必弱于俄国,但其社会发展态势却比不上俄国。18、19世纪之交的中国根本就不知道西欧所引领的世界大势,当时的中国思想界尽管已经出现所谓"近代的初曙",① 但这些"初曙"绝对没有触及那些本已"错时"的世界"潮流"。也就是说,当时的中国社会昧于世界大势,未能趋预世界"潮流",中、俄之间在整体社会发展态势方面慢慢"分道扬镳"。这种"预流"与未"预流"所产生的后果就是中国到19世纪中叶国力衰退,实无力抵挡来自西方列强的"炮舰外交",随之带来权利的丧失、领土的丢失等严重后果,国家亦终至积贫积弱。

1. 领导集团的素质:亚历山大一世、嘉庆帝及其施政集团

18、19世纪之交的俄、中两国,从社会制度来看,都是封建专制国家。毫无疑问,影响两国大政外交的当然是最高统治者皇帝的无上权威及其与少数亲近臣工所组成的核心统治集团。因此,比较这个时期两国的最高统治者皇帝的素质及其整个核心统治集团的性格特征就具有了非同一般的意义。所谓皇帝的素质包括其所受教育、在特殊环境下形成的自然和政治性格及其施政行为特色等;至于整个核心统治集团的性格特征主要是指施政集团成分构成、施政的基本方针、施政的整体风格等。在一个封建体制的国家里,这些因素决定了国家的整体气象,或者说决定着国家的发展态势即一个国家落后或并肩于时代的发展大势。下面我们就来简要比较一下当时中、俄两国君主及其施政集团的整体风格。

---

① 参看高翔《近代的初曙:18世纪中国观念变迁与社会发展》,社会科学文献出版社,2000。

嘉庆皇帝（1760–1820），
爱新觉罗·颙琰，清仁宗

考诸史籍，差不多同时统治中、俄两个大国的皇帝分别是嘉庆皇帝和亚历山大一世。嘉庆皇帝，爱新觉罗·颙琰（1760-1820），清仁宗，生于乾隆（爱新觉罗·弘历，清高宗，1711-1799）二十五年（1760）十月初六日，为高宗第十五子。乾隆三十八年（1773）定为储君。乾隆六十年（1795）册立为皇太子，受内禅。嘉庆元年（1796）元旦继位，嘉庆四年（1799）亲政，卒于嘉庆二十五年（1820），在位25年。亚历山大一世，生于1777年12月23日，1801年12月继位，卒于1825年9月。[①] 可见，他们两位生活和活动的年代差不多，这使我们下面的比较有了一个相对合理的基础。下面，我们从四个方面来比较。

其一，教育经历的差别。

清军入关定鼎中原以后，皇子的教育一般都非常紧张、认真、严格。皇子年及六岁，就必须到尚书房接受教育。而凡有资格入值尚书房的老师也都不是碌碌之辈，一般都是硕学大儒。乾隆初，入值尚书房的师傅就有大学士鄂尔泰（1677-1745）、张廷玉（1672-1755）、朱轼（1665-1737）、福敏（1673-1756）、徐元梦（1655-1741）、邵基等人，学问人品都极一时之选。针对皇子的教学，乾隆特地给诸位老师降旨："皇子年齿虽幼，然陶淑涵养之功，必自幼龄始，卿等可殚心教导之。倘不率教，卿

---

① Отечественная история. с древнейших времен до 1917 года. Т. 1. М. 1994г. с. 54–55.

等不碍过于严厉。"同时，乾隆又告诫诸位皇子："师傅之教，当听受无疑。"① 这样，老师放胆施教，皇子也不敢废学，教育效果自然可观。皇子学习的科目主要有："作诗文"，"满洲师傅教国书、习国语及骑射等事"。② 颙琰于乾隆三十年（1765年）入学。随着时间的推移和科目的变化，颙琰一生主要经历了三位老师。

（1）1765-1772年，师从觉罗奉硕亭（奉宽，?-1774）学五经史籍；

（2）1772-1776年，师从谢东墅（谢墉，1719-1795）学今体诗；

（3）从1776年开始，师从朱石君（朱珪，1738-1806）学古文、古体诗。③

朱珪（1731-1807），字石君，直隶顺天府人，清朝大臣，嘉庆皇帝老师

另有蒙古、满洲大臣教其骑射、满文、蒙古文。

七年通经史，四年学会写今体诗，可见，颙琰算是一个天资聪慧的人。而由教育科目可知，他所受乃是严格的传统文史教育。他的知识结构是自古及今直线型的，根本没有触及当时世界上其他文化知识，也没有自然科学知识，纯粹是一种中国传统知识分子的教育。在上述三位师傅中，对颙琰影响最深的是朱珪，这种影响可以说持续一生。朱珪，乾隆十三年进士，"不惟文好，品亦端方"，但很显然，朱氏无论知识、道德都有局限：时间局限于中世纪，空间局限于中国。自乾隆四十一年起，

---

① 《清朝野史大观》卷1，上海书店出版社，1981，第40页。
② （清）赵翼：《檐曝杂记》卷1，中华书局，1982，第8-9页。
③ 故宫珍本丛刊第578册《清仁宗味余书室全集定本·序》第1册，海南出版社，2000。

朱珪在上书房行走，教皇子读书。他主要在道德方面塑造颙琰。乾隆四十五年，朱外放福建学政，临别将"五箴"赠给颙琰，"曰养心、曰敬身、勤业、曰虚己、曰致诚。仁宗力行之，后亲政，尝置左右"。① 后来，颙琰即位后，特意将自己的文集命名为《味余书屋文集》，即隐含尊敬朱珪之意。可见，师生之间有着很深的友谊。也因此，朱珪的教导在很大程度上影响到颙琰的为人处世态度、性格及继位后施政的态度和方针。

亚历山大一世（Алекса́ндр I Павлович，1777—1825）

至于亚历山大，其所受的教育完全不同于颙琰。亚历山大刚刚降生，就被他的祖母叶卡捷琳娜二世从其母亲手中夺走。因此，亚历山大的教育基本上都由祖母安排。叶卡捷琳娜二世是位强势的女皇，她讨厌自己懦弱的儿子，对亚历山大这个孙子却情有独钟。为此，她特地颁布了幼儿法细则。为了让孙儿有一个强壮的体魄，她让他睡硬铁床、洗冷水澡，实行"斯巴达式的教育"，并且还亲自将俄罗斯历史故事和有教育意义的箴言编为《祖母须知》一书，作为教授幼儿历史知识的教材。② 亚历山大刚满6岁，叶卡捷琳娜二世就为皇孙选定了一个教师班子，主要人员及教学科目如下：

（1）萨尔德科夫（Н. И. Салтыков）伯爵，皇子教育的总负责人。伯爵是陆军上将，以聪慧、有远见为当世

---

① 《清史稿》卷340，中华书局，1977，第11092页。
② История царствования Императора Александра Ⅰ и России в его время. Т. 1. СПБ. 1869 г．с．4.《祖母须知》里选了很多有教育意义的箴言，如"上帝面前，人人平等""当你看见忘恩负义、看见别人做坏事，你也不要停止为善"等。这些都说明，俄国宫廷也同样比较注重皇子的道德教育。

所重。他主要负责皇子的体育和道德教育。

（2）克拉夫特（Крафт）教授，负责皇子的物理学教育。

（3）帕拉斯（Паллас）教授，负责皇子的植物学教育。

（4）马松（Массон）上校，负责皇子的数学教育。

（5）穆拉维约夫（М. Н. Муравьев），作家、善人，负责皇子的俄国文学、历史及道德、哲学教育。

（6）桑波尔斯基（А. А. Самборский）总司铎，负责皇子的宗教、英语教育。

（7）拉加尔普（Ф. С. Лагарп），瑞士人，自由主义者，负责皇子的法语、哲学和政治学教育。

（8）格鲁特（Герут），负责皇子的德语教育。①

此外，普洛塔索夫（Протасов）将军、奥斯汀－萨肯（Остен-Сакен）男爵等，也曾充任亚历山大的教师。②在这些教师中，对亚历山大影响最大的是瑞士的自由主义者拉加尔普。他是一个狂热的共和主义者，坚决反对暴政，自称是"人民之友"。他的这种自由主义思想正与欣赏"百科全书派"、鼓吹"开明专制"的叶卡捷琳娜二世相契合，也因此，他才得以成为亚历山大的老师。他的教育观不是要将亚历山大培养成一个皇帝，而是要将他培养成为一个人。在政治上，他给皇子灌输开明专

拉加尔普（Ф.С.Лагарп, 1754–1838），瑞士将军，国务活动家，亚历山大一世的老师

---

① История царствования Императора Александра Ⅰ и России в его время. Т. 1. СПБ. 1869г. с. 14–16.

② 〔法〕亨利·特罗亚：《神秘沙皇——亚历山大一世》，第6页。

制，在哲学上，他给皇子灌输百科全书派的启蒙思想等。总之，拉加尔普对亚历山大的性格和生活方式都产生了巨大影响。① 亚历山大对自己的这位老师非常尊敬，曾经说："我的为人，可能，我全部的长处，都应归功于拉加尔普先生。"② 无独有偶，拉加尔普临别之前，也给亚历山大留下了一番"训言"，从健身之道到道德修养、从治国方针到饮食须知，包罗万象。③

由上可知，亚历山大所受的教育与颙琰差异比较大。其一是科目差别。就语言来说，亚历山大除了母语俄语外，还学了法语、德语和英语。这些语言所负载的文化自然也深入其心。而且他还学习了数学、物理、宗教、政治、哲学等自然与人文学科。因此，亚历山大实际上受的是一种开放式近代文明教育。而颙琰虽然也学习满语、蒙语和汉语，但这些语言都属于一个国家内的不同民族，其语言所承载的文化信息是单一的。至于语言以外，其所学习的诗文也都属于人文学科性质，根本没有接触自然科学。因此，他所受的教育本质上主要是单一的中世纪文明传统教育。毫无疑问，近代教育和中世纪教育塑造出的人是不一样的。其二是在人格塑造方面，拉加尔普本着自由主义精神来塑造亚历山大，告诉他上帝面前人人平等、施政应该开明等。而朱珪则立足于几千年儒家传统，用儒家的道德规范（"勤""仁""俭""慎"）来塑造颙琰的人格。因此，当政后的亚历山大一世成为一个矛盾体，名义上崇尚自由主义，但实际上对内加强专制、对外则侵略扩张，并最终在欧洲建立维护封建秩序的"神圣同盟"。颙琰主政后，遵循古老的儒家传统，提倡节俭、勤勉、保守，成为一个名副其实的道德型封建专制守成帝王。

当然，对于亚历山大所受的教育是否属于成功型教育，俄国学者本身

---

① История царствования Иппepaтopa Александра Ⅰ и России в его время. Т. 1. СПБ. 1869г. с. 18.
② 〔法〕亨利·特罗亚：《神秘沙皇——亚历山大一世》，第9页。
③ 〔法〕亨利·特罗亚：《神秘沙皇——亚历山大一世》，第29页。

也有不同看法。① 但是，无论如何，亚历山大所受的近代西欧式教育要比颙琰所受的中世纪儒家式教育在时代上进步得多，在文明空间上也广泛得多。不过，另两个因素也影响了他们的教育，一是学习态度问题。据记载，亚历山大"游手好闲，迟慢懒散"，好尚空谈，不务实际。② 相反，颙琰则"好学敏求，诵读则过目不忘，勤孜则昕夕不息"。③ 如此，亚历山大虽然接受了西欧式的近代教育，但由于态度懒散，效果大打折扣。反之，颙琰则天资聪慧，加上勤奋不怠，使其所接受的中世纪教育深入骨髓。一个仅仅触及近代的那层窗纸，一个则在中世纪的黑暗屋子里越走越远。二是亚历山大每个星期的周五、周六都要去加特契纳（Гáтчина）和父亲生活。他的父亲保罗处处与叶卡捷琳娜二世作对，喜欢普鲁士式的军营生活，加特契纳简直就是一座军营。军营的粗鲁、残暴，也深深影响着亚历山大。登基后的亚历山大之所以热衷于欧洲战争，与此不无关联。反观颙琰，则没有体验过这种不良的军营生活。在颙琰的一生中，从来就没有表现过粗鲁好战的倾向。他对待周边国家和民族是以谨慎缓和为原则的，既不走出去，也不轻易让别人走进来。

其二，登上皇位的历程。

建立清朝的满族作为少数民族入主中原，其皇位继承制度少受汉人传统的影响，所谓"嫡长继承制"一直未成为清朝继承制度的原则。其间，只有康熙皇帝（爱新觉罗·玄烨，清圣祖，1654-1722）试图立嫡立长。但皇太子不争气，屡立屡废，并且引起诸皇子间的残酷争斗，一度使一代雄主康熙心灰意冷，不得不秘密立储。但秘密立储在康熙时期并未形成周密的制度，其制度化始自雍正帝（爱新觉罗·胤禛，清世宗，1678-1735）。具体做法是由皇帝于适当时机暗中将确立的皇储名字亲写

---

① 克柳切夫斯基就认为，"拉加尔普和穆拉维约夫的执教工作既没有提供准确科学的实用知识，也没有使思维方式得到合乎逻辑的改正"。（*Ключевский В. О. Курс русской истории*. М. 1989г. Т. 5. с. 188. 参考刘祖熙等译《俄国史教程》第5卷，商务印书馆，2009，第181页）但也有学者认为"他（亚历山大——作者注）受到了良好的教育"。 История России с начала ⅩⅧ до конца ⅩⅨ века. М. 2001г. с. 303.

② *Ключевский В. О. Курс русской истории*. М. 1989г. Т. 5. с. 189.

③ 故宫珍本丛刊第578册《清仁宗味余书室全集定本》第2册，第354页。

密封，藏于匣内，置于乾清宫正中清世祖御书正大光明匾额之后；同时，"又另书密封一匣，常以随身"。新皇帝即位前，将两处密封诏书取出，由众王大臣当场比对。如果两封密诏内容一样，新皇即可确立登基。① 秘密立储的制度在某种程度上要比嫡长子继承制优越，至少立贤的可能性要大些。当然，外在的表现是可以伪饰的。但至少可以逼迫皇子们去认真学习，修身立己。在这种情况下，皇子要想成为皇储，一半靠运气，一半靠自我努力。然正如后人所言，颙琰作为乾隆第十五子，母亲又非皇后，非嫡非长，能否被立为皇储，实无半点优势。但他运气实在很好，十几个兄弟不是早殇，就是不太成才。而颙琰则学习认真，身体健康，仁心昭著，终于乾隆三十八年（1773）被密立为皇储。乾隆六十年（1795），颙琰被公开册封为皇太子，并确定于第二年即1796年继位。因颙琰曾被封为嘉亲王，故改元"嘉庆"。② 可见，颙琰由皇子登上皇位的历程有三个特点。

（1）虽然如履薄冰，但总体上一路顺风，没有经历皇子之间、政治集团之间的那种激烈的你死我活的争斗。这对嘉庆皇帝的仁爱心态有一定影响。

（2）颙琰被秘密立储23年之后才登基，时间实在太久了。这种情形对一位皇储来说，意味着每天都在惶恐不安中度过，时时刻刻如坐针毡、如履薄冰。因为说不定什么时候不小心犯了什么过错，皇储的身份就丢失了。这漫长的23年，无论有多少锐气都被磨掉了。因此，23年的皇储身份，漫长岁月的消磨，使得嘉庆缺乏锐意改革的勇气。

（3）颙琰登基时已经37岁。登基后，乾隆并未交出政权，而是作为太上皇继续统治了3年之久。嘉庆作为"侍皇帝"，每天都要小心翼翼，惶惶不可终日。这种情况对其心理产生了严重影响。退休的乾隆与继位的嘉庆之间的复杂关系，当时被邀请参加各类仪式的朝鲜进贺使李秉模有所记述："嘉庆元年正月……太上皇帝使阁老和珅宣旨曰：朕虽然归政，大

---

① 《清高宗纯皇帝实录》卷1189，第23册，中华书局影印本，1986，第906页。
② 《清高宗纯皇帝实录》卷1486，第27册，中华书局影印本，1986，第858-859页。

事还是我办","侍坐太上皇,上皇喜则亦喜,笑则亦笑"。① 乾隆虽然禅位,但没有交权。因此,嘉庆虽然继位,却只不过是随同学习的"侍皇帝"。在这种情况下,嘉庆需要更加小心谨慎,无论何种心思都要伪装,否则,大祸就要临头。这种"侍皇帝"生活自然对嘉庆日后的施政心态产生了不利的影响。

至于亚历山大一世的登基,则完全是另一回事,他的继位历程充满血腥味。

由于种种原因,叶卡捷琳娜二世(Екатерина Ⅱ,1729-1796)与其儿子保罗(Павел Ⅰ Петрович,1754-1801)十分不睦,一度想直接传位给皇孙亚历山大。1796年底,叶卡捷琳娜二世逝世,保罗一世继位。他立刻全面推翻他母亲的政策,继位后采取的第一项措施就是颁布王位继承法,以长子继承法代替了彼得大帝(Пётр A. P.,1672-1725)以来的君主自由挑选继承人的规矩。同时,他改变了叶卡捷琳娜二世重视贵族的做法,恢复对贵族和城市居民的肉刑,依靠官僚而不是贵族来管理国家,限制农奴对主人的义务等,招致贵族们的痛恨。保罗一世还是一个穷兵黩武的君主。在位短短几年,就派遣军队四处征战。在他的主持下,俄国参加了第二次反法同盟,后来又与英国争霸,甚至计划遣哥萨克远征印度。穷兵黩武,加上"粗鲁、暴戾和不可预测的行事风格催生了阴谋"。② 由于保罗一世的暴戾,以圣彼得堡军政总督帕连(П. А. Паллен)为首,联合叶卡捷琳娜二世的宠臣以及对保罗一世继位不满的近卫军军官们,组成了一个阴谋集团。帕连为了阴谋成功,亲自动员亚历山大参与。虽然亚历山大最终没有亲自参与阴谋行动,但也没有表示坚决反对,且在得到保障自己父亲生命的前提下默许了阴谋者的行动。1801年3月11日夜间,禁卫军发动阴谋,逮捕并处死了保罗一世,对外宣称其中风猝死。紧接着,亚历山大被拥立继位,即亚历山大一世。可见,亚历山大一世是在谋害自己父亲的

---

① 吴晗辑《朝鲜李朝实录中的中国史料》第12册,中华书局,1980,第4912、4918页。
② 〔美〕尼古拉·梁赞诺夫斯基、马克·斯坦伯格:《俄罗斯史》,杨烨、卿文辉等译,上海人民出版社,2007,第256页。

情况下登基为帝的。这种历程给他的心理留下了永久的阴影。① 亚历山大之所以默许阴谋者的行动,有远因,也有近因。远因是他对父亲的施政方针心怀不满。1797年9月27日,他在给自己的老师拉加尔普的信中写道:"父亲继位伊始,锐意改革。初期,父亲日理万机,确实颇有成效。但不久,情况就急转直下。原来国内局面本来已经很混乱,父亲又反前朝之道而行之,结果只能是每况愈下。军人的光阴几乎全被空耗,整日忙于操练检阅。其他方面,也毫无章法可言。新颁布的法令,不出一月便会失效……祖国处境可悲,混乱不堪。务农者不满,经商的也甚艰难,个人的意志和福利均遭扼杀。"② 由此可知,亚历山大内心早就对自己的父亲心怀不满。这种强烈的不满情绪促使他默许阴谋者的行动。但最终促使亚历山大下决心利用阴谋者逼迫父亲退位的原因主要还是感觉自己的皇太子地位岌岌可危。1801年初,保罗一世将13岁的内侄符腾堡亲王尤金从德意志请到俄国,对其青睐有加。这引起了亚历山大的警觉。尽管有皇位继承法,但亚历山大仍觉得自己的皇太子地位随时有可能因父亲一句话就被剥夺。为了自己的皇太子地位,他终于明确地站在了阴谋者一边。因此,这场由贵族和军队联合的阴谋行动从某个方面看,无疑也是一次皇位争夺行动。

由此可知,颙琰的登基之路虽然漫长,但比较平稳、自然,没有什么激烈的宫廷斗争,致使继位后的嘉庆心态平和,只不过由于等待时间太长,锐气尽挫而已。而亚历山大登基之路的时间虽然要短得多,但充满阴谋、血腥,以致继位后的亚历山大一直生活在阴影之中,这也是他被称为"神秘沙皇"的原因。

其三,性格及家庭关系。

颙琰生在帝王之家,按照中国皇室家庭的一贯运行规则,未必是一件幸事。历史上,皇室内庭一直发散出一股强烈的血腥气味,有识之士莫不发出切莫生在帝王家的叹息。但是,颙琰却有些与众不同。他从一位"不太显眼的十五阿哥"③ 成长为一代帝王,确是一帆风顺,不但没有闻到血

---

① История России с начала XVIII до конца XIX века. М. 2001г. с. 303.
② 〔法〕亨利·特罗亚:《神秘沙皇——亚历山大一世》,第46页。
③ 参见关文发《嘉庆帝》,吉林文史出版社,1993,第1—8页。

腥味，而且就连像样的宫廷斗争都没有经历。相反，颙琰的大家庭倒显出几分和谐。

首先是父子关系比较和谐。乾隆一生共有17个儿子，颙琰排序十五，故又称十五阿哥。本来，按照这样的序位，即使根据清室皇位继承的惯例，成为皇太子的幸运也极少可能落到颙琰头上。可是，颙琰的14个兄长中，竟有八位夭折。剩下的四阿哥永珹过继给慎郡王允禧，六阿哥永瑢过继给履亲王允祹，十二阿哥永璂乃是废后纳喇氏之子，自不得乾隆喜爱，且于乾隆四十一年病死。八阿哥永璇，亦不被乾隆看好。至于十一阿哥永瑆，本来很有才气，但恃才傲物，曾被乾隆申斥。这样，尽管颙琰只是一般妃子所生，但好运仍不知不觉地降临到了他的头上。颙琰之受到乾隆的重视，不是靠宫廷阴谋，而是靠自己的品德和学识修养。因此，当得知自己被立为皇太子时，他心里十分感激自己的父亲。他在一首诗中写道："自愧凡材何以报，趋庭听夕侍君亲"，① 充分表达了自己对父皇的感恩情怀。根据记载，他们父子之间似乎从来没有红过脸。至于母子关系，由于颙琰的母亲魏佳氏在宫中地位不高，且于乾隆四十年去世，刚满15岁的颙琰只好由庆妃抚育。因此，年少失母的颙琰没有养成受娇惯的性格，对母亲也只能是深深地怀念了。还有就是兄弟姊妹关系。由于颙琰的兄弟大都夭折，而且，他一直不知道自己被秘密立储，兄弟之间不存在那种你死我活的宫廷斗争。因此，颙琰与兄弟之间的感情非常深厚，他们经常在一块写诗唱和，其乐融融。请看《六兄十一兄合绘扇面》诗："秀骨芳心映五明，凉风习习笔端生。埙篪暑却冰纨润，香色烟浮露掌擎。合璧频看书画妙，联辉即见友于情。烦君珍重藏文笥，天上埙篪唱和声。"② 兄弟唱和之情跃然纸上。颙琰不但与在世兄弟情深，还非常怀念已逝的兄弟。他在《过十二兄园寝有感》中深情写道："远别人天已十年，夜台终古锁寒烟。一生心血凭谁付，手泽长留在断篇。风雨书窗忆旧情，还思听雨续三生。弟兄十七萧迹甚，忍见长天雁阵横。"③ 乾隆去世后，颙琰杀和珅（1750-1799），但并未杀其子丰绅

---

① 故宫珍本丛刊第578册《清仁宗味余书室全集定本》第2册，第248页。
② 故宫珍本丛刊第578册《清仁宗味余书室全集定本》第2册，第62页。
③ 故宫珍本丛刊第578册《清仁宗味余书室全集定本》第2册，第8页。

殷德（1775-1810）。因为他是嘉庆之妹和孝固伦公主的额驸。所谓"公主平日最为皇考所钟爱，自应仰体恩慈，曲加体恤"①不过是托辞，最关键还在于嘉庆有深厚的兄妹之情。可见，颙琰的家庭关系十分和谐美满。这对他仁和柔顺的性格是有巨大影响的。

概括而言，嘉庆的性格主要是十二个字："谨慎勤勉""崇俭黜奢""仁孝柔顺"。

"谨慎勤勉"是颙琰一生性格的最主要方面。没有勤勉，就没有他后来显眼的学识品德；不谨慎，在那场马拉松式的由皇子到秘密储君再到侍皇帝的游戏中，他就有可能出问题。他习惯把"慎"与"勤"相提并论。他在《得失寸心知》的五言诗中写道："濯濯应明察，勤勤慎勉为。"② 比较充分表达其勤勉思想的是其《民生在勤论》，其中说："民生在勤，勤则不匮，自天子以至庶人，咸知勤之为要，则庶政修而万事理矣。"可见，颙琰把勤提到了国政的高度。同时，他还认为"勤"与"善"一脉相承，主张"为学以勤""为政以勤"，全社会每个人，不分贵贱，都"勤勉不息"，那么，天下也就太平富足了。③ 所谓"慎"包括"慎言"④和"慎刑"。⑤而正是这种"谨慎勤勉"的性格使颙琰的施政思想或方针定格为"守成"。他在登基之前，就写了大量有关"守成"的诗篇和文章，如"守成继圣皇，功德瞻巍峨。永怀肇造艰，克勤戒弛惰"。⑥ 在论及西汉文、景二帝时，盛赞他们是"守成有道"之君，并认为"自古创业守成之主，同功异途，总归于治"⑦，等等。"崇俭黜奢"是颙琰的另一个重要性格。颙琰虽然生在帝王之家，但从小就养成了"俭朴"的性格品德。他认为，"奢则

---

① 《清仁宗睿皇帝实录》卷38，第28册，中华书局影印，1986，第434页。
② 故宫珍本丛刊第578册《清仁宗味余书室全集定本》第1册，第252页。
③ 故宫珍本丛刊第578册《清仁宗味余书室全集定本》第2册，第253-254页。
④ 颙琰在《古人辞寡》诗中说："古人崇实行，易系理宜参。尚口徒遗诮，于垣慎妄谈。"（故宫珍本丛刊第578册《清仁宗味余书室全集定本》第1册，第266页）；另颙琰在古文《君子以言有物而行有恒论》中说："齐家之本，必先正其身。正身之要，谨言行，为大端。"（故宫珍本丛刊第578册《清仁宗味余书室全集定本》第2册，第314页）
⑤ 故宫珍本丛刊第578册《清仁宗味余书室全集定本》第2册，第312页。
⑥ 故宫珍本丛刊第578册《清仁宗味余书室全集定本》第1册，第320页。
⑦ 故宫珍本丛刊第578册《清仁宗味余书室全集定本》第2册，第296、305页。

不逊，俭则固"，"故礼者，崇节俭，抑浮华"，"昔三代盛时，人君崇俭去奢"，"俭，美德也"，"移风易俗、拨乱反正之道，莫善于俭也"。① 由于颙琰"崇俭黜奢"，因此，在施政上也就一反乃父乾隆的好大喜功，终嘉庆之世，一直"禁呈宝物"，② 禁各地例贡铜器③ 等，有力地煞住了乾隆时期奢靡的风气。嘉庆十一年，朝鲜正使徐龙辅向朝鲜国王报告，说嘉庆帝"大抵以勤俭见称。观于宫殿之多朴陋，可谓俭矣"。④ 由于嘉庆的俭朴，世风有了一定程度的改变。礼亲王记："近年睿皇帝讲究实学，今上复以恭俭率天下，故在朝大吏，无不屏声色，减驺从，深衣布袍。"⑤ 不过，"崇俭黜奢"虽然于世风有好处，但是，将之运用于国家经济发展战略则未必能带来始终的好处。"崇俭黜奢"表现为国家经济政策则主要是"节用而不注重开源"。整个嘉庆时期，"抑商"、"反对开矿"、"反对民众出关开垦"、忽视航海等政策都有悖于时势。至于"仁孝柔顺"也是颙琰备受称赞的优良性格。他在《参为为仁论》中说："博爱之谓仁，尚矣"，⑥ 又说："慈和遍服曰顺，心主于仁，执慈以惠下，用和以接物，则天下遍服。"⑦ 根据儒家的道德学说，"仁"这种道德境界在家表现为"仁孝"，在外表现为"仁顺"，在内表现为"仁柔"。颙琰自幼就养成了仁孝柔顺的优良品行。他凭吊自己养母说："鞠育恩深十五年，悲逢忌日意凄然。含辛恻恻千秋永，洒泪茫茫万里天"；凭吊自己的生母时说："母慈千古难言报，孺慕终身莫可依……流光荏苒过三岁，莫罄儿心涕泪挥。"常言道，诗言志，如此感人的诗句表明，他对生母、养母的恩情，如山如海。颙琰虽贵为皇子，但仁孝之心昭然。当然，作为性格或者人的一种品德，仁孝柔顺是可贵的。但作为一个大国的统治者，其在施政层面的表现却未必符合时务。登基后的颙琰由于性格仁孝柔顺，所以反对政治维新。他在解决遗留的政治问题

---

① 故宫珍本丛刊第578册《清仁宗味余书室全集定本》第2册，第257页。
② 《清仁宗睿皇帝实录》卷37，第28册，第427—428页。
③ 《清仁宗睿皇帝实录》卷284，第31册，第886页。
④ 吴晗辑《朝鲜李朝实录中的中国史料》第12册，中华书局，1980，5060页。
⑤ （清）昭梿：《啸亭杂录·续录》卷4，何英芳点校，中华书局，1980，第503页。
⑥ 故宫珍本丛刊第578册《清仁宗味余书室全集定本》第2册，第261页。
⑦ 故宫珍本丛刊第578册《清仁宗味余书室全集定本》第2册，第396页。

叶卡捷琳娜二世（Екатери́на II，1729-1796）

时常因仁孝柔顺而法外施仁，缺乏雷霆手段，导致美好愿望总难获得美好结果。所谓"嘉庆新政"只能是草草收场，清朝终归中衰下去。

反观亚历山大，其在家庭与性格方面似无法与颙琰相比。

亚历山大自幼就缺乏父母之爱。虽然祖母给了亚历山大无微不至的关爱，然祖母的爱总代替不了父母之爱。稍长，亚历山大就面临来自两方面的矛盾。首先，他夹在祖母和父亲的矛盾之间，左右为难。祖母很强势，一直对儿子保罗不满意。保罗也厌恶自己的母亲，母子之间，势同水火。在亚历山大眼里，"父亲狂躁霸道，粗鲁愚钝，一味迷恋习武练兵；祖母威严专擅，生活放荡不羁"。[①] 亚历山大每周一半时间与祖母生活在一块，另有一半时间则与父亲在一块。在宫廷时，亚历山大迎合祖母，矫饰虚伪；到加特契纳军营与父亲在一块时，亚历山大又迷恋起部队的粗鲁生活，对父亲大献殷勤。[②] "亚历山大在两个如此不同的宫廷之间周旋时，必须靠两种思维方式度日。除保持家庭日常生活第三副面孔，还必须保持两处隆重场面的两副面孔，即保持两套手段、感情和思想。"[③] 尤其是到后来，祖母甚至想放弃保罗，直接将皇位传给自己的孙子，弄得亚历山大十分紧张。因此，亚历山大从懂事开始，就一直过着这种两面生活，这对其性格养成十分不利。其次，亚历

---

① 〔法〕亨利·特罗亚：《神秘沙皇——亚历山大一世》，第15页。
② 〔法〕亨利·特罗亚：《神秘沙皇——亚历山大一世》，第31页。
③ Ключевский В. О. Курс русской истории. М. 1989г. Т. 5. с. 191.

山大还得应付祖母情夫们的压力。叶卡捷琳娜二世风流成性,情夫众多。到亚历山大14岁时,年过花甲的女皇居然勾搭了一个二十几岁的情夫朱波夫(П. А. Зубов,1767-1822)。① 这使刚开始懂事的亚历山大心里十分不满。但亚历山大为了不引起祖母的不满,居然强装笑容,周旋于祖母和朱波夫之间。这种周旋生活使他养成了一种虚伪矫饰的性格。可见,相对而言,亚历山大的家庭关系要比颙琰复杂得多,其所得到的情感熏陶也浅薄得多。

因此,亚历山大自身并没有养成如颙琰那样符合文化传统的优良品格。他的性格因素大致有"游手好闲"、"变幻莫测"、"狡黠奸诈"和"虚伪矫饰"等。② 浮华虚饰的俄国宫廷生活,不可能造就亚历山大勤勉的性格。亚历山大确实天资聪颖,但他没有养成把智慧用在学习方面的习惯。根据同时代人记述,亚历山大作为俄国沙皇,居然"直到死还不会用俄语就某一复杂问题进行详细交谈"。③ 也因此,克柳切夫斯基(В. О. Ключевский,1841-1911)认为亚历山大的教育是不成功的。其实,亚历山大连俄语都说不好,除了当时俄国"崇洋"的社会风气以及教育本身的原因外,他本人"游手好闲"、不认真读书是主要原因。至于后三种性格,根本就是源于其所面临的复杂宫廷政治形势。这些性格因素使亚历山大总是以一副伪善的面孔待人。在相当长一段时间里,亚历山大使人"倍感亲切"。正如史学家克柳切夫斯基所论断的那样:"这是一朵华丽的鲜花,但不过是一朵赶不上或者说不善于适应俄国水土气候的温室花朵。"④ 正因为是"温室花朵",所以,亚历山大没有韧劲,没有扎实干事的能力,不习惯克服阻力。当他在内政改革方面稍遇挫折,就马上缩了回去,以至在他统治的后半期,竟把注意力全部移向欧洲。

---

① 〔法〕亨利·特罗亚:《神秘沙皇——亚历山大一世》,第15-16页。
② 据西方学者的研究,亚历山大一世的性格因素还具有另一面,即"独断专行,刚愎自用和蒙昧无知"(C. W. 克劳利编《新编剑桥世界近代史》第9卷,中国社会科学院世界历史研究所译,中国社会科学出版社,1992,第25页)。其中除"蒙昧无知"尚可相对而言,其余均为帝王的公共性格。
③ Ключевский В. О. Курс русской истории. М. 1989г. Т. 5. с. 192.
④ Там же. с. 194.

其四，两人的施政集团分析。

颙琰真正成为皇帝是在1799年乃父乾隆去世之后。此前，乾隆虽然名义上退休，但实际上仍大权在握，嘉庆不过是一个没有主政权的"侍皇帝"，因此，也就没有自己的所谓施政班子。等到乾隆皇帝驾崩后，嘉庆亲政，方才谈得上组织自己的施政班子。但他首先遇到的一个障碍就是和珅。和珅是乾隆时代的宠臣，任军机大臣、九门提督并兼管户部、吏部等，一手遮天，"虽诸皇子亦惮畏之"。① 因此，颙琰心里早已埋下对和珅专权不满的种子。在乾隆去世后第五天，嘉庆即颁布谕旨，要求"内阁、各部院衙门文武大臣，及直省督抚藩臬凡有奏事之责者，及军营带兵大臣等，嗣后陈奏事件，俱应直达朕前，俱不许另有副封关会军机处。各部院文武大臣，亦不得将所奏之事，预先告知军机大臣。即如各部院衙门奏章呈递后，朕可即行召见，面为商酌，各交该衙门办理，不关军机大臣指示也"。② 这实际上是要摆脱军机处长期为和珅所把持从而蒙蔽圣听的措施。此后，不论谁主持军机处，都不可能封锁消息，把皇帝的权力架空。接着，嘉庆下旨任命仪亲王永璇总理吏部、成亲王永瑆总理户部三库，将人事和财政权抓到手里。这时，给事中王念孙（1744-1832）等人上奏弹劾和珅，嘉庆立即宣布褫夺大学士和珅、户部尚书福长安（1760-1817）一切职务，不可一世的和珅终于被捕入狱。正月十五日，嘉庆公布了和珅二十大罪状，即行正法。③ 十八日，和珅被责令自尽，福长安秋后处决。至此，嘉庆终于松了一口气，开始组建自己的施政班子。正如前面所述，嘉庆是一个"守成"君主，本身具备很多自律性优秀品质。因此，在组织自己的施政班子时，自然形成了一套具有自身特色的"守成"原则。其一，他不准备对乃父乾隆的施政班子大换血，而是仅仅把首恶和珅、福长安等诛杀，其他人则无论是否附恶，都保留下来。其二，他选择施政班子成员的标准带有守成型帝王的特色。他虽然主张官员应该德才并用，但又强调德重于才。他在《才德论》中写道："德与才相为表里，不可析也"；"德为才之

---

① （清）佚名：《秦鬟楼谈录》，《清代野史》第7辑，巴蜀书社，1988，第257页。
② 《清仁宗睿皇帝实录》卷37，第28册，第418页。
③ 《清仁宗睿皇帝实录》卷37，第28册，第428-432页。

体，才为德之用。有德必有才，而恃才自居者，去德远矣。夫德才兼备者上也，德优于才者次也，才过于德者又其次也。德优于才者君子，然才过于德，终恐流为小人矣"；"用人固取其才识，然亦必先观其德行，斯为有本之才"；"若爱其才而略其行，是舍本逐末，贻害匪浅，不可不慎"。①又说："余则宁取其资格较久，谨愿朴实之员，其少年浅薄，才华越发者，应令其经练，下届再行补列"，"黜华崇实"。② 可见"嘉庆心目中的所谓德，看来无非是两条，一是'清廉'，二是'谨慎'"。③ 这种用人原则与上面我们揭示的嘉庆的性格是一致的。如此一来，嘉庆的施政班子便基本上属于那种典型的"老人班子"。终嘉庆一朝，政府中枢人员基本都是清廉、老成持重的老人。自嘉庆正式掌握大权后先后进入枢机并产生实际影响的大员有阿桂（1717-1797）、王杰（1725-1805）、董诰（1740-1818）、刘镛(1719-1804)、保宁(?-1808)、庆桂(1737-1816)、朱珪、禄康(?-1820)、费淳（1739-1811）、戴衢亨（1755-1811）、刘权之（1739-1819）、勒保（1739-1819）、松筠（1752-1835）、曹振镛（1755-1835）、托津（1755-1835）、明亮（1736-1822）、戴均元（1746-1840）等。在这些人中，我们只要稍稍分析，就会发现以下几个特征。其一，他们几乎均是与乾隆时期有关系的人，阿桂、王杰、董诰、刘镛等人本身就是乾隆朝的名臣。至于其他人也大都在乾隆朝获得功名并曾担任一定的职务如地方学政、巡抚等。这表明了嘉庆为政的一种方针或态度，那就是"守成"而非"变革"。其二，这些阁臣大都年近七十，其中年龄较小的戴衢亨，嘉庆十五年拜大学士时，也已经年近花甲。由嘉庆皇帝施政班子的年龄构成就可以看出，嘉庆朝的政治完全就是十足的"老人政治"。而"老人政治"正是"守成"政治的集中体现。其三，这些阁臣除了阿桂、王杰二人德才兼备以外，其余大都是德优于才。像董诰、曹振镛等，道德彪炳，小心谨慎，然不肯雷厉风行地任事干事。时人讽刺他们"庸庸碌碌曹丞相，哭哭啼啼

---

① 《清仁宗御制文初集》卷10，转引自关文发《嘉庆帝》，吉林文史出版社,1993,第214页。
② 《清仁宗御制文初集》卷8，转引自关文发《嘉庆帝》，第214页。
③ 关文发：《嘉庆帝》，第214页。

董太师"。① 尤其是曹振镛,有后辈询问他官运亨通的诀窍,曹振镛回答说:"无他,但多磕头,少说话尔。"② 总之,"清正、廉直、勤慎、忠悃、老成、资深,但又缺乏卓越的才能与魄力等等,几乎是嘉庆朝所有枢臣的共同特点","这实际上是一支灭火队"。③ 嘉庆朝政治的主要关注点在国内,平息国内矛盾是嘉庆及其枢臣集团的主要政治目标。其四,这些枢臣所具备的道德完全属于儒家道德范畴,他们所具备的知识结构也基本上属于儒家治国平天下的范畴。他们中间没有谁对外国的知识感兴趣,更无人了解天朝之外的世界大势及其变化。他们的对外关系观念严格局限于传统的亚洲宗藩体制,对外方针是保守自大。内部问题都忙得焦头烂额,哪里还有精力和雄心开拓外部世界?

至于亚历山大及其施政集团,其人员成分、年龄构成及知识结构、施政目标等都与嘉庆施政集团完全不一样,相对来说要有活力得多。

和颙琰一样,亚历山大在统治之初也有自己的人才观。他从1809年开始,颁布了一系列国家人事法令。其中涉及选拔官吏的标准:"凡想获得八级或五级文官官职者,必须通晓俄语和一门外语;熟悉自然法、罗马法、民法、国家经济法和刑法;基本了解本国历史;还要具备世界历史、俄罗斯国家统计学、地理以及数学和物理方面的起码知识。"④ 姑且不论这个标准是否真的实践过,但从性质上讲,这个人才标准带有近代资本主义性质。它强调了外语、自然科学和技术、法律等近代化知识,在结构上要比颙琰的人才观合理得多,这是不争的事实。

据历史记载,亚历山大的施政集团主要由两部分人组成。

(1)"非正式委员会"。其任务是协助皇帝"对管辖的帝国这座轮廓

---

① (清)陈其元:《庸闲斋笔记》卷4,中华书局,1989,第90页。
② 朱克敬:《瞑庵二识》卷2,岳麓书社,1983,第119页。其中另载时人的讽刺诗《一剪梅》三首:"仕途钻刺要精工,京信常通,炭敬常丰。莫谈时事逞英雄,一味圆融、一味谦恭","大臣经济在从容,莫显奇功,莫说精忠,万般人事要朦胧,驳也无庸、议也无庸","八方无事岁年丰,国运方隆,官运方通,大家襄赞要和衷,好也弥缝,歹也弥缝","无灾无难到三公,妻荣封,子荫郎中,流芳身后更无穷,不谥文忠,便谥文恭",对嘉道年间官员的庸碌作风极尽讽刺。
③ 关文发:《嘉庆帝》,第227页。
④ *Ключевский В. О.* Курс русской истории. М. 1989г. Т. 5. с. 202.

模糊的大厦进行改革作系统的研究"。① 其成员主要有科楚别伊伯爵（В. П. Кочубéй，1768-1834）、诺沃西列采夫（Н. Н. Новосúльцев，1761-1838）、斯特罗甘诺夫伯爵（П. А. Стрóганов，1772-1817）、恰尔托雷斯基公爵，等等。这些人都是亚历山大还是皇子时就已经认识并引为志同道合的政治伙伴。他们中午喝完咖啡后，就云集于亚历山大一世的皇宫密室，研究改革的计划和施政的方针。实际上，亚历山大一世朝初期的政治举措都出自这几个人的密室谋划。就年龄而言，这个秘密小圈子的人差不多都在30-40岁之间，正是年富力强的时候；就知识机构来看，这些人"都是受过18世纪最先进的思想教育并谙熟西方国家制度的人"，他们"除吸收了法国的沙龙风度，无形中还接受了法国启蒙著作的政治思想"。② 可见，亚历山大秘密小圈子里的这些人都接受过西欧先进思想文化的教育，熟悉西欧方兴未艾的世界大势。

科楚别伊（В. П. Кочубей，1768-1834），贵族，外交家，曾任驻君士坦丁堡全权大使、俄国外交部成员、副首相，两次担任（1802-1812, 1819-1825）内务部长，1827年起任国务院总理大臣及部长会议主席

（2）"常任委员会"。这是正规的国家机构。它最初由12个院的领导人组成。1802年以后综合为8个部，即外交部、陆军部、海军部、内政部、财政部、司法部、商务部和国民教育部，都是国家政治的实权部门。这些部门的大臣们大都在叶卡捷琳娜二世时

恰尔托雷斯基（А. Ю. Чарторы́йский，1770-1861），公爵，波兰和俄国国务活动家，秘密委员会成员，外交副大臣

---

① Там же с. 195.
② Там же с. 194.

嘉庆十年
——失败的俄国使团与失败的中国外交

斯特罗甘诺夫（П. А. Стро́ганов, 1772-1817），俄皇亚历山大一世的童年好友，贵族，国务和军事活动家，非正式委员会的成员，陆军中将

代的末期就已经发家，且大都年富力强，尤其是思想都具有西欧进步色彩。如下文谈及的鲁缅采夫不但是俄罗斯科学院院士，而且"私人出资组织了几次科学考察队，还买巨舟进行环球航行"。① 国务总理大臣沃隆佐夫（А. Р. Воронцов, 1741-1805），德国斯特拉斯堡军校毕业，曾担任过俄国驻英、荷大使，后来帮助亚历山大一世改革中央机构。外交副大臣恰尔托雷斯基公爵本是波兰人，为亚历山大所赏识，长期负责俄罗斯的对外事务，是典型的西欧派人士，兴趣"不在东方，而在西方"。② 然不论其兴趣集中在何方，总是在推动俄国向当时世界最先进的西欧文明看齐。内务大臣科楚别伊伯爵，早年曾在瑞士和伦敦的俄国使馆任职。内务副大臣斯特罗甘诺夫伯爵，出生于法国巴黎，参加过法国大革命，且曾作为雅各宾分子任当时法国国民议会成员，后来长期在俄罗斯军队里服务；等等。由此可见，当时俄国施政集团的主要成员不但年富力强且都有在国外工作（有的本身是外国人）、学习的经历。这绝对是一个具有开拓精神的开放式政治集团，尤其在对外政策方面，表现出积极进取的态度。在亚历山大一世统治期间，俄国参加和组

---

① *Тихвинский С. Л. и Мясников В. С.* Русско-Китайские отношения в XIX веке. Материалы и Документы. 1803-1807. Т. 1. М. 1995г. с. 863.

② Там же с. 875. *Шилов Д. Н.* Государственные деятели Российской империи. Главы высших и центральных учреждений. 1802-1917. Биобиблиографическийсправочник. СПБ. 2002г. с. 795-798.

织了多次反法同盟，并最终打败了不可一世的拿破仑（Napoléon Bonaparte，1769-1821），重整了欧洲政治秩序，建立了"神圣同盟"，使俄国从欧洲获得了巨大的外交和领土利益。而且，正是在这个时期，俄国外交开始关注东方。本书主要讨论的戈洛夫金访华使团就是在这一大背景下派遣的。

斯佩兰斯基（**M. M. Сперанский**，1772–1839），贵族，国务活动家，西伯利亚总督，亚历山大一世朝各项改革计划的制订者

（3）此外，还有几个人对亚历山大一世本人的性格及其施政方针起了十分重要的作用。首先是斯佩兰斯基（M. M. Сперанский，1772-1839）。斯佩兰斯基出身于弗拉基米尔一个乡村牧师家庭，自幼接受教会教育，后来靠达官贵人的庇护步入仕途。据说，斯佩兰斯基"能不间断地工作（两昼夜48小时），具备出色的讲话和写作才能……这是他仕途深浅特别快的原因所在"。① 亚历山大一世继位后，偶然发现了斯佩兰斯基的才能，于是加以重用。可以说，此后亚历山大一世朝完整的改革计划都出自斯佩兰斯基之手。斯佩兰斯基"倾向于在传统的体制内实行行政改革"，② 他"在其规划中对18世纪关于人民自由是政权真正源泉等等政治思想作出了慷慨无私地奉献，规划阐述了俄国各阶层在法律面前人人平等的理由，阐明了新的管理体制：农民不带土地获得自由；管理由三类机构组成——立法、行政、司法"。③ 可见，斯佩兰斯基的政治改革计划本质上是资产阶级的，但由于俄国当时并不具备实

---

① *Ключевский В. О.* Курс русской истории. М. 1989г. Т. 5. с. 198.
② 〔英〕C. W. 克劳利编《新编剑桥世界近代史》第9卷，第25页。
③ *Ключевский В. О.* Курс русской истории. М. 1989г. Т. 5. с. 200.

嘉庆十年
——失败的俄国使团与失败的中国外交

阿拉克切耶夫（А. А. Аракчеев，1769-1834），贵族，俄国国务活动家，炮兵将军，陆军大臣

践这个资产阶级性质改革计划的现实，因此，他的改革存在理想与现实的差距，注定了其失败的命运。1812 年后，他遭到政敌的打击被流放，后来又做了西伯利亚总督，对西伯利亚的建设及中俄关系的发展做了很多工作。

阿拉克切耶夫（А. А. Аракчеев，1769-1834）。斯佩兰斯基失势后，取代他的就是阿拉克切耶夫。阿拉克切耶夫毕业于施廖赫特炮兵工程军事学校，① 早年在皇子保罗的驻地加特契纳军营服役。正是在那个时候，亚历山大与之相识。据记载，此人"长得瘦小枯干，面如猢狲，一双深陷在眼眶中的灰眼睛闪着狡猾凶残的目光"。这样一个从外表看令人讨厌的人却居然获得了英俊的亚历山大皇子的欢心，主要原因在于"阿拉克切耶夫作为纪律、狂热和铁石心肠的化身"，② 使当时处在父亲和祖母的夹击中痛苦不堪又无能为力的亚历山大获得了一个心理的依靠。由于阿拉克切耶夫惯于玩弄阴谋，为人阴险，因此，历史学家对他基本上持否定态度。但我们认为，阿拉克切耶夫并非一无是处。他在斯佩兰斯基之后，曾经制订了一个解放农奴的计划，主张"在政府领导下解放农民——政府按当地价格与地主达成协议，把农民连同土地逐步从地主手里购买过来"。③ 计划当然未能成功实践，但从理论上看，这个计划如果实施，将对俄国资本主义的发展产生助力。

---

① Отечественная история. с древнейших времен до 1917 года. Т. 1. М. 1994г. с. 99.
② 〔法〕亨利·特罗亚：《神秘沙皇——亚历山大一世》，第 32 页。
③ Ключевский В. О. Курс русской истории. М. 1989г. Т. 5. с. 213.

一 盛衰大局：18、19世纪之交的俄国与中国

聂谢尔罗杰（К. В. Нессельроде，1780-1862），出身外交世家，其父是欧洲著名职业外交家，曾在奥地利、荷兰、法国、普鲁士和俄国服务。本人在德国接受教育，后来成为保罗一世的侍从。亚历山大一世继位后，他到俄国驻德使馆工作，结识了当时欧洲著名的政治家梅特涅（К. Меттерних）。在亚历山大一世统治后期及尼古拉一世时期约40年中（1816-1856），聂谢尔罗杰一直主管外交部，对俄国的外交政策产生了重要影响。正是在他的影响下，俄国开始全方位关注东方，俄中关系也进入了一个崭新的阶段。

聂谢尔罗杰（К. В. Нессельроде，1780-1862），贵族，俄国外交家，曾任外交大臣（1816-1856）

通过以上几个方面的分析，我们可以看出，俄中两国当时的统治者及其施政集团的素质是完全不一样的。毋庸讳言，静态地分析，就个人道德和性格因素来说，颙琰要比亚历山大优良很多。但是，动态地分析，也许正是基于优良道德修养的谨慎俭朴性格束缚了颙琰的手脚，阻碍了颙琰的变革，并导致其施政方针的保守封闭性，从而渐渐使中国孤立于世界之外，国力趋于中衰。反观亚历山大一世，他接受了西欧的自由主义政治思想，没有传统道德的束缚，政治上积极进取，组建了一个具有世界眼光和知识结构的充满活力的施政集团，采取了一种开放性的施政方针，不但使相对落后的俄国融入先进的西欧，而且开始关注东方尤其是与中国的商贸利益，从而把俄国的国力提升到了一个本来靠自身发展无法实现的高度。从此，俄中两国的发展开始发生差距：俄国缓慢地进步、发展，而中国则缓慢地落后、衰退。18、19世纪之交正是这种差距

发生的关键时期，而戈洛夫金使团访华遭遇失败这一事件本身便理所当然地成为标志性事件之一。

2. 经济发展的指导思想：重商主义与抑商主义

历史上，俄罗斯帝国直到17世纪末尚处于落后的封建农奴社会。从17世纪末开始，彼得大帝进行西化改革，先后颁布了3000多条法令，全面效法西欧。① 从历史进程看，俄罗斯帝国的欧化过程中最值得注意的并非是哪些改革措施使俄国社会取得了某些具体的社会进步，而在于它继西欧之后，慢慢开始实践重商主义和航海探险及地理大发现这两个促使西欧社会发生本质变化的因素。而东方的大清王朝，尽管18世纪国势臻至极盛，然而不过是在传统文明张力范围内的一时之盛。在中国社会变化过程中，新的社会活力即商业和航海虽不可避免地自然产生，但没有得到传统社会在价值观念及经济层面的强力支持，政府继续实行抑商主义政策，② 以致商业、航海事业均功亏一篑。18、19世纪之交，传统社会的极盛一旦超出传统社会张力所能承受的极限，便必然中衰，不可避免地要走下坡路。下面，我们就先从重商主义和抑商主义的角度来剖析俄、中两国在18、19世纪之交的社会变化历程，以便对两国外交及双方接触的结果进行深层的说明。

其一，19世纪以前俄、中两国的商业传统及商人的地位

俄国，尽管文明史落后于西欧，但它得天独厚，早在斯拉夫人国家形成之前，在其居住的土地上，商业贸易就已经非常盛行。可以说，俄国文明国家是伴随着商业贸易的发展而建立的。相关研究表明，这种商业贸易

---

① 〔美〕斯塔夫里阿诺斯：《全球通史》（下），第543页。
② 在此之所以用"抑商主义"一词，一是为了与"重商主义"一词相对；二是深觉传统的"重农抑商"的提法在概念上不太清晰。因为"重农"在任何时候都是正确的，而"抑商"则反之，这一对一错构一词，语义不明。历史上确实不乏"重农抑商"共存的语境，但我们仍然不能因此就断定历史上"重农"的结果就一定是"抑商"，或者还可以设问：抑商就必重农？抑或重商亦未必轻农？甚或重农就不能同时重商？它们之间的关系实际上很复杂，需要深入研究。在这种语词与历史实际的关系未弄清楚之前，用"抑商主义"一词要单纯一些；三是纵观中国历史，各朝各代政府的"抑商"既是一种经济政策，也是一种社会伦理道德价值观，用"抑商主义"一词来说明封建中国的经济伦理似更名副其实。

并非是局限于斯拉夫人活动区域的普通的内部贸易，而是一种远超出斯拉夫人居住的区域的国际贸易。在古斯拉夫人居住区域内，有两条国际贸易商路交叉经过，其中最古老的一条商路是东西向的"阿拉伯贸易商路"。具体走向是"从亚洲，从里海经伏尔加河，用水陆联运法到刺多加湖和西德维纳河，并沿波罗的海到阿拉伯贸易的极西地点——波罗的海上的哥特兰德岛"。① 实际上，它在很大程度上就是我们通常所谓的"丝绸之路"，确切地说，是草原丝绸之路。有证据表明，这条草原丝绸之路公元前就已经形成。当时，中亚一些城邦国是这种贸易的中介。公元 7 世纪末 8 世纪初，阿拉伯人占据中亚。从此，阿拉伯人成为东西贸易的中介。他们把东方中国等国家的丝绸、武器、纸张等贩卖到斯拉夫人居住的区域及拜占庭、西欧，又从斯拉夫人活动区域往回贩运奴隶、毛皮等商品。根据同时代伊斯兰著作家的记述，当时罗斯人带着水獭皮、黑貂皮、宝剑等商品到黑海沿岸交易，并且，只要他们愿意，他们会沿着伏尔加河直到哈扎尔人的首都买卖奴隶。他们还到达里海，还骑着骆驼到过巴格达。② 第二条古老的商路是"从瓦良格（Варяг）到希腊之商路"，即"从刺多加湖沿沃尔霍夫河（经过后来的诺夫哥罗德城），用水陆联运法到德涅伯河各支流，然后沿德涅伯河到黑海和拜占庭"。③ 这条商路基本上是南北向的，控制这条商路的主要是斯堪的纳维亚的诺曼－瓦良格人。他们随身带着战斧，一边抢劫，一边贸易。这两条贸易商路的交叉点正在斯拉夫人活动的中心区域。正是这些外来的瓦良格商人，与内部已经产生阶级分化的罗斯部落组织相结合，终于催生了古罗斯国家"基辅留里克王朝"。可见，国际贸易的环境是古罗斯国家产生的重要经济基础。

基辅罗斯建立之后，出于防卫和贸易的需要，在贸易交通线上建立了一系列的城市，如基辅、诺夫哥罗德、斯摩棱斯克等。这些城市都毫无例

---

① *Лященко П. И.* История народного хозяйства СССР. Т. 1. М. 1952г. с. 97. 译文参考了中国人民大学编译室译《苏联国民经济史》第 1 卷，人民出版社，1959，第 101 页。以下不再说明。

② *Гаркави А. Я.* Мусульманских писателей о славянах и русских. СПБ. 1870г. с. 49.
Гаркави А. Я. Мусульманских писателей о славянах и русских. СПБ. 1870г. с. 49.

③ *Лященко П. И.* История народного хозяйства СССР. Т. 1. М. 1952г. с. 97–98.

外地扮演着贸易中心的角色。每个城市都设有集贸市场,如基辅就有8个市场。① 10世纪后,阿拉伯人控制的东西商路贸易衰落后,基辅国的国际贸易主要沿着"从瓦良格到希腊"的南北方向的贸易老路进行,贸易对象主要是拜占庭。贸易商品和以前差不多,基辅罗斯输出的主要是奴隶和收获的贡赋、毛皮、蜂蜜等,输入的也还是奢侈品(如丝绸)、武器等。繁盛的国际贸易成为基辅国兴盛的一个重要前提。可是,随着西欧十字军东征,国际贸易的中心开始转到地中海一线,罗斯—拜占庭的贸易慢慢衰落。这成为基辅罗斯衰落的一个重要因素。从11世纪中叶开始,基辅罗斯分裂。13世纪,蒙古人开始武装征服,揭开了俄罗斯历史上的悲剧时代。

蒙古人的征服导致"城市的破坏,手工业、农业的衰落,居民的破产",②对俄罗斯的贸易有一定的消极影响。但是,我们也不能过分夸大这种消极影响。在蒙古人统治时期,"金帐汗国的拔都汗曾经鼓励商队贸易的发展",在摧毁了俄罗斯的旧城市后,蒙古人曾建立了一系列新城市如萨莱-拔都、萨莱-别里哥、乌维克、萨莱契克、马扎尔等,③ 这些城市既是政治中心,也是商业中心。1333年,阿拉伯旅行家伊本·白图泰(Ибн-Батута)曾到金帐汗国旅游,他写道:"萨莱是最美丽的、最大的城市之一,那里地势平坦、人口众多、街道宽广、集市热闹","在那里居住着不同民族的人们,例如蒙古人是汗国真正的居民和统治者;还有穆斯林;信穆斯林的阿兰人;钦察人(波洛伏齐人);切尔克斯人;俄罗斯人和信基督教的拜占庭人。每个民族都居住在他们各自独立的街区,那里有他们自己的市场。来自两部分伊拉克〔指波斯(ИракАджем)和阿拉伯(ИракАраб)——译者注〕、埃及、叙利亚及其他诸国的外国人和商人居住在特别的区域,有城墙保卫着他们的财产"。④ 可见,14世纪时,在蒙古人直接统治下的南俄及西伯利亚等

---

① Там же с. 151.
② 〔苏〕帕舒托(Пашуто В. Т.)等:《蒙古统治时期的俄国史略》(上册),黄巨兴译,姚家积校,科学出版社,1958,第3页。
③ 〔苏〕巴齐列维奇(Базилевич К. В.):《蒙古统治时期的俄国史略》(下册),黄巨兴、姚家积译,科学出版社,1959,第194页。
④ *Тизенгаузен В. Г.* Сборник материалов. относящихся к истории Золотой Орды. Т. Ⅰ. СПБ. 1884г. с. 306.

地区，许多交通枢纽城市的贸易还保持了一定程度的发展。

尽管国际贸易衰落，蒙古人的征服导致罗斯统一国家的分裂、瓦解，但原罗斯人活动区域内城市和乡村的国内贸易集市并未完全沉寂，而是保持一种相对低迷的发展态势。值得特别注意的一点是，到 13、14 世纪，俄罗斯的"王公、贵族、僧侣、寺院以及商人和城乡生产者都做买卖"，此后，买卖才逐渐集中到大小商人手中。王公、贵族、寺院虽然离开经商第一线，但也间接以"投资"的形式参与商业活动。① 可见，历史上，俄罗斯王公、贵族就有经商的传统。在这种历史传统下，商人的地位不可能很低。大约在 14 世纪，罗斯商人已逐渐发展成为一种职业而且出现了一个专门经商的阶层，并出现商人组织。这种专业的商人组织后来逐渐发展成为城市自治机构的重要支撑力量，成为有影响的政治势力。在这些城市中，最著名的是诺夫哥罗德和普斯科夫。诺夫哥罗德的贵族和商人一样参与经商，他们与汉萨同盟的自由市以及先进的地中海沿岸各城市共和国进行广泛的贸易。因此，诺夫哥罗德的社会经济结构和政治制度也受到商业伙伴的影响，变成一个名义上保留大公权力的自治共和国，商人、僧侣和贵族联合主政。当时的商人势力很猖獗，甚至连大公也只有通过商人才能参与国际贸易活动。有趣的是，诺夫哥罗德国际贸易经营的方式有点像鸦片战争前中国广州的洋行贸易体制。外国商人由自己选出的首领管理，必须在指定的"客馆"居住。这种"客馆"有两个：一是旧的哥特馆，一是新的日尔曼馆。外国商人不能住在客馆之外，客馆的管理也很严格：闲人不得入内，外商必须在规定的时间入住，且有警卫防守。外商经商必须在规定的时间和地点进行，贸易完毕后就必须回国。② 在对外贸易中，诺夫哥罗德主要出口毛皮和农产品，输入的主要是手工业品如呢料及金属制品等。可见，当时俄罗斯的工业发展水平明显低于西欧。

从 15 世纪开始，处于水陆通商要道的莫斯科开始发展。据记载，当时"莫斯科商人的商业活动东及金帐汗国，南达克里木和北高加索"。③ 1480

---

① Лященко П. И. История народного хозяйства СССР. Т. 1. М. 1952г. с. 208.
② Там же с. 214.
③ Там же с. 222.

年，莫斯科公国打败蒙古人，取得了独立。16世纪中叶，伊凡雷帝在商人和市民的支持下，逐步确立了一种等级代表君主政体，商人在统一的莫斯科国家中起着举足轻重的影响。伊凡雷帝曾利用莫斯科巨商的支持贯彻"特辖制"，在反对领主分裂的斗争中获胜。① 这种商人与君主的联盟类似于西欧中世纪晚期的政治格局。

16世纪开始，由于城乡分离、地租的货币化以及政治的统一和民族经济体系的逐渐形成，俄罗斯的商业开始有了一定程度的发展。各阶层人士包括农民、服务人员、军人、僧侣和贵族都"经商"。② "根据外国人的证明，俄罗斯人从大人物到小人物都喜爱经商，到过俄罗斯的欧洲大使们很惊奇地发现，在俄罗斯所有重要人物都毫无例外经商，就连派往外国的大使自己也经商。梅伊尔别尔格（Мейеберг）曾说，俄罗斯官员买、卖、换，他们不认为这有损于自己的地位"，③ "这说明商品流通早在16世纪时已经深入到人民生活中了"。④ 各色人等都直接参与商业，全社会浓厚的商业气氛甚至使保守的东正教僧侣也参与商业活动。据学者的考察，16世纪时，东正教的僧侣对商业十分在行。当时，"俄国的寺院不仅不以参与商业流转为耻，而且16世纪俄国国内贸易的很大一部分都掌握在他们手里，当时的市场就能证明这点。在某种程度上，很多寺院都利用了贸易免税权，特别是坐落在寺庙里的盐贸易。三圣修道院就于16世纪从伊凡四世（Иван Ⅳ Васильевич, 1530-1584）手里获得了盐及其他商品贸易的免税贸易权"。⑤ 在一个具有宗教信仰传统的国家里，僧侣普遍参与商业活动，对整个民族的文化价值观有很大影响。毫无疑义，作为俄罗斯的精神支柱，东正教僧侣对商业的态度在一定程度上提高了商人的社会地位。

---

① 〔苏〕诺索夫主编《苏联简史》第1卷上册，武汉大学外文系译，生活·读书·新知三联书店，1977，第150页。
② Ключевский В. О. Сказания иностранцев о Московском государстве. М. 1916г. с. 217.
③ Костомаров Н. Очерки торговли Моковского государства в ⅩⅥ – ⅩⅦ вв. СПБ. 1862г. 136.
④ Лященко П. И. История народного хозяйства СССР. Т. 1. М. 1952г. с. 272.
⑤ Костомаров Н. Очерки торговли Моковского государства в ⅩⅥ – ⅩⅦ вв. СПБ. 1862г. 136-137.

当然，俄国最大的商人还是都城大商人，他们人数不多（如莫斯科就只有30多人），被称为"客商"。在莫斯科，这些大商人逐渐形成三个同业商会，即"客商"、"客商帮"和"呢绒帮"。"客商"主要经营官家的内外贸易，为沙皇征收"贡赋"；"客商帮""呢绒帮"也全是大商人，各自拥有两万、十数万、二十，乃至三十万卢布的资本。① 可见，16世纪时，莫斯科大商人的资本已经相当厚实了。当然，16世纪俄国最大的商人还是沙皇本人。沙皇主要垄断对外贸易：一是垄断某些商品，如谷物、大麻、大黄、生丝、灰碱、树脂、鱼子等，商品种类时有增减；二是通过税关剥夺外商的商品，即外商商品在经过关卡时，必须由"客商"或沙皇本人挑选一些他们感兴趣的商品，余下的商品才能交易。有些大商人和贵族也经营高利贷。由于大家都热衷于商业，所以，俄国与东、西方的国际贸易非常兴旺。

17世纪的俄国商业发展情况远超16世纪，商业资本更加壮大，以至于学界认为此时俄国产生了资本主义萌芽。当时，在莫斯科，"从最高等到最低等的人"——沙皇、大贵族、僧侣、商人到供职人员和农民、农奴都经营商业，并企图以经商致富。② 1626年，莫斯科的商业区契丹街（俗称"中国街"）就有827个固定的小商铺和680个可移动的商摊。③ 这个时期的"客商"等大商人不但绝对控制了整个国家的商业，而且控制了国家的财政，大商人已经与封建国家的财政结合在一起了。当时许多有名的大商人如尼基特尼科夫（Никитников）、格鲁津齐（Я. Грудинцы）、沃洛宁（Воронин）等，既有自己的手工工场实业，也专营专卖垄断商业。他们以各种方式渗透社会，这就势必破坏闭关自守的封建经济。所以，到17世纪晚期，俄国不可避免地出现了商业资产阶级。但是"17世纪的俄罗斯商人仍未变成一个在政治上有势力的市民阶级；而在西方，市民阶级在封建制度彻底崩溃和专制制度确立时却起了决定性作用"。④ 也就是说，尽管大商人在俄国

---

① *Джильс Флетчер*. О государстве русском. Перевод князя М. А. Оболенского. СПБ. 1905г. с. 55.
② *Кильбургер*. Краткое известие о русской торговле. перев. Д.Языкова. СПб. 1820. с. 88.
③ *Довнар-Запольский М. В.* Торговля и промышленность Москвы XVI и XVII вв. М. 1910г. с. 53.
④ *Лященко П. И.* История народного хозяйства СССР. Т. 1. М. 1952г. с. 310.

的势力很大，甚至左右国家财政，但在政治上只有少数最大的"客商""客商帮""呢绒帮"商人可以参加政府高层政治会议。绝大多数普通商人属于城郊工商业等级，尚无权直接参与国家政治活动。可见，从商人所享有的政治权利看，17世纪的俄罗斯社会大大落后于西欧。但是，我们应该看到另一个突出的现象，就是俄罗斯的贵族和商人同时还经营大规模的手工工场。如大贵族莫罗佐夫（Морозов）就拥有17个当时俄罗斯最有名的"灰硷制造所"，已经使用雇佣劳动，其销售利润按照最低利率计算，每年也能获得24000卢布（约当20世纪初期的40万金卢布）。此外，拥有冶铁厂、制革厂、麻布厂、酿酒厂、砖窑、磨坊、渔场、小商铺等；拥有粮食出口买卖，其周转额达二十万金卢布……总之，大贵族莫罗佐夫具有多重身份：大贵族、商人、村落主人、工业家、高利贷者等。① 其他贵族的代表也大都是这种状况，连沙皇阿列克塞·米海伊洛维奇（Алексей Михайлович，1629-1676）也拥有自己的织布村，同时也是工业企业主。② 也许正是由于这些贵族、商人身份的多重复杂性，反而冲淡了其纯粹的商人身份。但这种情况也表明，17世纪的俄罗斯贵族都有亲自经营商业、工业的实践和传统。既然这些贵人都有经营商业的传统，那么，作为民族文化集中体现的价值观也就不可能把商人的社会地位贬到底层。不过，有一点需要强调，那就是此时俄国社会虽然商业气氛很浓，但并没有实现贵族、官员、僧侣身份与商人身份的相互转化。贵族、官员、僧侣虽然经商，但社会身份并不是商人；商人的社会身份仍然是商人，而不能转化为贵族、官员、僧侣。贵族、官员、僧侣乃至商人经商得来的利润也主要转化为地产经营，买地买农奴成为利润的主要去向。③ 俄国商人的社会地位主要局限于经济领域。

到了18世纪，情况发生了一些变化。由于彼得大帝改革，俄国的资本主义因素得到了发展，农业、手工业和工业发展迅速。农业方面，粮食的

---

① *Забелин И. Е.* Большой боярин в своём вотчинном хозяйстве. Вестник Европы. 1871г. кн. 1-2.
② *Заозерский А. Н.* Царь Алексей Михайлович в своём хозяйстве. П. 1917г.
③ *Яковцевский В. Н.* Купеческий капитал в феодально-крепостнической России. М. 1953г. с. 23.

大量出口就是一个信号。1771年，各类粮食（黑麦、小麦、大麦、燕麦、麦麸）向国外输出达768.5千俄担，1772年达1166.5千俄担，1773年达1951.9千俄担，呈逐年大幅增长趋势。① 手工业和工业也有很大发展，"1761年，除糅革、碳酸钾和油脂工厂外，俄国共有工厂201家"，"1765年，工厂数增至262家"。② 至于小手工业则已遍及乡村。1769年手工工场署在给元老院的报告中写道："许多贵族在自己的乡村里以及有些农民在自己的家里都有机器，曾在工厂学习过的人和农民用这些机器所制造出来的商品不仅为了业主或日常家用，而且还为了出卖。"③ 手工业的发展加快了商业的发展。最主要的变化就是从18世纪中叶开始，俄国形成了独立的商人阶级。④ 同时，国内贸易进一步发展，形成了较大规模的集贸市场，如全俄马卡利耶夫市集、西伯利亚的伊尔比特市集等。大商人则主要集中在彼得堡、莫斯科、阿斯特拉罕、奥伦堡等城市商业中心经营规模更大的商业活动。他们甚至将自己的商业活动推广至欧洲的著名贸易都市如莱比锡国际市集等。⑤ 由于商业的发展及商人阶级的形成，商人的法律地位也有所改变。1785年，俄罗斯颁布了帝国城市权利特权诏书，规定了商人的政治地位，促进了城市等级社会的形成。⑥

由上可知，在俄罗斯历史发展过程中，商业的发展比较自然，除了各阶层之间的自然倾轧外，国家没有特别制定过抑制商业的政策或法令，更没有在民族精神价值观中形成顽固突出的鄙商观念。相反，国家和全社会都热衷经商，鼓励经商。商人的地位也比较高，成为封建贵族政治上的同盟军。尽管如此，我们也不能过高估计俄国的社会发展情况。综合而言，

---

① *Яковцевский В. Н.* Купеческий капитал в феодально-крепостнической России. М. 1953г. с. 29.
② *Семенов А.* Изучение исторических сведений о Российской внешней торговле и промышленности с половины XVII столетия по 1858г. СПБ. Ч. 3. 1859г. с. 255–257.
③ ЦГАДА ф. 259. кн. 3799. л. 619. см. *Яковцевский В. Н.* Купеческий капитал в феодально-крепостнической России. М. 1953г. с. 30.
④ *Яковцевский В. Н.* Купеческий капитал в феодально-крепостнической России. М. 1953г. с. 48.
⑤ *Лященко П. И.* История народного хозяйства СССР. Т. 1. М. 1952г. с. 409.
⑥ 〔俄〕鲍里斯·尼古拉耶维奇·米罗诺夫：《俄国社会史》（下），第100页。

一方面，俄国尽管经历了18世纪初彼得大帝的西化改革及此后叶卡捷琳娜二世的开明专制，在某种程度上参与了西欧所引领的世界大势，但18、19世纪之交俄国社会的综合发展情况仍然要远远落后于同时期的西欧。爱尔兰人威利蒙特（М. Вильмот）1805–1806年期间在俄罗斯居住了18个月，她认为，尽管莫斯科很豪华，圣彼得堡很文明，但当时整个俄国社会的发展水平仍仅类似于14–15世纪的西欧社会。① 这种认识非常准确，但关键在于，俄国社会已经让西欧人感觉到类似于西欧社会了。这说明，当时俄国社会发展是紧跟在西欧后面的。另一方面，尽管俄国历来就有经商的传统，社会上层包括沙皇、贵族、僧侣、地主都热衷参与工商业活动，整个社会没有形成轻商的普遍伦理道德价值观，但我们也不能过高估计当时俄国商人的社会地位。实际上，俄国社会尤其是社会上层一度弥漫着一股鄙视从事国内贸易商人的气氛。20世纪初的俄国著名企业家、社会活动家布雷什金（П. А. Бурышкин，1887–1955）认为，在莫斯科，"所有非商业阶层包括贵族、官吏、知识分子，无论是右翼还是左翼，都普遍轻视、嘲笑'大财主'。俄国工商业者从来就没有获得与其在经济领域领导地位相称的荣誉和地位，没有获得西欧国家、大西洋彼岸国家的同行们所获得的那种荣誉和地位"。② 对此，我们需要说明两点：(1) 从后面的论述中，我们会清楚，此处所谓的"大财主"主要指从事内贸的商人，而不包括从事外贸的商人；(2) 俄国政治上从未颁布过贱商的法令，"大财主"虽然遭到轻视，但仅仅是相对欧美的情况而言，并非绝对。受到轻视嘲笑的"大财主"，其社会地位仍然要比古代中国商人的地位高得多。

古代中国人认为农业是国家的根本，而商业是末业，政府政策上压制，社会道德价值观上鄙视。但即使如此，古代中国的商业尤其是在某些开放的时期仍然取得了相当大的发展。据记载，上古神农时期，中国就已经有了贸易市场："包牺氏没，神农氏作，日中为市，至天下之民，聚天下之货，交易而退，各得其所。"③ 到了周代，已经出现专管市场的官职"司市"，

---

① Дашкова Е. Р. Записках княгини Е. Р. Дашковой. Лондон. 1859г. с. 480.
② Бурышкин П. А. Москва купеческая М. 1991г. с. 40–41.
③ 《十三经注疏·周易正义》，中华书局影印，1980，第86页。

所谓"大市日昃而市,百族为主;朝市朝时而市,商贾为主;夕市夕时而市,贩夫贩妇为主"。① 到了春秋战国时期,由于周朝对天下的政治控制力转弱,众诸侯国各自为政,因此,商业发达,出现了许多有名的商人如子贡(端木赐,前520-前446)、范蠡、计然、管仲(约前723/前716-前645)、吕不韦(约前290-前235)等,对社会产生了一些影响。首先是影响到社会的致富观念。当时社会普遍认为"用贫求富,农不如工,工不如商"。② 这种观念十分不利于农业的发展和国家的稳定;其次是许多著名大富商人都喜欢干政,且事实上对政治产生了巨大影响。如范蠡,曾帮助越国复国;而吕不韦,甚至做了秦国的宰相。

也许正因为如此,所以,到战国时期,秦国首先开始实行抑商主义政策,限制商业的发展。商鞅(前395-前338)认为:"民之内事,莫苦于农,故轻治不可以使之。奚谓轻治?其农贫而商富,故其食贱者钱重。食贱则农贫,钱重则商富;末事不禁,则技巧之人利,而游食者众之谓也。"③ 秦统一中国后,又采取一系列措施如强行迁徙、戍边等,打击富商大贾。自秦以后,这种抑商政策西汉时又得到大力提倡。汉武帝(刘彻,前156-前87)的经济政策中,有很多内容是专门打击商业的。例如,他颁布的"算缗令",即征收财产税,就是打击富商大贾的。"商贾以币之变,多积货逐利。于是公卿言:'郡国颇被灾害,贫民无产业者,募徙广饶之地。陛下损膳省用,出禁钱以振元元,宽贷赋,而民不齐出于南亩,商贾滋众。贫者蓄积无有,皆仰县官。异时算轺车贾人缗钱皆有差,请算如故。诸贾人末作贳贷买卖,居邑稽诸物,及商以取利者,虽无市籍,各以其物自占,率缗钱二千而一算。诸作有租及铸,率缗钱四千一算。非吏比者三老、北边骑士,轺车以一算;商贾人轺车二算,船五丈以上一算。匿不自占,占不悉,戍边一岁,没入缗钱。有能告者,以其半畀之。贾人有市籍者,及其家属,皆无得籍名田,以便农。敢犯令,没入田僮',天子乃思卜式之言,召拜式为中郎,爵左庶

---

① 《十三经注疏·周礼注疏》,第734页。
② (汉)司马迁:《史记·货殖列传》,中华书局,1959,第3274页。
③ 石磊译注《商君书》,中华书局,2009,第182页。

长，赐田十顷，布告天下，使明知之。"① 汉武帝为加大打击力度，紧接着又颁布"告缗令"，鼓励大家互相告发。于是，中等以上的富商大贾大部分破产，商人与土地的联系被割断。此外，汉武帝实行国家"盐铁专营"的垄断政策也损害了商业的发展。此后，这种抑商政策就成了整个封建时代的中心经济政策，一直延绵到明清，没有发生大的变化。

然而，商业的潮流是挡不住的。尽管汉武帝实施了许多政策打击商业，但为了敛钱，他又允许商人买官。如此一来，商人与官僚相结合，反而刺激了商业的发展。同时，商人为了保护自己的财产，一般都自觉"以末致财，以本守之"，② 即赚钱买地。因此，古代中国经济呈现出一幅很复杂的图景：一方面，国家实行抑商的政策，使商业的发展始终处在封建国家政权的控制之下；另一方面，商业仍然得到一定程度的发展，形成商-官-地主三位一体的经济结构。经商以获得财富，买官以获得政治保护，最后以买地守成。这里有两种发展趋势需要注意。第一个发展趋势是商人的地主化，这是商人对封建国家抑商政策的一种适应。但这种适应却断送了社会的近代化趋势。商人聚集了财富，却投资土地，弱化甚至断绝了手工生产的投资。这样一种投资倾向不可能产生科学革命、工业革命的动力。第二个发展趋势是商人的官僚化，这是商人对封建国家财政措施的一种响应，同时也是商人在官本位社会背景下一种保护自身的需要。由于商人在道德价值观上处于被贬损的地位，因此，在中国社会，只有商人挖空心思考虑怎么变身为官僚的现象，而官员、贵族商人化的现象却非常少见。贵族、官僚即使参与经商也多采取间接形式，这是中国社会之不同于西欧、俄罗斯的地方。

上述两种发展趋势，一直延续至明清，没有多大变化，严重阻碍了中国社会的进步发展。

魏晋南北朝时期的商业相对弱化，但西晋统一后，出现了地方官僚经商的现象，如荆州刺史石崇（249-300）、长沙太守孙盛（约302-374）、广州刺史刁逵（?-404）等都因商致富。此外，这个时期的许多名士如王导

---

① （汉）司马迁：《史记·平准书》，第1430页。
② （汉）司马迁：《史记·货殖列传》，第3281页。

(233—305)、王戎(276—339)都曾富甲一方。只不过,这种官僚"经商"很大程度上是地方官僚趁中央集权控制弱化的时机"以权谋利",与一般意义上的官僚商人化是不一样的。

隋唐时期,国家一统,政府实行经济恢复政策,促进了经济的发展。首先是农业发展,户口增加,奠定了社会发展的基础。在农业发展的基础上,手工业也迅速发展,形成了官营、民营和农民副业的格局。这里面意义较大的是民营手工业,当时,出现了"资财巨万,家有绫机五百张"的民营手工业作坊,[①] 还出现了各种手工业"行会"。手工业的发达刺激了商业的发展。一是国内贸易空前发展。交易的商品除了土特产,还有手工业品,包括金属器皿、纺织品、文化器材、漆器、瓷器等。其次是商业的发展,导致城市发展。当时的首都长安就发展为世界著名都会。城内南北14条街,东西11条街,东、西两市为商业街,其中商贾220行,四面皆店铺,是国内商贾云集的市场;西市规划跟东市一样,为大食、波斯、中亚等地国际商贾云集的市场。不过,隋唐时期尽管贸易繁荣,商业发达,但国家仍然实行抑商政策。唐代的对外贸易主要通过陆上丝绸之路与中亚、伊朗、阿拉伯商人贸易,且输入的大都是供上层社会享用的奢侈品。社会价值观念仍然鄙视商人,官僚贵族以公开经商为耻。

宋代疆域较小,但结束了五代十国的割据局面,政治统一,农业、手工业都得到了发展,中国中古三大发明就都完成于宋代。宋代内外贸易非常发达,有名的《清明上河图》就足以说明问题。宋代的贸易有两点值得强调:一是集市贸易规模大,这大大有利于形成国内统一市场;二是宋代北有辽、金,西有西夏等阻隔,故其海路贸易十分发达。当时中国的造船技术居世界先进地位,宋代的海船载重达五千石,可乘五六百人。南宋外贸最发达时,往来的贸易国家达50余个。广州、泉州成为闻名海外的大商港。由于大批"番客"(外商)来华贸易,因此,政府在广州、泉州、两浙三路设置了专管外贸的市舶司。南宋初年,仅泉州港的国家外贸税收就达200万缗,约占宋朝财政总收入的1/20。商业的发达导致纸币的出现,宋代产

---

① (宋)李昉等编《太平广记》卷243,中华书局,1961,第1875页。

生了历史上最早的纸币"交子"。然而，宋代经济政策的主旨仍是限商，如"榷估制度"即官府垄断商品经营政策就限制了民营商业的发展。同时，整个社会弥漫着"贱商"观念。大诗人范仲淹（989-1052）吟咏"吾商则何罪，君子耻为邻"① 即是明证。

元朝为蒙古族入主中原，其统治地域广袤于历代历朝。就商业政策来说，它继承了前代的一些抑商政策如榷估制度并大力发展。而且，元朝实行等级制度，色目人成为当时内外贸易的主要操作者。元代最有特色的地方在于整个社会都热衷经商，贵族、官僚、僧道都经商。然而，元朝统治不过百年，这种情况未能凝聚成一种文化传统。至于"汉人""南人"，元朝政府对其经商多有限制。有元一朝，商业（内外贸易）发展整体水平由于战争的巨大破坏未能超过宋代，但其占有欧亚大陆的大部，疆域辽阔，交通发达，因此，国际贸易无论是北方的陆路外贸，还是南方的海路外贸，都要比宋代繁荣。泉州、广州、温州、上海成为世界著名大港，各国商贾云集，蔚为大观。日本的木宫泰彦就说："元末六、七十年间，恐怕是日本各个时代中商船开往中国最盛的时代。"②

明朝代元而立，疆域缩小，但农业手工业在社会稳定后要比宋代有所发展。手工业的发展尤以纺织业、瓷器制造等明显。江南地区的纺织业、瓷器制造业中甚至出现了资本主义萌芽。如苏州的丝织业，有些作坊雇用工人达数千人。据记载，明万历年间，在景德镇每天就有数万佣工等待雇用。特别是到明朝末年，还出现了商业资本转化为产业资本的现象。但由于政府在整体上仍实施抑商政策，因此，商业资本转化为产业资本的规模受到很大限制。此外，值得一提的是郑和下西洋。虽说郑和七下西洋的目的尚有争论，其所进行的海外贸易也还只是一种朝贡式的贸易，但不可否认，其航海行为客观上促进了海外交通和海外贸易的发展。可惜，正德、嘉靖年间，明朝实施海禁政策，使得郑和下西洋的成果一朝成灰，中国丧失了一次外向发展的机会。到明末，西洋的荷兰、西班牙、葡萄牙、英国等纷

---

① （宋）范仲淹：《范仲淹全集》（上），李勇先、王蓉贵校点，四川大学出版社，2002，第25页。
② 〔日〕木宫泰彦：《日中文化交流史》，胡锡年译，商务印书馆，1978，第394页。

纷东来贸易，明朝视此为中国海疆不宁因素。17世纪中叶，沙俄势力侵入黑龙江流域。1567年，沙俄与明朝发生关系。① 中俄开始发生外交、贸易关系。

明朝政府整体上仍实施抑商政策，洪武十九年三月戊午，太祖谕："如桑弘羊之商贩，杨炎之两税，自谓能尽理财之术，殊不知得财有限，而伤民无穷。我国家赋税已有定制，樽节用度，自有余饶。减省徭役，使农不废耕，女不废织，厚本抑末，使游惰皆尽不力田亩，则为者疾而食者寡，自然家给人足，积蓄富盛。"② 那种"以农为本，故常厚之；以商为末，故常抑之"的"古者制民之法"③ 仍然被强调为基本国策。

1644年，满族入关建立了清朝。为了巩固自己的统治，清朝政府采取了一系列措施恢复经济。到康熙年间，农业、手工业都获得了较大的发展。乾隆四十八年（1783），经官府批准的矿场就达313处，广东铁厂每一铁炉生铁日产量已达到6000斤。④ 农业、手工业的发展带动了商业的发展。清代商业发展值得关注的一点是微弱的商业资本产业化现象。商人们或以包买主身份出现，或投资办矿。⑤ 这是一种进步因素，具有资本主义萌芽的性质。清代商业还有一个特殊的现象，就是对外贸易已形成体制。北方以恰克图（还有祖鲁海图，但由于种种原因没有勃兴）为口岸，与俄国进行边境陆路易货贸易；南方则以广州为中心，与西欧诸国进行海路贸易。北方恰克图贸易由库伦办事大臣管辖，南方口岸海路贸易则专设粤海关监督管理。南方广州的洋商和北方恰克图俄商都需通过中国行商来贸易。⑥ 当然，南、北口岸体制都同样限制外商的居住和行动、出口货物的种类和数量，也就是说都采取限制对外贸易的政策。清承明制，在整个经济制度

---

① *Карамзин Н. М.* История государства Российского. СПБ. 1821г. c. 236.
② 《明太祖宝训》卷3，台北：中研院历史语言研究所校印，1962，第232页。
③ （明）王叔英：《王翰林奏疏》，（明）陈子龙、徐孚远、宋徵璧等选辑《明经世文编》第1册，中华书局，1962，第88页。
④ 李浚源、任乃文等编《中国商业史》，中央广播电视大学出版社，1985，第183页。
⑤ 韦庆远、叶显恩主编《清代全史》第5卷，辽宁人民出版社，1991，第237–238页。
⑥ 根据何秋涛的记述，清代恰克图有八大行商。可见，在北方恰克图同样实行"行商"制度。（清）何秋涛：《朔方备乘》卷37《俄罗斯互市始末》，台北：《中国边疆丛书》第2辑，文海出版社，1964，第763页。

层面，同样实行抑商政策。

其实中国人是很有经商头脑的。但两千多年来，各朝各代政治都是家天下。家天下，便没有国家利益的概念。大小官吏和贵族们都只注重自己牟利，很会聚集财富，但财富聚集的途径主要是对农业的超经济强制剥削，而不是来自贸易、规模化手工业生产。因为手工业或商业领域很容易产生威胁封建家天下专制统治的力量，所以，传统中国社会一直抑商，不仅从政策、道德上贬损商人，而且自秦汉以降，法律上亦歧视商人。汉朝规定："贾人皆不得名田、为吏，犯者以律论"，[①] "天下已平，高祖乃令贾人不得衣丝乘车，重租税以困辱之。孝惠、高后时，为天下初定，复弛商贾之律，然市井之子孙亦不得仕宦为吏"。[②] 北魏虽是一个少数民族建立的政权，其法律亦规定"工商皂隶，各有厥分"，不染清流。[③] 唐代在贞观元年定律："五品以上，不得入市"；太和六年规定："胥吏及商贾妻，并不得乘奚车及檐子。其老疾者，听乘苇軬及兜笼，异不得过二人"；[④]《选举令》："身与同居大功以上亲自执工商，家专其业者不得仕"。明（洪武）十四年："令农衣绸、纱、绢、布，商贾止衣绢、布。农家有一人为商贾者，亦不得衣绸、纱。二十二年令农夫戴斗笠、蒲笠，出入市井不禁，不亲农业者不许。"[⑤] 历朝历代在政策、道德、法律层面上的抑商，导致商人的社会地位一直低下。清人唐甄（1630-1704）就借"客"嘴说："民之为道，士为贵，农次之，惟贾为下。贾为下者，为其利也，是故君子不问货币，不问赢绌。"[⑥] 清末的资产阶级革命派邹容（1885-1905）更是总结："外国之富商大贾，皆为议员执政权，而中国则贬之曰末务，卑之曰市井，贱之曰市侩，不得与士大夫伍。乃一旦偿兵费，赔教案，甚至供玩好，养国蠹者，皆莫不取之于商人。若者有捐，若者有税，若者加以洋关而又抽以厘金，若者抽以厘金而又加以洋关，震之以报效国家之名，诱之以虚衔封典之荣，公其

---

① （汉）班固：《汉书·哀帝记》，中华书局，1962，第336页。
② （汉）司马迁：《史记·平准书》，第1418页。
③ （北齐）魏收：《魏书》第1册，中华书局，1974，第144页。
④ （宋）王溥：《唐会要》，中华书局，1955，卷86，第1582页；卷38，第574页。
⑤ （清）张廷玉等：《明史》第6册，卷67，中华书局，1974，第1649页。
⑥ （清）唐甄：《潜书注》，四川人民出版社，1984，第263页。

一　盛衰大局：18、19世纪之交的俄国与中国

词则曰派，美其名则曰劝，实则剥吾同胞之肤，收吾同胞之髓。"① 邹容所说，便是两千多年中国商人地位的本质。

由上可知，中俄两国商业发展的规模有别，对待商业的政策有别，价值观、法律层面上商人的地位也不一样。相对而言，俄国社会比中国社会更看重商人。在俄国，从事外贸的商人更是受人尊重，官僚贵族也都十分热衷直接参与对外贸易，而中国的情况则完全相反。

其二，历史上俄、中两国重商主义的政策及其思想轨迹

经过15、16世纪漫长的过程，俄罗斯农奴制度基本完备，国内开始形成统一市场。从16世纪末开始，俄罗斯出现了民族经济体系的萌芽，商人和商业贸易开始在国家的经济政策中显示出重要作用。从17世纪开始，俄罗斯就开始实行重商主义经济政策，主要表现为：保护祖国的商业、控制和限制外国商人的贸易、调节国内关税、建立民族的货币制度，等等。②

俄国的重商主义思想形成于17世纪下半叶，成熟于18世纪初，代表人物为波索什科夫（И. Т. Посошков，1652-1726）。他是彼得一世时期最重要的经济理论家，于1721-1724年间完成了《贫富论》，集中阐述了其所理解的重商主义思想。其中最关键的

波索什科夫（И. Т. Посошков，1652-1726），俄国经济学家、政论家，彼得一世改革的支持者，重商主义思想家，著有《贫富论》

---

① （清）邹容：《革命军》，张枬等编《辛亥革命前十年间时论选集》第1卷下册，生活·读书·新知三联书店，1960，第659页。
② *Лященко П. И.* История народного хозяйства СССР. Т. 1. М. 1952г. с. 234.

思想是"富国强兵"。他认为,"国家富强的基础是商人,而商人的财富与军队的武力是密不可分的"。① 很显然,波索什科夫把重商与殖民扩张紧密联系起来,这是俄国的政治现实在重商思想上的反映。他还认为,对外贸易是国家积累财富的主要渠道,主张国家应积极干预、调节和控制对外贸易,实行贸易保护政策。他还呼吁社会敬重商人、鼓励发明和建立手工工场。波索什科夫的重商理论对俄国社会发展的影响很大。1766年,俄国将法国重商主义者尤斯季(Юсти)的著作《与军人贵族持不同见解的经商贵族、或对贵族经商是否有利于国家的两种见解》译成俄文发表,立刻引起俄国贵族们思想上的认同。从此,俄国贵族"将对外贸易视为国家活动的一种形式",到18世纪末,俄国"贵族对商业的向往更趋强烈"。② 俄国通过贵族参与外贸而实现了类似于西欧的封建贵族与商人的结合。

18世纪末是俄国历史发展的重要关头,开明的叶卡捷琳娜二世支持成立了类似于西欧"东印度公司"的"俄美公司",许多贵族包括女皇自己都是公司的股东。这既促进了俄国的对外贸易,又促使俄国走上了世界"地理大发现"的历程。这表明,18、19世纪之交,俄罗斯帝国开始走上西欧曾经走过的路。由于俄国参与了西欧世界大势的"潮流",其国势也慢慢呈上升趋势。

反观中国经济史,尚有些模糊的材料可以隐隐约约看出大约在战国以前曾经重视过商业。从战国时代开始,历朝历代都毫无例外实行抑商主义的经济政策。因此,如论国家整体经济政策,终整个古代社会,中国政府都没有实行过重商主义政策。但是,这并不等于说历史上未曾出现过重商主义思想。例如,春秋时期的政治家管仲,就是一个主张"通货积财,富国强兵"的重商主义者。西汉有思想家认为经商致富也是"富国"的方式:"商贾之富,或累万金,追利乘羡之所致也。富国何必用本农,足民何必

---

① 王松亭、张乃和:《从〈贫富论〉看18世纪初俄国的重商主义》,《历史研究》1995年第6期,第137页。
② 〔苏〕С. Б. 奥孔:《俄美公司》,俞启骧译、郝建恒校,商务印书馆,1982,第7—8页。

井田也。"① 西汉史学家司马迁（前145/前135-前86）也提倡重商，主张"四业并举"。司马迁认为，"山西饶材，竹、谷、纑、旄、玉石；山东多鱼、盐、漆、丝、声色；江南出楠、梓、姜、金、锡、连、丹砂、玳瑁、珠玑、齿革；龙门、碣石北多马、牛、羊、旃裘、筋角"，既然各地出产不一，那么便需要交换才能互通有无，是故商业乃不可或缺的重要部门，所谓"待农而食之，虞而出之，工而成之，商而通之"，且"农不出则乏其食，工不出则乏其事，商不出则三宝绝，虞不出则财匮少"。② 也就是说，农、虞、工、商四业是任何一个社会正常发展都必须具备的产业，四业并举才能社会富足，这明显是与当时朝廷所提倡的抑商主义政策有所不同的。明末清初的黄宗羲（1610-1695）也曾提出过类似的"重商"思想，他说："世儒不察，以工商为末，妄议抑之，夫工固圣王之所欲来，商又使其愿出于途者，盖皆本也"，③ 公然提倡"工商"为本。然综观战国以后之中国史，类似司马迁、黄宗羲的"重商"思想不仅凤毛麟角，且没有产生什么实际的历史作用。荀子（前313-前238）"工商重则国贫"，④ 韩非子（约前281-前233）视商人为"五蠹"之一的论调仍然占据上风。尽管17、18世纪，西欧已经将商业定为立国根基，但中国的康雍乾诸朝仍在"抑商"。19世纪初的嘉道年间，清朝整体上国势由盛转衰，"吏治败坏，内乱蜂起，政治社会环境变坏，商业遂亦受到摧残，而一蹶不振"。⑤ 同治年间，为了应付外国的侵略，中国部分士大夫兴起洋务运动，办工厂企业。但这些士大夫的根本思想仍然是重农，他们办企业的目的只是为了强兵，为了恢复传统农业型经济，并没有"发展商务来增加国家收入的观念"。⑥ 早期洋务派官僚所倡办的企业都是官督商办，其实质仍是传统封建经济组织，

---

① 王利器校注《盐铁论校注》，中华书局，1992，第29页。
② （汉）司马迁：《史记·货殖列传》，第3253、3254页。
③ （清）黄宗羲：《黄宗羲全集》（第1册），浙江古籍出版社，1985，第41页。
④ （清）王先谦撰，沈啸寰、王星贤点校《荀子集解》，中华书局，1988，第194页。
⑤ 李陈顺妍：《晚清的重商主义》，台北：《中央研究院近代史研究所集刊》第3期，1972年，第211页。
⑥ M. Wright, *The Last Stand of Chinese Conservatism: The T'ung-chih Restoration 1862-1874*, Stanford University Press, 1957, p. 145. 转引自李陈顺妍《晚清的重商主义》，台北：《中央研究院近代史研究所集刊》第3期，1972年，第212页。

并非近代资产阶级性质的企业。在这类企业里，官本位主导，商家只不过是利用官家资本牟利而已，这与重商主义政策之下的以商家为主导的经济组织是完全不一样的。中国真正实践重商观念是晚清光绪年间的事。晚清重商思想之集大成者，首推郑观应（1842-1921）。他早在1860年就提出："稽古之世，民以农为本；越今之时，国以商为本"，"不知商贾虽为四民之殿，实握四民之纲；士有商则行其所学，而学益精；农有商则通其所植，而植亦盛；工有商则售其所作，而作益勤。商足以富国，岂可视为末务！"①稍后，王韬（1828-1897）、薛福成（1838-1894）、马建忠（1845-1900）等也主张国家"重商"，成为晚清重商主义思想的代表人物。而清末状元张謇（1853-1926）应该说是晚清较为成功的重商主义思想的实践者，他所办的大生纱厂足以说明，纯粹商办企业要比官督商办企业优越得多。晚清重商主义的高潮在光绪末年，清政府正式颁布了一系列"重商"政策法规如《农工商部奏定爵赏章程》《试办银行章程》等，国家正式推行重商政策。可惜，这一步来得太晚了些。

由此可见，中国社会思想中重商思想的出现要比俄罗斯晚两百年，而国家实行重商主义政策比之俄罗斯更晚。单纯从经济思想的变迁来说，中、俄两国的社会发展早在17世纪下半叶就已经开始出现差距了。那时候，俄罗斯政府已经开始重商，而中国政府尚大力提倡抑商。

具体论及亚历山大一世与嘉庆时期中俄两国的商业贸易情况，我们要特别指出一点，那就是俄、中两国商业政策方面最大的区别是对待外贸态度的不同。其实，俄国贵族也认为国内商业作奸犯科，是不道德的，却认为"对外贸易是国家致富的最重要的财源"，外贸被看作政治，所以并非不道德的事业。②在这里，俄国贵族从语义学的角度巧妙地把"外贸"转换为"政治"，避免了社会道德观念的尴尬，解决了思想问题。而中国政府及其思想家则一直没有找到解决问题的路向，未能在"抑商""重商"层面区别内贸和外贸，不仅抑制内贸，而且尤其严格控制外贸。所以，18、19世

---

① 夏东元编《郑观应集》上册，上海人民出版社，1982，第593页。
② 〔苏〕С.Б.奥孔：《俄美公司》，第7页。

纪之交，俄、中两国经济发展的指导思想是有明显区别的：俄国重商，尤其是外贸；中国则抑商，无分内贸外贸。

3. 对外态度的开放与保守：环球航行与禁止出海

俄罗斯对外开放的政治态度大约形成于彼得大帝改革时期。当时，彼得大帝实行全盘西化的内外政策，俄罗斯社会的保守拖沓的风气顿时为之一变。彼得改革的最可贵之处不仅表现在政治上实行了欧化，尤其表现在改革了陈旧的日常社会生活观念。比如，改革之后，官僚贵族开始穿欧式服装，剃掉了满脸齐胸的大胡子，整个社会开始热衷于学习外语。当时流行的一本供上层社会生活使用的《青年修身之镜》中就谈道："青年贵族或世袭贵族，学习要好，尤其是要精通几国语言"，"彼此之间应讲外国语"。彼得大帝还派遣许多年轻人去西欧各著名港口学习航海知识。为了打通出海口，彼得大帝不惜向当时北欧的强国瑞典发动战争，最后终于夺取了通向波罗的海的出海口，并在新港建立了新首都圣彼得堡。到叶卡捷琳娜二世时代，俄国开始了社会启蒙。1768年，俄国成立了"外文书籍翻译协会"，其在15年时间里共翻译出版了110种书。当时"不仅高尚的人，而且中下等人，特别是商人，都十分喜爱阅读各种书籍"。[①]

18世纪末是俄国历史发展的重要关头，开明的叶卡捷琳娜二世支持了两件事情：一是支持成立了类似于西欧东印度公司的俄美公司，许多贵族包括女皇自己都是公司的股东。俄国成立经营海外贸易的公司始于18世纪50年代，如"1757年成立的'君士坦丁堡俄国贸易公司'、1758年成立的'波斯贸易公司'，以及1760年成立的'布哈拉与希瓦商业公司'"。叶卡捷琳娜时代的俄美公司不过是这一风气的继续，它主要代表沙俄政府经营北太平洋俄国探险者所发现的岛屿及北美阿拉斯加殖民地的管理和贸易事业。二是支持俄国海军与民间联合组织进行的西伯利亚极东地区、北美洲探险事业及第一次环球航行。[②] 这既促进了俄国的对外贸易，又使俄国参与了

---

① 〔苏〕戴维森、马克鲁申：《远洋的召唤》，丁祖永等译，新华出版社，1981，第66-67、323-325页。
② 参见〔苏〕戴维森、马克鲁申《远洋的召唤》。

世界"地理大发现",参与西欧所引领的世界大势。

1796年,叶卡捷琳娜二世去世后,其子保罗一世即位,推翻了很多叶卡捷林娜的施政政策。由于不得人心,保罗一世在位不久即于1801年的宫廷政变中被谋害,其子亚历山大一世即位,叶卡捷琳娜二世的许多政策又得到了恢复。首先,他明确支持叶卡捷琳娜时代就已经成立的俄美公司。俄美公司成立之后,由于内部管理混乱,加上英美商人的竞争、西伯利亚地理条件的恶劣而引起的运输困难等原因,从一开始就连连亏损,以致到亚历山大一世即位时,公司的股票已经无人购买,公司面临破产。为了保障公司继续运营,"亚历山大一世自己买了二十张股票,接着亲王们也都接踵跟风购买股票。宫廷购买股票之举,向贵族和有名望的巨贾指明必须效法沙皇的榜样……在其影响下,在这一时期各阶层人士,包括不少达官显贵和知名商贾入股的资本达五十多万卢布"。[①] 其次,他继续支持与俄美公司利益紧密联系并在其祖母叶卡捷琳娜二世时代就已经动议的俄国第一次环球航行。环球航行究竟有什么好处,以致俄国沙皇如此热心?其一,环球航行是西欧国家所引领的世界大势的组成部分。在当时,是否支持或动议进行环球航行是一个君主一个政府对外开放进取观念的试金石;其二,环球航行有利于收集世界海洋水文资料及积累远洋航海的经验,提高海军的战斗素质,这符合当时俄国建立强大海军的梦想;其三,环球航行与殖民、海外贸易实际上是一体的。俄国第一次环球航行的首领克鲁逊什特恩在给沙俄政府的"环球航行计划"中就说:"俄国舰队通过远洋航行能使自己提高到外国先进舰队的水平,殖民地的贸易将会得到广泛发展,向我们的美洲殖民地供应它们所必需的一切将更加有利可图。"[②]

1803年,为了帮助俄美公司摆脱财务困境,也为了参与中国的海路贸易,与西欧诸国竞争毛皮贸易,鲁缅采夫上奏亚历山大一世:"我自蒙陛下任命为商务大臣以来,为扩大俄美公司的贸易而日夜操劳,兢兢业业,

---

① 〔苏〕С.Б.奥孔:《俄美公司》,第57页。
② 〔苏〕戴维森、马克鲁申:《远洋的召唤》,第370页。

一 盛衰大局：18、19世纪之交的俄国与中国

然自然阻力使所有措施难收功效。货物自伊尔库茨克运往鄂霍茨克困难重重……运费每年都在上涨，致使本来对公司极为有利的贸易也变得无利可图……所有这些情况使公司感到，如经波罗的海港口将辎重从海路运往美洲，自然要比陆路运输便利得多。但缺乏熟练海员会成为新的困难。如今皇帝陛下仁慈，谕令政府给予公司必要的协助，各股东立即行动，在英国购得430吨及450吨位船只各一艘，以作环球航行。这一首航伟业，一定会使皇帝陛下在位的年月熠熠生辉，陛下的关怀亦将使我们的贸易赢得万邦应有的尊敬。"① 而稍后戈洛夫金使团访华的动议也是围绕首次环球航行而出现的。

实际上，亚历山大一世时代开始的环球航行绝不是一次单独的航海活动，可以说它在俄国开启了一场环球航行运动，自1803年至1849年延续了约半个世纪，"总计这一时期俄国组织和完成了三十六次环球航行"。② 频繁的环球航行不仅为俄国积累了丰富的航海经验和海洋水文知识，为建设一支强大的俄国海军打下了基础，尤其给人们的知识、眼界及开放观念带来革命性的冲击，为俄国紧跟在西欧之后步入引领世界大势之列奠定了基础。

而古老的中华帝国，就社会发展趋势来看，从15世纪中叶以后就已经与西欧所引领的世界大势南辕北辙。曾经热闹一时的郑和下西洋，虽然从规模上看甚至比迟半个多世纪的西欧航海探险要大得多，但性质却完全不一样。西欧的航海与地理大发现完全是基于经过文艺复兴思想解放运动洗礼的重商主义的经济动因，而郑和下西洋却基于莫名其妙的政治动因。西欧航海是贵族与商人结成利益联盟的结果，而郑和下西洋纯粹是国家单方面的政治行动，与商人无关。事实上，从明中叶开始，资本主义在经济较为发达的东南沿海地区就已萌芽，出现了商业资本，甚至也出现了官员经

---

① АВПРИ. Ф. СПБ. Главный архив. 1–7. оп. 6. 1802г. д. № 1. п. 2. л. 18–19. *Тихвинский С. Л. и Мясников В. С.* Русско–Китайские отношения в ⅩⅨ веке. Материалы и Документы. 1803–1807. Т. 1. М. 1995г. с. 44.

② 〔俄〕尤·弗·里相斯基：《涅瓦号环球旅行记》，徐景学译，黑龙江人民出版社，1983，第2页。

商的现象，① 但是，整个社会没有经历类似西欧和俄国社会的那种贵族（政府）与商人结成利益联盟的历史过程。② 虽然康雍乾时期商业一度繁荣，但直到18、19世纪之交的嘉庆朝，中国社会也一直没有出现重商主义政策和思潮。③ 明清两朝基本上都反对对外贸易，大家都认同国家财富的基础是农业而非商业。商人始终没有地位，王朝的政治利益始终高于商业利益，这既是立国原则，也是对外关系原则。

据资料记载，尽管嘉庆皇帝的主要国策仍是"食为民天，崇本抑末，警惰黜奢，为藏富闾阎之计"，④ 但平日嘉庆尚十分体恤商人，在某些具体问题如调节各省粮食运输的问题上，还提倡借助商业："各省粮石丰歉不齐，全赖商贩流通，其价值自不致昂贵。若将商贩停止，则邻境转得居奇，于商民均有未便……俾商民等水运陆转，悉听其便。"但是，嘉庆皇帝和俄皇亚历山大一世比起来，其商务开放意识就要差多了。这里略举三例。第一，嘉庆皇帝反对开采新矿。嘉庆四年，宛平民潘世恩、汲县民苏廷禄，呈请在直隶邢台等县境内开采银矿，对此，嘉庆皇帝一口拒绝："且国家经费，自有正供常赋。川陕余匪，指日即可殄平。国用本无虞不足，安可穷搜山泽，计乃锱铢。"第二，嘉庆皇帝鄙视西洋工业产品："两广总督吉庆等遵旨覆奏，西洋夷商来粤贸易，向系以货易货……惟贩来钟表玻璃等物，以无用易有用，未免稍损元气。若内地不以此等为要物，夷商自无从巧取……朕从来不贵珍奇，不爱玩好，乃天性所禀，非矫情虚饰。粟米布帛，乃天地养人之物，家所必需。至于钟表，不过为考察时辰之用，小民无此物者甚多，又何曾废其晓起晚息之恒业乎。尚有自鸣鸟等物，更如粪土矣。当知此意，勿令外夷巧取，渐希淳朴之俗。"⑤ 其实，清中叶以来，

---

① 唐力行：《商人与中国近世社会》，商务印书馆，2006，第22-24页。
② 逮戊戌变法时，始有阎志廉奏折言"如令各省商民公举一官绅为董事，则情谊相通，而商业之振作将赖乎此"（国家档案局明清档案馆编《戊戌变法档案史料》，中华书局，1958，第410页），此言始表明中国人已意识到官员（贵族）与商人结合的重要性。
③ 据王尔敏的意见，中国到19世纪末才开始出现重商主义思潮和实践。见王尔敏《商战观念与重商思想》，台北：《中央研究院近代史研究所集刊》第5期，1976年。另参见李陈顺妍《晚清的重商主义》，台北：《中央研究院近代史研究所集刊》第3期，1972年。
④ 《清仁宗睿皇帝实录》卷287，第31册，第930页。
⑤ 以上引文分见《清仁宗睿皇帝实录》卷92，第29册，第214、519、720页。

凡西欧诸国所"进贡"的物品，多属工业革命的产物。如果中国的帝王们仔细研究，就不难从中看出东西方文明的差距来。可惜，几乎所有帝王都把这些欧洲工业革命的成果视为"奇技淫巧"之物而慢待。第三，反对移民。嘉庆年间，内地老百姓迫于生计，纷纷自愿移民东北等地。可是，嘉庆皇帝却反对移民东北，因为东北是满族的老家，害怕满人受汉民的影响而变得羸弱，所谓"如所请嗣后内地民人，有来黑龙江贸易者，准其携眷居住，种地谋生，屯丁之放出为民者，亦准其安居乐业，不必逐出境外一款，事不可行。东三省为根本重地，原不准民人杂处，致碍旗人生计。是以内地贸易之人，不许在彼居住谋生。如有私自逗留，尚当驱逐出境。昨因山海关等处出口人多，曾降旨订立章程，严行稽查，岂可执通商致富之说，转令内地民人，前赴黑龙江居住谋生，听其自便乎。若云准令汉人居住，则地方富庶，兵力可以勇健，亦无此理。东三省旗人以弓马为本务，每日勤加演习。及捕打牲畜，兵力自臻骁健。设与汉人相处，必致沾染气习，渐流懦弱。今黑龙江之兵胜于吉林，而吉林又较胜于奉天。可见强兵之法，不在通商此其明验也"。① 而同一时期，俄国政府的做法却截然不同。保罗一世和亚历山大一世分别于1799年、1806年颁布相关法令，鼓励移民西伯利亚。②

至于航海，自古以来，中国人就把"航海"与"朝觐""向化""朝贡"联系在一块。所谓"九州之外，蛮夷戎狄，莫不梯山航海而至"，③ "航海输贡"④ 是也。这种观念上的联系、联想到清代更甚。乾隆五十八年曾谕沿海各督抚："……今遣使臣马戛尔尼进贡，由海道至天津赴京等语，并译出原禀进呈，阅，其情词极为恭顺恳挚，因俯允所请，以遂其航海向化之忱"，接着又强调："此等外夷，输诚慕化，航海而来。"又直隶总督梁肯堂

---

① 《清仁宗睿皇帝实录》卷126，第29册，第700页。
② Кирьяков В. В. Очерки по истории переселенного движения в Сибир（в связи с историей заселения Сибири）. М. 1902г. с. 52-55.
③ 《申学士校正古本官板〈书经大全〉》第4册，卷7"旅獒"，刻本，出版年代未知，第2页。
④ （元）脱脱等：《辽史》，中华书局，1974，第437页。

(1717-1801)亦上奏"该使臣航海朝觐,恭顺甚嘉"。① 既然"航海"就是"朝贡",中国自誉为天朝,自不肯"航海"去向谁"朝贡"了。很显然,相对俄罗斯而言,清王朝受这种观念上的拖累是相当明显的。

如前所述,俄罗斯自彼得大帝开始,其后叶卡捷琳娜二世、亚历山大一世等,都极力支持航海。而反观中国清朝,则屡次实行禁海政策。顺治帝(爱新觉罗·福临,清世祖,1638-1661)就曾多次发布"禁海令"。顺治十二年六月:"无许片帆入海,违者立置重典";② 顺治十三年,再次谕令沿海各省:"严禁商民船只、私自出海。有将一切粮食货物等项与逆贼贸易者,或地方官察出,或被人告发,即将贸易之人,不论官民,俱行奏闻正法。货物入官,本犯家产,尽给告发之人。其该管地方文武各官,不行盘诘擒缉,皆革职,从重治罪。地方保甲,通同容隐,不行举首,皆论死。凡沿海地方,大小贼船,可容湾泊登岸口子,各该督抚镇,俱严饬防守各官,相度形势,设法拦阻。或筑土坝、或树木栅,处处严防,不许片帆入口,一贼登岸。"③ 这次禁海令原本是迫于沿海的残明势力陆海勾结的政治斗争形势而颁发的,本为权宜之计,但直到71年以后方才明令取消。康熙以后,清政府又多次重申禁海令。康熙四年谕令:"青、登、莱沿海等处居民,准令捕鱼外,若有籍端捕鱼,在沿海贸易,通贼往来者,照先定例处分";康熙十一年,再次题准:"凡官员兵民私自出海贸易……孥拿问罪";④ 平定三藩之乱后,清政府更是在沿海地区厉行禁海令,致"滨海数千里,无复人烟"。⑤ 于是,中俄两国在航海问题上形成了一道截然相反的景观:俄罗斯一直兴师动众极力争夺出海口(争夺出海口甚至成为俄罗斯领土扩张的重要动力),积极组织环球航行,热衷于海外贸易;而东方的中国,此时此刻却在严厉实行"禁海"。这一倡一禁,预示着中俄两国未来国运的

---

① 中国第一历史档案馆、中国古籍整理研究会编《清宫粤港澳商贸档案全集》卷6,中国书店,2002,第3162、3167页。
② 《清世祖章皇帝实录》卷92,第3册,第724页。
③ 《清世祖章皇帝实录》卷102,第3册,第789页。
④ (清)昆冈主编《钦定大清会典事例》卷776,光绪戊申,商务印书馆,第3、1页。
⑤ (清)夏琳:《海纪辑要》,《台湾文献史料丛刊》(《海纪辑要》、《闽海纪略》、《海上见闻录》、《闽海纪要》合订本)第6辑,台北:大通书局,1997,第59页。

兴衰。①

由于中国把航海看作"朝贡"的代名词，并且不停地实施禁海政策，于是，自明代以来一度兴盛于南海的中国帆船至清朝便逐渐消失，由此导致清代中国的海军力量亦十分弱势。嘉庆九年，御史周廷森就条奏："各省水师战船，向照部颁定式，只能在海边巡查，不能放洋远出。"② 如此低劣的海军船舰设备，又怎能抵御即将蹈海而来的西方侵略？因此，在这样的文化和物质语境下，中国社会基本上不可能出现西欧曾经出现过的航海和地理大发现历程。因此，18、19世纪之交的中国社会，既不知道世界大势，也无法顺应世界大势，外交趋于保守，中国社会开始边缘化，国势呈下降趋势。反之，俄罗斯则积极干预欧洲局势，进行环球航行，增强海军实力，整个社会发展的趋势愈来愈接近西欧，国势呈上升趋势。

（三）世纪之交的俄中关系格局分析

俄中关系自清初确立以来，至18、19世纪之交，历经两百多年的实践，已经形成了比较稳定的关系格局。这种关系格局大致有四方面内容。1. 俄中两国在商务关系方面形成了稳定的恰克图边贸体制。早期俄中关系史前期的一个特点就是以商贸关系为中心，通使关系亦围绕扩大双方的边贸关系。中俄双方的商人在《恰克图界约》及其附约的框架下进行以货易货的边境贸易。为适应这种外贸关系，中俄在各自国内都形成了一条产业链。俄国主要以其特产——毛皮和不太丰富的工业产品交换中国的茶叶、布匹等手工业商品。俄国商人云集中俄边境，不但畅通了西伯利亚的商路，且繁荣了西伯利亚经济，充盈了俄罗斯国库；而中国则以晋商为主体，他们

---

① 1830年，俄国著名的西欧派思想家恰达耶夫在其《哲学书简》中写道："您知道，中国从远古起就拥有了三件伟大的工具：指南针、印刷术和火药，这三件工具极大地促进了我们人类智慧的进步。然而，这三种工具帮了中国什么忙？中国人完成环球航行了？他们发现过一片新大陆？"〔俄〕恰达耶夫：《哲学书简》，刘文飞译，作家出版社，1998，第140页。在这里，恰达耶夫明确将未完成环球航行和未参与地理大发现作为中国社会发展停滞的表征了。

② 《清仁宗睿皇帝实录》卷126，第29册，第705页。

恰克图（1805年）

深入湖广产茶区，将福建、湖南、江西、湖北等地的茶叶、棉布等商品，长途贩运到恰克图以交换俄国商品，不但造就了强势的晋商团体，且繁荣了南方产茶省份的经济。和平稳定的恰克图贸易对中俄双方的经济发展都十分有益。恰克图边贸发端于17世纪末，中经嘉庆时期到19世纪上半叶到达顶点。此后，基于中俄不平等条约体制的建立，中俄商务边界深入中国内地，以致中俄恰克图边境贸易由盛转衰。大约在乾隆年间，恰克图贸易就已成为调节中俄关系的一根最重要的杠杆了。2. 中俄两国经过两百多年的接触，到18、19世纪之交，基本上固定了两国书信公函往来的制度。两国交涉主要依靠书信公函往来，途径为：俄枢密院—伊尔库茨克省—恰克图—库伦—清理藩院。有事则互相发送国书，且函来信往一般都由特派的信使来承担。由于圣彼得堡与北京距离遥远，道路艰难，因此，中俄两国之间的交涉一般都旷日持久，给两国关系的发展带来限制。3. 19世纪以前，俄国在中国的北京主要依靠布道团和耶稣会士作为俄中关系的中介。18世纪上半叶开始，俄罗斯东正教布道团就进驻北京，但成员素质低，没起什么明显作用。19世纪初，在第9届布道团大司祭比丘林（Я. Бичурин，1777–1853）的领导下，经过改革，俄国布道团的面貌焕然一新。自此，布道团始成为融"学馆""商馆""使馆"为一体的多职能综合机构，在19世纪上半叶为俄国实现对华侵略政策立下了汗马功劳。同时，鉴于历史原因，在早期俄中关系史上，俄、中两国政府都十分注重利用耶稣会士为发展俄中关系服务。这种利用主要体现为翻译、情报提供等。4.俄中关系是分层面的，它可以划分为官方层面和民间层面，同时官方层面又可以细分为国家层面和地方层面。① 过去，我们仅仅关注国家层面的中俄交涉，但对地方层面的中俄交涉注意不够。自康熙、雍正初年俄中签署边界系列条约以后，两国东、中段边界确立，各自建构和完善了东、中段边界的防务体系，所有地方层面的俄中交往都是在这个防务体系的覆盖下进行的。总之，到嘉庆时期，俄中关系已经形成了一种运作有序的稳定格局。

1.陆路通商：稳定发展的恰克图贸易

清朝外贸大致分为两个部分：一个部分也是最为传统的部分就是所谓的"朝贡"贸易，即贸易商队同时必须具备朝贡的性质，这是一种外交与贸易相混合的体制。朝鲜、俄罗斯等朝贡国都采用过这种体制，如"京师互市"；② 另外一个部分就是边境贸易，即在边关确立某个地点作为中外贸易的固定地点，中外双方的商人可以在这个规定的地点进行贸易，前来参与边关贸易的外国商人或商队是不允许进入中国内地的，也不允许与清朝官方打交道。这样的边关贸易点在清朝有南北两个，即南方的广州和北方的恰克图（严格来说，北方还有一个祖鲁海图边贸点，但由于地理原因，贸易一直未成规模。而南方也经历过由"五口"到"一口"的演变），可称为"南北口岸体制"，亦可称为"两口通商体制"。③ 当然，在实际操作层面，这种南北两口通商体制内部还是有些区别的。北方恰克图口岸属于陆路贸易，主要通商对象为俄罗斯；南方广州口岸，属于海路贸易，主要通商对象为英、美、法、荷、葡等欧美诸国。北方恰克图口岸基于地理气候等因素的局限而显得比较简陋。商镇恰克图位于色楞格斯克至库伦的途中，分

---

① 陈开科：《俄总领事与清津海关道》，《中国社会科学》2012年第4期。
② （清）何秋涛：《朔方备乘》卷37《俄罗斯互市始末》，台北：《中国边疆丛书》第2辑，文海出版社，1964，第753页。
③ 学界绝大多数人都只提南方广州"一口通商"体制，实际上，这是一个很大的误解。清代的对外贸易体制称为"两口"或"多口"通商体制比较符合历史实际。

恰克图市场

为南北两个部分。中俄两国商人分开居住,俄国人住恰克图,中国人住买卖城,两个居民点中间就是边境线,双方隔路相望,贸易时方才相互往来。① 而南方的广州口岸则相对繁华一些,坐落于珠江边。在卸货码头边上建有洋行以供外国商人居住,中国商人则组织"十三行"的贸易组织负责与外国商人贸易,它也是外国商务的担保人、外国商人与中国官员之间的联系人。就官方管理体制而言,中方为了处理北方恰克图口岸日渐繁复的中俄交涉事务,专门设立了库伦办事大臣,驻节库伦。至于买卖城贸易交涉事务,则委任下属蒙古扎尔固齐具体管理。而南方广州口岸具体管辖贸易交涉事务的主要是专职粤海关监督及广东地方督抚。② 区别在于:南方广州口岸几乎不存在中外官方直接交涉关系,而北方恰克图口岸却存在中俄官方直接交涉关系。然而,尽管南北口岸具体管理措施上有一些差别,但南北两口的管理体制大体上还是一致的。除此之外,还有一点需要强调,那就是西欧海路商人不能染指北方恰克图陆路贸易,同样,专司北方恰克图陆路贸易的俄商也不能染指南方广州的海路贸易。但是,历史实际告诉我们,尽管南北两口之间没有统一的隶属或联络关系,但两口的贸易情况仍然在内里有一种此消彼

---

① Клапрот Ю. Г. Описание Кяхты. СО. 1816, ч. 33. № . 41—42.
② 有关南方广州口岸的相关问题参见(清)梁廷枏总纂,袁钟仁校注《粤海关志》,广东人民出版社,2002。

长的经济相互影响关系。① 嗣后俄商之所以要试探参与广州海路贸易，原因即在于此。

纵观清代中俄贸易史，至18、19世纪之交之前大致经历了两种形式：京师互市贸易和恰克图边境互市贸易（另黑龙江边境地区亦曾存在小规模的边境互市贸易）。18世纪上半叶以前，京师互市贸易占主要地位，从18世纪下半叶开始，京师互市贸易禁绝，中俄贸易遂集中于边境恰克图。而嘉庆年间，正是恰克图贸易由衰转盛的关键时期。②

（1）京师互市贸易

自17世纪始，俄国人就屡派使者访华，其最主要之目的都是为了与中国开展贸易。1654年，沙俄政府向中国派了第一个使团——巴伊科夫（Ф. И. Бойков）使团。沙俄政府在给使团的训令中说："要秘密探明：博格德汗对俄罗斯朝廷的态度，他是否打算派遣使者和商人携带货物前往俄罗斯？……他们有哪些贵重首饰及宝石？是当地的手工艺品，还是外来货？是从何处和如何运去的？俄罗斯人和中国人之间的贸易能否持久？向进口货物征收多少税？粮食，辛香佐料及蔬菜的收成怎样？最后，还要探明由俄罗斯边界到中国边界走哪条路最近？"③ 其实，这些问题本质上都属于商业贸易情报。无论使团或商队，收集中俄贸易的各项情报始终都是沙俄政府赋予它们的重要职能之一。沙俄政府给每次使团和商队都要颁发类似训令。1675年，俄罗斯派斯帕法里（Н. Г. Спафарий，1636–1708）出使中国。政府在训令中写道："……⑤要求派遣真正的中国人担任使节，携带友好亲善文书以及宝石、银锭、丝绒、花缎和各种草药等礼品前往俄国；⑥要同中国方面商议，允许派往俄国的使节每次可以携带一万三千普特或更多的白银、宝石及丝绸前往莫斯科，俄国方面将用大君主国库中为中国使节所青睐的货物交换；⑦要探明中国经由鄂毕河、亚内舍尔河、色楞格河或额尔齐斯河前往俄罗斯的水路……⑨极力劝说中国商人携带货物到俄罗斯去……⑪自北京返回俄罗斯边界时，应派遣两名军役贵族和一名书吏去探明自边界至阿斯特拉

---

① 周湘：《清代毛皮贸易中的广州和恰克图》，《中山大学学报论丛》2000年第3期。
② Силин Е. П. Кяхта в XVIII в. Иркутск. 1947.
③ 〔俄〕尼古拉·班蒂什－卡缅斯基编著《俄中两国外交文献汇编（1619–1792）》，第23页。

罕的道路，以便将来能从莫斯科经阿斯特拉罕前往中国经商……⑫请求允许两国商人自由往来于双方国境；⑬尽力探明一条可通往俄罗斯的较近的路线……"① 14条训令中，有3条是关于双方外交文书格式的，有7条与贸易及商业情报有关。可见，在早期俄中关系史上，贸易是主流问题。

实际上，俄中商队贸易的序幕正是在早期俄中通使关系中拉开的。在《尼布楚条约》签订以前，俄国共派了三个官方使团访华，其中属于沙俄政府派遣的有两个——1656年的巴伊科夫使团、1676年的斯帕法里使团，另一个是1670年由尼布楚督军派遣的米洛瓦诺夫（В. Милованов）使团。它们虽然是使团，却都进行贸易，行使了商队的职能。巴伊科夫出发前，就从沙皇那里领取了5万卢布经费，用于购买礼品和商品。巴伊科夫到达北京后，顺利卖出了各种商品。他离开北京时，购买了约3万卢布的中国商品，获利颇丰。② 斯帕法里和米洛瓦诺夫也在北京大做买卖。③ 除此之外，尚有三个官方商队到过中国。第一个商队由亚雷日金（П. Ярыжкин）和阿勃林（С. Аблин）率领，于1653年前往中国。1655年，"他们首次从中国运回货物，包括银锭、宝石和新货"。④ 1658年，沙俄政府又派他们率商队前往中国，他们出发时共携带了约750卢布的货物，回国后所带回的货物总估价约为1057卢布20戈比。⑤ 1668年，沙俄政府再次派阿勃林率商队前往中国贸易，商队携价值约4539卢布83戈比的货物，在北京买得8981卢布39戈比，利润率达100%。阿勃林用所有货款购买了中国

---

① 〔俄〕尼古拉·班蒂什-卡缅斯基编著《俄中两国外交文献汇编（1619-1792）》，第41-42页。

② 〔俄〕特鲁谢维奇：《19世纪前的俄中外交及贸易关系》，徐东辉、谭萍译，陈开科校，岳麓书社，2010，第18页。

③ 〔苏〕苏联科学院远东研究所等编《17世纪俄中关系：资料与文件》第1卷，第3册，厦门大学外文系翻译组译，黑龙江大学俄语系翻译组校，商务印书馆，1978，第602、407页。

④ Чулков М. Историческое описание российской коммерции при всех портах и границах от древних времен до ныне настоящего. и всех преимущественных узаконений по оной Государя Императора Петра Великого и ныне благополучно царствующей Государыни Императрицы Екатерины Великой. в7 т. 3, кн. 2. СПб. 1785г. с. 2.

⑤ 〔苏〕苏联科学院远东研究所等编《17世纪俄中关系：资料与文件》第1卷，第2册，第367-371页。

货物运回托波尔斯克，估价达 18751 卢布 94 戈比，所得纯利为 14212 卢布 11 戈比，利润率达 300%。① 除此之外，参与早期俄中商队贸易的还有私人商队，他们比官方商队更加活跃，只可惜留下的资料不多。其中有一位叫尼基京（Никитин）的客商，他于 1670 年率 40 人的商队到达中国。据说他们在北京自由贸易了 7 周，不过，受平定三藩叛乱战争的影响，生意不好。② 客商尼基京商队的主要功劳是开辟了从色楞格斯克经蒙古到北京的新商路，这条商路较近，但相对要艰难一些。它的开辟与后来恰克图边境贸易的兴盛有一定关联。

1689 年，中俄签订了双方第一个官方条约《尼布楚条约》。其中的第五条规定："凡持有护照之两国属民，准其过界往还办理私事或买卖货物。"③ 从此，俄国商队来华贸易就有了正式的条约依据，俄国商队贸易也正式过渡到京师互市的时期。根据相关研究，京师互市大致可以分为三个时期。④

第一个时期，自 1689 年《尼布楚条约》签订至 1697 年，主要是私人商队活跃的时期。其中，1689–1693 年，京师互市尚未成惯例，但有三个商队到达北京贸易。1689 年 12 月，俄国使团大使戈洛文（Ф. А. Головин，1650–1706）的信使隆沙科夫（Г. Лонщаков）率商队从尼布楚启程，经额尔古纳堡入华，于 1690 年 5 月至北京，1691 年带回了总值达 14473 卢布的中国货物。1691 年，由五十人长卡扎利诺夫（С. Казаринов）率领的商队从尼布楚出发，将价值 7563 卢布的俄国货运至北京，带回了 23952 卢布的中国货。1692 年 12 月，以莫罗德（С. Молод）为首的商队被派往北京，他们带到北京的货物价值为 5593 卢布，于 1693 年 10 月贩回 13015 卢布的中国货。⑤ 这些商队都获利颇丰。

---

① 〔苏〕米·约·斯拉德科夫斯基：《俄国各民族与中国贸易经济关系史》，宿丰林译，徐昌汉校，社会科学文献出版社，2008，第 102 页。
② Бахрушин С. В. Торги гостя Никитина в Сибири и Китае. С. В. Бахрушин научный труды. т. 3. М. 1955г. с. 228.
③ 〔俄〕尼古拉·班蒂什-卡缅斯基编著《俄中两国外交文献汇编（1619–1792）》，第 84 页。
④ 也有专家主张分为两个时期，参见宿丰林《早期中俄关系史研究》，黑龙江人民出版社，1999。但 18 世纪 20 年代以后，国家商队尚苦苦坚持了 40 多年，应该考虑其历史存在。
⑤ Александров В. А. Русско-китайская торговля и нерчинский торг в конце XVII в. К вопросу о первоначальном накоплении в России（XVII–XVIII вв.）. М. 1958. с. 427、438.

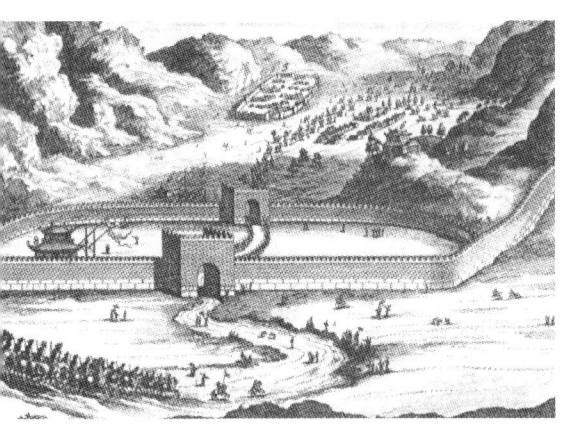

嘉庆十年
——失败的俄国使团与失败的中国外交

伊杰斯·伊兹勃兰特（Идес Избрант）使团过长城图

按清代记述，1693年（康熙三十二年）中俄京师互市贸易始为成例。是年"察罕汗遣使入贡，以其奏文不合款式，将贡物奏文一并发回。带来货物仍令贸易，是年定例：俄罗斯国，准其隔三年来京贸易，一次不得过二百人。在路自备马驼盘费，一应货物不令纳税，犯禁之物不准交易，至京时安置俄罗斯馆，不支廪给，限八十日起程还国，此在京互市著令之始也。"① 此后至1697年，俄罗斯私人商队大量赴华贸易，"仅有案可稽的就有7支商队从尼布楚来京"。② 1693年，伊杰斯（Э.И.Идес，1657-1708/9）使团及其附属商队到达北京，这是一支半官方的商队。其所携带的货物中，有4400卢布货物属于国库资本，14000卢布货物属于私人资本。回国时带回的中国货物价值约37941卢布，其中属于国库的有12000卢布，可谓满载而归。③ 1697年以后，俄罗斯政府开始重视并整顿对华商队贸易，开始以政府名义向中国派出所谓国家商队。

第二个时期，1698-1717年，俄国国家商队的繁盛期。

1698年11月12日，沙皇发布《对中国进行贸易的一般规定》，④ 主要精神一是对活跃的私商征收种种苛捐

---

① （清）何秋涛：《朔方备乘》卷29，（台北）沈云龙主编《中国边疆丛书》第2辑第17册，第754页。
② 宿丰林：《早期中俄关系研究》，第123页。
③ Шунков В. И.（ред.）. Вопросы истории Сибири и Дальнего Востока. Труды конференции по истории Сибири и Дальнего Востока. Новосибирск1961г. с. 192-193.
④ 《俄罗斯帝国法律汇编》卷3，第491-517页，第1654条。转引自〔法〕加斯东·加恩《彼得大帝时期的中俄关系史》，江载华译，商务印书馆，1980，第301-304页。

杂税，以法律限制走私贸易的发展；二是政府明令对某些商品如玄狐皮、大黄、烟、茶等进行国家专营。1706年1月，沙俄政府再次发布《关于对中国进行私人贸易的决定》，明确禁止私人贸易，甚至不惜以死刑相威胁。①于是，私商慢慢在京师互市中绝迹，代之以国家商队的垄断经营。俄罗斯和中国的国家贸易"从1698年至1718年，根据档案可以确定，有十次国家商队到过北京"，②但实际上，第十支国家商队由于两国关系的紧张而被禁止入境。相对而言，这些国家商队人数要比原来的私人商队多。如1703年的萨瓦季耶夫（И.П.Саватеев）商队人数就达830多人，一般商队人数都在300人左右。同时，国家对商队控制较严，一般来说，每个商队任命一位大商人做领队，还有一名政府指定的商务专员负责交涉和监督；另有4名官派公务员负责处理商队公务，1名军官率领100名军士负责警卫。这个时期，国家商队运到北京的货物主要是毛皮，利润一般都在80%以上。期间利润率最高的是第五支胡佳科夫（П.Р.Худяков）商队，该商队带到北京的货值为184000卢布，而携回的货值获利达270000卢布。③国家商队把俄国货物运到北京出售，然后再买回自己所需要的中国货物。在这一贸易过程中，1000卢布的商品可以得到5000卢布的利润，④可见利润率之高。

第三个时期，1718-1762年，俄国国家商队衰落期。

18世纪以后，中俄边境地区不断发生一些类似逃人、偷盗、占地等纠纷。如1717年，俄国属民约850多人突然跑到中国所属的楚库柏兴筑屋建房即是一例。⑤再加上参与京师互市的俄国毛皮堆积如山造成供过于求的状况，尤其是"前来贸易之俄罗斯人无视法度，曾多次任意逞强，寻衅斗殴"⑥，等等，这些边境、京师的大小纠纷直接影响到中俄京师互市的商队

---

① 图曼斯基《文集》卷1，第2部，第296-298页。转引自〔法〕加斯东·加恩著《彼得大帝时期的中俄关系史》，第304-305页。
② 〔法〕加斯东·加恩：《彼得大帝时期的中俄关系史》，第85页。
③ 宿丰林：《早期中俄关系研究》，第132页。
④ 〔俄〕阿·科尔萨克：《俄中商贸关系史述》，米镇波译，阎国栋校，社会科学文献出版社，2010，第14页。
⑤ 中国第一历史档案馆编《清代中俄关系档案史料选编》第1编下册，中华书局，1981，第385页。
⑥ 中国第一历史档案馆编《清代中俄关系档案史料选编》第1编下册，第400页。

萨 瓦（С. Л. Владиславич-рагузинский，1669–1738），经济学家，商人，外交家，恰克图奠基者

贸易。1719年，清政府拒绝伊万商队入境，只准其在边境贸易；1718年，清政府又拒绝了伊斯托布尼科夫商队入境。于是，俄中国家商队贸易进入衰落期。

其实，俄中商队贸易之所以衰败，主要原因仍在俄商自身。

其一，在商队贸易进行的过程中，一直存在着公商与私商的斗争。沙俄政府为了保障国库的利润，制定法令，强行压制私商。但实际上，沙俄政府的法令对遥远的俄中边界鞭长莫及，实无法禁止私商的暗中竞争。1726年，俄使萨瓦（С. Л. Владиславич-рагузинский，1669-1738）在俄中边境曾看到"来自西伯利亚的俄国商人向库伦运送了大量皮货，每天走私皮货的数量比两个商队携带的皮货量还要多"。① 应该说，私商走私是导致北京俄国皮货堆积、销售不畅以致俄货价格急剧下降，② 从而使国家商队京师互市亏损的主要原因。

其二，在重商主义政策的引领下，国家商队基于国家对某些商品的专营垄断，所以经营的商品种类有限，从而限制了其竞争力。"一般地说，从俄国输出的是毛皮，而从中国输入的则是专供沙皇宫廷使用的金、银、珍珠、各类宝石、贵重丝织品和其他各种奢侈品"，而俄国的各种手工业品及在西伯利亚销路很好的粮食、烟草等广泛的

---

① Уляницкий В. А. Русские консульства за границей в XVIII веке. Ч. 2. М. 1899. с. 127.
② "在1699至1716年的二十年当中，俄国商品的价格跌落5%至60%，而中国商品仍大致维持原来的价格。"〔法〕加斯东·加恩：《彼得大帝时期的中俄关系史》，第94页。

中国商品则是私商贸易的对象。① 尤其到后来，国家商队所携带的货物大部分并非官货，而是商队公职人员的私货，这更进一步加速了国家商队的衰败。

为了重振国家商队贸易昔日的辉煌，沙俄政府于1725年派遣萨瓦使团访华，力图将俄中商务边界拓展至中国全境。同时，政府与私商开始新一轮斗争。1726年，沙皇下令严禁私商去中国贸易；1727年6月，沙皇再次重申禁令，尤其严禁私商向中国贩运毛皮。② 1727年，中俄签署《恰克图界约》，正式确立中俄边境贸易的法律地位。由此，俄国国家商队的京师互市贸易遭遇私商和边境贸易的竞争，情况越来越坏。1728年以后，俄国又续派了六支国家商队：1728–1729年，莫洛科夫（Молоков）商队，携带商品货值100000卢布；1731–1733年，莫洛科夫（Молоков）商队，携带货值104390卢布；1735–1736年，菲尔索夫（Фирсов）商队，携带货值175919卢布；1740–1742年，菲尔索夫（Фирсов）商队，携带货值100000卢布；1745–1746年，卡尔达舍夫（Карташев）商队，携带货值100000卢布；1754–1756年，弗拉德金（Владыкин）商队，携带货值100000卢布。③ 由此可见，差不多40年中，商队所携带的货值并未增加。不仅如此，国家商队的货物在北京的销售情况也越来越糟糕，大多数毛皮最后不得不折价贱卖，以致沙皇于1739年、1752年多次发布禁止私商贩运毛皮的命令，但依旧无济于事。国家商队的京师互市贸易终于走到了尽头。

1762年7月31日，沙俄政府决定废除国家商队贸易，改由私人商队经营，国家则坐收赋税。④ 但此时中俄边境贸易不但已经粗具规模，且比京师互市贸易更容易得利。所以，尽管政府把商队经营权放开了，但私商已经对劳民伤财的京师互市贸易不感兴趣了。此后，中俄京师互市贸易也就真的绝迹了，俄中边境贸易终于迎来了其繁荣时代。

（2）恰克图边境贸易

实际上，俄中边境贸易的发展是与俄中商队贸易的历史密切相关的。自

---

① 〔苏〕米·约·斯拉德科夫斯基：《俄国各民族与中国贸易经济关系史》，第144页。
② Силин Е. П. Кяхта в XVIII в. Иркутск. 1947. с. 45.
③ 〔俄〕特鲁谢维奇：《19世纪前的俄中外交及贸易关系》，第86页。
④ 〔俄〕阿·科尔萨克：《俄中商贸关系史述》，第24–25页。

18世纪初沙俄政府禁止私商参与国家商队的京师互市贸易以后，私商们就聚集在蒙古边镇库伦，开始了边境走私贸易。他们把沙俄政府的专营商品如毛皮大量偷运边城库伦，导致中国境内毛皮过剩，从而摧毁了国家商队贸易的基础。

1727年，中俄签署《恰克图界约》，其第四款规定："除两国通商外，有因在两国交界处所零星贸易者，在色楞额之恰克图，尼布楚之本地方，择好地建筑房屋，情愿前往贸易者，准其贸易。"① 可见，正是《恰克图界约》使俄中边境贸易开始合法化。并且，随后经商权规定了中俄边贸地点：恰克图和祖鲁海图。②

祖鲁海图坐落于额尔古纳河左岸，离尼布楚300多俄里。从俄中商路的变迁来看，1727年《恰克图界约》以前，祖鲁海图尚在俄中贸易的商路上，但是，恰恰那个时候祖鲁海图尚未动议确立为俄中边境商贸点。当时俄中东北互市贸易点主要在中国境内的卜魁、墨尔根和艾浑。③ 互市货物不过是"佩刀、妆镜、铁盤、桦皮斗及羊獭等皮"。④ 到祖鲁海图确定为俄中边贸点时，俄中贸易商路却正好西移至恰克图。特别是1741年国家商队确定走自色楞格斯克经恰克图入北京的商路后，祖鲁海图就更加冷清了。1762年国家商队完全停止后，祖鲁海图就只剩下零星贸易活动了。俄国政府偶尔派人来此采购一些尼布楚军政辖区所需要的生活物资，而中方也有少量商人偶尔从墨尔根来这里贸易，每年的贸易额都游离在几千卢布不等，如1721年是4170卢布，1733年则只有1508卢布。⑤ 于是，祖鲁海图就慢慢变成了不定期的小规模的类似卡伦贸易点了。

---

① 《中俄边界条约集》，第13页。
② 资料显示，将恰克图确立为边贸点最初是中方的主意。АВПРИ Сношения России с Китаем. 1728г. д.11. л. 70. Отв. ред.Тихвинский С. Л. Русско–Китайские отношения в XⅧ веке. Документы и Материалы. Т. Ⅲ, с. 253. 祖鲁海图确立为边贸点则是俄国政府派人勘定的结果。АВПРИ Сношения России с Китаем. 1728г. д.19. л. 3–4. Отв. ред.Тихвинский С. Л. Русско–Китайские отношения в XⅧ веке. Документы и Материалы. Т. Ⅲ. с. 247.
③ （清）何秋涛：《朔方备乘》卷37《俄罗斯互市始末》，台北：《中国边疆丛书》第2辑，第757页。
④ （清）西清纂《黑龙江外记》，《中国方志丛书》（东北地方）第2种，台北:成文出版社，1969，第157页。
⑤ 〔苏〕米·约·斯拉德科夫斯基：《俄国各民族与中国贸易经济关系史》，第165页。

相对而言，恰克图的命运要比祖鲁海图风光多了。实际上，康熙初年，边镇恰克图就已有聚落。据松筠所记："先是沿边市易并无定所，时疆界明，因即附近相度有恰克图，地处适中。雍正七年着于该处设立市集，并派理藩院司员，三年一换，驻扎总理，由是俄罗斯咸归恰克图贸易矣。"① 此处所谓恰克图，实际上分成两部分：俄罗斯商人居住地恰克图，中国商人居住地买卖城。恰克图首次交易活动发生在1728年8月25日，仅有10名俄国商人和4名中国商人参与。② 刚开始，恰克图边境贸易并不顺利，主要原因是当时俄国对华贸易政策的重心乃在国家商队的京师互市，许多大宗商品如毛皮、大黄等都由国家专营。再加上俄国方面对私商课以沉重赋税，导致合法的恰克图边境贸易在京师互市贸易停止之前，一直未能形成规模。反之，走私贸易则大行其道，合法的边贸点恰克图成为俄中走私贸易的中心。资料显示，1744年，从恰克图换进的中国货值达287560卢布，1746年8个月时间内俄商换取的中国货值达177106卢布。而1745年、1746两年国家商队从京师互市换取的中国货值却只有差不多100000卢布。③ 1755年以后，沙俄政府就实际上已不再派遣国家商队了，恰克图成为最重要的俄中边贸点，贸易额取得了大幅增长。据统计，恰克图交易的俄中两国商品价值从1755年的837000卢布增长到1760年的1358000卢布。1760年恰克图的关税约占整个俄国外贸关税的7.3%。④

1762年至1821年的俄中恰克图贸易大致可以分为以下两个时期。

第一个时期：1762–1792年。

这个时期的恰克图贸易，可以说是大起大落、不稳定发展时期。在这个时期,恰克图贸易因故多次中止。第一次自1762年至1768年,中断6年；第二次自1778年至1780年，中断2年；第三次自1785年至1792年，中断7年。这三次闭关导致俄中恰克图贸易中断时间达15年，不仅给参与贸

---

① （清）松筠：《绥服记略》，王锡祺编《小方壶斋舆地丛钞》第三轶，光绪十七年，上海著易堂，第287页。
② 〔苏〕米·约·斯拉德科夫斯基：《俄国各民族与中国贸易经济关系史》，第162页。
③ Семенов А. В. Изучение исторических сведенйий о российской внешней торговле и промышленности с половины XVII столетия по 1858г. Ч. 3. СПБ. 1859г. с. 199.
④ 〔苏〕米·约·斯拉德科夫斯基：《俄国各民族与中国贸易经济关系史》，第169页。

易的俄中双方商人造成巨大损失,尤其对中俄双方经济发展及两国人民正常贸易往来带来不利影响。清朝之所以三次关闭恰克图贸易,主要源于两国当时对外政策的差异。如前所述,自18世纪上半叶开始,俄国就已实践重商主义,在对外关系方面实施积极的外贸政策。而中国的清朝自乾隆中叶以后,开始步入由盛转衰之途,对外态度也开始趋于自大保守,经济上一贯实行抑商主义政策。因此,在俄中边境交涉中,俄国政府比较重视贸易问题,而清朝则偏重政治问题。尤其是清朝非常了解恰克图贸易在俄国政府心目中的分量,因此,一旦双方发生边境争执纠纷,清朝往往十分自然地利用恰克图贸易这个杠杆来达到自己的政治目的。据史料记载,中俄自1727年签订《恰克图界约》确立中俄中段边界以来,俄国人就经常在边界地区制造事端,包括占地造房、任意将界桩往中国境内移动、增设卡伦、接纳逃人、结伙抢劫等,引起清政府的极度不满。1760年11月,清理藩院致函俄萨拉特衙门,对俄国政府在边界地区的不法行为提出全面抗议,要求双方派员调查俄国人在中国领土设立界桩的事;俄国必须改变对恰克图俄商的征税办法;双方联合调查边界发生的盗窃案件。[①] 然沙俄政府不但没有认真考虑清政府的合理建议,反而来函驳斥。[②] 于是,基于中俄两国政府迥异的对外态度,再加上旷日持久的边界纠纷,以及此时因中国西境准噶尔回民叛乱造成的边地不宁,这一切终使清政府于1762年单方面宣布停止恰克图贸易。闭关以后,一方面,俄国政府屡派使者交涉并以公文的方式向清政府申述,为自己辩解;[③] 另一方面,清政府在公文反驳的同时,严令边界官兵将俄国政府在中国境内私立的木栅房屋尽悉捣毁。[④]

---

① 乾隆二十五年(1760)十一月十八日,《理藩院为俄国政府越界树立木栅等事咨复俄萨纳特衙门文》,第一历史档案馆"满文俄罗斯档"。
② 俄历1760年6月13日,《俄萨纳特衙门为逐项驳回清方指责其越界树栅等事咨清理藩院文》,第一历史档案馆"满文俄罗斯档"。
③ 1763年4月,俄国就派克罗波托夫到北京交涉,但遭到冷遇,克罗波托夫一无所获。此后,俄国政府又屡向清政府来文辩护。俄历1764年3月30日,《俄女皇首席大臣为边界树栅及贸易等事开列十一款事咨清理藩院文》,第一历史档案馆藏"满文俄罗斯档"。
④ 乾隆二十八年(1763)九月初四日,《成衮扎布等奏为遵旨拆毁俄人私建房栅并密议玛木特所部乘机来归事折》,第一历史档案馆藏"满文月折档"。

一 盛衰大局：18、19世纪之交的俄国与中国

闭关给恰克图俄商造成的损失是非常大的。乾隆三十二年，瑚图灵阿等奏报恰克图俄商货物损失事宜："经查访，今年夏季比往年闷热，其存放商货，多半生虫，每天均有商人至库房内晾晒皮货、毡子等物，不比春天闲游者，故来我处游玩者亦甚少。等语。又委派领催巴图前去探视，据禀称：俄罗斯货物内，其羊皮、毡子等物生虫者颇多，狐皮、白灰鼠皮等细毛皮张亦有生虫者，且有里外粘连者。彼商人怨声载道，尤为惋惜其货物。亦有私下谈论谓：大国商人在此处时，我等曾多带各地货物，今大国商人不再来，我等所带许多货物无人购买，若想带走，又无处可卖；虽系如此，官方仍不向大国请求贸易，今眼看着有许多货物生虫，损失不小等语。"① 事实上，断绝边贸不仅使俄商有损失，中国商人同样有损失。当时俄国驻北京布道团的学生对此偶有记述："断绝贸易的害处，北京那些喜欢穿西伯利亚毛皮和堪察加海獭皮的大臣、廷臣和富豪们也有感觉（1763—1780年）。"② 关闭恰克图贸易不但给中俄商贸造成损失，而且到后来还催生了走私贸易。③ 何况，清政府想借闭关来断绝边境中俄摩擦似乎也没达到预期目的，俄人仍不断在边境地区生事。④ 所以，大约从1766年开始，俄、中双方对待恰克图边贸的态度均有所缓和，尤其俄国政府，不时派人前来打听消息。⑤ 1767年初，沙俄政府派遣克罗波托夫（И.Кропотов）使团前往俄中边界地区，与中国政府的代表理藩院右侍郎喀喇沁、贝子瑚图灵阿等就边界纠纷及恢复恰克图贸易等问题举行会谈。结果是中俄双方于1768年10月30日签署了《修改〈恰克图界约〉第十条》，主要内容有两项：一是再次"重申此前条约的规定：双方在恰克图和祖鲁海图两个边贸点永不

---

① 乾隆三十二年（1767）七月十八日，《瑚图灵阿等奏报恰克图俄货被虫及双方官员交游试探情形折》，第一历史档案馆藏"满文月折档"。
② Словцов П. А. историческое обозрение Сибири. СПБ. 1886г. Т. 2. с. 222.
③ 乾隆三十一年（1766）正月十九日，《巴尔品奏拿讯协理台吉噶勒桑贿纵商人私与俄人贸易案内人犯折》等等，第一历史档案馆藏"满文月折档"。
④ 乾隆二十九年（1764）八月初五日，《富僧阿奏报有两名俄人越界拒捕已被射杀折》、乾隆二十九年（1765）十二月二十日，《富僧阿为遵旨查得近七年中俄边界交涉各案情形缮单呈览折》等，第一历史档案馆藏"满文月折档"。
⑤ 乾隆三十一年（1766）九月初九日，《瑚图灵阿等奏报俄少校来访并邀宴我章京以探听恢复贸易消息》，第一历史档案馆藏"满文月折档"。

征税"①；二是修改了原《恰克图界约》第十条的内容，对诸如"强盗之协拿逮捕及越境窃盗者之罚"包括拘捕办法、审理程序、惩治刑法等边境纠纷问题的解决做了比较详细的规定。协议签字之后，清政府同意恢复恰克图边贸。恰克图贸易迎来了它第一个短暂的稳定发展期（1768-1785）。关于这个时期恰克图贸易的发展情况，我们不妨引用科尔萨克（А.Корсак）的一个表格，以资说明。

表1-1 1768-1785年恰克图易货贸易及税收一览 *

单位：卢布

年份	俄国货	中国货	税款
1768	25477	25477	7309
1769	1074651	928984	401707
1770	1351977	1271738	495290
1771	1246410	1142510	451342
1772	1002518	934121	1936639
1773	1140185	1153992	397420
1774	1227760	1120870	444998
1775	1365825	1278584	453278
1776	1638791	1401915	500460
1777	1440546	1342127	479061
1778	794539	667253	277599
1779	缺	缺	缺
1780	2700187	2700187	545979
1781	3735311	3735311	796219
1782	3520342	3520342	662850
1783	2789176	2789176	509148
1784	2413356	2413356	431601
1785	1805926	1805926	347579

*〔俄〕阿·科尔萨克：《俄中商贸关系史述》，第47页。

---

① 有关这一条，条约的汉文本乃钱恂从法文（译自条约满文本）译成，故语义含糊不明："虽然如不纳输入税，以前既定恰克图及图尔伊图二市场之近旁。"（王铁崖编《中外旧约章汇编》第1册，三联书店，1959，第27页）相对而言，俄文本语义明确："Не брать на торговых двух местах на Кяхте и Цурухайте пошлину вечно, как в трактате заключено". Сборник договоров России с Китаем. 1689-1881гг. СПБ. 1889г. с. 84。

一 盛衰大局：18、19世纪之交的俄国与中国

由表 1-1 可见，除了 1778 年双方因边界纠纷暂停恰克图贸易导致数据偏低外，① 其余年份贸易货值总体上都呈增长的趋势。根据苏联学者的统计估算，1769—1773 年五年间的贸易周转额值比 1757—1761 年五年间增长了 98%，而 1780—1784 年的贸易周转额值又比 1769—1773 年增长了 170%。② 可见，恰克图贸易发展的总趋势是向上的。不过，这个时期由于中俄双方不断因边境纠纷而中止贸易，所以，该时期是恰克图贸易大起大落的发展时期。

这个时期恰克图贸易所涉及的商品种类较国家商队时期有所不同。国家商队经营的商品几乎全是各类毛皮。恰克图贸易开启后，毛皮显然仍是商品的主体，包括灰鼠皮、银鼠皮、貂皮、黄鼬皮、狐皮、玄褐色狐皮、北极狐皮等。但基于俄中贸易额的趋大，仅毛皮一项的货值无法完全与中国货的进口额持平。所以，俄商除了毛皮，还不得不经营许多其他类商品，如羊羔皮、熟牛皮、软皮革、亚麻布、呢料、呢绒、铁板和高鼻羚羊角等。自然，从中国进口的货物品种也发生了很大变化。以前，国家商队秉承重商主义，只在意中国的各种宝石、白银、黄金，以及贵族所好的丝织品、天鹅绒等，而现在所进口的中国货更在意那些日常必需品如各类中国布（包括大布、南京小土布、棉布等）、丝绸、生丝、烟、糖、茶叶、八角茴香等。此时，茶叶还没有占优势地位。③

从 1768 年开始，俄罗斯有六家私人公司参与恰克图边境贸易，即莫斯科公司：经营呢子、波里斯绒、海狸皮、水獭皮及其他俄罗斯国产和进口的商品；图拉公司：经营粗毛羊羔皮、猫皮及钢铁制品；阿尔扎马斯和沃洛格达商人的公司，经营狐狸皮、芬兰狐狸皮、水獭皮、北极狐皮和莫斯科商品；两家托博尔斯克和伊尔库茨克公司，经营香牛皮、粗毛羊羔皮、松鼠皮、紫貂皮、西伯利亚狐狸皮、北极狐皮和皮袄；喀山公司：经营皮革制品如香牛皮、公山羊皮等。④ 同样，买卖城的中国商贩也有自己的店

---

① 乾隆四十三年（1778）五月初一日，《桑斋多尔济等奏报恰克图俄少校狂妄自大情形已暂停贸易折》；乾隆四十三年（1778）六月十三日，《桑斋多尔济等奏为俄省长来文粗言无礼请旨停止恰克图贸易折》等，第一历史档案馆藏"满文月折档"。
② 〔俄〕阿·科尔萨克：《俄中商贸关系史述》，第 47 页。
③ 〔苏〕米·约·斯拉德科夫斯基：《俄国各民族与中国贸易经济关系史》，第 179—181 页。
④ 〔俄〕阿·科尔萨克：《俄中商贸关系史述》，第 62 页。

买卖城边务办（1805年）

铺组织。到18世纪末，买卖城拥有一百多个店铺，较大的约有37个，"其内地商民至恰克图贸易者，强半皆山西人，由张家口贩运烟茶缎布杂货前往易换各色皮张毡片"。① 根据俄罗斯人的记述，买卖城的中国商人被分为三个等级：第一等级是24名最大的商人，每人拥有不少于6000卢布的资本，他们都来自省首府；第二等级是18名较大的商人，每人拥有不少于3000卢布资本，来自各省级城市；第三等级有12名商人，每人拥有不少于500卢布资本，来自县级城市。这些不同等级的商人组成不同的公司，组织很严密，统一对商品定价。②

第二个时期，1792-1821年，此为恰克图贸易繁盛之时。

1785年初，由于俄罗斯恰克图边防办违反此前签署之《修改〈恰克图界约〉第十条》，未经双方会审即私自草草惩处俄犯乌拉尔寨等，清政府屡次协商未果，遂宣布停止恰克图贸易。③ 这次闭市，跟以往有些不同，似乎波及整个中俄边境地区。④ 对这次清政府闭关，俄国

---

① （清）何秋涛：《朔方备乘》卷37《俄罗斯互市始末》，《中国边疆丛书》第2辑，第761页。
② 〔苏〕米·约·斯拉德科夫斯基：《俄国各民族与中国贸易经济关系史》，第183-184页。
③ 乾隆五十年（1785）二月初一日，《谕蕴端多尔济等著咨文斥责俄省长等并于恰克图作停止贸易之准备》；乾隆五十年（1785）二月初三日，《谕库伦办事大臣等著于恰克图作停止贸易准备并于边界预作防范》；乾隆五十年（1785）三月二十日，《谕蕴端多尔济等俟商人债务清理完毕后即行停止恰克图贸易》，第一历史档案馆藏"满文俄罗斯档"。
④ 乾隆五十年（1785）二月初四日，《谕蕴端多尔济著传谕中俄边境各将军大臣一体加强防范并停止与俄联系》，第一历史档案馆藏"满文俄罗斯档"。

政府由于正在南方与土耳其进行第六次俄土战争（1787-1792），因此，对华交涉有心无力。俄枢密院不停地与清理藩院进行公文往来，然一直不得要领。1788年初，新任伊尔库茨克省长阿谢尼耶夫（М. М. Арсеньев, 1730-1791）很客气地致函清库伦办事大臣，告知乌拉尔寨已去世的消息。但清政府不依不饶，仍坚持双方按照条约会审乌拉尔寨及其他同伙。① 此后数年间，俄罗斯边务办态度恭谨，在许多边境纠纷案件上积极遵约合作，颇为清政府所嘉许。1791年3月，俄枢密院致函清理藩院，请求恢复恰克图贸易。② 一直拖到十月份，乾隆帝方才答应俄国的开市要求："朕览俄罗斯萨纳特衙门此次来文，为请求恢复恰克图贸易，言词尚属恭顺。今俄罗斯等计穷，不能再行巧诈。来文恳请通商而又不敢承认萨迈林之事，据此可见，俄罗斯已十分窘困矣。朕普爱众生，亦同仁其民。著准其所请，开放恰克图贸易。将此寄信蕴端多尔济等。前因松筠办理此事紊乱不堪，故将其治罪，惟赏四品职衔。兹朕再行施恩，重授其为侍郎。松筠必知感恩，对开通贸易一事，能尽心妥办。著松筠率理事官等会同厄尔口城省长，经办开通贸易事宜。并仍晓谕开导省长：恰克图贸易，于我朝并无裨益，我处不仅不抽税，即我边界蒙民生计，亦并非靠与尔等贸易不可。此次开市，乃因大圣主普爱众生，轸念尔国小民甚为窘困，尔萨纳特衙门又恭顺恳请，方准开市。此于尔俄罗斯大有裨益。嗣后尔等务必守信，依旧奉行友好之道。若再沮坏友好，再行关闭贸易，再希冀开市，则断不如此容易等语。"③ 由这段话，我们可以看出以下几点。

其一，只要俄国认同依照相关条约处理边境纠纷案件，边务部门办事态度恭顺，清政府就不会关闭恰克图贸易。清政府关闭恰克图贸易，不过

---

① 乾隆五十三年（1788）三月二十九日，《俄省长为遵行友好之道了结乌拉尔寨案等事咨清库伦办事大臣等文》；乾隆五十三年（1788），《清库伦办事大臣等为乌拉尔寨死讯并无凭证其案不能了结事咨复俄省长文》；乾隆五十三年（1788）三月二十八日，《谕蕴端多尔济等不可按俄省长来文之意草率了结乌拉尔寨之案》等，第一历史档案馆藏"满文俄罗斯档"。
② 俄历1791年2月24日（1791年3月7日），《俄萨纳特衙门为积案已结请恢复贸易及修改条约事致清理藩院函》，第一历史档案馆藏"俄罗斯来文原档"。
③ 乾隆五十六年（1791）十月十三日，《谕蕴端多尔济等著准俄所请恢复恰克图通商并恢复松筠侍郎之职》，第一历史档案馆藏"满文月折档"。

松筠（1752–1835），蒙古族，字湘圃，蒙古正蓝旗人，官大学士，谥文清，1785–1792任库伦办事大臣

是想借恰克图贸易这个杠杆来制衡俄罗斯在中俄边境地区猖狂的违约行为。这就是18世纪中俄恰克图贸易屡次中断的内情。所以，恰克图贸易的关闭，责任主要在俄罗斯。清政府坚持依法处理边境纠纷案件是维持中俄关系格局最起码的要求。

其二，清政府认为恰克图贸易于中国无利可图，中国更不想借此图利。中国之所以同意开设恰克图贸易，完全为了照顾俄罗斯的利益。这种在现在看来十分荒唐的表述，却正是那个时候中国政府所津津乐道的"大国气度"，是一种实实在在的历史真实。这表明，到18世纪末，中国政府尚无半点重商主义思想或政策，这是一种有别于当时西欧所引领的世界大势的思想。

其三，清政府准备续派松筠前往恰克图，会同俄罗斯伊尔库茨克省长谈判有关恢复恰克图贸易的事。恰克图贸易关闭容易开放难，沙俄政府如果不就边界纠纷问题再次与中国达成某种令人满意的协议，恰克图贸易是不容易重新开启的。而反之，实行重商主义政策的俄国则把贸易看作自己的生命，为了重开恰克图贸易从中继续牟利，沙俄政府不惜在边界纠纷处理原则等政治问题上对中国让步。

自1792年2月13日至2月19日，松筠与俄伊尔库茨克省长纳格利（И. Т. Нагель，1738–1808）在恰克图谈判，双方于2月29日签署《恰克图市约》，就管理商人、处理商欠、边务官职责、严禁盗窃、处理边境纠纷案件的程序等达成共识，结束了18世纪下半叶恰克图贸易时断时续的历史。恰克图贸易从此进入了一个比较稳定发

一 盛衰大局：18、19世纪之交的俄国与中国

展的时期。

《恰克图市约》签订后，恰克图贸易于5月5日开市。① 俄、中双方都依照新约进一步对各自的商人加强了管理。俄国政府于1800年颁布了《恰克图贸易条例》及《恰克图海关和商董事工作细则》，把俄国参与恰克图贸易的各个公司都置于国家法规的控制下，通过各类商业契约把大商人联合起来，统一协商规定商品的价格和交易的规则。② 清政府也同样采取措施加强了对恰克图华商的管理。1799年10月23日，库伦办事大臣蕴端多尔济、佛尔卿额等上奏，建议对以往恰克图华商的"部票制度"进行改革。

奏折称："窃查得恰克图地方与俄罗斯贸易之店铺，有正式部票者三十二家，无部票者三十四家，小商贩三十家，共九十六家店铺。另有往乌里雅苏台，库伦行商者，并无定数。此内除小商贩外，其大铺之商民，每年人数不等，皆照例由察哈尔都统衙门领票来恰克图贸易，此事由该恰克图官员承办，奴才等原不负责，亦未检查。再前由院每年发票数张之事，奴才等亦并不查证。"所谓"部票"，又称"院票"，由清理藩院核发，它是政府允许商人经营恰克图贸易的许可证，本质上是清政府控制对外贸易的一种制度。③ 然据库伦办事大臣查证，恰克图应该领取部票但未领取的商家有34家。此外，还有可以不需要领取部票的小商贩30家。可见恰克图商人的管理状况比较混乱。并且，由这段话可知，恰克图贸易的商家，除小贩外，其他稍大的商家都早已从察哈尔都统衙门领取部票。也就是说，并非如何秋涛所说，嘉庆四年始"奏定贸易商人支领部票章程"，④ 实际上，部票在雍正年间就已出现。⑤

---

① 乾隆五十七年（1792）四月初五日，《谕蕴端多尔济等自四月十五日于恰克图恢复中俄贸易》，第一历史档案馆藏"满文俄罗斯档"。
② 〔苏〕米·约·斯拉德科夫斯基：《俄国各民族与中国贸易经济关系史》，第215-216页。
③ 有关"部票"（或"院票"）制度的具体情形参见蔡鸿生《俄罗斯馆纪事》，第145-148页。
④ （清）何秋涛：《朔方备乘》卷37《俄罗斯互市始末》，《中国边疆丛书》第2辑，第773页。
⑤ 雍正十二年（1734）五月十七日，《查克丹为审处俄人越卡走私案经过情形呈军机处文》，第一历史档案馆藏"满文录副奏折"。另据《钦定大清会典事例》载，"部票"是康熙五十九年（1720）奏定，（清）托津等奉敕撰《钦定大清会典事例》（嘉庆朝）卷746，第654页。《近代中国史料丛刊》第3编第70辑，台北：文海出版社，1996。但尚未见相关档案佐证。

依据奏折,蕴端多尔济的"部票"改革具体包括如下内容。①原来领取部票的商人照旧领取,没有领取部票的商人(如前述 34 家)则由都统衙门发给"执照"才能贸易,至于由乌里雅苏台、库伦前往恰克图的商贩则由库伦管理部门发给执照才能贸易。也就是说,凡至恰克图贸易的商人,大商贩要领部票,中小商贩要领执照,不允许无证经营。②严格审查制度:每年五月,都统衙门将领取部票和执照的商人名单通知库伦办事大臣,以便查证;恰克图章京也要将全年所有至恰克图贸易的商人名单报呈库伦办事大臣;部票和执照的有效期限均为一年,期满另外申领新部票和新执照。③制定具体查处措施:应领部票的商人如不能出示部票,虽准许贸易,但所易货物查封,不准运回;至于那些擅自先至恰克图且无票商贩怎么查处,由理藩院所议再定。①

清政府除了以"部票"或"执照"等经管措施来控制恰克图华商外,似乎还有一种类似于南方广州推行的"公行"制度。关于恰克图的公行制度,由于资料阙如,我们只能知道一个大概轮廓。

恰克图有八个公行,可称为"八行"。"商集分设八行,选商之良善殷实者为行首,与众商会同估定货价。"而且,各行首代表商人参与理藩院派驻恰克图的司员对市集交易的管理。"蒙古扎萨克及哲布尊丹巴呼图克图等差人来市者,价值百两以下听其交易,百两以上由扎萨克及商卓特巴以印文咨恰克图司官,交各行首。"②

此外,科尔萨克曾在《莫斯科新闻》(第 22 期,1852)上看到一份译文,内容为恰克图市集华商所遵守的一份商贸章程。关于这份章程的译文,斯卡奇科夫(П.Е.Скачков,1892–1964)的《中国书目》没有著录,译者是谁也不清楚。科尔萨克认为这是一份由中央政府颁布给派驻恰克图集市的管理者扎尔固齐的指令。然而,这份章程存在很多不清楚的问题:究竟何时制定?是否在嘉庆时期就已存在?但其发表于 1852 年,故这份章程应

---

① 嘉庆四年(1799)九月二十五日,《蕴端多尔济等奏陈我恰克图商民领票贸易新法折》,第一历史档案馆藏"满文月折档"。
② (清)何秋涛:《朔方备乘》卷 37《俄罗斯互市始末》,《中国边疆丛书》第 2 辑,第 763 页。

该是此前某个时期制定的。其主要内容有16条，现将译文的中心意思概括如下。

（1）要求所有中国商人尽力收集俄国商品的货物量及价格等情报，然后汇总给扎尔固齐，每天公示情报及其分析结果，"指出不应当再换俄罗斯的哪些商品和应当增加自己的哪些商品"；

（2）不仅要从总体上全面关注运进恰克图的商品总的比例，而且要尝试适当地减少各类商品的比例，以保持中国商品的价格优势，也就是要掌握供求关系比例，为此，要求每个店铺都事先开出能提供的商品清单；

（3）想办法让俄国商人尽量多地运进我们所需要的商品，争取让俄国货供过于求，这样俄国货就会失去价格优势。一旦亏损，由所有商人共同分担；

（4）当俄国货供过于求但仍拥有价格优势时，中国商人应当有组织地暂停购进此类货物，以迫使俄国商人降价；

（5）对待俄国商人应当礼貌，为此，应当设立一个奖项，奖励那些为推动贸易起了良好作用的商人；

（6）绝对不能泄露涉及国家内部和地方商业的秘密，尤其不允许泄露该商业章程；

（7）要有节制地收购俄国商品，以维护公共利益；

（8）对隐瞒收集到的俄商情报者，处以3天禁闭；

（9）凡违背扎尔固齐的每日商情告示而造成过失者，罚禁闭6天，禁止贸易半个月；

（10）凡违背已确定商品比例而私自运进货物改变商品比例者，扣押超出规定商品比例的货物；

（11）凡跟俄商发生口角者，无论对错，都要关禁闭10天；中俄商人间的纠纷都必须和平解决；

（12）凡向俄商泄露商业秘密者，当处以禁闭之刑。第一次，关禁闭6天，暂停贸易1月；第二次关禁闭12天，禁止贸易2月；第三次则永远逐出恰克图，其生意委托商会公推出来的人暂时料理；

（13）凡泄露本章程或扎尔固齐每日商情公示者，杖50，逐出恰克图，其生意暂交别人经营；

（14）凡泄露国家机密者斩，生意交给别人经营；

（15）凡违背章程，私自高价购进俄国货者，罚其交易总额的10倍，禁止其在恰克图继续贸易：第一次，半个月；第二次一个月；第三次逐出恰克图；

（16）新来恰克图贸易者，禁止其以本人身份贸易1年，先实习，后贸易。①

由这份章程的内容看，未必是出自远在京城、不了解恰克图贸易实际情形的理藩院，而极有可能是代表理藩院管理恰克图集市的章京所制定。毫无疑问，这是一份很重要的文件，它的基本内容是重商的，它表明清地方海关管理官员并非不重视商业贸易。这意味着在对待商业贸易问题上存在体制内地方层面与国家层面的某种观念上的矛盾。同时，这份章程赏罚分明，对管理恰克图华商、稳定恰克图贸易秩序具有一定作用。

这个时期，俄美公司开始大力参与恰克图贸易，成为恰克图贸易大宗货物毛皮包括海狗皮、海狸皮及其他贵重毛皮的主要供货商。俄美公司的参与，促进了恰克图贸易的发展。有关贸易发展的情况，我们引用一些表格以资说明。

表1-2　1792—1800年恰克图贸易发展情况一览*

单位：卢布

年份	出口的俄罗斯及外国商品总值	进口的中国商品总值	进账的税额
1792	2467279	2467279	509830
1793	3549432	3549432	515581
1794	2522941	2522941	527070
1795	2720285	2720285	532393
1796	2551764	2551764	488320
1797	2378750	2378750	414277
1798	2783942	2783942	509684
1799	3677823	3677823	698487
1800	4191923	4191923	715364

*〔俄〕阿·科尔萨克：《俄中商贸关系史述》，第64页。

① 〔俄〕阿·科尔萨克：《俄中商贸关系史述》，第221—224页。

一 盛衰大局：18、19世纪之交的俄国与中国

表 1-3　1801-1813 年恰克图贸易发展情况一览 *

单位：卢布

年份	出口的俄罗斯商品总值＋出口的外国商品总值	进口的中国商品总值	税收额
1801	1855160+2224628	4079788	839291
1802	2015584+2474988	4490572	902243
1803	1704470+2114267	3818674	778027
1804	1955365+2797872	4753228	950510
1805	2376958+3365369	5742328	1090212
1806	1489813+2486757	3976570	743388
1807	2513228+2924560	5437788	1040927
1808	2725690+2326639	5052329	1060097
1809	2789024+3296324	6085348	1198894
1810	4023991+2556317	6580308	1345331
1811	3382415+1430083	4812499	1301976
1812	2397623+538489	3936013	665016
1813	4238495+1226178	5464674	117058

＊〔俄〕阿·科尔萨克：《俄中商贸关系史述》，第 69 页。

比较表 1-2 与表 1-3，结合其他相关史料来分析，我们可以看出以下几点。

① 19 世纪初恰克图的每年贸易额都明显高于 18 世纪末最后五年的年贸易额，这是贸易增长的表现。据相关资料，这种增长趋势从嘉庆一直保持到道光、咸丰年间，成为恰克图贸易的巅峰时期。[1] 这既是嘉庆十年俄国动议派遣戈洛夫金使团访华、意图进一步扩大对华商贸规模的动因之一，也是戈洛夫金使团库伦被逐后沙俄政府忍气吞声的最主要原因。

② 分析这个时期俄国出口货物的构成，我们可以看出，随着恰克图贸易的发展，通过俄国出口到中国的货物出现了两个新趋势：一是 1808 年以前，俄国向中国出口的货物中，外国货值一直超过俄国货值，且外国货值

---

[1] 根据霍赫洛夫（А.Н.Хохлов）所翻阅到的档案资料，"1801-1810 年，俄商每年从恰克图交换的货值平均达 4922598 银卢布，1811-1820 年平均每年交换的货值达 4929543 卢布，1821-1830 年每年交换的货值达 6649751 卢布"。АВПР ф. Библиотека Азиатского департамента. оп. 505. д.61. *Хохлов А. Н.* Кяхта и кяхтинская торговля（20-е гг. XVIII в.—Середина XIX в.）. Бурятия XVII—начала XX в. Новосибирск. 1989г. с. 27-28.

19世纪的恰克图市场

本身处在稳定增长之中，但是，自1808年开始，外国货物出口量却慢慢下降，俄国货在慢慢增加；二是俄国出口商品种类的构成比例也发生了变化。18世纪80年代，毛皮占俄国出口货物的85%，然后则一直慢慢下降。而俄国制造的呢绒、棉织品等出口量则在稳定增加。这些都是俄罗斯工业慢慢发展在出口贸易上的表现。自18世纪下半叶开始，俄罗斯的工业发展速度加快。1767年，全国拥有496个手工工场，1804年就发展到2419个。① 可见，工业的发展直接影响一个国家的内外贸易。

③ 从俄国进口的中国货物种类来看，恰克图贸易也开始有了一个较大的变化，那就是茶叶进口量在慢慢上升。1768-1785年年均进口茶叶量为29000普特，1798年为46977普特，1799年为52313普特，1800年为69850普特，1801-1810年年均进口量为75076普特，1811-1820年年均进口量达96145普特。② 到1825年，经恰克图进口的茶叶份额占进口中国商品总值的87.8%，"这样，就中国货的进口特点而言，恰克图贸易多半变成了茶叶贸易"。③

总之，19世纪上半叶，基于俄国注意力暂时集中于欧洲地区，中俄边境局势相对稳定，这为两国贸易的蓬勃发展提供了必要条件，恰克图互市进入了它的鼎盛时期。中方买卖城成为漠北商业"都会"，市政管理和社会

---

① Лященко П. И. История народного хозяйства СССР. Т. 1. М. 1952г. с. 445-446.
② 〔俄〕阿·科尔萨克：《俄中商贸关系史述》，第198页。
③ 〔苏〕米·约·斯拉德科夫斯基：《俄国各民族与中国贸易经济关系史》，第221页。

生活都井然有序。尤其在拿破仑战争期间，从欧洲到中国的海路受阻，许多欧洲商人只好通过俄国商人在恰克图同中国做生意。因此，到19世纪中叶，恰克图不仅是西伯利亚的商业重镇，且已驰名欧洲。

同时，由上述分析可知，嘉庆时期，中俄基本上形成了以恰克图贸易为杠杆的关系格局。恰克图贸易经历了乾隆时期的不稳定，至嘉庆年间终于开始进入了稳定快速发展的时期。但是，中俄两国对待贸易的态度仍然有别，中国仍然保持传统的抑商主义，永远是政治外交优先，贸易滞后。而俄国则基于重商主义，更由于恰克图贸易给俄国带来不菲的利益，因此，沙俄政府特别重视恰克图贸易。俄国从中央到地方，都把维持稳定的恰克图贸易摆在中俄关系的首位，这当然影响到中俄两国的交涉。恰克图贸易是俄国政府尽量淡化库伦外交悲剧事件中外交侮辱色彩的缘故之一。

莫斯科至北京之商路示意图

2. 函来信往：理藩院与枢密院的书信联系

历史上，中国人一贯认为自己的国家是宇宙的中心，周边"四裔"在文化上、政治上均属低一等的蛮夷。根据《清朝通典》，中国之外的"四裔"仅仅44国（另《清朝文献通考》只有42国），所谓"有朝献之列国、互市之群番、革心面内之部落，喁喁向化，环四海而达重洋，盖可得而略纪焉。在东则为朝鲜、日本、琉球；在南则为安南、暹罗、南掌、港口、柬埔寨、宋腒朥、缅甸、整欠、景海、广南、葫芦国、柔佛、亚齐、吕宋、莽均达老、文莱、马辰、苏禄、噶喇巴、旧港、曼加萨、英吉利、干丝腊、荷兰、法兰西、瑞国、连国；在西则为东、西布鲁特，安集延，塔午罕，拔达克山，博洛尔，爱乌罕，意达里亚，博尔都噶尔亚；在北则为俄罗斯，左、右哈萨克，启齐玉苏，乌尔根齐"。① 可见，一般史籍认为中国与这些"四裔"的关系有三类，即"朝献之列国、互市之群番、革心面内之部落"。中国与天下的蛮夷之国的关系，都逃不出这三类，这是以中国为中心向四方进行文化和地理辐射的结果。按照中国古人这种中外关系的分类，北方的俄罗斯便属于"互市"之"群番"。

不过，比较简单的分类要数光绪朝《会典》："凡四裔朝贡之国曰朝鲜、曰琉球、曰越南、曰南掌、曰暹罗、曰苏禄、曰缅甸，余国则通互市焉。"②这里简单将中外关系分为"朝贡"之国和"互市"之国，表述比较清楚。也就是说，真正的所谓"朝贡"之国仅仅只有"七国"，其余各国都属于"互市"国，也即发生贸易关系的国家。这种说法虽然分类简明，但语词的政治关系意义却仍较含糊。"朝贡"之国在政治上低于中国一等是很清楚的，但"互市"之国在政治上究竟与中国是何种等级关系？可不可以说，"互市"之国在政治上与中国是平等的？至少文字表述上是不太清楚的。不过，尽管文字表述上令人产生许多猜想，但在实际操作中却毫无疑问。纵观清朝的对外关系体制，它从来没有承认过世界上有文化、政治上与之平等的国家存在。在清政府眼里，所有"四裔"都属于"朝贡"之国，只不过距离有远近、政治关系有亲疏之别而已，本质上却是没有区别的。只要你来访，就算是朝贡。所谓"属国"是要按期进贡的，而"余（外）国"则无定期。何时来访，何时就算进贡。中国古代中外关系的体制都是建立在政治不平等基础上的，几乎没有例外。

所以，无论中国传统对外关系体制的图像如何模糊，有两个特点十分明显且固化为政治传统：一是体制内部只存在不平等的政治垂直关系，不存在平等的横向联合关系；二是体制内部政治关系状态以和谐共存为特色，建构和维持这个体系的力量不是武力而是基于崇仰文化中心主义的内心自愿。

---

① 《清朝通典》卷97，王云五编"万有文库"第2集，上海商务印书馆，1935，第672页。
② 《光绪会典》，沈云龙主编《近代中国史料丛刊》第十三辑，第149页。

一 盛衰大局：18、19世纪之交的俄国与中国

上述两个传统，最关键的是第二个传统，这使得以中国为中心的东亚地域性国际关系体制——"天朝体制"明显区别于近代欧美以国家主权和国家之间政治平等为基础、以武力为手段的"条约体制"。在清朝的"属国"中，只有朝鲜最初因坚决保持与明朝的传统宗藩关系而受到过武力征伐，其余各属国基本上都是因仰慕博大精深的中华文化、慑于中华帝国的强大而主动"投怀送抱"。至于这些主动请求与中国建立外交贸易关系的国家——属国——自身是否真的出于自愿或者内心是否真的仰慕中华并不重要，重要的是清政府就是这么看的，彼此来往的公文里都是如此说的。这点应该是这种以中国为中心建构起来的东亚地域性国际关系体制——"天朝体制"的核心特征。

清朝理藩院

由于这种"天朝体制"不承认中国之外还有与中国平起平坐的国家的存在，因此，基于历史传统，清朝对外关系没有专门的外交部门，对外事务主要由具内政性质的礼部和理藩院① 分管。礼部管谁，理藩院管谁，分工不太明显，并无确定区分。刚开始，礼部主要掌管有

---

① 理藩院，初名"蒙古衙门"，创立于崇德元年（1636），崇德三年更名为理藩院，其职掌主要限于"内外藩蒙古、回部及诸番部封授、朝觐、疆索、贡献、黜陟、征发之政令，控驭抚绥，以固邦翰"（《清朝通典》卷26，王云五主编"万有文库"第2辑，第150页）。可见，理藩院最初是专门管理北部和西北地区臣服的少数民族部落如蒙古、回部、西藏事务的机构，基本性质属于内政职能部门。但清朝继承了中国历史的传统，不承认世界上还有别国他部落与自己平等，因此，清政府没有专门的外交管理机构，对外关系一般由礼部和理藩院等内政职能部门兼管。

关"属国"如朝鲜等国的事务，而理藩院则主要掌管蒙古事务（此处蒙古应属前述之"革心面内之部落"）。后来，礼部、理藩院两个部门在管理范围上各有扩展。大致而言，"礼部所掌握的'属国'和'外国'多在东、南两方，主要由海路往来；而理藩院所掌握的'属国'和'外国'则多在西、北两方，均由陆路往来"。① 其中俄罗斯就被认为是"北番"，与蒙古诸部、青海、西藏及新疆回部都属于理藩院管辖。

然而，究竟何时理藩院正式兼管俄罗斯事务，尚不十分清晰。顺治十三年俄国巴伊科夫使团到达北京，有人说是由理藩院接待的，② 但未必准确。因为此前即顺治十二年巴伊科夫派阿勃林先期到达北京，参与接待的就不单是理藩院,还有礼部。③ 张玉书(1642-1711)也记载："顺治十二年、十三年，俄罗斯两有使者至，皆以不习跪拜遣还。十七年复至，表文称一千一百六十五年，朝议意仍逐其使，上宽贷之，命礼部谕以不逊之罪。"④ 可见,顺治年间,俄罗斯事务仍有礼部参与,尚未专属理藩院。直到康熙年间，对俄事务方才确切专属理藩院。康熙九年，清政府为遣还根特木尔而致沙皇国书，其中内阁满文原注言："尼布楚长官达尼洛遣伊格纳季等十人来呈奏书时，奉旨将给察罕汗之敕谕交付郎中马喇等，与俄国政府来使一同送往俄国。为此，康熙九年五月初九日，将给俄罗斯察罕汗之敕书交由大学士索额图（1636-1703）进呈"，"本月十三日，用四层画云龙香笺纸，兼写

---

① 钱实甫：《清代的外交机关》，三联书店，1959，第15页。
② 张维华、孙西：《清前期中俄关系》，山东教育出版社，1997，第36页；赵云田：《清朝理藩院与中俄关系》，《西北史地》1981年第3期，第109页；钱实甫：《清代的关交机关》，三联书店，1959，第32页。
③ "内阁原注：俄罗斯察罕汉初次遣使来朝，请安、进贡方物。将给察罕汗敕书交来使毕西里克赍回。敕书盖降敕御宝二颗，用金龙香笺黄纸，缮写满蒙文。由内阁学士叶成额、能图、祁彻白，头等侍卫毛奇提特、绰克图，理藩院主事马喇（1673-1735）等，一同交付来使毕西里克赍回。"中国第一历史档案馆编《清代中俄关系档案史料选编》第1编上册，中华书局，1981，第18页。此处所涉参与其事的人物有内阁学士叶成额、能图以及礼部侍郎祁彻白。至于理藩院的马喇，当时不过是理藩院的主事而已。可见，不能确定俄国来使仅由理藩院接待。
④ （清）张玉书：《外国记》，《昭代丛书》（辛集补）卷6，吴江沈氏世楷堂，光绪年间刻印，第7页。另《清实录》则只称"尔衙门可借以表文矜夸不逊，不令陛见之。故谕其使而遣之"。《清世祖章皇帝实录》卷135，中华书局，第1042页。这里的"尔衙门"究竟何所指，亦无明确说明。

满蒙文,盖降敕御宝二颗。十五日由大学士索额图验同交付理藩院郎中和托"。① 在这里,马喇、和托(?-1670)都是理藩院官员。可见,至少康熙九年以后,对俄事务已是专属理藩院了。

据赵云田先生的研究,理藩院管理俄国事务主要涉及三方面内容。②

首先,"协调两国的外交关系"。康熙年间,中俄两国屡屡为边境事件发生交涉。康熙十五年,俄国派斯帕法里使团访华,这期间的相关谈判、接待等事务全由理藩院负责;康熙十九年,理藩院奏报俄人入侵黑龙江流域的具体情形;康熙二十二年,理藩院曾致函雅克萨俄官,敕其迅速遣还中国逃人;康熙二十六年,中俄双方为解决边境冲突,决定举行谈判,但俄国使臣文纽科夫(Н.Д.Венюков)滞留色楞格斯克,行动迟缓,为此,理藩院致函文纽科夫,促其速至雅克萨谈判;③ 等等。可见,康熙年间中俄一切双边事务均由理藩院主管。

其次,"负责两国的贸易往来"。1689年9月,中俄双方签订第一个国际条约《尼布楚条约》,其中第五条就规定:"自和约已定之日起,凡两国人民持有护照者,俱得过界来往,并许其贸易互市。"④ 条文虽然写得很明白,但清政府根本无付诸实践的想法。反观正趋重商主义的俄国却非常积极。清季中俄贸易的发生发展,动力主要来自重商的俄国。由于俄国积极主动,终于导致后来中俄贸易盛极一时。

然而,问题的关键还在于,对俄贸易事务也一贯由理藩院节制管理。"四十八年十二月,俄罗斯贸易人至京,圣祖因马齐旧管俄罗斯事,复令其管理。"⑤ 马齐(1652-1739),康熙年间曾主事理藩院,此时正任理藩院尚书。据乾隆朝内府抄本《理藩院则例》记载,康熙三十二年,允许俄罗斯人来京贸易"到京时安置在俄罗斯馆"。(雍正)九年,理藩院奏准:"俄罗斯买卖人来时,喀尔喀土谢图汗等报院,具奏请旨,委官一人,驰驿前往

---

① 中国第一历史档案馆编《清代中俄关系档案史料选编》第1编上册,第22页。
② 赵云田:《清朝理藩院与中俄关系》,《西北史地》1981年第3期。
③ 分见中国第一历史档案馆编《清代中俄关系档案史料选编》第1编上册,第25-39、47、49-50、81-82页。
④ 王铁崖编《中外旧约章汇编》第1册,第2页。
⑤ (清)何秋涛:《朔方备乘》卷29,沈云龙主编《中国边疆丛书》第2辑第17册,第756页。

恰克图地方伴接，沿途照看。其买卖人仍依原议，不给口粮食物，一应夫马，听其自备。由张家口至京，路途歇寓，令官兵护送看守。到京进馆后，兵部奏点副都统及官兵看守。买卖人出馆行走，皆令护军伴行，特简内大臣都院堂官数人，总理鄂罗斯事务。其监督贸易官二人，开列侍读学士科道等职名，引见简用。"① 乾隆二年（1737），俄罗斯馆监督御史赫庆上奏："俄罗斯互市止宜在于边境，其住居京城者，请禁贸易，止令以货易货，勿以金银相售"，"盖自是俄罗斯停止在京贸易，而互市之事统归于恰克图矣"。② 中俄贸易由京师互市一变而为边境恰克图贸易，贸易地点虽然变了，但管理机构仍然是理藩院，"以恰克图为常互市所，人数不得过二百，设监视官一员，由理藩院司官内拣选，二年一次更代，是为恰克图准互市驻部员之始"。③

再次，"管理在北京的俄国人员"。康熙年间，在京的俄罗斯人主要是雅克萨战争时期俘虏投降的俄罗斯人，前后100多人。康熙皇帝把他们安置在东直门内胡家圈胡同，编入镶黄旗满洲第四参领第十七佐领。④ 由于俄罗斯人信仰东正教，开放的康熙皇帝特别优待，把当地的一座关帝庙拨给他们做法事，这就是"罗刹庙"的起源。康熙二十八年（1689），俄罗斯要求派神父、学生来京学习；康熙三十三年（1694），清政府将东江米巷南会同馆辟为"俄罗斯馆"，以供俄罗斯来京商人、神父、学生居住；雍正五年，中俄签署《恰克图界约》，其第五条规定："在京之俄馆，嗣后仅止来京之俄人居住。俄使请造庙宇，中国办理俄事大臣等帮助于俄馆盖成。现在住京喇嘛一人，复议补遣三人，于此庙居住，俄人照伊规矩，礼佛念经，不得阻止。"⑤ 从此，俄罗斯获得了向北京定期派遣东正教布道团的权利。就行政管理关系来说，俄罗斯布道团也隶属于理藩院。"俄罗斯馆监督一员，以理藩院司

---

① 中国社会科学院边疆研究中心编《清代理藩院资料辑录——乾隆朝内府抄本〈理藩院则例〉》，全国图书馆文献缩微中心，1988，第107-108页。
② （清）何秋涛：《朔方备乘》卷29，沈云龙主编《中国边疆丛书》第2辑第17册，第756页。
③ （清）何秋涛：《朔方备乘》卷29，沈云龙主编《中国边疆丛书》第2辑第17册，第761页。
④ （清）俞正燮：《癸巳类稿》，涂小马、蔡建康、陈松泉等校点，辽宁教育出版社，2001，第297页。
⑤ 王铁崖编《中外旧约章汇编》第1册，第9页。

一 盛衰大局：18、19世纪之交的俄国与中国

员充，由堂官佥派。（臣秋涛谨案：《四裔考》载，乾隆二年，监督俄罗斯馆御史赫庆，则从前此缺，亦系御史之差，不知何时改定专用理藩院司员）俄罗斯学提调官一员，以理藩院司员充，由堂官佥派。俄罗斯馆助教满洲一员、汉人一员。凡俄罗斯学生到京时，令其在俄罗斯馆居住，咨取国子监满洲助教一员、汉助教一员，在馆教习清、汉文字。俄罗斯馆领催：领催一员。由理藩院择派，轮班到馆照料。俄罗斯馆馆夫：额设馆夫二名，专承应、看守馆门，不准闲人滥入等，事缺出，由理藩院司务厅招募、挑补）。"①

此外，北部边界地区外藩（包括俄罗斯人）的犯罪行为，也归理藩院录勋清吏司管辖。"康熙三十二年……今鄂罗斯复有潜至景齐礼乌嘛等处打貂行走，恐等头目不知。着理藩院行文尼布潮城守尉查拿治罪，并申斥国人，嗣后不许超过地界。如城守尉不速严查，即行文察罕汗，将城守尉一并治罪。"②

上面所述仅指清朝内部管理机构的职能所辖范围，这只是问题的一个方面。中俄关系是清朝与沙俄两个国家之间的关系。清朝以理藩院为管理中俄交涉的机构，那么，沙俄以何种机构来管理俄中交涉事务？要弄清嘉庆朝以前中俄交涉事务的管理全貌，还必须关注中俄对等联系机构的确定问题。中俄对等联系机构的确定大致可以分为两个阶段。

第一个阶段：雍正五年以前，中俄联系机构比较混乱，双方还没有形成固定的对等联系机构。

雍正五年以前，中俄两国的联系机构比较混乱，虽然对俄事务大致由理藩院管理，但由于种种原因，在相当长一段时间里中俄并未确定固定的对等联系机构，具有很大的随意性。当时经常出现的中俄机构或个人联络关系有：尼布楚行政长官↔索额图，索额图↔伊尔库茨克长官，索额图↔俄国临时使臣，萨布索↔尼布楚行政长官，尼布楚税务处↔理藩院，索额图↔俄国近侍大臣，理藩院↔尼布楚行政长官等，十分混乱。这种情况在康熙四十年以后慢慢转变。康熙四十三年，理藩院在致俄

---

① （清）何秋涛：《朔方备乘》卷29，沈云龙主编《中国边疆丛书》第2辑第17册，第272页。
② 中国社会科学院边疆研究中心编《清代理藩院资料辑录——雍正朝〈大清会典〉中的理藩院资料》，全国图书馆文献缩微中心，1988，第20页。

索额图

国议政大臣维纽斯的函件中，正式通告沙俄政府，今后由理藩院作为中俄联系的中方常设机构，并要求俄国政府今后不要再跟索额图或其他中央、地方机构或个人联系。"查得去年六月，曾由本院议奏，嗣后凡有议事，该尼布楚城长官不必行文索额图；若由俄罗斯察罕汗处行文本院，则可议之。此事业经奏报并已屡次行文知照尼布楚城长官伊万在案。今视来文，并非送本院之文。既然仍寄送索额图，则此二件俄罗斯文书毋庸议，并将原文交伊万·萨瓦捷耶夫带回"，"嗣后，凡有议事，若来文本院，则可收受议之。倘若仍旧行文索额图，则不予接受，并由边界地方退回"。① 通过这段文字，我们可以知道，大约在康熙四十二年六月，理藩院就已经从康熙帝那里获得了管理中俄联系事务的专权。但此事俄国政府并不知晓。所以，一年之后，仍旧行文索额图，引起理藩院的不快，以至将俄罗斯的来文直接退回。此时理藩院之所以有如此举措，主要原因是因为当时索额图已经因太子事被康熙帝处分，而俄国人尚不知此事。然自此之后，理藩院虽已专擅中俄交往事务，但俄国政府仍无定制。此后中俄双方联系的机构大致是：理藩院;俄国议政（或近侍）大臣，理藩院↔俄国尼布楚城长官等。然而，偶尔还存在俄国尼布楚城长官↔清议政大臣，俄国尼布楚城长官↔黑龙江将军，俄伊尔库茨克将军↔蒙古土谢图汗等联系方式。可见，此时清政府联系虽然慢慢以理藩

---

① 中国第一历史档案馆编《清代中俄关系档案史料选编》第1编上册，第220-221页。

院为主，但中俄双方的联系机构尚未确立一一对应的关系。

第二个阶段：雍正五年至1860年。中俄之间的联系经过艰难磨合，终于雍正五年确立了两院即中国理藩院与俄罗斯枢密院之间的固定联系。

雍正五年，中俄双方签署了《喀尔喀会议通商定约》（即别本《恰克图界约》），其第六条曰："彼此移送文卷，印信最为紧要。中国行俄罗斯之公文，仍照从前用理藩院印信，咨行俄罗斯萨拉特衙门，及托博勒城守尉印信，咨行中国理藩院衙门。其余近边地方，偶有偷窃、逃亡等事行文时，中国在边之图什业图汗王、俄罗斯在边之城守尉，各用画押钤印公文为凭。由图什业图汗王咨俄罗斯公文，由俄罗斯咨图什业图汗王公文，其送文之人，由恰克图一路行走。"① 由这段话我们可以知道，自雍正五年始，中俄双方的联系机构基本上固定为两院，即中国的理藩院和俄国的枢密院（萨拉特衙门），这种联系格局一直保持到1858年。

俄国枢密院大楼

至于边境地方的联系，则由两国两院所属边务机构办理。俄国政府是伊尔库茨克省民事省长（或西伯利亚总督）及恰克图—特罗伊茨科萨夫斯克要塞边防机构——包括外交部特派员、城防司令和海关；中方则是两位库伦办事大臣，其属员均为理藩院司员。此外，根据清朝在中俄中段边境地区的防务体系，还有一个边防前哨即买卖城（又称恰克图），主要负责人为蒙古扎尔固齐，其

---

① 王铁崖编《中外旧约章汇编》第1册，第11页。另见〔俄〕尼古拉·班蒂什－卡缅斯基编著《俄中两国外交文献汇编（1619–1792）》，第156页。

属员亦皆由理藩院派遣。

至于库伦办事大臣所担负中俄交涉的具体职责，大致有二。

其一，代表清政府进行中俄边境交涉及处理边境日常纠纷，包括接待来访的俄国使团（包括换届的布道团）或信使、捉拿逃人和非法入境人员、缉拿盗贼并负责会同俄国政府边务部门依法审理各类边民犯罪行为。同时，还负责下辖中俄中段边境47卡伦的巡查、鄂博的巡视及修整等。

其二，代理藩院管理恰克图中俄贸易事务。康熙"五十九年始准于库伦互市，雍正五年始准于恰克图互市"，"恰克图商集，以本院司官一人主之，隶库伦办事大臣管理，设书吏毕协齐，该班蒙古章京昆都玛拉奇等"。①

从清朝官制看，库伦办事衙门无论是作为管理外蒙古属藩事务的地方衙门，还是管理中俄交涉的边务衙门，体制上都由理藩院掌控。② 尤其是事涉中俄关系，库伦办事大臣更须事事请示理藩院，基本上形成了库伦办事大臣—理藩院—军机处—皇帝的管理程式。

中俄两院之间这种固定联系的具体方式主要是函来信往，而中介就是往来不绝的信使。没有人对整个早期中俄关系史上的信使进行一个综合的研究，目前尚不知道早期中俄关系史上究竟有多少信使曾在戈壁滩上奔走。在此，我们只能根据目前所掌握的资料，对戈洛夫金使团访华前后双方往来的信使做一个统计。③ 据不完全统计，1805年、1806年中、俄双方互派信使14次。当时，俄方派遣信使的主要是枢密院及主管边境防务的伊尔库茨克民事省长，而中方派遣信使的相应是理藩院和库伦办事大臣。按照惯例，双方的信使都配备有一定数量的随员、军士。这些信使，如就其肩负的主要使命即传递两国高层往来信件来说，无疑属国家层面的交涉，但

---

① 中国社会科学院边疆研究中心编《清代理藩院资料辑录——嘉庆朝〈大清会典〉中的理藩院资料》，第81—82页。
② 张德泽编著《清代国家机关考略》，中国人民大学出版社，1981，第252页。
③ 第八届布道团修士大司祭格里鲍夫斯基（С.Грибовский）曾记录了18世纪俄国派往中国的八位信使，但只有姓名，没有具体史实。〔俄〕尼·维谢洛夫斯基编《俄罗斯驻北京传道团史料》第1册，北京第二外国语学院俄语编译组译，商务印书馆，1978，第69页。

是信使们的任务往往不仅有送信，还附带有收集沿途情报的使命。① 这种附带使命的完成过程却是地方层面性质的。这些信使主要通过与对方边务官员的谈话及实地观察、询问等方式来获得情报。嘉庆年间，俄方常派遣的信使是布里亚特人桑热哈耶夫（Санжихаев），每次来往，他都要尽力收集中方边务情报且详细报告给俄国边务衙门，其中有些重要情报影响到国家层面的外交决策。如1805年9月，清朝坚决要求戈洛夫金大使缩减使团成员数量并预先提供礼品清单，但俄方不买账，双方为此争吵不休。10月5日，桑热哈耶夫送信至库伦，回去后向戈洛夫金报告："自出境至库伦，以及在库伦期间和回到恰克图，一路上卑职没有看到任何为大使通过而做的准备。国境上也没有接到什么接待使团的命令。不过，库伦有几个官员及恰克图扎尔固齐肯定地说，虽然北京已做了一切安排，但要等到俄方答允他们缩减使团随员和提交礼品清单的要求后才能公开。"② 这份情报表明，如果俄方不答应中方的要求，将绝无机会进入中国。不久，戈洛夫金的态度开始软化，满足了中方的要求。可以肯定，俄国使团的这种关键变化与信使所汇报的情报是有直接关系的。观之中方，也存在类似的情况。1806年11月，库伦办事衙门派往伊尔库茨克送信的协理台吉达西敦多布（Дашидондоп）报告："省长收到国书后，按惯例留我们休息三天，余事绝口不提。送行时又按例赏我们薄呢料、火狐狸皮等物……其间，省长详细询问了王爷和昂邦的健康状况，表达了与我大清和平相处的愿望。"③ 这个情报对当时清朝的边境防务体系运转非常重要。因为就在该年年初，清朝将戈洛夫金使团驱逐回国，究竟俄国会不会因此而在边境地区挑衅尚属未知，信使带回来的这个情报是有些安定作用的。

---

① 比如，俄国边务办曾给信使下达训令，要求信使"从蒙古人那里探明：他们有多少军队、军队驻守在什么地方、蒙古人是否准备和谁打仗、他们对俄国的态度如何、他们是否想撕毁和约？"〔俄〕А. П. 瓦西里耶夫：《外贝加尔的哥萨克》第2卷，中国人民大学清史研究所徐滨等译，第50页。

② АВПРИ ф. СПБ. Главный архив. 1–7. оп. 6. 1805г. д. № 1–а. л. 24. л. 128. Тихвинский С. Л. и Мясников В. С. Русско–Китайские отношения в ⅩⅨ веке. 1803–1807гг. Т. 1. М. 1995г. с. 253.

③ ЦГИА Монголии. Ф. М–1. д. № 651. Л. 463. Там же с. 661.

清季这种由信使居间交通中俄的两院联系模式直到1858年中俄《天津条约》、1860年中俄《北京续增条约》签署后，方才改变。1858年中俄《天津条约》规定："嗣后两国不必由萨拉特衙门及理藩院行文；由俄国总理各国事务大臣或径行大清之军机大臣，或特派之大学士，往来照会，俱按平等。设有紧要公文，遣使臣亲送到京，交礼部转达军机处。"① 条约中明确理藩院不再主持中俄之间的联系，改由地位更高的军机处或大学士主理，如同康熙年间的索额图一样。不过，沙俄政府之所以不喜欢理藩院，可能主要是不愿意自己被视同为蒙古、西藏等藩属，当然也不排除要求在外交交涉中机构地位对等的含义。因为，就国家的政治机构体制来说，枢密院的地位显然要比理藩院高，过去那种两院联系实际隐含着政治不平等的意思。现在，确定俄外交部与清军机处进行常务联系，在俄国政府看来才对等。其实，这里面隐含着新的不平等，因为清军机处的地位实际上比俄国外交部的地位要高，只是清朝麻木不仁的官僚集团没有意识到罢了。两年以后，即1860年，中俄又签署《北京续增条约》，其中进一步规定："大俄罗斯国总理各外国事务大臣与大清国军机处互相行文，或东悉毕尔总督与军机处及理藩院行文。"② 这种不平等的含义就更加明显了。东西伯利亚总督不过一个地方大员，连他都有资格直接与清最高官僚机构——军机处联系了。上述法律条文表明，在中俄不平等条约体制建构以后，中俄官方联系已固定于俄外交部和清军机处的层面。但是，清朝传统的对外事务管理机构礼部或理藩院并未完全退出历史舞台，依旧得到承认。不过，此时礼部、理藩院都只不过是一个中介机构而已。来自俄国政府的公文，最终都要上达军机处处理。

1860年底，基于恭亲王奕䜣（1833-1898）等贵胄官僚的建议，咸丰皇帝批准成立"总理各国事务衙门"，中国历史上终于第一次拥有了自己的专职外交衙门。自此以后，"理藩院才结束管理对俄事务"。③

---

① 王铁崖编《中外旧约章汇编》第1册，第87页。
② 王铁崖编《中外旧约章汇编》第1册，第153页。
③ 赵云田：《清代治理边陲的枢纽——理藩院》，新疆人民出版社，1995，第63页。

3. 居中策应：俄罗斯馆与耶稣会士

按照马克思的说法，19世纪以前的中外关系中，中俄关系是很独特的。这种独特性的主要表现就是从18世纪初开始，俄罗斯就在中国的首都北京驻有布道团，清人称之为"俄罗斯馆"。这个俄罗斯馆绝不是像某些俄罗斯史学家所说的，仅仅是一个宗教组织，至少在1860年以前，它是一个集商馆、学馆和使馆于一体的政治性综合机构。而且，在1860年以前，其主要职能还是政治外交，至于汉学研究、传教都在其次。1860年，俄国在中国正式设立公使馆，布道团方正式回归其宗教本职。因此，18世纪初至1860年这段时间，毫无疑义，布道团是中俄政治外交关系的中介联系机构。但是，严格来说，布道团真正起到政治中介作用主要自第九届布道团（1807-1821）始。1807年以前的八届布道团由于成员的素质普遍偏低，不可能成功起到应有的政治中介作用。因此，直到19世纪初，俄罗斯都习惯于借助很早就在中国落脚的耶稣会士来加强与中国的联系。所以，早期中俄关系史上，耶稣会士也要占一席之地。这种情况既缘于俄罗斯与耶稣会的传统关系，也基于耶稣会士在中俄早期条约体制建构中所起的语言翻译和情报提供作用。1689年，戈洛文与索额图签署中俄《尼布楚条约》。当时，中俄两国都没有俄、满翻译人才，而耶稣会士不但懂汉、满语，还与俄国大使一样都懂拉丁文。所以，中、俄就以耶稣会士为中介，通过拉丁文来交流，以致在相当长一段时期，拉丁文一直是中俄交涉的主要中介语言。俄罗斯馆和耶稣会士作为早期中俄关系的中介角色直到1860年俄国驻北京公使团立足北京止。

（1）俄罗斯馆——俄罗斯插入北京的楔子

北京之有东正教痕迹，得力于康熙年间中国国势的强大及国家宽容的宗教政策。在1687年清军结束雅克萨战役之前，中俄之间小规模交战持续30多年，清军陆续获得一些俄罗斯战俘。1658年，沙尔瑚达率清军讨伐俄罗斯侵略者斯捷潘诺夫（О. Степанов, ?-1658），部分哥萨克走投无路，投降清朝。① 1685年，清军进攻雅克萨，又获"投诚罗刹四十人"。当时

---

① *Фишер И. Е.* Сибирская история с самого открытия Сибирь до завоевания сей земли российским оружием. СПБ. 1774г. С. 627.

户部上奏，因俘虏人数少"不足编为半个佐领，酌量归入上三旗"。康熙帝曾诏谕"此议亦当"，而且认为"但率领投诚之人，不与议叙，实属可悯；应量给伊等原带品级"。① 康熙如此优待俄罗斯俘虏，完全是一种泱泱大国宽厚心态的流露。这样，到1687年雅克萨战役结束，清军前后"总得罗刹近百人"。② "这批沙俄俘虏和降人，被安置到北京东直门内胡家圈胡同，编入镶黄旗满洲第四参领第十七佐领，给予旗人待遇"，③ 并允许这些俄罗斯俘虏宗信东正教，还把当地一座关帝庙拨给他们以方便其礼拜，宗教事务暂由俘虏列昂节夫（М. Леонтьев）主持。不过，刚开始，沙俄政府对于俄罗斯东正教意外在北京获得的这个据点一无所知。所以，1692年俄罗斯国家商队头领伊杰斯还奉命请求清政府允许在北京建东正教堂，但遭到拒绝。④

直到1698年，俄西伯利亚衙门长官维尼乌斯（А. А. Виниус）才专程向沙皇彼得一世（Пётр Ⅰ）汇报这件事，引起注意。彼得一世曾亲自指示维尼乌斯："此事甚善，看在上帝的面子上，行事宜谨慎，戒鲁莽，避免结怨于中国官员及在当地栖身多年的耶稣会士。为此所需要的不是学有根底而是谙于世故的神父，方免偶因傲慢而使上述神圣事业像在日本一样，一败涂地。"⑤

从此，俄国政府千方百计，不放过任何细微的机会，争取扩大俄罗斯东正教在北京的势力。几乎每次商队来华都随行有若干教士，⑥ 每次"商队的全体人员都要到圣尼古拉像前作祈祷"，频频和北京的"罗刹庙"呼应联系。⑦ 1702年，沙俄政府借口神父列昂节夫体弱多病，请求另派两名教士到北京主持教务。1703年，俄罗斯萨瓦节耶夫商队来华时，其中就随

---

① 《康熙帝谕将投诚俄人归入上三旗》，《清代中俄关系档案史料选编》第1编（上），中华书局，1978，第56页。
② （清）俞正燮：《癸巳类稿》卷9，北京，1833年木刻本，第14页。
③ 蔡鸿生：《俄罗斯馆纪事》，中华书局，2006，第13页。
④ 《索额图为俄使请还逋逃及建教堂等事复俄使咨文》，《清代中俄关系档案史料选编》第1编（上），第153–156页。
⑤ Скачков П. Е. Очерки истории русского китаеведения. Москва. 1977г. С. 37.
⑥ 参见〔法〕加斯东·加恩《彼得大帝时期的中俄关系史》，第275–277页。
⑦ 〔俄〕尼·维谢洛夫斯基编《俄罗斯驻北京传道团史料》第1册，第27页。

行有"僧侣谢尔格伊，司祭扉鄂多锡，及白僧与工役人等九人",①"俨然是一个布道团的雏形了"。②

俄罗斯东正教驻北京布道团正式和商队发生关系是在 1711 年。是年，

清代俄罗斯东正教驻北京布道——北馆

以胡佳科夫为首的俄罗斯国家商队到达北京。当时，康熙皇帝正准备派太子侍读殷札纳、郎中纳颜和内阁侍读图理琛（1667-1740）等人，借道俄国西伯利亚去伏尔加河流域宣抚蒙古土尔扈特部首领阿玉奇（1640-1724）。于是，胡佳科夫就趁机要求清朝允许另派教士到北京主持东正教务。③ 1714 年，清朝使臣从土尔扈特回国，经过西伯利亚时就顺便将沙俄派遣的东正教大司祭伊腊离宛（Л. Илларион）等十人带回中国。1715 年，伊腊离宛等一行十人到达北京，居住"北馆"。这就是沙俄正式向中国派遣的第一届布道团。④

1719 年，伊腊离宛大司祭因酗酒而死。不久，修士辅祭菲利蒙（Филимон）等人向清理藩院上书，请求再派新喇嘛来京。嗣后，菲利蒙回到俄罗斯，造谣

---

① 《故宫俄文史料》,《历史研究》编辑部,1964, 第 13 页。
② 蔡鸿生:《俄罗斯馆纪事》, 第 15 页。
③ 〔俄〕尼古拉·阿多拉茨基:《东正教在华两百年史》, 阎国栋、肖玉秋译, 陈开科审校, 广东人民出版社, 2007, 第 46 页。
④ Бунаков Е. В. Из истории русско-китайских отношений в первой половине XIX в. см. Советское Востоковедение. 1956г. № 2. С. 101；另, 尼·维谢洛夫斯基认为, 第一届布道团成员数量应为 8 人。〔俄〕尼·维谢洛夫斯基编《俄罗斯驻北京传道团史料》第 1 册, 第 60-61 页。

说清朝皇帝准备入教。于是，彼得一世就谕令俄罗斯东正教最高宗务委员会另派人去北京。1721年，圣务院组成了以库利奇茨基（Кульчицкий）为首的新布道团。但由于当时中俄边界不宁,也由于康熙去世,雍正继位，导致布道团一直未能如愿进入中国境内。①

1727年1月，沙俄又重新组成以伊尔库茨克主升天修道院修士大司祭贝拉特科夫斯基（А. Г. Платковский，1682-1746）为首的新布道团，包括三名学生舒利金（Щульгин）、罗索欣（И. К.Рассохин，1707-1761）和波诺马诺夫（М. Пономарев）等六人,准备随同弗拉季萨瓦使团前往中国。②

1727年11月，中俄签订《恰克图界约》。其第五条明确规定："在京之俄馆，嗣后仅止来京之俄人居住。俄使请造庙宇，中国办理俄事大臣等帮助于俄馆盖庙。现在驻京喇嘛一人，复议补遣三人,于此庙居住，俄人照伊规矩，礼佛念经，不得阻止。"③ 这个条款非常关键，它使俄罗斯终于获得了定期向北京派遣布道团的法律依据。1727年12月，以郎喀（Ланг Лоренц，1690-1752）为首的俄罗斯商队到达北京，布道团三名学员沃伊科夫（Л. Воейков）、普霍尔特（И. Пухарт）和特列季雅科夫（Ф. Третьяков）等随同商队来到北京。④

1729年6月，基于《恰克图界约》，以贝拉特科夫斯基为首的第二届布道团到达北京。⑤

1734年，沙俄政府任命特鲁索夫（И. Трусов）为新布道团首脑，随郎喀率领的国家商队于1736年到达北京。沙俄东正教宗务委员会给新布道团下达了六项新任务，主要是修整教堂、整顿布道团内部秩序。⑥

1743年，沙俄政府又组成以林采夫斯基（Г. Ленцовский，1700-1770）为首的新布道团，于1745年11月跟随八等文官利布拉托夫斯基（Г. К. Либратовский）率领的商队到达北京。

---

① 〔俄〕尼·维谢洛夫斯基编著《俄罗斯驻北京传道团史料》第1册，第39-40页。
② 〔俄〕尼古拉·班蒂什－卡缅斯基编《俄中两国外交文献汇编（1619-1792）》，第151页。
③ 《中俄边界条约集》，商务印书馆，1973，第13页。
④ 〔俄〕尼古拉·班蒂什－卡缅斯基编《俄中两国外交文献汇编（1619-1792）》，第169页。
⑤ 〔俄〕尼古拉·阿多拉茨基：《东正教在华两百年史》，第92页。
⑥ Краткая история русской православной миссии в Китае. 1913г. Пекинъ. С. 38-39.

1754年，沙俄政府又组成了以修士大司祭尤马托夫（А. Юматов）为首的新布道团，于12月底随同弗拉德金商队到达北京。可是，清政府援引《恰克图界约》，拒绝接受新来的4名俄罗斯学生和4名神职人员。这些人后来只好随商队回国。① 为此，沙俄枢密院曾致函清政府，要求允许继续派遣学生。②

之后，中俄两国在一系列问题上产生矛盾。俄罗斯企图庇护叛逃到俄罗斯的蒙古准噶尔叛乱首领阿睦尔撒纳（1723-1757）和舍楞，清政府则在恰克图贸易上做文章，以逼沙俄就范，所以俄罗斯暂没心思去组建新布道团。中俄关系的微妙，影响到北京旧布道团成员的生活，清政府开始限制他们和中国人之间的交往。③

1771年，沙俄政府组成以茨威特（Н. Цвет，?-1784）大司祭为首的第六届布道团。由于俄罗斯国家商队贸易已经停止，因此，该布道团由官员随同护送。④

1781年，沙俄政府组成以希什科夫斯基（И. Шишковский，1750-1795）为首的第七届布道团。该布道团在华期间基本上没什么建树，但有一点值得注意：该布道团有数名学员曾以翻译的身份参与清政府中外交涉。⑤

1794年，沙俄政府又组织以大司祭格里鲍夫斯基为首的第八届布道团。格里鲍夫斯基组织完成了约12种汉学编译图书，比较全面地反映了清王朝当时的基本情况，他还建立了布道团图书馆。

1807年以后，以比丘林为首的第九届布道团到达北京，沙俄政府根据他的意见对布道团进行了改革。改革开始于第八届布道团（1794-1807），结束于第十届布道团（1821-1830），高潮则在第九届布道团（1807-1821）。具体改革措施如下。

---

① 〔俄〕尼古拉·班蒂什-卡缅斯基编著《俄中两国外交文献汇编（1619-1792）》，第292-293页。
② 《故宫俄文史料》，第58-59页。
③ 〔俄〕尼古拉·班蒂什-卡缅斯基编著《俄中两国外交文献汇编（1619-1792）》，第333-335页。
④ 《故宫俄文史料》，第98页。
⑤ 〔俄〕尼古拉·阿多拉茨基：《东正教在华两百年史》，第92页。

其一，布道团监督官的设立制度化。监督官一职是从1736年第三届布道团（1736-1744）开始设立的。后来，第五届（1755-1771）又派了一次，没有制度化。真正制度化是从1794年第八届布道团（1794-1807）开始的。监督官是沙俄政府的代表，"一般由外交部官员兼任，其责任在于运输队伍的组建，保证食物和宿营，与清朝在蒙古和中国境内的官员谈判，携带布道的款项。此外，监督官还要担负俄罗斯政府的外交使命，护送布道团的哥萨克队伍也由监督官指挥"。① 但随着局势的变化，监督官有时也承担一些见不得人的"间谍"职责。1854年，沙俄政府准备派遣新布道团去北京，在专门给东西伯利亚总督发布的训令中就说："考虑到我们的主要目的，在于通过新派到北京去的布道团监督官搜集有关中国及其领土的可靠情报。"② 此外，布道团监督官还有另外一项不太引人注意的职能，即监督布道团内部成员。在当时情况下，该项职能事关布道团本身的建设，非常重要。

其二，加强布道团成员的选拔和管理。第八届布道团大司祭格里鲍夫斯基曾向俄罗斯东正教最高事务委员会提出：今后一定要选拔那些素质高、受过正规神学院教育的神职人员去北京；在俄罗斯和北京开办汉、满语学校；加强大司祭的权威，并制定惩罚那些不守规矩、不服调度的一般布道团成员的条例等。③ 他提出的这些建议在后来都不同程度地为沙俄政府所接受，为进一步完善布道团起了很好的作用。尤其从1807年第九届布道团开始，附属布道团的学生开始由中学生改为大学生。这些大学生素质较高，终于从整体上改善了布道团的学术研究基础，为俄罗斯汉学的产生发展做出了贡献。

其三，颁布"1818年指令"。基于比丘林的建议，④ 1818年初，伊尔库茨克总督制订了一份针对第10届布道团的改革指令，呈报沙皇。8月

---

① Скачков П. Е. Очерки истории русского китаеведения. Москва. 1977г. С. 182.
② Барсуков Н. Граф Николай Николаевич Муравьев-Амурский. М. 1891г. Т. 2. С. 112.
③ 〔俄〕尼·维谢洛夫斯基编《俄罗斯驻北京传道团史料》第1册，第97-100页。
④ Внешняя политика России ⅩⅨ и начала ⅩⅩ Века（Дакументы Российского министерства иноСанных дел）. Москва, Серия 1. Т. 6, 1961. С. 706.

16日（8月4日），亚历山大一世批准了这份改革指令。指令的内容主要是明确规定了"今后布道团的主要任务不是宗教活动，而是全面研究中国的经济和文化。布道团应向外交部提供有关中国政治生活中最重要事件的情报"。① 这意味着布道团开始由一个不起眼的侨民宗教组织向一个负有特别使命的政治经济组织转化。1833年4月，俄外交部亚洲司司长在一封给布道团的信中指示，"特别是企图在中国臣民中传播基督教义，最容易产生怀疑……所有这些促使我们恳切地请求你们，不要陷入这种富有危险性的活动领域，而使你们的活动限制在布道的一些事务上"。② 综合分析，布道团这种由宗教而政治的角色转化，实际上是由两方面原因造成的：一方面，沙俄希望把布道团建设成一个负有特别使命的"情报组织"，这是传统通使通商关系格局遇到阻力之后的一种变通；另一方面，它也是由当时清政府的对外宗教政策所决定的。清政府自18世纪中叶以后开始实行闭关锁国的政策，③ 其中最尖锐的问题就是反对西洋传教士在中国老百姓中自由传教。18世纪下半叶以后特别是19世纪初，清政府曾严禁传教，许多外国传教士被逮捕。1785年，"巴亚里央私入内地传教，经湖广地方官查拏，究出直隶、山东、山西、陕西等省俱有传教之人。事闻，交刑部审，拟永远监禁"；④ 1805年"夏四月，禁止洋人刻书传教"；⑤ 等等，都是明证。因此，俄国驻北京布道团的这种角色转换，也算是一种自保措施。

总之，通过上述的整顿措施，到19世纪中叶，俄罗斯东正教驻北京布道团已经由纯粹的宗教布道团一变而为负有特别政治外交经贸使命的多职能国家驻外组织了，它已经完全能够胜任沙俄侵略中国的需要了。而改革成功的关键时期，就是以比丘林为大司祭的第九届布道团。正因为这样，教会史学家阿多拉茨基（Н. Адоратский，1849-1896）才说，"比丘林时代

---

① *Бунаков Е. В.* Из истории русско-китайских отношений в первой половине ХⅨ в. Советское Востоковедение. 1956г. № 2. с. 101.
② Там же с. 102.
③ 王绍坊：《中国外交史》，河南人民出版社，1988，第7页。
④ （清）王之春撰、赵春晨点校《清朝柔远记》，中华书局，1989，第134页。
⑤ （清）王之春撰、赵春晨点校《清朝柔远记》，第149页。

不能不认为是北京布道团的转折时代"。①

综合而言，19世纪以前的布道团作为中俄关系的中介，主要体现在三个方面。

一是"汉学研究"，实际上就是搜集书面情报。早期布道团成员的所谓汉学研究不过是满、汉语情报资料的翻译而已。当时俄国派驻北京的神父、学生都还没有能力进行独立的汉学研究。整个18世纪，沙俄一共向北京派遣了26名学生，其中的大多数人都碌碌无为，成为汉学家的寥寥无几。值得一提的学生只有两位。

第一位是第二届布道团学生罗索欣，1729年来华，在北京学习和居住了11年。他是俄罗斯第一位有成就的汉学家，也是首位给沙俄政府提供有关中国真实情报的人。1739年，罗索欣开始翻译满族历史文献《八旗通志》，最后和列昂季耶夫（А.Л.Леонтьев，1716-1786）于圣彼得堡合作完成。《八旗通志》的翻译，为沙俄了解清王朝的历史情况，以及后来取得一系列对华外交的胜利奠定了资料基础。不过，罗索欣最大的贡献还在于获得了汉语中国地图，并把其中的地名音译成了俄语，由郎喀于1737年带回俄罗斯。为此，罗索欣受到了政府的嘉奖，升为准尉，工资也提高到150卢布一年。② 1761年，罗索欣去世，留下30多种手稿。其中有两部译作对沙俄政府来说应该是很重要的，一是《1730年京报摘抄》，③ 这是有关清朝现实情况的情报；二是《1735年各省钱粮登记册》④，收集了有关清朝当时土地税、田税、人头税、典契税等各种税收材料。罗索欣兴趣广泛，曾在北京跟一个中国人学习做烟花鞭炮，还写了一篇内容丰富的介绍文章。⑤

另一位是第三届布道团的学员列昂季耶夫。他的著作十分丰富，"俄罗

---

① *Адоратский Н.* Отец Иакинф Бичурин：Исторический этюд.（Из журнала：Православный Собеседник. за 1886г. февраль. март. май. июль）1886г. Казань. С. 5.

② *Скачков П. Е.* Очерки истории русского китаеведения. Москва. 1977г. С. 43.

③ 手稿现藏俄罗斯科学院图书馆手稿部（圣彼得堡）（ОР БАН），16.9.2，С. 303。

④ 手稿现藏俄罗斯科学院档案馆圣彼得堡分部（ЛО ААН），第2分部，目录1，№ 181。

⑤ 俄罗斯科学院档案馆圣彼得堡分馆，第2分部，目录1，№ 114，1756年，第8-26页。

斯当时出版了120种有关中国的书籍和论文,其中有20种书和2篇论文是列昂季耶夫完成的"。① 从学术上来说,他的汉学研究也主要是资料翻译即"情报搜集"。最主要的如《雍正朱批谕旨》《大清会典》《大学》《中庸》等都是1781年应女皇叶卡捷琳娜二世的谕旨而翻译的,以汲取中国君主统治的经验。② 由此可知,沙俄搜集中国情报,除了现实需要外,还包括借鉴历史经验的需要。

二是搜集经济贸易及政治情报。如第八届布道团就从12个方面向俄国全面介绍了中国的情况,对俄国了解当时中国的政治、经济、文化、民族关系状况等各方面情况有很大的作用。此外,布道团的部分学生如卡缅斯基(П. Каменский, 1765–1845)、利波夫措夫(С. Липовцов)、诺沃肖洛夫(В. Новоселов, ?–1841)等也提供了一些对俄国了解中国十分有用的情报。③

三是充当翻译。在早期中俄关系史上,清政府没有能培养出很像样的俄语人才,因此一般利用耶稣会士或俄国布道团的学员来充当文字翻译。如罗索欣就经常到理藩院帮助翻译中俄文件。④ 嘉庆十年底,两艘载货的俄国军舰突至广州请求贸易后离开。两广总督吴熊光(1750–1833)在详述个中缘由的奏折中说:"所有起卸货物清单,并该夷商原禀及译出夷禀一并恭呈御览。请旨饬交俄罗斯馆译汉,其情节是否相符,自可得实。"⑤ 到19世纪中叶,由于耶稣会士在京影响趋微,以致俄罗斯馆的神父和学生不但要帮助翻译来自俄国的公文,而且要帮助翻译来自欧洲各国的公文。第二次鸦片战争时,俄罗斯馆大司祭巴拉第(Палладий, П. И. Кафа́ров, 1817–1878)就曾为理藩院翻译法国葛罗男爵递交清政府的有关谈判条文的法文信函。⑥

可见,布道团在改革之前,还是做了不少事情,勉强算是起到了中俄关系的中介作用。但19世纪初以前的布道团成员整体素质过低,实无法满

---

① 王瑾:《〈俄国中国学史概要〉简介》,《中国史研究动态》1980年第12期,第20页。
② 蔡鸿生:《俄罗斯馆纪事》,第80页。
③ 〔俄〕尼古拉·阿多拉茨基:《东正教在华两百年史》,第275–281页。
④ Скачков П. Е. Очерки истории русского китаеведения. Москва. 1977г. С. 41.
⑤ 北平故宫博物院编《清代外交史料》(嘉庆朝)第1册,《文献丛编特刊》,第48页。
⑥ РГАДА Ф. 1385. оп. 1. Ед.хр. 415. л. 12.

足俄罗斯对华政策的需要。因此，19世纪初以前，沙俄政府仍然有许多事情以在华耶稣会士为中介。

（2）耶稣会士在早期中俄关系中所扮演的角色

由于19世纪初以前的俄国东正教驻北京布道团成员各方面素质都不理想，因此，凡有关中国的事务，沙俄政府历来比较习惯依靠在华的耶稣会士。

拜耶尔（Г. З. Байер）院士

首先，俄罗斯学界与耶稣会士关系密切。历史上，俄国汉学的起源不是从直接研究中国开始的，而是受西欧影响而产生的。因此，俄国汉学的发生期与西欧汉学界有着密切关系。俄国东方学首任院士拜耶尔（Г. З. Байер，1694–1738）就是德国人。他为了研究中国的基督教传教史，率先与北京的耶稣会士发生关系。

大约在1732年初，拜耶尔院士从圣彼得堡写信给在北京的捷克耶稣会士严嘉乐（Karel Slavíček，1678–1735），很谦虚地向他请教诸如中国的文字、古代哲学、音乐、历史以及天文学甚至北京的地理情况等问题，涉及面十分广泛。其中就有关于唐代"景教碑"的问题。严嘉乐在1732年9月12日的回信中说："至于那座在西安附近发现的石碑上的中文文字，一方面，它本身要求有人能翻译，另一方面找到它的抄件也不容易。"1733年11月15日，拜耶尔院士在另一封给严嘉乐的信中，重新提起"景教碑"："我还想利用这一机会重新提及我对西安景教碑一事的深切期望……我不想掩盖，假如我能够得到这座碑的碑文，我将感到非同一般地高兴。当然，如果您现在就能把碑文寄给我，而不要让我等好长时间，我将是最高兴不过的了。

这座碑值得我们更好地加以讲解并且捍卫它的真实性。"由这段话我们可以看出，拜耶尔索取"景教碑"碑文拓本的目的在于注释并证明其真实性。

尽管拜耶尔很焦急，但严嘉乐仍然回答有难处。原因有二：一是严嘉乐没有完全理解拜耶尔的要求。很明显，拜耶尔索要的是碑文拓本，而不是碑文的中文解释。① 二是严嘉乐当时自己身体不好，已经卧床达七个月之久。长期卧病在床、无法进行社交活动以获得碑文拓本，可能是严嘉乐婉拒拜耶尔的真正原因，所谓心有余而力不足是也。

但三个月后，严嘉乐仍然克服困难满足了拜耶尔的愿望。1734年10月30日，拜耶尔在给严嘉乐的信中提出了新的要求："我挺想知道，保存（景教）碑的城市和庙宇叫什么名字。"紧接着，他在1734年12月6日的信中又写道："我感到，要解释中国的（景教）碑并不会碰到太大的困难。我们只需考虑到，这篇碑文的作者是聂斯脱里教派的信徒，是东方的首主教把他们从巴比伦或者泰西封派到中国来的。我的印象是，这篇碑文是从叙利亚文译成中文的，碑文的第一行就有这种痕迹。"② 虽然我们无法看到严嘉乐给拜耶尔这两封信的回复，但从拜耶尔的语气和行文可以断定，严嘉乐一定把"景教碑"碑文的拓本寄给了拜耶尔院士。

上面所述不过是俄罗斯科学院拜耶尔院士与当时在北京的耶稣会士严嘉乐之间的学术联系片断。事实上，当时俄罗斯学界与北京耶稣会士之间的这种学术联系是很频繁的，拜耶尔与严嘉乐之间的联系只不过是冰山一角而已。有关俄国汉学界与北京耶稣会士之间的学术联系，可参考塔拉诺维奇《圣彼得堡科学院与居住在北京的耶稣会士之间的学术通信集》。③

其次，中、俄政府在政治外交方面常利用耶稣会士参与中俄交涉。历史上，耶稣会士自17世纪就参与了中俄交涉。1655年，俄国派遣巴伊科

---

① 以上分见〔捷克〕严嘉乐《中国来信（1716-1735）》，丛林、李梅译，大象出版社，2002，第138、148、123、126-127、129-130页。
② 〔捷克〕严嘉乐：《中国来信（1716-1735）》，第134-135页。
③ Таранович В. П. Научная переписка Санкт-Петербургской Академии наук с иезуитами. проживавшими в Пекине в XVIII веке. СПб. 2004. 140 с.

夫使团访问中国。当时中俄两国的会谈很不顺利，俄国人甚至埋怨作为中介的蒙古人没起到应有的翻译中介作用。① 确实，语言问题对当时中俄交涉的结果造成了一定影响。俄国人不懂满语，中国人不懂俄语，于是，只好依靠蒙语转译。由俄语先译成蒙语，再由蒙语转译成满语。关键在于当时极度缺乏既精通俄语又精通满语的蒙古翻译。于是，在大多数情况下，语义在一波三折的转译过程中逐渐走样，双方都感到词不达意。而如果由耶稣会士担任翻译的话，就方便多了。因为，耶稣会士和俄国人都懂拉丁文，而耶稣会士长期住在北京，懂满、汉语。因此，通过耶稣会士做翻译，中俄交涉只用拉丁文即可。

当然，耶稣会士能干预中俄关系，一方面与中俄交涉的实际需要有关，但同时也与耶稣会士主动参与清政府外交事宜有关。早在顺治时期，受宠的耶稣会士汤若望（Johann Adam Schall von Bell，1591-1666）就曾向顺治皇帝介绍俄国人的情况，并成功影响了当时清政府的对俄政策。② 当然，比较而言，中俄两国对翻译的实际需要乃是耶稣会士参与中俄关系的第一要素。1675年，尼果赖（斯帕法里）使团访华，沙俄政府在给尼果赖的训令中就指示："力求在北京的耶稣会教士将中国早期给俄国的四份中文公函译成拉丁文，因为在莫斯科过去没有、现在仍没有中文翻译，以致俄国大君主对中国朝廷当时的要求至今仍无所悉。"③ 1676年，尼果赖使团抵达嫩江，礼部侍郎马喇前往迎接，但双方的交涉由于翻译水平而出现问题。事后，尼果赖在出使报告中写道："虽然我在托波尔斯克、色楞格斯克和涅尔琴斯克尽量物色最好的翻译，但我们几乎听不懂侍郎讲的是什么，他也同样如此。原因是这些译员既不识字，又无经验，以前从未担任过公职。幸而侍郎本人颇有经验，精明强干，按他们的观点来说有学问，通晓多种东方语言。因此，我们的彼此理解，借助于猜测者多，而依赖

---

① 〔苏〕普·季·雅科夫列娃：《1689年第一个俄中条约》，贝璋衡译，商务印书馆，1973，第99页。
② 〔英〕巴德利：《俄国·蒙古·中国》下卷第一册，吴持哲、吴有刚译，商务印书馆，1981，第1179页。
③ 〔俄〕尼古拉·班蒂什－卡缅斯基编著《俄中两国外交文献汇编（1619-1792）》，第42页。

一 盛衰大局：18、19世纪之交的俄国与中国

于译员者少。"① 当时，马喇就向俄国人介绍，在北京有很多懂东西方多种语言的耶稣会士，可以帮助翻译。尼果赖的出使，成为耶稣会士参与中俄交涉的契机。尼果赖到达北京后，清政府便命耶稣会士南怀仁（Ferdinand Verbiest，1623–1688）出面做翻译，恰好尼果赖懂拉丁语，双方谈得十分投机。尼果赖庆幸终于可以完全弄明白清朝君臣的意思了。② 相传，尼果赖在京，除了南怀仁外，还与其他耶稣会士如利类思（Lodovico Buglio，1606–1682）、安文思（Gabriel de Magalhāes，1609–1677）等人来往。尼果赖携带来的俄国国书都是先由耶稣会士翻译成拉丁文，再转译成中国文字。康熙皇帝接见尼果赖，翻译便是耶稣会士。也正是基于此种情况，中俄遂共同商定：中方文书兼写满文、拉丁文，而俄方行文亦兼写俄文和拉丁文。③ 从此，中俄文书公文在相当长时期内不用蒙文。

戈洛文（Ф. А. Головин，1650–1706），彼得一世近臣，外交大臣，陆军元帅

1689 年，俄国使臣戈洛文与清朝使臣在尼布楚谈判中俄东段边界问题。如此盛会，耶稣会士自然不会错过。这次中俄谈判，耶稣会士徐日升（Thomas Pereira，1645–1708）、张诚（J. F. Gerbillon，1644–1709）参与翻译事宜。在翻译过程中，耶稣会士基本上保持了中立态度，可圈可点。比如在缮写条约文字时，俄使戈洛夫要求耶稣会士在条约的拉丁文本上偷偷写

---

① 〔英〕巴德利：《俄国·蒙古·中国》下卷第二册，第 1419 页。
② 〔英〕巴德利：《俄国·蒙古·中国》下卷第二册，第 1464 页。
③ 中国第一历史档案馆编《清代中俄关系档案史料选编》第 1 编上册，第 28 页。

133

上中国不在雅克萨建筑任何房舍字样，就遭到耶稣会士的拒绝，"永远不能做这种事，不能辜负汗（康熙皇帝）在这一点上给予他们的信任而背叛中国"。① 当戈洛文准备单方面在条约的俄文本中写下这一内容时，耶稣会士又警告说：中国钦差大臣不会接受这样的俄文条约文本。耶稣会士的这种态度，消除了《尼布楚条约》的一个隐患。② 对此，索额图曾称赞："非张诚之谋，则和议不成，必至兵连祸结，而失其和好矣。"③ 康熙也说耶稣会士们"为议和谈判立下有成效的劳绩"。④ 当然，参与谈判的耶稣会士与俄国人毕竟同属欧洲人，相对而言，他们之间在文化心理上更容易接近。何况耶稣会士当时有求于俄国。因此，耶稣会士在尼布楚谈判中，也有意无意给了俄国使团以巨大帮助。比如，向俄国人透露中国谈判代表团主要成员佟国刚、索额图等人的背景资料等，就大大方便了俄国对华谈判策略的确立。《尼布楚条约》签订后，戈洛文就对耶稣会士徐日升表示了感谢："我们清楚地知道，我们应该多么感谢你。你为了共同的利益给了我们多么大的帮助。我要让你知道，我是知道你的帮助的。而且，我向你保证，不久你将得到同样的报答，知道你的工作在莫斯科产生的后果。"⑤

耶稣会士之成为中俄交涉的中介，除了来自中俄两国的"语言"需要外，也有自身的动力。简言之，这种动力主要来自两方面。

一是企图开辟经俄罗斯来华的陆路。早期耶稣会士来华，只能远渡重洋，一路上艰难险阻，不可胜计，往往是生还者少，死难者多。因此，耶

---

① 〔苏〕苏联科学院远东研究所等编《17世纪俄中关系：资料与文件》第2卷第3册，厦门大学外文系翻译组译，黑龙江大学俄语系翻译组校，商务印书馆，1975，第853页。
② 事实上，《尼布楚条约》的俄文本与条约的法定文本拉丁文本及满文本（这两种文本之间差异不大）之间仍然有许多语义差异，尤其是有关边界划定的词义，为未来中俄边界之争埋下了许多隐患。参见〔日〕野见山温《〈尼布楚条约〉的不同文本的比较研究》，吴怀民译，《黑河学刊》1996年第6期。
③ 樊国梁：《燕京开教略》（中篇），1905，北京救世堂印，第39页。
④ 〔法〕张诚：《张诚日记》，陈霞飞译，商务印书馆，1973，第59页。
⑤ 〔美〕约瑟夫·塞比斯：《耶稣会士徐日升关于尼布楚谈判的日记》，王立人译，商务印书馆，1973，第209页。

稣会士一直致力于开辟一条通过俄国西伯利亚来华的陆路。为此，南怀仁曾经热情帮助尼果赖。1686年，南怀仁又通过俄国派到北京的临时信使给尼果赖带了一封信，希望他在莫斯科友好接待耶稣会士闵明我（Philippus Maria Grimaldi，1639-1712）。闵明我准备经奥地利维也纳、俄罗斯到中国。① 但这封信如泥牛入海，毫无声息，俄国人的承诺并未兑现。1691年，耶稣会士闵明我来华前就先到了莫斯科，准备借陆路来中国，但亦未能如愿。②

二是希望耶稣会组织在俄罗斯受到政府关照。如前所述，戈洛文曾承诺在莫斯科帮助耶稣会士，但没有下文。③ 实际上，18世纪中叶以前，耶稣会在欧洲及其殖民地获得了巨大的发展。但在俄罗斯，耶稣会的发展受到一定限制。17世纪末，耶稣会士甚至不敢随便从莫斯科往国外写信，偶尔为之，也是字斟句酌，害怕中途被截引起麻烦。④ 但是，随着启蒙运动在欧洲大陆的开展，自18世纪中叶始，耶稣会的命运愈发穷蹙。首先是法国，然后是西班牙、葡萄牙等国，相继颁布法令，解散、驱逐耶稣会。甚至罗马教宗也被迫于1773年签署了取缔耶稣会的圣谕。然而，在这个关键时刻，开明的叶卡捷琳娜二世却并未响应欧洲诸国取缔耶稣会的活动。⑤ 俄罗斯政府对耶稣会的庇护一直延续到19世纪上半叶。

可见，直到19世纪初，沙俄政府与耶稣会的关系状态良好，沙俄政府也愿意通过耶稣会士来发展中俄关系。早在叶卡捷琳娜二世时，俄国就曾准备派一个使团访华，虽然最终未能成行，但其间俄国人曾寻求耶稣会士的帮助。1792年，英国为扩展对华商务，派马戛尔尼使团访华。随即，俄罗斯耶稣会首脑格鲁伯（Грубер）就"接到沙俄政府的训令，要他

---

① 〔英〕巴德利：《俄国·蒙古·中国》下卷第二册，第1618-1619页。
② 〔法〕伊芙斯·德·托马斯·德·博西耶尔夫人：《耶稣会士张诚——路易十四派往中国的五位数学家之一》，辛岩译，大象出版社，2009，第37-38页。
③ 参见吴伯娅《耶稣会士与〈尼布楚条约〉》，《世界宗教研究》1998年第3期。
④ Письма и донесения иезуитов о России конца XVII и начала XVIII века. СПб., 1904. с. 1.
⑤ 〔德〕彼得·克劳斯·哈特曼：《耶稣会简史》，谷裕译，宗教文化出版社，2003，第75、83-87页。

通过居住在北京的耶稣会士，瓦解英国独霸同该国贸易的企图"。① 1805年，俄国由于面临欧洲的复杂局势，需要加强与东方邻国中国的关系，因此，准备派遣一个规模巨大的访华使团。2月4日（1月23日），还在使团动议之初，恰尔托雷斯基在向沙皇亚历山大报告访华使团的目的及筹备情况时，尚念念不忘得到耶稣会士的帮助。他在奏章中写道："至于说到怎样才能有助于说服中国人实现我们的要求，那主要应依靠北京的耶稣会士。他们在那里受到尊敬，同当地上层人物交往颇深。"为此，他具体要求俄罗斯耶稣会挑选三名精干的耶稣会士经广州派往北京，与北京的耶稣会士团结一致，窃取清政府的情报，并利用结交王公大臣的便利，散布对俄国使团访华有利的信息，为即将到来的俄中北京谈判的成功构筑基础。② 对俄国政府的要求，寄人篱下的耶稣会士不便拒绝，确曾积极运作此事。俄外交部档案馆主任季沃夫（П. Г. Дивов，1763-1841）在一份备忘录中认为，基于以往的经验，清政府习惯将外国使团封闭于住所，不允许其与当地百姓随便交往，"所以派耶稣会士同使团一起前往是不谨慎的。但如派他们经广州前往，不让任何人知悉他们所领受的使命，却可能取得圆满成功"；"教会长老所派遣的三个人——两个数学家和一个能干的机械师，应该早于使团出发，并在使团到达北京前先抵京城。他们应该按照相关谈判主题的口头指示，通过自己的教友搜集情报，预备好帮助谈判成功的建议"。③

当时，季沃夫草拟的文件标题是"耶稣会士参考资料备忘录"，其内容主要有：争取打破恰克图一口通商体制，全境开放中俄边境贸易；诱导清政府向俄国提出外交、贸易要求，以找到让使团长期逗留北京的借口，从而深入了解中国并引导中国政府确立有利于俄国的对俄政策；由耶稣会士出面搜集中国的政治、经济各方面情报，甚至贿赂政府官员，以利于俄国

---

① *Морошкин М. Я.* Иезуиты в России. с царствования Екатерины II и до нашего времени. Ч. 2，СПб. 1870. с. 312.
② АВПРИ. Ф. СПБ. Главный архив. 1-7. оп. 6. 1802г. д. № 1-а. п. 22. л. 13-14. *Тихвинский С. Л. и Мясников В. С.* Русско-Китайские отношения в XIX веке. Материалы и Документы. 1803-1807. Т. 1. М. 1995г. с. 93、95.
③ Там же. 1805г. д. № 1-а. п. 2. л. 5-6. Там же. с. 883.

成功实现其对华政策；同时，还要广泛散布有关俄国强盛的信息，向中国人宣传俄国沙皇的正面形象；等等。①

按照耶稣会俄国总会长格鲁伯的命令，计划派往中国（经葡萄牙）的三名耶稣会士为科尔萨克②、格拉西③和施蒂墨尔④。然而，1805年春，格鲁伯去世，派遣耶稣会士的行动随之取消。

然而，俄国政府利用耶稣会士的心思并未因此断绝。戈洛夫金使团被逐回国后的1806年5月21日，恰尔托雷斯基上奏亚历山大一世，再次提请俄国耶稣会首脑布尔若佐夫斯基神父派遣耶稣会士出使中国，以帮助中俄交涉，并申请提供三四千卢布的经费支持。⑤可见，直到19世纪上半叶，俄国政府尚在一直考虑利用耶稣会士为俄国对华外交服务。不过，由于双方各怀目的，且存在某种程度的宗教矛盾，因此，耶稣会士与俄国政府之间除了汉学取得一定成果外，政治外交方面于《尼布楚条约》签署之后就一直未能取得什么实际成就。但耶稣会士在早期中俄关系史通使通商格局建构发展过程中的中介作用（翻译、情报搜集）却是一目了然的。

4. 点线结合：俄中中段边界防务体系的确立

嘉庆时期，中俄已正式确立边界线的是中段和部分东段边境，西段边界线此时尚未以条约的形式确立。基于本课题仅仅涉及中俄中段边界地区的中俄防务体系，所以，在此也主要叙述中俄中段边境地区的中俄防务体系及相关问题。

中俄边界的划定经历了一个缓慢的过程。1689年的中俄《尼布楚条约》初步划定了中俄东段边界，但中俄中段边界线由于俄罗斯的反

---

① Там же. л. 7–10. Там же. c. 883.
② 科尔萨克（Корсак），波兰人，耶稣会士，懂物理学和数学。
③ 格拉西（Грасси），意大利人，耶稣会士，懂物理学和数学。
④ 施蒂墨尔（Штюрмер），德国人，耶稣会士，机械师。
⑤ АВПРИ. Ф. СПБ. Главный архив. 1–7. оп. 6. 1805г. д. No 1–а. п. 2. л. 21–22. *Тихвинский С. Л. и Мясников В. С.* Русско–Китайские отношения в ⅩⅨ веке. Материалы и Документы. 1803–1807. Т. 1. М. 1995г. с. 573.

恰克图俄中边界形势图（中方）

清代买卖城衙门

对，未能划定。① 此后，俄罗斯不断蚕食蒙古地方，导致中俄边境地区纠纷不断。雍正年间，为形势所迫，俄国始允谈判俄中中段边界问题，② 并于1727年签订了《恰克图界约》等系列双边界约，确立了中俄中段边界。③ 随后中俄双方依据这些边界条约，确立了各自的边境防务体系。清朝中俄中段边境的防务体系到嘉庆年间已经相当完备，其静态的地理布局大致可以概括为"两点一线"。所谓"两点"是指库伦和买卖城（恰克图）。库伦又称大呼勒，坐落于图拉河岸，姚莹谓："库伦者，蒙古语城圈也，有喇嘛木栅如城，故名。"④ 康熙年间中俄《尼布楚条约》签署后，库伦一度成为中俄边贸点。到18世纪中叶，库伦便成为清朝中段边境防务体系的中心。买卖城在库伦往北约350公里处，清代文

① 中国第一历史档案馆：《清代中俄关系档案史料选编》第1编上册，第143页。
② 〔俄〕尼古拉·班蒂什-卡缅斯基编著《俄中两国外交文献汇编（1619-1792）》，第136页。
③ 这些条约主要有中俄《布连斯基界约》（1727年9月1日）、中俄《阿巴哈依图界约》（1727年10月24日）、中俄《恰克图界约》（1727年11月2日）、中俄《色楞格界约》（1727年11月8日）。参见《中俄边界条约集》，第4-18页。其中，中俄《恰克图界约》于俄历1728年6月14日（公历6月25日）始换约。Сборник договоров России с Китаем 1689-1881гг. СПБ. 1889г. c. 50.
④ （清）姚莹：《库伦记》，王锡祺：《小方壶斋舆地丛钞》第二帙，上海着易堂铅印本，1891，第24页。

一 盛衰大局：18、19世纪之交的俄国与中国

献也称为"恰克图"，① 是清朝中段边境防务体系的前哨。库伦和恰克图两点之间分布有 11 个驿站。②

为了集中管理对俄商务、边务，清朝于乾隆年间在库伦设两位办事大臣。③ 何秋涛引《清会典》云："置库伦办事大臣，以司俄罗斯边务，东西会两将军而理之。库伦办事大臣，一由在京满洲蒙古大臣简放，一由喀尔喀扎萨克内特派。所属库伦本院司官二人，笔帖式二人，恰克图本院司官一人，辖卡伦会哨之各扎萨克，以理边务。凡行文俄罗斯萨那特衙门，皆用库伦办事体制大臣印文。其东黑龙江境内，则由黑龙江将军、呼伦贝尔副都统经理，其西至近吉里克以西，则由定边左副将军、科布多参赞大臣经理，皆与库伦办

库伦市貌——喇嘛宫（1805 年）

---

① 参见（清）何秋涛《朔方备乘》卷 37《俄罗斯互市始末》，《中国边疆丛书》第 2 辑。但是，俄国文献一般只将属于俄国的部分称为"恰克图"，而属于中国的部分则称为"买卖城"。参见 Клапрот Г. Ю. Описание Кяхты. Сын Отечества. 1816г。此外，关于嘉庆时期买卖城的具体情况，亦可参见 Бичурин Н. Я. Записки о Монголии. сочиненные монахом Иакинфом. С. приложением карты Монголии и разных костюмов. Т. I. СПб.1828. с. 106、124。

② 这 11 个驿站是：库伊台、布尔噶勒台、博罗诺尔台、呼齐千台、他沙尔台、伯特格台、勒莫格特依台、库特勒那尔苏台、噶萨那台、努克图台、库都格诺尔台。（清）何秋涛：《朔方备乘》卷 37《俄罗斯互市始末》，《中国边疆丛书》第 2 辑，第 759 页。

③ 关于库伦办事大臣设置的时间，史料未能统一。《清史稿》认为库伦蒙古大臣设于乾隆二十三年（1758），而库伦满洲大臣设于乾隆二十七年（1761）。（清）赵尔巽等：《清史稿》第 47 册卷 521《藩部四·喀尔喀土谢图汗部》，中华书局，1976，第 14401 页；(清) 昆冈主编《钦定大清会典事例》（光绪重修本）卷 543，光绪十二年刻印本，第 114 页。

事大臣会同酌办。"① 根据这段记叙，可以推断：其一，掌管中俄中段边境事务的两位库伦办事大臣之间的权限并未做严格的划分，这样在处理边务的过程中，难免会出现一些体制上的矛盾。蒙古办事大臣其实早在乾隆二十二年（1757）就已履行职责，嗣后派遣的满洲大臣则是为了加强清朝对中俄边务及外蒙喀尔喀各部的控制力而已，手握实权。② 其二，库伦办事大臣并无处理边务的专断之权，除了须事事请示理藩院及皇帝外，还要与黑龙江将军、呼伦贝尔副都统、定边左副将军、科布多参赞大臣等"会同酌办"。

根据清朝官制，库伦办事大臣所属有"印房章京，理刑司员，管理商民事务司员，笔帖式等官"，③ 但根据中、俄文档案，库伦办事衙门的官制与当地喀尔喀蒙古的旗务官制有不同程度的重叠。1805年12月，军机处在一份给库伦办事大臣的公文中，曾命库伦办事大臣派手下札萨克、贝勒、贝子、台吉、梅勒章京等护送戈洛夫金使团前往北京。④ 可见，清朝在中段边境防务体系的主要力量仍然是当地喀尔喀蒙古盟旗。至于恰克图则由理藩院派出的司员（扎尔固齐）坐镇，"隶库伦办事大臣管理，设书吏毕协齐、该班蒙古章京昆都玛拉奇等，每岁支给口粮赏需银二百十二两有奇"。⑤

所谓"一线"是指以恰克图为中心向东、西延伸的中段边境卡伦线。根据雍正五年（1727）签署的中俄系列界约，由恰克图向西至沙毕纳依岭一段边界设立24处鄂博，由恰克图往东至额尔古纳河最高处设立63处鄂博。边境鄂博线确立后，清朝便开始沿边界围绕鄂博设立了59个边境卡伦（部分卡伦在康熙、雍正时即已设置），以防卫领土安全。其中归属库伦办事大

---

① （清）何秋涛：《朔方备乘》卷37《俄罗斯互市始末》，《中国边疆丛书》第2辑，第763页。
② 〔日〕冈洋树：《关于"库伦办事大臣"的考查》，乌云格日勒、佟双喜译，《蒙古学信息》1997年第2期。
③ （清）赵尔巽等：《清史稿》第12册卷117《职官四·各处驻扎大臣》，第3400页。
④ ЦГИА Монголии. Ф. М–1. Д. № 639. Л. 485. Тихвинский С. Л. и Мясников В. С. Русско-Китайские отношения в XIX веке. 1803–1807гг. Т. 1. М. 1995г. с. 338.
⑤ 清会典馆编《乾隆朝内府抄本〈理藩院则例〉》，赵云田点校，中国藏学出版社，2006，第366页。

臣巡查节制的边境卡伦有47个，① 地属喀尔喀四部，各部设专管卡伦札萨克一人，各卡伦设章京一员率兵丁携家眷戍守。② 所属恰克图以西各卡伦驻兵20名，以东各卡驻兵30名。③

根据现有资料，库伦所属卡伦巡边制度的轮廓大致如下。

（1）春秋两季由库伦办事大臣派属员定期巡边。④ 嘉庆四年（1799），库伦办事大臣曾临时奏请任命麾下台吉8人为卡伦常设巡查官，每年巡查卡伦次数增加到4-5次。⑤ 不过，有资料表明，此议终未实行。

（2）嘉庆七年（1802），库伦办事大臣蕴端多尔济奏请亲自巡查中段边界，且建议每届十年由满、蒙大臣轮流巡边一次。嘉庆皇帝对之首肯，并谕令要将此事提前通告俄西伯利亚总督，以免俄方疑惧。但嘉庆十年却又敕令恢复旧例，"将巡查鄂博之处，仍照旧由乌里雅苏台每年派札萨克一人巡查，不必亲往稽查"，以致刘锦藻认为朝廷对边界的巡查失之

---

① 何秋涛认为只有28个卡伦归库伦办事大臣管辖，参见（清）何秋涛《朔方备乘》卷10《北徼卡伦考》，《中国边疆丛书》第2辑，第246-247页。然何秋涛所记有误。姚莹就说："钦差大臣辖土谢图汗车臣汗两部，总理恰克图贸易。每岁秋，轮调两部兵数百，于近地围猎习劳，凡四十七卡伦。"见姚莹《库伦记》，王锡祺《小方壶斋舆地丛钞》第2帙，第24页。当代也有学者认为库伦办事大臣实际节制30个卡伦，因未见考释，实不知有何依据。宝因朝克图：《清代北部边疆卡伦研究》，中国人民大学出版社，2005，第59-63页。根据第一历史档案馆"满文月折档"所藏嘉庆年间库伦的奏折，库伦办事大臣实际掌管着漠北47个卡伦的巡查事务（其中包括何秋涛所记乌里雅苏台将军节制之19个卡伦）。如嘉庆元年（1796）六月二十日《蕴端多尔济奏报秋季照例遣员巡卡折》，第一历史档案馆藏"满文月折档"。

② （清）松筠：《绥服纪略》，王锡祺《小方壶斋舆地丛钞》第三帙，上海着易堂1891年铅印本，第550页。又据清末库伦办事大臣三多的奏折："东西两路，各设总管一员，副管二员，或数卡伦设扎兰一员，每一卡伦设章盖昆都各一员，蒙兵二十名上下。"孟森：《明清史论著集刊续编》，中华书局，1986，第440页。

③ 嘉庆八年（1803）《蕴端多尔济奏报亲自查看卡伦及边境情形折》及嘉庆九年（1804）《蕴端多尔济奏为巡卡完毕返任视事并报所见东部各卡情形折》，中国第一历史档案馆藏"满文月折档"。

④ ЦГИА Монголии. Ф. М-1. Д. № 651. л. 291. *Тихвинский С. Л. и Мясников В. С. Русско-Китайские отношения в XIX веке. 1803-1807гг. Т. 1. М. 1995г. с. 654.*

⑤ 嘉庆四年《蕴端多尔济等奏请简选八台吉不时巡查边界卡伦等事折》，中国第一历史档案馆藏"满文月折档"。

恰克图俄中边境形势图（俄方）

松懈。①

（3）由于嘉庆十年俄国戈洛夫金使团访华，清朝在中俄中段边界临时增加了巡边次数。② 尤其是后来戈洛夫金使团被逐后，清朝曾多次下令加强中段边界巡查，而库伦办事大臣也多次临时命人巡查边界卡伦。

（4）巡边路线一般从库伦出发，经11驿站至买卖城，然后向东或向西顺边境卡伦路巡察。③

相对而言，俄国政府在中俄中段边境地区的防务体系要完整一些。就静态的地理布局来说，当时俄方中俄中段边境的边防体系可以概括为"两点两线"。所谓"两点"是指伊尔库茨克和恰克图—特罗伊茨科萨夫斯克（Кяхта-Троицкосавск）。④

---

① （清）刘锦藻撰《清朝续文献通考》卷341，浙江古籍出版社，2000，第10821页；嘉庆七年，库伦办事大臣确曾首次巡查边界，并行文通告俄伊尔库茨克省长。《故宫俄文史料》，《历史研究》编辑部，1964，第151页。
② АВПРИ ф. СПБ. Главный архив. 1-7. оп. 6. 1805г. д. № 1-а. п. 25. л. 2. Тихвинский С. Л. и Мясников В. С. Русско-Китайские отношения в ⅩⅨ веке. 1803–1807гг. Т. 1. Т. 1. М. 1995г. с. 173.
③ 有关北疆卡伦路的情况，参见姜涛《清代中国北部沿边卡伦设置及沿边卡伦路》，《北方文物》1992年第4期。
④ 嘉庆朝以前，俄国政府边境防务体系中的"两点"主要指伊尔库茨克和色楞格斯克（Селенгинск），它们之间相距400多俄里。见〔俄〕特鲁谢维奇著《19世纪前的俄中外交及贸易关系》，第66页。色楞格斯克城堡始建于1665年，在相当长时期内，一直是俄国政府在俄中段边境地区最主要的防务前哨，嘉庆朝以前中俄边境事务一般都由色楞格斯克城防司令或者伊尔库茨克省长临时任命的边防军官来处理。〔俄〕尼古拉·班蒂什－卡缅斯基编著《俄中两国外交文献汇编（1619–1792）》，第286–288、337页。1770年，弗拉索夫（Власов）少校被任命为俄边务办长官，他把边务办从色楞格斯克迁到了特罗伊茨科萨夫斯克。自1797年始，"边境的管理直接归伊尔库茨克民政省长所辖特罗伊茨科萨夫斯克边防办事处负责"，特洛伊茨科萨夫斯克要塞遂成为俄国政府中俄中段边防的防务前哨。〔俄〕А. П. 瓦西里耶夫：《外贝加尔的哥萨克》第2卷，中国人民大学清史研究所徐滨、许淑明、刘棠、张曾绍等译，商务印书馆，1979，第261、275页。

一 盛衰大局：18、19世纪之交的俄国与中国

伊尔库茨克，始建于 1661 年。19 世纪初，它作为西伯利亚规模最大的城市，① 不仅是俄国西伯利亚省的行政中心，还是俄国西伯利亚中俄边境防务体系的中心。至于恰克图—特罗伊茨科萨夫斯克要塞，它实际上包括两个相距约 4 俄里② 的边镇特罗伊茨科萨夫斯克要塞和恰克图商业城。③ 根据相关档案资料，地方层面的俄中交涉均由恰克图—特洛伊茨科萨夫斯克边务衙门具体承办，并对伊尔库茨克省民事省长负责。但国家层面的重要交涉则由管辖三省的西伯利亚

特罗伊茨科萨夫斯克要塞

---

① *Панюшина Л. П.* Реферат На тему :《Иркутск в XIX веке》Иркутск. 2004. с. 6–9.
② *Бодянский О.* Журнал дружеского свидания Иркутского гражданского губернатора. действительного статского советника Трескина. с Китайсими пограничными правителями. Ваном и Амбанем. с 19-го Февраля по 13 Марта 1810 года. Чтения в императорском обществе истории и древностей Российских при Московском университете. 1860г. кн. 1, М. с. 167. 关于特罗伊茨科萨夫斯克要塞和恰克图之间的距离，说法不一，另有 3.5 俄里说（〔俄〕阿·科尔萨克：《俄中商贸关系史述》，米镇波译，社会科学文献出版社，2010，第 239 页）和 4.5 俄里说（〔俄〕婆兹德奈夜夫：《蒙古及蒙古人》，北洋法政学会译，北洋法政学会，1913，第 2 页）等。
③ 实际上，恰克图-特罗伊茨科萨夫斯克要塞作为俄国防务前哨，除了地理位置的差别，职能上亦隐有分别。恰克图主要是商人的贸易点，而特洛伊茨科萨夫斯克则是沙俄政府的边务衙门、边境税务机关和边防军的驻扎地，"为便于巡视，任命了司令。这里的边防部队有两连士兵，要塞中有两个炮垒"。*Мартынов А. Е.* Живописное путешествие от Москвы до китайской границы. СПБ. 1819г. с. 53.

143

总督节制，① 总督对俄中边务拥有相当大程度的独立处置权。②

所谓"两线"是指俄方为加强边境的防务在中俄边境地区修筑的两条军事要塞线。其一是内线，离边境较远，大致沿托博尔斯克向托木斯克、克拉斯诺亚尔斯克、伊尔库茨克、色楞格斯克、涅尔琴斯克延伸。到19世纪初，这些要塞都已变成相对较大的城市，都驻有重兵，成为俄国俄中中段边境防务体系的战略据点。其二是外线，沿边境由要塞和卡伦组成。其中要塞炮垒是中坚力量，如自阿穆尔河至通卡河段就建有8个要塞。③ 这些要塞分布于边界鄂博线附近，且都驻有哥萨克军。连接边境各要塞的卡伦则是俄方边境防务体系的基础。中俄中段边界确立后，俄方就开始在边境沿鄂博一线建立了36个卡伦（Караул）。卡伦主要委托当地土居部族防守，仅安排少量哥萨克兵协防。卡伦官兵必须每天巡视自己的防卫地段。④ 此外，俄方还建立了比较积极的巡边制度，有专职的边境巡逻队。恰克图以东、以西各委一名

俄罗斯边境卡伦

---

① АВПРИ ф. СПБ. Главный архив. 1–7. оп. 6. 1805г. д. № 1–а. п. 1. л. 30. *Тихвинский С. Л.* и *Мясников В. С.* Русско–Китайские отношения в XIX веке. 1803–1807гг. Т. 1. М. 1995г. с. 50.

② 〔俄〕米·约·斯拉德科夫斯基：《俄国各民族与中国贸易经济关系史（1917年以前）》，第139页。

③ АВПРИ ф. СПБ. Главный архив. 1–7. оп. 6. 1805г. д. № 1–а. п. 1. л. 61. *Тихвинский С. Л.* и *Мясников В. С.* Русско–Китайские отношения в XIX веке. 1803–1807гг. Т. 1. М. 1995г. с. 65.

④ *Баснин В. Н.* Историческая записка о китайской границе, составленная советником Троицко–Савского пограничного правления Сычевским в 1846 году. 1875 г. М. с. 20–26.

领队，经常在边界轮回巡逻。每月书面汇报一次，报告一式两份：一份谈内务，一份谈外务。①

比较而言，中俄中段边境清朝防务体系的"两点一线"结构与俄国防务体系的"两点两线"结构自不可同日而语。"两点一线"结构远不如"两点两线"结构安全，因为局部"两点一线"是一种扇形结构，没有广阔的战略纵深，一旦边境有事，短期内无法取得有效的防卫效果。当然，宏观地看，清朝整个中俄边境防卫体系并非没有内线，但主要集中于中俄东、西段边界的边境防卫体系内。② 而真正属于中俄中段边境防卫体系、由库伦办事大臣直接管辖的内线城市只有库伦一座孤城。中俄边界中方的边境卡伦设置情况也大致如此。中方中俄东段边界的边境卡伦有"内卡""外卡"之分，③ 中方中俄西段边界的边境卡伦也有"常设""移设""添设"之别，④ 而中俄中段边界的边境卡伦却未闻有此变化。之所以出现如此偏差，笔者认为除了地理因素外，主要原因还在中俄中段边境的恰克图贸易。资料显示，当时俄国政府一直极力维护恰克图贸易。⑤ 保证恰克图贸易的顺利发展、努力维持中段边境地区的稳定在相当长时期内一直是俄国对华政策的重心。事实上，嘉庆、道光之交的时期正是中俄恰克图贸易达到顶点的时期。⑥ 由此可见，当时俄国在中俄中段边境地区的谨慎安分态度与清朝防务体系的结构单薄应该具有一定程度的关联。

---

① 〔俄〕А. П. 瓦西里耶夫：《外贝加尔的哥萨克》第 2 卷，中国人民大学清史研究所徐滨等译，第 39-40、60、263 页。
② 如东北中俄东段边界防务体系内线战略据点就有宁古塔、黑龙江城（瑷珲）、齐齐哈尔、墨尔根、布特哈、呼伦贝尔、呼兰；西北中俄西段边界防务体系内线战略据点则有科布多、乌里雅苏台、吐鲁番、乌鲁木齐、塔城、伊犁等。
③ 万福麟监修、张伯英总纂、崔重庆等整理《黑龙江志稿》卷 33，黑龙江人民出版社，1992，第 1469、1470 页。
④ （清）何秋涛：《朔方备乘》卷 10《北徼卡伦考》，第 256-257 页。
⑤ РГАДА. Ф. Гасударственные архив, разряд ХⅤ. 1806г. д. № 30 доп. л. 22-23. Тихвинский С. Л. и Мясников В. С. Русско-Китайские отношения в ⅩⅨ веке. 1803-1807гг. Т. 1. М. 1995г. с. 550-551.
⑥ 〔俄〕米·约·斯拉德科夫斯基：《俄国各民族与中国贸易经济关系史（1917 年以前）》，第 222 页。

总之，中俄两国的边境防务体系到嘉庆年间都已具规模，两国边境地区的内政、外交、经济都因防务而纠合在一块。凡边境地区的各类人群——边官、边军、边商、边民等全部纳入了边境防卫体系，因而，边境两国民人之间的交往都带有地方层面官方交往的特性。由于恰克图是当时中俄边贸的唯一地点，加之贸易十分发达，因而，中俄两国官民在此地的相互交往也就十分频繁，构成中俄关系格局的丰富内涵。

二 使团使命：
19 世纪俄国对华政策的基调

向中国派遣戈洛夫金使团是俄国实施积极外交政策的表现。就其初衷来说，无疑是为了扩展大贵族持股的俄美公司在中国及日本等远东地区的商业利益。因此，发生在 19 世纪初俄国关注中国的事件实际上是一次复合事件，即俄国不仅要加强与中国的商贸关系，而且考虑与日本建立贸易关系，对中国的注意不过是其中的一个最重要的环节而已。但是，随着访华使团提上实际日程，使团访华使命的具体内容也在缓慢地扩展。就贸易而言，它由拓展俄美公司贸易这一最初目的的慢慢扩展为要求全方位开展俄中贸易，包括陆路贸易和海路贸易。特别是在这种贸易使命日渐扩展的同时，亦滋生了一系列政治外交使命：谋求以阿穆尔河为界、企图向北京派驻俄国公使、尝试建立反英的中俄同盟等。而众所周知，俄国 19 世纪初在派遣戈洛夫金使团的过程中滋生出来的这些对华贸易、外交使命，部分（如在布赫塔尔玛、额尔齐斯河一线开市）实现于 1851 年的中俄《伊犁塔尔巴哈台通商章程》，[①] 而大部分使命则

---

① Мясников В. С. Русско-китайские отношения 1689–1916. М. 1958г. с. 26–29.

通过第二次鸦片战争时期迫使中国签署《瑷珲条约》、《天津条约》和《北京条约》三大不平等条约得以实现。通过建构俄中不平等条约体系，俄国成功地将俄中商务边界推进到中国内地、沿海；还趁机掠夺了中国 100 多万平方公里的土地，成功将阿穆尔河划为中俄界河；等等。① 可以说，19 世纪初俄国派遣戈洛夫金使团访华的对华外交行动尽管形式上失败，但它本质上奠定了俄国整个 19 世纪对华政策的基调，在俄中外交史上的意义十分重大。

（一）贸易使命：全面扩展俄中"商务边界"

如前所述，自 17 世纪下半叶开始，俄国社会上下就已经笼罩着浓厚的重商主义气氛。17 世纪末开始，中俄京师互市贸易缓步发展起来。18 世纪中叶以后，中俄贸易基本上集中到中俄中段边境的恰克图。中俄双方的商人云集在那里以货易货。俄国商人用皮毛、呢绒、金属制品等换回中国的宝石、大黄、茶叶、棉织品等货物。② 18 世纪下半叶以降，恰克图贸易越来越红火，其贸易额几乎占了俄国与亚洲贸易的 67%。③ 沙俄政府从中得到一大笔税收：1760 年，俄国从恰克图获得关税 238155 卢布，占俄国关税的 20.4%；1775 年是 453278 卢布，占关税的 38.5%。④ 以至于俄国人帕尔申（В. П. Паршин，1805-1853）在 19 世纪 40 年代惊呼："一个恰克图抵得上三个省，它通过自己的贸易活动将人民财富的宝贵而富有生机的汁液输送到整个西伯利亚。"⑤ 如此可观的贸易利益，对重商的沙俄政府具有很大的诱惑力。这也是 18 世纪至 19 世纪上半叶中俄关系和局得以维持的主要基础。

---

① 第二次鸦片战争时期俄国通过建构中俄不平等条体系，即签署中俄《瑷珲条约》、《天津条约》和《北京条约》，从中国所掠夺的经贸、外交和领土权利中，只有乌苏里江以东约 40 多万平方公里及其他少数权利是戈洛夫金使团访华外交事件中未提出来的。
② 〔俄〕特鲁谢维奇：《19 世纪前的俄中外交及贸易关系》，第 74 页。
③ 〔苏〕符·阿·库德里亚夫采夫等：《布里亚特蒙古史》（上），高文德译，中国社会科学院民族研究所社会历史室（征求意见本），1978，第 158 页。
④ 〔俄〕特鲁谢维奇：《19 世纪前的俄中外交及贸易关系》，第 189 页。
⑤ 〔俄〕В. П. 帕尔申：《外贝加尔边区纪行》，北京第二外国语学院俄语编译室译，商务印书馆，1976，第 136 页。

二 使团使命：19世纪俄国对华政策的基调

在重商主义思想和政策气氛下，18世纪俄国的许多进步人士都主张进一步发展同中国的贸易。罗蒙诺索夫（М. В. Ломоносов，1711-1765）就认为："俄国人应该经常前往日本、中国和印度，发展与这些国家的友好关系。"① 而著名思想家拉季舍夫（А. Н. Радищев，1749-1802）在1791年给著名国务活动家 А. Р. 沃隆佐夫的信中写道："谈及城市和乡村，不能不提到我们恢复对华贸易的共同愿望，其中的利润非常巨大。"② 这些进步人士的思想和议论，无疑助长了整个俄罗斯社会发展对华贸易的舆论。

此外，就19世纪初期的具体时势来说，当时欧洲的国际关系格局对俄国十分不利。俄国被迫数次参与反法同盟，随时有可能深陷战争泥潭。为了获得更多的战争经费，俄国自然要考虑扩大俄中陆路贸易。而且，当时俄国在远东尤其在中国遇到了英、美等贸易对手的挑战。英、美商人从北太平洋岛屿掠夺毛皮资源运到广州销售严重影响到了恰克图传统毛皮贸易的繁荣。不仅如此，这种复杂的贸易格局，加上俄罗斯远东地区糟糕的交通状况和恶劣的天气情况致使事关皇室、贵族、官僚利益的俄美公司陷入了贸易困境。

俄美公司于1799年7月8日正式批准

罗蒙诺索夫（М. В. Ломоносов，1711-1765），伟大的俄罗斯学者、教育家、诗人

拉季舍夫（А. Н. Радищев，1749-1802），作家，哲学家

---

① *Ломоносов М. В.* Полные собрание сочинения. т. 6，М–Л. 1952г.стр. 421–422.
② *Радищев А. Н.* Полные собрание сочинения. т. 3，М–Л. 1952г.стр. 357.

俄美公司的旗帜

成立。沙俄政府之所以成立它，表面上是为了追求商业利益，实际上则是仿照英、荷"东印度公司"的模式，企图用商业经营的幌子来掩盖俄国在北太平洋及北美地区的领土扩张。实际上，仅从贸易的角度来考察，在俄美公司成立之前，俄罗斯已经有数十家大小公司活跃于广袤的西伯利亚、北太平洋沿岸及各岛屿、北美阿拉斯加乃至北太平洋东岸、北美洲的沿岸地区。这些公司大肆掠夺这些地区的毛皮动物资源，彼此之间互相争斗。为了获得对这些地区毛皮资源的专营权，大商人舍利霍夫（Г. И. Шелехов，1747-1796）与戈利科夫（И. Л. Голиков，1735-1805）便合伙策划成立统一的联合垄断贸易公司。然而，单纯的毛皮贸易利益，以及当时俄英的外交合作局面都使沙俄政府未能同意成立专营公司。① 所以，俄美公司从酝酿到正式批准成立经过了好几年的时间。1799年，"受皇上庇护的俄美公司"终于被批准成立，其主要使命有二：一是资源和贸易专营，"美洲东北岸，从……北纬五十五度到白令海峡，以及在它之外的，在东北洋的阿留申群岛、千岛群岛及其他岛屿"的一切矿产、物产、森林、毛皮等资源及与别国的贸易都由该公司专营；二是被授权"发现新土地，不限于北纬五十五度以北，而且可以远往南方，并按照先前规定的章程，将其发现的土地作为俄国领地加以占

---

① 〔苏〕С. Б. 奥孔：《俄美公司》，第24页。

二 使团使命：19世纪俄国对华政策的基调

领"。① 其实这第二点才是最关键的，后来俄国占领了阿拉斯加乃至加利福尼亚沿岸就是俄美公司的杰作。

新成立的俄美公司是一个股份公司。按照公司的章程，所有俄国的贵族、商人及普通人均可入股，只是由于每股的票值比较高，一般民众无法问津。由于国家严格控制公司，一般商人也不感兴趣。因此，沙俄政府号召"购买俄美公司的股票是对国家应尽的义务"，沙皇亚历山大一世自己就购买了20张股票（每股值500卢布），接着亲王贵族纷纷跟进。于是，整个俄国皇室贵族阶层都成为俄美公司的股东。② 总经理列扎诺夫（Н. П. Резáнов，1764-1807）是枢密院第一司司长，还有海军大臣等都是公司的领导。这样，专营公司的命运便与沙俄政府紧密联系在一起。因此，政府的决策也就与公司的经营状况息息相关。

俄美公司主要活动于堪察加、阿拉斯加及北太平洋沿岸岛屿。这些地区虽然盛产利润丰厚的毛皮，但存在很多一时难以解决的问题。

首先是自然条件的限制。一是气候条件极其恶劣，离俄国腹地极远，交通极不方便，日常生活物资供给十分艰难，极大地妨碍了公司的生产经营和殖民活动；二是俄美公司生产的大量毛皮主要经陆路通过唯一的口岸恰克图销往中国。而当时堪察加、萨哈林及俄罗斯远东冰原地区基本未开发，环境恶劣，交通十分落后，毛皮运输成本很高。

其次是商业运作方面的限制。一是来自英美商人的竞争。18、19世纪之交，已经染指北大平洋地区的英美商人开始与俄国商人争抢毛皮，直接海运到广州廉价出售，严重影响了俄国在恰克图的贸易利益；二是公司内部经营管理极度不善。公司成立之前，许多经营北太平洋沿岸毛皮生意的俄罗斯私人公司之间已经争斗不休。后来，虽然在皇权的压迫下，各大私人公司勉强联合在一起，但同床异梦，互相掣肘。由于内部管理不统一，因此，公司的经营状况日益不善。

---

① 〔苏〕С. Б. 奥孔：《俄美公司》，第38页。Тихвинский С. Л. и Мясников В. С. Русско-Китайские отношения в XIX веке. Материалы и Документы. 1803-1807. Т. 1. М. 1995г. с. 863.

② 〔苏〕С. Б. 奥孔：《俄美公司》，第57页。

嘉庆十年
——失败的俄国使团与失败的中国外交

鲁缅采夫（Румянцев Н. П. 1754—1826），伯爵，俄国国务活动家和外交家，曾任商务大臣（1802—1811）、外交大臣（1807—1814）、国务总理大臣（1810—1812）

基于上述诸多原因，俄美公司未能在经济上达到英国东印度公司那样的辉煌，刚成立不久就已问题重重。由于皇室贵族官僚都是公司的股东，公司的命运事关国家和私人的利益，俄国希望扩大俄中毛皮贸易市场，打破俄中恰克图"一口通商"的体制，也能海运毛皮去广州贸易。为此，1803年2月，鲁缅采夫建议沙俄政府派使团与清政府谈判俄中于广州开展贸易的问题。

如前所说，亚历山大一世的施政集团优越于嘉庆皇朝施政集团的地方就在于其大多数成员都具有重商和热衷海外开发的特质。这位鲁缅采夫就是其中一个代表人物。据载，鲁缅采夫曾"私人出资组织了几次科学考察队，买巨舟进行环球航行"。①有这么一位开明的人士任商务大臣，又迫于欧洲的战云，重商的沙俄政府此时积极考虑扩展俄中贸易便成为情理中事了。

1803年3月4日（2月20日），鲁缅采夫上奏亚历山大一世，正式提出派使团访华，谈判扩展俄中贸易之事，重点在于解决俄国参与广州海路贸易的问题。然起因仍然是考虑摆脱俄美公司经营不善的财政状况："俄美公司……臣详察其经营，并结合俄中贸易总格局考虑，确知该公司尽管在恰克图虽苦心经营，努力维持毛皮价格，然英、美等国商人由诺顿群岛及夏洛特群岛将毛皮

---

① Карнович Е. П. Замечательные богатства часных лиц в России. СПБ. 1874г. с. 162.

二 使团使命：19世纪俄国对华政策的基调

直运广州，生意上占尽先机。俄国一日不开通广州商路，则此现象将一日不止。"① 由此可知，沙俄政府已经明显感觉到了英美商人与俄罗斯人争夺北太平洋毛皮资源所带来的后果。自18世纪初俄中贸易一开始，各类珍贵毛皮就一直是俄中恰克图贸易商品的主要组成部分。以1757-1784年为例，毛皮约占俄国政府出口商品额的85%。② 所谓"彼以皮来，我以茶往"③ 是也。而且这种以毛皮为主的情况直到18世纪下半叶仍维持不变。但是，从18世纪末开始，俄国毛皮独霸一方的局面开始发生微妙变化。主要原因是南方海路贸易出现了强有力的竞争对手。英美商人从北美太平洋沿岸及岛屿通过狩猎、掠夺、交易等各种手段，获得大量毛皮，然后循海路运到中国南方口岸——广州出售，价廉物美，大大影响了北方俄中恰克图的毛皮贸易。美洲俄国侨民区的官方代表巴拉诺夫曾报告："由于各种各样的人都把毛皮运到广东，再从广东运往中国各地，数量很大且价格很低廉，这样于无形中就对我们的恰克图贸易产生了严重的危害，最终甚或完全中断那里的（恰克图）贸易。"④ 因此，鲁缅采夫在3月4日（2月20日）的奏折中接着写道："广州贸易利益既如此巨大，臣以为有责任向陛下建议酌派一专使赴北京，以船队将首航北美为由，请中国港口予以必要之友好协助；同时要求仿效欧人在港口互市。臣以为俄国与中国乃毗邻大国，中国朝廷必定不会拒绝此项要求。况且中国政府亦应知道，一旦大量毛皮运入广州，中国人本身亦能从中获益匪浅。"可见，鲁缅采夫给访华使团所规定的初步使命为仿效英、美等国，参与"南口"广州的海路通商。这说明鲁缅采夫对当时清朝固化的对外贸易体制没有深刻的认识。

---

① АВПРИ. Ф. СПБ. Главный архив. 1–7. оп. 6. 1802г. д.1. п. 2. л. 2. Внешняя политика России XIX и начала XX века : Документы Российского министерства иностранных дел. Т. 1. М. 1960г. с. 386.

② 〔苏〕米·约·斯拉德科夫斯基:《俄国各民族与中国贸易经济关系史》，宿丰林译，徐昌汉校，社会科学文献出版社，2008，第179页。

③ （清）何秋涛:《朔方备乘》卷29，沈云龙主编《中国边疆丛书》第2辑第17册，台北：文海出版社，1964，第618页。

④ 〔苏〕米·约·斯拉德科夫斯基:《俄国各民族与中国贸易经济关系史》，第177页。

4月8日（3月27日），鲁缅采夫再次上奏，进一步阐述了19世纪初俄罗斯的整个远东贸易政策。①

其一，鲁缅采夫认为俄属北美及北太平洋诸岛的野生动物资源海狗、鲸油、海象牙等以及西伯利亚的猛犸象牙、各种珍贵毛皮等十分丰富，但是销售情况不佳。一是因为遇到英、美商人广州贸易的竞争；二是俄国在远东的贸易局限于俄中恰克图一口通商，货物销量有限。因此，他建议俄国派遣使团访问中国和日本，积极扩展俄罗斯与整个远东地区主要是日本与中国的贸易关系。由此可以看出，俄国派遣使团访华的外交行动，实际上是针对整个远东地区的，中国不过是其中最重要的一环。

其二，根据鲁缅采夫的建议，俄国应该向日本和中国派遣使团。值得注意的是，此次俄罗斯向远东派遣的两个使团都与正在策划的俄罗斯环球航行紧密相连。就俄中关系而言，这是俄国人的一种南北呼应的外交策略：一方面，派使团去北京，请求清政府允许南方各港口善待环球航行的船队，同时顺便请求允许俄国船队在南方各港口如广州等地参与英、美海路贸易；另一方面，打着环球航行的旗号，俄国船队趁机窥探南方中国各港口，并企图动员港口地方政府为追求利润而造成俄国船队贸易的现实。此后，俄国对华一直践行这种南北呼应的外交策略。

虽然鲁缅采夫这个奏折很快就获得了沙皇亚历山大一世的批准，但沙俄政府的办事效率非常低下。1803年8月环球航行的船队就已经出发，②然直到11月15日（11月3日），鲁缅采夫才将此事报告国务大臣沃隆佐夫，商讨给出使中国的使臣下达训令。③但沃隆佐夫明显比较了解中国的问题，且更熟悉外交事务。他在回函中明确指出：（1）鲁缅采夫作为商务大臣，不能越权插手外交事务；（2）俄国要向中国派遣使团，必须先得到

---

① АВПРИ. Ф. СПБ. Главный архив. 1–7. оп. 6. 1802г. д. № 1. п. 2. л. 19–20. *Тихвинский С. Л. и Мясников В. С.* Русско–Китайские отношения в ⅩⅨ веке. Материалы и Документы. 1803–1807. Т. 1. М. 1995г. с. 44–45.

② 〔苏〕约·彼·马吉维奇：《世界探险史》，第725页。

③ АВПРИ. Ф. СПБ. Главный архив. 1–7. оп. 6. 1805–1807г. д. № 1–а. п. 1. л. 13. *Тихвинский С. Л. и Мясников В. С.* Русско–Китайские отношения в Ⅹ Ⅸ веке. Материалы и Документы. 1803–1807. Т. 1. М. 1995г. с. 46–47.

二 使团使命：19世纪俄国对华政策的基调

中国政府的同意。至于给使臣的训令，那是将来要考虑的事情，由于涉及贸易，外交部自然会与商务部商量。①

此后，基于沃隆佐夫的意见，经过一年多的函来信往，沙俄政府终于收到清政府同意接待俄国使团的答复。1805年初，沙俄政府便开始为出访的使团起草训令，商讨使团的使命。其中最主要的内容自然是扩展俄中贸易。不过，经过长时期的酝酿，沙俄政府思虑愈来愈周详。相对初始阶段来说，有关访华使团在扩展俄中贸易方面的使命变得十分详细复杂。1月28日（1月16日），鲁缅采夫上奏沙皇，建议赋予访华使团如下贸易使命。

沃隆佐夫（А. Р. Воронцов，1741-1805），俄国国务活动和外交家，曾任国务总理大臣（1802-1805）、外交大臣（1802-1804）

（1）在广州和黄海开市。

英美商人从北太平洋岛屿掠夺毛皮，经海路运到广州出卖，价廉物美，严重影响到俄中恰克图毛皮贸易。因为俄美公司自陆路经堪察加、鄂霍茨克通道将毛皮运到恰克图出售，仅运输成本就要比海路高得多，因此，俄国恰克图毛皮贸易成本上无法与英美广州毛皮贸易竞争。俄美公司要想摆脱财政困境，就必须改变贸易路向，即参与南方广州的海路贸易。为此，俄国政府应该采取南北呼应、双管齐下的策略：一方面，派遣使团到北京，说服清政府允许俄国参与南方海路贸易；另一方面，命正在进行首次环球航行的俄国船从北太平洋岛屿携带毛皮尝试到广州贸易，企图造成贸易事实。只不过俄国的

---

① РГАДА ф. Государственный архив. разряд 15. 1803-1805г. д. № 29. доп. л. 5-7. Там же. с. 49.

企图远不止此,还准备考察通过东海将俄国贸易扩展到长江流域的路径,特别是南京:"那里原是中华帝国的古都,资源富庶,人口众多,在中华帝国首屈一指。且盛产棉花,其织物具有天然色彩,而其他省份的产品在质量上无法与之媲美。"

(2)由北京经西藏到喀布尔、波斯、印度。

鲁缅采夫在奏折中还进一步提出了借道中国的西藏前往阿富汗、波斯和印度发展贸易的要求:"目前拟议中的出使行动能给我们带来的最大利益……特别是提供了一个取道与中华帝国平行走向的西藏经印度斯坦直通波斯——把我们的贸易拓展到喀布尔的机会","中国的局势一直稳定。中国朝廷统治的稳定有利于贸易,看来似乎也可以保证通过西藏到达印度的成功"。

(3)请求开放中国整个西部地区的贸易,希望中国能允许在布赫塔尔玛乃至沿整个额尔齐斯河一线开市,建立贸易集市,或建立像恰克图那样的市镇。"自从生活在阿尔泰山脉中额尔齐斯河上游的准噶尔卡尔梅克人归降以后,这个地区的版图同中华帝国的疆界已连接到一起。因此后者的疆界离俄罗斯更近了,最近的地方是布赫塔尔玛堡,它距莫斯科比由恰克图到莫斯科近2000俄里,而且路途更为通坦。准噶尔卡尔梅克人在中国境内游牧,吉尔吉斯-哈萨克人(即清人所称之'布鲁特'人)则占据着东边的草原,他们游牧在中国境内宰桑湖乃至更远的地方。他们都向中国边境地区供应牲畜。在中国一侧,离俄国边境最近的哨所叫塔城,位于宰桑湖对岸。据说,当中国国境距俄国国境尚远的时候,或者更确切地说当国境尚未封闭的时候,西鞑靼的各族曾经在此进行过自由贸易。商人们从小布哈拉(现在是中国的领土)把货物运往俄罗斯乃至托木斯克和库兹涅茨克。现在,此处国境线上的所有的道路都被中国政府封闭,类似贸易几乎已完全停止。距我国边境不远的中国城市如塔城、固勒札等,除中国人和塔什干人,其他人都不准贸易。可是,在这些地区开展中俄贸易十分必要。塔什干人或吉尔吉斯苏丹就居间从事俄中贸易,他们把派往中国的俄国商队称作'自己的商队'。如果能够说服中国朝廷允许两国在边界即固勒札、科布多这两个要塞之间的地区开展自由贸易,如果能够开通与小布哈拉之间的安全交通,必然对双方都大有裨益。而且因该地区距恰克图十分遥远,

二 使团使命：19世纪俄国对华政策的基调

商业资金向额尔齐斯边境汇集将不会影响到恰克图贸易。尤其中国属下的小布哈拉因其与西鞑靼各省相邻，又同西藏及印度地区较近，定能成为中国和俄罗斯财富聚集的地方。"①

由此可见，沙俄政府在扩展俄中贸易方面有一个庞大的计划：不仅要维持目前恰克图的贸易优势，还要参与中国东、南部的海路贸易，以及全方位地开辟中国西部地区的俄中贸易；并企图以中国为跳板，开辟去印度、阿富汗及波斯的贸易之路，可谓雄心勃勃。

2月4日（1月23日），恰尔托雷斯基亦就访华使团的使命问题上奏，其中涉及使团的贸易使命问题时，相对而言，似乎更简明而中心突出。这位外交副大臣可能觉得商务大臣上述奏折中有关使团贸易使命的内容有些异想天开，因此，有意将贸易使命简化为两个问题，使问题又回到最初的状态。他认为俄国使团的贸易使命："一是探听中国政府是否同意俄国在恰克图以外陆界择方便之地另辟一处通商口岸的建议；二是探听对其他国家开放的广州贸易是否也会对俄国人开放。"关于第一点，这位外交副大臣认为，使团如能说服中国政府同意在恰克图以西地区择一适当地点开展俄中贸易就已经不错了，遑论其余。关于这个适当地点，恰尔托雷斯基希望是布赫塔尔玛。他写道："中国到俄罗斯的商队抵达恰克图，或可经沿途危险重重的贝加尔湖，然后经陆路到托博尔斯克，其距离有3500俄里"；"可是此间有可靠情报表明，还存在着另外一条路，它不但比前两条都要近得多，而且没有任何危险，这就是从布赫塔尔玛河上的多棱堡到科布多城之路，全程骑马不超过12天。由科布多到北京，行程为18天，距离不超过1500俄里，且沿途有食宿供应。由布赫塔尔玛河还能经水路把货物运到托博尔斯克，这条路距离不超过1800俄里。如果在布赫塔尔玛河的多棱堡建立仓储，中国商人至少可以少走500多俄里的冤枉路"。② 至于第二点，仅局限于参与广州贸易，而不再谈及"东海"和"南京"了。还有，以中国为跳板，觊觎印度、阿富汗和波斯的臆想也完全被抛弃了。看来，沙俄政府

---

① АВПРИ ф. Главный архив. 1–7. оп. 6. 1805г. д. № 1–а. п. 20. л. 68–79. Там же. с. 88–91.
② Там же. п. 22. л. 10–11. Там же. с. 94.

各部门之间在有关使团贸易使命问题上的考虑尚未取得一致。

经过数月的商讨、协调,沙俄政府各部门在有关访华使团贸易使命的问题上终于达成基本一致的意见。7月18日(7月6日),恰尔托雷斯基在给戈洛夫金大使下达的训令中,关于使团的贸易使命基本上与鲁缅采夫先前提出的复杂内容重合了。也就是说,在政府各部门就访华贸易使命的讨论中,商务大臣所提出的那份幻想色彩很浓的计划占了上风。在新的训令中,规定访华使团的贸易使命内容有如下几点。

(1)在维护恰克图贸易的前提下,争取在布赫塔尔玛河口开辟新的贸易点。简而言之,沙俄政府试图开辟中国西部中俄边境地区的自由贸易。但是,从训令的具体内容看,沙俄政府并不确定在中国西部边境地区如布赫塔尔玛开辟新贸易点是否会冲击恰克图贸易。① 因此,俄国政府要求戈洛夫金大使进行调查,在掌握可靠信息的前提下,再向中国政府提出这个问题:"很久以来,在布赫塔尔玛河口开辟贸易点一直是我方追求和努力的目标。该处的地理位置、由俄中双方通向该边疆区路途的便捷以及贸易总是能给我们带来好处,吸引了我方对该地区的注意。大使在到达边境及逗留恰克图期间,应全力搜集相关情报,查清新的贸易点是否会因竞争而损害正在进行并明显获利的恰克图贸易、别处日渐兴盛的贸易是否会使西伯利亚地区趋于贫弱。据此,大使不要轻率提出开辟新贸易点的请求,而应充分将各种情况考虑成熟之后再向中国政府提出该项有利于两帝国臣民的建议……同时还要向中国人保证,我们将坚决神圣地维护恰克图的现状。为了说服中国人接受我方建议,作为回报,可同意放松管理目前恰克图税则中禁止出口的某些商品。"②

---

① 西伯利亚防线巡阅使拉夫罗夫(Н. И. Лавров)少将曾在1805年9月1日(8月20日)给戈洛夫金的信中写道:"大人可从卑职呈递给总督的报告中得知(在布赫塔尔玛)与中国人建立直接贸易关系而产生的后果。卑职差不多有把握相信,这份报告不会得到伊尔库茨克的赞同。因为卑职去年曾接到一份赞同从前想法的文件副本,认为与中国人在布赫塔尔玛开展贸易非明智之举,只能使伊尔库茨克四郊民生凋敝。"(АВПРИ ф. Главный архив. 1–7. оп. 6. 1805г. д. No 1–а. п. 24. л. 34. Там же. с. 208)由此可见,当时俄国有很多人反对在布赫塔尔玛再建一个恰克图式的俄中贸易集市。

② Там же. п. 20. л. 177. Там же. с. 174–175.

二 使团使命：19世纪俄国对华政策的基调

（2）坚持要求俄国同其他欧洲国家一样享有同等参与中国南方海路贸易的权利，俄国商船亦可进入广州，并在黄海开辟通商口岸。历史上，俄国人自18世纪起就一直努力寻找参与广州贸易的途径。反之，英国人则一直关注北方俄国人对恰克图贸易的独霸，也一直尝试寻找突破俄国独享北方陆路贸易局面的方式。① 因此，正式向中国政府提出介入南方广州乃至整个中国东南部的海路贸易，自然成为19世纪初这次俄国对华外交行动的主要贸易使命。这份使命的缘起仍然是为了给俄美公司找到获利的途径："要为俄国商船坚持这一权利，利用中国向欧洲人提供的各种优惠，支持俄美公司同英美商人在毛皮贸易上的竞争。大使应提醒中国政府：既然广州可以对所有的欧洲人开放，那么俄国皇帝当然也坚定地希望不要禁止他的臣民到那里去贸易。我国同其他国家一样，也应获准在广州设立贸易代办。该请求当然会引起在广州贸易的欧洲人和在恰克图贸易的中国人的妒忌。为了杜绝这种情况，大使应让中国人相信，我们要求这样的权利是为了收购由南方诸省运往广州的商品并获利，而不是通过销售毛皮获利。黄海同俄罗斯帝国的东北边疆毗邻，那里有很多地方可以直通此海。因此，我们希望中国政府除允许俄国船只自由进入广州外，还能同意扩大贸易范围，允许俄国船只进入黄海各口岸。由于黄海各海港同俄国领土距离较近，故容易经营。在这种情况下，还应就贸易往来的安全问题协商一致。如果上述建议北京宫廷一项都不同意，那么就应优先考虑我国船只自由进入广州这一项。"② 尽管沙俄政府在训令中给大使指出了与清朝政府谈判相关问题的方略，尽管贸易使命的最低要求是在争取参与广州贸易，但训令的整个内容完全违反清朝的对外贸易体制。不要说向俄国开放整个中国东南各港，就连允许俄国介入广州贸易这一"最低要求"也是绝对不可能实现的。因此，俄国访华使团贸易使命本身的不切实际决定了俄国使团的失败命运。也就

---

① Earl H. Pritchard, *The Crucial years of Early Anglo-Chinese relations*, 1750-1800, NewYork, Reprinted 1970, p. 309; *British Parliamentary Papers*, China, vol. 36, p. 95.

② АВПРИ ф. Главный архив. 1-7. оп. 6. 1805г. д. № 1-а. п. 20. л. 178-179. *Тихвинский С. Л. и Мясников В. С.* Русско-Китайские отношения в XIX веке. Материалы и Документы. 1803-1807. Т. 1. М. 1995г. с. 175.

是说，即使戈洛夫金使团到了北京，有机会与清政府开展谈判，其本身所负复杂的贸易使命也会促使其最终铩羽而归。

（3）要求使团尽量多搜集中国的相关贸易情报。[①] 关于这点，俄美公司显得异常积极。早在4月上旬，俄美公司获知俄国为扩展贸易准备派遣访华使团，他们就认为此举"对了解中国的内外贸易情况、工业的各种类型"，以及了解"使用何种手段方能把目前的俄中边境贸易变得对俄国政府有利，怎样改善使之更有利可图"等具有重要意义。并上书鲁缅采夫，要求趁机派遣公司商人携商品跟使团前往中国，收集贸易情报。[②] 事实上，收集中国的贸易情报也一直是沙俄政府对历史上所有访华使团的要求。

紧接着，沙皇亚历山大一世综合了近两年来商务大臣、外交副大臣及国务总理大臣等高官们的建议，终于给使团颁布了正式的训令，共19条。其中有关使团贸易使命的内容相对来说系统化、更丰富一些，但基本内容没有太大变化。

（1）要求在中国西部俄中边境地区开辟布赫塔尔玛要塞新贸易市场（见谕旨第2条）；

（2）要求清政府对俄国开放整个东南中国的港口贸易。首先是对俄开放广州贸易。如前所述，这里有一个关键，就是按照计划，戈洛夫金访华使团先达北京，预先将俄国参与广州的打算通告清政府，然后环球航行的俄船才至广州贸易。然而，后来所发生的事情告诉我们，两件事情进行的时间恰好相反。当俄船到达广州贸易时，戈洛夫金的访华使团仍在库伦徘徊。这也被戈洛夫金看作使团铩羽的原因之一。其次是对俄开放南京贸易，允许俄美公司直接从北太平洋沿岸及各岛屿运输毛皮等货物经东海、黄海到南京进行交易（见谕旨第4、5条）；

（3）要求允许俄国有权向中国所有内地和边境城市派遣商队。如果不行，至少允许向北京、脑温和呼图克图领地自由派遣商队（见谕旨第6条）；

[①] АВПРИ ф. Главный архив. 1–7. оп. 6. 1805г. д. No 1–а. п. 22. л. 185. Там же с. 177.

[②] РГАДА ф. Государственный архив，разряд 15. 1803–1805г. д. No 29. доп. л. 24. Там же. с. 116–117.

二 使团使命：19世纪俄国对华政策的基调

（4）要求在中国派驻商务代办。俄国计划在中国派驻两个商务代办：其一在阿穆尔河货仓；其二在广州。同时允许在北京派驻外交代办。如果中国政府拒绝，那最起码要求允许俄国布道团大司祭暂理北京的俄罗斯商务（见谕旨第 7 条）；

（5）要求与中国政府谈判俄中贸易的规则，避免因两国规则不一而使贸易遭受损失（见谕旨第 14 条）；①

上述训令内容从当时的实际情形来判断，每一条都是对清政府所实行的传统保守贸易体制的破坏，可以说没有一条是清政府会同意的。

当然，也许上述复杂的不切实际的贸易使命完全有可能只是训令大使本人的，而大使最终是否会向清政府和盘托出，还要看事情进展的具体情形。因为外交部档案馆主任季沃夫在 6 月 12 日（5 月 31 日）给戈洛夫金大使起草的全权证书稿中，就只明确提到"在布赫塔尔玛开辟类似于恰克图的第二贸易点"，②其他内容均未提及。这说明，在所有对华贸易使命中，要求开放中国西部的边境贸易应该是使团有把握达成的最基本的贸易使命。因为全权证书是要向清政府交验的，无法隐瞒。至于其他贸易使命的内容，也许使团在与清政府具体谈判过程中，会因清政府的决绝态度而胎死腹中。但是，既然讨论使团对华贸易使命问题的都是政府核心要员，那么，使团贸易使命的内容自然比较全面地反映了俄国政府对华贸易的长远战略目标。事实上，此时俄国政府赋予戈洛夫金使团的对华贸易使命，到 19 世纪 60 年代初，通过成功建构俄中不平等条约体制而全部实现。正是在这个意义上，我们认为，发生在 18、19 世纪之初的这件轰动欧亚大陆的俄中外交事件奠定了整个 19 世纪俄国对华贸易政策的基调。

（二）外交使命：重新划定中俄东段边界的计划

除了负有重大的贸易使命外，随着政治家们思虑的加深，沙俄政府开

---

① АВПРИ ф. Главный архив. 1–7. оп. 6. 1805г. д. № 1–а. п. 20. л. 98, 100–101, 102, 103, 110. Там же с. 179–181, 183.

② АВПРИ ф. Главный архив. 1–7. оп. 6. 1805г. д. № 1–а. п. 19. л. 13. Там же. с. 146.

始赋予这次访华使团一些更重要的外交使命。刚开始，访华使团不过为了解决扩展俄中贸易的问题。在鲁缅采夫最初的奏折中，唯一与外交有关的一句话为"宣示友好,知会吾皇登基",① 但目的仍然只是要扩展俄中贸易。1803年11月21日（11月9日），国务总理大臣沃隆佐夫在致外交部的指示中也说："皇帝陛下为彰显俄中两帝国之间深厚的和谐友谊，并为两国贸易利益计，决定派遣使臣前往中国，通告博格德汗全俄国皇帝陛下举行登基大典，并祝贺中国皇帝登基。为此，特通知国家外交部，命亚洲司草拟致中国理藩院国书，向中国说明，皇帝陛下派遣访华使团的唯一目的在于敦睦修好，通报皇帝陛下登基，并祝贺中国皇帝登基。"② 虽然互相祝愿新皇登基具有外交意义，但很明显，这只不过是想让清政府同意接待访华使团的名目，还不是外交使命。然而，正如下文我们所要分析的那样，沙俄政府对东亚以中国为中心的地域性国家关系体制——天朝体制及其对外观念了解不多。沙俄政府为使团访华所找到的名目——祝贺俄、中两帝国新皇登基实际上也不太高明。③ 因为它间接为清政府将俄国访华使团定性为"朝贡使团"埋下了伏笔。但这一点，俄国政府当时是怎么也想不到的。因为庆贺或通报新皇登基，历来是俄国惯用的对外派遣使团的借口。1725年萨瓦使团访华的借口就是向清政府通报叶卡捷琳娜二世登基。④

1805年1月28日（1月16日），鲁缅采夫上奏沙皇，专论访华使团的使命，但全文只谈贸易，无一字谈及使团的外交使命。2月4日（1月23日），恰尔托雷斯基就访华使团训令一事上奏沙皇，其中首次谈及"阿穆尔河自由通航"问题："臣以为我们应该取得阿穆尔河的自由通航权。这一新航路的发现将促使堪察加获得新生，以便通过最短的距离从俄罗斯向这

---

① Там же. 1805–1807 г. д. No 1–а. п. 1. л. 13. Там же с. 46.
② Там же. 1805 г. д. No 1–а. п. 1. л. 14–15. Там же с. 47.
③ 实际上，嘉庆登基时，库伦办事大臣就认为没必要向俄国政府通报这个消息："窃查得历代俄罗斯汗继位，未曾咨文我库伦。奴才等愚见，今我大清国已归政、改元之事，亦不必特意咨文知照俄罗斯省长"。嘉庆元年（1796）二月二十四日，《蕴端多尔济等奏请改元之事不必特地咨文俄省长折》，第一历史档案馆藏"满文月折档"。
④ 中国第一历史档案馆编《清代中俄关系档案史料选编》第1编下册，中华书局，1981，第482页。

二　使团使命：19世纪俄国对华政策的基调

个蛮荒之地供给它极为匮乏的生活必需品。如此方可期盼该地会逐渐有人定居，并为我国扩展同日本和广州的贸易提供更多的物资。"① 虽然表面看，获得阿穆尔河的自由航行权也是为了扩展贸易，但扩展贸易在这里显然只是附带后果。这说明，俄国外交部在19世纪初已再次考虑夺取阿穆尔河的航行权了（中俄签署《尼布楚条约》之后，俄罗斯人的势力暂时退出了阿穆尔河，但俄国人对阿穆尔河航运权的觊觎在18世纪中叶又曾萌发②）。然而，问题的严重性尚不止此。如果阿穆尔河不是中俄两国的界河，那俄国又怎么能获取其自由航行权？当然，这份文件本身并没有明目张胆地直接提到要解决阿穆尔河的主权问题，但根据国际法，河流的自由航行权是与国家主权密不可分的。③

中俄签署《尼布楚条约》

历史上，俄国一直依靠掠夺土地和人口（即所谓"开拓疆土"和"殖民"）来增强国力。④ 扩张领土一直是俄国的最高国家利益，边界问题也成为俄国对外

---

① АВПРИ ф. Главный архив. 1–7. оп. 6. 1805г. д. № 1–а. п. 22. л. 9. *Тихвинский С. Л. и Мясников В. С.* Русско–Китайские отношения в ⅩⅨ веке. Материалы и Документы. 1803–1807. Т. 1. М. 1995г. с. 94.
② 〔俄〕尼古拉·班蒂什 - 卡缅斯基编著《俄中两国外交文献汇编（1619–1792）》，第298页。
③ 〔英〕劳特派特修订《奥本海国际法》上卷第2分册，王铁崖、陈体强译，商务印书馆，1981，第12页。
④ *Ключевский В. О.* Курс русской истории. М. 1987г. Т. 1. с. 49–50.

交涉的主要问题。自 1689 年中俄签署《尼布楚条约》以来，俄国一直对失去其所侵占的尼布楚一带黑龙江北岸的土地耿耿于怀。尽管从上述文件可以看出，刚开始，沙俄政府只是为了稳定其对堪察加和北美殖民地的统治而希望获得黑龙江的自由通航权，但发展到后来就演变成变动领土主权的边界划分了。

5 月 22 日（5 月 10 日），被任命为访华使团大使的戈洛夫金就阿穆尔河通航的问题向恰尔托雷斯基提交了一份报告。戈洛夫金家族长期生活在国外，他本人甚至连俄语都说不好，自然对俄中关系问题也不会很了解。既然已经被任命为大使，自然就要详细了解政府赋予自己的外交使命。根据现有资料，我们可以看出戈洛夫金对阿穆尔河通航的问题情有独钟。由他的报告可以推测，这位大使在莫斯科并没有闲坐喝茶，他相当用心地收集了当时俄国能找到的所有有关阿穆尔河的资料，① 写成了这个报告。报告的内容大致可以分为两大方面。

（1）依据搜集到的历史地理资料，将阿穆尔河的历史地理情况调查得相当清楚，包括阿穆尔河的名称、地理位置、航运情况、居民情况、阿穆尔河流域的动植物种类以及阿穆尔河口萨哈林岛的地理情况等。

（2）在这位大使看来，所谓"阿穆尔河的自由航行权"其实就是把阿穆尔河变成俄中界河。他在报告里写道："如果以某种方式通过山脉划界，那么总会留下一些不够明确、容易引起抱怨和争议的问题。尤其是在那些距离遥远、相关资料匮乏的地方，不可能臻至准确。河流则不然，它们更宜于作为国家边界。除了阿穆尔河可成为自然边界外，所有流经这一带的各条小河如额尔古纳河等，难道不能利用来划定边界？格

---

① 1805 年 7 月 15 日（7 月 3 日），戈洛夫金在一封致莫斯科外交部档案馆班蒂什－卡缅斯基的信中写道："我奉至尊皇帝陛下圣谕，被任命为赴北京宫廷的全权大使。因此到外交部看一些文件，其中有阁下编撰的《俄中两国外交文献汇编》。我极其认真地阅读了大作，深感它翔实可靠，并愿无论现在还是将来，都将它奉为我的行为准则。我想愉快地告诉阁下，我对阁下的感谢和尊敬之情将永志不忘。同时有幸通报阁下，此次途经莫斯科，我定将当面向您表达感激和尊敬，我热切地期待能从阁下手中获得更多的相关资料。" АВПРИ ф. Главный архив. 1-7. оп. 6. 1805г. д. № 1-а. п. 42. л. 629-630. Тихвинский С. Л. и Мясников В. С. Русско-Китайские отношения в XIX веке. Материалы и Документы. 1803-1807. Т. 1. М. 1995г. с. 172.

二 使团使命：19世纪俄国对华政策的基调

尔必齐河（又称阿马尔扎尔河）、奥利吉坎河、结雅河、西林穆迪河，还有图呼勒河,这些河都能通到海洋"，而如何使中国人满足我们的要求？唯一的出路就在于让中国人感觉能从中得到好处："在确定谈判前就要考虑，我们能拿什么好处把阿穆尔河换到手。"很明显，把阿穆尔河的航行权弄到手对俄国是大为有益的。不但使西伯利亚同堪察加、鄂霍茨克之间的交通更为便捷，"毫无疑问，较为温和的气候、河两岸肥沃的土地以及当地随便可以得到造船的木材等优势，均为向极东贫瘠地区供应粮食、发展该地区贸易的十分有利的条件。阿穆尔河的通航还可使我们与满人、朝鲜人建立积极的贸易关系。最后，能够得到一块介于阿穆尔河和我国现时边界之间的如此广袤的土地，也应视为一大好处，只不过我们在当地可能找不到当年曾吸引过我国哥萨克的东西。因为这些地方已有人居住，土地已得到开垦，而中国人又一直由当地向外收缴毛皮，所以，那里的猎物可能不再丰富。还有，至今我们对于该河河口的状况，以及该河口是否可以提供建立码头以保卫和保障我国航运的方便条件几乎一无所知"，"最后，既然阿穆尔河本身就是一个巨大的利益，那便应认真考虑是否值得付出可能是必要的牺牲，以争取阿穆尔河为我所有，并将之保有下去"。至于俄国为此能给中国什么好处，戈洛夫金并未交代，但问题的本质即沙俄政府所谓"阿穆尔河自由航行权"其实就是要把阿穆尔河变为俄中界河则已昭然若揭。也就是说，早在19世纪初，沙俄政府就已经把夺取原属我国的黑龙江及其以北的广袤领土作为其对华外交政策的目标。不过，在戈洛夫金看来，沙俄政府的这个愿望在当时尚属痴心妄想。因此，他在报告里预见："谈判的过程将极其艰难，我们会竭尽全力证明自己对这块土地拥有权力，但肯定徒劳无益。因为中国人永远不会承认我们这些权力。"①

然而，在前引6月12日（5月31日）的大使全权证书稿中，获得阿穆尔河自由通航权已经公开明确为使团的一项外交目标。只不过，大使全权证书必须是大使到达北京并面见皇帝时才能交验，也就是说，这些内容

---

① Там же. п. 35. л. 352–354. Там же. с. 128–129.

嘉庆十年
——失败的俄国使团与失败的中国外交

《尼布楚条约》划定中俄东段边界示意图

尽管已经准备让清政府知道，但清政府却不可能提前知道。因此，戈洛夫金从圣彼得堡到库伦，其间一直进展顺利，没有受到来自清政府的原则性阻力。实际上，在整个使团交涉期间，清政府根本不了解俄国对华外交的真正企图。在清政府眼里，这次俄国使团不过就是一个朝贡使团而已。

7月18日（7月6日），恰尔托雷斯基为使团草拟了训令，其中涉及外交问题的内容相对来说更加明确且更丰富。归纳起来，训令草案中与外交有关联的内容有如下三点。

（1）阿穆尔河自由通航问题，实即有关阿穆尔河的主权。这预示着沙俄政府想改变《尼布楚条约》所规定的俄中东段边界的走向；

（2）根据中俄具体交涉的进展情况，戈洛夫金大使有权谈判边界问题。"目前如没有明显理由就提出讨论边界问题，既无好处，也不合适。因此，大使在中方提及这一话题时，应回避对方就此提出的各种建议，推说未奉有训令，不具有讨论此事所需之权力。但是相反，如中国人不谈此事，且顽固地回避我们所提的各项提议，大使就可提出，目前边界状况对俄国不利，与条约内容全然不符，闹出了两条格尔必齐河的误会，便是明证。到底是提出边界问题，还是避而不谈，大使要根据是否有利而定。"由这段话，我们可以看出，当时沙俄政府还没有以肯定性的语气谈到改变俄中边界的问题。有关

二　使团使命：19世纪俄国对华政策的基调

想法是肯定有了，只不过当时俄国所面临的欧洲局势不允许它轻易冒失地与中国洽谈俄中边界问题。而且，很清楚，提出改变俄中东段边界的问题成为俄国压迫清政府答应扩展俄中贸易问题的筹码。

（3）相互派遣使团。①

同日，亚历山大一世在综合了沙俄政府几个职能部门的看法后，最后以谕旨形式颁给戈洛夫金一份正式训令。其中有关使团外交使命的内容有如下几条。

（1）基于当时俄国面临的日益复杂的欧洲局势，沙皇基本上不同意戈洛夫金大使此时与中国谈判边界问题："你从外交副大臣提供的情报中可以看出，我帝国同中国的边界存在争议。因此，若中国政府向你建议重新划分边界，你应答复此事未经授权"；"目前欧洲形势极不平静，使我方无力抽调兵力前往中国边境，故将划界之事延至恰当时机实属必要。否则轻易地划界必将对我方利益造成极大损害。结果将是我方要么中断同中华帝国的联系（而这种联系对朕之臣民又是如此有利），要么划定有损于我国领土的边界。因为中国人若看到我方在该地区军事力量薄弱，定会谋取我国的领土"（谕旨第7条）。这里面说得很清楚，首先是沙俄政府很愿意与中国重划边界；其次，此时由于欧洲局势变幻多端，俄国无力保障边界划分完全利于俄国，因此不主张俄国大使主动提出重划边界的问题。即使中国政府提出重划边界，那俄国大使也应该婉转拒绝。这种说法与外交副大臣的说法有异，说明俄国政府内部对何时重新划定中俄边界一事尚在争议之中。

（2）了解清政府与周边诸国的关系状态及对外政策，争取与中国结成同盟，以共同对付英国在亚洲的扩张。并要求大使与清政府谈判，希望清政府不再禁止俄国属下的卡尔梅克人前往西藏朝觐达赖喇嘛（谕旨第10、11、13条）。

（3）收集中国的军事情报尤其是炮兵的情报（谕旨第12条）。

有意思的是谕旨第15条："朕已下令向你发放20普特各种成色的银锭，

---

① Там же. п. 20. л. 179. 184. Там же с. 175，177.

供途中和北京城内特殊花费之用。只要公务利益需要，你可随意使用。"①所谓"特殊花费"实际上就是行贿。这是俄中外交关系史上的一大风景。许多文件都表明，俄国为了从中国获得一些利益，往往采取向清朝官员行贿的方式。这次由于使团未能至北京，所以，行贿也不过是说说而已。但数十年后，俄国终于通过贿赂这种卑鄙手段从中国政府手中获得了巨大利益。② 可见，一方是处心积虑，一方是腐朽透顶。整个俄中外交史从某个侧面看，仿佛一幅墨迹斑斑的图画。

过了两天，即7月20日（7月8日），恰尔托雷斯基受命就外交使命问题专程给戈洛夫金大使写了一封信，指示机宜。信在谕旨之后，似乎有补充说明的意思。这封信最主要的含义在于示意俄中应该建立一种同盟关系，以对抗英国及受英国支持的波斯，为此俄国有必要派一公使常驻北京："目前俄国同伦敦宫廷的关系，不允许我们对中国人做任何公开的反英承诺。因此阁下要做的，只是让中国政府明白俄国的力量和强大，以及它在欧洲的影响。这种影响能使我皇帝陛下在中华帝国同英国打交道的过程中充当对中国有益的中间人。此外，还应该让中国政府明白，中华帝国与俄国在亚洲幅员辽阔的领土相邻，这本身就决定了两个大国需紧密团结、友好和睦、坦诚相待。故采取措施确立一种联盟以保证相互安全是有益的。为确立该联盟，俄国应向北京朝廷派驻一位公使，以便两帝国随时保持联系并相互了解各自的需求。为此，还应详细了解中国政府对波斯及其君主的知晓度。阁下可巧妙地向中国政府说明，目前在位的波斯君主巴巴汗全力讨好英国人，为扩大英国人在亚洲的权力大开方便之门。俄国宫廷和北京宫廷出于共同利益，都要求尽可能遏止这个不安分的波斯领主。俄国直接同它接壤，而中国则通过喀布尔和坎大哈与它相通，中俄双方具备联合的地理条件。但两帝国宫廷彼此应事先商讨约定彼此遵守的行为准则。"就当时中国的天朝体制以及俄中关系格局看，恰尔托雷斯基的这个补充训令无异于异想天

---

① Там же. л. 111. Там же с. 183.
② Переписка о подкупе китайских сановников Ли-Хун-Чжана и Чжан-ин-Хуана. Красный архив. № 2. 1922г. с. 287–293. *Витте С. Ю.* Воспоминания. М–Л. Т. 1. 1923г. с. 127–128.

二 使团使命：19世纪俄国对华政策的基调

开。同样，有意思的是，在这封信的末尾，恰尔托雷斯基撕掉了那层矜持的面纱，赤裸裸地要求大使为达到外交目的不择手段，向清政府官员行贿："如果阁下发现，恰到好处地花费几笔钱可以更便于说服中国政府同意我方要求的话，那我们完全可以同意阁下利用这种手段。为阁下拨付的这些供非常情况使用的钱款如若不够，而阁下又认为必须要用，只要时间允许，阁下可报告政府，要求为阁下汇款。阁下亦可动用私人钱款，政府将根据阁下的报告，可以马上将款项付给阁下委托的收款人。"①

虽然沙皇在正式训令里基本上不同意此时与中国谈判俄中边界事宜，但在实际操作中，访华使团大使戈洛夫金却十分注意收集类似信息。他利用一切渠道为未来的边界谈判收集了大量资料且不时贡献自己的意见。这从他1805年10月29日（10月17日）呈送沙皇亚历山大一世的报告就可以知道。在报告中，戈洛夫金详细叙述了他所做的工作。

第一，不遗余力收集相关历史地理资料。戈洛夫金为了完成边界谈判的使命，每到一个城镇，都忙于收集有关黑龙江流域及中俄边境东段未定边界区域的相关资料。他在报告中写道："我非常荣幸地呈上备忘录一份，请陛下过目。这是我在西伯利亚逗留期间所能够搜集到的有关阿穆尔河及其至乌第河区间所有资料的简要述编。我每经过一个城市，都要从其档案馆里，以及从那些多少对这片荒野的土地有所了解的人那里收集所有的资料。尽管我非常细心，并且力求准确，但某些问题还是没弄清楚。只有假以时日，方能有望澄清。不过我觉得可以告慰陛下的是，这份资料不但可以补充我启程前交恰尔托雷斯基公爵的详细备忘录，同时它也可以补充目前可以收集到的关于阿穆尔河及其毗邻地区的材料。索伊莫诺夫（Ф. И. Соймонов，1682-1780）于1755年奉上命在这一带旅行过，他的笔记对我的这项工作本可以有很大帮助，但在彼得堡、莫斯科和西伯利亚各家档案馆却始终找不到这份材料。"可见，戈洛夫金对阿穆尔问题是费了心思的。从前述亚历山大一世的训令我们可以知道，沙俄政府并未完全授权他同中

---

① АВПРИ ф. Главный архив. 1–7. оп. 6. 1805г. д. № 1–а. п. 20. л. 118. *Тихвинский С. Л. и Мясников В. С.* Русско-Китайские отношения в ⅩⅨ веке. Материалы и Документы. 1803–1807. Т. 1. М. 1995г. с. 187.

国谈判边界问题,那为何戈洛夫金如此热衷这个问题?对此,戈洛夫金有自己的看法。他认为:"如果不涉及边界条款,不涉及决定两国在这一地段的国境问题,实无法同他们就阿穆尔河的自由航行问题和在河口建立仓库的问题举行谈判。"也就是说,在戈洛夫金看来,沙俄政府要解决在黑龙江自由航行的问题,首先就必须解决该地段的俄中边界问题。戈洛夫金的想法没错,只有把黑龙江变为俄中界河,俄国才能获得黑龙江的自由航行权。这正是"黑龙江自由航行权"问题的本质。也因此,戈洛夫金在报告中要求沙皇授予他与中国谈判边界问题的权力。

第二,仔细研究了俄中边界的相关法律条文,找出了俄中边界问题的所谓"症结"。戈洛夫金在报告中说:"我打算谈的是阿穆尔河左岸与乌第河之间那片土地的问题。按照1728年条约的第一款,那是一片有争议的土地。该条约明确规定,两个帝国之间在格尔必齐河源以上的广阔疆界是由自然边界或天然屏障所构成的,不存在任何争议。但从格尔必齐河至鄂霍茨克海的疆界却是由一条凭想象和猜测标出的线表示的,它沿着山脉的山脊画出。而山脉的走向却无论是政治家还是地理学家至今都搞不清楚。条约所承认的位于山脉和乌第河之间的这片属于俄国的蛮荒土地,几乎同样不为人知。附在条约后面的说明和地图,是根据一些迷途的猎人所讲的故事和传说,结合中国的地图和西伯利亚各档案馆所能提供的全部材料编制出来的。曾经有几名大地测量工作者被派往这一地区绘制地图,但由于该地区有无法逾越的自然障碍,只好被迫撤了回来。"①

但是,戈洛夫金对以往俄中边界法律条文的研究十分马虎。1727年签署的中俄《恰克图界约》第七条而不是第一条涉及了"乌第河未定区域"问题。由于该界约主要划定中俄中段边界问题,所以,没有也不可能解决《尼布楚条约》所规定的"乌第河未定界区域"的归属问题。尽管《恰克图界约》的俄文本与满文本在表述上有所差别,但主旨不过再次确认"乌第河未定区域"的存在而已,没有新的内容。②

---

① Там же. п. 25. л. 121. Там же с. 273.
② 《中俄边界条约集》,商务印书馆,1973年,第13页;Сборник договоров России с Китаем 1689-1881. СПБ. 1889. с. 56-57。

二 使团使命：19世纪俄国对华政策的基调

而且，跟所有俄中条约史研究者一样，戈洛夫金在比较了《尼布楚条约》的满文本、拉丁文本（唯一法定文本）及俄文本后发现，满文本与拉丁文本文字比较一致，但与俄文本有两个地方表述不同：

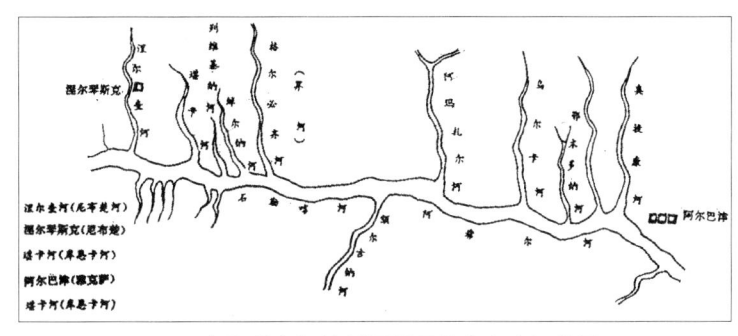

1699年阿穆尔河流域图所示格尔必齐河位置

"第一，流经边界的格尔必齐河流入石勒喀河。这一错误之所以发生，显然是因为当时通古斯人习惯于把阿穆尔河直至乌苏里江口都叫作石勒喀河。不过这样的表达方法使中国人有了沿小格尔必齐河划界的借口，而小格尔必齐河又的确是流入石勒喀河的。长期以来，我们在这个问题上保持沉默的状况，又增加了重新讨论这一似乎不值得重视的条款的难度。"对戈洛夫金的这段表述，我们有必要做一些简明的分析。（1）中俄《尼布楚条约》的语言表述，无论是哪个文本，都存在或多或少的问题。但该条约明确以拉丁文本为法定文本，因此，我们研究这段历史，也必须以法定拉丁文本为基础，而不能以满文本或俄文本为基础。实际上，相对而言，满文本的表述比较接近拉丁文本，而俄文本的文义则离拉丁文本较远。（2）界河格尔必齐河流入石勒喀河是俄文本中的表述，而不是法定拉丁文本中的表述。拉丁文本的表述为"以流入黑龙江之绰尔纳河（Chorna），即鞑靼语之乌伦穆河附近之格尔必齐河为两国之界"，① 满文本的表述与此无异。实际上，石勒喀河只是黑龙江的

---

① Сборник договоров России с Китаем 1689–1881. СПБ. 1889. с. 3.

源头河，而不是黑龙江本身。所以，拉丁文本所谓"流入黑龙江"隐含着谬误，即格尔必齐河直接流入黑龙江。可见，俄文本之"格尔必齐河流入石勒喀河"的表述反而正确。但关键在于：流入石勒喀河的格尔必齐河有两条：一条是靠近尼布楚的"小格尔必齐河"，一条是靠近"绰尔纳河"的"格尔必齐河"，它们都流入"石勒喀河"。如果以小格尔必齐河为中俄界河，那么，从小格尔必齐河至额尔古纳河之间的大片土地就都属于中国领土了。反之，如果以靠近"绰尔纳河"之"格尔必齐河"为中俄界河，那么，上述那片土地就都属于俄国领土了。根据戈洛夫金的表述，他似乎不认同"小格尔必齐河"为中俄界河。实际上，中国人从来没有深究过此种错误，更没有提出过根据俄文本的表述重新以小格尔必齐河划界的要求。在中国人绘制的地图里，一直坦坦荡荡，以"绰尔纳河"附近的那条"格尔必齐河"为中俄界河。① 所以，戈洛夫金的议论违背历史事实。

"第二，在条约的俄文本中，从格尔必齐河到鄂霍茨克海的边界，以及我方对乌第河的权利，表述得更为准确。文本的说法不是'乌第河以南'，而是'在俄属乌第河与属清国的阿穆尔河附近的界山之间流入海的河流，而上述乌第河同界山之间的土地，迄今尚未划定界线'。"基于条约俄文本的这种表述，戈洛夫金认为，当时《尼布楚条约》所规定的俄中边界根本就不是沿斯塔诺夫山脉一直迤逦至海，这里所讲的只是这条山脉从结雅河分出的一条分支，它在图呼勒河与阿穆尔河之间一直延伸到海。如果按照戈洛夫金的理解，那么，至少从结雅河至图呼勒河与阿穆尔河之间的那条山脉分支往北与斯塔诺夫山脉之间的大片土地就都是俄国的。"也就是说，俄国人想要的边界是沿纽克扎山脉一线，而中国人则主张边界沿整个斯塔诺夫山脉一线。但条约的准确文本既不同于这种解释，也不同于那种解释，它所指的显然是第三条山脉。"② 对此，我们必须指出：（1）无论是《尼布楚条约》俄文本有

---

① 薛虹：《彩绘满文黑龙江地图和格尔必齐河的位置》，《清史研究》1993年第4期。
② АВПРИ ф. Главный архив. 1–7. оп. 6. 1805г. д. № 1–а. п. 20. л. 127–128. *Тихвинский С. Л. и Мясников В. С.* Русско–Китайские отношения в XIX веке. Материалы и Документы. 1803–1807. Т. 1. М. 1995г. с. 277–278.

关"乌第河"未定界区域的表述，还是戈洛夫金的理解，都是对历史事实的一种歪曲；（2）根据《尼布楚条约》法定拉丁文本，中俄自格尔必齐河以东的疆界表述为："格尔必齐河发源处为石大兴安岭，此岭直达于海，亦为两国边界：凡岭南一带土地及流入黑龙江大小诸川，应归中国管辖；其岭北一带土地及川流，应归俄国管辖。"法定拉丁文本的文字表述十分清晰，格尔必齐河河源的石大兴安岭就是斯达诺夫山脉，可见，斯达诺夫山脉就是中俄东段法定边界，而绝不是戈洛夫金所说的从结雅河流域分出的某山脉分支；（3）关于"乌第河流域未定区域"问题，法定拉丁文本表述为："惟介于兴安岭与乌第河之间诸川流及地图应该如何划分，今尚未决。此事须待两国使臣各归本国，详细查明之后，或遣专使、或用文牍，始能定之。"这里的表述也十分清晰，既不同于满文本所说"惟乌第河以南，兴安岭以北"，① 也不同于戈洛夫金所见俄文本的表述："在俄属乌第河与属清国的阿穆尔河附近的界山之间流入海的河流，而上述乌第河同界山之间的土地，迄今尚未划定界线。"满文本的表述只是一种逻辑错误，而俄文本的表述则明显存在故意篡改的痕迹。俄文本的表述有两大错误：一是把乌第河流域即法定拉丁文本所规定的"未定区域"变为"俄属"领土；二是把阿穆尔河以北至乌第河之间的大片

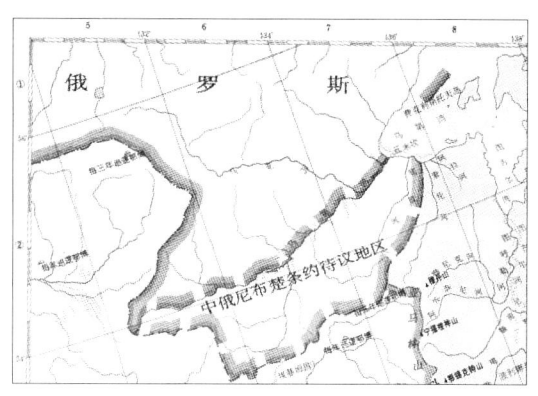

中俄《尼布楚条约》乌第河待议地区及黑龙江与乌第河流域之间的区域图

---

① 《中俄边界条约集》，商务印书馆，1973，第1—2页。

中国领土篡改为《尼布楚条约》所规定的中俄"未定界区域"。

当然，俄国提出突破《尼布楚条约》所规定之中俄边界现状的诉求并非始自戈洛夫金。历史上，自18世纪中叶以降，① 基于《尼布楚条约》本身各种文本表述的歧义，以及俄中两国尤其是中国对边界地区地理情况了解的不足，俄国人就从文本方面对俄中边界问题进行了有利于自身利益的阐释。这种情况在当时俄中关系的外交操作层面所产生的一个后果就是：俄国要突破《尼布楚条约》所规定的俄中边界线，清政府则要维持。为此，俄国一直努力将文本阐释的边界线尽量往南推移，以求尽量多地占领本有争议的土地。

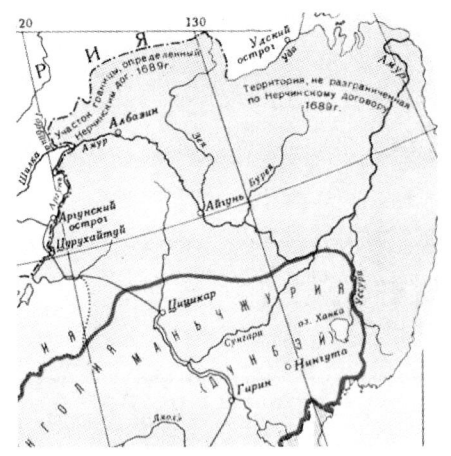

俄文本《尼布楚条约》规定的中俄东段边界示意图。由此图可见，俄国人一直误把乌第河至黑龙江的广大区域看作条约中所规定的"乌第河未定界区域"

由此可知，当时沙俄政府为了突破《尼布楚条约》所规定的中俄边界现状，采取的措施主要分两个步骤：一是理论上以《尼布楚条约》俄文本有关"乌第河未定界区域"的错误表述（表述为"俄属"）为基础，从法理上篡改法定拉丁文本的相关表述，偷梁换柱，重新界定中俄边界的"未定区域"（表述为"乌第河以南、黑龙江左岸以北"）；二是将错误的文本阐释上升为具体的外交诉求，要求重新划定介乎黑龙江左岸与向东至海的乌第河流域之间土地的归属问题。这实际上就是半个世纪后

---

① *Миллер Г. Ф.* Изъяснение сумнительств, находящихся при постановлении границ между российским и китайским государствами 7197（1689）года. Ежемесячные сочинения к пользе и увеселению служащие. СПБ. 1757. № 4.

二 使团使命：19世纪俄国对华政策的基调

《瑷珲条约》所解决的问题。也就是说，19世纪中叶通过中俄《瑷珲条约》解决的中俄土地争端问题是19世纪初戈洛夫金使团提出来的。正是基于这层意义，我才认为，发生于19世纪初的戈洛夫金使团访华事件虽然失败了，却奠定了整个19世纪俄国对华外交政策的基调。

第三，提出了边界谈判的方略，包括如下内容。

首先，他为边界谈判提出了三种方案。第一种方案，尽量争取"沿离开乌第河最远的一道山脉，也就是尽量沿最靠近黑龙江的那道山脉来划分边界。备忘录所附的地图上画的就是那道山脉"；第二种方案："退一步，可以把争议土地作一个平均划分，尽量争取以图呼勒河为自然边界"；第三种方案就是"以乌第河的右岸为界"。① 然而，戈洛夫金所提出的这三种边界谈判方案，无论哪一种，黑龙江都属于中国的内河。

基于上述三种谈判方案，1805年12月28日（12月16日），戈洛夫金致函外交部，明确建议沙俄政府承认中国对黑龙江流域的主权。② 他认为只有在此前提下，中国才有可能给俄国人在黑龙江的自由通航权。可见，一方面，在19世纪初，俄国人自己都认为，黑龙江至海以南的土地都属于中国领土（包括黑龙江以南现俄属南乌苏里边区部分）；另一方面，为了顺利夺取黑龙江以北乌第河以南的中国领土和乌第河以北大兴安岭以南的未定界区域，在谈判中，俄国准备承认中国对黑龙江的主权。但如前所述，既要承认中国对黑龙江的主权，又要使俄国拥有黑龙江的航运权，这是一对矛盾，不可调和。

1806年1月，戈洛夫金已到了中国边城库伦，外交部还专门为边界问题发给他一份迟到的"关于划界问题的补充训令"。其中说："商务部宣称，黑龙江以南沿岸的所有领土，一直到海，都属于中国；黑龙江以北沿岸的所有领土，一直到海，都属于俄国。"但在土地和贸易利益之间，当时外交部似乎也更重视贸易。外交部认为，戈洛夫金有权谈判边界问题，但不能

---

① АВПРИ ф. Главный архив. 1–7. оп. 6. 1805г. д. No 1–а. п. 20. л. 123. *Тихвинский С. Л. и Мясников В. С.* Русско–Китайские отношения в XIX веке. Материалы и Документы. 1803–1807. Т. 1. М. 1995г. с. 274.

② Там же. л. 274. Там же с. 368.

因此损害俄中贸易。① 这说明在 19 世纪初，沙俄政府在解决中俄边界问题和扩展中俄贸易问题何者优先方面还没有形成成熟的意见。俄国政府的这种犹豫要到 19 世纪中叶才彻底改变。19 世纪 40 年代，穆拉维约夫（Н. Н. Муравьёв-Амурский，1809–1881）任东西伯利亚总督；19 世纪中叶，一贯重视地缘政治外交的戈尔恰科夫（А. М. Горчаков，1798–1883）任外交大臣。他们两人内外结合，立足于 19 世纪初戈洛夫金访华使团对华外交使命的基础，终于在 19 世纪中叶统一形成了崭新的俄国对华侵略外交政策，即明确将领土利益置于贸易利益之上。

其次，如果谈判成功，紧接着就要具体划界。戈洛夫金认为具体划界不是一件简单的事情，需要在谈判之前进行实地勘察。他写道："我们一开始就应该提出，划界之前所要采取的特殊和预防措施。画出争议地区的地图和草图至少需要两年时间。"因此，他建议沙俄政府立即组织勘察队去乌第河流域勘察："根据我在此间所查对的档案、曾到阿穆尔河上航行过的人的叙述以及护送曼泰菲尔伯爵（Граф А. А. Мантейфель，1762–1832）到阿尔巴津去的纳拉巴尔金（Налабадин）上校的谈话，都说明完全可以派一支不大的考察队到阿穆尔河去。他们完全可以逃过人数不多的中国边防军的监视。"②

通过上面的叙述，我们大致清楚了，19 世纪初，由于欧洲局势变得非常复杂，法国的崛起和进逼极大地威胁到俄国在欧洲的外交和商贸利益。在这种特殊情况下，沙俄政府开始制定比较积极的远东政策，决定派遣访华和访日使团。虽然当时俄国关注远东的主要目的是商贸利益，但也酝酿并提出了一系列对华外交政治使命。不过，鉴于当时俄中互不了解，因此，沙俄政府在赋予访华使团外交使命时，有时显得左右为难，犹豫不决。但有两点是确定的。

第一，沙俄政府在内部讨论对华政策过程中毕竟还是正式提出了其对华的领土要求。完全可以推断，只要戈洛夫金使团到达北京，正式与清政

---

① Там же. л. 77–79. Там же с. 408.
② Там же. л. 124. Там же с. 275.

府举行谈判,那势必会正式提出计划中的对华领土要求。而根据当时中俄两国所面临的国际局势及两国相差不太大的国力,估计中俄东段边界的划定有可能与半个世纪后的情形完全有别。可惜,阴错阳差,戈洛夫金使团刚到库伦就被驱逐,以致清政府根本不知道沙俄此时在对华外交政策方面的主要动向,根本没有对黑龙江以北乌第河以南的领土及乌第河流域未定区域采取任何防护措施。因此,到19世纪中叶中国面临内困外扰——外有英法入侵、内有太平天国起义——的艰难局面时,俄国趁火打劫,提出侵占黑龙江以北、乌苏里江以东大片领土。面对沙俄的领土讹诈,中国毫无准备,无力抗拒。

第二,俄国政府虽然在内部有关对华政策的高层讨论中提出了是否赋予使团以谈判俄中边界的问题,但俄国政府当时并未最后决定赋予使团以谈判俄中边界的外交使命。然而,连俄语都讲不好但却拥有深厚西方文化背景的访华大使戈洛夫金,深谙西方近代势力外交的诡计。他不但非常正确地理解了沙俄政府的深谋远虑,同时,他对待俄国政府正在考虑中的外交使命的态度也非常积极。他从圣彼得堡到中国的路上,通过沿途收集整理各地方档案馆的文献资料以及实地考察调查,为俄国将来解决对华领土要求做了很多有意义的工作。

同样,正是在这个意义上,我们认为,发生在18、19世纪之交的这件轰动欧亚大陆的俄中外交事件奠定了整个19世纪俄国对华外交政策的基调。

(三)附带使命:西班牙沉船申述及汉籍收集

1. 帮助西班牙王国马尼拉菲律宾公司向清政府讨回因船只在广东海面失事而丢失的财物

根据西班牙人的叙述,1802年9月16日(9月4日),马尼拉的西班牙皇家菲律宾公司经纪人,托皇家"费罗伦尼亚"号轮船携带了一笔数额约718637皮阿斯特的巨款转交公司驻广州的代理人。可是,9月27日(9月15日),该船在广东海面遇到大风浪,船被吹到广州以北的"甲子海"（音译）沉没。于是，轮船赶紧派人去广州告急，请求总督、巡抚的救助。然而，从船只失事到官方救助到来的期间，附近的亦民亦盗的渔民闻知消息，赶紧到海里打捞。据船员后来申述，丢失的钱币基本上都被打捞上来，就摆在他们面前，但中国渔民不给他们，其中一些有实力的人把打捞上来的钱币全部瓜分了。之后，总督、巡抚派来的救助队才赶到现场，然潜水员报告，此时海底已无钱币可捞了。据公司代理人调查，失事船只的钱被如下几家有实力的渔民瓜分（姓名均为音译）：张常云，30000皮阿斯特；南柴、秦匡戈、常贵、荣纪、隋搏柴，600000皮阿斯特；满有剑，20000皮阿斯特；狄冲音（此人领头，家财万贯），数额未知；柏泰，10000皮阿斯特；狄富建，拿走了很多船上物品。

既然哪些人拿了钱且数目都一清二楚，言之凿凿，想必容易处置。于是，代理人赶紧报告广东官府，强烈要求官府出面查办，追回钱财；并扬言如果办理不善，公司将直接上北京告御状。于是，官府派了一批又一批官员前往查办，然最终都不得要领，毫无音讯。后来公司代理人听到传闻，这些查办官员到了甲子海之后，就伙同当地官员，把捞上来的651680皮阿斯特从百姓的手里压榨出来全部侵吞，而"费罗伦尼亚"号则仅仅收回了66957皮阿斯特，约当损失的零头。

有鉴于此，1805年8月14日（8月2日），西班牙王国驻俄公使诺龙纳（Г. М. Норонна）请求俄国使团在觐见嘉庆帝时，顺便将此事禀报皇上，请求嘉庆皇帝公平处理，惩罚广东那些贪赃枉法的官员，将打捞上来的651680皮阿斯特还给"费罗伦尼亚"号轮船。①

8月27日（8月15日），沙皇亚历山大一世敕令外交部照会西班牙驻俄公使：（1）阐明俄皇对持天主教信仰的西班牙国王"怀有真诚友好情谊"，决定慷慨帮助西班牙国王；（2）告知西班牙国王，目前俄皇已谕令大使戈洛夫金伯爵，令其抵达北京后采取一切适当措施，"要求中国政府追回'费罗伦尼亚'号船失事后由渔民从甲子海中捞起的651，680皮阿斯特，并将该款交西班牙皇家菲律宾公司驻广州的代理人"。②

---

① Там же. п. 20. л. 144–146. Там же с. 200–204.
② Там же. п. 20. л. 152–153. Там же с. 206.

二 使团使命：19世纪俄国对华政策的基调

8月28日（8月16日），恰尔托雷斯基信告戈洛夫金大使，令其与中国政府交涉此事，代西班牙菲律宾公司追回所损失的巨款。在信中，恰尔托雷斯基吐露了俄皇节外生枝帮助西班牙国王的初衷："因为如此一来，陛下就可在全欧事务中得到西班牙的帮助。"所谓"全欧事务"自然指的是法国在欧洲所掀起的血雨腥风。当然，俄国也没打算为帮助西班牙讨债而妨碍自己的对华外交。因此，恰尔托雷斯基最后提醒戈洛夫金："如阁下在为西班牙菲律宾公司寻求公正时遇到的困难太大，或者阁下认为坚决要求办妥此事在某种程度上会直接损害相关我国利益的外交使命，那阁下自然应放弃为西班牙王国的事而继续努力。"①

俄国之所以持如此态度，也是形势所迫。一方面，俄国这次访华使团实际所肩负的使命本身已经是超负荷了。立足于当时中国的对外关系体制和俄中关系的格局，要将这么多形形色色、具有突破中国天朝外交体制性质的贸易、外交使命付诸实现简直就是难于上青天。如今西班牙节外生枝，请求使团代向嘉庆皇帝直接申述、要求赔偿其区区一艘轮船所丢钱币，简直有点小题大做。一般而言，俄国于情于理都应当拒绝。可是，另一方面，基于当时复杂的欧洲局势，亚历山大一世又不得不暂时欣然同意西班牙的请求。1805年，正是英、俄、奥经过艰难谈判建立欧洲第三次反法同盟的时候。法国已成为俄国的敌人，俄国在欧洲的利益受到法国的威胁。为了应付法国的进攻，俄国需要团结一切欧洲力量来反对法国。自然，处在法国背后的西班牙王国就成为俄国事实上需要极力争取的盟友。何况西班牙本身一直就是反法同盟的热心盟友。② 正是基于这个战略目的，俄国方才欣然答应西班牙的请求，同意赋予访华使团这个额外的任务。当然，俄国政府对待此事的态度还是有所保留的。俄国政府帮助西班牙是以不影响俄中交涉大局为前提的。大概俄国政府的这点心思，西班牙外交官们亦心知肚明。所以，紧接着，西班牙驻俄公使诺龙纳就直接给访华使团的二秘兰伯特（Я. О. Ламберт）写信，转达西班牙皇家菲律宾公司的一份意见：如

---

① Там же л. 207. Там же с. 207.
② 王绳祖主编《国际关系史》第1卷（1648—1814），世界知识出版社，1996，第312—328页。

交涉顺利，公司允诺将讨还钱币的 10% 作为酬金奖给戈洛夫金。为此，戈洛夫金直接给诺龙纳公使写了封回信，并紧急报告恰尔托雷斯基，① 表示自己尽力帮助西班牙皇家菲律宾公司，仅仅是因为遵从皇上和外交大臣的指令，而不是为了获取奖金。但戈洛夫金大使对究竟是否接受酬金，并未明确表明态度。② 不过，此事由于访华使团在库伦受阻，因而未能付诸实施。

其实，结合当时西班牙皇家菲律宾公司此前与中国官方的交涉情况，即使戈洛夫金成功将此事上达天听，也可能无济于事。因为，清中央政府并非不知此事。早在嘉庆八年（1803）闰二月十五日，广东巡抚瑚图礼（?-1814）就将此次吕宋轮船失事上报军机处。为此，嘉庆皇帝于是年八月十五日特意颁布上谕，指示处理此事的机宜："外国夷人，突遭飓风沉溺，情殊可悯。瑚图礼务当饬令文武官弁，将现在被难番人酌给口粮，妥为安抚。至漂失本银二十万元，应听该夷人雇船打捞。如果内地土人乘机捞取，自应如数缴还。该抚当一面将捞获之银给还夷人领取，一面将该土人等照例审办。如有隐匿等弊，更当治以应得之罪。若土人实无捞抢事，而遭风处所一片汪洋，并于岛屿港汊间有遗失，自所不免。且该夷人先于文武查讯时止称带有本银二十万元，续在县呈报，又系八十六万余元，后又报称番银并金钱一百四十五万元。多寡悬殊，该夷人眼同打捞时，并未亲见有人捞抢，其情节亦难尽信。瑚图礼惟应于被难夷人量为抚恤，并派委员稽查弹压，毋许乡民私自捞取。仍当晓谕夷人，自雇船只，赶紧打捞，其货银多寡，数目本可无庸过问也。"③ 由这份谕旨可知：一、西班牙船只失事后，究竟损失多少钱币，其前后数目供述不一，使嘉庆皇帝顿生疑窦，从而怀疑西班牙人所述未必属实。也就是说，嘉庆皇帝并未轻信西班牙人的供述，也未认定当地百姓实有私自捞钱行为；二、此事不但早在嘉庆八年清政府就已知晓，嘉庆皇帝也已确定处理此事的原则：命广东官员公平查办，人

---

① АВПРИ ф. Главный архив. 1-7. оп. 6. 1805г. д. No 1-а. п. 20. л. 168. *Тихвинский С. Л. и Мясников В. С.* Русско-Китайские отношения в ⅩⅨ веке. Материалы и Документы. 1803–1807. Т. 1. М. 1995г. с. 286.

② Там же. л. 169. Там же с. 286–287.

③ 北平故宫博物院编《清代外交史料·嘉庆朝》第 1 册，1932，第 17 页。

二　使团使命：19世纪俄国对华政策的基调

道待遇失事夷民，但不可偏信夷民的供述，官府无需盲目追赔。可见，嘉庆帝的旨意相当理性得体，无懈可击。就算戈洛夫金再次当面申述，恐怕也很难改变嘉庆帝的旨意。

2. 帮助俄国科学院到中国购买图书

历史上，沙俄政府特别重视收购中国图书，以便研究了解中国的文化和风俗民情，从而为对华外交服务。但是，整个18世纪，由于俄中联系的中介——俄罗斯东正教驻北京布道团在组织上尚不成熟，而18世纪60年代以后，俄国国家商队的京师互市贸易又已终止，因而获得大量中国书籍的机会变得越来越少。据历史记载，18世纪俄罗斯主要有两次从中国获得书籍：第一次是1730年朗格通过耶稣会士巴多明（Dominique Parrenin，1663-1741）弄到图书8套82册运回俄罗斯，构成圣彼得堡汉学的基础藏书；① 第二次是1741年，罗索欣回国后曾赠给科学院图书馆52种，另有55种由其遗孀卖给图书馆。② 但这些书籍实在是太少了，对俄罗斯的汉学研究没有起多大推进作用。因此，搜购中国图书便也成了这次访华使团的附带使命之一。

1805年5月24日（5月12日），科学院长诺沃西列采夫致函大使戈洛夫金伯爵，其中提出四项需要办理

诺沃西列采夫伯爵（Н. Н. Новосильцев，1761-1838），俄皇亚历山大一世的私友，曾任非正式委员会副主席、俄国皇家科学院长、国务委员、国务总理大臣、部长会议主席

---

① 蔡鸿生:《俄罗斯馆纪事》，中华书局，2006，第78页。
② Горбачева З. И. Китайские ксиографы и старопечатные книги собрания Института востоковедения Академии наук СССР. Ученые записки ИВ АН СССР. Т. 16. М. 1958г.

克拉普罗特（Клапрот Генрих-Юлий, 1783—1835），德国东方学家，俄国皇家科学院院士

且与克拉普罗特的使命相关的事项：（1）需要一辆单独的马车，装运其学科所需之用品和书籍；（2）若科学院拨给科研助理克拉普罗特购买所需中文书籍的款额不敷使用，允许以科学院名义由使团经费中借用；（3）请求采取必要措施，由北京向恰克图邮寄所购书籍；（4）科研助理克拉普罗特已领取路费500卢布，但其他几位科研助理领取的各为1000卢布。为此，克拉普罗特请求再发给500卢布。院长还说已于5月14日（5月2日）将此事告知恰尔托雷斯基公爵，请求向克拉普罗特发放同等数额之经费。①

由此可知，俄罗斯科学院关于购买中国书籍一事已不再是空洞的计划。俄国之重视搜集中国书籍，表明俄国政府的高层确已开始关注中国。可惜，后来戈洛夫金使团未能到达北京，宏伟的购书计划也就化了烟灰。不过，俄国政府并未放弃收集中国书籍、加强汉学研究的宏远计划。随着沙俄政府对俄罗斯东正教驻北京布道团的改革，布道团的学术能力得到增强，成为俄国汉学研究的一个中心。其中的有识之士如比丘林、瓦西里耶夫、卡法罗夫、斯卡奇科夫等收集了大量中国典籍并想方设法运回俄罗斯，成就了俄国汉学研究的兴盛时期。立足于数代人所致力收集的有关中国历史、地理、现实状况等丰富的情报资料，沙俄终于在19世纪中叶一举实现其所有对华侵略计划。

---

① АВПРИ ф. Главный архив. 1-7. оп. 6. 1805. д. № 1-а. п. 13. л. 35-36. *Тихвинский С. Л.* и *Мясников В. С.* Русско-Китайские отношения в XIX веке. Материалы и Документы. 1803—1807. Т. 1. М. 1995г. с. 132.

三 国书往来：
俄国政府组建使团的倡议与清政府的呼应

如前所述，清代中俄官方的正式联系分两个层面。第一个层面是两院即俄国枢密院与清理藩院之间的联系。两院之间的文书联系载体一般称作"国书"，且"国书"的文字一般是三种：俄文、拉丁文和满文。第二个层面即俄中边境地区的联系主要是俄国伊尔库茨克省长（偶尔是西伯利亚总督）与清库伦办事大臣之间的联系。两院之间的联系主要解决中俄两国的重大问题如建构条约体制，边境地区的联系主要解决边境地区所发生的临时纠纷。前者属于国家层面，后者属于地方层面，虽都属于官方的正式关系范畴，但它们需要解决的问题不一样，两国政府参与的程度也不一样。19世纪初，沙俄政府倡议向中国派遣使团，需要得到中国政府的响应，这是国家层面的大事，因此，主要通过两院发生关系。

就事情发生的时间顺序来看，为商妥俄国访华使团的派遣，中俄两院之间的联系可分为两个阶段。

1. 第一阶段，俄国为取得清政府同意接待访华使团而发生的双方国书联系

1803 年 11 月 15 日（11 月 3 日），鲁缅采夫致函国务大臣沃隆佐夫，通告派使臣访华的想法并请商讨颁给使臣的训令。① 12 月 6 日（11 月 24 日），沃隆佐夫回信，指出中国政府在对外关系方面一贯守旧，这次派遣访华使团宜考虑周全，稍有不慎，就会破坏目前中俄恰克图贸易体系。因此，老练的沃隆佐夫认为：为了不破坏目前中俄关系已经形成的稳定格局，建议枢密院近日先草拟一份国书给中国政府，以了解其是否同意接受俄国使团。② 沃隆佐夫的意见，无论就程序，还是就当时俄中关系格局的现状来看，都是极为合理的。如果清政府拒绝接待俄国使团，那一切想法就都毫无意义了。因此，事情的第一阶段，首要的就是要说服清政府同意接待俄国访华使团。

其实，老练的沃隆佐夫早在回函之前即 11 月 21 日（11 月 9 日），就已经致函外交部亚洲司，指示其准备一封致清理藩院的国书，就俄国派遣访华使团一事通告清政府并探询其可行性。③ 11 月 28 日（11 月 16 日），枢密院致理藩院的国书就已经准备好了。下面是国书全文：

> 我国仁慈君主大皇帝陛下出于圣上之旨意，愿使全俄罗斯帝国与中国之间现有之永恒邻邦友好及通商关系更加发展，拟派遣钦差使节前往北京，向中国大皇帝陛下宫廷实行聘问，表达我大皇帝陛下已在举国欢庆之中登极亲政，继承列祖列宗世代相传之帝位，并对中国大皇帝陛下之登极即位，致以友谊之祝贺，借表两国共同喜庆之意，因此谕令我院与贵大臣商洽，以便奏明中国大皇帝陛下等因钦此，我院

---

① Там же. 1805–1807г. д. No 1–a. п. 1. л. 13. Там же. с. 47.
② РГАДА ф. Государственный архив, разряд 15. 1803–1805г. д. No 29. доп. л. 7. Там же. с. 49.
③ АВПРИ ф. Главный архив. 1–7. оп. 6. 1805г. No 1–a. п. 1. л. 14–16. Там же. с. 47.

三 国书往来：俄国政府组建使团的倡议与清政府的呼应

钦遵我国君主之谕旨及意志，窃维旨意之中，纯为我国仁慈君主对中国大皇帝陛下诚挚之好意，恢复全俄罗斯皇帝宫廷与中国皇帝宫廷之间久未实行之派遣友好使节，并愿借此更加巩固亲善和睦及邻邦友好关系，以便有益于两国属民之商务发展。因此，深愿通过贵昂帮大臣得以预先知悉，贵国大皇帝陛下之意旨对于派遣此种使节是否同意愉快，即请贵院将此事奏明中国大皇帝陛下定夺，并将圣旨如何裁定之处通知我院，俾得敬谨陈奏我国仁慈君主大皇帝陛下。如由贵院接获同意之答复，我院即将我国钦差使臣由此间启程之时日，预先通知贵院，以便贵院得以发下应有之命令，在国境地方对该钦使予以礼节之接待，并护送前往北京。①

由上述国书内容可见，俄国此次派遣使团访华理由有三：一是大力发展目前俄中友好邻邦及贸易关系；二是通告亚历山大一世登基（已经登基三年），并祝贺嘉庆皇帝登基（已经登基七年）；三是恢复久已不通的中俄通使外交关系；

由该国书的内容还可以看出，此时沙俄政府尚未制定出复杂的访华使命。所通告的派遣访华使团的三大理由皆冠冕堂皇，全是外交辞令。此外，从国书的语言看，俄罗斯在突出自己至高无上大国政治地位的同时，虽然并未看低清帝国的政治地位，但政治上一贯"一览众山小"的清政府看了，却未必舒服。

那么，沙俄政府是怎样把这封国书递到清政府手中的？这要经过一系列步骤。

首先，由政府所属信使将国书送达西伯利亚总督。沙皇亚历山大一世为此还另给西伯利亚总督一份谕旨，令其派专任信使将国书送交清库伦办事大臣；其次，西伯利亚总督在收到国书和谕旨之后，据外交部驻恰克图

---

① 《故宫俄文史料》，《历史研究》编辑部，1964，第158页。同样内容国书的俄文文件见 АВПРИ ф. Главный архив. 1–7. оп. 6. 1805г. д. № 1–а. п. 1. л. 26–29. *Тихвинский С. Л. и Мясников В. С.* Русско–Китайские отношения в XIX веке. Материалы и Документы. 1803–1807. Т. 1. М. 1995г. с. 48。

特派员索科洛夫（А. И. Соколов）1804年1月23日（1月11日）的报告：伊尔库茨克民事省长卡尔特维林（Н. М. Картвелин）派信使、蒙古语翻译桑热哈耶夫，携带卡尔特维林的信，护送枢密院致清理藩院的国书前往库伦，谒见库伦办事大臣。1月19日（1月7日），信使在四名哥萨克民兵护送下，携带国书进入华境。① 可见，俄国政府护送国书的人员还不少：一位信使兼蒙语翻译（桑热哈耶夫）、四位哥萨克民兵。

据库伦办事大臣蕴端多尔济、佛尔卿额致伊尔库茨克民事省长卡尔特维林的回函称：这封俄罗斯国书送到库伦时，封皮已坏，库伦办事大臣只好用新信套重新封存。至于他们是否提前阅读了国书内容，不得而知。事后，按照中俄联系惯例，库伦办事大臣还给俄国信使等送了礼物："奴才等见专使桑热哈耶夫行为恭谨，好言抚慰，赐以茶叶、各色锦缎，并赐随行人员砖茶。"②

清政府收到俄国国书后，看情形，嘉庆皇帝应该组织廷臣进行了讨论。因为嘉庆九年（1804）正月初八日，大学士庆桂曾遵旨草拟理藩院致俄枢密院的国书，这应该是廷臣讨论后的结果。③ 清政府不仅同意了俄罗斯向中国派遣使团的请求，而且还饬谕库伦办事大臣："待俄罗斯使团抵达库伦时，著蕴端多尔济等先行具奏，令该使臣或今秋朕幸避暑山庄时，或朕万寿节时，或趁年末由库伦赶来。若俄罗斯团抵达库伦稍早，则蕴端多尔济等即作为己意，请其在库伦多歇息数日，以副朕仁爱外藩使臣之至意，再按朕所指定日期启程。蕴端多尔济、阿尔塔锡第二人斟酌，尔二人中由一人护送前来即可。"④ 俄国尚在等待清政府是否同意接待使团的消息，清帝这边就已经为接待使团而对边臣指示接待机宜了。可见，最初清政府对接待俄国使团的态度是很积极的。

---

① Там же. л. 37. Там же. с. 53.
② ЦГИА Монголии Ф. М. –1. д. № 621. л. 258. Там же с. 54.
③ 嘉庆九年（1804）正月初八日，《庆桂等为呈览寄库伦办事大臣上谕稿及咨俄文稿事奏片》，第一历史档案馆藏"满文俄罗斯档"。
④ 嘉庆九年（1804）正月初八日，《谕蕴端多尔济等俄使抵达库伦后著先行奏闻再候旨动身前来》，第一历史档案馆藏"满文俄罗斯档"。

三 国书往来：俄国政府组建使团的倡议与清政府的呼应

1804年2月18日(2月6日)①，理藩院致国书于俄国枢密院，昭告俄皇：嘉庆皇帝欢迎俄国使团访华。国书分为俄文本、满文本和拉丁文本，内容大同小异：

> 顷接尔衙门来文内称：我汗为益敦两国睦谊，恢复多年中断之遣使事宜，以便双方属民获益事，欲愈发展友邻之道。是否符合大圣主意愿，准否我使臣进入京城之处，请先晓谕。请求大臣等将此事具奏大圣主，交将如何定夺之处，从速咨复等因前来。本院已将该文具奏大圣主。奉旨：此数年俄罗斯国诸事皆遵定例而行，今为恢复多年中断之事，特欲遣使来京瞻觐。又将是否恩准所请，以及若依其所请，则准予其使臣何时由彼处启程，何时抵至京城之处，先行咨文前来。甚为和好恭顺，心意忠恳。朕明鉴此事，至为嘉悦。著即依请准行。唯伊处距我京城遥远，该使团何时抵达京城之处，且毋庸先定，仅可于其适宜之时启程前来，以示朕怀柔远方使臣之意。著该院将此咨行俄罗斯萨纳特衙门。钦此钦遵。本院为此行文。尔衙门承接此文后，即遵大圣主谕旨而行，诸事按历次成例办理。待尔方议定使团于何时由尔处启程时，仍先咨达我驻库伦办事大臣处。②

比较上述两封往来国书，我们可以看出其中很多微妙之处。俄枢密院致中国理藩院的国书虽然没有把访华的真实目的说出来，但也绝无"朝贡"

---

① 此为清代档案的时间。嘉庆九年（1804）正月初八日，《清理藩院为准许俄国政府遣使来华事咨俄萨纳特衙门文》，第一历史档案馆藏"满文俄罗斯档"；而俄文档案上标注的时间为3月5日（2月22日）。АВПРИ ф. Главный архив. 1–7. оп. 6. 1805г. д. № 1–а. п. 1. л. 50. *Тихвинский С. Л. и Мясников В. С.* Русско-Китайские отношения в ⅩⅨ веке. Материалы и Документы. 1803–1807. Т. 1. М. 1995г. с. 56.

② 嘉庆九年（1804）正月初八日，《清理藩院为准许俄国政府遣使来华事咨俄萨纳特衙门文》，第一历史档案馆藏"满文俄罗斯档"；АВПРИ ф. СПБ. Главный архив. 1–7. оп. 6. 1805г. д. № 1–а. п. 1. л. 45–46. *Тихвинский С. Л. и Мясников В. С.* Русско-Китайские отношения в ⅩⅨ веке. Материалы и Документы. 1803–1807. Т. 1. М. 1995г. с. 56–57；同样内容的国书俄文文件保存于故宫，见《历史研究》编辑部印《故宫俄文史料》，第159页。

之意。然在清理藩院致俄枢密院的国书中，却认为俄国使团访华是来朝觐祝贺（"来京瞻觐"）的。可见，清政府并未准备在政治上平等对待俄罗斯。俄国使团还在倡议阶段就已经被清政府定性为"朝贡使团"了。在接下来的中俄两院国书联系中，俄国政府却似乎并没有发现这点而特意强调什么。然正如下面所要揭示的那样，事后清政府倒曾就此事责备俄罗斯，说俄罗斯事先并未申明自己不是朝贡使团，否则，清政府又怎么会同意接待。

类似俄国国书呈递清政府一样，清政府的国书送达俄国枢密院，也一样要经历几个步骤。

首先，理藩院派信使将国书送交库伦办事大臣，嘉庆皇帝同样有谕旨伴随国书送达，指示库伦办事大臣派专任信使妥善将国书送达俄国政府边境防务体系的中心伊尔库茨克。

其次，库伦办事大臣在收到理藩院发来的国书后，以协理台吉达西敦多布和泽尔古兰（Цергулан）为信使，把国书送给西伯利亚总督。① 3月26日（3月14日），外交部驻恰克图特派员索科洛夫收到国书。据索科洛夫报告，一共有三名蒙古军官即协理台吉达西敦多布、泽尔古兰和侍卫阿穆尔（Амур）在四位随从的伴同下，携国书到达伊尔库茨克。② 很显然，双方所述信使的数量和人名不大一致。③ 但这并不重要，重要的是国书已经成功送达伊尔库茨克。

这里有一个有趣的插曲值得一提，那就是信使所转述的见闻。如前所述，中俄函来信往，主要靠双方的信使。而信使一路上有职责收集相关情报，也即是所见所闻。库伦办事大臣在4月20日的奏折内称："奴才又询问达西敦多布，省长还有何言？据告称：我等到厄尔口城后，省

---

① ПИР КНР Ф. 3. оп. 197. коробка 3665. конверт 13. 9 год правления Цзяцин 2–3 луна. *Тихвинский С. Л. и Мясников В. С.* Русско-Китайские отношения в X IX веке. Материалы и Документы. 1803–1807. Т. 1. М. 1995г. с. 60.
② АВПРИ ф. Главный архив. 1–7. оп. 6. 1805г. д. № 1–а. п. 1. л. 41. Там же. с. 62.
③ 3月23日，伊尔库茨克民事省长卡尔特维林见到中国信使，他在给库伦的回信中，所说信使人名与索科洛夫不一样，却与库伦办事大臣函中一致。Там же. л. 52. Там же. с. 63.

三 国书往来：俄国政府组建使团的倡议与清政府的呼应

长甚是谦恭，向王大臣请安。接咨文后，甚喜，又派中尉照管我等下榻，歇息六日，以酒饭、茶点、鱼相招待。俄罗斯管城总督，因来查厄尔口城，亦接见我等，亦甚谦恭，向王大臣请安。此总督声称不久即返萨纳特衙门。继而厄尔口省长又会见我等，说多年来大圣主施恩我俄罗斯，而今又依我汗所请，允准入贡，我俄罗斯无不欢悦，边界各藩邦亦感荣幸。我萨纳特衙门所遣官员，应何时抵界，我皆免记，照王大臣所告，按指定日期启程。至于派何等官员，进贡何物，随员多少诸项事宜，我将于五六月先行飞咨王大臣。"① 按照信使的这份"所见所闻"，至少俄边务衙门的大小官员都被演绎成"朝贡"群像。所以，那个时候，不独清政府高层强以为俄国使团是朝贡使团，就连基层边务衙门的大小官员亦将俄罗斯访华使团看成是朝贡使团。至于基层官员们的这种行为，可能既有体制观念的影响，也有顺势演绎的成分。

4月16日（4月4日），索科洛夫报告沃隆佐夫，中国信使从伊尔库茨克返回。② 中俄两国为联系俄国使团访华之第一轮交涉就暂时落幕了。

2. 第二阶段，俄国因访华使团出发时间推迟需要取得清政府谅解而发生的双方国书联系

清政府发出同意接待俄国访华使团的国书后，就一直在询问使团到达的时间。③ 但是，俄国当时举国上下都在考虑怎么应付刀光剑影的欧洲局势，加之俄国衙门办事历来缓慢低效，以致访华使团一事有所耽误。根据当时的实际情况，这个访华使团已不可能于1804年派出了，只能推迟。9月10日（8月29日），沙皇亚历山大一世便下旨给西伯利亚总督谢列丰托夫（И. О. Селифонтов，1743–1822），请他将这个决定通知库伦办事大

---

① 嘉庆九年（1804）三月十一日，《蕴端多尔济等奏报赴俄信使携回俄省长来文并禀报所见俄罗斯情形折》，第一历史档案馆藏"满文月折档"。
② АВПРИ ф. Главный архив. 1–7. оп. 6. 1805г. д. № 1-а. п. 1. л. 61. *Тихвинский С. Л. и Мясников В. С. Русско-Китайские отношения в XIX веке. Материалы и Документы.* 1803–1807. Т. 1. М. 1995г. с. 65.
③ 嘉庆九年（1804）九月十一日，《谕蕴端多尔济即饬驻恰克图章京向俄少校询问其国使臣为何至今未到之缘由》，第一历史档案馆藏"满文俄罗斯档"。

臣。① 于是，新一轮中俄交涉又开始了。

9月15日（9月3日），俄国枢密院拟好了致清理藩院的国书，通告推迟使团访华时间。② 9月25日（9月13日），西伯利亚总督接到枢密院致清理藩院的国书。随即，伊尔库茨克民事省长派信使送给库伦办事大臣。③ 11月28日，库伦收到俄罗斯国书，由于俄国信使态度极为恭顺，照例"赐茶叶、绫罗、锦缎、随从赐砖茶"。④ 11月29日，清理藩院已准备好致俄国枢密院的国书，同意俄国将访华使团推迟到1805年。⑤ 12月23日，库伦办事大臣派信使协理台吉达西敦多布及扎兰章京明噶扎波将国书送往伊尔库茨克，并在给伊尔库茨克民事省长卡尔特维林的信中引用嘉庆帝的谕旨宣抚："贵国地处遥远，使臣今年不克出发，情有可原。但如来年犹不能决定到来的准确日期，似不合双方友谊之道。"⑥ 意思很明确，那就是俄国使团前来"朝贡"的时间此次可以推迟，但不能再推迟。12月26日（12月14日），外交部驻恰克图特派员索科洛夫报告：12月26日（12月14日），库伦办事大臣派信使协理台吉达西敦多布带领一名扎兰、一名侍卫、四名随从，携带信和国书过境。⑦ 1805年1月3日（12月22日），中国信使到达伊尔库茨克。⑧ 同样，西伯利亚总督对中国信使也很友好，其间邀请信使"等做客、看戏、看变戏法"，并按例赏给信使达西敦多布及其"随员每人细红毡1块、黄狐皮5张、缎2匹，随从人等每人赏粗布及

---

① АВПРИ ф. Главный архив. 1-7. оп. 6. 1805г. д. № 1-а. п. 1. л. 85. *Тихвинский С. Л. и Мясников В. С.* Русско–Китайские отношения в XIX веке. Материалы и Документы. 1803–1807. Т. 1. М. 1995г. с. 68.

② Там же. л. 86-88. Там же. с. 69-70.

③ Там же. л. 103. Там же. с. 75.

④ ПИР КНР Ф. 3. оп. 197. коробка 3653. конверт 7. 8 год правления Цзяцин 1-2 луна. Там же. с. 77.

⑤ АВПРИ ф. Главный архив. 1-7. оп. 6. 1805г. д. № 1-а. п. 1. л. 114. 122. Там же. с. 78-79. 嘉庆九年（1804）十月二十八日，《理藩院为同意俄于明年再遣使来京事咨复俄萨纳特衙门文》，第一历史档案馆藏"满文俄罗斯档"。

⑥ Там же. л. 120. Там же. с. 81.

⑦ Там же. л. 110. Там же. с. 83.

⑧ Там же. л. 112. Там же. с. 86.

三　国书往来：俄国政府组建使团的倡议与清政府的呼应

各种琐细物件"。① 1805 年 1 月 8 日（12 月 27 日），伊尔库茨克民事副省长列扎诺夫（Г. Я. Резанов）（省长卡尔特维林正逢退休）致函库伦办事大臣，告知国书已经派人送圣彼得堡。②

经过这一番折腾，事情基本上告一段落。也许清政府觉得己方太过热心不是大国心态，因此，嘉庆皇帝于 1805 年 2 月 13 日特谕库伦办事大臣，告诫边务衙门官员自此不必为此事轻易询问催逼俄国政府边务官员："朕念俄罗斯等恭顺，依其请求准行，并非请求俄罗斯前来。俄罗斯好于猜疑，此时蕴端多尔济等惟静候其信，断不可攀说"；"总之，蕴端多尔济等惟候俄罗斯等信息，待获实信后，务再具奏请旨遵行。断不可视为专办之事，一再向俄国政府攀问"。③ 一方面，等待别人来朝贡，而表面不必显得热心，这正是东亚"天朝体制"处理对外关系原则的表现，这表明，从一开始，清政府就以"天朝体制"的外交原则来对待俄罗斯使团；另一方面，清政府的这种态度，也表明嘉庆皇帝对俄罗斯推迟"进贡"一事，内心似多少有些不满。

至此，中俄两院之间就是否接待使团问题的函来信往就暂告一段落，继之而起的是中俄双方各自为派遣使团及接待使团而忙乎了。于是，一向沉寂的欧亚内陆交通要道又要热闹一阵了。

---

① ЦГИА Монголии Ф. М-1. д. No 6392. л. 16–17. Там же. с. 98.
② Там же. л. 121. Там же. с. 85.
③ 嘉庆十年（1805）正月十四日，《谕蕴端多尔济惟静候俄使臣来华讯息遵旨而行切不可一再向俄国政府攀问》，第一历史档案馆藏"满文俄罗斯档"。

四　圣彼得堡的忙碌：
俄国使团的组建

自1725年俄国派遣萨瓦使团出使北京，并经过艰难谈判于1727年签订中俄《恰克图界约》等系列界约后，直到19世纪初，中俄双方的外交关系主要在边境恰克图进行。因此，这次访华使团实际上是"恢复"中断数十年的中俄外交关系的标志。为此，沙俄政府十分认真投入，俄国社会也反应热烈。当时圣彼得堡的贵族圈子里，热议的话题除了拿破仑外，就是这次访华使团。① 从中俄关系史的角度来说，此次访华使团的首脑官职级别之高、使团人数之多、准备礼品之丰富、使团使命之复杂重要以及所预计的影响之大等，都不是以往的历次使团所可比拟的。下面，就主要从使团人员的选拔、礼品准备及花费等几个方面来描述一下使团的组建及规模。

---

① ЦГАЛИ Ф. № 104. Вигель Филипп Филиппович. Оп. 1. д. № 3. 1842г. 《Записки》ч. 2. гл. 7–12. л. 139. *Тихвинский С. Л.* и *Мясников В. С.* Русско-Китайские отношения в ⅩⅨ веке. Материалы и Документы. 1803–1807. Т. 1. М. 1995г. с. 765.

四 圣彼得堡的忙碌：俄国使团的组建

（一）人员与费用：遴选的认真与费用的充足

沙俄政府在获得清政府同意接待俄国使团的国书后，由于日益复杂的欧洲局势的变化，实际上一直没有进行实质性的组建使团的事务。直到1804年8月底，访华使团都还是没影子的事。以致沙皇亚历山大一世只能向清政府发出国书，请求允许将使团的派遣延迟到1805年。使团的正式组建工作可能开始于1804年12月底，约可分为两个步骤。

首先，访华使团大使的选定。

派遣访华使团在当时的俄国乃至整个欧洲都是一件令人瞩目的大事。因此，圣彼得堡的贵族官僚们，人人都在活动和操作，希望自己被任命为大使，最不济也能成为使团的一员。可以想见，当时圣彼得堡的官场一定处在相当微妙的气氛中。

经过长时间地酝酿、甄选，最后，尤·亚·戈洛夫金伯爵被任命为大使。戈洛夫金家族兴起于彼得大帝时期。这个家族有一支系虽然长期居住在国外，其子孙却一直没有放弃俄国国籍。家族的主要成员一直活跃于欧洲外交舞台，曾有人担任俄国驻德国、法国等国的公使。尤·亚·戈洛夫金伯爵本人出生于法国，母亲出身于瑞士一个家境一般的小贵族家庭，因此，家庭教育比较注重节俭的品德培养。1783年，受叶卡捷琳娜二世的邀请，尤·亚·戈洛夫金伯爵移居俄国，服役于近卫军。他长期生活在国外，自然不谙俄语，却深受叶卡捷琳娜二世的宠信，官位显赫。他曾荣任宫廷侍从、枢密官（1796年起）、商务部部长（1800-1807）、宫廷总典礼官（1800）、二等文官（1804）、国务委员。很显然，身世显赫、出身于外交世家是他被任命为访华大使的基本因素。当然，魁伟的长相也是因素之一。据使团成员维格里的记述：戈洛夫金伯爵……身材高大，庄重威严，仪表堂堂，长着一只大鹰钩鼻子，一双慧眼，舌灿莲花。无论什么场合，他一出场，定会教人肃然起敬，让人信任和爱戴。① 当然，最关键的因素是他与亚历山

---

① Там же. л. 142. Там же. с. 766.

戈洛夫金大使（Ю. А. Головкин，1762-1846），伯爵，俄国国务活动家和外交家

大一世的宠臣——恰尔托雷斯基沾亲带故。① 1805 年 1 月 10 日（1804 年 12 月 29 日），戈洛夫金曾给恰尔托雷斯基写信，求他向沙皇亚历山大一世保举自己为访华使团的大使。在信中，戈洛夫金不厌其烦地列举了自己对国家所做的贡献：（1）编写过两部篇幅巨大的通用税则；（2）编写过两部地方税法，一部是阿斯特拉罕税法，一部是奥伦堡税法，附有各种细则，尽管没有呈报皇帝御览，但书的质量足堪呈报；（3）1801 年，主持同英国的结算，卸下了多艘英国海船上的货物，这次行动为国家挽回了可观的损失，避免了无穷无尽的麻烦。他认为，凭自己对国家所做的这些贡献，仁慈的沙皇一定会赋予自己大使的职衔。② 就常理而论，恰尔托雷斯基应该是最佳推荐人，因为亚历山大一世此时正无限宠信这位出身波兰贵族的外交大臣。可见，戈洛夫金的任命是多种因素综合的结果。

1805 年 2 月 28 日（2 月 16 日），沙皇亚历山大一世下旨，正式任命戈洛夫金为访华使团大使。在沙皇亲自颁发的委任状中，明确表示：

（1）鉴于戈洛夫金"忠心耿耿，经验丰富，见识广博，办事勤勉"，为"肱股之臣"，故授予戈洛夫金处理与北京宫廷交涉的权力，至于交涉的内容，随后以训令的形式下达。

（2）要求整个使团制定严格的纪律，并赋予戈洛夫

---

① Там же. c. 848.
② АВПРИ ф. Главный архив. 1–7. оп. 6. 1805г. д. No 1–а. п. 4. л. 2. Там же. c. 87.

四 圣彼得堡的忙碌：俄国使团的组建

金对使团全体成员奖惩肃杀的权力。所有使团成员，无论职位高低都要严格遵守使团纪律，并服从大使的领导。如在境内违反纪律，就地清除出使团；如在中国境内违反纪律，立即遣送回国。

（3）有关访华使团事务，戈洛夫金可以直接与恰尔托雷斯基商榷，如使团其他人员的甄别确定等。

（4）令外交部拨给戈洛夫金启动费35000卢布，一次性发给两年的薪金与伙食费约100000（每年50000）卢布。①

由这份任命书可以看出，沙皇本人是非常欣赏戈洛夫金的。委任状不但明确了对戈洛夫金的任命，更重要的在于明确了戈洛夫金的权限——对华交涉的全权和对使团成员的生杀予夺之权。同时，可供花销的费用也相当优厚。

其次，访华使团成员的遴选。

这项工作实际上包括两个相辅相成的方面：一方面是使团具体成员的选拔问题；另一方面是使团的组织结构问题。而且，使团的组织结构决定着使团成员的数量、职业、阶层等。根据资料，当时俄国使团大致分为"外交组"、"学术组"、"后勤组"以及"保卫组"等组群。使团具体成员的遴选基本上是根据组群的需要而从各阶层各职业人群中选拔出来的。

1805年2月26日（2月14日），恰尔托雷斯基上奏亚历山大一世，请求命令陆军大臣在俄中边界准备60名龙骑兵、40名哥萨克，并发给新装。60名龙骑兵的经费可由国库拨付，40名哥萨克的经费可由御前办公厅支付，部队新装经费可由军需局支付。这应该是为护送使团过境而准备的仪仗卫队。另外，还请求给使团配备一支管乐队。②

3月1日（2月17日），戈洛夫金要求为使团按岗位组建一支旅途卫队。以宿营地为中心，设六个岗：大使帐篷岗（1小时1岗），金库岗（1小时1岗），行李和银器岗（1小时1岗），车辆岗（1小时1岗），警

---

① *Баснин В. Н.* О посольстве в Китай графа Головкина. М. 1875г. СПБ. 1904г. с. 5–6.
② АВПРИ ф. СПБ. Главный архив. 1–7. оп. 6. 1805г. д. № 1–а. п. 16. л. 50. *Тихвинский С. Л. и Мясников В. С.* Русско-Китайские отношения в ⅪⅩ веке. Материалы и Документы. 1803–1807. Т. 1. М. 1995г. с. 102.

官宿营地传令岗（1小时1岗），夜间守卫岗2人（2小时1岗）。总计需要安排守卫：军官1人，士兵15人，守备人数按需要设置2班共32人；另有8人以备病号。预计整个营地按12小时计算，每岗每小时需1人，每天卫兵总数为21人。如每人每两天轮休一次，需63人。此63人亦为旅途饲养、看护、照料骑乘马匹放牧所需。而骑乘马匹不少于50匹，至少需12人看管。以上这两拨人员加在一起为75人。① 尽管人数计算尚有不太清楚之处，却可见戈洛夫金所要求组建的使团卫队规模不小。

3月11日（2月27日），科学院院长诺沃西列采夫致函恰尔托雷斯基，向使团推荐动物学家亚当斯（М. И. Адамс，1780-1830）；②

3月21日（3月9日），恰尔托雷斯基致函海军大臣奇恰戈夫（П. В. Чичагов，1767-1849），要求给使团派遣一名海军设计师；③

同日，恰尔托雷斯基致函艺术科学院院长斯特罗甘诺夫（А. С. Строганов，1733-1811），要求艺术科学院派两名优秀毕业生参加访华使团，一人为肖像画师，一人为风景画师；④ 3月23日（3月12日），艺术科学院院长斯特罗甘诺夫回函，告知已决定派遣亚历山德罗夫与瓦西里耶夫（Т. А. Васильев，1783-1838）两位画家随使团出访。⑤

4月1日（3月20日），恰尔托雷斯基为奉旨组建护送使团军事小分队事宜写信给陆军大臣维亚兹米季诺夫（С. К. Вязмитинов，1744-1819），要求派遣40名龙骑兵、1名军官、3名士官、1名号手，并另派哥萨克20人、军官1人，随使团行动。凡使团卫队成员必须品行端正，且强调上述人等应于今年9月初抵达恰克图。还要选用上好呢料为全体卫队成员缝制新装，由督察费支付。全体人员由今年9月1日起提前支付一年薪饷，并配军用卫生辎重车一辆、军官帐篷6顶，以备大使及其随员中的高级官员使用。⑥ 联系前述戈洛夫金的报告，这封公函所说极有可能就是对上述戈洛夫金要

---

① Там же. п. 10. л. 5. Там же. с. 106.
② Там же. п. 13. л. 5. Там же. с. 106.
③ Там же. п. 15. л. 1. Там же. с. 109.
④ Там же. л. 2. Там же. с. 109.
⑤ Там же. л. 3. Там же. с. 110-111.
⑥ Там же. п. 10. л. 6. Там же. с. 115-116.

四 圣彼得堡的忙碌：俄国使团的组建

求建立使团卫队报告的答复。

经过长时间的遴选，1805 年 4 月 1 日（3 月 20 日），亚历山大一世终于确认了使团人员名单。

下面以表格形式罗列使团主要人员及规定的生活费额。

表 4-1 外交组人员名单及费额

使团外交组成员	年薪（卢布）	启动费（卢布）	马匹数	驿马费（卢布）
使团一秘、宫廷低级侍从巴伊科夫（Байков）	1500	1000	4	784
使团二秘、六等文官兰伯特伯爵	1000	1000	4	784
使团三秘、七等文官多布罗斯拉夫斯基（Доброславский）	2000	1000	4	784
中文翻译、八等文官弗拉德金（А. Владыкин）	1000	300	3	588
历史编纂学家冯·苏赫特伦（Фон Сухтелен）	2000	1000	4	784
使团骑士 4 人（每人薪俸 900 卢布、启动费每人 700 卢布）	共 3600	共 2800	共 16	共 3136
第一位宫廷低级侍从边肯道夫（Бенкендорф）				
第二位宫廷低级侍从纳雷什金（Нарышкин）				
第三位六等文官卡拉乌洛夫（Караулов）				
第四位［……］				
两名自费使团骑士				
宫廷侍从戈利岑（Голицын）公爵				
三名士官每人 500 卢布，还有四人每人 400 卢布，每人启动费 200 卢布	共 3100	共 1400	14	共 2774
第一位八等文官卡尔涅耶夫（Карнеев）				
第二位八等文官佩罗夫斯基（Перовский）				
第三位八等文官尤尼（Юни）				
第四位九等文官捷普洛夫（Теплов）				
第五位八等文官、翻译彼利尼亚克（Полиньяк）伯爵				
第六位十四等文官克列门特（Клемент）				
第七位学员波利特科夫斯基（Политковский）				
司库	800	600	3	588
机要通信员 2 人每人 300 卢布	600	600	4	784
驭手 1 人	100			
总计	15700	9100	56	10976
第一年共计 37676				
第二年共计 27676				
两年共计 64952				

表 4-2　学术人员（部分）名单及费额

使团学术组成员	年薪（卢布）	启动费（卢布）	马匹数	驿马费（卢布）
主管三等文官颇托茨基（И. Потоцкий）伯爵	1000	7000	12	2352
冯·苏赫特伦将军所选 2 名工程军官每人年薪和启动费均为 600 卢布马 3 匹，二人	共 1200	共 1200	共 6	共 1176
测绘平面图后勤军官一人	1000	600	3	588
海军设计师	600	600	3	588
天文学家、五等文官舒伯特（Шуберт）（他有一辆运送天文用具的特殊车辆）	3000	1500	6	1176
其助手	600	600	3	588
动物学教授、科学院通讯院士亚当斯	1000	1000	3	588
自然科学家、七等文官潘茨列尔（Л. И. Панснер）	750	800	3	588
物理学家格鲁济诺夫（Грузинов）教授	1000	500	3	588
医生	2000	1000	4	784
医士	1000	700	3	588
药剂师	500	400	3	588
药房	—	—	3	588
艺术科学院两名毕业生，一为肖像画师，一为写生画师。薪俸各 400，启动费各 400	共 800	共 800	共 4	共 784
共计	23450	16700	59	11564
第一年共计 51714				
第二年共计 35014				
两年共计 86728				

表 4-3　后勤服务人员名单及费额

使团服务人员组	年薪（卢布）	启动费（卢布）	马匹数	驿马费（卢布）
宫廷银器鉴定师	500	500	2	392
来自玻璃厂、服务于宫廷镀银处的助理工匠符拉基米尔·尼基京（Владимир Никитин）	700	300	2	392
木匠 1 人	500	—	2	392
管理处熟皮匠伊万·格鲁德岑（Иван Грудцы）	400	150	2	392
13 名乐手	—	—	12	2352
运送软毛皮车 2 辆每车 3 匹马	—	—	6	1176
运送玻璃器皿车 14 辆	—	—	42	8232

四　圣彼得堡的忙碌：俄国使团的组建

续表

使团服务人员组	年薪（卢布）	启动费（卢布）	马匹数	驿马费（卢布）
运送成套银器和大使赴中国途中应赠送之物品宫廷四轮敞篷马车2辆、大车2辆	—	—	19	3528
运送伽伐尼发电机和其他工具	—	—	12	2352
运送大使的马车及其全部行李	—	—	50	9800
全体随员总管、六等文官阿列克谢耶夫（Алексеев）	1200	600	3	588
助手、十四等文官齐尔列因（Цырлейн）	500	300	3	588
总计	3800	1850	154	30184
第一年共计 35834				
第二年共计 33984				
两年共计 69818				

除上述数额外，还有特别支出 20000 卢布，用于购买各种工具、开司米斜纹薄呢、呢料和药房用布。另有用于缝制乐手服装、发放乐手薪俸、军饷及其他不可预见的花费，共 20000 卢布。

综上：

使团两年薪俸	187900 卢布
使团启动费	63150
往返旅差费	105448
玻璃器皿	50000
毛皮	35000
非常项目支出	20000
购买各种物品追加费用	20000
为购买钟表及派遣耶稣会士已由国库领取	25000

总计：506498 卢布

关于这些费用，另有三点说明。（1）所有官员的第一年薪俸、启动费和旅差费均于圣彼得堡由国库领取。根据财政大臣命令，第二年的费用在边境领取。由中国回程的旅差费也在边境发放。（2）使团所属外交部全体官员、军官和教授，以及宫廷银器鉴定师，除应保留额定生活费外，还应保有现在领取的薪俸,第一年的薪俸可于圣彼得堡提前发放;第二年的薪俸若彼等不愿于此间留作家用,可在边境发放。(3)大使有权支配平衡各部门的费用。①

除了上述表格所列计划内人员外,随着使团组建工作的进行,许多此前考虑不到的问题相继出现,人员也在陆续增加。

4月2日(3月21日),海军大臣奇恰戈夫向戈洛夫金推荐了一名船舶设计师库罗奇金(Курочкин);②

4月6日(3月25日),戈洛夫金致函恰尔托雷斯基,推荐列曼任使团首席医生、校级军医加利(Гарри)任使团助理医生;③

4月9日(3月28日),恰尔托雷斯基致函西伯利亚总督,其中说到又补充了一名拉丁语翻译六等文官苏赫特伦。④ 但是,不知何种缘由,6月29日(6月17日),恰尔托雷斯基在上亚历山大一世的奏章中又推荐八等文官斯特鲁威为使团拉丁语翻译。"在拟定访华使团的人员组成时,为维护国家利益,曾计划利用随团教授充当拉丁语翻译。但现在查明,教授中无人能轻松自如地使用拉丁语表达思想,无法承担沟通大使同北京朝廷交往的任务,我们与北京朝廷的交往通常都使用拉丁语。因此,大使戈洛夫金伯爵致函卑职(此函随奏章呈上),请求给使团派一名通晓拉丁语的翻译。因此卑职斗胆奏请圣上下旨,派遣外交部所属八等文官斯特鲁威加入使团,该员的薪俸由使团经费中列支。如果同意,还可派一名主画师随团前往,其薪俸亦可由该项经费支付。"⑤ 除了补充拉丁语翻译斯特鲁威以外,还另外为使团申请补充一名主画师。

5月13日(5月1日),宫廷狩猎总管纳雷什金(Д. Л. Нарышкин)致函戈洛夫金,告知已经为使团找到了一名能制作标本的退伍准尉,询问他应以何种身份列入访华使团。⑥

---

① Там же. п. 18. л. 19–20. Там жес. 115.
② Там же. п. 15. л. 4. Там же. с. 116.
③ Там же. п. 14. л. 2. Там же. с. 117.
④ Там же. п. 22. л. 75. Там же. с. 118.
⑤ Там же. п. 7. л. 4–5. Там же. с. 158.
⑥ Там же. п. 13. л. 27. Там же. с. 122.

四　圣彼得堡的忙碌：俄国使团的组建

估计后来推荐的这些人最终并未列入使团队伍，因为1805年5月9日（4月27日），伊尔库茨克民事副省长希什科夫（А. А. Шишков）在致库伦办事大臣的信函里，已经将使团人员共242人的名单通报如下。①

"（1）大使办公处共11人：大使一等秘书、低级宫内侍从官巴伊科夫，大使二等秘书、六等文官朗伯特伯爵，大使三等秘书、七等文官杜伯罗斯拉夫斯基，翻译官、八等文官弗拉德金，八等文官卡尔聂也夫，八等文官别罗夫斯基，八等文官尤尼，八等文官魏格利，九等文官切普洛夫，翻译官波林雅克伯爵，十四等文官克列门特；

（2）大使随从共6人：侍从官果里岑公爵，低级侍从官古利也夫，低级侍从官边肯多尔斯，低级侍从官那雷什金，低级侍从官聂利多夫，六等文官卡拉乌洛夫；

（3）学术处13人：学术处长、三等文官赏戴白鹰勋章及圣斯坦尼斯拉夫勋章伊万·波多茨基伯爵，天文学家、五等文官、赏戴二等圣安娜勋章舒贝尔特教授，奥夫列上校，七等文官坦茨诺尔，七等文官亚达木斯，七等文官鲁多夫斯基，陆军中尉切斯列夫，陆军少尉田诺尔，陆军少尉包格丹诺维奇，陆军少尉伊万诺夫，陆军少尉舒贝尔特，学员亚历山大罗夫，瓦锡利也夫；

（4）宗教人员10人：僧长1人，副僧长2人，大辅祭1人，教堂教士2人，学生4人；

（5）医务处4人：大夫，主任医官，医士，药剂员；

（6）总务处6人：总务委员会、六等文官阿列克谢耶夫，总务帮办、十四等文官奇尔列音，会计员、陆军中校奥希波夫，机密传信员2人，司驾员1人；

（7）大使一般勤务人员127人；

（8）警卫处武官2人，下级武官63人。"

使团人员总数242人，分为8个部门，分工精细，人数空前。

由此可知，19世纪初的这次访华使团在沙俄政府眼里无疑是十分重

---

① 《故宫俄文史料》，《历史研究》编辑部，1964，第168-169页。译名照录，俄文姓名多与现行译法有异。

大的事件。首先，大使戈洛夫金伯爵不仅是俄国宫廷的宠臣，也是沙俄政府的二等文官，不但家世显赫，且位高权重，为以往历次使团所无法比拟；其次，使团分为外交、学术、保卫和后勤等小组，分工明晰，全团正式人员数量达到242人，也远远超出历次俄国访华使团；① 再次，使团成员的薪俸和花费也相当优厚，总开销达到506498卢布，这在当时是一笔非常可观的费用，大致相当于18世纪末叶恰克图海关一年的税收。经费的充足也证明沙俄政府对访华使团的重视。此后，戈洛夫金在长途跋涉过程中还多次向沙俄政府申请补助支出。② 可见，实际费用远不止上面这些。

（二）礼品：俄国工业发展水准及历史文化的展示

沙俄政府在确定使团成员的同时，也在抓紧准备献给嘉庆皇帝的礼品。由于沙俄政府十分重视这次访华使团，且使团人数规模空前庞大，因而礼品也就打算准备得十分丰富多彩。

早在1805年1月28日（1月16日），鲁缅采夫就以备忘录的方式向恰尔托雷斯基建议：(1) 礼品的规模仿照18世纪访华使臣伊兹玛依洛夫（Л. В. Измайлов）的规格；(2) 礼品选择的总原则是"体面豪华"，俄国所提

---

① 历史上，俄国派往中国的历届使团在规模上都无法与这次戈洛夫金使团相提并论。首先是使团首脑的称呼。此前历届俄国使团首脑称为"大使"，拥有全权的只有两位：一位是主持签署中俄《尼布楚条约》的戈洛文（Ф. А. Головин）；另一位是主持签署中俄《布连斯基界约》《恰克图界约》的萨瓦（С. Владиславич-Рагузинский）。但这两位的官衔、爵衔及家世都比不上戈洛夫金这么显赫。此前历届获准进入中国领土的俄国使团在人数规模方面也远远比不上戈洛夫金使团：1675年的斯帕法里使团入境人数是156人；1719年的伊兹玛依洛夫使团被允许入境的只有90人；1725年的萨瓦使团被允许入境的是120人（〔俄〕尼古拉·班蒂什-卡缅斯基编著《俄中两国外交文献汇编（1619-1792）》，第45、112、149页）。此时，戈洛夫金尚不知清朝边务衙门日后要裁减使团随员。

② 1806年1月1日（1805年12月20日），戈洛夫金在离俄境15俄里的蒙古嘉莫多给恰尔托雷斯基写信，请求追加支出。АВПРИ ф. Главный архив. 1-7. оп. 6. 1805г. д. No 1-а. п. 25. л. 289-290. Тихвинский С. Л. и Мясников В. С. Русско-Китайские отношения в XIX веке. Материалы и Документы. 1803-1807. T. 1. M. 1995г. c. 379.

供的礼品应该充分展示俄国的强盛和财富的丰硕;(3)礼品中尤其要"有我国历代国君头像及表现他们统治期间著名历史事件的金质纪念章一套,以及高级机械制品"。① 俄国使臣伊兹玛依洛夫曾于1719年访华,受到康熙皇帝的召见。当时,他赠给清政府的国家礼品主要包括两类:一是工业品,如玻璃大镜和台镜、英国产自鸣钟、怀表,还有罗盘、数学制图仪器、望远镜、显微镜、晴雨表等;二是经过加工的贵重毛皮,算是土特产。② 资料显示,伊兹玛依洛夫所赠的礼品在18世纪初确实比较能反映俄国的工业水平,但明显存在两方面问题:一是缺少反映俄国历史文化精神面貌的礼品;二是所赠工业品从技术上看大都属于比较初级的工业品,正如鲁缅采夫所云,不是"高级工业制品"。甚至有些礼品本身是来自西欧的进口货,并不能完全反映俄国的工业水平。

2月4日(1月23日),恰尔托雷斯基上奏沙皇亚历山大一世,其中谈到礼品准备问题的初步想法,其中值得注意的有三点。

其一,他建议礼品馈赠对象包括清帝及其权贵,这与传统天朝体制内"贡品"对象仅仅为皇帝有异。这说明,俄国认为自己送礼品给清帝及其权贵并非是"贡品",只是一般世俗意义上的礼品(尤其是预备给权贵的礼品有贿赂之嫌)。他认为清帝对礼品很贪婪,且认为礼品能够对权贵起到贿赂作用,对俄国实现自己的外交目标很有帮助。毋庸讳言,礼品即"贡品"无疑是实践"天朝体制"这种东亚国际体系的最主要的渠道或名目。但是,"贡品"的政治象征意义远远超过其本身的经济价值。历史上,如果单从经济利益的角度看,"天朝体制"坚持"厚往薄来"的原则,"贡品"基本上没什么利益可言。所以,俄国外交副大臣的看法说明当时俄国上层虽已经隐约感觉到了清朝"天朝体制"的特点,但又缺乏真正的理解,以致误以为清朝重视"礼品"不过是垂涎其经济价值,这完全是在用俄国的思维来看中国的问题。可见,从一开始,中俄双方对礼品文化内质的认识和理解就

---

① АВПРИ ф. СПБ. Главный архив. 1-7. оп. 6. 1805г. д. № 1-а. п. 16. л. 19. Там же с. 91.
② ЦГАДА. Ф. Сношения России с Китаем. 1719г. д. № 2. л. 90 об. *Тихвинский С. Л. и Мясников В. С.* Русско-Китайские отношения в ⅩⅧ веке. Материалы и Документы. 1700-1725. Т. 1. М. 1978г. с. 229.

是完全不同的。

其二，他建议礼品的主要成分分为两种：工业品和毛皮。贵重毛皮一直是俄国对华外交礼品中比重较大的一项。虽然没有断言此次俄国使团访华礼品的主要成分也是毛皮，但至少说明，俄国对华外交史中赠送礼品的传统并非以展示俄国工业品为主导。贵重毛皮之所以一直是俄国对华外交礼品中的主要成分，主要原因有两点：（1）投其所好。清朝权贵出身东北寒冷地区，所以，气候决定了贵重毛皮一直是清政府权贵们所喜好的东西；（2）历史经验表明，从17世纪末开始至19世纪初，俄中贸易经历了从京师互市到恰克图边境互市的发展历程，其中销量最大最受欢迎的俄国商品仍然是贵重毛皮。① 由此可见，从俄国政府的初步设想来看，俄国对华外交礼品首重"投其所好"——贵重毛皮，次重俄国工业发展水平的展示——工业品。俄国工业品的展现之所以不受重视，主要是因为俄国自身的工业发展尚落后于西欧。

其三，他特请沙皇命令财政大臣准备好一套历史纪念章，这一点无疑与商务大臣的想法一致。为何大家一致认为应该把历史纪念章作为礼品送给中国，难道仅仅是为了宣示沙皇俄国的显赫历史？基于资料的缺乏，我们尚不能准确地解释这一问题。他们在信函中虽然并未对此做什么详细的说明，但我们根据零碎的资料可以大致推论：当时俄国不但想通过礼品向中国展示自己的硬实力——工业发展水平，还要展示自己的软实力——历史文化。这应该是自伊兹玛依洛夫使团以来俄国人在与中国进行双边往来的过程中所获得的经验。中国人之所以把俄国等看作化外蛮夷，凭借的主要是自己的文化优越心态。所以，俄国人这次也想借助外交礼品向清政府展示其历史文化。然无论俄国人此时在礼品方面有何想法，至少有一点是可以肯定的，那就是在这次新世纪大规模对华外交行动中，俄国准备在礼品方面对传统有所突破。

---

① 〔俄〕特鲁谢维奇：《19世纪前的俄中外交及贸易关系》，徐东辉、谭萍译，陈开科校，岳麓书社，2010，第159-170页。

四　圣彼得堡的忙碌：俄国使团的组建

下面就是恰尔托雷斯基开列的访华使团礼品清单①：

①本地玻璃厂自产大号镜子两面、二号镜子两面；

②蓝、绿、黄三色金花中国风格大花瓶数只；

③黑漆金龙图案马车一辆，其四面及门上刻有"两国友好和睦为民造福"的中文字样，车内为黄丝绒软包垫，车辕及车轮漆金色；

④金银花锦缎数匹；

⑤紫色及黄色丝绒数匹；

⑥紫、深蓝及黄色软缎数匹；

⑦商务大臣主张赠送镌有俄国历代国君像及其统治期间重大事件的金质纪念章一套，但外交副大臣认为似可以银质纪念章一套替代，不但经济上可节省约 35000 卢布，而且中国人亦将同样满意，因为银质纪念章与金质纪念章在他们看来无轻重之分。

上面所列举的七项礼品，按照类型来分大致为三类：第一类是工业品，包括丝纺织品和玻璃制品（①、④、⑤、⑥）；第二类虽也算是工业品，但主旨是体现俄中友好关系的（②、③）；第三类就是体现俄罗斯辉煌历史文化的工艺品（⑦）。当然，这份礼品清单此时还只是外交副大臣的个人意愿，还只是一种设想。正式的礼品种类和数目还要经过国务会议讨论、沙皇亚历山大一世批准才能确定。但仅看初步设想，就已经是数目可观了。

2月6日（1月25日），外交副大臣建议准备的那套银质纪念章的清单列出来了，一共48种。② 内容包括了俄国历史人物、历史事件、地理山川、城市、征伐等，相当于一部简明的俄罗斯文化、地理和历史概述，详细如下。

（1）拉多美斯尔（Радомысл）逝世——860 年；

（2）诺夫哥罗德使者来到瓦良格人的土地——860 年；

（3）加固老拉多加——861 年；

（4）西涅乌斯（Синеус）和特鲁沃尔（Трувор）逝世——864 年；

---

①　АВПРИ ф. СПБ. Главный архив. 1–7. оп. 6. 1805г. д. № 1–а. п. 16. л. 16–17. *Тихвинский С. Л. и Мясников В. С.* Русско–Китайские отношения в XIX веке. Материалы и Документы. 1803–1807. Т. 1. М. 1995г. с. 96–97.

②　Там же. л. 21–24. Там же. с. 98–99.

（5）白湖和伊兹博尔斯克归并诺夫哥罗德——864年；

（6）留里克（Рюрик）派遣长官分驻各城；

（7）留里克受大公封号；

（8）波兰人（Поляне）和戈里亚人（Горяне）向留里克请求公的封号；

（9）奥斯科里德（Оскольд）前往希腊——865年；

（10）留里克逝世；

（11）伊戈尔（Игорь）大公；

（12）乌尔曼斯基大公奥列格（Олег）监国——879年；

（13）奥列格建莫斯科城——880年；

（14）南北罗斯联合；

（15）德列夫利安人（Древлян）、色维里亚人（Северян）和罗季米奇人（Родимичь）给诺夫哥罗德纳贡——884年；

（16）乌戈尔远征军绕过基辅；

（17）奥列格征讨希腊——906年；

（18）奥列格占领众多希腊城邦——906年；

（19）同希腊人签订和约纪念章——906年；

（20）同希腊人第二次讲和并建立联盟——912年；

（21）奥列格逝世——916年；

（22）斯维雅托斯拉夫（Святослав）诞生——920年；

（23）伊戈尔海陆大捷——941年；

（24）希腊人向伊戈尔纳贡——944年；

（25）伊戈尔同希腊人讲和——945年；

（26）伊戈尔逝世——945年；

（27）斯维雅托斯拉夫继承南、北俄罗斯——945年；

（28）接见前来赔罪的德列夫利安使团；

（29）斯维雅托斯拉夫和奥列格前往德列夫利安——946年；

（30）奥列格建立普斯科夫城——947年；

（31）沃洛基米尔（Володимир）诞生——947年；

（32）奥列格海路出征君士坦丁堡——955年；

（33）女大公奥列格在察列格勒受洗——955年；

（34）奥列格劝子受洗——956年；

（35）斯维雅托斯拉夫攻占别列韦日城——965年；

（36）斯维雅托斯拉夫援助希腊人、匈牙利人战胜保加利亚人、科扎尔-科西嘉人和雅西人——967年；

（37）斯维雅托斯拉夫夫妇同光荣的匈牙利女大公在一起；

（38）从佩切涅格人统治下解放基辅——968年；

（39）奥列格逝世——969年；

（40）斯维雅托斯拉夫向希腊人宣战——971年；

（41）斯维雅托斯拉夫在色雷斯攻城略地——971年；

（42）斯维雅托斯拉夫接受希腊人进献武器——971年；

（43）希腊人向斯维亚托斯拉夫纳贡——971年；

（44）斯维雅托斯拉夫由多瑙河航入德涅泊河——971年；

（45）雅罗波尔克（Ярополк）在基辅登大公位——976年；

（46）弟兄友爱和睦；

（47）雅罗波尔克战胜佩切涅格人，向他们索贡——976年；

（48）雅罗波尔克给佩切涅格王公分封建城的土地——976年。

上述这些历史纪念章体现的都是古代罗斯历史上历代王公扩张征战的英雄事迹。这既是向文化自大的清朝展示自己傲人的历史，更是一种文化的炫耀。用现代语言来形容，这是一种典型的文化软实力的展示或输出。不过，有点令人奇怪的是，这种历史的炫耀仅止于基辅罗斯时期，而最值得展示的罗曼诺夫王朝的历史事迹却付之阙如。这种疏忽随后为大使戈洛夫金所觉，并补充了彼得大帝塑像和亚历山大一世皇帝及皇后像章。[①]

2月26日（2月14日），恰尔托雷斯基又奏告亚历山大一世，已确定的礼品包括玻璃器皿和毛皮，其中玻璃器皿价值约50000卢布，超过价值约35000卢布的毛皮。[②] 看情形，在外交副大臣的想法中，似乎礼品还是

[①] Там же. л. 1–2. Там же. с. 148.

[②] Там же. л. 49. Там же. с. 102.

应以工业品为主。然而，紧接着公布的一份礼品清单却显示，工业品虽然排列在清单之首，但其市场经济价值仍然未能超过贵重毛皮。这份工业品（玻璃制品、纺织品、数学工具等）和毛皮的清单目录如下。①

（1）玻璃制品，计有镜子、桌案、花瓶、灯、长颈玻璃瓶、盘子、酒杯、水杯等，价值50000卢布；

（2）毛皮，计有貂皮、狐皮、白鼬皮、海狸皮、北极狐皮，据宫内厅估价为52612卢布，市场价为85475卢布；

（3）从皇帝陛下内［库］调拨各种锦缎、丝绸和天鹅绒795俄尺，价值7833［卢布］；

（4）从铸币局领取俄罗斯银质纪念章一套，价值3000［卢布］；

（5）镶嵌青铜的红木纪念章盒一只，价值1000［卢布］。数学工具若干，价值4940［卢布］。

这五项价值总计152248［卢布］。

很显然，就市场价值来说，传统的毛皮礼品仍占主要地位，仅次于毛皮的是玻璃制品。熟悉中国科技史的人都知道，自康熙年间西洋传教士来华，玻璃制品及其制造工艺就传到了中国。华丽的玻璃制品一度被清政府视为最珍贵的"贡品"。在康熙皇帝的支持下，当时的西洋传教士利用其掌握的科学技术在北京建立了一座玻璃作坊。大约在乾隆时期，中国的玻璃制造业达于极盛。② 此后，由于缺少传教士的技术支持，中国的玻璃工业慢慢下滑，到嘉庆年间，至少北京的玻璃制造业已经衰竭。当时，俄国驻北京第九届布道团大司祭比丘林就说："附属北堂的一个玻璃厂，很久以前就停产了。"③ 由于本国的玻璃制造已经衰竭，所以，到嘉庆年间，玻璃制品仍属贵重"贡品"，就不足为奇了。

但接下来俄国君臣讨论有关礼品的"日志"却使人不得不认同，新世

---

① Там же. л. 59–60. Там же. с. 103.
② ［美］E. B. 库尔提斯：《清朝的玻璃制造与耶稣会士在蚕池口的作坊》，米辰峰译，《故宫博物院院刊》2003年第1期。
③ *Бичурин Н. Я.* Описание Пекина. С приложением плана сей столицы, снятого в 1817 году. СПБ. 1829. с. 42.

四 圣彼得堡的忙碌：俄国使团的组建

纪的外交礼品确实已经不再囿于传统了。突破传统、以工业品为核心的近代技术性工业品最终成为礼品的主要成分。这些礼品包括玻璃制品、纺织品、军工产品模型及新式武器样品，此外还包括许多反映俄国精神文化成就的软实力产品如历史文化纪念章、宗教制品、艺术品、科学工具等。至于传统的毛皮，尽管市场价值不菲，但在丰富多彩的礼品种类里，就显得非常逊色了。

由于一般国库所存纺织品均不适于用作送中国的礼品，只有六等文官德鲁日宁（Дружинин）掌管的皇家私库中才有适于作礼品的纺织品。因此，3月21日（3月9日），恰尔托雷斯基开列了一个迎合中国贵族大臣喜好的纺织品清单，再次上奏亚历山大一世，请求沙皇下令皇家私库向使团发放适于用作礼品的纺织品。①

4月16日（4月4日），海军大臣奇恰戈夫将已经做好的船舶救生艇模型送给戈洛夫金，这也是预定要赠送的礼品之一，② 以彰显俄罗斯帝国强大的海军实力。

关于武器模型，外交副大臣尤其热心。5月4日（4月22日），恰尔托雷斯基要求奇恰戈夫补充制作百门大炮军舰模型一座、巡航舰模型一座及小军舰模型数座。③ 5月25日（5月13日），恰尔托雷斯基又致函皇家办公厅总管古里耶夫（Д. А. Гурьев），要求由皇家办公厅拨出一批俄国工匠制作的长枪、手枪、青铜制品及镶嵌宝石的日用品，供前往中国的使团之用。④ 虽然此处未言明一定是礼品，也许是供使团卫队所用，但以精良兵器示人，此中的深意不言而喻，那就是俄国想借使团访华之机向中国炫耀自己的武力。

5月16日（5月4日），皇家玻璃厂将玻璃礼品送达。⑤

---

① АВПРИ ф. СПБ. Главный архив. 1–7. оп. 6. 1805г. д. № 1–а. п. 16. л. 90. *Тихвинский С. Л. и Мясников В. С.* Русско-Китайские отношения в XIX веке. Материалы и Документы. 1803–1807. Т. 1. М. 1995г. с. 110.
② Там же. п. 42. л. 490. Там же. с. 118.
③ Там же. п. 16. л. 94. Там же. с. 119–120.
④ Там же. л. 110. Там же. с. 137.
⑤ Там же. л. 108. Там же. с. 122.

6月12日（5月31日），外交部有备忘录给艺术科学院，其中附有要准备的绘画作品和艺术品礼品清单：①

（1）绘有彼得堡、莫斯科风景和漂亮建筑物的神奇罩灯一盏；

（2）绘有皇帝在宫廷广场大检阅的彩绘一幅；

（3）绘有洒圣水祈福仪式的彩绘一幅；

（4）绘有城内宫殿和城郊宫殿景色的彩绘或单色绘画10幅；

（5）由国产稀有宝石制作的花瓶、金字塔等精巧制品；

（6）绘有各军种制服的彩色画册一本以及新喀山教堂平面图和外观图。

同日，戈洛夫金大使在一份报告（未知报告对象为何人）中再次言及"礼品"问题，除建议减少不容易运输的玻璃制品外，还列出了补充选择的礼品清单：②

（1）配以镀金青铜框的皇帝、皇后陛下肖像画；

（2）须添购40条（海狸尾），用于装饰毛皮衣领和衣袖。这在中国十分流行，缺了这些尾巴，毛皮就无法作为礼品赠送；

（3）几套好枪，主要是俄国军工厂生产的，其中有一套是图拉军工厂献给皇帝陛下的，已为国库收藏；

（4）由俄国稀有宝石制作的花瓶、金字塔及轻巧制品；

（5）城郊宫殿和房屋风景画及皇帝大检阅场面的彩绘画；

（6）马赛克集锦一套，此物中国人从未见过；

（7）各军种制服彩绘一套；

（8）彼得大帝塑像一尊；

（9）装备有百门大炮的军舰及其他舰艇模型一套；

（10）最好在这些物品之外，再加上一幅彼得堡城全景图，以便让中国人了解俄罗斯帝国首都是多么美丽，同时还可减轻绘制北京全景图的难度。该图的主人要价5000卢布，并答应负责教会一个学徒，只要用他发明的工具，便可轻易地分两次绘出任何城市的全景草图。

---

① Там же. л. 146. Там же. с. 147.

② Там же. л. 1-2. Там же. с. 147-148.

四 圣彼得堡的忙碌：俄国使团的组建

　　这份建议补充的清单中开列的礼品基本上都属于反映俄国科学、艺术和工业水平及俄国国力强盛形象的物品。看来，这位未来的俄国访华大使很注重文化软实力在外交实践中的作用。

　　如前所述，沙俄政府和戈洛夫金大使都对礼品特别关注。礼品种类繁多且大多为中国所稀见，尤其是兵器模型类礼品，隐含有向中国展示俄国军事实力的意图。在俄国人看来，俄国使团准备的礼品越是种类繁多，越是精致灵巧，越能讨中国人的欢心，从而有助于实现其访华战略意图。可是，在文明心态完全不同的中国人看来，俄国人的礼品越丰富多彩、稀见珍贵，则表明其向化之心愈显，朝贡气味愈浓。

五 北京的热情：
清政府对俄国使团性质的认定及接待准备

19 世纪初的俄国访华使团虽然是俄罗斯首先倡议，但是，清政府的响应也很积极。在第一次收到俄罗斯枢密院国书后，嘉庆皇帝就迅速答复，欣然表示同意俄罗斯使团来访。随后，由于俄罗斯为欧洲局势所拖累，无法在1804年组成并派出访华使团，于是，第二次向清政府发送国书，请求将访华使团推迟到1805年。对此，清政府没有为难，也立即表示理解、同意。其间，库伦、理藩院、嘉庆皇帝之间书信奏谕往来不断。尤其嘉庆皇帝的相关谕旨一道接着一道，指示库伦办事大臣迅速开始办理有关边境接待事宜。库伦办事大臣居中策应，活动亦甚为积极。一方面，频繁与俄罗斯伊尔库茨克省长联系，详细询问有关俄罗斯访华使团事务，并提出很多要求，以便接待俄罗斯使团的过程不出差错；另一方面，也不停地向理藩院咨询相关接待问题，了解以往中俄外交关系史料，并向嘉庆皇帝详细汇报有关俄罗斯使团的消息，态度可谓破天荒地认真谨慎。所有这些都表明，清政府诚心诚意接待俄罗斯使团不容怀疑。只不过，基于历史传统——历史悠久的东亚天朝体制的对外关

五　北京的热情：清政府对俄国使团性质的认定及接待准备

系原则，清政府将俄国使团单方面认定为"朝贡"使团，并因此就"贡使"的"贡期""贡道""贡护"等各方面提出一厢情愿式的安排和要求。对此，俄方亦装聋作哑，积极配合。从而在中俄双方边务部门的综合作用下，将俄国访华使团导向一条文化和对外关系体制冲突的不归之路。

（一）"贡使"：清政府对俄国使团性质的认定

事实上，19世纪初这次俄国访华使团，从一开始就被清政府单方面赋予了"朝贡使团"的性质。将俄国使团认定为"朝贡使团"是清朝外交体制之国家层面与地方层面综合作用的结果。1804年1月31日（1月19日），库伦办事大臣蕴端多尔济、佛尔卿额上奏嘉庆，转呈俄国国书。在奏折中，库伦办事大臣转述了俄国信使桑热哈耶夫的话："我国枢密院送来国书，是为了昭示我国大汗衷心感谢贵国皇帝陛下天恩，意欲派遣一重臣向圣明的大皇帝进贡，并祝他万寿无疆。"① 这里所谓"进贡"一词肯定是两位库伦办事大臣单方面理解的结果，因为在前述俄罗斯国书里，根本就没有派遣使者前来进贡的意思。至于一位小小的信使，更是不会也不敢把俄国沙皇的使团说成是"进贡使团"的。3月22日（3月10日），库伦办事大臣致函理藩院，请求指示接待俄罗斯使团的事项，其中再次把即将来访的俄国使团明确写成是"朝贡使团"。② 然库伦办事大臣的态度自然取决于清政府中枢。我们翻阅交涉初期清政府给库伦办事大臣的相关谕旨，虽然也没有发现明确将俄国使团定性为"朝贡使团"的字样，但字里行间，却可以看得出其中所要表述的意思就是如此。如把俄国使团的来访看作"来京瞻觐"，又说"朕念伊等究系外藩之人，路途遥远……以副朕仁爱外藩使臣之至意"。③ 所谓"来京瞻觐""外藩"这些词语都是天朝体制内部有关国际秩序的标准用词，清政府在谕旨中使用这些词语就意味着实际上把俄国

---

① ЦГИА Монголии. Ф. М-1. д. № 621. л. 256–258. Там же. с. 54.
② Там же. л. 81. Там же. с. 58–59.
③ 嘉庆九年（1804）正月初八日，《谕蕴端多尔济等俄使抵达库伦后著先行奏闻再候旨动身前来》，第一历史档案馆藏"满文俄罗斯档"。

使团定性为"朝贡使团"了。此外,在交涉初期两次发往俄国政府的国书中,情况也差不多。清政府中枢虽然没有明确用"朝贡"字样来定义俄国访华使团,但使用"瞻觐"等词及其中的语气显然是视俄国为外藩的。

清朝君臣之所以从一开始就把俄国使团看作"朝贡使团",直接的原因主要有三个方面。

1. "天朝体制"本身的文化惯性要求

清季对外关系体制自号为"天朝体制"。① 其最关键的内容就是通过隐含政治不平等的一系列礼仪制度维持一个以中国为中心的和谐的地域国际关系圈。如果剖析开来,其主要含义有四。一是天朝体制是以天朝中国为中心的地域性国际关系圈,这个国际关系圈子在观念上囊括整个"天下",但其实不过是局限于"东亚""东南亚"的地域性国际关系圈。二是天朝体制是一种隐含着政治不平等的国际关系体制,其中中国是唯一的"天下共主",其他国家都是政治上低一等的"属国"或"互市之国"。而体现这种国际关系体制内政治不平等的是一整套的礼仪制度,具体分为行文礼仪、觐见礼仪(如三跪九叩首之类)等,亦可称为"朝贡制度"——包括贡时、贡品、贡道、贡护及朝贡贸易等,内容十分丰富,且具有坚实的文化支撑。三是尽管这种天朝体制隐含政治不平等性质,但建构和维系天朝体制的主要力量是博大精深的中国文化软实力,双方靠的是道德承诺,而不是文本条约或者是武力威胁。当然,其背后也不乏经济利益的动态诱惑及军事势力的静态威慑。实际上,从经济的角度看,小国前来中华朝贡,意味着有利可图。中国政府对朝贡国往往是赏赐多于进贡,再加上朝贡贸易本身的丰厚利润,自然对一些周边小国有一定程度的吸引力。当然,时逢中原政权衰弱之时,周边朝贡的小国也会有背叛之举,但无论如何,不到万不得已,天朝体制一般不用武力来建构和维系体系的稳定,所谓"以威慑之,不如

---

① 乾隆五十八年,敕书英国国王曰:"至尔国王表内恳请派一尔国之人居住天朝,照管两国买卖一节,则与天朝体制不合。"见《大清皇帝为派人员居住天朝照管本国买卖一节断难听许给英国王敕谕》,中国第一历史档案馆编《英使马戛尔尼访华档案史料汇编》,第550-551页。

以德怀之"。① 因此，这个体系虽然隐含政治不平等，但整个体系内部十分和谐。天朝也一般不主动干涉朝贡国的内部行政事务，属国在形式上是自主国家。四是由于天朝体制建构于强大的综合国力尤其是巨大文化软实力基础之上，因此，作为"天下共主"在政治上拥有"万国来朝"的无上荣光，"天下共主"名号本身具有至高无上的荣誉。这一方面滋生了一种文化自大心理，在很多时候杜绝了学习国外先进知识的可能性，以至于每个中原王朝的溃败都脱不开保守自大的原因；另一方面，也引起周边国家部落的觊觎。历史上，中原屡遭大规模入侵，只要周边某个国家或部落强大起来，就一定会挥戈南下。其目的很简单，就是要争夺拥有无上荣光的"天朝体制"之"天下共主"的名号。主宰"天朝体制"之国际秩序成为一种巨大的诱惑，以至"天下共主"时时轮换，但"天朝体制"却岿然不动。② 可见，拥有垂直的金字塔式结构的天朝体制与拥有横向的平等结构的西方的近代外交体制是完全不一样的。

由于天朝体制是建立在综合国力尤其是巨大文化软实力的基础之上，所以，其生存力十分顽强。从近代以来中西外交交涉的事例来看，即使在西方的坚船利炮轰击下，清政府军事上一败涂地，但天朝体制仍然并未被近代西方外交体制所迅速代替。如果从第一次鸦片战争算起，直到中日甲午战争，尽管天朝体制的中心——清朝的国力日薄西山，但天朝体制的观念或部分制度却一直顽强地续存了半个多世纪。③ 当然，如果从民族文化

---

① 《清太宗文皇帝实录》卷34，第2册，中华书局影印本，1985，第432页。
② 关于这点，笔者曾多次与台北中研院近史所张启雄研究员探讨，并取得几乎一致的认识。历次北方民族及部落入侵中原都不外乎争夺"天朝体制"之"天下共主"的名号。张先生最主要的学术贡献之一就在于创新建构了"中华世界秩序原理"。有关其理论建构情况参见其系列论著，如《东西国际秩序原理的冲突——清末民初中暹建交的名分交涉》，《历史研究》2007年第1期，第88-114页；《中华世界秩序原理的起源——先秦古典の文化的价值》，《中国—社会と文化》第24号，2009年7月，第71-105页；《中华世界秩序原理的源起——近代中国外交纷争中的古典文化价值》，吴志攀等编《东亚的价值》，北京大学出版社，2010，第105-146页。
③ 这种情况甚至被有的学者称为"一个外交两种体制"（参见权赫秀《晚清对外关系中的"一个外交两种体制"现象刍议》，《中国边疆史地研究》第19卷第4期，2009年，等等），姑不论究竟何种提法最为科学，但晚清外交体制中确实在相当长时间之内存在两种不同的外交体制：传统的"天朝体制"和西方的"条约体制"。

心理的角度来看,终有清一代,作为文化观念的天朝体制可谓一直岿然不动,从没有在人们的脑海里消亡过。虽然,1860年以后,清政府成立了"总理各国事务衙门",开始从形式上不得不与别的国家开展平等的外交,但别的国家仍然被中国人从文化上看作"蛮夷"。近代中国外交转型之所以如此艰难,主要是因为天朝体制历史太长,其文化心理基础太牢。主要表现在两个方面。

其一,从制度文化史的角度来看,清季中国的天朝体制可以上溯到两千多年前。专言古代政治制度的古籍《周礼》虽然极有可能成书于汉代,但其内容无疑涵括了汉代以前上千年政治制度史的内容。其作者也可能不只是某一个人,极有可能是从传说中的周公开始,后代陆续增补,始成《周礼》。《周礼》将古代中国的政治制度如官制等进行了历史性的描述。其中最引人关注的是其所叙述的以中国为中心的国际关系体制——九服制:"乃辨九服之邦国,方千里曰王畿,其外方五百里曰侯服,又其外方五百里曰甸服,又其外方五百里曰男服,又其外方五百里曰采服,又其外方五百里曰卫服,又其外万五百里曰蛮服,又其外方五百里曰夷服,又其外方五百里曰镇服,又其外方五百里曰藩服";"凡邦国,小大相维,王设其牧,制其职,各以其所能;制其贡,各以其所有"。① 这实际上就是一种以中国为中心的区域性国际关系体制,也即是清代的东亚地域国际关系体制——天朝体制的最原始的表述。如果说其中的"王畿""侯服""甸服""男服""采服""卫服"尚属于中国直接统治区域,那么,很显然,再往外的"蛮服""夷服""镇服""藩服"就应该是后来天朝体制中的"属国"或"互市之国"了。这些属于不同"服"的大大小小的国家在国际关系观念上都以中国为中心维系在一起。中国通过封赏的方式赋予其他依附国家政治上的地位,而其他各国则通过"朝贡"作为维系这种隐含政治不平等体系的方式。这是制度文化的体现。

其二,最为根深蒂固的是"华夷之辨"的文化心理基础。中国思想史上究竟何时开始有"华夷之辨",无法量化描述,只能是人文性的模糊描述。

---

① 杨天宇:《〈周礼〉译注》,上海古籍出版社,2004,第485、486页。

五　北京的热情：清政府对俄国使团性质的认定及接待准备

简而言之，这首先与文化主体观念的发展有关。上古中原地区以农耕文化为主体的文化发展起来后，相对于周边地区的文化落后状况来说，不但产生了一种心理上的文化优越感，并进而产生"华夷之辨"的文化心理。文化主体的"华"比周边非文化主体的"夷"总要进步一些。现在，学界普遍认同，"华夷之辨"的衡量标准大致经历了三个演变阶段。(1)血缘衡量标准阶段，血缘内的称"华"，血缘外的称"夷"；(2)地缘衡量标准阶段，中原地区的称"华"，周边地区的称"夷"；(3)衣饰、礼仪等文化衡量阶段，文化相同的称为"华"，文化不同的称为"夷"。① 其实，这三个阶段的内容在某种程度上是一体化的，只不过在表述上逐渐深化了。战国以前的中国文化，"华夷之辨"的血缘色彩浓厚一些。《周礼》所总结的一套政治关系制度就完全是以与周天子家族的血缘关系远近为基础的。大家经常引用的出自《春秋左传》那句"裔不谋夏,夷不乱华"，其中的"夷"即指与周天子毫无血缘关系的"莱人"。② 自战国经秦汉至盛唐，"华夷之辨"的地缘因素更浓厚一些。被判定成书于战国中期以后至秦汉时期的《礼记·王制》就记载："中国戎夷，五方之民，皆有性也，不可推移。东方曰夷，披发文身，有火食者矣；南方曰蛮，雕题交趾，有不火食者矣；西方曰戎，披发衣皮，有不粒食者矣；北方曰狄，衣羽毛穴居，有不粒食者矣。"③ 而晋江统（?-310）的《徙戎论》也称："夫夷蛮戎狄，谓之四夷，九服之制，地在要荒。《春秋》之义，内诸夏而外夷狄。以其言语不通，贽币不同，法俗诡异，种类乖殊，或居绝域之外，山河之表，崎岖山谷阻险之地，与中国壤断土隔，不相侵涉。赋役不及，正朔不加。"④ 至于唐以后，"华夷之辨"就基本上扩展为文化之辨了。孔颖达（574-648）就将孔子强调的"夏""夷"阐释为："中国有礼仪之大，故称夏；有服章之

---

① 参见柳岳武《"一统"与"统一"——试论中国传统"华夷"观念之演变》，《江淮论坛》2008年第3期。
② 李学勤主编《十三经注疏》卷56，北京大学出版社，1999，第1587页。
③ 王梦鸥：《礼记今注今译》，台北：商务印书馆，1970，第181页。《礼记·王制》之成熟年代，参见王锷《〈礼记〉成书考》，中华书局，2007，第188页。
④ （唐）房玄龄等撰《晋书》卷56，中华书局，1974，第1529页。

美，谓之华"，① 这是强调文化为"夷夏之辨"的标准表述。我们也可以看出，虽然上述三个阶段的表述有比较清晰的一面，但同样也有比较模糊的一面。因为实际上，每个时代"华夷之辨"的标准都不是孤立的，除了血缘标准主要在远古时代被强调外，后面两个标准只有强调重点的不同，而无截然的区分，往往是强调地域因素的同时，也不忽视文化因素；强调文化因素的同时，也不完全忽视地域因素。这是符合事物发展规律的。按照中国自古就发展起来的"华夷之辨"，地域和文化一直综合在一起。《汉书》记载："夷狄之人贪而好利，被发左衽，人面兽心，其与中国殊章服，异习俗，饮食不同，言语不通，辟居北垂寒露之野，逐草随畜，射猎为生，隔以山谷，雍以沙幕，天地所以绝外内地。"② 就是明例。但是，唐以后，文化因素被大大地夸张则亦是明显的事实。立足于文化心理优势正是东亚"天朝体制"的精义所在。如果说，孟子强调"吾闻用夏变夷者，未闻变于夷者也"，③ 因保守而影响了华夏文明的征服力的话，那么，唐以后人们的观念则因更加开放而使这种华夏文明的征服力变得更加强大。唐太宗说："夷狄亦人耳，其情与中夏不殊。人主患德泽不加，不必猜忌异类。盖德泽洽，则四夷可使如一家。"④ 这种看法超越了一般文化民族主义的狭隘，使中国文化体系变得更加开放，从而使立足于其上的以中国为中心的国际关系体系的生命力也更加强大。中国"华夷"文化心理的这种变化，本质上自然是一种文化扩张主义的生成，其目的乃在于从文化上"一统天下"。对此，明太祖朱元璋曾一语道破天机："朕既为天下主，华夷无间，姓氏虽异，抚宇如一"；"夷狄奉中国，礼之常经，以小事大，古今一体"。⑤ 关于这点，何芳川亦讲得十分清楚："'华夷'秩序所倡导的，是以中华帝国为中心的辐射关系，也是以中华帝国君临天下的垂直型国际关系体系。在这一秩序中，所有所谓'夷狄'国家对中国的关系，应是一种以臣事君

---

① 李学勤主编《十三经注疏》卷56，第1587页。
② （汉）班固：《汉书》卷94，《匈奴传第64》，中华书局，1999，第2830页。
③ 杨伯峻：《孟子译注》，中华书局，1960，第125页。
④ （宋）司马光编著、（元）胡三省音注《资治通鉴》，中华书局，1956，第6215-6216页。
⑤ 台北中研院历史语言研究所：《明太祖实录》，1962，第1048、1582页。

五　北京的热情：清政府对俄国使团性质的认定及接待准备

和以小事大的关系，一种对高度发达的中华文明怀有'向化'之心，'慕圣德而率来'，以至终于被'导以礼义、变其夷习'的关系。"① 这种典型的文化征服正是东亚"天朝体制"国际关系模式的真实面目。

问题的关键还在于，这种立足于文化征服力的国际政治体系经过两千多年的积淀，到清代已不仅仅是一种国际政治体系，它已经被浓缩提升为一种国际政治文化传统。这种国际政治文化传统融入中华民族的集体无意识中，时刻影响着人们的国际政治观念，并贯穿于国际关系的具体操作过程。成书于乾隆五十二年（1787）的《清朝文献通考》中就说："大地东西七万二千里，南北如之。中土居大地之中，瀛海四环其缘边，滨海而居者是谓之裔，海外诸国亦谓之裔，裔之为言边也。"② 整个中国无论哪个民族都被转化为"华"，而那些海外异国则都被纳入"夷"的范畴。也就是说，原本局限于东亚范畴内的"华夷秩序"，发展到清代至少从观念上扩展到了全球，把中国以外的所有国家都纳入了这个"华夷秩序"。于是，东亚的"天朝体制"就成为西欧"近代条约体制"的对立项。尽管经过两次鸦片战争的惨败，"天朝体制"从制度层面实际上已经一败涂地，但在文化心理层面上，西方那些国家包括俄国仍然还属于"不开化"的"夷"。因此，尚处于"盛世"余晖里的18、19世纪之交的中国，嘉庆君臣奋祖先之余烈，把来访的俄国使臣视为承认"天朝体制"的"贡使"，便完全是天朝文化心理作用下的自然而然了。

2. 清季中俄关系史的实践也决定了俄国使团被清政府定位为"朝贡使团"的命运

就清季中俄关系史的轨迹看，中俄两国从顺治十二年（1655）就已发生直接交往："顺治十二年，其国察罕汗始遣使来朝贡方物，上嘉其诚款，降敕及恩赐，令来使赍回国。"这份敕书的主要内容是："汝国远处西北，从未一达中华。今汝诚心向化，遣使进贡方物，朕甚嘉之。特颁恩赉，即

---

①　何芳川：《"华夷秩序"论》，《北京大学学报》第35卷第6期，1998年，第37页。
②　（清）张廷玉等奉敕撰《清朝文献通考·四裔一》卷300，第2册，"万有文库"本，上海商务印书馆，1936，第1186页。

嘉庆十年
——失败的俄国使团与失败的中国外交

俾尔使臣赍回,昭朕柔远至意。尔其钦承,永效忠顺,以副恩宠。"① 事实上,顺治十二年来到北京的俄国人阿勃林并非正使,而只是俄国第一个访华使团巴伊科夫大使派遣的信使。由这段话可以看出,清朝高高在上,显示出政治上的无比优越感,且明确视俄国使团为"朝贡使团"。又"康熙七年题准,喀尔喀进贡之使与厄鲁忒之使同来,令厄鲁忒之使者坐首,喀尔喀等使接坐,其次,令俄罗斯之使坐。"② 说明在清政府眼里,俄罗斯作为"外藩"的地位甚至不如蒙古部族。康熙九年,为索还逃亡俄罗斯的根特木尔,康熙皇帝有国书致俄国沙皇,开头就写明是"敕谕",③ 完全一副以上对下的口气。这点让俄罗斯颇感烦恼,以致双方从一开始就为此争吵不已。可见,在清政府眼里,俄罗斯不过是一个连外蒙古部族都比不上(俄罗斯比蒙古诸部更远,与中国的关系也就更疏)的化外藩国。④ 其历届访华使团都不由分说、千篇一律地被看作是"朝贡使团"。早期中俄两国在交往过程中凝聚固化的这种"朝贡"关系无疑是嘉庆王朝视来访的戈洛夫金使团为"朝贡使团"的历史原因。

3. 俄国政府为派遣使团所找到的不恰当理由加固了清政府将俄国外交使团视同"朝贡使团"性质的理念

如前所述,沙俄政府在商讨派遣访华使团的过程中,戈洛夫金使团从一开始就被定位为一个负有全方位重要使命的正式的外交使团。俄国派遣这个使团是为了建构和实现自己的对华外交、贸易政策。但俄国政府基于近两个世纪对中国文化的粗浅了解,在跟清政府交涉此事时,却不经意地犯了一个致命错误,那就是俄国政府特意为这次使团访华所找的表面理由很不恰当。

---

① (清)张廷玉等奉敕撰《清朝文献通考·四裔八》卷300,第2册,第1250页。
② 中国社会科学院边疆研究中心编《清代理藩院资料辑录——康熙朝〈大清会典〉中的理藩院资料》,全国图书馆文献缩微中心,1988,第20页。
③ 《康熙帝为索还逃犯根特木尔事致沙皇国书》,中国第一历史档案馆编《清代中俄关系档案史料选编》第1编上册,中华书局,1981,第21页。
④ "雍正五年谕:……鄂罗斯乃外域小国",中国社会科学院边疆研究中心编《清代理藩院资料辑录——乾隆朝〈理藩院则例〉》,全国图书馆文献缩微中心,1988,第107页。

五 北京的热情：清政府对俄国使团性质的认定及接待准备

1803 年 11 月 28 日（11 月 16 日 ①），俄国政府在其致清政府的国书中说："我国仁慈君主大皇帝陛下出于圣上之旨意，愿使全俄罗斯帝国与中国之间现有之永恒邻邦友好及通商关系更加发展，拟派遣钦差使节前往北京，向中国大皇帝陛下宫廷实行聘问，表达我大皇帝陛下已在举国欢庆之中登基亲政，继承列祖列宗世代相传之帝位，并对中国大皇帝陛下之登基继位，致以友谊之祝贺。"② 这里所列举的访华原因有两个。

其一，进一步加强中俄外交与经贸关系。虽然没有详细说明如何使俄中外交经贸关系更进一步的具体措施，但也表明，俄国方面对此次访华的主要目的并未对清政府进行隐瞒，而清政府也未必就不清楚俄国政府的目的。因为此前十年，英国马戛尔尼使团曾访问中国。刚开始，英国人也只说是为年届八十的乾隆皇帝祝寿进贡，但英国使团到达承德后，就向乾隆皇帝提出了种种有违"天朝体制"的外交贸易要求。当时，沙俄政府出于破坏英国对华政策的目的，特命伊尔库茨克总督将英国政府欲"于广东求地通商"的真实意图禀告清政府，但并未引起清政府的重视。③ 因为无论英国将提出什么要求，清政府都抱定了不理睬的宗旨。对清政府来说，这些远来的"夷"国，除了"朝贡"，并无其他意义，这是一种凝固了的态度。也因此，对俄国政府组织使团访华的真实目的，清政府可能实际上很清楚，只是主观上故意视而不见罢了。

其二，祝贺两国皇帝登基以全礼节。俄国政府之所以要找祝贺"皇帝登基"这样的名义，是因为在俄国政府看来，假如俄国使团访华仅仅是为了拓展俄中商贸外交关系，那么，清政府完全有可能拒绝接待俄国使团。关于这点，老练的国务大臣沃隆佐夫当时就已有所察觉。当鲁缅采夫草率地要求国务大臣为即将派出的使团准备训令时，沃隆佐夫谈了两个方面的看法。

---

① 此国书日期有三说：一说为 11 月 28 日（11 月 16 日）；另一说为 12 月 9 日（11 月 27 日），见 Тихвинский С. Л. и Мясников В. С. Русско-Китайские отношения в XIX веке. Материалы и Документы. 1803-1807. Т. 1. М. 1995г. с. 48；另一说为 11 月 28 日，见《故宫俄文史料》，第 158 页。
② 《故宫俄文史料》，第 158 页。
③ 中国第一历史档案馆编《英使马戛尔尼访华档案史料汇编》，第 5 页。

首先，沃隆佐夫认为要先搞清中国政府是否愿意接待俄国使团，也就是说，在没有得到清政府的允许之前，使团的组建无法提上日程。理由就是清政府曾因微不足道的原因，三次擅停恰克图贸易。在沃隆佐夫的印象里，当时的清政府"冥顽不化，拒绝接受任何新生事物"。沃隆佐夫的看法有正确的一面，也有不正确的一面。此时的清政府确实保守愚昧，拒绝接受一切新生知识和观念。但乾隆年间三次关闭恰克图贸易一事，则错在俄国政府挑起边衅，与清政府的"冥顽不化，拒绝接受任何新生事物"没有关系。

其次，沃隆佐夫认为，当时正在进行的俄中恰克图贸易，不仅是俄罗斯获得国库收入的一种重要途径，而且对繁荣俄罗斯经济特别是西伯利亚地区的经济十分重要。为此，他认为自己有责任提醒政府在同中国政府打交道时须谨慎行事，以求避免在追逐尚属子虚乌有的利益时，损害俄中之间现存的历史悠久的商务利益。① 可见，为了避免损害当时有利可图的恰克图贸易现状，沃隆佐夫显然主张沙俄政府谨慎行事，不宜向中国政府直接提出改变俄中贸易关系现状的宏大计划。

就当时俄中关系的历史现状来看，沃隆佐夫的担心是颇为合理的。沙俄政府后来之所以在国书中，在以抽象粗放的形式表明自己的真实意图之后，又加上"报聘""致贺"两国皇帝登基的理由很有可能就是赞同沃隆佐夫意见的一种表现。随后，亚历山大一世在饬谕伊尔库茨克、托博尔斯克、托木斯克三省总督谢利丰托夫将国书转呈清政府时，甚至将祝贺中国皇帝荣登大宝视为使团访华的唯一理由。② 根据清库伦办事大臣的奏章，当时俄国信使桑热哈耶夫就曾宣称："我国枢密院所呈国书，是为了表示我国大汗衷心感谢贵国皇帝陛下天恩，意欲派一重臣向圣明的大皇帝进贡，并祝大皇帝万寿无疆。"③ 如此一来，经过两国边务衙门相关成员的周折，事情的本来面目就完全变了。当时的历史实际情形，现在已经不可能复原。俄

---

① РГАДА Ф. Государственный архив. разряд ХⅤ. 1803–1805гг. д № 99. доп. л. 6. *Тихвинский С. Л.* и *Мясников В. С.* Русско-Китайские отношения в ХⅨ веке. Материалы и Документы. 1803–1807. Т. 1. М. 1995г. с. 49.

② АВПРИ ф. Главный архив. 1–7. оп. 6. 1805г. д. № 1–а. п. 1. л. 30. Там же с. 50.

③ ЦГИА Монголии. ф. М–1. д. № 621. л. 257. Там же с. 54.

五 北京的热情：清政府对俄国使团性质的认定及接待准备

罗斯的这位信使是否真的说过这些话，更是无法证实。但按照一般逻辑来推论，这位信使确实应该表述过类似"祝贺皇帝登基"这层意思。因为如前所述，亚历山大一世在给谢利丰托夫总督的谕旨中亦曾把这次俄国使团访华的目的说成是仅仅祝贺清帝"登基"之喜，这点估计信使也知道。倒是沙俄政府那些真实的贸易、外交意图当时尚未公开，东西伯利亚的地方官员包括信使恰恰未知。反之，如果俄国信使没有讲过这些话，作为库伦办事大臣，在事情尚没有进入实际操作的前提下，也没必要添油加醋编造类似谎话欺君。当然，沙俄政府当时为了让使团获得清政府的同意接待而寻到的这个理由本身非常勉强。因为当时亚历山大一世已继位3年，嘉庆则已嗣位7年之久，实在已经过了道贺的期限。然而，历史事实证明，俄国找到的这个十分勉强的理由似乎正合清政府之意。

1804年3月5日（2月22日），嘉庆皇帝下旨，同意接待俄国访华使团。清政府在发给俄国政府的国书中，充分肯定了俄罗斯帝国多年以来诸事谨守规矩，（两国）一直相安无事，如今俄国欲派使臣来北京朝觐祝贺，自然准予所请。① 仔细研究清政府这份国书中的相关文字表述是很有意思的。这里，它至少传递了两个方面的信息。

其一，俄国政府国书所述的两个方面的访华理由中，清政府有意忽略了其有关经贸外交方面的意图。因为清政府国书在表述同意接待俄国访华使团的理由时，根本就没有提及发展两国贸易外交等事项。

其二，清政府国书在表述同意接待俄国访华使团的理由时，仅仅提到了"来京朝觐祝贺"（国书满文版表述为"来京瞻觐"②）一条。这似乎可以阐释为：清政府只接待"朝贡使团"，而不接待负有任何外交、经贸使命的使团。

清政府的这种态度，一方面表明了俄国政府当时所表述的礼节性造访也即通报和道贺两国皇帝登基的理由正中清政府的下怀，使派遣使团访华成为可能；但另一方面，也为日后使团被视为"朝贡使团"导致礼仪冲突

---

① АВПРИ ф. Главный архив. 1-7. оп. 6. 1805г. д. № 1-а. п. 1. л. 44. Там же с. 56.
② 嘉庆九年（1804）正月初八日，《清理藩院为准许俄国政府遣使来华事咨俄萨纳特衙门文》，第一历史档案馆藏"满文俄罗斯档"。

使出访失败而埋下了伏笔。

但是，就当时俄中关系的实际情形来看，俄国这样做，也有无可奈何之处，或者说俄国政府处于两难境况。如果赤裸裸地告知清政府，自己派使团访华是为了拓展两国的外交商贸关系，那么，有可能会遭到拒绝。甚至有可能如沃隆佐夫所担心的那样直接影响恰克图贸易的继续进行。于是，俄国政府只好说自己派遣使团是到北京朝贺的，只是为了恢复以前的外交关系。如此一来，虽然获得了清政府同意接待使团的承诺，但使团的真实意图却不得不被掩盖。于是，一个正式的外交使团就不可避免地被清政府当成了"朝贡使团"。① 由此可见，两种不同国际关系体制之间的矛盾实际上是无法调和的。

（二）"贡时"：清政府对俄国使团进京时间的建议

既然俄国使团已经不可避免地被清政府看成了"朝贡使团"，那自然一切都要遵循中国"天朝体制"即东亚国际关系体制的相关原则。原则之一即贡有"贡时"。历史上，根据清政府与属国的关系体制，凡属国进贡，在时间上必须遵照清政府的有关规定，不能随便自己想什么时候来就什么时候来。比如朝鲜，明朝尚未灭亡时就已经为满族所征服，朝鲜被迫与后金政权建立了朝贡关系。崇德二年，就规定了朝鲜进贡的时间："其万寿节及中宫千秋、皇太子千秋、冬至、元旦及庆吊等事，俱行贡献之礼。"② 可见，一年之中，凡万寿、皇帝及太子生日、冬至、元旦及庆吊等重大时节遣使朝贡，平时是不允许随便来的。反之，在规定的"贡时"也不许不来朝贡。当然，

---

① 关于这点，俄国使团大使戈洛夫金在 1805 年 10 月 29 日（10 月 17 日）给亚历山大一世的奏章中有所感觉。戈洛夫金觉得："从政治的角度来看，提出的限制也有它非常不方便的地方。中国人在最后一封信中抬出了国家的法律作为借口，说是所有的使团都限定为 60 人。套用到俄国使团头上，完完全全就是等于宣布它是一个纳贡朝拜的属国。边境官员说了一句话，清楚地表明了这个意图，他说，臣这次到北京，是与每年朝见皇帝纳贡的使团一体对待的。" АВПРИ ф. Главный архив. 1–7. оп. 6. 1805г. д. № 1–a. п 25. л. 97–98. Тихвинский С. Л. и Мясников В. С. Русско–Китайские отношения в XIX веке. Материалы и Документы. 1803–1807. Т. 1. М. 1995г. с. 271.

② 《清太宗文皇帝实录》卷 33，第 2 册，中华书局影印本，1985，第 430 页。

五 北京的热情：清政府对俄国使团性质的认定及接待准备

这主要针对关系十分密切的属国。对俄罗斯这类处在"天朝体制"即东亚国际关系体系之外的国家，自然没有如此严格的规矩。但既然俄罗斯主动提出要来进贡，那自然要遵守清政府有关"贡时"的规定了。为了使俄罗斯使团的"贡使"色彩更为浓厚，清政府必须根据自己的意愿和具体情形来对"贡时"进行规定。

根据最初清政府对待俄国使团访华的相关文献，我们发现，在对待俄罗斯使团的"贡时"问题上，态度内外有别：致俄国书上没规定"贡时"，但在给库伦办事大臣指示具体办事机宜的谕旨中却规定了俄罗斯使团的"贡时"。

1804年2月18日，清政府在同意接待俄国使团的国书中，在触及"贡时"的问题时，认为俄罗斯所居之地距北京甚远，本无须事先规定其使团抵京日期。只要俄罗斯人准备妥当，便可成行，以示"天下共主"怀柔远夷之意。① 由这份交涉初期的国书可知，清政府原是不打算给俄国使团规定"贡时"的。清政府之所以这么客气，主要是基于当时俄中外交关系的游离现状。俄罗斯从来都没有真正加入过以清朝为中心的东亚国际关系体制。

然而，同日致库伦办事大臣蕴端多尔济、阿尔塔锡第的谕旨，却规定了俄罗斯使团的"贡时"：

> 据俄罗斯呈称，若依其请求，准使团前来瞻觐，则将其该使团何时由彼处准予启程，何时抵达京城之处，由伊处予先来文询问等情。朕念伊等究系外藩之人，路途遥远，故未指定其前来时日，惟得暇则前来。待俄罗斯使团抵达库伦时，著蕴端多尔济等先行具奏，令该使臣或今秋朕幸避暑山庄时，或朕万寿节时，或趁年末由库伦赶来。若俄罗斯团抵达库伦稍早，则蕴端多尔济等即作为己意，请其在库伦多

---

① АВПРИ ф. Главный архив. 1-7. оп. 6. 1805г. д. № 1-а. п. 1. л. 50-51. *Тихвинский С. Л. и Мясников В. С.* Русско-Китайские отношения в XIX веке. Материалы и Документы. 1803-1807. Т. 1. М. 1995г. с. 56. 清政府的这份国书发出的时间，俄文档案显示是嘉庆九年一月二十四日，而根据清代档案，国书实际上是一月初八日发出的。

嘉庆十年
——失败的俄国使团与失败的中国外交

歇息数日，以副朕仁爱外藩使臣之至意，再按朕所指定日期启程。①

嘉庆皇帝之所以玩两面手法，可能与乃父乾隆皇帝一般，把俄国使团前来"朝贡"看作是提高帝国声誉、挣大国面子的机会。如果在国书中规定其"贡时"，极有可能引起俄罗斯的不快，倘若因此导致俄罗斯停派使团，使中国失去挣大国面子的机会，颇为可惜。这一点，我们从嘉庆谕旨给俄罗斯使团所规定的"贡时"就可以看出。根据上述谕旨可见，一是"贡时"要等俄罗斯使团到达库伦时再通告，因为此时俄罗斯使团已无退路；二是嘉庆皇帝给俄国使团规定的最佳"贡时"有二：要么是秋季皇帝临幸承德避暑山庄的时候；要么是岁末嘉庆皇帝寿诞之时。这两个时间都很有意思。前者令人想起十年前来中国访问的英国马戛尔尼使团。当时乾隆皇帝就在承德避暑山庄接见了马戛尔尼使团，摆足了大国天子的架子。至于后一个时间，也有让俄国访华使团扮演远道来给嘉庆皇帝祝寿角色的意思，同样是为了挣大国面子。

3月22日，库伦办事大臣派信使将嘉庆皇帝的国书送给伊尔库茨克民事省长卡尔特维林。库伦办事大臣在附致卡尔特维林的信函中，未直接谈及俄国使团的"贡时"问题，而是比较委婉地说：因俄罗斯地处遥远，故俄罗斯使团何时到中国为佳，由信使代为商榷。② 4月4日，库伦信使到达伊尔库茨克，转达了清政府的国书，并遵库伦办事大臣之嘱，与卡尔特维林商榷俄国使团到达中国的"最佳时间"。从卡尔特维林的回函看，俄国政府对清政府能同意俄国使团访华深表感谢，对清政府建议使团"到达北

---

① 嘉庆九年（1804）正月初八日，《谕蕴端多尔济等俄使抵达库伦后著先行奏闻再候旨动身前来》，第一历史档案馆藏"满文俄罗斯档"。俄罗斯学者曾在文件注释中指出：该谕旨在库伦办事衙门抄档中没有发现（*Тихвинский С. Л. и Мясников В. С. Русско-Китайские отношения в XIX веке. Материалы и Документы. 1803–1807. T. 1. M. 1995г. с. 874*）。另库伦办事大臣曾在嘉庆九年（1804）二月十一日《蕴端多尔济等奏为遵旨筹办俄使入觐事宜折》（第一历史档案馆藏"满文月折档"）中复述该谕旨的主旨。

② АВПРИ ф. Главный архив. 1–7. оп. 6. 1805г. д. № 1–а. п. 1. л. 51. *Тихвинский С. Л. и Мясников В. С. Русско-Китайские отношения в XIX веке. Материалы и Документы. 1803–1807. T. 1. M. 1995г. с. 61.*

五　北京的热情：清政府对俄国使团性质的认定及接待准备

京的最佳时间"之举，非但未觉有何不妥，反视为清政府"十足友好之举"。①究竟这位大清信使如何与俄国省长商榷的？其所建议使团到达的"最佳时间"是何时？这从4月7日（3月26日）伊尔库茨克等三省总督谢利丰托夫给俄罗斯外交部的报告略可了解。谢利丰托夫在报告中说：中国信使转告了库伦办事大臣的口信，他建议俄国使臣到达北京的时间最好在冬季首月即11月。使臣到达库伦后，可在当地稍事休息，至仲冬即12月抵达北京。之所以如此建议，是因为中国夏季气候酷热，不但路途会更显艰难，大清皇帝本人亦会离开北京前往热河避暑，以待秋凉。在此期间，清朝皇帝只能在热河接见使臣，如此，使臣将无法到达北京。② 分析一下这位总督的报告，我们可以看出：

其一，该总督对清政府的"贡时"建议并未觉得如何不妥，故在报告中对此未加任何不良评述。非但如此，字里行间还对清政府的"贡时"建议流露出理解感谢之意；

其二，该总督报告中所述清政府的"贡时"建议，似与前述嘉庆皇帝给库伦办事大臣谕旨中的意思有些差别。嘉庆皇帝的意思是：俄国使团可以在夏、冬两个时间觐见。可是，谢利丰托夫在报告中却理解为俄国使团最好是在11月到达北京，夏季不宜，因为那样使团只能到达热河，而不能到达北京。造成这种理解的差异，可能有两方面原因：一是信使未将"圣意"表述清楚，可能缘于语言半通不通；二是西伯利亚总督的"故意理解"。在该总督看来，俄国使团一定要在北京觐见皇帝，而不能在热河觐见皇帝。带着如此倾向汇报，来自大清的"圣意"自然就有些偏向了。

然而，此后俄国政府可能忙于应付欧洲事务，以致派遣使团一事慢慢沉寂。从1804年3月底直到8月底，库伦没有收到任何来自俄国政府的相关消息。这种情况弄得清库伦办事大臣和俄国伊尔库茨克省、西伯利亚总督府的官员们如坐针毡。库伦办事大臣屡次派人催问伊尔库茨克，俄西伯利亚总督也屡屡派人催问圣彼得堡。③ 8月底，沙皇亚历山大一世始谕令

---

① Там же. л. 52. Там же с. 63.
② Там же. л. 42. Там же с. 64.
③ Там же. л. 74. Там же с. 67.

西伯利亚总督，要他通知库伦，俄国使团改期于1805年派出，随后以国书形式与清政府商榷。但这个消息传到俄中边境没那么快，因此，9月17日（9月5日），外交部驻恰克图特派员索科洛夫再次致函恰尔托雷斯基，请求迅速把俄国使团派出的时间告知库伦。因为收不到使团的确切消息，库伦办事大臣怕耽误有关接待使团的事务，以致连常年的官假都不敢休。① 为此，10月9日（9月27日），西伯利亚总督再次信询外交部使团到达的时间。②俄西伯利亚地方衙门之所以如此屡次催问圣彼得堡，主要是因为清库伦办事大臣心急如焚，不停地派人催问他们。5个多月了，俄国使团不见踪影，不仅中俄两国边务衙门着急，就连嘉庆皇帝也有些焦急。10月14日，嘉庆皇帝降旨库伦："惟至今伊使尚未前来，著蕴端多尔济等接旨后，即密饬恰克图章京，著其于会晤俄罗斯驻恰克图少校时，详询其国使臣为何今未至等情。应作为该恰克图章京已意询问，勿使少校发觉朕旨。蕴端多尔济等一经获悉实讯，即行奏闻。" 10月27日，库伦办事大臣上奏，报告密令买卖城扎尔固齐前往恰克图打听到的相关消息："奴才叩恩跪读，钦遵办理。为打听俄罗斯使臣何故至今无讯，奴才即作为己意询问恰克图章京克西克。此前奴才曾屡饬克西克暗中打听，竟未得实讯，仅呈报俄罗斯汗之妹与西洋国君之子结亲。又八月间少校邀请克西克及商民，克西克未去，仅商民等前去等语。因区区小事，奴才不便具奏。今据克西克函称：伊接信后，即遵照交付，于九月二十一日亲往少校处探访，趁闲谈之便，询问少校，尔汗欲向我大圣主入贡，由萨纳特衙门咨文理藩院，业经转奏照准。而贵国使臣何故至今无讯？据少校答称，我等亦着急，不知何故延误。今我国平安无事，我汗亦康健，或许使臣于途中患病？若闻知使臣到来准讯，即告理事官。少校言毕，面有焦急之色等情。经恰克图章京克西克暗访，觉少校之言尚可信，并无他故。因路途迢遥，俄罗斯使臣难免途中患病延误。此间使臣有何消息，奴才即速奏闻。"③ 同样内容的交涉，亦见于俄国外交

---

① Там же. л. 75. Там же с. 72.
② Там же. л. 100. Там же с. 73.
③ 嘉庆九年（1804）九月二十四日，《蕴端多尔济奏为遵旨饬恰克图章京访查俄使至今未到缘由折》，第一历史档案馆藏"满文月折档"。

五　北京的热情：清政府对俄国使团性质的认定及接待准备

部驻恰克图特派员索科洛夫的相关报告：10月29日，扎尔固齐于当天来到索科洛夫的私宅，谈及14日（11日）库伦办事大臣派两名专使前来送信，详细了解俄国赴北京使臣究竟何时到达边境，为何如此久一直得不到相关消息，使团是否已被取消。① 由此可见，俄国方面使团音讯全无的情况如果再得不到改善，清政府将会产生很多推测，可能引起不可预测的政治性后果。11月4日（10月23日），西伯利亚总督终于收到了圣彼得堡关于推迟使团访华时间的谕旨。同日，嘉庆皇帝亦谕令库伦办事大臣蕴端多尔济取消觐见谢恩行动，留驻库伦，等待俄罗斯有关使团的信息。② 11月20日，库伦办事大臣收到俄国请求推迟派出使团的国书，并且奏报嘉庆皇帝："俄罗斯汗进贡之事，蒙圣上嘉许，伊等甚为满意，因路途迢遥，今年未及赶至，来年遣使"；"俄罗斯使臣三济哈札布懂蒙语，奴才即问道：俄罗斯汗使臣，今年为何未来？据三济哈札布告称：据闻，入贡一事，虽蒙大圣主允准，然今年凡事未及准备，故使臣未来，来年一定入觐等语。奴才查思，俄罗斯汗虽诚心恳请入贡，而圣主施恩允准与否，伊等并不得知，未能预备贡品是实。何时遣使，想必萨纳特衙门文内有说明。今奴才愚见，来年俄罗斯虽遣使，然俄历年月日与天朝年月日不相吻合，俄罗斯不知，难免再次延误。伏乞圣上睿鉴，为俄罗斯使臣来年何时入觐一事，由理藩院咨文萨纳特衙门，将俄历年月日预先写明告知，俄罗斯方能明白。应否之处，伏乞圣上定夺"。③ 库伦办事大臣的奏折，以体恤的态度对俄国推迟派遣使团表示了深切的理解，句句在理，分析入微，颇能打动人心，尤其提出了一个中、俄历法有别的问题，很有见地。因为要使俄国使团按照清政府所规定的两个"贡时"前来朝贡，那么，势必要考虑到两国的历法差别。库伦办事大臣的奏折果然说服了嘉庆皇帝，随即，清政府在11月29日发

---

① АВПРИ ф. Главный архив. 1-7. оп. 6. 1805г. д. № 1-а. п. 1. л. 102. *Тихвинский С. Л. и Мясников В. С.* Русско-Китайские отношения в ⅩⅨ веке. Материалы и Документы. 1803–1807. Т. 1. М. 1995г. с. 74.

② 嘉庆九年（1804）十月初三日，《谕蕴端多尔济著于库伦留候俄使臣暂不必进京陛见谢恩》，第一历史档案馆藏"满文俄罗斯档"。

③ 嘉庆九年（1804）十月十九日，《蕴端多尔济奏请行文俄萨纳特衙门定准俄使入觐日期折》，第一历史档案馆藏"满文月折档"。

往俄国枢密院的国书中，欣然同意俄国访华使团推迟到1805年，且语气相当平和，并对俄国使团推迟一事表示十分理解。①

12月23日，库伦办事大臣派信使将国书送往俄国边务衙门，同时给伊尔库茨克民事省长卡尔特维林写信，首次直接以书面方式要求俄国使团遵循清政府建议的"贡时"。在此信函中，库伦办事大臣表示了如下几层意思。②

其一，认为俄罗斯地处遥远，消息难通，使团不能如期派出，情有可原。并通告俄国政府，清政府同意俄国使团推迟派出；

其二，明确强调，如次年俄国使团还不能派出，那将被视为"不合于双方睦邻之道"，必定会引起政治后果，清政府的忍耐和理解是有限度的；

其三，明确通告俄国使团只能在冬季觐见，并明确指明是在中国历法（而非俄国历法）的农历十月份觐见。希望俄国认真将中国历法的时间正确换算成俄国历法的时间，以免出错。在此，我们发现，库伦办事大臣此处所表述的"贡时"，与最初嘉庆皇帝谕旨所表述的意思不太一致，倒是与俄伊尔库茨克总督谢利丰托夫的意思类似了；

其四，为了便于清边务衙门筹划接待准备工作，要求俄国政府必须预先告知使团到达边境的时间及其他相关信息。

库伦办事大臣的上述意思，随后于12月29日奏报嘉庆皇帝。③ 1805年1月8日（1804年12月27日），伊尔库茨克总督谢利丰托夫把清政府有关"贡时"的意见也详细报告给了外交部，并已将中国历法的10月换算成俄国历法的11月。此外，谢利丰托夫还认为：使团只有在9月份才有可能安全渡过贝加尔湖，而到12月份该湖则已结冰，无法通行。虽然在湖的周边也有道路可行，但某些地段森林中的道路还没有完全开通，即使用驮

---

① 嘉庆九年（1804）十月二十八日，《理藩院为同意俄于明年再遣使来京事咨复俄萨纳特衙门文》，第一历史档案馆藏"满文俄罗斯档"。

② АВПРИ ф. Главный архив. 1–7. оп. 6. 1805г. д. No 1-а. п. 1. л. 120. *Тихвинский С. Л. и Мясников В. С. Русско–Китайские отношения в* XIX *веке. Материалы и Документы.* 1803–1807. Т. 1. М. 1995г. с. 81.

③ ПИА КНР ф. 3. оп. 197. коробка 3674. конверт 54. 9 год правления Цзяцин. 10–11 луна. Копия на манчурском яз. снятая в Канцелярии Военого совета. Там же с. 82.

五　北京的热情：清政府对俄国使团性质的认定及接待准备

马也非常艰难。故俄国使臣抵达伊尔库茨克的时间以 9 月为最佳。① 由此可见，俄西伯利亚地方衙门对清政府所"建议"的"贡时"意见不但欣然接受，并且从当地的地理环境和气候条件出发，主动说服俄国政府听从清政府的安排。

但库伦办事大臣过于积极的态度招致嘉庆皇帝的不满。1805 年 2 月 13 日，嘉庆皇帝降旨库伦办事大臣，指责他不但擅自将两个适当的"贡时"变为一个"贡时"，且过于热心、频繁催问俄国使团访华一事的行为不妥。"宗主国"的大国风度要求态度上应该"端着点儿"："前据蕴端多尔济等叠次具奏，俄罗斯国情愿遣使前来京城瞻觐。朕念俄罗斯等恭顺，依其请求准行，并非请求俄罗斯前来。俄罗斯好于猜疑，此时蕴端多尔济等惟静候其信，断不可攀说。俄罗斯若果然恭顺，其使臣若于今年六、七月间抵达库伦，蕴端多尔济等即准伊等由库伦启程于万寿节前抵达京城。若值冬季抵至库伦，库伦甚属寒冷，俄罗斯等不能适应，京城气候比库伦暖，既然伊等由北向南行走，气候渐暖，又有何不可？著蕴端多尔济等仍遵前旨，使该使臣等由库伦启程后约于年末抵京。倘或今年内不能前来，来年春季方能抵达，著蕴端多尔济等估计朕巡幸避暑山庄之际，将该使臣等送往热河瞻觐。总之，蕴端多尔济等惟候俄罗斯等信息，待获实信后，务再具奏请旨遵行。断不可视为专办之事，一再向俄国政府攀问。"②

分析一下这份谕旨，我们可以推断：

其一，在对待俄国使团这件事情上，库伦办事大臣与清政府中枢在态度上存在着一些不和谐音符。如前所述，以清朝为中心的东亚国际关系体制——"天朝体制"维系"天下共主"与"朝贡属国"关系的最主要的方式不是武力征服，而是文化的感召。属国来朝完全出于心甘情愿，宗主国用不着催逼。关于这一点，库伦办事大臣似乎理解不很透彻。作为天朝边务衙门的领导，他们多次主动积极地与俄伊尔库茨克和恰克图等俄

---

① АВПРИ ф. Главный архив. 1–7. оп. 6. 1805г. д. No 1–а. п. 1. л. 112. Там же с. 86.
② 嘉庆十年（1805）正月十四日，《谕蕴端多尔济惟静候俄使臣来华讯息遵旨而行切不可一再向俄国政府攀问》，第一历史档案馆藏"满文俄罗斯档"。ЦГИА Монголии. ф. М–1. д. No 639. л. 24–25. Там же с. 100.

国地方边务衙门接触，态度未能"端着点"，因而遭到嘉庆皇帝的批评。在这份谕旨中，嘉庆皇帝明确指示库伦办事大臣的态度只有两个字，就是"静候"；

其二，嘉庆皇帝在谕旨中再次明确指示：俄国使团仍然可以在秋、冬两个时间访华，秋季到承德避暑山庄，冬季则到北京。原定的两个适当"贡时"仍然不变。很显然，嘉庆皇帝对库伦办事大臣将俄国使团的"贡时"限制为冬季一个时间十分不满。由此可见，在这次中俄交涉的实际操作过程中，库伦办事大臣存在着曲解清政府中枢政策的行为。至于是否有意或无意，尚无法判定。在清代中外关系史中，地方基层外交行为的不妥，以及由此形成地方与中央在对外交涉中步调的不一致，往往造成许多不必要的麻烦。

从相关史料来看，俄国政府上上下下谁也没有觉得清政府规定使团到达北京的时间有何不妥。对于前述伊尔库茨克总督谢利丰托夫就使团抵达边境时间的建议，亚历山大一世全盘接受。4月1日（3月20日），沙皇亚历山大一世谕令西伯利亚总督，命他告知清库伦办事大臣，俄国使团"将不晚于9月份抵达边境"。① 5月21日（5月9日），伊尔库茨克将此信送达库伦。② 至此，中俄双方为"贡时"而引发的交涉已基本上告一段落。清政府基本上达到了自己的目的，成功规定了俄国使团的"贡时"。

（三）"贡道"：清政府对俄国使团进京路线的规定

清政府把即将派来的俄国访华使团认定为"朝贡使团"，而非平等国家之外交使团，还有一个表现，那就是"贡道"的规定。根据"天朝体制"，外国前来中国朝贡，必须按照预先规定的道路行走。像典型的属国朝鲜，对其规定的贡道为："平壤→义州→鸭绿江→凤凰城→盛京→广宁→辽东→

---

① АВПРИ ф. Главный архив. 1–7. оп. 6. 1805г. д. № 1–а. п. 20. л. 122. Там же с. 112.
② Там же. п. 22. л. 88. Там же с. 133.

五　北京的热情：清政府对俄国使团性质的认定及接待准备

连山驿→沙河→山海关→通州→北京。"① 每个贡国由于地理位置不同,都有属于自己的"贡道",一般不得更改。② 至于仅存商贸和一般松散外交关系的"余国"(即"互市之国")如英国、俄罗斯等,虽然清朝在观念上把它们也当作"朝贡国",但在实际操作过程中,仍然与关系密切的"属国"有些区别。最主要的区别是这些"余国"并不是经常来"朝贡",仅仅偶尔来"朝贡"。因此,它们自然不像朝鲜、琉球等属国那样有所谓固定的"贡道",基本上都是临时来贡则临时决定"贡道"。像乾隆五十七年九月,乾隆皇帝就准许英国"贡船"顺海路到天津,然后由天津到北京,再到承德避暑山庄。③ 实际上,俄罗斯与英国的情况差不多,都属于"余国"之列,因此,也并无"贡道"的硬性规定。如前所述,基于两种不同的"贡时",俄国使团的"贡道"也有两途：如果冬季到达,使团就从圣彼得堡经库伦直接到北京；如果夏季到达,那么,就从圣彼得堡经库伦绕过北京直接去承德避暑山庄。

从中俄两国关系史来看,俄罗斯使者到北京的路途,如以中国为坐标,就方向来说,自西徂东,一般有三途。

（1）西路。具体路途为：托波尔斯克→捷斯克尔→瓦盖河→额尔齐斯河→塔拉城→亚梅什盐湖→卡班加松→呼和浩特→卡尔甘（张家口）→宣化→鸡鸣驿→土木堡→怀来→岔道口→南口→昌平→汗八里（北京）。④ 这条线路在中俄《尼布楚条约》签订之前,曾是中俄通使通商的主要路线,路途遥远且因经过蒙古游牧区,非常艰险。除1656年的巴伊科夫使团走过这条路以外,⑤ 1658年的佩尔菲利耶夫（И. Перфильев）、阿勃林商队,以及1668年再次来华的阿勃林商队都经此路入华。实际上,这条"贡道"之

---

① 参见付百臣主编《中朝朝贡制度研究》,吉林人民出版社,2008,第153页。
② 参见李云泉《朝贡制度史论——中国古代对外关系体制研究》,新华出版社,2004,第143页。
③ 中国第一历史档案馆编《英使马戛尔尼访华档案史料汇编》,第280页。
④ 参见苏联科学院远东研究所编《17世纪俄中关系：资料与文件》第1卷第2册,厦门大学外文系译,黑龙江大学俄语系校,商务印书馆,1978,第243-262页。
⑤ 〔俄〕尼古拉·班蒂什-卡缅斯基编著《俄中两国外交文献汇编》（1619-1792）,第24页。

归化至北京段也是蒙古准噶尔部给清政府进贡的贡道（所谓"请由喀尔喀地方行走"是也）。① 因此，随着 17 世纪下半叶准噶尔部的叛乱，此道自然沉寂。

（2）东路。此路主要走叶尼塞河流域，经伊尔库茨克→尼布楚→额尔古纳河→根河→脑温江（嫩江）→喜峰口→遵化→蓟县→三河→通州→北京。1670 年，尼布楚军役人员米洛瓦洛夫出使中国，"他们的行程是由涅尔琴斯克到额尔古纳河，然后在祖鲁海图地区渡过额尔古纳河，再过根河之后，朝海拉尔河进发，翻越大兴安岭，沿雅鲁河河谷直下嫩江，来到当时的脑温城，该城距今日的齐齐哈尔不远。旅行者由此朝西南方向前进，先穿过草原，然后经山区过蒙古东南地区，前出至中国长城要塞喜峰口"。② 1675-1677 年的斯帕法里使团、1693 年的伊杰斯使团③ 也是走的这条道。1689 年中俄签署《尼布楚条约》以后，此道一度兴盛，成为中俄商队贸易之主路。直到 1728 年中俄签订《恰克图界约》以后，恰克图成为中俄边境贸易点，东路始沉寂。

（3）中路。中路基本走向为自伊尔库茨克至色楞格斯克（原名楚库柏兴），经恰克图、库伦、张家口一线入京，自张家口至京一段与西路重合。此路属后来居上，17 世纪下半叶才有俄国使者和私商行走。1674 年，客商菲拉季耶夫（О. Фелатьев）派手下罗曼诺夫（Романов）带着货物从色楞格斯克经蒙古前往中国。这可能是南行经蒙古戈壁到中国的第一支商队。④ 1697 年，为派遣朗古索夫（Lyangucoff Spiridon）和萨瓦季耶夫商队去中国经商，沙皇政府在给伊尔库茨克长官和尼布楚城税务人员的命令中曾特意指出："商队应随带这些商品取道尼布楚和满洲前往中国，因为经由色楞格斯克和蒙古的路线由于中国和喀尔喀人之间的战争而不能通过

---

① 《清世宗宪皇帝实录》卷 31，第 7 册，中华书局影印本，1985，第 472 页。
② 苏联科学院远东研究所编《17 世纪俄中关系：资料与文件》第 1 卷第 3 册，第 847 页；另参见〔俄〕尼古拉·班蒂什 - 卡缅斯基编著《俄中两国外交文献汇编》（1619-1792），第 34 页。
③ 〔俄〕尼古拉·班蒂什 - 卡缅斯基编著《俄中两国外交文献汇编》（1619-1792），第 91 页。
④ *Бахрушин С. В.* Торги гостя Никитина в Сибири и Китае. Научные труды. М. 1955. Т. 3. Ч. 1. с. 228.

五 北京的热情：清政府对俄国使团性质的认定及接待准备

了。"① 这说明，17世纪下半叶，很多俄罗斯商人已经行走在这条从色楞格斯克经蒙古、库伦、张家口到北京的路了。随着这条路线距离相对要近的优越性已经逐渐为俄罗斯人所认识，所以，1704年，萨瓦季耶夫商队就请求清理藩院允许他们经此路回国。此后，当他在伊尔库茨克遇到奥斯考尔考夫（Ockolkoff Peter）商队时，亦极力建议他们走这条路。1706年，商人奥斯科尔科夫申述："由尼布楚到北京要用一百五十天，即5个月左右。而由色楞格斯克到蒙古和库伦，再经戈壁到张家口的较为直接的路线则仅用70天。因此，尽快利用这一路线是合乎俄国人利益的"，加之18世纪初"从额尔齐斯河走的路线被喀尔喀人封锁了，因此，只剩下满洲和蒙古这两条进入中国的路线。满洲路线是一条安全的路线，而且沿途有齐齐哈尔和墨尔根这种商业中心。但是这条路线经由尼布楚向东，要走上一大段弯路，因此需要五个月行程"。② 也就是说，中路比东路的旅程要少花三个月时间，这对商人来说本身就是一个巨大的利益。但商队改换路线，不再经过尼布楚，影响了尼布楚海关的税收和繁荣。因此，改变商路一事首先遭到尼布楚城官员的极力反对。他们为了自身的利益，极力阻碍商队行走中路。1705年，尼布楚城长官彼得咨文清理藩院：一是声明商人改道，并未经尼布楚城长官批准，也没有俄国沙皇的谕旨；二是未知清理藩院允许俄商改道，是权宜之计，还是长久法令？今后俄商究竟走那条道？③ 埋怨清理藩院允许商人绕过尼布楚，以致"欠交尼布楚税银及未还债务事"无法了结，④ 并称："今奉俄罗斯君主由莫斯科寄我之谕旨，令商头格里戈里·奥斯考尔考夫等，仍由嫩江经尼布楚返回。为此，请按我俄罗斯君主之谕旨，将伊等遣回尼布楚。俄罗斯君主由莫斯科特遣为首之莫斯科维奇·加夫里洛·阿尔捷莫夫，由尼布楚向商人征收什一税。嗣后，不准俄罗斯商人行走他路，若走他路，则拿送尼布楚。"⑤ 为此，清理藩院多次行文尼布楚及圣彼得堡，

---

① 〔法〕葛斯顿·加恩：《早期中俄关系史》（1689-1730），1961，第50页。
② 〔法〕葛斯顿·加恩：《早期中俄关系史》（1689-1730），第52-60页。
③ 中国第一历史档案馆编《清代中俄关系档案史料选编》第1编上册，第247-248页。
④ 中国第一历史档案馆编《清代中俄关系档案史料选编》第1编上册，第254页。
⑤ 中国第一历史档案馆编《清代中俄关系档案史料选编》第1编上册，第259页。

进行解释：理藩院之所以允许俄商改道，是因为俄商自己说是遵照俄国沙皇的旨意行事。俄国沙皇的旨意是"尔等去时，当择好路、近路而行。若伊万·萨瓦捷耶夫等所来之路好，则走伊万·萨瓦捷耶夫等所来之路"，商人们说："途中，我等曾遇见伊万·萨瓦捷耶夫等并询问其路途情形。伊告称：因鄂尔昆图拉、色楞格路近，我等乞奏至圣皇帝怜爱我等，准由鄂尔昆图拉、色楞格路返回等语。我等视其路近，故亦由鄂尔昆图拉、色楞格路前来，并将疲惫之马畜留于喀尔喀。返回时抵达我边界后，我属人员将携带牲畜、盘缠钱来迎接。我等借此方能返回我京城。既然尼布楚路远，鄂尔昆图拉、色楞格路近，我等绝不违我察罕汗之谕旨而从彼得之言去尼布楚，请仍准我等由鄂尔昆图拉、色楞格路返回。"对此，清理藩院觉得俄商言之有理："故此，准格里戈里·奥斯科尔科夫等仍由鄂尔昆图拉路返回。此路既近，嗣后若尔商人前来，皆可走鄂尔昆图拉路。"① 1706年1月11日（1705年12月31日），尼布楚城长官彼得再次致函清议政大臣，仍然坚持"俄罗斯君主谕令商头格里戈里·奥斯科尔科夫基所属商人仍由尼布楚通行。嗣后，不准俄罗斯商人行走他路，只准走尼布楚路。若走他路，则拿送尼布楚，依俄罗斯君主之法，将其治罪"。② 尼布楚城长官彼得的这种态度令清政府很不高兴。尼布楚城长官与俄商各执一端，究竟俄罗斯君主的旨意是要商队走哪条路？为此，理藩院随即于康熙四十五年（1706）三月份分别行文俄国议政大臣和尼布楚城长官，内称："既然今尔商头与尔地方官双方不睦，彼此言辞混乱，故在此间凡前来相告之事本院实难凭信，只得暂停处理，待尔察罕汗文书到后，再准入境。"③ 鉴于尼布楚地方官与商头之间的矛盾，清政府决定暂停商队入境贸易。这样一来，问题就变得严重了，俄罗斯政府不能在这个问题上继续含糊了。果然，1706年8月29日（8月18日），沙皇颁旨："已由莫斯科派遣商人米哈伊洛·硕林，命彼取道色楞格斯克经由鄂尔昆图拉前往中国，而不假道涅尔琴斯克。"④ 至此，俄商京师互市贸

---

① 中国第一历史档案馆编《清代中俄关系档案史料选编》第1编上册，第260-261页。
② 中国第一历史档案馆编《清代中俄关系档案史料选编》第1编上册，第265页。
③ 中国第一历史档案馆编《清代中俄关系档案史料选编》第1编上册，第270页。
④ 中国第一历史档案馆编《清代中俄关系档案史料选编》第1编上册，第288页。

五 北京的热情：清政府对俄国使团性质的认定及接待准备

易商道终于改道成功。商道的改变，产生了一系列后果：一方面，从 18 世纪上半叶开始，这条经色楞格斯克、库伦至北京的商道即所谓"中路"便成为中俄之间商贸关系的主要路途，由此带动库伦及恰克图边贸点的兴盛，到 18 世纪中叶就彻底改变了传统的中俄贸易、外交关系的格局；另一方面，由于商道的改变，导致尼布楚贸易自此冷清，以致尼布楚城长官彼得不得不亲自致函黑龙江将军博定，请求派遣华商去尼布楚经商："先前我君主派往贵国贸易之人，均行经本城，本处贸易尚盛。今因不走此路，本处贸易顿衰。现本长官所属人员既仍去贵处贸易，也请将军处派人前来本处贸易。本处虽无珍物，单马、狼、狐、獭、灰鼠等毛皮甚多。"① 但遭到黑龙江将军的拒绝。尼布楚城的繁盛时代一去不复返。

当然，从 18 世纪初叶开始由商队开拓的这条新商路同时也具有了外交上的意义。这种意义是由中俄两国共同赋予的。1712 年 6 月，为了"防止土尔扈特与准噶尔互相结合，并访察俄国山川险要及民情国力"，② 清政府派内阁中书兼侍读图理琛等人出使游牧在伏尔加河流域的土尔扈特部。该使团是清政府派出的首个外访的使团。据记载，他们一行五人从北京出发，经张家口、越兴安岭到达蒙古的库伦，然后北上至色楞格斯克。③ 这实际上走的就是早期俄国商人开辟的中俄贸易中路。紧接着，1720 年，俄国派伊兹玛依洛夫使团访华，使团"由 5 月 28 日至 9 月 16 日停留在色楞格斯克，穿过蒙古，取道张家口直达北京"，④ 走的也是这条贸易中路。1725 年，俄国又派遣萨瓦·弗拉季斯拉维奇使团访华，该使团经托波尔斯克、伊尔库茨克，渡贝加尔湖达色楞格斯克，然后至布拉河，与前来迎接的隆科多（?-1728）、伯四格等一块行经蒙古戈壁、张家口到达北京，⑤ 走的也是贸易中路。萨瓦·弗拉季斯拉维奇使团访华的重要外交成就就是中俄双方签署了意义重大的《布连斯基界约》《恰克图界约》等系列界约。前者主要解

---

① 中国第一历史档案馆编《清代中俄关系档案史料选编》第 1 编上册，第 289 页。
② 李齐芳：《中俄关系史》，台北：联经出版事业公司，2000，第 80 页。
③ 庄吉发校注《满汉异域录校注》，台北：文史哲出版社，1983，第 17-25 页。
④ 〔法〕葛斯顿·加恩：《早期中俄关系史》(1689-1730)，第 88 页。
⑤ 〔俄〕尼古拉·班蒂什-卡缅斯基编著《俄中两国外交文献汇编》(1619-1792)，第 146-152 页。

决了悬而未决的中俄中段边界问题。至于后者，不仅进一步确立了中俄中段边界的走向，且其第六条有关"邮路"的规定更具重要意义："送文之人俱令由恰克图一路行走，如确实有紧要事件，准其酌量抄道行走。倘有意因恰克图道路遥远，特意抄道行走者，边界之汗王等、俄国之头人等，彼此咨明，各自治罪。"① 其一，该条款表面讲的虽只是邮路或信使之路，但所谓邮差或信使，传递的都是两国外交文书，因此，其本身也就具有了外交含义，"邮路"从而与"贡道"密切相关；其二，该条款言明，中俄之间以贸易中路作为"邮路"，中俄两国信使均不能随便变更，此后，无论是俄国使团或信使的往来、还是负有外交使命的东正教驻北京布道团的换届，都循此道行走。也就是说，从18世纪上半叶开始，脱胎于中俄贸易商路的这条"贸易中路"开始扮演俄国"贡道"的角色，一直持续到19世纪中叶。②

根据1806年1月6日（1805年12月25日）外交部驻恰克图特派员索科洛夫的报告，戈洛夫金大使就沿着这条由清政府指定的"贡道"前往北京，其进入华境的第一站安排在距恰克图20俄里的一个叫赞莫多的地方，位于布拉河岸边；第二站在鄂尔浑河岸边。所有各站均由中国政府决定。据索科洛夫探知的驿路情况，由恰克图至库伦为11站，由库伦至张家口（卡尔甘）为47站，由张家口至北京为5站，总共63站。③ 另据俄文资料，清政府所指定的由恰克图至北京的这条"贡道"具体而微又可分为东、中、西"三道"，俄使可以自由选择。最后，戈洛夫金大使选择了"西路"，又称"台路"。④

总之，当清政府得知俄国派遣使团访华的消息后，就以嘉庆皇帝本人行止所在而将俄国使团的"贡道"确定为夏季"贡道"和冬季"贡道"。夏季，嘉庆皇帝照例去承德热河行宫。如果俄国使团春季赶到，那么就从库

---

① 《中俄边界条约集》，商务印书馆，1973，第13页。
② Путешествие архимандрита Софрония Грибовского от Пекина до Кяхты в 1808 году. Сиб. вестник. 1823г. ч. 1 с. 1-62；*Ковалевский Е. П.* Путь каравана. Журнал для чтения воспитаникам военно-учебных заведений. 1846г. Т. 62. № 245. с. 7-27；*Палладия.* Дорожный заметки на пути по Монголии в 1847 и 1859 гг. СПБ. 1892г.
③ АВПРИ ф. Главный архив. 1-7. оп. 6. 1805г. д. № 1-а. п. 25. л. 292. *Тихвинский С. Л.* и *Мясников В. С.* Русско-Китайские отношения в Ⅹ Ⅸ веке. Материалы и Документы. 1803-1807. Т. 1. М. 1995г. с. 380.
④ Там же п. 26. л. 268. Там же с. 422.

伦经张家口直接往东到承德热河行宫觐见；而如果俄国使团冬季赶到，那么就应从库伦经张家口直到北京觐见。实际上，"贡道"虽说两途，但大部分路程是重复的。且由于俄国使团事实上夏季到不了中俄边境，9月以后，贝加尔湖冰冻又不便行走，因此，天时地理人事立体决定了俄国使团只能是9月份到中俄边境，然后冬季到达北京。如此，理论上的两道便变成了实际的一道，也就是历史上形成的"贸易中路"。当然，清政府对俄国使团"贡道"的规定，俄国政府基于实际情况和历史背景，并未感到有何不妥。然清政府与库伦办事大臣之间为规定俄国使团的"贡道"一事而"函来信往"，喋喋不休，充分表明清政府对俄国使团"进贡"一事的重视。

（四）"贡护"：清政府对俄国使团路途安全的考虑

作为东亚区域性国际关系体制的"天朝体制"，除了对朝贡的"贡时""贡道"都有详细的规则外，比较重要的还有对"贡护"的考虑。自古以来，天朝体制对"贡护"问题一直考虑比较周全，一般包括"贡道"沿途的卫护、官员陪同、生活安排和驮马车辆等运输工具的供应以及驿站宾馆的修缮等。在清政府看来，"贡护"的周到与得体是显示天朝势力的一个窗口。这既是"天朝体制"的既定方针，亦是"天朝体制"的历史传统。

乾隆五十八年，当得知英国将派遣使团来华"朝贡"的消息后，好大喜功的乾隆皇帝心中十分高兴。在他看来，这是大清帝国声威远播的结果。为此，他特谕军机大臣，指示沿途接待即"贡护"事宜："因降旨海疆各督抚，如遇该国贡船进口，即委员照料护送进京。因思乾隆十八年，西洋博尔都噶尔国，遣使进贡，系由广东澳门收泊。其时，两广总督阿里衮，曾于海岸处所，调派员弁，带领兵丁，摆齐队伍，旗帜甲仗等项，皆一体显明，以昭严肃。此次英吉利国贡船，进口泊岸时，自应仿照办理。此等外夷，输诚慕化，航海而来，岂转虞有他意。但天朝体制观瞻所系，不可不整肃威严，俾外夷知所敬畏。现今海疆宁靖，各该督抚，均未免意存玩忽。近海一带营伍，可想而知。着传谕各该督抚等，如遇该国贡船进口时，务先期派委大员，多带员弁兵丁，列营站队，务需旗帜鲜明，甲仗精淬，并

乾隆皇帝（1711-1799），爱新觉罗·弘历，清高宗

将该国使臣及随从人数、并贡件行李等项，逐一稽查，以肃观瞻而昭体制。外省习气，非废弛因循，即张大其事，甚或成畏事之见，最为陋习。此次承谕办理，务须经理得宜，固不可意存苟简，草率从事，亦不可迹涉张皇，方为妥善也。"①

乃父乾隆皇帝的这种做法对嘉庆皇帝有着十二分的影响。资料显示，嘉庆皇帝对俄国使团的接待工作也基本上遵循乾隆皇帝制定的上述原则：面子第一，态度认真而不过分！

嘉庆皇帝一锤定音，同意接待俄国访华使团，首先紧张起来的是中俄边境中段防务体系的首脑库伦办事大臣。5月6日（4月27日），伊尔库茨克副省长希什科夫致函库伦办事大臣，通告了俄国访华使团的相关事务：

（1）俄国政府任命了"二等文官、枢密官、国家院部大臣、皇帝陛下至尊宫廷和俄国各骑士团总典礼官、御前高级侍从、赏戴勋章尤里·亚历山大罗维奇·戈洛夫金伯爵为特命全权大使"；

（2）使团将遵照清政府所规定的"贡时"，将不迟于9月抵达中俄边境，并将提前通告"有关其随行官员的构成，执役人员和车辆等情"；

（3）换届布道团成员将随使团行动；

（4）要求清边务衙门为访华使团准备"运送全俄皇帝陛下赠送博格德汗陛下礼品的车辆、特命全权大使先

---

① 中国第一历史档案馆编《英使马戛尔尼访华档案史料汇编》，第27-28页。

五 北京的热情：清政府对俄国使团性质的认定及接待准备

生及其随行官员所乘马车以及运送其行李的车辆，共需马500匹，其中挽马150匹"，还要配备"向导"；如果中方无法准备150匹挽马，请预先通知俄方，以便伊尔库茨克准备挽马和向导，随使团入境。①

对此，库伦办事大臣不以为然，他们在5月24日给嘉庆皇帝的奏报中认为伊尔库茨克副省长的这封信"语气不甚明白"，尚存如下问题：

（1）俄国使团到达中俄边境的时间问题。伊尔库茨克副省长通报，俄国使团将在9月份到达中俄边境。但究竟是俄历还是大清历，没有交代清楚。如果指的是俄历9月份，据库伦办事大臣的推算，俄历9月份实际上相当于清历的8月份。如此，俄国使团要在边境滞留两个月之久，然后于10月份前往库伦，大约可以在12月初到达北京。俄国使团如此长时间滞留边境对中俄边务未必是好事。

（2）虽然副省长没有直接告知使团人数，但从马匹的需求量可以推测，使团一定十分庞大。库伦办事大臣认为俄国访华使团人员数量过于庞大，且随员不懂蒙语、满语（此信息不知从何得来，上述希什科夫的信函中并未言及此事）。

（3）库伦办事大臣反对使团夹带换届布道团。按照中俄两国之间的外交惯例，俄国使团的花销全由清政府负担，但布道团换届的路途费用应由俄国政府负担。

（4）就清朝边境防务体系的情况看，马匹、牲畜、粮食供应尚不成问题，但俄国的马车尺寸较宽，且为四轮，而自库伦至张家口皆为蒙古驿站，无法找到受过训练的挽马，因此建议所需150匹挽马由俄罗斯人自己准备。

（5）副省长并未按照清政府的要求通报"贡品"的数量及种类等信息。②

库伦办事大臣所提出的这些问题，与后来中俄两国就俄国使团问题所进行的相关争论有着密切关系。这说明，嘉庆十年在中俄边境所发生的

---

① АВПРИ ф. Главный архив. 1–7. оп. 6. 1805г. д. № 1–а. п. 22. л. 79–81. *Тихвинский С. Л. и Мясников В. С.* Русско–Китайские отношения в XIX веке. Материалы и Документы. 1803–1807. Т. 1. М. 1995г. с. 120–121.

② ЦГИА Монголии. ф. М–1. д. № 639. л. 92–100. Там же с. 135–137. 另见嘉庆十年（1805）四月二十六日《蕴端多尔济等奏报收到俄省长来文得知俄使前来信息等情折》，第一历史档案馆藏"满文月折档"。

围绕俄国使团的冲突实起源于地方层面的中俄交涉。清政府主持地方层面中俄交涉的官员们对事情的看法在某种程度上直接影响了清政府中枢的决策。

同日,库伦办事大臣经过考虑,就接待俄国访华使团一事再奏,提出了自己的要求和建议。

(1)有关俄国使团进京沿途所需资源筹备问题的两点建议。一是"查得,阿尔泰军站及奴才等所辖喀尔喀各驿牲畜等皆不足用。故奴才等钦遵训谕,议定需用马驼车蒙古包等数目,行文察哈尔都统佛尔卿额、直隶总督颜检,请转饬各处,于就近各扎萨克、旗、州县征调马、驼、蒙古包等物,好生协助各驿,使俄罗斯使臣顺利通过";二是请求允许自己提前一天出发,以便预先统筹分配路途一切相关资源,以免临时混乱。

(2)有关接待与沿途陪同俄国使团的专业人才问题的建议。一是请求理藩院派遣优秀干练的章京官员,参与沿途接待与陪送、护卫、迎接等工作。这既是维护天朝面子的需要,也是威服俄国使团的需要;二是考虑到库伦办事衙门"惟奴才处除委署主事托克托布外,并无其他章京,亦无懂俄语之通事。使臣虽带有满蒙语通事,然究系外藩之人,奴才若有晓谕之事,亦不能信赖伊等",因此建议"由部派遣曾于库伦办事稔知俄情之贤能章京二名,笔帖式一名,于八月初来至库伦,随同奴才蕴端多尔济护送俄使。再,可否由京城俄罗斯馆派一俄语通事至库伦"。①

6月7日,军机处给库伦办事大臣发来谕旨,明确回答了库伦办事大臣奏章中所提到的主要问题。

(1)沿途资源的支配权问题。"俄罗斯使臣所需马、驼、车辆、帐幕等项,于该使臣瞻觐之事定准后,由蕴端多尔济等处充足核算,咨行佛尔卿额等,于所经诸驿站备办。"按照军机处的意思,沿途接待的资源配备需要等俄国使团"瞻觐"确定后再行考虑,同时,库伦办事大臣应先统计沿途已备资源情况,缺失部分授权库伦办事大臣沿途征用。

---

① 嘉庆十年(1805)四月二十六日,《蕴端多尔济等奏报各驿马牲均不敷用并请由京派遣章京通事等情折》,第一历史档案馆藏"满文月折档"。

五　北京的热情：清政府对俄国使团性质的认定及接待准备

（2）接待人员的配备问题。"俄罗斯使臣抵达之际，著理藩院拣派曾于库伦当差、熟谙俄情之章京、笔帖式、通事等，交付库伦派用。应派出之蒙古公、扎萨克等，亦由蕴端多尔济处选择具奏后遣派。届时朕再特遣大臣，与蕴端多尔济一同伴送。"① 可见，为了接待俄国使团，嘉庆皇帝是有求必应，不但答应派遣俄语翻译和熟悉俄情的章京、笔帖式等官员到库伦参与接待工作，且决定另派一位钦差大臣与蕴端多尔济一同陪护使团进京。其实，属于制度层面的事情都好说，比较受限制的是专业层面如翻译的问题。资料显示，嘉庆时期，北京的俄罗斯文馆尚未能培养出合格的俄语翻译。② 因此，在翻译问题上，北京答应爽快，但恐怕会是一句空话。

翻译问题，不仅中方存在困难，俄方在满、汉翻译方面的人才也一样捉襟见肘。1805年7月20日（7月8日），戈洛夫金刚出发，恰尔托雷斯基就写信告诉他，亚历山大一世皇帝准许他在边界地区选用他中意

---

① 嘉庆十年（1805）五月初十日，《谕库伦办事大臣蕴端多尔济须令俄使臣大减随行人数后再准其进京朝觐》，第一历史档案馆藏"满文俄罗斯档"。

② 康熙四十七年（1708），鉴于中俄交涉事务愈来愈频繁，康熙皇帝有意培养自己的俄文翻译，遂设"俄罗斯文馆"，开始培养俄语人才，并且取得了不菲成绩（张玉全：《俄罗斯馆始末记》，《文献专刊》，1944，第49－61页）。但是，一方面，清政府整体上不重视外语教育，一般学子也不屑于学习外文；另一方面，俄语教学条件不好，教师、教材都缺乏。因此，俄罗斯文馆俄语教学时断时续，未能大成。到乾隆年间，俄罗斯文馆又兴盛了一阵，培养出了一些俄语人才。如员承宁就因俄文不错而获得乾隆皇帝的赞许："新授直隶州知州员承宁，熟习俄罗斯文字。向来俄罗斯事件，俱能悉心妥译。今将员承宁留京，遇有此等事件，尚属得力之员。员承宁，著开其所补知州员缺，仍留京以员外郎补用。但念伊家计维艰，行走未免拮据，著加恩交部。遇有各库员外郎缺出，或钱局监督员缺，即将员承宁奏请坐补。员承宁，嗣后益当感激朕恩，于一切差使，倍加奋勉。所有俄罗斯学生，务须悉心训课。"（《清实录高宗纯皇帝实录》卷1375，第26册，中华书局影印本，1985，第461页）根据档案资料，嘉庆十年五月，俄罗斯来文由俄罗斯馆译为满文呈览，见嘉庆十年（1805）五月初十日，《庆桂等为呈览咨俄文书等事奏片》，第一历史档案馆"满文俄罗斯档"；然嘉庆十年九月，又载俄国萨纳特衙门来文由"俄罗斯学堂"译出，见嘉庆十年（1805）九月初八日，《庆桂等为呈览俄国政府来文之俄文及拉丁文译本及其与满文本有所差别等事奏片》，第一历史档案馆"满文俄罗斯档"。在大多数情况下，极有可能是"俄罗斯馆"负责俄译汉（满），而"俄罗斯文馆"则负责汉（满）译俄，见嘉庆十年（1805）五月初十日，《庆桂等为呈览咨俄文书等事奏片》，第一历史档案馆藏"满文俄罗斯档"。既然仍需"俄罗斯馆"参与译事，至少说明此时"俄罗斯文馆"尚不足以独立承担翻译任务。

的翻译官。① 然而,使团二秘在恰克图给戈洛夫金大使的报告中却对此很不乐观。根据他的调查,当时恰克图根本找不到合格的翻译。并且已探明,现驻北京的四名翻译中,有一人已经疯了。恰克图海关负责人瓦尼方季耶夫(П. Д. Ванифантьев)认为这三人都可胜任翻译,尤其多次夸奖三人中的一人。但这些能胜任翻译的人都在北京,现在的问题是使团旅途中必须多准备一名翻译,以便在弗拉德金生病时替代。对此,瓦尼方季耶夫说毫无办法,他自己同买卖城商人或扎尔固齐谈话时,都是由中国人当翻译。在西伯利亚,他唯一认识的一位翻译是伊尔库茨克的帕雷舍夫(А. И. Парышев)先生。② 也就是说,在恰克图,俄国边务衙门也没有像样的满文翻译。

12月6日,库伦办事大臣就陪护俄国访华使团入京的人事安排问题再次请示。根据计划,俄国使团分两批进京,一批是使团成员,一批是贡品车队。库伦办事大臣建议:"仍依前降谕旨,从护送俄使之喀尔喀札萨克内简选懂满语者。今经奴才验看,喀尔喀车臣汗部贝勒那木札尔多尔济、土谢图汗部札萨克贝子宁何多尔济、两人都懂满语,且能随奴才护送俄使及贡品。故奴才将此具奏,至由谁护送俄罗斯为首使臣,谁护送贡品,伏候圣裁。此次俄罗斯载贡品之车,皆为四轮大车,连同俄罗斯官员乘坐之车,共八十辆既已奏准分两队而行,则备办所需马驼羊蒙古包等什物时,须多派蒙古官员;奴才又思及须派熟悉俄情之人,故请由蒙古二部派遣八名台吉官员。若圣上准奴才等所请,则先派贝勒、贝子官员抵恰克图往迎俄罗斯使臣。谨将其职名另片奏览,应否之处,伏乞圣鉴。"③

库伦办事大臣所确定的这份陪护名单为:"遣派护送俄罗斯首席使臣之官员职名单:一等台吉巴克扎布、一等台吉哈尔查嘎、二等台吉哈

---

① АВПРИ ф. СПБ Главный архив. I -7. оп. 6. 1805г. д. No 1-а. п. 7. л. 7. *Тихвинский С. Л. и Мясников В. С.* Русско–Китайские отношения в XIX веке. Материалы и Документы. 1803-1807. Т. 1. М. 1995г. с. 187.

② Там же. п. 24. л. 124. Там же с. 243.

③ ЦГИА Монголии. ф. М-1. д. No 639. л. 459-464. Там же с. 336-337. 嘉庆十年(1805)十月十六日,《蕴端多尔济等奏为请旨遣员至恰克图迎俄使及备办所需马驼什物事折》,第一历史档案馆藏"满文月折档"。

五 北京的热情：清政府对俄国使团性质的认定及接待准备

尔查嘎、二等台吉车林扎布、协理台吉达西敦多布；遣派护送贡品之官员职名单：一等台吉孟古、协理台吉德米特、协理台吉恩克图鲁、副都统噶尔丹。"①

12月14日，军机处向库伦转达嘉庆帝谕旨，对沿途的护卫问题做出具体指示："护送该使臣等时，即差遣扎萨克贝勒那木扎尔多尔济、台吉齐巴克扎布、哈尔查嘎、车凌扎布、达西敦多布，伴同为首使臣前来。差遣扎萨克贝子宁何多尔济，台吉孟古、德米特、哼克图鲁，副都统洋丹，照料贡品前来。所需马匹、车辆等什物，业已交付佛尔卿额、裴行简妥善备办。至于部院章京、通事，亦著理藩院等衙门遣派。著佛尔卿额前往赛尔乌苏迎接，著瑚素通阿前往张家口内迎接，各寄信知之。待瑚素通阿迎入口内，既有二人照看使臣，则蕴端多尔济于进入张家口后，即可先行来京觐见。"②

12月26日，嘉庆皇帝命军机大臣以四百里速度谕令正在出差办案的刑部侍郎瑚素通阿，命他赶紧结案，立刻前往张家口待命接待俄国使团。③此时，俄国使团已经到了边境，如果不出意外，马上就要准备入境了。按照计划，俄国使团将由两位库伦办事大臣陪同至张家口。然后，蕴端多尔济先行回京汇报，俄国使团则由瑚素通阿与另一位库伦办事大臣佛尔卿额一块护送至京；且督促"道府大员前往经理所有途间一切尖宿房屋俱须整齐妥协，俾外藩益知敬畏。倘地方官或有贻误之处，即著瑚素通阿据实参劾"。④ 同日，军机处也给直隶总督裴行简以三百里速度传达上谕："所有该国呈贡方物及该使臣等应需车辆马匹并尖宿房屋，著裴行简即查照，所开人数及车辆马匹宽为预备，此事关系外国观瞻，该署督务须经理周妥，不可稍有缺误，为所轻视，并派口北道和纶及知府中满员一人先于直隶交

---

① Там же. л. 465–466. Там же с. 332. 附片：护送俄罗斯使臣及贡品之蒙古官员职名单，第一历史档案馆藏"满文月折档"。
② Там же. л. 483–489. Там же с. 338–339. 嘉庆十年（1805）十月二十四日，《谕库伦办事大臣蕴端多尔济等著即护送俄使进京》，第一历史档案馆藏"满文俄罗斯档"。
③ 嘉庆十年（1805）十月二十四日，《谕侍郎瑚素通阿著驰赴张家口接替蕴端多尔济护送俄使来京》，第一历史档案馆藏"上谕档"。
④ 北平故宫博物院编《清代外交史料》（嘉庆朝），《文献丛编特刊》第1册，1932，第33页。

界处所,督率办理,即一路随同护送来京。其关沟一带,道路崎岖,虽不能大加修整,亦须略微平治,以便行走。"第二天,嘉庆皇帝又谕裘行简,再次对沿途接待事务进行详尽指示:"即著派宣化镇总兵爱星阿迎赴前途,会同道员和纶照应。该署督再酌派委员数人一同前往。该国使臣,跋涉远来,自应优加体恤,且沿途供应等事,观瞻所系,不可不示以整肃。即如所用车辆,凡有人乘坐者,其蓬席必当周备,车内酌添毡片,使御风寒,应用骡马,皆需膘壮,其尖宿房屋,俱著收拾洁净,量给炭火煤炉,俾就温暖。所有食物,从优供给,妥为经理,至关沟地方,路较崎岖,该国贡物内有玻璃等件,恐车载不便,并当酌派人夫,预备抬送。该督接奉谕旨,著即行文爱星阿,探听信息,届期前往护送,不可迟误。并敕该镇,酌带兵四百名,随同照应。安设堆拨,勿致所过地方有宵小偷窃之事,致为外国所轻视。此外,所派各委员,裘行简亦当饬令,小心照应,无涉疏玩,以示朕柔远嘉惠之意。至此次地方官承办差使,不无需费。在别无可动之款,著即于本年办理大差项下所剩十余万两内,酌拨动用,据实开销。"① 由此可见,清政府对俄国使团来访的"贡护"工作,考虑得非常周到细致。从接待人员的选派、路途修整、防卫保护、费用支出,以及路途的伙食开销及嘘寒问暖之类,大事小事,点点滴滴,都安排妥当。上行下效,看到嘉庆皇帝如此认真细致,直隶总督裘行简自不敢有丝毫疏忽,按照谕旨,认真准备。11月28日,裘行简即将准备事宜报告嘉庆皇帝。

(1)已充分认识到此次接待俄国使团关乎国家体面和天朝体制秩序,向嘉庆皇帝表白认真照旨行事,一定不负皇上所托。一句话:表决心,谈认识。

(2)已委派同知隆起、潘仁两人立即奔赴关沟崎岖地带,探明路径。凡需要修缮的地方,立即督促修缮。并且查看驿站休息房屋,数量不够立即租赁,需要修缮的立即修缮。

(3)鉴于俄国使团所经直隶范围内之宣化、保安、怀来、延庆等州县均属宣化府,因此,特命宣化府知府苏勒通阿落实"所有来使及随从人等

---

① 北平故宫博物院编《清代外交史料》(嘉庆朝),《文献丛编特刊》第1册,第34页。

五　北京的热情：清政府对俄国使团性质的认定及接待准备

乘坐车辆应添蓬席毡片并收拾尖宿房屋应给炭火煤炉，并供应饭食从优给与等事"。

（4）命宣化镇总兵爱星阿率四百名兵丁预先到达河北直隶交界处的大境门，先期等候。一旦接到俄国使团，便随同护送。既要约束兵丁不能无事生非，又要谨防宵小作案。

（5）使团入居庸关到昌平州，此为顺天府辖区，已命霸昌道那祥交接代管一切事务。

由奏折可知，裘行简采取的措施是非常认真得力的。他把直隶境内的驿路按行政区划，由地方军政官员分段包干，一路照料和护送。下面是他申报的"俄国使臣经由州县尖宿里数单"："自大境门至万全县，张家口宿；张家口至宣化县西榆林三十里尖；西榆林至宣化府城三十里宿；宣化府城至宣化县乡水堡三十里尖；乡水堡至宣化县鸡鸣驿六十里宿；鸡鸣驿至保安州沙城四十里尖；沙城至怀来县五十里宿；怀来县至延庆州岔道五十里尖；延庆州岔道至居庸关四十里宿；居庸关至昌平州三十五里尖；昌平州至清河五十里宿；清河至京十八里。"①

关于俄国使团从库伦经张家口至京城一路上的开支花销及马匹、食品供应等需求问题，总兵佛尔卿额、副营官纪良亦已具体落实数目，并上奏嘉庆皇帝，请求批示。

（1）各种旅途用品清单："各驿站需预备乘马及挽马400余匹，骆驼300余头，食用羊只100余头，车脚夫300名，护卫兵丁40名，蒙古包60个，帐篷17顶，修补蒙古包用毡子40块，以及米、黍、茶、糖、蜡、盐、奶、脂、柴等"。

（2）驿站所需备用的马匹、帐篷、蒙古包、食物等住宿生活运输物资："奴才等属下共有32站，其中有阿尔泰路军驿及由张家口至库伦之喀尔喀路邮驿。每站有原定由百姓所缴纳为过往公差使用之蒙古包4顶，马匹107匹，骆驼31峰。另驿丞39名,官员及备用兵丁若干。此次俄人若经由驿站而行，仅由驿站备用兵丁迎送，则此数显然不足。此次奴才等仔细度算，呈请准

---

① 北平故宫博物院编《清代外交史料》(嘉庆朝)，《文献丛编特刊》第1册，第35-36页。

予驿站主管衙门各章京向驿路左近蒙古各札萨克及八旗军营征用所需数量之牲畜。此外，察哈尔［八旗］总兵亦已奉命为长城附近 8 驿站准备马匹、骆驼、蒙古包、大车等。各驿站为供餐所备之羊只，每年可领得朝廷拨帑白银 1270 两，历年均按规定用于往来公务人员伙食，并无结余。今为保障俄人往来两次通行食用，每驿站需预备约 200 余羊只，总数超过 6000 只。奴才等当立即下令，速至内地购买米、面、糖、蜡等，分送各驿站，各驿站伙食所需羊只可命按官价每头 7 钱购买，并交由附近驿站马匹［运送］"。

（3）接待费用的筹备："所需银两一事无需由兵丁饷银及食用中扣除。账上查得官马养牧局所属各马场牧头名下，尚有因出租草场、荒地所得银两，扣除历年各种公共花销，尚余 14980 余两。伏请圣上恩准于此次以之购买俄人往来两趟所需羊只、米、面、茶、糖等物，需动用租地所得银约为 5000 余两，实用钱数容后向理藩院函报。再者，俄人所需蒙古包、帐篷及车脚夫数量甚大。现奴才等已下令各驿站，由官府预备蒙古包，并由蒙古人私家预备同样数量之蒙古包。另，为将其预备妥当并迅速运交各驿站，此事已交由察哈尔部官兵及驿站后备兵丁各札萨克办理，已由快马传令察哈尔八旗各司官及其下属各部司官。"①

对此，嘉庆皇帝谕示强调接待俄国使团的工作不容半点疏忽。俄国人一路上的饮食住宿旅行用品等都要准备齐全；完全同意佛尔卿额等人周到的安排和计划："著即奉以前各诏预备俄使所需马匹、骆驼、蒙古包、羊只、米、面等物，其所需银 5000 余两著由所存地租支付。此后待差事办妥后可向理藩院实报实销，并提交财务报告。"②

12 月 28 日，清政府方面卫护使团入京的陪同人员也都安排妥当。由恰克图至库伦、北京，由库贝贝子宁何多尔济、德达贝子贡齐克、一等台

---

① 嘉庆十年（1805）十月二十四日，《佛尔卿额奏报备办俄罗斯使臣来往所需各项什物详情折》，第一历史档案馆藏"满文月折档"。

② ЦГИА Монголии. ф. М-1. д. № 639. л. 465-466. Тихвинский С. Л. и Мясников В. С. Русско-Китайские отношения в XIX веке. Материалы и Документы. 1803-1807. Т. 1. М. 1995г. с. 332.

五 北京的热情：清政府对俄国使团性质的认定及接待准备

吉孟古、一等台吉巴克扎布、协理台吉达西敦多布、协理台吉克恩克图鲁等陪护；由库伦至北京，另有库伦办事大臣蕴端多尔济、随行秘书金、贝勒纳木吉勒多尔济、一等台吉哈尔恰噶、哲尔格通吉之祖父齐伦扎普、协理台吉德米特、梅勒章京噶尔丹等陪护。其他参与陪护的人员有：由库伦到第 14 站赛尔乌苏由固山昂邦陪同，另有阿斯哈和昂邦在张家口城迎接。由恰克图至库伦为 11 站，库伦至张家口为 47 站，张家口至北京为 5 站。总共 63 站。①

1806 年 1 月 12 日（1805 年 12 月 31 日），戈洛夫金使团刚到库伦，清政府就已确定将使团分三批进京的秩序：第一批为箱包、重物、斗子车，另有至少 30-40 名官员和随从，他们将于 1 月 16 日（1 月 4 日）出发；第二批为亲王和戈洛夫金伯爵等人，于 1 月 19 日（1 月 7 日）出发；第三批除运送礼品的大车外，还有 20 余名官员，以及箱包、斗子车等，由宁贝子带队，于 1 月 20 日（1 月 8 日）出发。②

由上述清政府这些周到的安排可知，如果中俄双方的矛盾在库伦大致协调成功，清政府是诚心诚意想在北京或承德避暑山庄接待俄国这个"朝贡"使团的。

清政府为接待俄国使团而做的许多准备工作，俄国边防哨卡亦有耳闻。

7 月 8 日（6 月 26 日），索科洛夫报告：距离恰克图 320 俄里的库伦为接待俄国使团的到来正修缮一座服务设施齐全的馆舍；③ 9 月 23 日（9 月 11 日），索科洛夫为了摸清库伦办事大臣有关接待工作的情况，特意造访买卖城扎尔固齐。他从扎尔固齐的口中得知：接待使臣旅途应有之准备早已就绪，不会有任何阻滞；为了接待俄国使臣，库伦已派一位贝子率领多名官员来到恰克图；北京也特派了两名扎尔固齐，率四名军官到了恰克图；随同贝子前来边境护送使臣至库伦的官员有 20 多名；库伦办事大臣将率众

---

① АВПРИ ф. СПБ Главный архив. Ⅰ-7. оп. 6. 1805г. д. № 1-а. п. 25. л. 212. Там же с. 357-358. 陪护官员名单另见嘉庆十年（1805）十月十六日《蕴端多尔济等奏为请旨遣员至恰克图迎俄使及备办所需马驼什物事折》附件《护送俄罗斯使臣及贡品之蒙古官员职名单》，第一历史档案馆藏"满文月折档"。
② Там же. п. 26. л. 202-203. Там же с. 381-382.
③ Там же. п. 24. л. 17. Там же с. 164.

多随员，亲自由库伦陪同使臣前往北京。① 对于中国人的接待准备工作，俄国人有些不放心。因此，他们经常找机会提醒买卖城边务衙门。如恰克图海关负责人瓦尼方季耶夫就曾提醒中国人接待所要注意的问题，如沿途休息用的帐篷一定要舒适等。②

另据相关俄国史料都记载，当时清政府的这些准备工作并非纸上谈兵，确实落到了实处。

1808年9月15日（9月3日），陪同新布道团去北京换届的八等文官波波夫（М. Попов）在报告中写道："驿道上到处都设立了接待大使的站点"；"为在张家口和京城设立接待站，国库拨款达6000两银子。此外，从张家口到京城的路上，许多城市和地方的城墙、客馆都经过了修葺，每隔25华里就立有一根用红油漆漆刷一新的里程柱。据中国人说，这些都是在使团滞留库伦期间完成的"。③ 显然，米亚斯尼科夫院士认为清政府在俄国使团尚未进入中国境内就已打定主意不准备接待它的结论是没有根据的。④

根据光绪朝《会典》记载："凡入贡，各定其期与其道，使各办其数。凡贡使至，则以闻乃进其表，奏达其贡物，叙其朝仪，给其例赏，支其供具，致其餼牣，凡贡使往来皆护。"⑤ 把这种记载与上述内容比照，可知，在清政府眼里，俄罗斯访华使团完全是一个"朝贡使团"。清政府对俄国使团性质的这种先天主观认定，事实上使俄国使团从一开始就被置于两种异质文化及两种不同国际关系体制冲突的土壤上，并最终不可避免地导致了一次严重的不愉快的外交事件的发生。

---

① Там же л. 72. Там же с. 221.
② Там же л. 122. Там же с. 242.
③ Там же. Ⅳ –4. оп. 3. 1805–1809г. д. № 1. л. 204–205. Там же с. 744–745.
④ Мясников В. С. Договорными статьями утвердили. Дипломатическая история русско-китайской границы XVII–XX вв. М. 1996. с. 248.
⑤ 《光绪会典》，沈云龙主编《近代中国史料丛刊》第十三辑，台北：文海出版社，1966，第149页。

六　库伦的寒气：
中俄边境的礼仪之争

尽管欧洲局势正变得越来越严峻，俄国也即将被拖入欧洲战争的泥潭，但访华使团的事情仍然在缓慢而正常地进展中。经过精心准备和筹建，1805年5月上旬，庞大的访华使团终于分批陆续从圣彼得堡出发，经莫斯科、喀山，前往西伯利亚。经过长途跋涉，访华使团终于在1806年1月14日（1月2日）到达库伦。按照正常程序，一个月以后，使团就可以到达北京。就当时的情形来说，从库伦到北京一路上的接待工作，清政府都已经安排妥善，可谓万事齐备。然而，嘉庆皇帝忽然心血来潮，要求库伦办事大臣在库伦训练俄国使臣戈洛夫金践行三跪九拜的礼仪动作。本来，根据天朝体制，凡外国进贡的使臣，都要事先练习跪拜礼。这是天朝体制的一种礼制传统，并非仅仅针对俄国使臣。而且，嘉庆皇帝还大发慈悲，谕令库伦办事大臣：如果俄国使臣面对象征皇帝威权的香案演练跪拜礼，态度虔诚，动作合格，那么，就以皇帝的名义在库伦赐宴。在清朝君臣看来，能享受如此殊荣，完全是俄国使臣的不世荣耀。然而，拥有不同文化背景的俄国使臣不但无论如何也无法理解此等殊荣，反而认为这不仅破坏了以往中俄交往惯例，更是对当下俄国使臣的莫大侮辱，因而坚决拒绝行礼。于是，俄国使臣与库伦办事大臣双方僵持不下。结果嘉庆皇帝冲冠一怒，下令将俄国使团驱逐出境。2月16日（2月4日），戈洛夫金率俄国使团，顶着刺骨的寒风，冒着鹅毛大雪，灰溜溜地离开了库伦。俄国使团访华遂宣告失败。

毫无疑问，中俄库伦礼仪之争的实质既是中俄文化之争，也是东西国际关系体制之争。同时，也是中俄两国内政外交综合走向的一种反映。自此以后，俄国在远东努力维持恰克图贸易，在西境则集中精力积极参与欧洲反拿破仑的战争，并最终建立了欧洲霸权。其间，俄国紧跟西欧之后，努力发展工业和贸易，终于在19世纪中叶开始了迟来的工业革命，废除了农奴制，使俄国慢慢加入执掌世界发展大势的国家之列。也正是在19世纪中叶，国势稳步上升的俄国，将其世纪初对华政策的未竟使命趁中国遭遇第二次鸦片战争之机得以全部实现，成功掠夺了大量的中国领土，拓展了过去梦寐以求的商贸利益。所以，这次半途而废的中俄外交事件显然具有很重要的意义。俄国失败的只是一次对华使团派遣行动，但中国失败的却是整个19世纪对俄外交战略。

（一）圣彼得堡—库伦：俄国使团的艰难跋涉

1805年5月上旬，戈洛夫金使团终于动身。鉴于使团规模过于庞大，内务部遂将使团分为三批。

第一批又分八个小分队，间隔出发。内务部的具体安排为：（1）八个分队乘普通驿马陆续出发。驿马若不敷用，可按法定驿马费即每匹马2戈比租用民马，直到边境。各分队所需马匹数量为20-25匹不等；（2）第一分队由此间出发的日期为5月22日（10日），第二分队27日（15日），第三分队29日（17日），其余五个小分队每隔2-3天陆续出发；（3）前三个分队取道托博尔斯克，剩余五个分队取道伊希姆河和额尔齐斯河。① 并命

---

① АВПРИ ф. СПБ Главный архив. I -7. оп. 6. 1805г. д. No 1-а. п. 22. л. 154. *Тихвинский С. Л. и Мясников В. С. Русско-Китайские отношения в* X IX *веке. Материалы и Документы.* 1803–1807. Т. 1. М. 1995г. с. 125.

六　库伦的寒气：中俄边境的礼仪之争

令沿途各省长官随时协助。①

第二批同样分八个小分队，从 6 月 22 日（6 月 10 日）开始陆续动身。根据内务部发给沿途各省、驿站长官的通令，其安排为：（1）第一分队已于 6 月初上路，其他分队将陆续启程；（2）单独组成载重车队，运载贵重物品和礼品，由军队保卫和护送，并已对护送部队发出特殊指令；（3）八个分队每队需驿马 25-30 匹（驿马不足时可征用民马）；（4）本批人员的驿马费亦按每匹马 2 戈比支付，直至边境。②

内务部之所以要将使团分批分队出发，主要是驿马不足的缘故。6 月 31 日（6 月 19 日），内务大臣科楚别伊专门就此对戈洛夫金大使做了说明：根据皇帝陛下的意见，由于驿站可用的马匹储备不会超过 30 匹，其中既包括驿马，也包括驿马不足时征用的民马。为此，应将使团成员分成小分队，间隔派出，让他们在伊尔库茨克或恰克图集合。③

7 月 15 日（7 月 3 日），内务大臣将戈洛夫金等最后一批使团人员出发一事通知沿途各省。使团最后一批成员分为三个小队，请沿途各驿站准备好马匹（马匹数量是指驿马，驿马不够时也包括民马）和马车。前两个小分队需要马 30 匹，第三个小分队需要 9 匹。三个小分队将相继出发，彼此相距不远。各驿站驿马费的支付办法同前例。戈洛夫金大使将随三个小分队中某个分队出发，事先将通知抵达时间。第一小分队将于 7 月 16 日（7 月 4 日）前后上路。至于城乡各地警方的协助，因同地方安排有关，仍依旧例办理。④

据戈洛夫金的日志记载，他于 7 月 18 日（7 月 6 日）到石岛向沙皇辞行，之后可能随即出发。⑤ 7 月 30 日（7 月 18 日），戈洛夫金尚行进在莫斯科至符拉基米尔之间，而先遣队已至西伯利亚。⑥ 8 月 11 日（7 月 30 日），

---

① Там же с. 167. Там же с. 897.
② Там же с. 171–172. Там же с. 150–151.
③ Там же с. 173. Там же с. 160.
④ Там же с. 177–178. Там же с. 172.
⑤ Тихвинский С. Л. и Мясников В. С. Русско-Китайские отношения в XIX веке. Материалы и Документы. 1803–1807. Т. 1. М. 1995г. с. 849.
⑥ АВПРИ ф. СПБ Главный архив. I–7. оп. 6. 1805г. д. № 1-а. п. 24. л. 21–23. Там же с. 189–190.

戈洛夫金到喀山附近的马卡里耶夫调查集市情况，并将调查结果函报外交副大臣。① 9月7日（8月26日），戈洛夫金已至托波尔斯克。在那里，他给西伯利亚防线巡阅使拉夫罗夫（Н. И. Лавров）将军写信询问与清政府谈判的相关情报。② 9月21日（9月9日），护送使团的龙骑兵部队已经到达恰克图。

9月22日（9月10日），戈洛夫金到达伊尔库茨克。其间，他将前述亚历山大一世赋予自己对使团成员的绝对权力的谕旨向使团全体成员公布，要求全体使团成员严格遵守相关纪律。对于那些犯错的成员，戈洛夫金大使有绝对的处置权。其中特别强调使团进入华境后，使团成员不允许出错。一旦出错，六等以上官员可直接遣返俄国，七等以下官员可立即予以逮捕，亦可酌情遣回俄国。下级军官犯错均按军规军法处置。③

9月25日（9月13日），戈洛夫金又特意针对使团负有考察搜集情报使命的学者、官员、艺术家、翻译等人发布训令，要求大家宣誓签字，保证不擅自公开一切考察成果。誓词为："我们——访华使团的官员，发誓承诺：我们认同自己的勘查和发现成果均为皇帝陛下的财产。我们只将成果交给大使先生，并在其呈报皇帝陛下之前，不以任何形式发表。唯有皇帝陛下拥有成果的使用权。誓词于1805年9月24日（9月12日）在伊尔库茨克签署，特此证明。"

文件的下端和背面是参加宣誓成员们的亲笔签字。左边15人，右边18人。④ 可见，并非所有使团成员都参与宣誓，参加宣誓的主要是那些善于书写、参与科考工作的成员。

然而，尽管戈洛夫金采取了宣誓、签字保证等措施来控制使团相关人员擅自公布他们的考察成果，但如前所述，最终仍然有人未经允许私自公布了考察成果。

同日，戈洛夫金将使团的情况上奏亚历山大一世。此时，使团除了玻

---

① Там же. с. 28–30. Там же с. 196.
② Там же. с. 61–62. Там же с. 212–213.
③ Там же. п. 5. л. 11–12. Там же с. 219–220.
④ Там же. п. 35. л. 2–3. Там же с. 222–223.

六 库伦的寒气：中俄边境的礼仪之争

璃运输队尚在途中外，其余分队均已到达伊尔库茨克。根据戈洛夫金的描述，使团从圣彼得堡到伊尔库茨克，一路风餐露宿，跋涉艰难。尤其是运送玻璃制品的分队由于路况糟糕而行进迟缓。路途艰难的情况一度使戈洛夫金怀疑玻璃运输队能否及时赶上使团大队。两个月间，阴雨连绵，西伯利亚的路况之坏无以形容。如此天气恶劣的夏天，如此难行的泥泞道路，世所罕见。使团各分队尽管采取了一切可能的措施，事故还是屡屡不绝。尤其在许多居民稀少的地方，使团更是举步维艰。乘坐的轻便马车至少要套上六匹马才能行驶，装玻璃制品的大车也需由数人从两旁扶持方能行进，路途之艰，可见一斑。因此，戈洛夫金只得临时派一名官员带 1000 卢布送给运输分队，以备在特殊情况下支付需要征用的人工和马匹费用。另外，还有人在旅途中遭到了土匪的抢劫。①

9 月 27 日（9 月 15 日），戈洛夫金命使团二秘兰伯特伯爵先行去恰克图查看形势，兰伯特此行的任务有如下三方面。

其一，为即将到达的使团大队人马落实在恰克图的住所、物品和车马的安置存放。

其二，搜集有关中国的情报：（1）首先要了解中国官员接待使团以及为使团继续行进所作的准备情况，比如参与接待的都是些什么官员？人数多少？如果可能，还应对负责接待和护送使团官员的性格有所了解；（2）使团抵达恰克图整体上对当地的社会舆论特别是对中国商人的舆论有何影响？这些中国商人对使团的目的有哪些猜测？（3）弄清促使库伦办事大臣要求缩减使团随员人数的真正原因是什么？（4）从北京派来迎接本大使的官员是何种官衔？他原来的职责是什么？（5）一般而言，应采取何种措施才既不违背他们的习俗，又不会引起他们不满？（6）中国人为使团旅途所准备的食品储备、采取的防护措施等如何？我方还应提出一些什么要求？（7）还要尽量搜集当今中国皇帝及大臣的性格、帝国的内政状况、蒙古人及其所属毗邻俄国边境的其他民族的状况及其对中、俄两国的情感倾

---

① АВПРИ ф. СПБ Главный архив. Ⅰ -7. оп. 6. 1805г. д. No 1-а. п. 24. л. 87–92. Там же с. 227–228.

向等；(8)还要尽力搜集有关阿穆尔河流域所有支流及毗邻地区的情报，在使团入华之前，兰伯特应准备好一份有关阿穆尔河资料的备忘录。

其三，戈洛夫金告诫兰伯特在搜集相关情报时，要表现得极为理智，以免引起任何怀疑；要想办法让中国官员明白：俄国派出的这个使团，成员都经过严格挑选，均极一时之选。尤其大使，地位尊崇，亦绝非此前各位使臣所能比肩。因此，无论何时何地都不得放过提高使团尊严的机会，以便让中国人以应有的态度对待使团。同时，在同中国人联系的过程中，不应提及有关使团贸易使命乃至贸易这个词。应以大使的名义告诫恰克图所有官员，特别是海关官员，在任何时候任何情况下均不得吐露大使曾任商务部大臣的履历。此外，应多了解恰克图翻译人员的情况，一定要让他们宣誓效忠。①

在做好了充分准备后，10月17日（10月5日），戈洛夫金一行到达边境要塞特罗伊茨科萨夫斯克。② 1806年1月1日（1805年12月20日），戈洛夫金一行经恰克图到达买卖城，进入华境。1月14日，使团抵库伦。库伦办事大臣非常周到地安排了接待事项："窃奴才等前曾钦遵上谕，派遣贝勒那木济尔多尔济、贝子宁何多尔济、恰克图章京克西克等，护送俄罗斯使臣戈洛夫金，于十一月十二日自恰克图启程。经查，俄罗斯大车共一百二十五辆，随员所需牲畜及什物，除能骑马之四十名俄罗斯外，每驿站需用驾车马匹七百，蒙古包四十座，每日用羊二十只，糖十斤，薄荷茶三斤，稻米六十斤，蜡十五斤，骆驼一百八十余只。由恰克图至此地有十一站，雪大且深，俄罗斯车甚重，夹带私物又多，途中住宿四日，恰好于二十五日抵达库伦。"③

至此，俄国使团经过千辛万苦，终于进抵中国边城库伦。其实，此时此刻，对于俄国使团来说，路途的辛苦尚在其次。更令人难以忍受的

---

① Там же. п. 41. л. 178. Там же с. 236–237.
② Там же. п. 24. л. 143. Там же с. 254.
③ 嘉庆十年（1806）十二月初六日，《蕴端多尔济等奏请驱逐拒不行跪叩礼之俄使戈洛夫金等折》，第一历史档案馆藏"满文月折档"；另见 ЦГИА Монголии. ф. М–1. д. № 639. л. 620–621. Там же с. 396。

六　库伦的寒气：中俄边境的礼仪之争

是一路上就一系列问题与中国边务衙门明争暗斗，由此带来的精神上的烦恼，可谓沉重不堪。天朝体制就像一堵厚厚的城墙，最终将乘兴而来的俄国使团拦截在边城库伦。天朝体制在尽显威风的同时，也丧失了了解俄国对华政策的机会，以致半世纪后，清朝政府面对俄国的疯狂侵略时，束手无策，终酿千古遗恨。

（二）明争暗斗：俄国使团抵达库伦之前中俄的外交争吵

实际上，此次俄国访华使团从一开始就不太顺利。源于双方对使团性质的不同认识，中俄双方从使团一出发，就在很多问题上明争暗斗。第一，俄国使团队伍过于庞大，使团被赋予的各种使命也很不切实际，且从一开始就对清政府进行了隐瞒。而在清政府眼里，俄国派遣的这个使团其实就是一个简单的"朝贡使团"。因此，既然是俄国主动要求进贡，那自然应该严格遵守天朝体制所规定的各项"贡礼"。而首先遇到的问题就是进贡人数的问题。清政府认为俄国使团人数太多，增加了管理和接待的难度。自从清边务衙门确知俄国使团人数的那天开始，双方就缩减使团随员问题，函来信往，争论乃至争吵不断。第二，当时正逢俄国驻北京布道团到期换届，因此，沙俄政府打算让新布道团跟访华使团一块进入中国，由中国接待。但根据中俄《恰克图界约》，俄国布道团虽然被允许十年一换届，但一般都是单独往来，自己负担一切费用。因此，在清政府看来，俄国这么庞大的使团本身就给接待带来了不少负担，因而不愿意同时接待自己负担费用的布道团。为此，双方亦争论不休。第三，根据天朝体制，外国主动进贡，必须事先预报"贡品"种类和数量，主要是为便于清政府提前准备回赐礼品。因为按照历来贡礼，宗主国要回赐数量和价值相当甚至超出贡品价值的礼品。但是，俄国使团对此不理解：我送给你的礼品，为何要事先呈报品种和数量？双方亦为此争论不休。其四，在访华使团派出之前，俄国已经向远东派出了两艘军舰进行首次环球航行。就当初的计划来说，这次环球航行与戈洛夫金使团在贸易使命方面实际上有重合之处，即都准备突破清朝的贸易体制。进行环球航行的两艘军舰原定满载货物，突至广州贸易，企图突破清朝南方海路贸易体制，从而使俄国顺势获得参与南方广州贸易的机会；而戈洛夫金使团则从北方库伦进入北京，与清政府中枢进行谈判，企图达到开放整个中俄边境贸易的目的，从而一举突破清朝北方恰克图贸易体制。就策略而言，沙俄政府是想南北呼应，以南方贸易的事实与北方贸易的谈判相呼应。然而，俄国的做法不但未能达到突破清朝贸易体制的目的，反而招致清政府的强烈抗议。最后，尽管以上这些枝节问题都以俄国让步而得到解决，但更严重、更深层的文化及国际关系体制的冲突接踵而至，并最终导致戈洛夫金使团被驱逐的命运。

1. 人数限制：中俄关于缩减戈洛夫金使团人数的争论

最先提出限制俄国使团人数问题的是库伦办事大臣。

1805年5月21日，库伦办事大臣蕴端多尔济得知俄国使团的人数达242人，就感觉人数太多，接待难度较大。于是上奏，建议朝廷缩减俄国使团人数。① 6月7日，嘉庆皇帝谕令库伦办事大臣，基本同意库伦方面的意见，要求俄国使团缩减人数。

（1）参考旧档，为要求使团缩减人数查找历史依据："先前于顺治、康熙年间，俄罗斯节次遣使朝贡人数皆不多；雍正五年因来使甚多，令其大减后始准前来瞻觐等情皆在案。本次俄罗斯国派其大员为使前来瞻觐，意属恭顺，虽依其所请准行，惟所派人员过多，必须照先例大加削减方可。"② 随即，嘉庆皇帝又命军机大臣调出往昔档案，找到更为确切的信息："遵查顺治十二年，十三年，十四年，康熙十五年、三十二年、五十九年，雍正五年俄罗斯均曾遣使朝贡方物。因事隔年久，档案间有朽坏，顺治年及康熙三十二年来使及兵役数目，档记无存。康熙十五年来使及兵役共一百五十六名，五十九年来使及兵役共九十余名。雍正五年因来使兵役人数较多，令其酌减，该使臣当即遵减，共来一二十名，各在案。以上俄罗

---

① ЦГИА Монголии. ф. М–1. д. № 639. л. 98. Там же с. 137.
② Там же. л. 121. Там же с. 141. 嘉庆十年（1805）五月初十日，《谕库伦办事大臣蕴端多尔济须令俄使臣大减随行人数后再准其进京朝觐》，第一历史档案馆藏"满文俄罗斯档"。

斯节次来使，并未有至二百名者，此次来使及兵役，共有二百四十余名之多，应遵旨交蕴端多尔济令酌减。"① 也就是说，根据中俄交往档案资料记载：一是此前俄罗斯派遣访华使团，人数从没有像这次如此之多；二是此前清政府也曾谕令俄国使团缩减人数，俄国使团都遵旨照办。因此，无论由哪方面论，这次俄国使团人数都必须减少。

（2）谕令缩减使团人数为清政府接待俄国使团的前提条件。俄国政府如果不答应缩减使团人数，那么，清政府就拒绝接待："若俄罗斯等接到此文后，能恭谨遵行，多减其人数后前来瞻觐，则蕴端多尔济仍遵前旨，陪同该使臣等，于十月由库伦启程，扣算日期，于十二月抵京。倘俄罗斯接到此文书后，复文辞不逊，不愿减人，则蕴端多尔济等一面直接行文，断然驳回，一面奏闻。俄罗斯等若中途停止前来亦可，且不必具奏请旨。"其实，使团人数的问题在外交场合并非什么原则性的大问题，本可以通过双方互相磋商来解决。然而，当时的天朝体制作为一种基于文化中心主义的地域性国际关系体制，内部缺乏政治平等的磋商机制。无论事情进行到哪一步了，宗主国均可以随心所欲地人为中断。尤其涉及朝贡礼制诸问题，朝贡国根本没有资格与宗主国磋商什么。在天朝体制下，只有宗主国的命令和朝贡国的顺从。这应该是天朝体制所存在的最大问题。

（3）谕令库伦办事大臣，在向俄国人说明使团人数缩减的原因时，也要讲究策略，不要直截了当归于政治原因，而应该归于人文关怀和自然原因如道路难行："俄罗斯乃外夷之人，不晓我天朝礼节。其来使愈少，方易保护。蕴端多尔济等，此时行文，或会见俄罗斯所遣之人，务以己意，明白晓谕：此去京城路遥，入张家口后，山多路险，车辆难行。我等特仰体大圣主仁爱外邦之至意，惟恐尔外邦之人旅途劳顿，水土不服，而患疾病，故未准尔等多派随从之人等语。"② 由此可知，清政府把明显出于政治、经

---

① Там же. л. 128. Там же с. 143. 嘉庆十年（1805）五月，《军机大臣为遵旨查改历次俄国来使及所带兵役人数事奏片》，第一历史档案馆藏"满文俄罗斯档内汉文件"。

② Там же. л. 123-126. Там же с. 142. 嘉庆十年（1805）五月初十日，《谕库伦办事大臣蕴端多尔济须令俄使臣大减随行人数后再准其进京朝觐》，第一历史档案馆藏"满文俄罗斯档"。

济方面的考虑粉饰为自然条件和人文关怀方面的考虑，既充分顾及了天朝的面子，也顾及了朝贡国的面子。这是天朝体制最纯熟的做法。天朝体制本质上就是一种面子体制，任何体制内的问题至少在刚开始的时候，最注重的乃是维护各方面的面子。首先要维护宗主国的面子，然后也要维护朝贡国的面子。这也是天朝体制内部最基本的也可以说是非常成功的协调机制。

然而，清政府这次的对手不是体制内的那些属国，而是空间距离更加遥远、文化内质更加奇异的体制外的俄国。他们奉行的完全是另一种近代国际关系体制，崇尚武力征服。因此，这两种内质迥异的国际关系体制的会面注定要发生激烈的碰撞。

6月26日，① 库伦办事大臣致函伊尔库茨克民事省长希什科夫，告知：如不按要求大力缩减使团随员人数，便拒绝将使团的相关情况奏告嘉庆皇帝：

> 准此，对尔汗尊崇我大圣主，特差近侍枢密大臣前来朝贡，果为佳事，本王大臣等至甚喜悦。我国物产丰盈，畜牲兴旺，尔使臣及随从人等所需骑乘之马匹供给有余。当尔使臣等进入我境后，其所需之食物等项，沿途必能充足供应，尔等不必耽心。惟大圣主普治全天下，理绥万国，怀柔诸前来瞻或朝贡外藩人，恐其路途辛苦，水土不服而患疾，故准诸国使团皆少带随员，轻装而行，多余之人员皆留边界歇息。又查我旧档，先前尔国节次前来朝贡瞻觐，所遣使团官兵人数，皆少于此次。因由尔处前来我库伦一带地方，确有戈壁，而张家口附近多山川河流，地势险要，多人行走，实属辛劳。况先前于雍正五年因尔使臣随员过多，令尔方大减后方准确前来瞻觐。今我处若准尔二百余

---

① 按照清朝档案，此函签署时间为嘉庆十年五月初十日，即1805年6月7日。但按照俄文档案，库伦办事大臣发给俄伊尔库茨克副省长的文本末端由库伦办事大臣签署的时间为嘉庆十年五月二十九日，即1805年6月26日。就逻辑而论，库伦办事大臣应该在收悉嘉庆十年五月初十日自北京发出的谕旨之后才有可能缮写此函。根据"满文月折档"，库伦办事大臣于6月22日（嘉庆十年五月二十五日）收到嘉庆谕旨（嘉庆十年（1805）六月初十日，《蕴端多尔济奏为遵旨派员赴俄递文并晓谕俄省长削减使臣随员等事》，第一历史档案馆藏"满文月折档"）。因此，鄙意以为俄文档案所签时间为当。

六　库伦的寒气：中俄边境的礼仪之争

人俱行入京，既不符旧例，本王大臣等亦断不敢代尔奏闻。请尔将此节告知尔为首使臣，将其随从无用人员及兵丁等酌情大减，最多有数十人足够，其余皆留于尔边界歇息。①

由上文可见，其一，此函明确将俄国使团定性为"朝贡使团"，不过，"朝贡"一词译成俄文后变成了"赠送礼品"（Для поднесения подарков），此处最关键的就是将"贡品"（Дан）转换成了"礼品"（подарк）一词。根据档案整理者莫罗兹（И. Т. Мороз）的注释，该函的满文抄件用的是"Дан"（贡品），而非"подарк"（礼品）。② 这说明，译者很清楚"纳贡"和"赠送礼品"两个词之间的本质区别，且充分考虑到了俄国人的文化心理。如此一来，清政府所强调的"朝贡"在这里经过翻译的转换，其词义似已模糊化。也就是说，清政府视俄国使团为"朝贡使团"一事，可能只是一种彼此的心知肚明，至少在公文往来方面，"朝贡"的字义经过翻译这一转换过程已经模糊化。只是我们无法知道如此处理这个词的方式，究竟是库伦办事大臣的意思，还是翻译自作主张；而且也无法弄清这个翻译究竟是俄罗斯馆的俄罗斯人，还是内阁俄罗斯文馆的中国人，以致无法做出更多的判断。

其二，清政府之所以要求俄国使团缩减人数，关键原因是考虑到接待上经济负担太重。但是，为了维持天朝的面子，库伦办事大臣将要求缩减使团人数的原因归结为自然条件、人文关怀、需要遵循历史旧例等，这些理由都十分堂皇，俄国使团毫无退路，实无法辩驳。

对照函件与前述嘉庆谕旨可知，该函的主旨基本上是按照嘉庆皇帝的

---

① 嘉庆十年（1805）五月初十日（这个时间有误，见前注），《库伦办事大臣为请俄使裁减随行人员等事咨询复俄省长文》，第一历史档案馆藏"满文俄罗斯档"。
② 清政府对俄外交文件中"贡品"一词俄译为"礼品"，"纳贡"俄译为"赠送礼品"，这样的翻译转换方式，似乎已经普遍化，双方已经习以为常。至少在戈洛夫金访华期间是常见的。АВПРИ ф. СПБ Главный архив. I -7. оп. 6. 1805г. д. No 1-а. п. 22. л. 88. Тихвинский С. Л. и Мясников В. С. Русско-Китайские отношения в XIX веке. Материалы и Документы. 1803–1807. Т. 1. М. 1995г. с. 133；Там же. л. 100–101. Там же c. 151–152.

谕旨来写的。缩减的规模虽尚无具体数字，但人数不过百人的基调（"数十人"）已基本确定，且主要缩减军人、随员等。

7月9日（6月27日），伊尔库茨克总督谢利丰托夫将清政府提出的缩减使团"军人""冗员"至数十人的要求奏告沙皇亚历山大一世。作为地方大员，这位总督只是冷静客观地汇报，并未表示自己的任何意见。①

直到7月31日（7月19日），圣彼得堡方才收到西伯利亚总督递交的报告，俄国政府遂知道清政府有缩减使团人员的强烈要求。为此，戈洛夫金向恰尔托雷斯基建议：（1）暂时不要满足中国政府的任何要求。他认为中国人很狡猾，如果很轻易地满足他们的要求，那他们很快又会提出新要求；（2）当使团到达中俄边境后，根据接待情况再决定是否答应缩减使团人数的要求。如果中国的接待让人感觉满意，可以答应缩减使团随员，包括各种军事人员如军官、士兵，还有多余的官员、仆人和学者，但缩减的人数一定要在能够接受的限度内。②

戈洛夫金的策略很清楚，就是一个"拖"字，拖到一定程度，看情况再答应中方的要求。其实，俄方从一开始就已确定可以考虑答应清政府缩减使团人数的要求，只不过不想很爽快地答应，这纯粹是一种外交操作策略。但问题的关键在于目前如何答复清政府。对此，戈洛夫金主张：目前不但不能答应清政府的要求，反而要强烈反对这种要求。理由有二：一是削减使团随员的要求，与中俄外交往来的历史惯例不符；二是目前使团的人数不仅是俄国沙皇尊崇中国皇帝的反映，也是大使尊荣和高贵的标志。以前俄国派往中国的使臣级别低下，却都拥有人数众多的随员扈从，如伊兹玛依洛夫的随从官员为90人，符拉季斯拉维奇伯爵的随员为120人。③可见，戈洛夫金的逻辑很简单：自己的官衔高于以往任何使节，因而自己的随员也要多于历史上所有的使节。综合戈洛夫金的前后言论，我们可以看出，其反对清政府缩减使团人数的举动乃故意为之。基于此后事态发展的路向分析，戈洛夫金之所以有如此行为，实际上另有深意：试

---

① Там же. п. 22. л. 113–114. Там же. с. 164–165.
② Там же п. 24. л. 20. Там же с. 191.
③ Там же. л. 26. Там же с. 193.

六 库伦的寒气：中俄边境的礼仪之争

图在政治上争取与清朝平起平坐。戈洛夫金对清政府将俄罗斯视为"朝贡"国的观念十分不满，因而尝试用近代国际关系体制的原则来对抗天朝体制的原则。

8月11日（7月30日），戈洛夫金顺路考察马卡里耶夫这个欧亚大集市。他发现，在商人们中间正广泛流传有关清政府要求缩减使团成员等信息，谣言四起。大家都在传说，如果俄中因此发生矛盾，势必影响两国贸易。为此，戈洛夫金紧急报告外交副大臣，请他命令西伯利亚地方衙门加强保密工作，① 以免流言讹传，影响恰克图贸易。

8月12日（7月31日），恰尔托雷斯基从圣彼得堡给正在旅途中的戈洛夫金发来急件，就清政府要求缩减使团人数一事发布指令：

（1）完全同意戈洛夫金的意见，暂时不理睬清政府的这些要求。何时答复，请戈洛夫金自己把握时机；

（2）如果清政府一直坚持缩减使团人数的要求，那么，俄国政府同意缩减使团人数，可将多余的军人和使团中用处不大的服役人员留在边境。至于学者，只需将几位极有可能在天文学、自然史方面及其他有意义的方面做出发现的学者留在身边即可。②

按照既定方针，9月25日（9月13日），戈洛夫金在伊尔库茨克致函库伦办事大臣，拒绝缩减使团人数。他认为自己的随员越多，就越能显示俄国对清朝皇帝的敬意，因此，不敢缩减随员以减少对中国皇帝的敬意。③ 9月27日（9月15日），戈洛夫金派遣使团二秘兰伯特伯爵先行至恰克图。其使命之一，就是要弄清中国方面要求缩减使团人数的真正原因是什么。④

而与此同时，戈洛夫金私下已经在计划缩减使团人数了。9月29日（9月17日），戈洛夫金通知随员和部下，鉴于中国境内道路艰险，要尽量缩减手下的人员和车辆。⑤

---

① Там же. л. 28–30. Там же с. 195–196.
② Там же. л. 10. Там же с. 197.
③ Там же. л. 75. Там же с. 224.
④ Там же п. 41. л. 179. Там же с. 237.
⑤ Там же п. 42. л. 662. Там же с. 238.

其实，缩减使团人员的关键在于如何安排被缩减人员。对此，戈洛夫金胸有成竹，他准备将被缩减人员组织起来，进行科考。10月2日（9月20日），戈洛夫金向使团全体人员发布号召，希望使团成员们踊跃自愿加入调查西伯利亚委员会。他指出：调查广袤的西伯利亚的各种信息是沙皇陛下赋予这次使团的重大使命之一，因此，他希望使团成员能够踊跃加入，为国家尽力。既然连缩减人员的去向问题都已经解决了，表明戈洛夫金实际上已经同意清政府缩减使团人员的要求。

10月4日（9月22日），兰伯特送来报告，认为清政府要求缩减使团人数的唯一原因是清政府不知此次俄国使团与历史上历届俄国使团有何区别。中国政府根本不知道，现今大使是俄国宫廷最重要的大臣之一，其随员中的低级官员也要比以往他们接待过的大使重要。据说，当时中国边境官员听到这个消息后大惊失色，急忙报告库伦。估计库伦马上会报告张家口，张家口的官员又会赶紧报告给北京宫廷。① 其实，报告中的这些情报都是兰伯特间接从恰克图海关负责人瓦尼方季耶夫那里打听来的，都只是一些小道消息，没有任何准确性。因为6月初嘉庆皇帝给库伦办事大臣的谕旨就已表明，清政府早已确知戈洛夫金显赫的品级。清政府要求缩减使团人数的原因根本与此无关。

但戈洛夫金的真实态度，此时清政府尚不知情。因此，10月7日，蕴端多尔济回函戈洛夫金及伊尔库茨克民事省长科尔尼洛夫（А. М. Корнилов，1760-1835），严厉责问俄国大使为何不同意缩减冗员，并拒绝将此等内容的信件奏报嘉庆。② 不奏报嘉庆，就意味着清朝边务衙门没有任何权力处理与使团相关的事情，也就是说库伦无法接待俄国使团。如此一来，俄国使团访华岂不要成泡影？由此可见，从某种程度上说，库伦办事大臣的态度与戈洛夫金使团的访华行动能否成功，关系十分密切。

10月8日（9月26日），戈洛夫金在给亚历山大一世的奏章中也已表明正在尽力按照清政府的要求缩减使团人员。③

---

① Там же. л. 121. Там же с. 241.
② ЦГИА Монголии. ф. М–1. д. № 639. л. 129–130. Там же с. 244–245.
③ АВПРИ ф. СПБ Главный архив. I –7. оп. 6. 1805г. д. № 1–а. п. 24. л. 111. Там же с. 248.

六 库伦的寒气：中俄边境的礼仪之争

然而，库伦对戈洛夫金正缩减使团人员的动向丝毫不知。10月9日（9月27日），库伦办事大臣将此前8月25日（8月13日）戈洛夫金拒绝缩减使团成员的意思，以及库伦严厉责问戈洛夫金、伊尔库茨克民事省长的信件等均奏报嘉庆皇帝。①

不独库伦不知道戈洛夫金此时正缩减使团人数，就连被派往恰克图的使团二秘兰伯特也不知道。10月10日（9月28日），兰伯特还在给戈洛夫金写信，表示自己对缩减使团人员的看法。他说库伦之所以坚持要使团缩减人员，完全是因为北京的命令，且针对的不是官员，而是役使人员和低级小吏；并认为北京之所以如此要求，也不过是要平等对待英国与俄国。中国人给信使桑热哈耶夫举了马戛尔尼勋爵的例子。这位英国勋爵原打算带800人入华，后来却只被允许带随员60人入华。② 兰伯特虽然不知道戈洛夫金正在缩减使团成员的行动，但是，他的话却在一定程度上揭示了此时俄国与中国明争暗斗的背景，即西方近代国际关系体制与古老的天朝体制之间的斗争。这场斗争开始于1793年英使马戛尔尼访华。在中国眼里，俄国使团此次来访与1793年英国使团的来访没有两样，都是来进贡的，自应平等礼遇。既然英国的勋爵只允许带60人入华，为何你俄国伯爵就可以带242人入华？

10月17日（10月5日），戈洛夫金大使到达恰克图。③

由于久未得到俄国方面的消息，清政府开始不耐烦。10月19日，嘉庆皇帝用生硬的口气命令库伦办事大臣：如果俄国使团不满足清政府缩减使团人数及其他要求，就请使团打道回府。④ 但清政府的强硬态度俄方亦毫不知情。

10月20日（10月8日），戈洛夫金致函蕴端多尔济，告知缩减后使团

---

① ЦГИА Монголии. ф. М–1. д. № 639. л. 260–266. Там же с. 249–250.
② АВПРИ ф. СПБ Главный архив. I–7. оп. 6. 1805 г. д. № 1–а. п. 24. л. 118. Там же с. 251.
③ Там же п. 42. л. 143. Там же с. 254.
④ Там же. л. 311–315. Там же с. 256. 嘉庆十年（1805）八月二十七日，《谕库伦办事大臣蕴端多尔济俄使臣必须大减随从并习三跪九叩之礼始准带领入京》，第一历史档案馆藏"满文俄罗斯档"。

的随员名单。人数已经由 242 人缩减为 159 人，并附上缩减后的使团人员名单：

"特命全权大使尤·亚·戈洛夫金伯爵；使团办公厅：使团一秘、宫廷侍从、五等文官巴伊科夫，宫廷侍从、五等文官边肯道夫，使团二秘、六等文官兰伯特；翻译：满文翻译、八等文官弗拉德金，蒙文翻译、七等文官伊古姆诺夫（Игумнов），拉丁文翻译、八等文官斯特鲁威；书办、六等文官冯·苏赫特伦；帮办、八等文官尤尼；使团司礼官、宫廷侍从、五等文官纳雷什金；护送礼品荣誉骑士：护送作为礼品的物理仪器的三品护送使颇托茨基伯爵，副使、八等文官潘茨列尔（库罗奇金）；护送镜子：宫廷侍从官、四等文官戈利岑，第一副使、六等文官卡拉乌洛夫，第二副使、八等文官科尔涅耶夫（Корнеев）；护送珍宝：宫廷侍从、五等文官聂利多夫（Нелидов），副使、九等文官捷普洛夫；护送毛皮：宫廷侍从、五等文官古里耶夫（Гурьев），副使、八等文官佩罗夫斯基；维护礼品的工艺师：主要工艺师、八等文官马尔丁诺夫，低级工艺师 4 人：（1）铁匠，（2）金匠，（3）漆匠，（4）铜匠；礼品护卫：20 人；使团金库护卫：司库、七等文官奥希波夫（Осипов），副司库、十二等文官赫沃斯托夫（Хвостов）；使团各路巡查、六等文官多弗列（Довре）（阿列克谢耶夫，Алексеев）；副巡查、九等文官藤涅尔（维格里）；列曼医生；医士两名：加里、列多夫斯基（И. И. Редовский）；药剂师海尔姆（Гельм）；教士 3 名：（1）修士司祭阿尔卡吉（Аркадий），（2）学员西帕科夫（М. Сипаков），（3）小教士亚菲茨基（Яфицикий）；使臣卫士：2 人；军官巴尔杰涅夫（Бартенев）；龙骑兵，25 人；号手，1 人；乐手，9 人；随从：传令 2 人，包括机要通信官施托茨（Ф. Штосс）、洛谢夫（Лосев）；杂务，16 人；官员随从，12 人；随团工匠：马鞍匠、皮匠、裁缝，3 人；马夫，35 人；官员、随从总数 159 人。"①

另附使团运输所需准备的畜力约马 500 匹。②

---

① АВПРИ ф. СПБ Главный архив. I -7. оп. 6. 1805г. д. № 1-а. п. 25. л. 111–112. Тихвинский С. Л. и Мясников В. С. Русско-Китайские отношения в XIX веке. Материалы и Документы. 1803–1807. Т. 1. М. 1995г. с. 258–260.

② Там же. л. 113. Там же с. 260.

六　库伦的寒气：中俄边境的礼仪之争

尽管戈洛夫金在尽力缩减使团成员，但库伦办事大臣及清政府对缩减的程度很不满意。10月25日，库伦办事大臣将戈洛夫金的信件转呈嘉庆皇帝，并在奏章中禀明，俄国使团缩减人数的结果未能满足中国所提出的要求；如果俄国使团仍然一意孤行，建议干脆拒绝俄国使团入华。① 同日，库伦办事大臣亦致函戈洛夫金，直接要求继续缩减使团人员：（1）缩减使团人员的原因之一是路途遥远难行，人多沿途饮水困难，为此使团应该轻装行进；原因之二是天朝体制对贡使人数有限制，一般均为数十人；（2）使团随员、冗员仍然太多，希望能将使团人数缩减至60~70人最佳。② 同样内容的情报也由信使桑热哈耶夫于10月29日（10月17日）汇报给戈洛夫金。同日，戈洛夫金亦上奏沙皇，认为中国人所述缩减使团的理由不成立，清政府这样做的目的是企图把俄国使团看作同其他属国一样的朝贡使团；因此，即使要缩减使团人数，也不能低于120人，这是曾出使过中国且品级要比自己低的萨瓦使团被允许入华的使团人数。③ 可见，戈洛夫金此时已经隐隐感觉到了天朝体制与俄国的近代国际关系体制之间的矛盾和斗争。本来，戈洛夫金已经对使团做了力所能及的缩减，但现在清政府坚持己见，俄国没有与之商量的资格。于是，戈洛夫金决定就此事认真与清政府辩论一番。

10月31日（10月19日），戈洛夫金派遣使团一秘巴伊科夫代表自己前往库伦面见库伦办事大臣，商讨有关缩减使团人数的问题。戈洛夫金为此给巴伊科夫下达了一份内容十分周全的指令，主要内容有：（1）明确告知巴伊科夫此次库伦之行的使命：表面上是为了转递戈洛夫金给库伦办事大臣的信件，实际上是要代表戈洛夫金与库伦辩论缩减使团人数的问题；（2）指示巴伊科夫与库伦办事大臣们辩论的方法。其一，巴伊科夫首先应该努力说明此次俄国大使的身份是历史上任何俄国使者的身份所无法比拟的事实。往昔派往中国的俄国使者不但实际官衔要比戈洛夫金低得多，且

---

① ЦГИА Монголии. ф. М-1. д. № 639. л. 317-328. Там же с. 263-265.
② АВПРИ ф. СПБ Главный архив. I-7. оп. 6. 1805г. д. № 1-а. п. 25. л. 36-37. Там же с. 265-267.
③ Там же. л. 97-99. Там же с. 270-272.

仅是一般使臣，地位要比拥有全权大使名号的戈洛夫金低得多。萨瓦尚且能带120人进入中国，身份、官位都要显赫得多的戈洛夫金自然随员不能低于此数。其二，巴伊科夫应该明确指出，清政府让一个大国使团在边境地区滞留如此之久，是一种外交失礼行为，应该迅速纠正自己的失礼行为。其三，巴伊科夫应该与库伦办事大臣就使团缩减人数一事达成协议。戈洛夫金提出了三个层次的缩减：159人→130人→120人，120人是底线，绝不能低于此数。①

巴伊科夫于11月4日（10月23日）到达库伦，直到11月8日（10月27日）离开，其间就担负的使命与库伦办事大臣展开了谈判。根据其11月14日（11月2日）呈给戈洛夫金的类似于"日志"的长篇报告，他于11月5日（10月24日）、6日（10月25日）两次与库伦办事大臣进行面对面的交涉。巴伊科夫把戈洛夫金不同意将使团缩减到70人的意愿转告了库伦办事大臣。但双方未能在缩减使团人数问题上达成戈洛夫金事前所希望的协议。库伦办事大臣甚至没有当面对巴伊科夫说出自己的具体意见，只让巴伊科夫给戈洛夫金带了一封信。② 信中告知：库伦的具体意见，将另派官员递交。③ 从巴伊科夫的报告看，似乎库伦办事大臣很客气地接待了他，临走前，还送了礼物给巴伊科夫，以致巴伊科夫误以为问题已经得到圆满解决。其实，当时库伦办事大臣只是觉得没必要与巴伊科夫无休无止地交谈，故随便打发其速回恰克图而已。④

然而，清政府此时在缩减使团人数问题上的意见再次出现意想不到的变化。11月9日，军机处转来嘉庆皇帝旨意：俄国使团必须将人数缩减至40人："以前各国遣使前来天朝进贡，不过选派十几人，多者亦不过二十人，护送贡物入京，其余皆留边界等候。倘若尔国本次贡物甚多，我官员兵丁尽可代尔护送。前次尔国来使随员甚多，曾著尔国酌减，尔方当即遵行，大减人数后始前来瞻觐，业经明载在案，尔方当亦记载

---

① Там же. л. 223–225. Там же с. 287–289.
② Там же. л. 238–247. Там же с. 291–297.
③ Там же. л. 218. Там же с. 297–298.
④ ЦГИА Монголии. ф. М–1. д. № 639. л. 359. Там же с. 301.

六 库伦的寒气：中俄边境的礼仪之争

在案。等语。俟将伊等人数减至三、四十人后，再准其前来瞻觐"，并且指示库伦办事大臣，如果俄国人不同意，那么，就明确告诉他们，不会再就此事请示皇上，也就是说库伦将拒绝接待俄国使团。① 形势可谓急转直下。

同日，库伦办事大臣将自己与巴伊科夫的对话摘要上奏，其中最为关键的一个内容就是禀报巴伊科夫已经答应大使戈洛夫金将在觐见时行"三跪九拜"礼。尤其在最后他还就此事发表了一下个人感慨，似有为俄使说情之意："奴才等细察俄罗斯首席使臣来文及所派巴伊科夫情形，俄罗斯汗此次特遣皇族大臣，并言先前由理藩院咨复萨纳特衙门时，并未讲明使臣随行人数，今已按我天朝指定日期抵达边界，颇感为难；现已至恰克图北栅，若不准朝觐圣颜，则无脸面见其属民等情。俟奴才等再次行文，若戈洛夫金恭顺复文，奴才等当即遵旨办理；若再来无用文书，则不予理睬。"② 也许由于最关键的礼仪问题已经解决，所以，清政府的态度也稍稍有了一个转变。11月17日，嘉庆皇帝发布谕旨，认为既然俄国人认同中国的"贡礼"，那么，就放宽限制，允许其使团随员人数缩减至100人以内，前此谕旨将使团人数缩减至40（30）人的意思不再坚持。③ 事实上，前述将使团缩减至40（30）人的消息，此时库伦办事大臣还没来得及转告俄方。

11月26日（11月14日），蕴端多尔济、福海将自己与巴伊科夫的谈话记录以信函形式发给戈洛夫金，其中明确告知戈洛夫金，正是根据历史

---

① 嘉庆十年（1805）九月十九日，《谕库伦办事大臣谕蕴端多尔济俄使臣必须大减随员及习练三跪九叩礼后招准入京朝觐》，第一历史档案馆藏"满文俄罗斯档"。然该谕旨的俄文译件标题直接译成"缩减至40人"，但正文内容则为"缩减至30人"。Там же. л. 389-394. Там же с. 298-299.

② ЦГИА Монголии. ф. М-1. д. № 639. л. 360. Тихвинский С. Л. и Мясников В. С. Русско-Китайские отношения в XIX веке. Материалы и Документы. 1803-1807. T. 1. M. 1995г. с. 301. 嘉庆十年（1805）九月十九日，《蕴端多尔济等奏报俄使遣员递文再就随行人数及觐见礼节事相互辩驳折》，第一历史档案馆藏"满文月折档"。

③ Там же. л. 401. Там же с. 305. 嘉庆十年（1805）九月二十七日，《谕库伦办事大臣蕴端多尔济可将俄罗斯使臣随员放宽至不超出过百人之数》，第一历史档案馆藏"满文俄罗斯档"。

旧档，才要戈洛夫金缩减使团成员。且使团乃俄国首倡，并非清朝主动邀请。戈洛夫金在俄国地位很高，但在中国眼里，与过去历届使团的大使并无区别，要求戈洛夫金继续缩减使团成员。①

同时，库伦办事大臣派恰克图衙门章京克西克跟信使一同前往恰克图面见戈洛夫金大使。经过克西克当面劝说，戈洛夫金同意再缩减使团随员35人。至此，使团入华人数降至124人。戈洛夫金明言，使团绝对无法再行缩减，所余人员主要为了维护贡品。倘若贡品损坏，谁也承担不了责任。对此，在12月6日奏折里，库伦办事大臣也认为戈洛夫金所言属实，并申述戈洛夫金为缩减使团随员而焦虑不安，几至病倒，请嘉庆皇帝圣裁：是否可以允许俄国使团前往北京觐见。②

在这种情况下，嘉庆皇帝的态度终于改变。12月14日，嘉庆皇帝传谕："据蕴端多尔济奏，俄罗斯使臣戈洛夫金之恳请言辞比前更加恭顺，亦大减随员，唯剩一百二十四人，戈洛夫金为此忧而成疾等语一折。原准俄罗斯使臣随员仅来数十人，系因查阅旧档记载不甚清楚故。今又查得，前次来使亦有一百余人。此次来使既已大减，仅剩一百二十四人，又其言辞恳切恭顺，著即依其所请准予前来瞻觐。经闻俄罗斯使臣戈洛夫金忧郁成疾，朕甚怜悯恩准蕴端多尔济等差遣一名章京携带医生，前往探视该使之病情。"③ 嘉庆皇帝不但同意俄国使团人员缩减至124人，而且，还派遣御医前往恰克图探视戈洛夫金，给寒冷的北国边镇涂抹了一层温情色彩。至此，中俄有关缩减使团人数问题的斗争终于告一段落。俄方尽管极不情愿，但最终仍然将242人缩减成124人，无疑是做了较大让步；而清政府居然承认自己检视

---

① АВПРИ ф. СПБ Главный архив. 1–7. оп. 6. 1805г. д. № 1–а. п. 25. л. 183. Там же с307.
② ЦГИА Монголии. ф. М–1. д. № 639. л. 440-458. Там же с. 333-336. 另见嘉庆十年（1805）十月十六日，《蕴端多尔济等奏为请旨俄使已将人数减至百余人并忧虑成疾可否准其瞻觐折》，第一历史档案馆藏"满文月折档"。
③ 嘉庆十年（1805）十月二十四日，《谕库伦办事大臣蕴端多尔济等著即护送俄使进京》，第一历史档案馆藏"满文俄罗斯档"。ЦГИА Монголии. ф. М–1. д. № 639. л. 483-489. Тихвинский С. Л. и Мясников В. С. Русско–Китайские отношения в XIX веке. Материалы и Документы. 1803-1807. Т. 1. М. 1995г. с. 338-339.

旧档有误，①同意俄国使团人数缩减至124人，这个人数离最初限制至40人的目标距离颇远，因此，可以说也做了很大让步。任何外交事件的和平解决，都是双方让步的结果，这是为历史事实所屡次证明的真谛。

12月28日（12月16日），戈洛夫金向库伦提供了一份新的入华使团成员名单，详细如下。

全权大使（附随员22人）；使团一等秘书、宫廷低级侍从巴伊科夫（随员1人）；使团二秘、六等文官兰伯特伯爵（随员1人）；历史学家、六等文官冯·苏赫特伦（随员1人）；翻译弗拉德金、伊古姆诺夫、斯特鲁威（随员1人）；使团骑士、侍从戈利岑公爵（随员1人）；宫廷低级侍从边肯道夫、纳雷什金、涅利多夫、古里耶夫（随员4人）；六等文官卡拉乌洛夫（随员1人）；使团侍从佩罗夫斯基（随员1人）、尤尼、捷普罗夫、赫沃斯托夫。计49人。

学者部分：科学部主任、四等文官颇托茨基伯爵（随员2人）；科学院副官潘茨列尔、列多夫斯基；皇家军需处随从多夫列上校（随员1人）、杰斯列夫（Теслев）大尉；少尉滕纳、伊万诺夫（Иванов）；主画师马尔丁诺夫；膳食管理主任亚历山德罗夫；医生列曼、医士加利、助理药剂师赫尔姆；使团会计主任六等文官奥希波夫（随员1人）；机要信使施托斯少尉、洛谢夫少尉。计19人。

随团宗教人士，包括修士辅祭（1人）、教堂执事（2人）；工匠，包括裁缝（1人）、马鞍匠（1人）、铁匠（1人）、靴匠（1人）、皮匠（1人）、面包师（1人）、油匠（1人）；杂工，包括玻璃厂工匠（1人）、毛皮工匠（1人）、金匠（1人）、辎重队士官（2人）、皇家室内乐乐师（9人），龙骑兵军官（1人）。计25人。

龙骑兵（20人），号手（1人），哥萨克军官（1人），哥萨克（10人），计32人。

---

① 1805年5月26日，理藩院曾就查询旧档历次俄国使团来华人数结果上奏嘉庆皇帝，其中的数字基本正确，并未出现错误，不知后来嘉庆皇帝何以弄错。ЦГИА Монголии. ф. М-1. д. № 639. л. 128. Там же с. 143.

几组人员合计共124人。① 由242人缩减到124人，这是清政府对俄外交斗争的一个胜利。我们从交涉中可以看出，尽管俄国使团一点也不甘心，但最终还是按照清政府的意愿，尽量缩减了使团人数。19世纪初的俄罗斯，正逢欧洲巨变，它要应付来自欧洲的麻烦，同时为了扩大中俄经济外交贸易关系，不得不忍气吞声，尽量满足中国的要求。对俄国来说，这既是面对复杂国际形势的一种选择，更是一种力量的较量。尽管此时俄国野心勃勃，不久就充当了欧洲的宪兵，但它对亚洲特别是中国，仍然感到力不从心。反观此时的清朝，内部到处硝烟弥漫，乾隆盛世留下的包袱越来越重。国力趋于衰退，致使清政府不得不有所退缩，以致在许多问题上也最终做了让步。中俄双方在交涉中的这种让步现象也说明：至少在19世纪初，西方近代国际关系体制与天朝体制的较量尚处于旗鼓相当的境地。不过，俄国正进行环球航行，也正准备进行工业革命，其国势明显趋于上升。而清朝对内镇压民族起义，对外执行保守退让政策，对于航海、重商、工业革命等世界大势一无所知，整体国势明显趋于下降。中俄两国国势变化的总趋势说明：以中国为中心的天朝体制已经不可逆转地进入不能单方面左右国际局势的时代了，这里面甚至已经隐含了未来国际关系体制较量中天朝体制覆灭的必然命运。

2. 接待限制：中俄关于换届布道团是否随使团行动的争论

逻辑上，布道团的换届与访华使团两件事情之间并没有什么内在关联。携带新布道团入华也不是这次访华使团的使命。但是，在访华使团派遣的同时，正逢俄国驻北京第八届布道团换届。于是，换届布道团就顺理成章地与访华使团搭上了关系，并成为中俄两国政府外交争吵的一个话头。

按照《恰克图界约》中的有关规定，俄国驻北京布道团全体成员每十年一次换班。第八届布道团于1794年到达北京，到1804年正好十年。因此，在俄罗斯政府动议派遣访华使团的同时，布道团换班的事情也同

---

① АВПРИ ф. СПБ Главный архив. 1-7. оп. 6. 1805г. д. № 1-а. п. 25. л. 231-232. Там же c355-357. 根据这份资料，如果算上大使本人，实为125人。

六 库伦的寒气：中俄边境的礼仪之争

时提上了日程。在俄国政府看来，由戈洛夫金使团顺便将第九届布道团带到北京是合情合理的，清朝政府应该不会无理作梗。因此，俄国政府在没有征求清政府意见的情况下就单方面着手筹建新布道团。

1805年4月1日（3月20日），沙皇亚历山大一世谕令伊尔库茨克总督谢利丰托夫，命其告知库伦办事大臣，换届的俄国布道团亦将随访华使团一道入境。①

5月6日（4月27日），伊尔库茨克副省长希什科夫通知库伦办事大臣，换届布道团成员包括神甫、教堂执事、学员。他们在随团途中既司祈祷之职，亦为替换自1794年起到北京的俄国布道团。有关此次换届事宜，枢密院有例行国书致理藩院，将由特命全权大使亲自呈递。②

5月20日（5月8日），东正教事务衙门还就北京旧布道团成员的工资、其成员回国后的待遇以及北京布道团庭院的修缮扩建和每届期限等问题奏报沙皇。③可见，此时俄国方面对清政府就布道团随使团入华一事的剧烈反应尚无一丝一毫的察觉。一切都按部就班、有条不紊地从容进行。

5月21日，库伦办事大臣收到希什科夫的信，始得知换届布道团亦将随使团入华。

5月24日，库伦办事大臣上奏嘉庆皇帝，报告换届布道团亦随使团入华，并提出自己的看法："查得，自上次更换俄罗斯学生以来，业已十一载。按例学生换班，皆俄罗斯自费办理，由理藩院派笔帖式、领催来往护送，并无乘驿之例。此次究竟如何办理，奴才等听候训谕遵行。"④由库伦办事大臣的话，我们可以看出，历史上换届布道团的路途费用全由俄国政府负担，清朝不过派两名下级官员随行照应监督而已。如果此次布道团随使团行动，两者混在一块，势必增加接待费用，不合历史惯例。

对即将面临的矛盾，俄国人似毫无所觉，所有相关事务仍在慢慢进

---

① Там же. п. 20. л. 122–123. Там же с112.
② Там же п. 22. л. 80. Там же с. 121.
③ Там же п. 15 л. 25–29. Там же с. 123–124.
④ ЦГИА Монголии. ф. М-1. д. № 639. л. 97. Там же с. 136. 嘉庆十年（1805）四月二十六日，《蕴端多尔济等奏报收到省长来文得知俄使前来信息等情折》，第一历史档案馆藏"满文月折档"。

行。5月31日（5月19日），东正教事务衙门通报外交部组建新布道团诸事，计划"遴选修士大司祭一名、修士司祭两名、修士辅祭一名、通晓拉丁语的神职人员两名"，其中，修士大司祭决定由二等齐赫文修道院修士司祭阿颇洛斯（Аполлос）担任，另选亚历山大·涅夫斯基大修道院修士司祭谢拉菲姆（Серафим）和阿尔卡季（Аркадий）、亚历山大·涅夫斯基神学院的教士修士辅祭涅克塔里（Нектарий）为成员，修辞班学员瓦·亚菲茨基（В. Яфицкий）、诗歌班学员康·帕利莫夫斯基（К. Пальмовский）、哲学班学员叶·雅罗斯拉夫斯基（Е. Ярославский）和马·拉夫罗夫斯基（М. Лавровский）四人为学员。此外，"鉴于布道团通常要附带四名学员前赴北京学习汉语和满语，现外交部已有两名满语能力颇强的学员，可派他们前往深造，故只须另选两名体格强健、最好能稍懂拉丁语的年轻学员即可"。此外，东正教事务衙门还专门为新布道团的建制颁布了四项命令：（1）新提升为修士大司祭的阿波洛斯为换届布道团首脑，新布道团成员到北京应如何行事，至圣东正教事务衙门将援例颁发训令，训令正在审核、批准之中；（2）新布道团成员包括修士司祭、修士辅祭、教士和学员将由至圣东正教事务衙门办公厅予以确认，并须立字保证按颁给修士大司祭的训令行事，视修士大司祭为长官，听从命令，服从领导，始终保持行为端正；（3）任命书一旦向新布道团成员本人宣布，所有成员便应携带至圣东正教事务衙门的教令和人员任职情况清单前往外交部报到，外交部将根据惯例酌情予以安排，并将情况报告枢密院；（4）至圣东正教事务衙门应向现在北京的修士大司祭索夫罗尼颁发教令，命其于换届人员抵达北京后，把当地的教堂、房舍及公产制成清单，连同居民中信奉基督正教的教徒花名册，一并移交修士大司祭阿颇洛斯。然后根据外交部指示，按修士大司祭标准为该员发放回国川资。着其回国后到至圣东正教事务衙门报到，并将自己在北京期间的所作所为、以何种最佳办法吸引人民接受基督教、已给多少人施洗、当地共有多少人信奉基督正教、在当地逗留期间有何见闻等写成报告。①

---

① АВПРИ ф. СПБ Главный архив. 1–5. оп. 4. 1823г. д. № 1. п. 15. л. 38–40. Там же с138–139.

六 库伦的寒气：中俄边境的礼仪之争

上述这些资料至少说明以下几点。其一，俄国单方面大张旗鼓地组建换届布道团，说明他们对天朝体制尚无深刻理解，他们没有估计到未来清政府对此事的激烈反对态度。遵循条约派遣换届布道团也是一项外交行动，理应双方协商。因此，即使从西方近代国际关系体制的角度来看，俄国的这种单方面做法也是欠妥的。其二，至圣东正教事务衙门颁发的命令说明东正教事务衙门早在19世纪初就已经开始加强对布道团的控制，并开始重视布道团成员的操守问题，为稍后布道团改革之先声。其三，组建布道团是由东正教事务衙门与外交部一块进行，这本身就充分说明了布道团的外交、宗教合一的性质。其四，东正教事务衙门对布道团成员传教成绩的重视，说明传教仍然是早期布道团的重要使命，而并非像过去我们所认识的那样，布道团不重视传教。这里可能存在政府和宗教部门的看法差异。在东正教会看来，既然是布道团，就应当重视传教效果。只不过俄国政府并不想因布道团传教而触犯清朝的政治戒条，以致影响中俄两国外交贸易关系。

清政府对布道团随行访华使团一事的反应，至迟在6月上旬就已表露。6月7日，军机处给库伦办事大臣传达谕旨，其中明确指示："俄罗斯呈请顺便带喇嘛、学生前来换班一事，显系图利之意，既然原无此例，应决然驳回，以杜外夷人试探之心。"①

随即，清理藩院即以国书的形式将拒绝布道团随行使团的决定正式通报俄枢密院："本院查得，按例凡由尔俄罗斯国遣往我京城之喇嘛、学生，皆应自力前来；或单独遣派，亦报本院具奏，差遣笔帖式，领催，由驿迎入，护送其自力至京，安置于俄罗斯馆内，照例供给费用，并无驰驿之处，例如乾隆八年，尔俄罗斯遣使米哈依罗少校，随派三名学生，亦按前例由本院笔帖式、领催前往边界迎接领受进，并非同使臣米哈依罗少校一起前来。彼时，本院将此事不可作为嗣后之例等因其奏，并已咨行尔萨纳特衙门。多年以来，我大清国与尔俄罗斯国交涉诸事，皆遵行原所议定条约办理，

---

① 嘉庆十年（1805）五月初十日，《谕库伦办事大臣蕴端多尔济须令俄使臣大减随行人数后再准其进京朝觐》，第一历史档案馆藏"满文俄罗斯档"。ЦГИА Монголии. ф. М–1. д. № 639. л124–125. Там же с. 142.

故尔俄罗斯喇嘛、学生不可同本次瞻觐使臣一起前来。至于应更换之喇嘛、学生，应仍照旧例更换。本院已将此具奏大圣主，奉旨：依议。钦此钦遵。尔衙门收到此文后，待至尔俄罗斯喇嘛、学生应行列换之时，仍照原定旧例咨文本院，本院再行照例办理，本次勿须随同尔使臣遣派前来。"① 清政府的态度很清楚：一是根据《恰克图界约》，不反对布道团换届；二是要求俄罗斯遵循旧例，让布道团按规定的程序单独进行换届事宜，不允许布道团与访华使团有所牵连。

但清政府的态度，俄国政府此时仍一无所知。故 6 月 30 日（6 月 18 日），俄枢密院还为布道团随行一事以国书形式通告清理藩院：（1）请清政府根据《恰克图界约》，友好接待新布道团，其成员为："三名神甫，为首者为阿颇洛斯、两名助手为谢拉菲姆、阿尔卡季，以及修士辅祭涅克塔里，两名教士瓦西利·亚菲茨基、康斯坦丁·帕利莫夫斯基等，以替换旧布道团。尚派有学员四名前往学习汉、满语：米哈伊拉·西帕科夫、列夫·济马伊洛夫（Лев Зимайлов）、帕特里基·波利特科夫斯基（Патрикий Политковский）和马克尔·拉夫罗夫斯基"；（2）不但请求清政府允许换届布道团与访华使团随行，同时还请求允许旧布道团成员回国时亦与访华使团随行。②

7 月 6 日（6 月 24 日），亚历山大一世谕戈洛夫金将此国书递给清理藩院，并转交旧布道团一年的薪俸及其回国的费用。③ 同日，外交部正式任命修士大司祭阿颇洛斯为俄国驻北京新布道团首脑，并确定了新布道团成员的薪金、旅途花费用度和修缮北京俄罗斯馆房舍费用：（1）大司祭阿颇洛斯每年可得薪金 1500 卢布、仆役车马费 500 卢布、教务杂费 150 卢布；（2）两名修士司祭和一名修士辅祭每人年薪 400 卢布；两

---

① 嘉庆十年（1805）五月初十日，《清理藩院为俄来京换班教士学生不得随同朝觐使臣入京事咨俄萨纳特衙门文》，第一历史档案馆藏"满文俄罗斯档"。
② АВПРИ ф. СПБ. Главный архив. 1–5, оп. 4. 1823г. д. № 1, п. 15. ч. 1л. 17. *Тихвинский С. Л. и Мясников В. С. Русско–Китайские отношения в XIX веке. Материалы и Документы.* 1803–1807. Т. I. М. 1995г. с. 158–159.
③ Там же. IV –4. оп. 123, 1805–1809гг. д. № 1. л. 247–248. Там же с. 160–161.

六 库伦的寒气：中俄边境的礼仪之争

名教士年薪各 300 卢布，4 名学生年津贴各 400 卢布，教师礼品费和书籍、笔、纸张费 150 卢布；(3) 此外，受洗者招待费 300 卢布、修道院房舍修缮费 500 卢布。整个布道团每年总计 6500 卢布；(4) 此外，大司祭同教友尚可支配属于俄国教会的庄院收入以及俄国神职人员购买并遗留的耕地收入，共计 508 卢布，此款可用于维修房舍及为众教友谋福利；(5) 为了运送两座法衣圣器柜，大司祭可在此间领取 23 匹马的费用，外加起程费 750 卢布；(6) 路费开支：两名修士司祭、一名修士辅祭和 4 名学员每人各发 200 卢，两名教士每人各发 150 卢布；(7) 此间按前述薪金数额已预发一年薪金，其余 4 年可在伊尔库茨克预领，均为白银支付。"上述款项领到后应妥为保管，按月足数发给属下之布道团成员。"①

从拨款种类来看，涉及薪金、路费和教堂修缮费用等，考虑比较全面。由此亦可见，俄国并未打算由清政府破例负担布道团旅途费用，清政府的忧虑似乎没有根据。从所规定的布道团成员薪金数额看，相对过去历届布道团成员高出一倍有余。② 可见，沙俄政府已经越来越重视北京布道团了。也正是这第九届布道团开辟了布道团史的一个崭新时代，成为俄国驻北京布道团史的转折点。

7 月 9 日（6 月 27 日），伊尔库茨克总督谢利丰托夫将自己与库伦办事大臣之间就使团访华一事的通信汇聚起来，一块寄给亚历山大一世，其中就特别谈及清政府坚决反对换届布道团与使团随行的态度。③

此后，一直到 7 月份，清政府拒绝布道团与使团随行的意见似乎一直未为沙俄政府所重视，因为沙俄政府在此期间没有任何针对性举措。7 月 18 日（7 月 6 日），恰尔托雷斯基给大使戈洛夫金下达指令，其中第 9 条

---

① Там же. 1–5. оп. 4. 1823г. д. No 1. п. 15. ч. 1л. 63–66. Там же с. 161–163.
② 参见〔俄〕尼古拉·阿多拉茨基《东正教在华两百年史》，阎国栋、肖玉秋译，陈开科审校，社会科学文献出版社，2007，第 49、88、116、139、162、204、254 页。
③ АВПРИ ф. СПБ. Главный архив. 1–7. оп. 6. 1805г. д. No 1-а. п. 22. л. 113–114. *Тихвинский С. Л. и Мясников В. С.* Русско-Китайские отношения в ⅩⅨ веке. Материалы и Документы. 1803–1807. Т. 1. М. 1995г. с. 164.

277

就与新布道团有关。该条指令认为：此前派往北京的布道团人员尚未对国家有任何贡献，他们一贯受中国人轻视，其原因主要是这些神职人员生活腐败，当然，也与发放给这些神职人员的生活费太低有关。如今生活费已足，选中的人员也都品行端正，故应该可以受到中国人的尊敬。指令要求大使在逗留北京期间，尽力说服中国人像尊敬驻京西方传教士一样尊敬修士大司祭及布道团其他成员。[①] 由此可以看出，沙俄政府已经开始在改革北京布道团了：增加了经费开支、注重教士的品德修养。而由此亦可大致了解，沙俄政府之所以坚持让换届布道团与使团随行，并非仅仅适逢其会，实际目的在于想借显赫的外交使团来提高布道团在北京的政治地位。过去布道团成员由于经费不足、素质低，其行为已经引起中国政府及老百姓的鄙视。

同日，亚历山大一世也给大使戈洛夫金下了类似训令，也是在第9条谈到北京布道团换届一事：（1）坦承以往布道团没有起到什么积极作用；（2）要戈洛夫金把布道团送到北京后，根据实际情况，向布道团下达他认为合适的指令；（3）要戈洛夫金察看北京教堂房舍、教会设施，命布道团成员写一份有关北京布道团现状的报告转呈；（4）要戈洛夫金大使转达命令，以后布道团大司祭每年至少给圣彼得堡写四次报告；（5）加强大司祭对布道团的控制，正式宣布大司祭有权将教士或学员不道德的行为报告国内，甚至大司祭有权将此类人员遣送回国。[②] 大司祭权力的加强对控制布道团和规范布道团成员的行为有很大作用。

7月30日（7月18日），戈洛夫金在莫斯科与符拉基米尔之间碰上西伯利亚的信使，方才知晓清政府的态度。7月31日（7月19日），戈洛夫金致函恰尔托雷斯基，建议枢密院致函清政府对此进行解释：沙俄政府这样做的唯一理由是为了方便，同行的布道团成员还可以代替使团教士的角色，绝非主观故意违反以往的规定或历史惯例。他建议最终仍

---

① Там же. п. 20. л. 181. Там же с. 176.
② Там же. л. 105–106. Там же с. 181–182.

六 库伦的寒气：中俄边境的礼仪之争

按清政府的意见办理，以免节外生枝。① 8月14日（8月2日），俄枢密院致函清理藩院，同意遵行现行规定，将布道团与使团分开行动。② 但同时枢密院又发国书要求清政府按规定接待换届布道团。这意味着布道团和访华使团两者的分开只不过是文本表述上的分开而已，实际上两者仍然有可能重合，清政府仍然有可能面临同时接待他们的情况。直到9月25日（9月13日），戈洛夫金大使致函库伦办事大臣，方才明确告知俄国政府将会推迟换届布道团的派遣。③ 同日，伊尔库茨克民事省长希什科夫亦致函库伦办事大臣，其中亦明确宣称：俄方将按照历史惯例，让布道团与使团分离，另选时间单独派布道团和学员去北京，以接替驻北京的旧布道团；何时准许该布道团人员入境，请库伦办事大臣及时通知；只有在接到类似通知后，换届布道团才派出。④ 至此，事情方始明朗。此后，访华使团前往库伦，新布道团则留在伊尔库茨克。10月29日，为了延缓布道团的行程，也为了维护天朝体制的神圣性，清政府认为俄国枢密院通报布道团的国书格式不对，即将俄国君主的言语写于国书前面，而清朝皇帝的言语写于国书后面，违反了天朝体制的文书格式，因此将国书退还俄国。⑤ 这显然是清政府欲借此小事来强化天朝体制在中俄两国交涉中的主控作用。而俄国的屡屡退让，也显示了19世纪初俄国所奉行的近代国际关系体制面对天朝体制尚无能为力的现状。

3. 礼品清单：中俄关于预先提供礼品清单的交涉

与此同时，清政府要求俄国政府预先提供礼品清单的问题随着使团一步步临近边境，也显得越来越迫切了。就俄国政府来说，组建访华使团一事从一开始，准备礼品就是最重要的事情。这既是一般外交礼节的需要，

---

① Там же. п. 24. л24. Там же с. 192.
② Там же. IV –4. оп. 123. 1805–1809гг. д. No 1. л. 326. Там же с. 200.
③ Там же. 1–7. оп. 6. 1805г. д. No 1–а. п. 24. л76. Там же с. 225.
④ Там же. п. 22. л121. Там же с. 233–234.
⑤ Там же. IV –4. оп. 123. 1805–1809гг. д. No 1. л. 322–323. Там же с. 283–285.

也是基于当时俄国对中国粗浅理解的结果。① 其实，要别国"朝贡"乃天朝体制的原则之一。谁呈献"贡品"，意味着谁即被纳入天朝体制。此外，按照天朝体制的要求，凡外藩进贡，都要提前将"贡品"清单告知宗主国，毫无例外。这既是朝贡礼制的规定，也便于清政府提前准备相应的回赏礼品。在清政府对俄国使团提出的所有要求中，只有这一条看上去较为平常。但恰恰就是这条不起眼的要求，却最能体现清朝的天朝体制。因为平等国家之间的互访，赠不赠送礼品、赠送何种礼品、赠送多少礼品，受访国家是不应该过问的。只有天朝体制内的属国朝贡，才需要预先向宗主国报告"贡品"数量及清单。因此，这个要求虽看上去不起眼，在法理上却是双方关系性质即是否构成宗主国与"朝贡"属国关系的集中表现。清政府按照自己属国朝贡的要求来要求俄国使团，也似乎意味着由俄国政府所首倡的平等访问无形中慢慢化为不平等的"朝贡"。

1805年5月24日，库伦办事大臣奏告嘉庆皇帝，抱怨俄国政府一直未按要求预先提供使团携带的礼品清单。②

但俄地方官似乎没有意识到这个问题的严重性。所以，对清政府所提预先呈交礼品清单的要求，伊尔库茨克总督谢利丰托夫并未觉得有何不妥，以致在给沙皇的奏章中，仅仅将清政府需要提交礼品清单的意思转告，没有任何表示不妥的议论。③ 但作为外交官的戈洛夫金却不这么看。7月31

---

① 1805年1月28日（1月16日），鲁缅采夫在致恰尔托雷斯基的备忘录中写道，礼品要"办得体面豪华，要同我国丰硕财富的地位相当，同帝国以往所取得的尊严相配"（Там же. 1–7. оп. 6. 1805г. д. No 1–а. п. 16. л19. Там же с. 91）；2月4日（1月23日），恰尔托雷斯基在给亚历山大一世的奏章中也说："除了前述那些最重要的问题之外，还有就是要确定带到北京送给博格德汗本人及权贵们的礼品。早有耳闻，中国人对礼品很贪婪。我们有必要运用礼品手段使他们中的有识之士对我们产生好感，礼品应该与我们的目的相吻合。"（Там же. п. 22. л. 15–16. Там же с. 95.）可见，在俄国人眼里，礼品象征着国势，但同时亦为满足中国皇帝及权贵们的贪婪。他们根本没有看到礼品的"贡"的本质，即天朝体制的象征。

② ЦГИА Монголии. ф. М–1. д. No 639. л96. Там же с. 136. 另见嘉庆十年（1805）四月二十六日，《蕴端多尔济等奏报收到俄省长来文得知俄使前来信息等情折》，第一历史档案馆藏"满文月折档"。

③ АВПРИ ф. СПБ Главный архив. 1–7. оп. 6. 1805г. д. No 1–а. п. 22. л. 113–114. Там же с. 165.

六　库伦的寒气：中俄边境的礼仪之争

日（7月19日），他在旅途中知悉清政府要俄国使团预先提供礼品清单一事，当即拟定了两份紧急报告：一份给恰尔托雷斯基，详细交代了自己对清政府系列要求的看法。他打算到达边境后，根据具体情况，万一无法避免，也要秘密地预先提供礼品清单。之所以"秘密"提供礼品清单，说明戈洛夫金已经意识到此事不那么简单。① 第二份紧急报告是戈洛夫金经过思考后就政府如何答复清政府对使团所提要求的建议。在这份报告里，戈洛夫金建议俄国政府以恰当理由明确拒绝预先提交礼品清单。他认为，在目前情况下，俄国政府不能敷衍，唯一较为恰当的回答是：俄国皇帝委派使臣于呈递贺表时同时呈递礼品。俄国大使带礼品来，是为了表示沙皇对中国皇帝陛下的友好情谊。礼品的详细清单之所以不能提前呈递，是因为部分礼品可能于旅途遭到损毁。② 在戈洛夫金看来，如果预先提供了礼品清单，一旦有些易碎的礼品如玻璃制品在旅途中受损，那么，就会出现礼品清单与礼品实际数额不一致，这势必无法向嘉庆皇帝交代。也就是说，由于部分礼品有可能半途受损，因此，最终献给嘉庆皇帝的礼品有多少、都是些什么礼品，要等使团到达目的地北京之后才能清楚。可见，戈洛夫金大使拒绝预先提供礼品清单的理由只是一种现实的可能性理由，却未能从政治外交的高度来做必然性的说明。但以当时的实际情形而论，戈洛夫金也没有其他出路。因为如果从外交层面来说明理由，那势必马上就会牵涉到两种不同国际关系体制之间的矛盾。

9月25日（9月13日），戈洛夫金自伊尔库茨克致函库伦办事大臣，明确对清政府有关预先提供礼品清单的要求提出异议。他不同意提前告知礼品清单，要求在使团到达北京且在宫廷举行了接待仪式后方可提供礼品及其清单，理由仍然是担心旅途某些礼品可能受损。③ 10月7日，蕴端多尔济再次致函戈洛夫金及伊尔库茨克民事省长科尔尼洛夫，警告俄国使团如不满足清政府的要求，库伦将拒绝接待，④ 并随后将此态度禀告嘉庆皇

---

① Там же. п. 24. л. 19. Там же с. 191.
② Там же. л. 27. Там же с. 193.
③ Там же. л. 74–76. Там же с. 225.
④ Там же. л. 129–130. Там же с. 244–245.

281

帝。10月9日，库伦办事大臣奏告嘉庆皇帝，说戈洛夫金对清政府所提出的几个要求均未答复，尤其不同意预先呈报礼单："故奴才等当即钦遵训谕旨，缮拟复文逐款晓谕其首席使臣戈洛夫金与新任省长科尔尼洛夫，并当面饬交大尉三济哈札布将复文带回。俟俄罗斯接到奴才行文后，若又复文，奴才等当即具奏请旨；若俄罗斯至此为止不再复文，亦不必理睬。"① 10月19日，嘉庆皇帝用生硬的口气谕令库伦办事大臣：如果俄国使团不满足清政府的所有要求，不遵守清朝礼仪，不履行纳贡国应行的礼仪，不提前告知贡品名称及数量，那就坚决拒绝接待。② 但清政府的强硬态度俄国政府毫不知情。10月20日（10月8日），戈洛夫金致函蕴端多尔济，虽然在缩减使团成员的问题上做出了让步，但礼品清单仍未提供。③ 10月29日（10月17日），戈洛夫金上奏沙皇，指责清政府的要求纯属无理之举，并意识到清政府正将俄国使团当作朝贡使团对待，而这是俄国所不能容忍的。④ 10月31日（10月19日），戈洛夫金决定派使团一秘巴伊科夫前往库伦，代表使团就预先提供礼品清单等问题与库伦办事大臣妥商。双方的谈判从11月4日（10月23日）持续到11月14日（11月2日）。从事后巴伊科夫的《库伦谈判日志》看，双方谈判气氛还不错。11月5日（10月24日），巴伊科夫与库伦办事大臣派遣的两名官员就预先提交礼单一事相互辩论，未果；11月6日（10月25日），巴伊科夫与库伦办事大臣再次就预先呈报礼单的问题进行了交涉，双方基本达成如下协议。

（1）库伦办事大臣认为预先提交礼单只是一件微不足道的小事，这是所有前来朝贡的各国都要遵守的一个制度。库伦办事大臣还以英国马戛尔尼使团为例做了说明。当时，马戛尔尼使团就是在预先提交了礼单后才被

---

① ЦГИА Монголии. ф. М–1. д. No 639. л. 264. Там же с. 250. 嘉庆十年（1805）八月二十七日，《蕴端多尔济等奏为俄新任省长等来文狂悖已极当即驳回并将俄来文呈览折》，第一历史档案馆藏"满文月折档"。

② Там же. л. 311–315. Там же с. 256. 嘉庆十年（1805）八月二十七日：《谕库伦办事大臣蕴端多尔济俄使臣必须大减随从并习三跪九叩之礼始准带领入京》，第一历史档案馆藏"满文俄罗斯档"。

③ АВПРИ ф. СПБ Главный архив. 1–7. оп. 6. 1805г. д. No 1–а. п. 25. л. 111–112. Там же с. 256–260.

④ Там же. л. 96–100. Там же с. 270–272.

召见的。俄国既然前来朝贡，自应与英国受同等对待，为何要分彼此？但巴伊科夫似乎不为所动，而是直截了当地抗议清政府将俄国视为一般朝贡国，因为只有一般朝贡国才需要预先提供礼单。

（2）由于戈洛夫金态度强硬，不愿以使团的名义亲自预先提交礼品清单，因此，库伦办事大臣退而求其次，要求巴伊科夫当场写一个书面礼单。对此，巴伊科夫表示同意，随即以炫耀的口气口头叙述了部分礼品清单。在巴伊科夫看来，这样做既满足了库伦办事大臣的要求，又显示了俄国礼品的丰盛及其背后所隐含的俄国国势的强盛。从谈话看，巴伊科夫主要简略叙述了礼品中的毛皮和玻璃器皿："至于贡品细数无法开列，因有长十几尺、宽五六尺大玻璃镜十五块，又有陶器玻璃器皿及细毛皮裘等许多薄脆细物，恐不能全部完整运至，故未写明细数。"对此，库伦办事大臣表示，关于礼品的情况，已基本了解清楚了，与预先提交礼品清单几无两样。①

但是，库伦的谈判情况，清政府中枢并不知情。11月9日，军机处给库伦办事大臣发来谕旨，仍然严令俄国使团必须预先呈报礼品清单，否则，拒绝接待。② 11月17日，库伦办事大臣致函戈洛夫金，主旨是要将巴伊科夫在库伦谈判中对中方所做的诸多承诺以文本的形式进行确认。根据我们现在所看到的这封信函，戈洛夫金当时曾在信函原稿左侧页边特意写了一句话："我方对中国人所做的一切承诺都是为了表示：全俄皇帝为了友谊送来的是礼品而不是贡品，是为了让他们不再把俄皇陛下的尊号书写为上面带点的具有纳贡藩王意味的察罕汗。但至今一切徒劳无功，吾皇仍然得不到尊重。"③ 这说明，此时戈洛夫金心里已十分明白当时俄国已被清政府当作"朝贡国"看待，所谓"预先提供礼品清单"就是标志之一。然而，自始至终，戈洛夫金并未将这层意思当面向库伦办事大臣等提出来论说。他在库伦办事大臣的信函上写下这句话，不过是其内心对现实感受的一种

---

① АВПРИ ф. СПБ Главный архив. 1–7. оп. 6. 1805г. д. № 1–а. п. 25. л. 242–243. Там же с. 294. 嘉庆十年（1805）九月十九日，《蕴端多尔济等奏报俄使遣员递文再就随行人数及觐见礼节事相互辩驳折》，第一历史档案馆藏"满文月折档"。
② ЦГИА Монголии. ф. М–1. д. № 639. л. 391. Там же с. 299.
③ АВПРИ ф. СПБ Главный архив. 1–7. оп. 6. 1805г. д. № 1–а. п. 25. л. 183. Там же с. 307.

表露。就当时中俄两国的关系格局来看，戈洛夫金这种内藏在心中的不满是无法摆到桌面上来论说的。只要双方直接讨论这个问题，那就是把两种不同文化和国际关系体制的冲突摆到桌面上，访华使团的失败命运就不可避免。因为当时中国承乾隆盛世的余晖，天朝体制借中国国势的表面强盛，尚非当时国势趋升的俄国及其所代表的近代国际关系体制所能胜出。

大概由于戈洛夫金心中不快，所以对 11 月 17 日库伦办事大臣的信函暂时未予理睬。于是，11 月 26 日，库伦办事大臣再次致函戈洛夫金，要求他对巴伊科夫在库伦所做的诸承诺以文本形式正式确认。承诺之一就是预先提供礼品清单，其中说"礼品中有长 10 俄尺余、宽 5 俄尺之玻璃镜子 15 面，以及各种玻璃器皿、各种皮货。你们即使一时不能说明所有礼品之详情，然巴伊科夫所说是否属实？请在复函中写明"。① 12 月 1 日（11 月 19 日），戈洛夫金始回函，以文本的形式通报了国书的主要内容且确认了巴伊科夫所述礼品清单的真实性。② 12 月 6 日，蕴端多尔济将戈洛夫金的态度上奏嘉庆。12 月 14 日，军机处向库伦转达嘉庆谕旨，同意接待俄国使团。

4. 广州风波：中俄关于"俄船"首航广州贸易的交涉

正当俄国使团临近俄中边界，中俄双方正为基于不同文化和国际关系体制矛盾而争吵之时，前述俄罗斯两艘正进行首次环球航行的军舰"希望"号和"涅瓦"号却满载皮货先期突至广州，并要求贸易。俄国这种明显违反清朝对外贸易体制的行为，几乎引发了一场外交危机。有人甚至认为，当时发生在南方广州的这件事情严重影响了北方戈洛夫金使团的命运。

从俄国外交政策史的角度来看，19 世纪俄国的远东太平洋政策在形成时间上与俄国的对华政策部分重合，契合点就是俄美公司在北太平洋沿岸的殖民及贸易问题。1803 年 4 月 20 日（4 月 8 日），鲁缅采夫上奏沙皇，准备组织考察队进行首次环球航行，以便解决俄美公司在北美地区的殖民与贸易问题，尤其是考察如何参与中国广州的贸易及拓展在日

---

① Там же. л. 184. Там же с. 307–308.
② Там же. л. 222. Там же с. 332.

六　库伦的寒气：中俄边境的礼仪之争

本及其他亚洲北太平洋沿岸地区的贸易。① 但是，按照清朝传统的对外贸易体制，俄国只能在北方进行陆路贸易，至于南方的海路贸易则只针对欧美诸国。而俄国为了与英美在南方广州口岸竞争毛皮贸易市场，挽救因经营不善而日益衰败的俄美公司，竟准备借环球航行之机，尝试介入广州的海路贸易。按照俄国政府的整体计划，戈洛夫金使团应该先一步到达北京与清政府谈判，在谈判桌上公开提出介入南方海路贸易的问题。之后，进行环球航行的轮船"涅瓦"号和"希望"号再到广州贸易。但事与愿违，由于戈洛夫金使团被阻于库伦，两艘俄船竟先行到达广州。嘉庆十年十月二十九日（1805年12月19日），清粤海关监督延丰上奏，报告11月28日、12月7日两艘俄船满载毛皮先后到达广州申请贸易。当时，两广总督那彦成（1763-1833）出巡，不在广州。而俄国人为了顺利贸易，情辞恭顺，好言请求，再加上英国"留粤大班"杜雷孟德（Drummend）的斡旋、西成行商黎颜裕（Луквва）的承保，延丰便以贯彻皇帝"柔远怀夷"之名义，与巡抚孙玉庭（1741-1824）草草商讨后决定准其贸易。② 这消息约在嘉庆十年十二月上旬末才为清政府得知，立即引起清政府的震惊。尤其是粤海关监督及一干广东官员竟然在没有得到清政府允许的情况下，擅自允许俄船贸易并让它们顺利离开，嘉庆皇帝对此大为恼怒，亲自过问，一月之内（嘉庆十年十二月九日至十一年一月九日），军机处三次寄谕两广总督。最终，内阁奉上谕处分了涉案的相关官员：原粤海关监督延丰革职，现监督阿克当阿、两广总督吴熊光、广东巡抚孙玉庭等交部议处。③ 为此，清理藩院还于1806年1月28日行文俄国枢密院，对俄船违反惯例前往广州贸易表示谴责并要求做出解释。④ 5月15日，俄枢密院为了掩盖自己的真实意图，在

---

① Нарочницкий А. Л. и. д.Внешняя политика России ⅩⅨ и начала ⅩⅩ века. Документы Российского Министерства Инастранных Дел. М. 1960г. Т. 1. с. 405.
② 中国第一历史档案馆、中国古籍整理研究会编《清宫粤港澳商贸档案全集》（六），中国书店，2002，第3613-3617页。
③ 蔡鸿生：《俄罗斯馆纪事》，第173页。
④ АВПРИ ф. СПБ Главный архив. 1-7. оп. 6. 1805г. д. № 1-а. п. 28. л. 178-179. *Тихвинский С. Л. и Мясников В. С.* Русско-Китайские отношения в ⅩⅨ веке. Материалы и Документы. 1803-1807. Т. 1. М. 1995г. с. 405-406.

致清理藩院的信函中，将两艘远洋考察船说成是俄美公司的商务船，希望清政府同意俄中在广州进行贸易，并保证今后不再发生类似事件，态度非常恭顺。①

有关俄船突至广州要求贸易并且事实上已经破例完成一次贸易的过程，业师蔡鸿生教授已经进行了详细的叙述，且编有交涉"日志"，使整个事件一目了然。我们不碍在此转述。并利用先贤因条件所限而未能利用之中、俄文资料稍加补充。"志事以农历为纲，并附公历（括号内第一项）和俄历（括号内第二项）日期。"从交涉程序的角度来看，此事约可分为三个阶段。

第一阶段，起于嘉庆十年九月三十日（1805 年 11 月 20/11 月 8 日），止于嘉庆十年十一月二十五日（1806 年 1 月 14 日 /1 月 2 日），于交涉为"验卸"，即验货卸货阶段。

嘉庆十年九月三十日（1805 年 11 月 20 日 /11 月 8 日）：当晚 7 时，俄国"希望"号（清人呼之为"噜咕吨"号）驶抵澳门洋面；

十月初一日（11 月 21 日 /11 月 9 日）：下午 2 时，"希望"号入凼仔（Тип）寄碇；

十月初二日（11 月 22 日 /11 月 10 日）：早晨，"希望"号船长噜咕吨即克鲁逊什特恩在一艘英国商船的陪同下亲往澳门同知衙门以"巡船"（即兵船）报验，"因为只有兵船才能在凼仔停靠，如是商船不打算入黄埔，那就不允许停泊在凼仔"；②

十月初八日（11 月 28 日 /11 月 16 日）：粤海关监督延丰接到澳门税口委员关于"希望"号巡船至澳门的报告；

十月十三日（12 月 3 日 /11 月 21 日）：里相斯基（Ю. Ф. Лисянский，1773-1837）指挥的俄船"涅瓦"号（清代文献呼之为"咏嚖咄"号）抵泊澳门；

十月十四日（12 月 4 日 /11 月 22 日）："涅瓦"号离开澳门前往黄埔（克

---

① 　 Там же. л . 190-193. Там же с. 565-567.
② 　*Крузенштерн И. Ф.* Путешествие вокруг света в 1803. 4. 5 и 1806 годах по повелению Его Императорского Величества Александра I на корабле Надежде и Неве под начальством Флота Капитанъ Лейтенанта, нынѣ Капитана втораго ранга, Крузенштерна, Государственнаго Адмиралтейскаго Департамента и ИМПЕРАТОРСКОЙ Академіи Наукъ Члена. СПБ. Ч. 2, 1810г. с. 315.

六 库伦的寒气：中俄边境的礼仪之争

鲁逊什特恩船长随行），"希望"号仍泊函仔洋；

十月十六日（12月6日/11月24日）："涅瓦"号抵达虎门；

十月十七日（12月7日/11月25日）：两名中国海关官员引"涅瓦"号向黄埔港航行；粤海关监督延丰接澳门税口委员关于"涅瓦"号满载毛皮来广贸易的报告；

十月十八日（12月8日/11月26日）：凌晨2时，"涅瓦"号抵达黄埔港；

十月十九日（12月9日/11月27日）：克鲁逊什特恩因熟悉广州情形，故乘板艇入广州，宿于英商比尔（Бил）的"夷馆"，与英商比尔、尚克（Шанк）和马尼阿克（Маниак）筹划觅保卸货事宜；

十月二十一日（12月11日/11月29日）："希望"号商务代表谢梅林（Ф. И. Шемелин）在黄埔接到克鲁逊什特恩的通知，携带舱单于当晚赶到广州；

十月二十四日（12月14日/12月2日）：西成行以保商身份派驳船到黄埔帮俄罗斯人运载皮货；

十月二十六日（12月16日/12月4日）："涅瓦"号货物全部由驳船运至广州；

十月二十七日（12月17日/12月5日）："涅瓦"号商务代表柯罗比（Коробицын）到广州，与谢梅林协同将货物卸运至西成行库房，当晚11时卸毕；

十月二十八日（12月18日/12月6日）：上午10时，粤海关监督延丰至黄埔测量了俄船"涅瓦"号。俄国人用果酱和葡萄酒招待了延丰。事后，延丰派人回礼8俄斗面粉、8坛酒、两头小公牛；

俄国1803年首次环球航行的两艘军舰："希望"号与"涅瓦"号

十月二十九日（12月19日/12月7日）：延丰将两艘俄船载货来粤贸易，已准其开舱卸货贸易之事上奏嘉庆；

十一月初二日（12月22日/12月10日）：俄两位船长联名向粤海关监督呈递"夷禀"，声明先期到达的"希望"号不是"巡船"，也属"货船"，请求移泊黄埔；①

十一月初五日（12月25日/12月13日）：新任粤海关监督阿克当阿批准"希望"号按货船征钞，入黄埔卸货。同日，英商比尔说服广州华商购买俄国毛皮，但大多数华商不愿参与其事。据比尔的同事马尼雅克转告谢梅林，西成行虽然同意购买俄货，但要求用货款半数购茶；

十一月初七日（12月27日/12月15日）："希望"号和"涅瓦"号两艘俄船的货物按照西成行提出的条件成交；修理"涅瓦"号；

十一月二十二日（1806年1月10日/1805年12月29日）：那彦成奏陈俄船来粤似应不准其开舱贸易；

十一月二十三日（1806年1月11日/1805年12月30日）：俄船抓紧将回航货物装舱；

十一月二十五日（1月14日/1月2日）：谢梅林托由广州返航的丹麦商船顺带一份致俄美公司经理处的商务报告；

第二阶段，起于嘉庆十年十二月初三（1806年1月22日/1月10日），止于嘉庆十年十二月二十一日（1806年2月9日/1月28日），于交涉则为"放关"，即让两艘俄船满载中国货物出关回国。

十二月初三日（1月22日/1月10日）：保商西成行黎颜裕将暂缓开行的消息转告俄国政府；

十二月初六日（1月25日/1月13日）：克鲁逊什特恩与里相斯基请求英留粤大班杜雷孟德出面，召集英商、行商举行第一次会议，商议对策。克鲁逊什特恩用英文给两广总督写了"夷禀"，并请行商代递，遭拒；

---

① АВПРИ ф. СПБ Главный архив. 1–7. оп. 6. 1805г. д. № 1–а. п. 28. л. 188. *Тихвинский С. Л. и Мясников В. С.* Русско–Китайские отношения в XIX веке. Материалы и Документы. 1803–1807. Т. 1. М. 1995г. с. 348–349；Там же. 1805г. д. № 1–а. п. 28. л. 190. Там же с. 349–350.

六　库伦的寒气：中俄边境的礼仪之争

十二月初七日（1月26日/1月14日）：俄国政府另拟"夷禀"，托行商卢观恒（Маукваъ，茂官，1746-1812）转呈粤海关监督；

十二月初九日（1月28日/1月16日）：军机处寄谕两广总督吴熊光，质询俄船来广贸易情形；同时，理藩院就俄船广州贸易事件向俄国枢密院发出国书，抗议违反旧章；①

十二月十二日（1月30日/1月18日）：谕库伦办事大臣向俄罗斯人查询嚼哑国是否即俄罗斯国。② 同时，命库伦办事大臣迅速将前述抗议国书发给俄伊尔库茨克省长；③

十二月十三日（2月1日/1月20日）：杜雷孟德再次召集英商、俄商、行商举行第二次会谈，最终决定由总商潘启官（潘有度，Панкиквы，1755-1820）率众行商去找粤海关监督，请求放行俄船；

十二月十四日（2月2日/1月21日）：总商潘有度率十三行众商叩求粤海关监督给俄船发放"红牌"；

十二月十五日（2月3日/1月22日）：军机处谕令两广总督吴熊光，令俄船不许在广逗留；④ 同日，内阁奉上谕：原粤海关监督延丰交部议处、广东巡抚孙玉庭交部察议；⑤

十二月十七日（2月5日/1月24日）：粤海关监督阿克当阿亲赴黄埔港视察俄船；

十二月十八日（2月6日/1月25日）：两广总督吴熊光奏准俄船回国；

十二月二十日（2月8日/1月27日）：原粤海关监督延丰照部议降

---

① 嘉庆十年（1806）十二月，《清理藩院为俄船违约至澳门贸易事咨俄萨纳特衙门文稿》，第一历史档案馆藏"满文俄罗斯档"。

② 嘉庆十年（1806）十二月二十七日，《蕴端多尔济等奏报遵旨查询路臣国是否即俄罗斯等情形折》，第一历史档案馆藏"满文月折档"。

③ 嘉庆十年（1806）十二月十二日，《谕蕴端多尔济著将为俄商船来澳门事之咨俄文书递交俄省长》，第一历史档案馆藏"满文俄罗斯档"。

④ 嘉庆十年（1805）十二月十五日，《谕两广总督吴熊光著即饬令俄船离粤回国并饬沿海各口岸一体驳回》，第一历史档案馆藏"上谕档"。

⑤ 嘉庆十年（1805）十二月十五日，《谕内阁著将擅准到粤俄船开仓交易又诳词入奏之延丰交部严议那彦成著免议》，第一历史档案馆藏"上谕档"。

四级，以内务府七品笔帖式补用，并令其在万年吉地工程处效力行走；①

十二月二十一日（2月9日/1月28日）："希望"号和"涅瓦"号自黄埔启碇，经南中国海、印度洋返回俄国。

第三阶段，起于嘉庆十年十二月二十七日（1806年2月15日/2月3日），迄于嘉庆十一年六月十八日（1806年8月2日/7月21日），于交涉则为"结案"：一是处分相关官员，二是由理藩院致国书于俄国枢密院，以示抗议、警告，严肃天朝对外贸易体制：

嘉庆十年十二月二十七日（2月15日/2月3日）：两广总督吴熊光等奏俄船来广贸易情形，并请交部议处；同日，又奏嗣后俄船来广，自应禁其贸易，以符旧制。

嘉庆十一年正月初四日（2月21日/2月9日）：军机处上奏，传询原粤海关监督延丰擅准俄船卸货情形；

正月初九日（2月26日/2月14日）：军机处寄谕两广总督吴熊光等，再有俄船来广，严行饬驳，不得擅许互市；

正月十五日（3月4日/2月20日）：戈洛夫金致函沙皇亚历山大一世，误读清政府致俄枢密院国书，妄报俄船在广东被扣；②

正月二十日（3月9日/2月25日）：内阁奉上谕：延丰革职，吴熊光、孙玉庭、阿克当阿交部议处；同日，理藩院就俄船事件向俄国枢密院发出第二份国书，重申应守旧章，如俄船再次来广贸易，则关闭恰克图市场，以示制裁；③

正月二十五日（3月14日/3月2日）：军机处谕令库伦办事大臣将两份来自广东的俄船"夷禀"转交俄枢密院；④

---

① 嘉庆十年（1805）十二月二十日，《奉旨著照部议将擅准到粤俄船贸易之延丰降四级以内务府七品笔帖式补用》，第一历史档案馆藏"上谕档"。
② АВПРИ ф. СПБ Главный архив. 1–7. оп. 6. 1805г. д. № 1–а. п. 27. л. 119. *Тихвинский С. Л. и Мясников В. С.* Русско–Китайские отношения в XIX веке. Материалы и Документы. 1803–1807. Т. 1. М. 1995г. с. 490.
③ 嘉庆十一年（1806）正月二十日，《清理藩院为俄商船违约至澳门贸易事再咨俄萨纳特衙门文》，第一历史档案馆藏"满文俄罗斯档"。
④ ЦГИАМонголии. ф. М–1. д. № 651. л. 70–71. *Тихвинский С. Л. и Мясников В. С.* Русско–Китайские отношения в XIX веке. Материалы и Документы. 1803–1807. Т. 1. М. 1995г. с. 506.

六 库伦的寒气：中俄边境的礼仪之争

二月十七日（4月5日/3月24日）：戈洛夫金再次上奏沙皇亚历山大一世，仍旧说两艘俄船已被广东海关扣留；①

三月二十四日（5月12日/4月30日）：鲁缅采夫致函恰克图海关关长瓦尼方季耶夫，命其与买卖城扎尔固齐谈判，要求清政府释放被扣广州的俄船；②

四月十日（5月27日/5月15日）：俄枢密院致国书于清理藩院，说明俄船问题的原委，③ 并建议中俄开广州贸易；

六月初六日（7月21日/7月9日），库伦办事大臣收到俄枢密院来文，解释两艘俄船来粤贸易情由；④

六月十八日（8月2日/7月21日）：理藩院答复俄枢密院文书，重申："尔等若永守两国友好之道，则请将此理明确奏闻尔汗，其一切货物均按条约规定于恰克图贸易，断不准所属商人随意在他处通商，以犯我大中国法纪。"⑤

上述交涉"日志"是俄船突至广州要求贸易事件的全过程。⑥ 中俄双方具体交涉的地点虽然主要在广州，但双方交涉所涉及的关系则至少有五个层面。

最基层的是俄船与英商比尔及英国驻粤大班这层关系。如果没有英商的帮助，俄船就连进身之阶都找不到，也就不可能有随后的顺利贸易了。如前所述，此次俄船东行，主要目的是进行第一次环球航行，附带的目的则有两方面：一是有访日使团随行，肩负着与日本建立外交关系的使命，然最终未能如愿；二是两艘俄船在到达俄罗斯北太平洋和北美殖民地后，

---

① АВПРИ ф. СПБ Главный архив. 1–7. оп. 6. 1805г. д. № 1–а. п. 27. л. 228. Там же с. 531.
② РГАДА ф. Государственный архив, разряд ⅩⅤ. 1806г. д. № 30 доп. л. 22–23. Там же с. 550–551.
③ АВПРИ ф. СПБ Главный архив. 1–7. оп. 6. 1805г. д. № 1–а. п. 28. л. 190–193. Там же с. 565–567.
④ 嘉庆十一年（1806）六月初八日，《蕴端多尔济等奏为呈览俄萨纳特衙门来文事折》，第一历史档案馆藏"满文月折档"。
⑤ 嘉庆十一年（1806）六月十八日，《理藩院为遣回俄使团并不准俄商船来澳门事咨复俄萨纳特衙门文稿》，第一历史档案馆藏"满文俄罗斯档"。
⑥ 参见蔡鸿生《俄罗斯馆纪事》，第192–196页。

收集了大量毛皮，他们试图在返航时趁经过广州的机会，将货物在广州抛售，以打破清朝对俄贸易的恰克图一口体制，趁机参与海路贸易，为陷入困境的俄美公司寻找一条便捷而有利可图的毛皮贸易海路。从目前我们所知的一些资料来分析，沙俄政府之选择克鲁逊什特恩参与此行，极有可能基于周密的考虑。因为克鲁逊什特恩曾于1798年（嘉庆三年）从马六甲潜入广州①　住了一年，实地考察了广州海路贸易的情况，还摸清了南中国海的水文航路情况。由于亲眼所见英、美商人从北美掠夺的皮货在广州生意兴隆的现状，克鲁逊什特恩深觉俄罗斯应该参与中国南方的海路贸易。因此，他一回到俄罗斯，即于1802年给海军上将莫尔德维诺夫（Н. С. Мордвинов，1754-1845）写了一个报告，认为海路贸易既能快速满足俄属北太平洋及美洲殖民地的物资供应，又能参与海路毛皮生意，获取巨大利润。对此，莫尔德维诺夫十分赞同，并将报告转呈鲁缅采夫。克鲁逊什特恩的这个报告遂成为俄国首次环球航行及派遣访华使团的契机。②　在两艘环球航行的俄船到达广州之后，又是克鲁逊什特恩代表俄国人进入广州与英商接触，商量出售货物的事宜，因为他的老熟人英商比尔此时正在广州"夷馆"。从事件的整个过程看，克鲁逊什特恩与英国"留粤大班"杜雷孟德（早在1798年,他们就已相熟）③、英商比尔的私人友谊起了决定作用。没有英商比尔从中斡旋，英国留粤大班参与其事，中国行商就不会有人出面承保。果如此，俄国军舰要在广州完成贸易行为是不可想象的。当中途粤海关不允许俄国军舰离港时，又是克鲁逊什特恩（里相斯基随行）亲自出面找杜雷孟德。最后，杜雷孟德

---

① *Невский В. В.* Первое путешествие россиян вокруг света. М. 1951. с. 26. 另说为"克鲁逊什特恩于1799年到达澳门"。*Беспрозванных Е. Л.* Приамурье в системе русско-китайских отношений : XVII–середина XIX в. М. 1983. с. 199.

② *Беспрозванных Е. Л.* Приамурье в системе русско-китайских отношений : XVII–середина XIX в. М. 1983. с. 199.

③ *Крузенштерн И. Ф.* Путешествие вокруг света в 1803, 4, 5 и 1806 годах по повелению Его Императорского Величества Александра I на корабле Надежде и Неве под начальством Флота Капитанъ Лейтенанта, нынѣ Капитана втораго ранга, Крузенштерна, Государственнаго Адмиралтейскаго Департамента и ИМПЕРАТОРСКОЙ Академiи Наукъ Члена. СПБ. Ч. 2, 1810г. с. 318.

六 库伦的寒气：中俄边境的礼仪之争

利用其在广州商界的关系及声望，出面斡旋，迫使广州全体行商出面请愿，终于使两广总督允许俄国军舰出港回国。① 由此可见，沙俄政府借环球航行之机以打开中俄广州海路贸易的大门是早就策划好的，可谓深谋远虑。

至于英国商人，他们不过是要帮助昔日的俄国友人在广州销售两船的货物而已，估计没有要帮助俄国获得永久参与海路贸易的想法。正因为英商没有从国家商业竞争的层面来思考问题，所以，英国的留粤大班和英商这次完全站在俄国一边。

第二层关系是英、俄商人与十三行商之间的关系。根据当时广州的外贸体制，外国商人必须经过十三行商这个中介才能进行贸易，所以，俄国在协调好了与英商的关系后，就在英商的帮助下进一步寻找行商代理。广州行商，主要受制于两方面：一是利益的诱惑，二是广州官方的态度。他们不过是秉承广州地方官僚当局的意旨，作为中外商贸活动的中介，虽是天朝体制的一部分，却没有多大自主性，两面受压。刚开始，广州行商不知道来的是哪国船只，所以，大都持观望态度。后来虽知道是俄商，

克鲁逊什特恩（1770-1846），俄国航海家，海军上将

里相斯基（1773-1837），俄国航海家，海军上校

但一般势力大一些的行商都深知清政府的贸易体制，亦大都不愿出面为俄商作保。最后，经过努力，才有一家新成立的毫无势力可言的行商——西成行黎颜裕始愿有

---

① Там же с. 326.

条件地为俄商担保。正因为有了担保的行商,两艘俄国军舰才得以进行贸易。其中,"涅瓦号的货物卖了 178000 皮阿斯特,希望号的货物卖了 12000 皮阿斯特",共得 19 万皮阿斯特,"其中 10 万皮阿斯特以现款结账,另 9 万皮阿斯特则根据协议买了黎颜裕的茶叶"。① 尽管其他行商没有为俄船作担保,但是,根据克鲁逊什特恩和里相斯基的记述,他们在广州期间,也与其他行商打过不少交道,比如那位十三行商之首的潘启官,就曾与俄船事件多次发生密切关系。在俄船卸货阶段,据里相斯基船长的记述,潘启官等行商都曾到过俄船,并询问了很多问题:"我们是何种民族?我们是否通过陆路同中国进行贸易?何种原因促使我们作如此遥远的航行?我们的船只是否是军舰?"大概在俄船顺利贸易期间,里相斯基还曾上岸旅游,并亲临潘启官的豪华府邸进行参观,卧室、内府家眷均浏览无余。② 在俄船放关阶段,为了让俄船顺利离粤,英国留粤大班亲自出面,要求众行商代递"夷禀",众行商包括总商潘启官、二号行商茂官等皆被迫参与其中。③

第三层关系是以广东官僚集团为中心的关系圈。通过行商的联络,粤海关监督始知有俄商前来广州贸易。突如其来的俄商引起了广东高层官僚的注意。与天朝体制下的广州贸易体制密切相关的广州地方权力机关主要有粤海关监督和两广总督、广东巡抚等。就职能来说,与广州对外贸易体制关系最密切的是粤海关监督(Гоппо)。粤海关监督虽身居高位,但对天朝严格南、北贸易体制的做法未必熟悉,尤其是对北方的俄中贸易体制可能比较陌生,因而在得知俄商来广贸易的消息之后,未能当机立断予以拒绝,反而打着天朝"怀柔远人"的旗号,一面将此事奏报嘉庆,一面自作主张让俄船靠岸贸易。实际上,当时广州的一干官员们不仅忽略了天朝体制严格南、北贸易体制的原则,即使在临事的程序方面,也一样存在很大问题。

---

① Там же. с. 324.
② 参见〔俄〕尤·弗·里相斯基《涅瓦号环球旅行记》,第 224、245–247 页。
③ *Крузенштерн И. Ф.* Путешествие вокруг света в 1803. 4. 5 и 1806 годах по повелению Его Императорского Величества Александра I на корабле Надежде и Неве под начальством Флота Капитанъ Лейтенанта, нынъ Капитана втораго ранга, Крузенштерна, Государственнаго Адмиралтейскаго Департамента и ИМПЕРАТОРСКОЙ Академіи Наукъ Члена. СПБ. Ч. 2. 1810г. с. 329–332.

六 库伦的寒气：中俄边境的礼仪之争

按照天朝体制，地方官员必须在得悉清政府对此事的态度之后才能具体处理，但随后的事实表明，广东官员们的做法与此相反。粤海关监督延丰和继任阿克当阿在听说俄商来广贸易一事之后，两人都曾亲临黄埔港察看俄船情形。他们也知道依天朝体制，俄国应该在北方陆路恰克图进行贸易，如今却突然来广贸易，这是前所未有的事情。但事情的这种特殊性似乎并未引起粤海关监督延丰的特别注意。十月二十八日（12月18日/12月6日），延丰亲至"涅瓦"号测量，中俄双方还互赠礼品，气氛友好。十月二十九日（12月19日/12月7日），延丰一面与巡抚孙玉庭面商，一面与离开广州外出巡视的两广总督那彦成札商。然未等那彦成回函，他即自行决定允许俄船开舱贸易，并奏报嘉庆皇帝。延丰在奏折中阐述了自作主张允许俄商贸易的理由主要有两点：一是俄商请求贸易的夷禀十分恭顺，且远道而来，殊不容易；二是为了体现皇上"柔怀远夷之至意"。然与此同时，他在奏折中也表明："但查该国向在恰克图地方通市，相安已久。今驾船至粤，意在省费图利，若竟准其以后在粤贸易，则北口货物自必日渐稀少，恐致张家口税额短绌。且该夷在恰克图贸易情形，奴才实未深悉，以后应如何办理之处，仰恳皇上训示。"① 由此可知，延丰对俄国属于恰克图贸易体系一事还是有相当了解的。这里值得我们注意的有两点：一是延丰主观上并不赞成俄罗斯长期来广贸易，这次之所以允许俄船贸易，纯粹是基于情理的考虑。人家既然携带货物航行万里来到了广州，如果不问情由即加以驱逐，在延丰看来，显然违反了天朝对外夷的一贯宽大怀柔的精神；二是延丰之所以不赞成俄罗斯长期来广贸易，主要原因是怕影响北方恰克图、张家口的税收。可见，当时处在第一线的海关官僚已经开始看重对外贸易的税额，这种观念在当时较为进步。可惜，延丰的这种观念明显不合天朝体制的精神。在天朝体制下，政治利益永远高于经济利益。而维护天朝贸易体制的原则又远远高于对外贸易的税额盈利等细枝末节问题。我们从延丰的奏折中似乎看到了当时清朝地方与中央在经济观念上的某种内在矛盾。

---

① 中国第一历史档案馆、中国古籍整理研究会编《清宫粤港澳商贸档案全集》（7），第3616页。

嘉庆十年
——失败的俄国使团与失败的中国外交

潘有度（1755-1820），又名潘致祥，广东十三行"同文行"行主，参与俄船事件（油画，关作霖绘，约1800年）

当然，广东官僚集团内部对俄船来广贸易一事的态度也并非完全一致。当时不在广州的两广总督那彦成的态度就与延丰、孙玉庭等有异。据那彦成的奏折，延丰所谓"札商"实际上是一种敷衍行为，因为延丰只说札商那彦成，但并未等待那彦成的回函就自作主张了。尤其过分的是，延丰未等待那彦成的回函就以自己与那彦成、孙玉庭三人的名义上奏嘉庆。等那彦成知道此事时，奏折早已送走，来不及阻止了。因此，那彦成也赶紧上奏，第一句话就是"俄罗斯夷船来广贸易不便准行"（旁边有嘉庆皇帝的批示："甚是"），理由主要是："伏思俄罗斯僻在极北，彼处所最要者中国所产大黄。向止许其在恰克图一带通市，国虽强大，实因此制其生命。今请来广贸易，恐奸商贪利，稽察稍疏，大黄不难多得，且来往熟悉海道及内地情形，殊非好事。"[①] 综合而言，那彦成不准俄罗斯来广贸易的理由有三：一是根据天朝对外贸易体制，俄罗斯只许在恰克图贸易；二是如果允许俄船来广贸易，则难禁大黄流入俄罗斯；三是防止俄罗斯熟悉中国的海道交通及内地情形。这三条理由可谓深合那个时代天朝对俄贸易体制的精髓。表面看来，两广总督对天朝贸易体制的理解似乎比粤海关监督要"棋高一着"。

可见，由于广东官僚集团内部对俄船来广贸易一事在认识和操作上均不一致，终于导致俄商成功在广州进

---

① 中国第一历史档案馆、中国古籍整理研究会编《清宫粤港澳商贸档案全集》（7），第3633页。

六 库伦的寒气：中俄边境的礼仪之争

行了一次海路贸易。

第四层关系是广东官僚集团与清政府中枢的关系。广州官僚集团在知悉俄船来广贸易且通过英国驻粤大班召集行商运作贸易的消息后，由于两广总督那彦成不在广州，粤海关监督延丰便草草与巡抚孙玉庭面商，随即自作主张，允许俄船纳税卸货，开展贸易，并将具体情形上奏嘉庆。然粤海关监督一职随即为阿克当阿替换，两广总督亦换成吴熊光。广州官僚集团这种官职替换的空隙也给了俄船在广顺利贸易并购货离开的机会。综合目前所能见到的资料来看，广州官僚集团前后与清政府中枢往来的奏折和谕旨共有十道，包括五道奏折：延丰的奏折（嘉庆十年十月二十九日）、那彦成的奏折（嘉庆十年十一月二十二日）、吴熊光的奏折（嘉庆十年十二月十八日、十二月二十七日）、军机处嘉庆十一年正月初四日奏折；还有五道上谕：嘉庆十年十二月初九日上谕、十二月二十五日上谕、嘉庆十一年正月初七日上谕、正月初九日上谕、正月二十日上谕。把这些奏折和上谕的内容综合起来，大致涉及如下几个问题。

其一，广州方面的奏折主要申述允许俄船贸易的过程和理由。说过程是为了分辨责任，说理由是为了推卸责任。问题出现之后，围绕清政府中枢的鲜明态度，分辨责任和推卸责任就成了各级官员最热衷的问题。从广州官员的四份奏折来看，那彦成最有推卸责任的嫌疑。因为在嘉庆十一年正月初四日，军机处在北京传讯了原粤海关监督延丰。据延丰交代，前来广州贸易的俄罗斯人"从前并未到过"，而"洋商禀称，向来洋船进口，不论何处之船，皆可开舱卸货等语，我查案相符"。[①] 这说明，当时广州口岸没有任何针对俄罗斯不能来广贸易的具体规定。且按旧例，无论什么国家，只要乘船来广州都可以进行贸易。这可能也是孙玉庭没有反对的主要原因。那么，那彦成为何就反对俄罗斯来广贸易，从而与清政府中枢的态度一致呢？难道那彦成官高一级，见识亦高一等？尤其那彦成在接到延丰的商量信札时并未立刻表示反对，他极有可能是通过某种渠道在得知清

---

① 北平故宫博物院编《清代外交史料》（嘉庆朝）第 2 册，《文献丛编特刊》，1932 年，第 1 页。

嘉庆十年
——失败的俄国使团与失败的中国外交

外销玻璃画——广州十三行商馆
（18世纪末19世纪初）

政府的态度后才表示反对。① 那彦成的表现很可能是官场潜规则作用的结果。

同时，从延丰的交代可以看出，延丰当时虽自作主张，但其中也透着谨慎。尽管粤海关体制里没有不允许俄罗斯来广贸易的规则，但延丰还是一面同意俄罗斯货船到黄埔港纳税卸货，一面又及时上奏嘉庆，请旨办理。关键在于，既然请旨，那么，便应该等收到旨意之后再作决定。然而，延丰未等旨意便自作主张，不但允许俄商卸货贸易，且"因思抚恤外夷，自应示之以信，既经准其卸货，似又未便久阻归期，致失怀柔远人之意"，② 终至一错到底。确实，"抚恤外夷""怀柔远方"都是天朝体制的原则，但天朝体制对外夷的贸易制度也自有具体定制，同样不容破坏。尤其是嘉庆作为守成的皇帝，遵守旧制是其施政的基本方针，这一点是广东这班地方官僚们体会不及的。

其实，从嗣后吴熊光等人的奏折来看，广东官员在处理对俄贸易问题的过程中，除了依据清朝制定的一些条例外，也还考虑了情理因素。而所谓情理因素，远在北京的清政府是不可能体会到的。所以，在旁观者看来，清政府对此事的激烈反应，不但出乎天朝对外贸易条例之外，同时也出乎情理之外。事实上，天朝体制作为一

---

① 北平故宫博物院编《清代外交史料》（嘉庆朝）第2册，《文献丛编特刊》，第46页。
② 北平故宫博物院编《清代外交史料》（嘉庆朝）第2册，《文献丛编特刊》，第48页。

六 库伦的寒气：中俄边境的礼仪之争

种地域性的国际关系体制，其最主要的特色之一就是在法理之外，还讲究情理。俄船之被允许贸易，以及贸易之后又被允许离开，除了法理规定不清楚，都是基于这种情理。当时，俄船在贸易之后，就赶紧卸货购货装货，十二月中旬，已一切准备就绪，只等粤海关发给"红牌"离开了。可是，

粤海关

此时广东官员已得知清政府的态度，因此，逻辑上应该要等嘉庆皇帝的谕旨到了才能决定是否放行。但此时俄国人联合英商一块通过行商集体请愿，要求粤海关监督放关。在此情况下，两广总督吴熊光、巡抚孙玉庭、粤海关监督阿克当阿三人会商，结果是一致同意放关。其主要理由便是"情理"二字。据嘉庆十年十二月十八日吴熊光的奏折，俄罗斯人在申述中提到，如果此时不放关，那么，为了避免在旅途遇到不可应付的恶劣天气，俄船就要在广州再停留一年才可能回国；并说如果放关之后嘉庆皇帝有谕旨给俄罗斯人，可以委托英国人日后转交，且"情词甚为恳切"。因故，三位地方大员会商后，觉得于情于理都应该尽快放关。① 可见，延丰的开关、吴熊光的放关，都基于所谓的"情理"。当然，考虑到此时清政府对俄船的态度，俄罗斯两艘军舰实已成为烫手的山芋。所以，吴熊光的"放关"也不排除"情理"之外，另有急速甩掉麻烦的心理。

其二，嘉庆皇帝谕旨的主要内容除了解广州俄船贸易的具体情况外，还包括通告对广东部分主要地方官员的处分。

---

① 中国第一历史档案馆、中国古籍整理研究会编《清宫粤港澳商贸档案全集》（7），第 3646 页。

嘉庆十年十二月初九日，军机处在收到延丰的奏折后，即寄谕两广总督吴熊光，认为："所办草率之至，外夷通市，皆有一定地界，不准逾越"，"此等交涉外夷之事，自当慎重办理。该监督或遵照定例，即行驳回；或令将原船暂行停泊"，候旨办理。并命吴熊光弄清如下问题：（1）广东没有俄语翻译，如何知晓来船即是俄船？船只经过何国始到广州？是否有哪国从中介绍？该船来广贸易是私人行为还是国家行为？（2）延丰在奏折里说两艘俄船满载皮张银两，究竟是何皮张银两？共有多少？他们要采办何种货物？①

接读谕旨后，吴熊光立即调查，把清政府中枢想知道的问题都搞清楚后，于嘉庆十年十二月二十七日上奏："奉谕旨，当即传到洋商，逐细询问，据称系该夷商告知英吉利国夷人转告众商译出汉字，实系俄罗斯国。俱属自行合伙来广贸易，并非该国王遣来"，"所有起卸货物清单，并该夷原禀及译出夷禀，一并恭呈御览"。② 很显然，所谓"自行合伙来广贸易，并非该国王遣来"有违事实真相。

嘉庆十年十二月十五日，内阁奉上谕制裁广东相关官员：粤海关监督延丰交部严加议处，巡抚孙玉庭交部察议，那彦成则免予处罚。十二月二十七日，两广总督吴熊光上奏：阿克当阿、孙玉庭、吴熊光擅自放关，自请交部议处。③ 清政府考虑再三，于嘉庆十一年正月二十日谕令，对广东一干官员进行严厉的处罚："延丰擅准进浦卸货，实属冒昧"，尤其是不等那彦成的札命擅自允许俄船纳税卸货，"其咎甚重，前经降旨，将延丰降为七品笔帖式，尚不足以示惩。延丰着即革职，仍令在万年吉地工程处效力行走；接任监督阿克当阿，因延丰已准该夷商起卸一船货物，亦即不候那彦成移知，率准俄船进浦卸载。吴熊光、孙玉庭未经详查的确，遽准开船回国，均属办理未协，不能无咎。吴熊光、孙玉庭、阿克当阿均著交部议处"。最后严厉告诫广东地方官僚集团："嗣后遇有该国商船来广贸易者，

---

① 北平故宫博物院编《清代外交史料》（嘉庆朝）第1册，《文献丛编特刊》，第45页
② 中国第一历史档案馆、中国古籍整理研究会编《清宫粤港澳商贸档案全集》（7），第3653–3655页。
③ 北平故宫博物院编《清代外交史料》（嘉庆朝）第1册，《文献丛编特刊》，第46–47页。

唯当严行驳回,毋得擅准起卸货物,以昭定制。"① 由此可见,当时清政府对俄船突然来广贸易一事,确实相当恼火。

不过,以今人的视角而论,俄罗斯想参与中国海路贸易,只要它有此能力,中国海关定能增收税银。那为何清政府要遵守无用的体制而损失税银?可惜,这种问题在嘉庆那班保守君臣看来,实为大不当。因此,事后嘉庆皇帝狠狠地严惩了相关的广东地方官员。当然,就当时的实际情形来说,广东那班官员之所以允许俄船贸易却并非重商开放,只是打着天朝体制"怀柔远人"的旗号而循"情理"之举。他们都知道俄国属于北方陆路贸易之国,但天朝体制也没有明确规定俄国不能来广贸易。前任两广总督那彦成虽然可能不同意在广州接待俄国商人,但他当时出巡在外,无法阻止延丰等人允许俄船贸易的行为。再加上部分官员对天朝体制的认识不深、主要环节各官员正处在职位交接的关键时期等,种种偶然因素导致俄国人成功贸易并顺利离开。其实,俄国商人参与南方海路贸易,按照商业规则,影响的首先是那些在广州贸易的其他西方各国特别是英、美的利益。因为俄国用来参与广州贸易的商品主要是来自北太平洋和北美洲殖民地的毛皮,而俄属北太平洋和北美洲殖民地的毛皮也是当时英、美商人广州贸易的主要商品之一。如果俄国能成功参与广州毛皮贸易,那么,不仅可以挽救俄美公司濒临破产的命运,而且可以打破英、美商人的毛皮贸易垄断局面。至于作为贸易一方的中国,不但不会因此有什么损失,反而能因英、美、俄竞争而坐收渔人之利。所以,俄国参与南方海路贸易于中国利益不但无害,而且有利可图。清朝之所以坚决反对俄国参与广州贸易,最主要的原因是要维护陈旧的天朝贸易体制。由此可见,天朝体制首先考虑的不是经济利益,而是政治利益。

第五层关系是清政府与俄国政府之间的交涉关系。自嘉庆十年底得知俄船突至广州贸易一事后,清政府一面申斥广东一干官员,一面以理藩院的名义于1806年1月28日致国书于俄国政府,进行抗议,主要内容如下。

(1)根据中俄条约,俄罗斯只能于恰克图一个地方与中国贸易,其他

---

① 中国第一历史档案馆、中国古籍整理研究会编《清宫粤港澳商贸档案全集》(7),第3659—3660页。

地界则绝不允许存在类似贸易。因此，此次两艘俄船突至广州贸易，实属违约行为，清政府对此表示抗议；

（2）请俄国政府解释：此次两艘俄船突至广州贸易，是私人行为还是国家行为？如是前者，建议奏告察罕汗实行严惩；如是后者，则枢密院理当先行征询中国政府的意见。如此突然行动是无视旧约的违法行为，未知此举是否意味着俄国想停止恰克图贸易？

（3）如果俄国仍希望维持中俄友谊，就应当"信守旧约"，严格约束臣民任意进入中国境内贸易的行为。①

嘉庆皇帝授意的这份国书，内容简略清晰，算得上是外交文书的典范。就语气而言，其中也不可避免地含有某种火药味。翻开乾隆朝中俄关系史，仅恰克图贸易就曾因边境小纠纷中断过11次。而此次两艘俄船在没有任何征兆的情况下突至广州贸易，这在当时确实是一件破坏旧约和天朝体制的严重事件。倘在乾隆时代，恐怕早就关闭了恰克图贸易。但嘉庆帝除了向俄罗斯枢密院发出这份抗议、告诫性质的国书外，不但没有中断恰克图贸易，还同时在准备接待访华的俄国使团。可见，守成之君嘉庆比起乃父乾隆帝来，处事要平和得多。这样的外交举措与嘉庆朝保守的统治风格是一致的。

1806年1月30日，军机处命库伦办事大臣将前述理藩院的抗议国书速递俄罗斯伊尔库茨克。② 库伦办事大臣收到国书后，立即派协理台吉明珠送往伊尔库茨克。与此同时"惟俄罗斯使臣现正在库伦"，库伦办事大臣遂"暗派官员于言谈间乘便问及：尔俄罗斯又称喀哑国乎？尔属国中有无此国名？噜哑嗾、咏嚍哬二人与他国贸易乎？俄罗斯告称：我国并无此国名，原无噜哑嗾等人去外国贸易之事等语"。③ 2月26日（2月14日），伊尔库茨克民事省长科尔尼洛夫回函库伦办事大臣，告知已经收到清理藩院的抗议国书，答应即刻转呈圣彼得堡。④ 这是清政府为

---

① АВПРИ ф. СПБ Главный архив. 1–7. оп. 6. 1805г. д. № 1–а. п. 28. л. 179. *Тихвинский С. Л. и Мясников В. С.* Русско–Китайские отношения в ⅩⅨ веке. Материалы и Документы. 1803–1807. Т. 1. М. 1995г. с. 406.

② ЦГИА Монголии. ф. М–1. д. № 639. л. 664–665. Там же с. 413–414.

③ 嘉庆十年（1806）十二月二十七日，《蕴端多尔济等奏报遵旨查询路臣国是否即俄罗斯等情形折》，第一历史档案馆藏"满文月折档"。

④ ЦГИА Монголии. ф. М–1. д. № 651. л. 32–33. *Тихвинский С. Л. и Мясников В. С.* Русско–Китайские отношения в ⅩⅨ веке. Материалы и Документы. 1803–1807. Т. 1. М. 1995г. с. 457.

六 库伦的寒气：中俄边境的礼仪之争

交涉俄船突至广州贸易的第一份国书，内容主要是抗议。

但中俄两国政府之间的沟通远非那么直接，中间还要经历许多曲折。北京宫廷的抗议国书要通过库伦、恰克图、伊尔库茨克等许多中间环节才能送达俄罗斯枢密院，辗转再三，路遥千里，非数月不及闻。

由于久未收到俄罗斯的答复，3月9日，理藩院为俄船突至广州贸易一事再次致国书于俄罗斯枢密院。相对而言，这份国书的火药味更浓一些，语气已经不仅是责备，还含有警告的成分，内容如下。

（1）通告俄国政府，清政府已经严厉处罚了允许俄船进行贸易的广东相关官员。通报处罚自己的官员，也是清政府间接表述自己政治态度的一种惯用方式，这在后来伊犁危机时也曾使用；①

（2）通告俄国政府自己对俄船突至广州贸易一事的基本看法：一是根据条约，俄国商人只能在北方恰克图贸易，不允许到其他地方贸易；二是俄船突至广州贸易，没有先行知会，这是一种严重的违法行为；三是估计俄国君主并不知晓此等恣意妄为之事，再次建议严惩两位擅至广贸易的船长。虽然事实上，俄船正是俄皇所派。

（3）要求沙俄政府保证，嗣后不准任何人私自至其他边界地区贸易，否则，中断恰克图贸易。语气非常严厉。②

3月14日，军机处向库伦转达嘉庆谕旨，命其迅速将到广州贸易的俄船两份夷禀寄给俄国枢密院。③ 来自库伦的这些书信函件，伊尔库茨克于4月4日（3月23日）回函收到，并承诺速转圣彼得堡。④

然而，直到5月份，由于仍未收到俄国政府就俄船突至广州贸易一事

---

① 1879年，清政府派崇厚（1826-1893）往圣彼得堡与俄国谈判收回伊犁问题，其因擅自签署丧权失地的中俄《里瓦几亚条约》，遭到清政府的惩罚，被判为"斩监候"。此举引起俄、英、法、德、西班牙、奥地利等西方列强的反对。王彦威纂辑、王亮编、王敬立校《清季外交史料》第1册，书目文献出版社，1987，第351、386–387页。

② АВПРИ ф. СПБ Главный архив. 1-7. оп. 6. 1805г. д. № 1-а. п. 28. л. 187–188. *Тихвинский С. Л. и Мясников В. С.* Русско-Китайские отношения в XIX веке. Материалы и Документы. 1803–1807. Т. 1. М. 1995г. с. 501. 另见嘉庆十一年（1806）正月二十日，《清理藩院为俄商船违约至澳门贸易事再咨俄萨纳特衙门文》，第一历史档案馆藏"满文俄罗斯档"。

③ ЦГИА Монголии. ф. М-1. д. № 651. л. 70–71. Там же с. 506.

④ Там же. л. 90–91. Там же с. 530.

的相关回函,清政府遂准备采取行动。清政府中断恰克图贸易的端倪已露,以致恰克图人心惶惶。5月19日(5月7日),恰克图海关负责人瓦尼方季耶夫报告鲁缅采夫:恰克图形势有些紧张,中方一般应于5月运抵此间的货物目前已停运。中国商家福子(Фуз,音译)致函福昌(Фучан),要求发运茶叶。但福昌的代理人称:已接到北京驮马队停止出发的命令,只能等理藩院收到枢密院的回书后再说。显然,当年的恰克图贸易额将大大缩减,秋季到货情况也有可能比不上往年同期。① 然根据历史记载,恰克图贸易于嘉庆朝未见中断,估计当时库伦也不过是做做姿态而已。

在与访华使团相关的系列问题中,中俄两国就俄船突至广州贸易一事的交涉迁延时间较长,直至访华使团被逐后,双方仍在为此事争吵不休。问题的关键在于:在相当长一段时间里,沙俄政府未能及时获得有关俄船至广州贸易具体情况的准确情报。由于戈洛夫金在被逐后夹着报复心理故意从中作梗,甚至将很多违背事实真相的情报密报给沙皇政府。约在4月5日(3月24日),戈洛夫金就根据买卖城的谣传以及安插在边境的线人和密探的不实报告,乃至中国信使所提供的马路消息断言:广州当局扣留了部分俄国人,至于究竟是两位船长被扣,还是领水员或奉命出售货物的后勤人员以及他们全体被扣,目前尚不清楚。② 很显然,戈洛夫金将恰克图边境流传的小道消息当作了可信的情报。既然俄国船员被扣,那俄船自然也被扣。而实际上,两艘至广州贸易的俄船早在1806年2月9日就已获准离开广州,扬帆回国,只是此时还在旅途之中,尚未回到俄国而已。然基于这些不真实的小道消息,沙俄政府展开了一系列的外交动作。

5月12日(4月30日),鲁缅采夫致函瓦尼方季耶夫,委托他与谣传即将升任库伦办事大臣的恰克图扎尔固齐谈判,目的有三:一是采取措施让扎尔固齐坚信俄国政府对清政府的和平意愿不会动摇;二是委托扎尔固齐请求中国政府放还被扣的两艘俄船;三是请求扎尔固齐劝告北京宫廷,允许俄国人到广州经商。③

① РГАДА ф. Государственный архив. разряд ⅩⅤ. 1806г. д. № 30 доп. л. 53. Там же с. 557.
② АВПРИ ф. СПБ Главный архив. 1–7. оп. 6. 1805г. д. № 1–а. п. 27. л. 228. Там же с. 531.
③ РГАДА ф. Государственный архив, разряд ⅩⅤ. 1806г. д. № 30 доп. л. 22–23. Там же с. 550–551.

六 库伦的寒气：中俄边境的礼仪之争

与此同时，俄国枢密院向中国理藩院就俄船至广州贸易事发出国书，一是明确通告两艘俄船为俄美公司所派遣。① 按照计划，本应由先行到达北京的访华使团将此事预先通告清政府，但由于一系列的变故，俄船反而先至广州贸易。为此，恳请嘉庆皇帝允许俄国跟其他欧洲国家一样参与广州贸易；即使清政府不允许俄船到广州经商，那么，也请不要扣留两艘俄船，并尽快将其释放回国，俄国保证此后不再有类似事情发生。二是明确表明，尽管沙俄政府希望能在中俄边境地区开辟更多的贸易点，但也没有中断恰克图贸易的意图。②

5月14日（5月2日），沙俄政府内阁特别委员会专门为中俄关系现状召开特别会议，会后形成了一个报告，上奏亚历山大一世。通过这个报告，我们了解到，直到5月2日（4月20日），沙俄政府才收到理藩院的第一封国书。在这个报告中，特别委员会主张采取措施解救在广州被扣的俄船：（1）认为枢密院必须立即向北京理藩院发出国书，国书草案见第2号附件；（2）如果中国朝廷坚持不肯释放两艘俄船——虽然这种可能性不大，如果不能很快接到北京理藩院令人满意的答复，那俄国就应该采取积极措施，即在边境展示力量，甚至实施报复，"以挽回因俄船被扣而使我方蒙受的侮辱"。③

可见，由于中俄双方信息迟滞难通，影响及于决策，结果是互相挥拳警告。

前述俄国政府国书于7月22日送达库伦。8月2日，清政府迅速作答。在答书中严正表明：即使戈洛夫金使团先行到达北京并预先通告、请求，中国也不会同意俄商参与广州贸易；强烈要求俄罗斯应严格遵守相关条约，中俄只能在恰克图一口通商贸易，绝不允许另开口岸；明确告知俄方，在此次事件中，中国只惩罚了自己的海关监督及一干相关官员，并未扣

---

① 此处俄国政府未说实话。实际上，"两艘船舶，一艘花销由俄国政府支出，另一艘的花费则有俄美公司和鲁缅采夫承担"。〔俄〕尤·弗·里相斯基：《涅瓦号环球旅行记》，徐景学译，贾宝财校，黑龙江人民出版社，1983，第16页。

② АВПРИ ф. СПБ Главный архив. 1-7. оп. 6. 1805г. д. № 1-а. п. 28. л. 190-193. *Тихвинский С. Л. и Мясников В. С.* Русско-Китайские отношения в ⅩⅨ веке. Материалы и Документы. 1803-1807. Т. 1. М. 1995г. с. 565-567.

③ Там же. 1802г. д. № 1. п. 2. л. 2-3. Там жес. 42.

留俄船。①

8月15日（8月3日），沙俄政府得知俄船已归国，② 圣彼得堡顿时松了一口气。紧接着，鲁缅采夫马上就俄中关系问题上奏沙皇，认为俄船顺利贸易并回国，以事实辩驳了此前有关中国人对俄不友好的种种流言；请求立即给中国发一国书，对中国政府在广州优待俄船一事表示感谢。因为"其一，可以平息所有因使团一事所带来的不愉快；其二，能让中国人对我们的对华政策感到放心"。③ 至于此后沙俄政府是否向中国发出了如此内容的国书，不得而知。但广州地方官僚集团所犯的"错误"，确实给当时阴晴不定的中俄关系格局蒙上了一层温和的面纱。

至此，中俄两国政府就俄船突至广州贸易一事而引发的交涉终告一段落。

然而，上述内容尚非俄船事件的全貌，我们不能忽略戈洛夫金访华使团与俄船事件之间的微妙关系。1803年2月，在俄国组织第一次环球航行的同时，鲁缅采夫就建议派遣一个使团访华，以配合环球航行的船队开辟广州贸易。然当初的计划是访华使团先行赶到北京，预先将环球航行的船队要经由广州并参与海路贸易的问题提出来与清政府协商；然后，俄国环球航行的船队再赶往广州贸易。1803年8月，俄国第一次环球航行的船队顺利出发，④ 但是，计划派遣的访华使团却被耽搁了。直到1805年5月俄国访华使团才出发，年底才到达中俄边境。而环球航行的俄国船队却于1805年11月20日就已到达广州，并直接闯关贸易，引起清政府的强烈不满。既然在初始计划中，两件事情本有关联，因此，叙述该事件的全貌，就不可以把戈洛夫金使团忘在一边。在所有戈洛夫金访华使团与俄船至广州贸易的关联中，最关键的问题就是俄船先至广

---

① Там же. п. 27. л. 522–523. Там же с. 603–605.
② 1806年8月5日，"涅瓦"号回到俄国喀琅施塔德港；8月19日，"希望"号亦顺利归航。〔俄〕尤·弗·里相斯基：《涅瓦号环球航行记》，第23页。
③ РГАДА ф. Государственный архив, разряд ⅩⅤ, 1806г. д. № 30 доп. л. 60. Тихвинский С. Л. и Мясников В. С. Русско-Китайские отношения в ⅩⅨ веке. Материалы и Документы. 1803–1807. Т. 1. М. 1995г. с. 624.
④ 〔苏〕约·彼·马吉多维奇：《世界探险史》，第725页。

六　库伦的寒气：中俄边境的礼仪之争

州贸易对戈洛夫金使团命运的影响。

其实，清政府对俄船先至广州贸易一事的激烈反应早在戈洛夫金的预料之中。还在1805年9月14日（9月2日），戈洛夫金在托木斯克偶然见到来自鄂霍茨克的信使，由此知道克鲁逊什特恩的"希望"号正在考察萨哈林岛及阿穆尔河口，并装载了大量毛皮，准备运往广州贸易。对此，戈洛夫金深感不安。于是，他立即致函恰尔托雷斯基，认为克鲁逊什特恩在萨哈林岛以及阿穆尔河口一带的航行，无疑将立即引起中国政府的注意。尤其是俄国考察船完全有可能在使团到达北京之前载货先到广州。一旦出现这种情况，由于戈洛夫金来不及就此事与北京交涉，突至广州贸易的俄船完全有可能导致不可预测的政治后果，严重影响现有的俄中关系格局。①9月25日（9月13日），戈洛夫金又把自己的这种担心上奏沙皇，希望沙皇亲自谕令克鲁逊什特恩推迟访问广州的时间。9月26日（9月14日），戈洛夫金甚至亲自致函克鲁逊什特恩，阐述了访华使团与环球航行船队之间的微妙配合关系，并告知克鲁逊什特恩：如果俄船先于使团到达中国，可能会遇到中国政府的阻碍，从而妨碍帝国的利益。②同日，戈洛夫金再次致函恰尔托雷斯基，首次提出俄船与使团命运可能存在关联。他指出：环球航行的船队如果先行到达广州，一定会使自己肩负的外交贸易使命难获成功，甚至会破坏俄中现存友好关系，并产生新的麻烦。③在这里，戈洛夫金预见性地断定：如果环球航行的俄船先行至广州贸易，极有可能会对访华使团的命运产生不利影响。

及至访华使团被驱逐，戈洛夫金在伊尔库茨克怒火中烧，全力思考、寻找自己被逐的原因。其中俄船突至广州贸易而引发清政府的怒火便成为最好的理由之一。1806年3月4日（2月20日），戈洛夫金上奏沙皇亚历山大一世，说俄船被扣广州港口，船员们也都关进了监狱。消息来

---

① АВПРИ ф. СПБ Главный архив. 1–7. оп. 6. 1805г. д. № 1–а. п. 24. л. 65. *Тихвинский С. Л. и Мясников В. С.* Русско-Китайские отношения в XIX веке. Материалы и Документы. 1803–1807. Т. 1. М. 1995г. с. 217.

② Там же. л. 104–106. Там же с. 234–236.

③ Там же. л. 85–86. Там же с. 232–233.

源有二：一是 1 月 28 日理藩院的抗议国书。其实，那封国书里根本没有说俄船被扣于广州，完全是戈洛夫金个人的误读；二是买卖城道听途说来的情报。戈洛夫金在买卖城及中俄边境布置了许多探子和间谍，俄船被扣广州一事的情报就是他们在买卖城打听到的假情报。基于这些臆造的虚假情报，戈洛夫金竟然准备利用大使的权力在中俄边境采取强力措施挽救身陷广州的船员。对于挽救行动，他考虑过两种方式：一是武力解救，即调动边防军，长途奔袭买卖城，抓一大批中国人质，以置换身陷广州的俄国船员；二是通过外交途径，即从西伯利亚派信使去北京直接与清政府交涉。但库伦办事大臣未必同意信使前往北京。因此，这种交涉方式很难实践。

但就主观愿望而言，戈洛夫金本人明显倾向于军事报复。也正是在这份奏折中，戈洛夫金首次断定"克鲁逊什特恩广州被扣和臣被遣返之间，存在着明显的联系"。① 同日，戈洛夫金又致函恰尔托雷斯基公爵，重申了俄船突至广州贸易与使团被逐之间的联系，并再次提醒沙俄政府应采取强力措施挽救俄国船员。他说："其中只有一个办法还值得考虑，我正在认真掂量这个办法。如果可行，将立即加以实施。我已委托巴伊科夫先生口头向阁下详细汇报。"② 他虽未明说究竟是何办法，但司马昭之心，路人皆知。

3 月 22 日（3 月 10 日），戈洛夫金函托恰克图海关瓦尼方季耶夫打听有关广州俄船的新消息。③ 3 月 29 日（3 月 17 日），外交部驻恰克图新任特派员伊兹玛依洛夫（П. И. Измайлов）向戈洛夫金报告：船上的官员和工役现在广州，人身虽有自由，但受到监护，由中国的国库供应膳食。④ 4 月 5 日（3 月 24 日），戈洛夫金上奏亚历山大一世，专谈俄船广州被扣事件及解决此事的建议，其中再次肯定了俄船事件是导致使

---

① Там же. п. 27. л. 119–121. Там же с. 490–492.
② Там же. л. 122–123. Там же с. 492–493.
③ РГАДА ф. Государственный архив. разряд ⅩⅤ. 1806 г. д. № 30 доп. л. 28. Там же с. 526–527.
④ АВПРИ ф. СПБ Главный архив. 1–7. оп. 6. 1805 г. д. № 1-а. п. 27. л. 234–235. Там же с. 529.

团被逐的重要原因。只不过他建议在跟中国人交涉俄船事件时，应故意把使团被逐作为俄船广州被扣的原因，如此，就能从外交上将所有过错都推到中国人头上。①

5月26日（5月14日），恰尔托雷斯基致函戈洛夫金，向他传达俄国政府解决俄船广州贸易事件的基本态度，其中主要意思有三点：（1）通告戈洛夫金，沙俄政府已经为交涉广州俄船被扣一事准备了一封国书，命其通过伊尔库茨克迅速发往中国库伦；（2）如果清政府收到俄国国书后，仍然顽固不化，不能拿出让俄国满意的结论，"此时将决定采取有力措施，即在国境显示力量，甚至进行外交报复"；（3）严令戈洛夫金不可妄动，其留在西伯利亚的职能是采取一切可能的手段"改善俄中两帝国之间的边境关系和商务关系"。②

由此可见，沙俄政府当时确实并未想把事态扩大。因为愈来愈紧张的欧洲局势，已经使俄罗斯不堪重负，俄国政府也没有能力扩大事态。所以，俄国政府一方面暗中动员西伯利亚边防体系的一切力量以应对事态的发展，另一方面严令戈洛夫金摆出一副维持边境和睦的外交姿态。这些措施在当时尚属正常的反应。然而，戈洛夫金却一直不甘心。5月30日（5月18日），他又将道听途说而来的一些虚假情报报告恰尔托雷斯基："刚接到恰克图的报告，说克鲁逊什特恩船上的货物已经被广州海关当局没收。不等北京下令，即将其中部分货物公开拍卖，其余部分则被其私吞。"③戈洛夫金之所以如此热衷汇报这些虚假情报，最关键的就是想坚定俄国政府军事报复中国的决心。

综上所述，一方面，俄国政府最初计划中的南、北两件事情的时间顺序正好颠倒过来，环球航行的俄船先行到达广州进行贸易，而此时访华使团尚未到达中俄边境。因此，表面上，俄船先至广州引起清政府的不满在前，戈洛夫金使团被阻边境地区在后，两件事时间上的先后关系客观上形成了一种因果关系的假象；另一方面，戈洛夫金事先就已预测

① Там же. л. 231–232. Там же с. 531–533.
② Там же. п. 2. л. 290–299. Там же с. 562–564.
③ Там же. п. 27. л. 362. Там же с. 5722.

环球航行的船队先行到达广州会影响访华使团的命运，并多次向俄国政府汇报。这两方面事实综合起来，俄船突至广州贸易一事逻辑上便成为后来访华使团失败的重要原因。但是，俄船广州贸易一事究竟在多大程度上影响了清政府对戈洛夫金使团的态度，根据现有资料实尚不能明确判定。在所有当事人的叙述中，只有戈洛夫金自己认为环球航行船队先至广州与使团被逐有因果关系。而翻查清政府涉及俄船事件的相关档案资料，包括信函、谕旨、国书等，除了申明禁止俄船至广州贸易、指责俄国政府违反恰克图贸易条例外，没有任何迹象表明清政府将俄船事件与俄国使团被逐一事相联系。相反，清政府曾明确指出：俄国政府参与南方海路贸易企图的失败与戈洛夫金使团是否先期到达北京没有关系。① 这点就连俄国人自己也有同感。1806年6月26日（6月14日），俄恰克图海关负责人瓦尼方季耶夫在给鲁缅采夫的报告中就坦言：俄船至广州贸易与戈洛夫金使团被逐"二者之间没有任何关联"。② 不过，戈洛夫金本人确曾积极干预俄船广州贸易事件，上蹿下跳，企图挑起中俄两国的边境冲突。这是一种明显的公报私仇行为，显然不符合中俄两国的国家利益，因而最终未能得逞。

（三）库伦的叩拜礼：中俄两国的礼仪之争

经过一番斗争，中俄双方的一些表面矛盾基本上顺利得到了解决，清政府始同意俄国使团入境。然而，事情才刚刚开始。按照以往的中俄关系史轨迹，俄国使团既然被允许入境，自然就不会在路途上再遇到什么阻碍。要有什么问题，那也是使团到达京城后才会出现。可是，事情偏偏就没有按照历史的老路发展。1806年1月14日（1月2日），戈洛夫金使团到达

---

① 嘉庆十一年（1806）六月十八日，《理藩院为遣回俄使团并不准俄商船来澳门事咨复俄萨纳特衙门文稿》，第一历史档案馆藏"满文俄罗斯档"。

② АВПРИ ф. СПБ Главный архив. 1-7. оп. 6. 1805г. д. № 1–а. п. 27. л. 496–501. *Тихвинский С. Л. и Мясников В. С.* Русско-Китайские отношения в X IX веке. Материалы и Документы. 1803–1807. Т. 1. М. 1995г. с. 586–587.

六 库伦的寒气：中俄边境的礼仪之争

中国边镇库伦。此时此刻，这位不太会讲俄语的显赫使臣怎么也料不到，在库伦这个弹丸小镇，等待他的不仅有铺天盖地的鹅毛大雪，而且有一场前所未有的唇枪舌剑。中俄外交浅层矛盾的基本解决并不能阻止本质冲突的到来。俄国使团到达库伦之后，由于清朝边务衙门接待策略的微妙改变，一场基于文化差异和不同国际关系体制之间的更加本质性的冲突——礼仪之争，便不可避免地在库伦爆发。其间，由于中俄双方的恶性互动，终于在中国边镇库伦上演了一场外交悲剧：俄国使团未能处理好与中国库伦边务衙门之间的礼仪冲突，最终被驱逐出境。

1. 早期中俄关系史上礼仪之争的焦点问题

自17世纪中俄两国直接接触以来，就伴随着礼仪之争。就礼仪之争的内容来说，主要表现在两个方面：文书格式之争与礼仪模式之争。文书格式之争主要是指中俄双方在往来文书格式上的争议；而礼仪模式之争则是指中俄双方在交涉的过程中实际履行的礼仪模式包括礼仪观念、礼仪动作、礼仪程序等争论。而无论是文书格式，还是礼仪模式，都立足于中俄两国各自独特的文化特质。不同的文化基础产生不同的外交礼仪，包括不同的文书格式和不同的礼仪模式。纵观19世纪初的世界，已经基本上形成了以西欧为代表的近代国际关系体制和以中国为代表的东北亚国际关系体制——天朝体制等两种地域性国际关系体制。俄国在文化上倾向于西欧近代国际关系体制。所以，中俄两国的礼仪之争，实际上也是西方近代国际关系体制与东方天朝体制之争。

首先来看文书格式之争。按照天朝体制，中国永远是处在金字塔顶端的宗主国，是"天下共主"，其余各国包括俄国先天就是"朝贡国"。既然中俄关系先天就是宗主国与朝贡国的关系，那么，在中俄双方的公文（国书、咨文、信函等）往来中就必须注意一个文书格式问题——文书格式必须要体现宗主国和朝贡国的政治关系的性质。然而，中俄之间这种宗主国与朝贡国的政治关系状态仅仅是清朝单方面的认定，本在天朝体制之外的俄国根本就不认同这种政治上的主仆关系。当时的俄国虽然已经实行重商主义政策，资本主义有所发展，但尚未进行工业革命，政治上仍然是一个军事封建国家。所以，相对于西欧诸国而言，俄国人有关国家平等、主权等近代国际关系的观念也要差一些。因此，俄国人的国际关系观念实际上跟中国人有些近似，即认为自己国家的国势和地位都要高于中国，至少与中国在政治上是平等的。基于这种认识，俄国一贯反对遵守天朝体制规定的外交文书格式。由此，中俄双方屡次就往来的外交文书格式问题发生激烈争吵。综合来看，中俄双方在文书格式方面的争论主要集中在两个方面。

一是公文中两国君主的头衔书写问题。中俄两国在建立关系之初，互相不太清楚对方君主的尊号称谓，这本是一件十分正常的事情。但是，在往来文书的实际书写格式中，俄国努力把自己的君主尊号写得十分复杂，而尽量简化中国君主的尊号书写，这在形式上形成了一种政治上的不对等。于是，双方不可避免地产生了矛盾。从早期中俄关系史来看，这类矛盾的始作俑者应该是俄国。早在1676年，俄国就来文询问："至于文书内应如何尊称中国大皇帝，请予指教，以便嗣后按例缮写中国大皇帝之尊称。"① 然当时的俄文来书，沙皇的名号一大堆，占了很长篇幅，可是仅用寥寥字数以称呼中国皇帝。这其中有不清楚中国皇帝尊称的因素，但也似乎确实有以宏大排场的称谓来压倒中国皇帝声威的隐含。以康熙十五年俄国使者尼古拉所携带国书为例，其中称呼俄国沙皇为"天佑神护、领有大小俄罗斯、白俄罗斯、莫斯科、基辅、弗拉基米尔、诺夫哥罗德、喀山、阿斯特拉罕、西伯利亚、普斯科夫、斯摩棱斯克、特维尔、尤格拉、彼尔姆、维亚特卡、保尔加利等国，及下诺瓦哥罗德、切尔尼戈夫、梁赞、罗斯托夫、雅罗斯拉夫、白湖、乌多尔斯克、奥脖多尔斯克、康金斯克等北方地区，领有伊维里亚、卡尔塔林、格鲁吉亚、卡巴尔达、切尔卡斯、摩尔达维亚等东、西、北地方之阿列克谢·米哈伊洛维奇"，差不多200字，虽是翻译而来，字数不太准确，然无论如何这称呼都够长了。而称呼中国皇帝为"各国之共主、中国头等大皇帝"，仅寥寥11字。其实，仔细分析，俄国

---

① 中国第一历史档案馆编《清代中俄关系档案史料选编》第1编上册，第36页。

六　库伦的寒气：中俄边境的礼仪之争

文书对沙皇的称呼也没什么特别之处，不过是把俄罗斯历来所征服的地域名称冠于沙皇尊号中而已。如果采取同样的方式，把清朝治下所属各省、各属国的名号均加于皇帝尊号中，在字数上一点也不会亚于俄国沙皇。但问题的关键是，在俄国国书中，沙皇尊号的字数事实上要比清朝皇帝尊号的字数多得多。这从形式上完全可以被阐释为俄国国书在对两国君主的称呼上存在不对等现象。

彼得一世政府致中国政府的信件（1720年）

不过，这只是静态的分析。在最初几份俄国沙皇致清朝皇帝的国书中，俄国用差不多200字来称呼沙皇、用十数字称呼清朝皇帝的同时，尚不停地表示："因我祖先从未与中国交往，不知中国奏疏程式，故未逐一陈述中国大皇帝所辖之国，若有不合之处，幸勿见罪"，"至于文书内应如何尊称中国大皇帝，请予指教，以便嗣后按例缮写中国大皇帝之尊称"。文书中的"奏疏"字样很明显是翻译根据天朝体制的要求而动的手脚，暂且不论。从文字内容可知，俄国并非完全想用尊号字数来压倒中国皇帝，只是不知道中国皇帝的尊号究竟可以用多少字来称呼才合适。但奇怪的是，俄国皇帝的疑问，清朝皇帝并未明确回答。理由很简单，根据天朝体制的观念，清朝皇帝为"天下共主"，而非类似俄国沙皇那样尊号字数虽多但实际统治区域有限的君主。表现在文书格式上，那就是根本不理睬对方君主的尊号全称，直接写成"大清国皇帝敕谕俄罗斯察罕汗"。① 我们对这句话进行简单的解读，就可以看出它有如下两层意思值得注意。一是"敕谕"二字，在天朝体制里就是宗主国高高在上命令属国的敕书专用词。大清国皇帝既然能"敕谕"俄罗斯察罕汗，那大清国自然是宗主国，而俄罗斯则自然成了属国。"敕谕"一词，便将中俄关系界定为宗主国与属国的关系。只是由于自康熙中叶以后，中俄两国皇帝之间几无文书往来，中俄联系主要由两国大臣及边境防务中心承担，因此，中俄之间才没有就这种国书中的"敕谕"字样而大起争端。二是"察罕汗"一词，由"察罕"和"汗"两个词组成。班蒂什－卡缅斯基说："察罕一词，表示白色之意"，"察罕"是蒙文，"汉人和满人迄今一直沿用上述蒙文称号而不加翻译"。而且认为"在汗这个词前面要加连续号，有无此连续号，是事关重大的。因为在汗前面不加连续号表示具有无限权力的国王，加连续号则表示臣服于他人的国王"。② 班蒂什－卡缅斯基的这种解释代表着当时俄国人对该问题的认识，只是后面这个意思未知有何依据。如果照此理解，清政府在国书中并未将"汗"写成"—汗"便意味着平等看待俄国君主，而这是不符合历史事实的。因为当时清政府明显把俄国看作是政治上低一等的"互市之国"。其实，"察罕"应该就是蒙语对俄语"'Белыйхан'的音译，本义即'白色汗'"。而"汗"在天朝体制的词典里则表示边藩部落的首领。唐杜佑说："北虏之俗，皆呼主为可汗"，又说"蠕蠕……其主社仑始号可汗，犹言皇帝"。③ 这说明，"可汗"就是边裔部落的"皇帝"，只不过在华夏天朝眼里，边裔部落的"可汗"在政治地位上要比"天下共主"的华夏皇帝低一等。④ 清朝皇帝之所以把"察罕"和"汗"

---

① 以上引文分见中国第一历史档案馆编《清代中俄关系档案史料选编》第1编，上册，第34、40、51页。
② 〔俄〕尼古拉·班蒂什－卡缅斯基编著《俄中两国外交文献汇编（1619–1792）》，第19页。
③ （唐）杜佑撰《通典》，王文锦、王永兴、刘俊文、徐庭云、谢方点校，中华书局，1988，第3725、5301页。
④ 顺治十七年，俄国使者访华，顺治皇帝就说："察罕汗虽恃为酋长，表文矜夸不逊，然外邦从化，宜加涵容，以示怀柔。"可见，清朝皇帝把俄国察罕汗看作"北藩"的"酋长"。《清世祖章皇帝实录》卷135，第3册，第1042页。

六　库伦的寒气：中俄边境的礼仪之争

两个词结合起来称呼俄国沙皇，其用意可能正在于此。[①]而清政府的这层用意大概俄国人是有所察觉的，所以，自康熙中叶尤其是雍正五年中俄两院联系方式确立以后，一方面，国书中沙皇的名号不再有那么长了，另一方面，俄国人在国书中一般也习惯用蒙语称清朝皇帝为"博格德汗"。俄国人把清朝皇帝也称为"汗"，无论客观情势如何，其本质上仍然是一种主观上渴求政治平等的语词表示。

二是两国往来公文中有关两国君主尊号的排列顺序问题。在俄国致清朝的国书中，尤其为清帝所不能容忍的是，如此多字数的沙皇尊号竟然列在中国皇帝名号之前。如果说顺治皇帝尚能容忍的话，那么，到了康熙时期，就毫不客气地将这种书写格式不合天朝体制的国书一怒退还了。1693年11月，俄国使者伊兹勃兰特在觐见康熙皇帝之前，就曾遭遇类似问题。当时，他被迫答应清政府的要求，先行将国书、礼品交给内侍。然而，清政府发现国书格式不符合天朝体制的要求："览俄罗斯国察罕汗文书，将其君主写金字置前，且不写奏字而写朋友"，[②]内侍们便把启封的国书和礼品退还，并严厉责问："为什么国书中把博格德汗的名号写在大君主的名号之

[①]　资料表明，在满族入主中原建立清王朝之前，后金统治者曾接受蒙古各部所上尊号"博格德（达）汗"。同时，他们也称明朝皇帝为"汗"。此时的"汗"应该就是汉语"皇帝"之意。"汗"并不比"皇帝"在政治上低一等。但是，当满族入关建立王朝后，情形就慢慢发生变化。首先，各类史籍、公文中，"汗"字开始淡出，"大圣主""皇帝"等词却日渐通用。其次，雍正九年，清政府在给出使土尔扈特蒙古部落的使臣德新、班第的训令中，就将觐见俄国沙皇的礼节确定为"王礼"，而非"帝礼"："设察罕汗差人来称务必会见，该使臣则可告以：按本国之礼，除叩拜我皇上之外，其次可拜见王爷。我两国自相和好已有多年，实不与他国相比，贵汗既然务必会见，则本使臣等可按我王爷等之礼拜见贵汗等语"（雍正九年（1731）六月，《清廷给出使俄国及前往土尔扈特大臣德新与班第等人的训令》，第一历史档案馆藏"满文录副奏折"）。虽然此时在满族政治术语中，"汗"的政治含义未必明显低于"皇帝"，但"察罕汗"被视为低于"皇帝"的"王"则是可以肯定的。第三，根据蒋廷黻先生的意见，"光绪年间总理衙门曾因Bogdikhan一字向俄国提出抗议（蒋廷黻：《中国近代史外三种》，岳麓书社，1987，第195页），Bogdikhan即博格德（达）汗。俄国人自17世纪从蒙语中学到这个词后，一直用它来称呼中国皇帝。由于光绪年间"汗"已明确被视为低"皇帝"一等，因此，总理衙门才对这个习惯性的称呼提出抗议。可见，顺、康、雍以后，在清朝统治者眼里，"汗"的政治地位就慢慢演变成低"皇帝"一等的称呼了。

[②]　中国第一历史档案馆编《清代中俄关系档案史料选编》第1编上册，第148页。

后。并说从没有人这样做过。"当伊兹勃兰特拒绝接受退还的国书时，内侍们竟说：要是不接受，那就当废纸随便扔了。为了防止今后类似国书不合格式的事件发生，清政府特意规定：以后俄罗斯发来的国书，都一律要在脑温城打开检查，事先查看格式是否符合天朝体制的相关原则再确定使臣是否进京。① 而在中文档案中，类似的新规定语气上更加严厉："嗣后，俄罗斯国奏书中，如书有奏字并将我国尊称置前，则可入奏；如无奏字并不将我国尊称置前，则不准入奏。有事来奏，则须将奏书交我边界大臣阅看，验明合例后，方准入奏，如不合例，则不予入奏。"② 可见，清政府眼里的合格的文书书写格式不但要将清朝皇帝的尊号写在俄国沙皇的尊号前面，而且还要用"奏"字，也就是以臣下的名义上奏皇帝。对此，俄国人曾进行尽力抗争，然最终毫无办法，只能忍气吞声，遵守清政府的条例。1719年，俄国为了使中俄贸易正常化，曾派伊兹玛依洛夫使团访问北京。当时，其国书格式就是基本上按照清政府的要求来写的：抬头写中国皇帝的名号而不写俄国沙皇的全称名号，并称中国皇帝为"陛下"，只在结尾时才由沙皇签字并加盖国玺。③ 在临回国前，伊兹玛依洛夫请求中国能够以皇上的名义回复俄国政府，但遭到拒绝。因为，根据天朝体制，这个世界没有与清朝皇帝同等地位的人，因此，清朝皇帝从不给任何外国君主写信。所有给外国君主的文书信函，都只能以某衙门的名义写。如果一定要以天朝皇帝的名义写，那就只能是"谕旨"，而这又是俄国人坚决不会认同的。④ 我们现在所看到的康熙皇帝给俄国沙皇写的信，都用的是"敕谕"二字，这是以尊对卑的文书用词。基于这种情况，自康熙中叶以后，中俄两国之间的文书联系就很少以皇帝名义进行，大都是以中央某衙门或边境地方衙门的名义进行。

由于文书的书写格式在国际交往中反映国家政治地位的高低，所以，不仅中国对此斤斤计较，俄国亦十分计较。1686年，俄国为解决阿尔巴津

---

① 〔俄〕尼古拉·班蒂什－卡缅斯基编著《俄中两国外交文献汇编（1619—1792）》，第92页。
② 中国第一历史档案馆《清代中俄关系档案史料选编》第1编上册，第149页。
③ 〔俄〕尼古拉·班蒂什－卡缅斯基编著《俄中两国外交文献汇编（1619—1792）》，第106页。但俄国来文未发现明显的"奏"字痕迹，这里面可能也存在双方让步的情况。
④ 〔俄〕尼古拉·班蒂什－卡缅斯基编著《俄中两国外交文献汇编（1619—1792）》，第118—119页。

六 库伦的寒气:中俄边境的礼仪之争

问题,曾派两位专使文纽科夫、法沃罗夫(Иван Фаворов)造访北京。当他们回国时,就因为"在博格德汗的信中所写的沙皇称号未照他们送来的大君主国书中所写的那样书写"而与清政府发生争论。在中俄尼布楚谈判的前夕,沙俄政府给大使戈洛文下达了一份指令,其中第五条就明确指示:"关于大君主的称号,书写时必须与大君主自己在致博格德汗的国书中所写的完全一样,今后博格德汗也不得在国书中自称为'天下主宰',并使用'上谕'这样的字眼。这一点必须载入条约。"但在随后的边境谈判中,此条遭到了中国使臣的坚决反对,最后无果而终。①

实际上,这种要求将中国君名、国名在往来公文中另行抬头书写的格式问题,甚至成为中俄边境地方层面日常交涉中一个非常平常的话题。1806年6月7日(5月26日),俄外交部驻恰克图特派员伊兹玛依洛夫在一份给戈洛夫金的报告中,就描述了当时中俄边境官员双方为此而争论不休的情况。从相关史料看,基本上每次争论都因俄国政府文书格式书写不合规范而引起。这说明,俄国挑战天朝体制是早期中俄关系史上的一个重要内容。伊兹玛依洛夫报告中所列举的类似案例根本就不是中俄两国高层之间的往来公文,而只是边境官员相互之间就日常边境纠纷进行交涉的文书凭据。如俄属居民有一匹马过了境,中国边防官兵把捉住的马匹还给俄边务衙门。按规定,俄边务衙门在收到马匹后,一般要写收据。就因为这份收据在书写中、俄两国国名时平行书写,而未按规定首先抬头书写大清国名,于是,扎尔固齐便兴师问罪,双方为此争吵不已。最后,俄边务衙门不得不让步,按照中方的要求,将大清国名写在俄罗斯国名之前且抬头书写,此事方才烟消云散。② 可见,在涉及天朝体制的原则问题上,清朝是毫不让步的。

其次是礼仪模式之争。按照天朝体制,凡是朝贡国,都要遵行朝贡礼仪。朝贡礼仪最关键的是隐含在其中的朝贡礼仪观念。天朝体制下的朝贡礼仪

---

① 以上参见中国第一历史档案馆编《清代中俄关系档案史料选编》第1编上册,第51、67、70、85页。
② АВПРИ ф. СПБ Главный архив. 1-7. оп. 6. 1805г. д. № 1-а. п. 27. л. 363-364. Тихвинский С. Л. и Мясников В. С. Русско-Китайские отношения в X IX веке. Материалы и Документы. 1803-1807. Т. 1. М. 1995г. с. 573-574.

317

观念最关键的又在于其中所隐含的政治地位的差别，即宗主国要比朝贡国在政治地位上高出一等。在清政府眼里，俄罗斯不但是朝贡国，且属于那种不懂教化的非常态朝贡国，其政治地位比一般常态朝贡国更低。而这种隐含在具体礼仪模式中的政治地位差别的观念是引起俄国使臣反感的关键。因为按照西方近代国际关系体制的观念，国家之间只有势力强弱之别，而没有政治地位上的高低差别，国家与国家之间在政治地位上是平等的。

至于天朝体制礼仪模式中具体礼仪动作的规定，更是让俄国使臣不堪忍受。天朝体制礼仪模式首先包括朝贡时的空间位置之礼。按照天朝体制的礼制，常态朝贡国在规定的时间前来朝贡时，使臣在朝贡场所的空间位置上有一定排列顺序。这种使臣排列空间位置的顺序标志着朝贡国与宗主国之间关系的亲疏远近，实际上也就意味着政治地位的高低。因此，使臣的站立顺序备受朝贡国的关注。根据《理藩院则例》，俄罗斯不属于常态朝贡国，"乃外域小国"，故在朝贡国中地位偏低。尽管俄罗斯不常"朝贡"，但在天朝体制中仍然规定了其朝贡站班的位置："俄罗斯自请定边界后来使不绝，与往年不同，凡奏文纳贡行礼谢恩等仪，具定例永远遵行"，"凡遇年节冬至与各喜庆升殿日期，令俄罗斯人在众官后行礼，首领使人坐诸执事后。其有顶戴人，俱令坐镶蓝旗之末。赐茶及引见赐食时……将首领使人坐头等侍卫前内大臣后，其余有顶戴人，俱令坐头等侍卫后。"[①] 如前所述，康熙七年，曾明确规定俄罗斯贡臣站班位置在北方外蒙诸藩之末。

中俄之间在礼仪问题上争议较大的是朝贡的礼仪动作。天朝体制规定，朝贡国使者在觐见皇帝或参与国家仪式时，要行三跪九叩首礼或一跪九叩首礼。在中国人的文化意识里，能够有机会觐见皇帝且行如此大礼不但是其个人的无上荣耀，更是整个家族乃至整个属国的荣耀。可是，这样以身体跪叩为主要特征的礼仪动作在具西方近代国际关系体制观念的欧洲使臣看来，不但不是荣耀，反而是莫大的人格侮辱。在天朝体制的所有礼仪中，这套天朝体制独有的礼仪动作，最为欧洲使臣难以忍受。其实，任何国际

---

① （清）允禄等监修《雍正朝大清会典·理藩院·朝贡》，《近代中国史料丛刊》第3编第79辑，台北：文海出版社，1995，第222卷，第8页。

六 库伦的寒气：中俄边境的礼仪之争

关系体系里都存在独特的表明彼此关系的礼仪动作。然而，不同的国际关系体系一定基于不同的文化背景，所以，不同国际关系体系之间彼此难以认同对方的一些独特的礼仪动作。俄国从文化和习惯上属于欧洲近代国际关系体系，尤其不认同天朝体制中这套叩首下跪的礼仪动作。所以，每次俄国使臣造访中国都要花大量精力来抗拒这套礼仪动作。但由于早期中俄关系史上的俄国使臣大都负有外交尤其是贸易使命，而清政府则恰恰对贸易不感兴趣，因此，为了顺利完成自己的使命，俄国使臣往往在经过抗议和斗争之后，被迫实践下跪叩首的礼仪动作。就清代中外关系史的实践来说，基于漫长的边界与规模、影响都很大的贸易关系，中俄交涉较为频繁，中俄外交关系上的礼仪之争亦由来已久。① 如1686年10月俄国派专使文纽科夫、法沃罗夫到达北京。两位专使尚未进城，就遭遇了礼仪之争。当时，接待他们的扎尔固齐在赐茶点时，就要求专使行三跪九叩首大礼，但遭到专使拒绝，双方不欢而散。不过，在觐见皇帝时，专使还是被迫履行了三跪九叩首大礼。此外，1693年的伊兹勃兰特、1720年的伊兹玛依洛夫在觐见康熙皇帝时，也都被迫践行了三跪九叩首的礼仪动作。

此外，在中俄礼仪模式冲突中，还有一个内容就是国书递交的方式之争。按照俄国所奉西方近代国际关系礼节，使臣应该直接将国书递交国家的元首或皇帝本人。但是，根据天朝体制，这样做是绝对不能允许的。在天朝体制的礼仪模式中，外国使臣及朝贡使臣是没有资格直接将国书递到皇帝手中的，只能将国书递交给代管藩属事务的理藩院官员等中介手中，然后转交皇帝御览。但天朝体制的这种礼制遭到历次俄国使臣的反抗。1656年，巴伊科夫使团就因为不愿履行该礼仪以致无果而返。1676年，斯帕法里使团访华时，理藩院尚书强行向使臣索要国书，双方亦就此发生争论："斯帕法里指出，这样强行逼索是违反欧洲各国惯例的"，"他们应该让他自己把国书正本呈交给博格德汗本人，或者至少交给博格德汗的亲兄弟，但一定

---

① 参见〔英〕约·弗·巴德利《俄国·蒙古·中国》，吴持哲、吴有刚译，商务印书馆，1981；〔法〕加斯东·加恩：《彼得大帝时期的中俄关系》，江载华、郑永泰译，商务印书馆，1980；苏联科学院远东研究所编《17世纪俄中关系：资料与文件》第1—2卷，厦门大学外文系翻译组译，黑龙江大学俄语系翻译组校，商务印书馆，1978。

得有博格德汗本人在座"。然而，使臣的要求遭到清政府的否决。经过二十多天的僵持，最后，中俄双方各退一步，商定了一种双方都可以接受的国书呈交方式，即让斯帕法里"将国书正本和译文"带到皇帝接受朝拜的大殿上，在那里摆着一个覆盖黄缎子的四方桌案，斯帕法里将国书置于这个桌案上，然后由近臣将国书呈递给皇帝御览。① 这样，俄国使臣虽然不能将国书直接递交皇帝，但也避免了将国书直接递交理藩院官员的命运。此后，历次俄国使臣都基本上照此行礼。康熙二十五年，俄使文纽科夫造访北京，经过斗争后，其国书呈递也大致按照这种变通方式进行："仍按尼古拉之例，于午门前设香案，令其将奏书置案进呈。"② 可见，前后两案无多大区别，唯中介物香案一在皇帝接受朝拜的大殿，一在午门前。

纵观早期中俄关系史，其中充满了这种礼仪之争的痕迹。俄国使臣总是不甘心情愿地履行他们认为一点也不荣光的礼节。几乎每次俄使访华，双方都要发生礼仪之争。就历史实际而言，在当时中俄双方发生的所有争论或矛盾中，礼仪之争是最致命的。而且随着时间的推移，到19世纪初，西欧逐渐引领世界发展的大势，俄国国势亦渐趋上升，清政府国势则渐趋下降，以英、法为代表的西方近代国际关系体系越来越强势，而以清朝为代表的天朝体制则越来越趋于弱势。基于这样的背景，中俄（乃至整个中外）礼仪之争不可避免地越来越激烈。这应该是戈洛夫金使团在库伦遭遇礼仪之争并最终被驱逐出境的现实政治背景。

立足于文化和现实政治背景来分析，19世纪初发生在边镇库伦的中俄礼仪之争，首先是文化之争。自彼得大帝在俄国进行全盘西化改革之后，俄国的文化已基本欧化，与雄踞东亚的中国文化在类型上是不一样的。这应该是两国外交礼仪之争的根本原因。因此，戈洛夫金使团遭遇礼仪之争不仅是中俄关系史的一种自然延续，而且也是一种文化内在冲突的必然。其次是国际关系体系之争。自17世纪中叶欧洲签署结束三十年战争的《威斯特伐利亚和约》以后，在欧洲范围内发展成一种倡导民族国家彼此之间

---

① 以上参见〔俄〕尼古拉·班蒂什－卡缅斯基编著《俄中两国外交文献汇编（1619–1792）》，第65、114、46–47页。
② 中国第一历史档案馆编《清代中俄关系档案史料选编》第1编上册，第64–65页。

六 库伦的寒气：中俄边境的礼仪之争

平等、尊重主权等准则为基础的崭新的近代国际关系体制。俄国虽然未能适逢其会，但在随后差不多一个半世纪与欧洲的密切政治联系中，它无疑在外交方面已经完全成为欧洲新国际关系体系中的重要一员。在19世纪初欧洲动乱之后所建立的维也纳体系中，俄国扮演了主角。所以，19世纪初发生在中国边镇库伦的中俄礼仪之争，从现实政治层面来看，它无疑又是西方近代国际关系体制与古老的东亚天朝体制之间的斗争。总之，无论从文化背景层面，还是现实政治层面，戈洛夫金使团都不可避免地要遭遇激烈的礼仪之争。唯其遭遇礼仪之争的地点不在北京，而在区区一个边镇，这却是当事人所始料未及的。

2. 嘉庆十年中俄两国政府对待礼仪之争的态度

根据相关档案资料，嘉庆十年所发生的中俄礼仪之争，内容也不外文书格式之争与礼仪跪拜动作之争。

1805年10月29日，嘉庆皇帝在给库伦的谕旨中就说："朕览俄罗斯来文，其书写朕旨竟比俄罗斯汗之谕旨为低"，因此，命库伦办事大臣迅速将俄国国书退还。① 清政府对这样的事情历来非常认真。为此，理藩院特向俄国枢密院发了一封"国书"，其中写道："尔萨纳特衙门之此次来文，格式有错。我大清国乃临中治理之天朝，抚育诸国民众，皆前来瞻觐。凡各国进呈表文书，皆有既定格式。即尔俄罗斯以前来文，亦均按既定格式书写。本次来文所写尔汗旨谕旨高于我大圣主谕旨，甚不符道理，又且文内言辞又甚含糊。故本院未敢具奏，今予驳回，望尔萨纳特衙门领受收。嗣后，凡有来文应仍遵原定款式书写，切不可随意而为。"② 在这封理藩

---

① 嘉庆十年（1805）九月初八日，《谕库伦办事大臣蕴端多尔济著将理藩院咨驳俄萨纳特衙门之文照例递送俄省长》，第一历史档案馆藏"满文俄罗斯档"；另见 ЦГИА Монголии. ф. М-1. д. № 639. л. 365-367. Тихвинский С. Л. и Мясников В. С. Русско-Китайские отношения в ХIХ веке. Материалы и Документы. 1803-1807. Т. 1. М. 1995г. с. 282-283。

② 嘉庆十年（1805）九月初八日，《理藩院为驳回俄方来文等事咨俄纳特衙门文》，第一历史档案馆藏"满文俄罗斯档"；另见 АВПРИ ф. СПБ Главный архив. IV -7. оп. 123. 1805-1809г. д. № 1. п. 20. л. 312-313. Там же с. с. 283-284。

院致俄罗斯枢密院的国书中，有一点值得我们注意，即"此次"俄罗斯来文未遵从以往书写格式。这说明，19世纪初所发生的中俄礼仪之争，首先是由俄罗斯挑起来的。然而，此后事态的发展表明，俄国人尚不愿意承认这点。在俄方随后的解释中，这个错误被阐释为翻译过程中偶然犯下的错误。

11月28日（11月16日），伊尔库茨克衙门翻译官帕雷舍夫检查了被退还的俄国国书，据称发现了问题所在。他在给伊尔库茨克总督谢利丰托夫的报告中说：奉总督之命，他反复研读了被中国理藩院退回的俄枢密院的国书满文本，同时，又翻阅了先前与中国政府往来的各种函件，发现其中只有该国书不合常规。按照惯例，通常应当抬头书写皇帝尊号、圣旨或谕令。这份满文译件书写了内含俄国皇帝陛下圣谕的文字，但翻译弗拉德金却把中国皇帝的尊号写低了，没有将其抬格。中国理藩院认为这有违先前的成例和格式，于是将之退回。① 照俄方的说法，原来问题出在翻译身上。但事实真相究竟如何？翻检相关资料，我们至少可以看出，帕雷舍夫的这份报告存在一些不符合历史事实的地方。最关键一点就是：此次俄国国书不是满文本不符合格式，而是俄文本不符合格式。这份国书主要通告清政府俄国已同意将换届布道团与访华使团分开派遣。从现有档案资料来看，由于俄国国书的满文本（即弗拉德金的满文译本）意思含糊，理藩院便命俄罗斯馆将国书的俄文本译成满文呈览。因此，清政府最后弄清俄国国书意思的文本是俄罗斯馆所重译的满文本，而非国书原来的满文本。② 故清政府所言格式问题应该不是指俄国政府国书满文本的格式问题，而是指俄国政府国书俄文本的格式问题。也就是说，即使是翻译问题，也是在京俄罗斯馆的翻译问题，实与弗拉德金无关。再翻检1805年8月14日（8月2日）的俄罗斯国书俄文本，我们发现，凡是涉及俄罗斯国号（"全俄罗斯帝国"）或其国君尊号（"朕……皇帝……亚历

---

① Там же. л. 329. Там же с. 310–311.
② 嘉庆十年（1805）九月初八日，《理藩院为驳回俄国政府来文等事咨俄萨纳特衙门文》，第一历史档案馆藏"满文俄罗斯档"。

六 库伦的寒气：中俄边境的礼仪之争

山大一世"），都抬高一格书写。① 但问题在于：俄文本国书中有关清朝国号或皇帝尊号也一样都抬格书写了，而这又与清政府所言"且将朕旨不予抬格，反将其汗谕旨抬写甚高"不相符合。那么，清政府所言俄国文书书写格式问题究竟指的是什么？我们认为有两种可能：一是清政府所言国书格式问题有可能不是低格书写了清朝国号或清帝尊号，而是指只能抬格书写清朝国号或清帝尊号，至于俄罗斯国号或俄帝尊号都不能抬格书写；二是也可能俄国国书中，首先叙述了俄帝谕旨的内容（同时俄国号和俄帝尊号都抬格书写了），然后才叙述清帝谕旨的内容（清国号和清帝尊号都抬格书写了）。而按照清帝的意思，国书中应该先叙述清帝的谕旨内容才是，因为嘉庆皇帝说过："朕览俄罗斯来文，其书写朕旨竟比俄罗斯汗之谕旨为低。"② 此处之"低"应该就是前后之"后"。然无论如何，在清政府看来，俄国文书在书写格式上违反了此前清政府所规定的格式。

就当时的实际情形来看，中俄双方就俄国文书格式问题并未引起很大的争论。前述帕雷舍夫把问题简单归结为翻译的错误，不管其是否符合历史事实，它至少表明俄国政府为了成功实现其对华外交政策而在这个枝节问题上采取了一种息事宁人的态度。但清政府的态度却不像俄国人这样轻描淡写。此次俄国文书格式问题被嘉庆皇帝看作是一种外交"试探，甚为可恶"。为了防备俄国人屡屡企图突破天朝体制的"试探"，嘉庆皇帝于10月19日谕令库伦办事大臣，要求他们严格监督俄国"贡使"先在库伦学会觐见的叩头礼，如果演练合格，经奏报，方准入朝觐见，绝不可敷衍了事。③ 可见，这个时候所出现的文书格式之争本身虽然未起波澜，但毫无疑问，它对俄国使团即将面临的库伦礼仪动作之争起了推波助澜的作用。11月9日，军机处又向库伦转达嘉庆皇帝的谕旨，再次强调："库伦乃办理边务处

---

① АВПРИ ф. СПБ Главный архив. Ⅳ –4. оп. 123. 1805–1809г. д. № 1. п. 20. л. 417–418. Тихвинский С. Л. и Мясников В. С. Русско-Китайские отношения в ⅩⅨ веке. Материалы и Документы. 1803–1807. Т. 1. М. 1995г. с. 199–200.
② 嘉庆十年（1805）九月初八日，《谕库伦办事大臣蕴端多尔济著将理藩院咨驳俄萨纳特衙门之文照例递送俄省长》，第一历史档案馆藏"满文俄罗斯档"。
③ 嘉庆十年八月二十七日，《谕库伦办事大臣蕴端多尔济俄使臣必须大减随从并习三跪九叩之礼始准带领入京》，第一历史档案馆藏"满文俄罗斯档"。

所，各国使臣前来我界后，均由我边界大臣等使其习练礼节，方准入京等语。著该使臣等习练三跪九叩之记。若戈洛夫金等均能恭顺而行，毫不勉强，如此则蕴端多尔济等再遵朕怀柔外藩民众之至意，一面宴请戈洛夫金，一面从速具奏。"① 如果我们对该谕旨进行解读，就会发现，清政府为防止出现俄国使臣觐见时不遵天朝礼仪的意外而采取的措施使礼仪问题趋于复杂。在俄国人看来，礼仪动作问题是使臣觐见皇帝本人时是否跪拜的问题。而根据这道谕旨，所谓礼仪问题在程序上显然又增加了一层意思，即使臣在觐见皇帝本人之前，就要先在边境小镇库伦学习和演练觐见的礼仪动作。这层附加意思不但已经成为俄国访华使团能否顺利进京的前提条件，且不容俄国使团有任何讨价还价的余地。从情理上来说，如果戈洛夫金愿意在觐见皇帝时行跪拜礼，那么，从未行过跪拜礼的戈洛夫金在库伦学习跪拜的礼仪动作也不算过分。然而，在戈洛夫金看来，使臣正式觐见皇帝时行跪拜礼尚是一种人格侮辱，在边镇库伦对着香案学习演练跪拜礼那就更是绝不可能的事了。而戈洛夫金对待跪拜礼的这种态度又为清库伦办事大臣所悉，从而对库伦办事大臣日后落实嘉庆谕旨的具体操作方式产生了一定影响。而正是双方的固执和误识性互动，最终导致了一场外交悲剧。

事实上，对戈洛夫金使团必将遭遇礼仪之争的命运，俄国外交部早有预见。1805年7月18日（7月6日），恰尔托雷斯基在给戈洛夫金的训令中，首先就谈到了礼仪问题。外交部的意思很清楚，根据中俄关系史的实践，既然不可避免会遭遇礼仪问题，那么，戈洛夫金就一定要在觐见嘉庆皇帝之前与清政府协议解决这一问题。外交部的意见有两层意思：其一，历数过去诸使臣经过谈判成功避免侮辱性礼节的例子，要戈洛夫金"努力拒绝不体面的礼仪"；其二，戈洛夫金努力拒绝实践不体面礼仪的行为要遵循一个原则，"就是把帝国的尊严同中国人的礼仪协调起来，不要因为礼仪上或

---

① 嘉庆十年（1805）九月十九日，《谕库伦办事大臣谕蕴端多尔济俄使臣必须大减随员及习练三跪九叩礼后招准入京朝觐》，第一历史档案馆藏"满文俄罗斯档"；ЦГИА Монголии. ф. М-1. д. № 639. л. 394. Тихвинский С. Л. и Мясников В. С. Русско-Китайские отношения в ⅩⅨ веке. Материалы и Документы. 1803-1807. Т. 1. М. 1995г. с. 299.

称谓上受到某些贬抑就牺牲重大的利益"。① 表面看来，沙俄政府对待天朝礼仪的态度似乎有些矛盾。其实，沙俄政府在这里所表露的不过是其"利益至上"的一贯外交原则，即坚决抵制"不体面"的礼仪但不能因此影响国家的最高利益。也就是说，只要能达到扩张贸易及领土的目的，区区礼仪之辱完全可以抛诸脑后。这个原则在随后沙皇所颁训令中几乎是赤裸裸地被强调。②

由此可见，在维护天朝礼仪方面，清政府的态度是固化的，不容商量。面对清朝所坚持的天朝礼仪，俄国政府的态度却是弹性的。在最高国家利益面前，反对天朝礼仪随时可以退居第二位。中俄政府对待礼仪之争态度的差别，实际上也是外交原则的差别。中国的外交原则是维护天朝礼制为重，国家的贸易利益则为轻；俄国的外交原则是国家贸易利益为重，只有在不影响国家利益的前提下，才需要坚持反对天朝礼制。然而，沙俄政府对待礼仪的这种弹性态度，操作起来却有相当的难度，尤其对具有浓厚西欧文化背景的戈洛夫金来说更是如此。就后来事态演变的轨迹来看，戈洛夫金根本就没有理解或者理睬俄国政府的这种弹性态度，而是意气用事，置俄国最高利益于不顾，坚决抵制清政府的礼仪要求。可以说，正是由于戈洛夫金把抵制天朝礼仪和俄国最高利益完全对立起来，才导致俄国访华使团的被驱逐，以致俄国政府赋予使团的所有外交、贸易使命最终全部落空。正是从这种意义上来说，戈洛夫金使团的悲剧是当时中俄双方礼仪斗争的必然结局，也是两种拥有不同文化特质的国际关系体系碰撞的必然结局。无论何种外交结局，都不是哪一方面因素单独作用的结果，而一定是参与外交事件的双方共同作用的结果。

3. 使团一秘巴伊科夫的库伦之行

在1805年的库伦礼仪之争中，有一个人物很容易被人忽视，那就是使

---

① АВПРИ ф. СПБ Главный архив. 1–7. оп. 6. 1805г. д. № 1–а. п. 20. л. 174–185. Там же с. 173–178.
② 亚历山大一世在训令中强调："万一中国人顽固坚持野蛮的礼仪，则绝不应置朕派你前往北京所期待的利益于不顾。" Там же. п. 20. л. 95–113. Там же с. 178–184.

团一秘巴伊科夫。此人曾被戈洛夫金提前派到库伦，与库伦办事大臣进行了几天会谈，号称解决了当时双方存在争议的大部分问题。他在库伦的活动对以后库伦的中俄礼仪之争有着十分重要的影响。

为了最终解决中俄有关使团问题的一系列争端（包括缩减人数、预先提供礼品清单等），戈洛夫金决定派使团一秘巴伊科夫先行去库伦窥探虚实。1805年10月31日（10月19日），戈洛夫金给巴伊科夫下达训令，其中并没有明确委托巴伊科夫与库伦办事大臣谈判礼仪问题。① 但是，根据巴伊科夫事后所写的《库伦谈判日志》，他竟代表戈洛夫金向库伦办事大臣承诺，使团将履行中国传统的觐见礼仪即三跪九拜大礼。根据这份日志，巴伊科夫于11月4日（10月23日）到达库伦，11月5日（10月24日）就得到库伦办事大臣的接见。当天下午，双方就谈到了礼仪动作问题。库伦办事大臣认为，如果双方在库伦不能就礼仪动作问题达成共识，那么，库伦就无法向理藩院汇报访华使团的事情。对此，巴伊科夫的态度很坚决。他认为俄国使团未至京城，就在库伦这种边镇谈论礼仪动作问题，既不合法，也不合历史惯例，并且还指出了中国方面在公文中有很多语词未能平等对待俄罗斯的事实。11月6日（10月25日），巴伊科夫又与库伦办事大臣见面，双方再次谈到了礼仪动作问题。库伦办事大臣要求巴伊科夫明确回答戈洛夫金是否了解中国的觐见礼仪动作，包括：大使是否知道觐见时要践行五体投地、三跪九拜的礼仪动作？大使是否愿意承诺履行这套礼仪动作？对此，巴伊科夫回答：一是有关礼仪动作的问题不应该在边镇库伦洽谈；二是在礼仪动作问题上，戈洛夫金的态度同，其先辈伊兹玛依洛夫和弗拉季斯拉维奇是一样的。② 巴伊科夫的回答有点让库伦办事大臣摸不着头脑。尤其巴伊科夫所列举的两个历史事例，本身就挺复杂的。伊兹玛依洛夫于1720年到达北京。根据俄国人的记述，伊兹玛依洛夫在正式觐见康熙皇帝时，虽然被迫践行了三跪九叩的大礼，但也受到许多礼仪优待，如

---

① АВПРИ ф. СПБ Главный архив. 1–7. оп. 6. 1805г. д. № 1-а. п. 25. л. 223–225. *Тихвинский С. Л. и Мясников В. С.* Русско-Китайские отношения в XIX веке. Материалы и Документы. 1803–1807. Т. 1. М. 1995г. с. 287–289.

② Там же. л. 239–242. Там же с. 292–293.

六 库伦的寒气：中俄边境的礼仪之争

康熙皇帝曾破例亲自从伊兹玛依洛夫的手中接过俄罗斯的国书，这是以前没有先例的；此外，康熙皇帝还破例私下召见伊兹玛依洛夫，而且在接见过程中，伊兹玛依洛夫没有严格按觐见之礼行事，气氛非常轻松融洽。① 正因为如此，伊兹玛依洛夫访华成功解决了许多问题。至于弗拉季斯拉维奇，他于1728年到达北京，在觐见雍正皇帝时同样践行了三跪九叩的大礼，但也受到雍正皇帝的许多礼仪优待，如雍正皇帝亦亲手从他手上接过国书，尤其是当弗拉季斯拉维奇病倒时，雍正皇帝还曾派御医诊治。② 可见，这些以往的俄国使臣在觐见皇帝时都履行了跪拜礼，但也受到皇帝的礼仪优待。库伦办事大臣不知道巴伊科夫以这两人在北京宫廷的遭遇为例究竟是想说明什么，难道是暗示戈洛夫金也会像他的前辈那样在觐见皇帝时行三跪九叩的大礼？抑或暗示戈洛夫金在践行跪拜礼之后也希望得到类似的礼仪优待？至于巴伊科夫这样说的本意是什么，他在自己的谈判日志里也未明说。

然而，库伦方面的记述却完全是另外一回事。11月9日，库伦办事大臣将自己与巴伊科夫的谈判内容上奏嘉庆皇帝，说双方就戈洛夫金觐见时行叩头礼一事已达成了共识，即巴伊科夫保证戈洛夫金觐见时行跪拜礼。"据巴伊科夫言称：凡事皆有旧例，我等须遵旧例而行"，"我使臣朝觐礼仪，仍为三跪九叩"。当然，库伦办事大臣也认为，巴伊科夫的口头保证没多大意义，必须要戈洛夫金行文保证才行。"巴伊科夫此次会见奴才，已明白告知，使臣抵京，朝觐大圣主时将行三跪九叩之礼。奴才等愚见，俄罗斯原不知我天朝之礼，惟其历届驻京俄罗斯学生，风闻我天朝大小事宜，及每遇事均喜试探仿效，性极可厌。今奴才与巴伊科夫协商办事，则职衔不一，不能随递文书，故奴才等仅出具收执，交与巴伊科夫带回。前奉训谕内称，朝觐所行跪叩之礼甚为紧要。今巴伊科夫虽已言明，然究未从戈洛夫金处带来文书，来日狡诈俄罗斯不仅能

---

① 〔俄〕尼古拉·班蒂什－卡缅斯基编著《俄中两国外交文献汇编（1619–1792）》，第113–115页。
② 〔俄〕尼古拉·班蒂什－卡缅斯基编著《俄中两国外交文献汇编（1619–1792）》，第153、161页。

予否认,且戈洛夫金接到驳回之文后,或因失望而罢入觐。果能如此亦甚好,惟若因计穷,仍按奴才等所驳各项来文,奴才当即办理,亦不繁杂。"① 按一般逻辑推论,慑于天朝体制的森严法制,如果巴伊科夫没有明确保证戈洛夫金大使将来觐见时行叩首礼,库伦办事大臣应该不敢如此上奏,因为欺君大罪,谁也担当不起。何况当时参加与巴伊科夫商谈的人员众多,这份库伦奏折又由两名库伦办事大臣蕴端多尔济、福海联名,如果造假欺君,大家彼此未必能统一意见。再说,嘉庆皇帝并未下令库伦办事大臣一定要想办法让俄国大使答应行礼,否则问罪。因此,库伦也没有造假的必要。所以,这就成了问题:要么库伦办事大臣和巴伊科夫有一方在说谎,要么就是双方在语言沟通方面出现了误解。如果事情的真相是前者,那么,相对而言,巴伊科夫说谎的可能性要大一些。因为他的那个谈判日志只是一份给戈洛夫金大使的报告,不需要承担多大的责任。如果事情的真相是后者,那么,极有可能是库伦办事大臣误解了巴伊科夫的话,即把巴伊科夫所谓"遵行旧例"理解成答应行叩头礼了。当然,事情的真相究竟如何,难以遽下断论。但比较而言,后一种真相存在的可能性要大些。因为巴伊科夫所举两个例子,无论是伊兹玛依洛夫还是弗拉季斯拉维奇,他们都无一例外在觐见皇帝时行了三跪九叩大礼。这不仅有中文档案为证,就连俄文档案也是这么记述的。于是,遵行旧例,就很容易让人联想到是答应觐见皇帝时行三跪九叩大礼了。但这些都只是推测而已。不过,无论事情真相如何,库伦办事大臣对此都要负一定责任。因为此前他们已经接到嘉庆皇帝的谕旨,要求戈洛夫金先要在库伦对着象征皇帝的香案行此礼,然后在觐见皇帝本人时再行此礼。这在俄国人看来,完全是两层不同的意思。然而,没有资料证明库伦办事大臣在与巴伊科夫的谈话中提到过这个细节。

关于库伦办事大臣有意将俄国政府承诺的"遵行旧例"明确阐释为答

---

① 嘉庆十年(1805)九月十九日,《蕴端多尔济等奏报俄使遣员递文再就随行人数及觐见礼节事相互辩驳折》,第一历史档案馆藏"满文月折档";另见 ЦГИА Монголии. ф. М–1. д. № 639. л. 352–363. *Тихвинский С. Л. и Мясников В. С.* Русско-Китайские отношения в XIX веке. Материалы и Документы. 1803–1807. Т. 1. М. 1995г. с. 300–302.

六　库伦的寒气：中俄边境的礼仪之争

应行三跪九叩礼的逻辑推测，还有一个旁证。11月26日，库伦办事大臣把库伦谈判期间与巴伊科夫达成的一些共识用文书形式函告戈洛夫金，要求戈洛夫金大使也以文书形式确认这些共识。其中第一条需要戈洛夫金确认的就是觐见皇帝时保证行叩首礼的承诺："其一，我等就你们入京觐见必行之跪拜礼询问巴伊科夫，他承诺：我等将按旧例行三跪九叩之礼。此话务要写入复函。"① 在此，库伦办事大臣已经露出把"按旧例"阐释为承诺"行跪拜礼"的痕迹了。因为根据前述巴伊科夫的谈判日志，他只说了"遵旧例"，那此处紧跟其后的"行跪拜礼"极有可能就是库伦办事大臣对"遵旧例"的理解了。

11月30日，库伦办事大臣派买卖城扎尔固齐、协理台吉达西敦多布、一等台吉哈尔恰噶前往恰克图，将上述信函送给戈洛夫金，并当面要求戈洛夫金就信函中所提到的承诺逐一书面确认。② 12月1日（11月19日），戈洛夫金回复库伦办事大臣：凡是前辈们所实践过的礼仪动作，他无疑也一定遵行，同时希望也能得到中国皇帝对俄国使臣一贯的恩典。③

由此可见，在确认有关觐见时遵行跪拜礼仪动作的承诺时，戈洛夫金的话仍然模糊隐晦，不很明确。这里有两个问题值得注意。

（1）我们完全可以断定，这份复函一定是戈洛夫金在仔细阅读了库伦办事大臣的信函基础上所写的，因此，他不可能不清楚其中有关巴伊科夫已承诺遵行三跪九叩礼仪动作这层意思。按理说，如果此前戈洛夫金不知道巴伊科夫的"承诺"，或者是不满巴伊科夫的"承诺"，那么，在此他就应该辩白。但戈洛夫金并未如此做，也没有资料证明他曾为此怪罪巴伊科夫。可见，无论是库伦办事大臣单方面的阐释也好，还是巴伊科夫确实有此"承诺"也罢，都说明它们与戈洛夫金的想法没有什么差异。

（2）无论是巴伊科夫的谈判日志，还是戈洛夫金此时的答复，都没有

---

① АВПРИ ф. СПБ Главный архив. 1–7. оп. 6. 1805г. д. № 1–а. п. 25. л. 184. Там же с. 307.
② Там же. л. 135. Там же. с. 311.
③ Там же. л. 221–222. Там же. с. 331–332.

明确承诺觐见时遵行三跪九叩大礼，而采用的都是一种较为隐晦的说法。根据历史事实，答复中所言"前辈"们所实践过的"礼仪动作"，应该就是现在清政府要求他遵行的跪拜礼。有资料证明，戈洛夫金从圣彼得堡动身前曾专门咨询过俄国外交部档案馆的班蒂什－卡缅斯基（Н. Бантыш-Каменский，1737-1814），并仔细阅读了他编辑的《俄中两国外交文献汇编（1619-1792）》。① 班蒂什－卡缅斯基的书里记载了以往俄国使臣觐见清朝皇帝时都行了跪拜礼的事实。至于何为"中国皇帝对俄国使臣一贯的恩典"，意思可能就是指前述康熙、雍正皇帝在礼仪上优待俄使的情况。② 然无论如何，戈洛夫金的回答仍属语意含糊。

面对戈洛夫金的含糊回答，库伦办事大臣毫无办法，只能听之任之。12月6日，库伦办事大臣上奏嘉庆皇帝，汇报与俄使交涉的情况，其中说，戈洛夫金已确认"朝觐所行叩拜之礼，俱按我俄罗斯前使臣之例办理，望大圣主施恩我俄罗斯使臣。侍从武官所言，俱属事实"。③

4. 戈洛夫金坚决拒绝在库伦演习跪拜礼

随着戈洛夫金使团入华时间越来越近，戈洛夫金本人也开始直接与库伦交涉。此时，中俄双方都认为一切矛盾均以解决，因此，彼此关系也开始变得亲密起来。此前，库伦办事大臣得知戈洛夫金在恰克图稍染微痒，于是立即奏告清政府。12月25日，嘉庆皇帝派来的御医就已赶到恰克图，为戈洛夫金诊治。④ 12月27日（12月15日），戈洛夫金大使还专程为此

---

① Там же. п. 42. л. 629-630. Там же с. 306-172.
② 〔法〕加斯东·加恩：《彼得大帝时期的俄中关系史（1689-1730）》，第169页，注53"康熙对迫使伊兹玛伊洛夫在正式仪式中遵照中国礼节一事表示歉意，在私人会见中他完全免除了这套礼仪"（莫斯科外交部档案，公务日志，1719-1722年，12月2/13日，第89页）。
③ 嘉庆十年（1805）十月十六日，《蕴端多尔济等奏为请旨俄使已将人数减至百余人并忧虑成疾可否准其瞻觐折》，第一历史档案馆藏"满文月折档"；另见 ЦГИА Монголии. ф. М-1. д. № 639. л. 440-458. Тихвинский С. Л. и Мясников В. С. Русско-Китайские отношения в XIX веке. Материалы и Документы. 1803-1807. Т. 1. М. 1995г. с. 333-336。
④ АВПРИ ф. СПБ Главный архив. 1-7. оп. 6. 1805г. д. № 1-а. п. 25. л. 137. Там же с. 313.

六 库伦的寒气：中俄边境的礼仪之争

致函库伦办事大臣，对清帝的关怀表示衷心感谢。① 此时，边境地区的形势一片大好，似乎预示着美好的未来。

12月31日（12月19日），眼看使团人马入境在即，为了尽量避免纠纷，戈洛夫金还专程给使团成员拟定了十一条"华境规则"。② 可见，俄方的态度亦十分认真。

1806年1月11日（1805年12月30日），戈洛夫金率使团进入华境。1月14日（1月2日），戈洛夫金使团到达库伦。从此，中俄开始了面对面的礼仪交锋。下面，我们主要根据一份中俄"库伦交涉实录"（1805年11月30日至1806年2月13日），③ 并结合其他相关资料，来描述一下库伦中俄礼仪冲突的实际场景。

资料显示，自从戈洛夫金到达恰克图，中俄之间就开始了礼仪之争，可以说是步步礼仪，步步争斗。库伦中俄礼仪之争就内容来看，我们可以分为两个方面。

（1）一般接待礼仪之争。主要指俄国访华使团到达恰克图以后与库伦之间就迎来送往等问题而发生的礼仪之争。问题虽小，但它们纠合在一块，影响双方的关系，影响大家的心情。以致一段时间过去后，双方回过头来

---

① Там же. л. 226. Там же с. 351–352.
② 戈洛夫金为使团进入华境所拟定的"十一条规则"为："（1）整个旅行期间均须遵守车马行进的次序，任何人不得超越他人，亦不得无故停滞不前；（2）蒙古包的分配原则和秩序一经确定，旅途中均须遵守；（3）出发前两小时以号声通告，第二次号声响起后所有马车均应做好出发准备，排好队列；（4）午餐时间亦以号声通知；（5）使团各位官员须知，自己的仆人和下属犯错必须严厉惩处，竭力避免相互之间以及同中国人发生争吵，违者按陛下的旨令军法处治；（6）若有投诉或重大事故，可提请使团旅途办公室解决；（7）无论出于何种原因，任何人均不得离营游荡，或远离大路；（8）每一位有需要的人都可以使用随团通译，但严禁询问关于法制、君主、政府、政策和管理等可能引起怀疑的问题。学者及官员应处处谨慎小心，绝不可泄露使团的真实目的。在蒙古包内亦应保持警惕；（9）为节约伙食经费，将为下级军官及工作人员配备一名炊事员。其余人员以蒙古包为单位，在规定时间前往领取分内伙食；（10）官员们于途中请穿普通旅行服，佩绶带，带腰刀；（11）奥希波夫先生担任总领队，奉命负责途中秩序及营地治安，掌控食品供应，并对各部进行全面监管。任命巴尔捷涅夫大尉、施托斯及洛谢夫中尉为他的助手，任命哥萨克准尉阿塔曼诺夫斯基（Атамановский）为队列指挥。"Там же. п. 42. л. 735–737. Там же с. 374–375.
③ Там же. п. 25. л. 135–151. Там же с. 311–330. 以下凡未注释的资料，均引自这份"库伦交涉实录"。

才发现，日常的小怨积累到一定程度就会导致深怨，乃至不可消解。

11月30日，库伦办事大臣派买卖城扎尔固齐送信给戈洛夫金大使。第二天，戈洛夫金大使委托一秘巴伊科夫将复函交给扎尔固齐，但扎尔固齐认为此信应由大使亲自交付，双方交涉了很久才罢。为此，扎尔固齐很不高兴。这件事虽然很小，但在中俄双方看来，都属于礼仪问题，都牵涉到国家的体面，不可疏忽。

12月24日，买卖城扎尔固齐再次到恰克图，向戈洛夫金大使宣读嘉庆皇帝的谕旨。在与一秘巴伊科夫的会谈中，扎尔固齐要求向大使宣读谕旨时，大使应该跪着（最起码也应该肃立）听旨，但遭到巴伊科夫的拒绝。双方为此争辩了约两个小时。最终，戈洛夫金仍然坚持坐着听旨。

1806年1月10日（1805年12月29日），正从恰克图到库伦途中的戈洛夫金派遣一秘巴伊科夫先行至库伦，就初次会面谁先拜访谁的问题提前交涉。戈洛夫金的意思是要库伦办事大臣先行造访："大使会遵照前人的旧例，期待他们首先前来拜访。"

1月14日（1月2日），戈洛夫金到达库伦。巴伊科夫汇报，他已经与库伦当局进行了三次会谈。关于拜访次序的问题，库伦办事大臣一口拒绝先行拜访戈洛夫金大使，原因有二：一是库伦办事大臣之一喀尔喀王是"具有世袭统治权的亲王"，其夫人则是皇室宗亲，此时大使在他的领地上，王怎么能屈尊先去拜访大使？二是根据中国的法律，具有世袭地位的王和皇室宗亲不许随便主动拜访任何人。中方的态度非常坚决。争论的结果是戈洛夫金大使让步，决定主动先拜访库伦办事大臣，但要求在二进门口受到迎接，以示尊崇。协议达成后，1月15日（1月3日），戈洛夫金大使便携一秘等数人主动造访，库伦办事大臣也在二进门口恭敬地迎接戈洛夫金。等戈洛夫金一行回到驻地，库伦办事大臣就赶紧回访，并通告戈洛夫金大使，将于次日代嘉庆皇帝赐宴。接着，中俄库伦礼仪之争的高潮就要出现了。

（2）戈洛夫金就"赐宴"前演习跪拜礼与库伦办事大臣的交锋。

1806年1月16日（1月4日）清晨，库伦办事大臣派扎尔固齐托克托布和两名噶赖达来见使团一秘，双方就大使赴宴的礼仪问题进行了初步

六　库伦的寒气：中俄边境的礼仪之争

交谈。一秘答应：在宴会现场，大使戈洛夫金会肃立举杯，祝贺嘉庆皇帝健康长寿、政事顺畅。至于其他形式的礼仪，大使不会履行。据说，托克托布当时并未对此反驳或做何种说明。上午11点多，戈洛夫金及其随从来到库伦办事大臣的驻地，双方寒暄之后，便一块进入一个大院子。库伦办事大臣对戈洛夫金说，鉴于此次赐宴是皇帝陛下对他的特殊恩典，所以他应该在盛宴开始前，于正午时分面对点燃香烛的香案行三跪九叩礼，以示谢恩。面对这突如其来的礼仪要求，戈洛夫金大吃一惊，一口拒绝。其拒绝行礼的理由有两点：一是事前未得到库伦衙门的任何相关提示或通告；二是此前中俄关系史上没有俄国使臣面对香案行跪拜礼的先例。何况戈洛夫金官位显赫，远非以往使臣可比，更不应该对着一个香案叩头。而库伦办事大臣则针锋相对，完全是另一套说辞。他们认为：一是库伦衙门已经于清晨派扎尔固齐将此事预先通告了使团一秘巴伊科夫；二是正因为过去那些使者地位、爵位都不如戈洛夫金，所以，他们不能享受皇帝赐宴并有机会践行叩头礼，只有戈洛夫金才有资格享受这种殊荣。于是，这里就产生了两个问题。

一是当日清晨扎尔固齐是否就此事预先通告了使团一秘巴伊科夫？戈洛夫金承认，清晨扎尔固齐确实到了使团驻地，也确实会见了一秘巴伊科夫，然后与大使在一块会面也有半小时之久。但会谈期间托克托布没有一句话谈及对着香案行叩头礼的事情。那究竟是怎么回事？好在当事人都在场，于是，相关当事人开始当面对质。

库伦办事大臣把托克托布叫来，当着大使的面，库伦办事大臣问他究竟有没有遵命向戈洛夫金大使通告皇上赐宴行礼的事。托克托布发誓，当时他绝对说了这件事。

征得戈洛夫金大使的同意，库伦办事大臣又把一秘巴伊科夫叫来对质。谁知巴伊科夫却一口否认托克托布曾事先通告赴宴要行跪拜礼的事。

在比较了两人的证言之后，库伦办事大臣认为，有可能是托克托布漏掉了"跪拜"一词，也有可能是翻译将托克托布所说"跪拜"一词漏译甚或译错了？比如将"跪拜"一词听成了"礼拜"。对此，在场的满语翻译弗拉德金立刻提出反驳：清晨他把扎尔固齐对一秘所说的话译得一句不漏，绝对没有漏译。库伦办事大臣又说,"礼拜"一词在大清国也意味着三跪九叩,可能是翻译把这个词译得简单化了。对此,弗拉德金回答说:该词的含义他很清楚,满语中有两个词,一个词指礼拜,另一个指跪拜,它们的意义完全不一样。也就是说,无论当时扎尔固齐用的是"礼拜"一词,还是"跪拜"一词,弗拉德金都不会理解错。

如此一来,事情的真相就开始变得不可捉摸,参与者的态度也开始对立起来。中方坚持说事先已经将"行礼""赐宴"通告了俄国使团,俄方却不承认。就这样,双方僵持了许久,谁也说服不了谁。最后,库伦办事大臣只好以主人的姿态把责任承担下来,斥责托克托布未能按照自己的命令事先将相关情况通告戈洛夫金。同时,库伦办事大臣向戈洛夫金大使承认自己亦有疏忽,因为日前自己回访大使时,就应该趁机解决这个问题,可惜,当时大家见面高兴,竟把如此重要的事给忘了。库伦办事大臣的这种态度,使一炉即将升起的怒火暂时慢慢冷却,有利于暂时缓和双方争吵的热度。

二是当时库伦办事大臣与戈洛夫金对此事的态度都已经固化,互相之间已不可能协调。戈洛夫金认为自己位高爵显,不应该面对香案履行这种跪拜礼。而库伦办事大臣则认为,正因为戈洛夫金位高爵显,所以才能享受这种行叩头礼的殊荣。可见,中俄双方产生分歧的关键在于对此时此刻践行跪拜礼的内涵理解不同。俄国人认为,中国礼仪制度中的这种跪拜礼绝对不是荣耀,而是对人格的侮辱。即使面对皇帝行这种礼也无人会心甘情愿,何况现在面对的只是一个象征皇帝威权的香案?而在中国人的观念里,一般臣民盼星星盼月亮,一辈子也休想盼得可以面对皇帝牌位行跪拜礼的资格和荣耀,只有受到皇上青睐的权贵才拥有三跪九叩的资格和荣耀。因此,在库伦办事大臣看来,俄国使者能够享受嘉庆皇帝的赐宴并对着象征皇帝亲临的香案行三跪九叩大礼,便是俄国使者的无上荣光。一方认为此事是对人格的侮辱,一方认为是人生的无上荣耀,可以说双方的看法决然对立。而这一切都源于不同文化体系对外交礼仪制度的不同理解。至此,礼仪之争背后的文化冲突本质已是表露无遗。

在接下来的交涉中,库伦办事大臣严肃地通告戈洛夫金大使,不管交涉过程中的责任在谁,大使都必须面对香案行三跪九叩的大礼;

六　库伦的寒气：中俄边境的礼仪之争

否则，将不允许俄国使团继续前行，库伦一干官员也不再陪伴使团，使团只能打道回府。涉及关键问题，双方都不让步，交涉了5个多小时后无果而散。

纵观当日中俄双方交涉的过程，基于嘉庆皇帝的谕旨，中方的态度已经形成了一种总趋势，即俄国使团若要从库伦动身前往北京，不容商量的前提就是俄国大使必须在库伦对着象征皇帝权威的香案行跪拜礼。不行跪拜礼，俄国使团就注定要被驱逐。然就影响事件进程的细节而言，除了无法弄清中间人的证词真伪以外，我们认为还应该注意到如下几个问题。

其一，觐见之前演习跪拜礼并非特意针对俄国使团。戈洛夫金之拒绝演习跪拜礼，关键就在于他不认同天朝体制的跪拜礼，其他一切说辞都不过是一种掩饰。站在清政府这一方，之所以一定要戈洛夫金在库伦演习跪拜礼，这也不是专门针对俄国使者的规定，而是天朝体制一视同仁的做法。如康熙三十八年冬至，朝鲜贡使至，"三行率正官往于鸿胪寺，使之习仪而跪于壁上。鸿胪寺呼唱，使之行三跪九叩头之礼。礼毕后，以为不为闲习，更令习仪，一如初度。礼毕后，又以为犹不闲习，当往馆中更为习仪为当"；"盖前日临阳君之行有失礼事，礼部郎官至于罢职。礼部今番或虑又有此患，习仪至再至三"。① 由朝鲜使臣日记中的这段话，我们可以知道：一是清朝早在康熙年间就已有鸿胪寺教习贡臣觐见礼仪动作的成例，而且教习礼仪动作非常严格认真，一而再再而三地演习，直到合格；二是清政府之所以要派人教习朝鲜使臣行叩拜礼，原因就是在觐见的关键时刻曾有使臣失礼，以致礼部官员因此受罚。1793年，英国马戛尔尼使团访华时，也曾于天津随长芦盐政徵瑞学习演练跪拜礼。可见，学习演练跪拜礼并非只是针对俄国使臣的行为当是事实。

其二，嘉庆皇帝的谕旨与库伦办事大臣是否提前告知戈洛夫金演习叩拜礼之间的关联。如前所述，究竟库伦办事大臣是否派人提前告知了戈洛夫金要在库伦行跪拜礼一事，由于其中的曲折颇多，实无法弄清事实真相。根据相关间接资料，我们可以大致断定的有如下细节。

---

① 林基中编《燕行录全集》卷99，东国大学校出版部，2001，第310页。

①库伦办事大臣根本就不能提前将要在库伦演习跪拜礼仪一事告知戈洛夫金。原因很简单，嘉庆皇帝在最初命令库伦办事大臣教练俄国使团演习跪拜礼的谕旨（10月19日）中指示：" 该枢密大臣萨纳多尔夫·戈洛夫金若举止恭顺，按照交代裁减人数，<u>并将其疏表，贡物数单出示于蕴端多尔济等后</u>，再告知伊等我天朝瞻觐之礼。令伊等习练三跪九叩之礼。伊等果能按照交付习礼。流露恭顺之色，毫不犹豫，则若蕴端多尔济等再行明确具奏，届时仍遵前旨，准其觐见。"① 由此可见，当初嘉庆皇帝谕旨的意思是：如果戈洛夫金态度恭顺，且在答应清政府对使团所提出的系列要求之"<u>后</u>"，库伦办事大臣才能够告知戈洛夫金朝觐礼仪，也才能在库伦教戈洛夫金演习跪拜礼仪。也就是说，如果戈洛夫金不答应清政府对使团所提出的系列要求，那么，库伦办事大臣就不能提前将在库伦演习礼动作的事告知戈洛夫金。可是，后来清政府提出的那些要求，戈洛夫金似乎都答应了，中俄双方的矛盾已基本协调，那为何库伦办事大臣又没有将库伦演习跪拜礼的事告知戈洛夫金？这可能牵涉到另一个问题，即库伦办事大臣落实嘉庆谕旨的具体操作方式问题。

②库伦办事大臣落实嘉庆谕旨的具体操作方式。其实，事情发展到这个阶段，库伦办事大臣对如何让戈洛夫金在库伦遵照谕旨演习跪拜礼动作的问题，已经是胸有成竹，他们根本就没打算提前把演习跪拜礼的事通告戈洛夫金。库伦办事大臣打算利用"赐宴"制造出一种急迫的情势来逼迫戈洛夫金演习跪拜礼。

如前所述，在1805年10月19日的谕旨中，嘉庆帝明确地要求库伦办事大臣在库伦教戈洛夫金怎么行跪拜大礼，但并未提到赐宴之事。② 11月9日，嘉庆在谕旨中再次要库伦办事大臣在库伦教戈洛夫金行三跪九叩首大礼，如演练合格，可以嘉庆皇帝的名义赐宴："库伦乃办理边务处所，各

---

① 嘉庆十年（1805）八月二十七日，《谕库伦办事大臣蕴端多尔济俄使臣必须大减随从并习三跪九叩之礼始准带领入京》，第一历史档案馆藏"满文俄罗斯档"。
② ЦГИА Монголии. ф. М-1. д. № 639. л. 315. Тихвинский С. Л. и Мясников В. С. Русско-Китайские отношения в XIX веке. Материалы и Документы. 1803–1807. Т. 1. М. 1995г. с. 256.

六 库伦的寒气：中俄边境的礼仪之争

国使臣前来我界后，均由我边界大臣等使其习练礼节，方准入京等语。著该使臣等习练三跪九叩之记。若戈洛夫金等均能恭顺而行，毫不勉强，如此则蕴端多尔济等再遵朕怀柔外藩民众之至意，一面宴请戈洛夫金，一面从速具奏。"① 也就是说，嘉庆谕旨的原意是先演习行礼，行礼合格后才赐宴，赐宴只是一种奖赏，而不是目的。赐不赐宴，演习行礼都要合格。演习行礼如不合格，便不能赐宴。

可是，库伦办事大臣在具体操作过程中却对嘉庆皇帝的旨意进行了"故意"曲解，即反以赐宴为由将演练跪拜礼与宴会结合在一起。于是，事情就变成了另一种样子：嘉庆皇帝命库伦办事大臣赐宴戈洛夫金，这对戈洛夫金是无上的恩典。因此，赴宴之前，为了谢恩，戈洛夫金就要跟随库伦办事大臣，在象征皇帝威权的香案前行三跪九拜的大礼。演习好礼仪就开宴，顺理成章。这显然是经过深思熟虑的。库伦办事大臣之所以如此处心积虑，主要原因是在他们看来，戈洛夫金一直没有明确答应行三跪九拜之礼，而直接要求戈洛夫金在库伦预先学习演练跪拜礼估计有相当难度，于是就考虑利用赐宴的机会，以情势迫使戈洛夫金就范。这一点为1月25日（1806年）库伦办事大臣的奏折所证实。其中明确说："奴才等伏思，俄罗斯性情诡诈，善于试探，今令练习朝觐天颜三跪九叩之礼，甚为紧要，若不于奴才面前行礼，又恐如乾隆五十八年盐政官徵瑞等护送英国使臣一般，不可收拾。奴才蕴端多尔济甚为恐惧，与奴才福海商议，拟趁筵宴之机，晓谕旨叩谢皇恩之礼（朱批：然），再率领戈洛夫金同行三跪九叩之礼。"② 由奏折内容可见，库伦办事大臣之所以如此曲解嘉庆的谕旨，以"赐宴"谢恩为由以情势迫戈洛夫金演习跪拜礼，有两方面原因。一方面，戈洛夫金坚决不愿践行跪拜礼的顽固态度早已为库伦办事大臣所知悉，后者感觉如果直接要求教习戈

---

① 嘉庆十年（1805）九月十九日，《谕库伦办事大臣谕蕴端多尔济俄使臣必须大减随员及习练三跪九叩礼后召准入京朝觐》，第一历史档案馆藏"满文俄罗斯档"；另见 Там же л. 393–394. Там же с. 299。

② 嘉庆十年（1806）十二月初六日，《蕴端多尔济等奏请驱逐拒不行跪叩礼之俄使戈洛夫金等折》，第一历史档案馆藏"满文月折档"；另见 Там же л. 623. Там же с. 396。

洛夫金行跪拜礼，毫无疑问会遭到拒绝。因此，为了达成演习跪拜礼的目的，他们不得不对嘉庆皇帝的谕旨稍加曲解，以营造迫使戈洛夫金践行跪拜礼的特殊情势，实属无奈之举。另一方面，此亦为吸取历史教训之举。因为乾隆五十八年盐运使徵瑞接待英国使团时就曾在这方面上当受骗。当时，徵瑞曾教习英国使臣行天朝体制的跪拜礼，"英吉利使臣深以不娴天朝礼节为愧，连日学习，渐能跪叩。徵瑞随时教导，俾臻妥善"。[①] 然而，英使觐见时却以不熟悉跪拜礼为由临时变卦。为了避免类似事情发生，库伦办事大臣才考虑要制造如许情势，逼迫俄国大使学习跪拜礼，防患于未然。关键在于，库伦办事大臣的这番苦心，居然得到嘉庆皇帝的赞同。因此，嘉庆皇帝在库伦办事大臣的这层意思旁边特意朱批了一个字"然"。随后在1月28日的旨意中，"赐宴"的字眼就排到"演练叩头礼"[②] 的前面了。公文表述的这种细微变化说明清政府中枢已经默认了库伦办事大臣对嘉庆谕旨的曲解。因为，赐宴不是目的，要戈洛夫金跪拜才是目的。其实，库伦办事大臣的这种操作打算，也是为形势所迫，他们没有其他出路。这在俄方的记载里也留下了痕迹。一是当时前往邀请大使赴宴的扎尔固齐曾打探大使以何种礼节感谢皇帝陛下赐宴的隆恩。一秘巴伊科夫曾明确回答：大使只会"立谢"而不会"跪谢"。由此，库伦办事大臣对戈洛夫金的态度已是心知肚明，所以才想法造势压迫戈洛夫金，企图迫其就范。二是谈判过程中，看到双方争执不下，一位在场的贝勒便提出了一个妥协的建议：第二天由贝勒和贝子一起去拜见大使，为其演示觐见皇帝陛下时应遵行的礼仪动作，大使跟着练习。没有外人在场，便无所谓名誉损失。这说明，库伦当时的目的也不是赐宴，而仍然是要贯彻嘉庆皇帝的谕旨，即在库伦教会戈洛夫金怎么行三跪九拜的觐见大礼。

---

① 中国第一历史档案馆编《英使马戛尔尼访华档案史料汇编》，第133页。
② 嘉庆十年（1806）十二月初九日，《谕库伦办事大臣蕴端多尔济著火速奏闻俄使臣究竟何时抵京事》，第一历史档案馆藏"满文俄罗斯档"；另见 ЦГИА Монголии. ф. М-1. д. № 639. л. 662. Тихвинский С. Л. и Мясников В. С. Русско-Китайские отношения в XIX веке. Материалы и Документы. 1803-1807. Т. 1. М. 1995г. с. 407。

六 库伦的寒气：中俄边境的礼仪之争

然无论交涉过程中细节如何，戈洛夫金对库伦办事大臣的做法都无法接受。这既是两种异质文化的冲突，也是两种国际关系体制下礼仪模式的冲突，他们互相不能理解对方的礼仪行为。

宴席不欢而散后，中俄双方在礼仪问题上又多次交锋。

1806年1月17日（1月5日），库伦办事大臣派僚属贝勒那木吉尔多尔济、贝子宁何多尔济等往见使团一秘巴伊科夫，要求会见大使，并询问大使是否已准备面对香案行叩头礼。巴伊科夫推说大使不舒服，不能见客，然后重复了前一日的观点：大使不同意在库伦行此大礼。原因还是两点：一是史无前例，二是托克托布未提前告知。对此，贝勒、贝子表示为托克托布的疏忽道歉，但是，库伦跪拜大礼要坚决实行，因为这是将来大使觐见皇上礼仪的预演。但巴伊科夫仍坚持原来的立场。于是，贝勒、贝子只好通告，根据嘉庆皇帝的谕旨，如果戈洛夫金不能在库伦预演礼仪，那么，就只能请使团回国了。至此，巴伊科夫方才知道，在库伦预演礼仪是嘉庆皇帝的意思。

1月18日，库伦办事大臣再次派人来催问大使的决定。大使以信函答复库伦办事大臣。信中表述的观点与此前并无变化：①拒绝在库伦对着香案行三跪九叩的礼仪动作；②答应在觐见中国皇帝本人时，才仿照先辈们的旧例行礼："本人定将按我的前辈伊兹玛依洛夫和弗拉季斯拉维奇的先例办事，他们都曾受到过类似的恩遇，前者于1720年11月18日进入北京、后者于1726年10月21日进入张家口，并分别于1727年12月27日、1727年1月18日享受赐宴，都站立行三鞠躬礼，为博格德汗的健康而干杯。"① 这次，戈洛夫金在引用前辈的例子时，说得比较清楚，具体是指伊兹玛依洛夫在北京享受赐宴和弗拉季斯拉维奇在张家口及北京享受赐宴的过程中，都只是站着行三鞠躬礼而已，并未行三跪九叩首的大礼。其实，这是戈洛夫金为推脱行礼而杜撰的所谓历史"旧例"，不符合历史事实。

具体来说，戈洛夫金在此援引的有关伊兹玛依洛夫和弗拉季斯拉维奇

---

① Там же. п. 26. л. 207. Там же с. 385.

的资料都不准确。1720年11月29日（11月18日），伊兹玛依洛夫使团进入北京，皇帝并未赐宴。当时由官员欧达噶德（Одагады）出面宴请，但只是他私人宴请，与皇帝的恩典无关，也未说宴会上践行了何种礼节。[①] 而关于弗拉季斯拉维奇，据历史记载，1726年11月1日（10月21日），使团抵达北京。1727年1月7日（1726年12月27日），皇帝赐宴。萨瓦在其报告中写道："是日中午时分由汗王的随侍人员从御厨（往客馆）抬来了一张小桌子，上面陈设着用汗王的大银盘盛着的各种馔食……特命使臣回答说，他非常感谢博格德汗陛下赐予的如此殊恩。"[②] 史书并未记载当时俄国使臣践行了何种礼节。

可见，戈洛夫金所举的例子都没有历史根据。他之所以如此胡乱杜撰历史，关键还是思想观念上不想履行跪拜礼。当然，这也与库伦办事大臣的不慎操作有些关联。因为原本行礼与赐宴就是两码事。有没有宴，俄国使臣都要预先演习礼仪。由于库伦办事大臣的变相操作，导致现在的问题变成了为"赐宴"而"行礼"。如果这样，那不赐宴便不需要行礼了，这岂不违背了嘉庆皇帝的初衷！真是聪明反被聪明误了。所以，看到戈洛夫金如此态度，库伦办事大臣不由怒火中烧，其态度也就越来越强硬。

1月19日，库伦办事大臣再次派人去探询俄国人的态度。然戈洛夫金总的态度仍然没有变化，仍然坚持不在库伦践行跪拜礼仪。非但如此，他反致函库伦，提出两点要求：①由于已知要大使在库伦行礼是嘉庆皇帝的意思，因此，使团也要请示俄国沙皇，以决定是否遵从嘉庆皇帝要求在库伦对着香案行礼的旨意；②既然在库伦行礼是来自北京的命令，那么，他考虑直接派信使前往北京与清政府中枢交涉。

1月20日（1月8日），库伦办事大臣收到大使的信函，知悉了大使的

[①] ЦГАДА ф. Сношения России с Китаем, 719г. д. № 1. л. 56. *Тихвинский С. Л. и Мясников В. С.* Русско-Китайские отношения в XⅧ веке. Материалы и Документы. 1700–1725. Т. 1. М. 1978г. с. 211.

[②] АВПРИ. ф. Сношения Росии с Китаем. 1729г. д. № 9. л. 26–27. Там же 1725–1727гг. Т. 2. с. 419–420.

这两点新决定，心里很不舒服，于是便针锋相对地提出：由于大使坚决不同意在库伦践行跪拜礼仪，他决定上奏北京，由嘉庆皇帝来决定使团去留的命运。

1月21日（1月9日），戈洛夫金亲自与库伦办事大臣见面谈判，仍无果而终。

1月22日，库伦办事大臣派人告知大使：如果大使不能在库伦行礼，那就只能打道回府；如果大使想直接与理藩院联系，也只能先退回俄国境内，然后通过俄枢密院才能与理藩院进行信函交涉。

对此，戈洛夫金答复，他不会再重复此前已多次口头和书面陈述不能在库伦履行跪拜礼的原因；使团是奉嘉庆皇帝谕旨入境的，因此，未收到嘉庆皇帝谕旨之前，他不会回去；之所以希望与理藩院直接交涉，无非想消除不践行礼仪带来的不愉快；从法理上讲，全权大使有权代枢密院直接与理藩院信函交涉。

看到戈洛夫金的态度顽固，没有软化的迹象，库伦办事大臣不由怒火中烧，便也很生硬地回答：那好，就请使团退回俄国境内，再直接与理藩院联系罢。

至此，俄国人知道在库伦已解决不了任何问题。因此，戈洛夫金强烈要求直接与北京联系：一是由戈洛夫金给北京相关衙门直接写信；二是派遣得力的信使去北京送信，并直接与清政府就相关问题交涉。就当时的实际情形而论，如果信使能至北京，直接与清廷中枢交涉，事情的结局也许会是另一个样子。但问题在于，库伦就像一堵城墙，阻挡了俄国信使直接去北京的路。于是，能否将礼仪之争移到北京就成了下一个议题。

5. 库伦礼仪之争与俄国使团的被驱逐

1806年1月24日，库伦办事大臣派贝勒、贝子去见大使，双方再次谈判有关礼仪问题。大使仍然寸步不让，坚持要与理藩院直接谈判，并称这是目前解决问题的唯一途径。稍后在书面信函中还要求库伦办事大臣履行"条约"第九款，同意其向北京派遣信使。① 此处所谓"条约"，应该就是指《恰克图界约》。其第九条说："两国所遣送文之人既因事务紧要，则不得稍有耽延推诿。嗣后如彼此咨行文件，有勒掯差人，并无回咨，耽延迟久，回信不到者，既与两国和好之道不符，则使臣难以行商，暂为止住。俟事明之后，照旧通行。"② 但此条主要针对中俄两国两院即俄枢密院与清理藩院之间的往来信函使者，并没有明确规定俄国大使也有权利依据这个法律条文派遣信使。因此，这一理由比较勉强。

更有意思的是，不等库伦办事大臣回复，戈洛夫金即自行主张直接给理藩院写信，信中仔细回顾了俄国使团克服中国方面所设置的各种困难的历程，并特意指出：在这个过程中，俄国使团几乎在所有问题上都做了让步；详述库伦礼仪之争的由来，再次申述之所以不能对着香案行三跪九叩礼的原因，其中强调指出在库伦行礼违反旧例，自己能否履行这种新礼仪，要报请俄国沙皇批准；为了避免以后的麻烦，希望清政府一次性地将俄国大使需要履行的礼仪种类告知，不能像在库伦一样，总是突然冒出某种新礼仪；根据条约所赋予的权利，特遣使团一秘巴伊科夫携函前往北京直接与理藩院交涉。

然而，关键在于，俄国政府的所有公文信函（信使）都必须经库伦办事大臣的允许才能送（到）达京城。在当前这种特殊情形下，库伦办事大臣又怎么会同意戈洛夫金派遣信使携带信函前往京城？于是，在与戈洛夫金屡次交涉无果的情况下，1月25日，库伦办事大臣干脆上奏嘉庆皇帝，请旨驱逐俄国使团。奏折主要申述了如下三层意思。

其一，详细回顾了中俄双方库伦礼仪交锋的经过，尤其是将自己如何曲变嘉庆皇帝的旨意造势逼迫俄国人演习跪拜礼的苦心进行了详细的申说；

---

① АВПРИ ф. СПБ Главный архив. 1-7. оп. 6. 1805г. д. No 1-а. п. 26. л. 218–219. *Тихвинский С. Л. и Мясников В. С.* Русско-Китайские отношения в XIX веке. Материалы и Документы. 1803–1807. Т. 1. М. 1995г. с. 390–391.

② 《中俄边界条约集》，商务印书馆，1973，第13–14页。

其二，除了描述戈洛夫金大使的狂妄无礼外，还将其许多不得体的言语汇报（多少有些添油加醋），如："我们只能按我国习惯行礼""关于你们的跪拜礼，我们的确一无所知""我等即使行礼，也只能行我方之鞠躬礼，匍匐跪拜犹如尔等，我方所不为也"等等。俄国大使所说的这些话都是对天朝体制赤裸裸的挑战，是嘉庆皇帝所不能容忍的；

其三，明确禀告嘉庆皇帝，库伦衙门根据此前的谕旨，已通告俄国使团，命其准备打道回府。还适时表述了他们的忧虑：如果允许俄国使团继续前往京城，那么，必定出现类似英国使团的情况。考虑到戈洛夫金曾扬言不收到嘉庆皇帝命他回国的谕旨，他就坚决不回国，因而恳请嘉庆皇帝尽快下旨，驱逐俄国使团。并建议就此事向俄国枢密院发一封国书，谴责戈洛夫金对中国礼仪的践踏。①

对于库伦办事大臣此时的态度及其私下动作，戈洛夫金毫无所知。因此，1月26日（1月14日），戈洛夫金居然再次造访库伦办事大臣，亲自与之交涉派信使去北京的问题。戈洛夫金一会儿说派信使去北京只是为了谢恩，一会儿又说是为了礼品的事情，甚至说自己不过是履行条约赋予他向北京派遣信使的权利而已，可以说机关算尽。但库伦办事大臣始终不为所动。1月27日（1月15日），戈洛夫金态度开始强硬。他对库伦办事大臣派去的贝勒说，他已经不想再申述派遣信使的原因，他要求中方遵守条约，无条件同意他向北京派遣信使。尽管库伦办事大臣没有理睬，但戈洛夫金仍然信心十足，指定使团一秘巴伊科夫为信使，并为巴伊科夫此行制订了一整套训令，内容主要包括：

（1）未经沙皇批准，不能履行有损尊严的礼仪；

（2）采取一切措施，避免现有关系的破裂，维护恰克图贸易的正常运转；

（3）小心谨慎地让清政府尊敬俄国大使的高贵头衔；

（4）必须预先就整个访问期间的礼仪与清政府达成协议，同时，将库伦礼仪之争的背景告诉理藩院或被委任谈判的高级官员，谈判的基本原则

---

① ЦГИА Монголии. ф. М-1. д. № 639. л. 619–642. Тихвинский С. Л. и Мясников В. С. Русско-Китайские отношения в XIX веке. Материалы и Документы. 1803–1807. Т. 1. М. 1995г. с. 395–400.

是要尽量避免将礼仪之争扩大化。

（5）为此，戈洛夫金准备了三封书信：一封状告库伦办事大臣刁难使团，一封请求内阁大臣帮助使团，还有一封感谢信。如果谈判顺利，前两封信就不要拿出来，只把感谢信交给清政府。如果谈判不太顺利，就可以把三封信都拿出来；

（6）关于礼品，要求巴伊科夫向清政府灌输一种观念，即使团一入华境，这些礼品就已经是清帝的财产，俄国使团只不过代为护送和运输而已。还要向清帝和大臣夸耀礼品的珍贵豪华，另外还准备了一份清政府很想得到的礼品清单目录。

实际上，戈洛夫金的这份训令就内容来说，非常庞杂，在编排顺序上也没有一定的逻辑性。可见，当时匆忙之下，大使的思路并未理清。解读其中的部分内容，似乎戈洛夫金已经预见到了使团将被驱逐的命运。也因此，这份训令实际上在为使团安排一种尽量体面的退路。为此，他指示巴伊科夫：假如理藩院同意进一步谈判，那么，谈判地点最好选择在恰克图，而不是库伦。表面理由是使团在库伦食宿生活很不方便，其实，是使团可以借谈判的名义主动退回俄国境内，以避免被驱逐的命运。如果理藩院坚持以库伦作为谈判地点，也不要反对。在这种情况下，戈洛夫金可以委托巴伊科夫留在库伦，自己则带领使团先回恰克图等待谈判结果。如果理藩院拒绝与之谈判，那么，戈洛夫金就可以等待理藩院与枢密院交涉结果为由，主动率使团先回恰克图。总之，无论哪种情况，俄国使团都可以堂皇地主动撤离，以避免被驱逐的命运。此外，戈洛夫金之所以老在礼品问题上做文章，也与使团的命运有关。在俄国使臣看来，清政府一贯贪图礼品。如果清政府想得到这些礼品，而使团又坚持由自己运输和护送，那么，使团岂不是可以随礼品进入北京！这当然是俄国人一厢情愿的想法。这说明戈洛夫金根本就不了解清朝的天朝体制，换言之是不了解中国的文化。其实，清政府并非贪图外国的贡品，尤其对朝贡贸易所得的利益不屑一顾。相对而言，清朝更重视"贡品"所包含的政治价值。可见，戈洛夫金所想所为，均与现实南辕北辙。

六　库伦的寒气：中俄边境的礼仪之争

1月28日（1月16日），戈洛夫金单方面签发了巴伊科夫及一名译员的护照，① 同时，致函库伦办事大臣，要求根据《恰克图界约》第九条，护送信使前往北京。② 然库伦办事大臣又怎么会轻易答应让使团信使前往北京？估计此时北京也尚未收到库伦办事大臣前述有关礼仪之争的奏折，对库伦交涉情形的变化尚不知情。因为库伦于同日还收到军机处转来的谕旨，要求库伦办事大臣将俄使在库伦演习礼仪的情形迅速奏告。③

此时，外交部驻恰克图的特派员索科洛夫也已知道使团在库伦遇到了麻烦。他于1月29日（1月17日）、30日（18日）两次将使团在库伦遇阻的情况逐一报告外交部：戈洛夫金不肯按照库伦办事大臣的安排对着香案行三跪九叩大礼；库伦则表示，如果大使不在库伦行礼，库伦方面就只能驱逐使团，目前双方正相持不下。④

1月31日（1月19日），大使还没有收到库伦办事大臣的回复，于是派一秘巴伊科夫往见库伦办事大臣。但库伦办事大臣以身体不舒服为由推脱不见。据扎尔固齐说，回复公文尚未准备，供信使用的车马也未准备，向北京派遣信使已不可能。

此时，嘉庆皇帝也已收到库伦奏折，得知库伦交涉情形，不由龙颜大怒。2月2日，先谕令正赶往张家口准备接待俄国使团的瑚素通阿，令其回京官复原职，没必要参与接待事务，因为"该国朝贡一行未遵礼仪，故今著该使团不得入京朝觐"。⑤ 这表明嘉庆皇帝此时已打定驱逐俄国使团的主意。紧接着颁旨库伦：

（1）引经据典，证明所有朝贡国使者觐见皇帝都要行跪拜礼，俄国使者不能例外。查历史档案，戈洛夫金的前辈们都曾行跪拜礼。他如不行跪

---

① АВПРИ ф. СПБ Главный архив. 1–7. оп. 6. 1805г. д. № 1–а. п. 28. л. 148–149. Там же с. 404–405.
② Там же. п. 26. л. 228. Там же с. 405.
③ ЦГИА Монголии. ф. М–1. д. № 639. л. 661–663. Там же с. 407.
④ АВПРИ ф. СПБ Главный архив. 1–7. оп. 6. 1805г. д. № 1–а. п. 26. л. 269–271. Там же с. 411–413.
⑤ 北平故宫博物院编《清代外交史料》（嘉庆朝）第1册，《文献丛编特刊》，第45页。

拜礼，则立即驱逐，所有贡物亦全部遣还。

（2）库伦办事大臣应立即宣示，尽管俄使此前狂悖无礼，但如能回心转意，躬行礼仪，那么，仍如前所议，立刻护送使团来京。如其仍不愿行叩头礼，那就马上将其驱逐回国，绝不宽待；

（3）俄使被逐回国，或有不安全举动，故当俄人返回的路上，库伦办事大臣应一路照应，就像使团来时一样，不可懈怠，以示仁至义尽。同时，密令边境各卡伦，密切关注边境动向及使团的行动；

（4）命理藩院立即行文俄国枢密院，申述使团被逐原委，以免戈洛夫金凭一面之词，迷惑沙俄政府；

（5）同时，命蕴端多尔济入京述职。库伦事务由福海、佛尔卿额两人署理，并明示蕴端多尔济在中俄交涉过程中无任何过失。①

紧接着，2月3日，嘉庆皇帝再次谕令库伦办事大臣：

（1）命理藩院翻检旧档，发现戈洛夫金在库伦礼仪之争中所列举的文档内容不属实，其所列举如伊兹玛依洛夫、萨瓦等，在觐见时都曾践行三跪九叩大礼。至于皇帝赐宴时行何礼仪，文档无载。戈洛夫金所声称站立鞠躬之说，毫无根据；

（2）尽量让戈洛夫金答应践行跪拜礼，如实在不愿行礼，那就驱逐；如愿意行礼，库伦办事大臣立即以500里快递速报清政府，依原议一路护送使团来京。②

可见，此时清政府与库伦的态度已经趋于一致，事情的结局就看戈洛夫金愿不愿意在库伦演习跪拜礼了。所以，摆在戈洛夫金面前的已经不是在觐见皇帝时是否行跪拜礼的问题，而是在库伦这个中国北方边境小镇是否愿意对着代表皇帝威权的香案行跪拜礼的问题了。因故，戈洛夫金与库伦的礼仪之争便具有了某种特殊性。

2月4日，库伦办事大臣致函戈洛夫金称，依据条约派遣信使是指两

---

① АВПРИ ф. СПБ Главный архив. 1–7. оп. 6. 1805г. д. № 1–а. п. 26. л. 671–681. *Тихвинский С. Л.* и *Мясников В. С.* Русско-Китайские отношения в XIX веке. Материалы и Документы. 1803–1807. Т. 1. М. 1995г. с. 415–417.

② ЦГИА Монголии. ф. М–1. д. № 639. л. 689–698. Там же с. 420–422.

六　库伦的寒气：中俄边境的礼仪之争

国之间的交往，而不适用于朝贡使者派遣的信使，库伦也没有义务护送俄国使团信使去北京。①

此时，有迹象表明戈洛夫金似乎感到了某种危机。2月9日（1月28日），他派一秘巴伊科夫带着礼品前去拜访库伦办事大臣。开始，库伦办事大臣拒绝接受礼品。但巴伊科夫巧舌如簧，表示无论交涉结果如何，都不会影响大使与他们之间的深厚友谊。这些礼品与大使所收到的礼品比较，不过小巫见大巫而已。一秘态度恭顺，使库伦办事大臣喜笑颜开，估计礼品最终是收下了。接着，巴伊科夫趁机吹嘘近八十年来俄国辉煌的疆土拓展史。他告诉库伦办事大臣，叶卡捷琳娜二世女皇在位期间，俄国的科学与艺术达到了新的辉煌，建立了各种作坊，俄罗斯能做出各种物品。谈话期间，库伦办事大臣悄悄问：巴伊科夫是否知道俄罗斯有一个叫"囐啞"的属国？由于手边没有地图，巴伊科夫无法回答。这表明此时库伦已知俄船突至广州贸易的事，但巴伊科夫显然并不知晓这件事。可见，此时巴伊科夫拜访库伦办事大臣，极有可能是来探听库伦真实动向的。

2月11日，库伦收到了嘉庆皇帝的谕旨。库伦办事大臣立即派贝子前往使团驻地宣布皇帝旨意：如果大使不在库伦履行跪拜礼，就要被驱逐。对此，戈洛夫金表示：使团被逐，需要重大的政治原因，且史无前例，因此，强烈要求库伦办事大臣以书面文件形式遣返使团。

同日，库伦办事大臣即致函戈洛夫金，以书面文件形式向使团宣布嘉庆皇帝的谕旨：如果戈洛夫金不在库伦演习跪拜礼，那么"自戈洛夫金以下使团全体人员，既无福享受我圣明皇上之恩典，只能谨遵圣命，带着你们的贡物，即刻回国，无需继续交涉。我等一如从前，派贝勒、贝子、差官、札萨克等护送你们出镜至恰克图"。② 这是库伦首次正式以公文形式公开驱逐俄国使团。

至此，戈洛夫金已是进退维谷。于是，事情开始出现一些戏剧性的变化。

---

① АВПРИ ф. СПБ Главный архив. 1–7. оп. 6. 1805г. д. № 1–а. п. 26. л. 273. Там же с. 423.
② Там же. л. 231. Там же с. 427.

1806年2月12日，这一天发生了两件事。

第一件事，戈洛夫金派使团一秘送信给库伦办事大臣。戈洛夫金首次以文字的形式明确承诺觐见时一定履行跪拜礼："以我对沙皇陛下的忠诚以及遵照我国君主预先制定的原则，我在此向办事大臣阁下声明：鉴于我所领受的皇命，以及贵方来函中所提及的我的前辈弗拉季斯拉维奇伯爵的先例，我保证在有幸觐见博格德达汗陛下并递交国书时，行三跪九叩礼。但惟有在觐见博格德达汗本人时履行这种礼仪，在其他任何场合我都不会践行这种跪拜礼仪。"此外还强调了四点：(1)根据旧档，这种礼仪的演练应该"在我到达北京后，于觐见博格德汗陛下的前几日，在指定的大臣和大使本人出席的情况下，由使团一秘践行"；①(2)希望自己能像先辈获得康熙皇帝的优礼一样，也能获得嘉庆皇帝的优礼；(3)再次声明，如果今后在礼仪方面再有什么变化，且违反先辈们所履行的礼仪旧例，那一定要经过本国君主的批准才能履行；(4)这是他对嘉庆皇帝旨意的最终回复。

这封信函所传递的信息比较而言有两点变化：一是戈洛夫金首次明确书面保证在向嘉庆皇帝递交国书时"行三跪九拜礼"；二是表示可以在使团到达北京觐见的前几日率领使团成员演习跪拜礼仪，不过只能由一秘亲自演练这种跪拜礼，他和清政府官员在一旁监督观瞻。② 这里所谓"最终态度"应该是指俄国使团在礼仪问题上不会再有其他让步。这倒是实话，允许使团其他成员到北京演习跪拜礼且他本人在觐见皇帝时行跪拜礼是其最后底线，这是符合前述俄国政府"利益第一"原则的。这表明，戈洛夫金在礼仪问题上的态度有了很大程度的软化。然而，在

---

① 库伦办事大臣在奏折中谈及此事："又增写于库伦练习礼仪时，伊不能亲自参加，抵京后练习礼仪亦不准大臣看视，由侍从官等代伊练习礼仪等语。"该奏折此语旁附有朱批："胡说。"可见，嘉庆皇帝对戈洛夫金对待演习跪拜礼的态度十分恼火。嘉庆十年（1806）十二月二十七日，《蕴端多尔济等奏为遵旨驱逐不肯行跪拜礼之俄使等情折》，第一历史档案馆藏"满文月折档"。

② АВПРИ ф. СПБ Главный архив. 1-7. оп. 6. 1805г. д. № 1-а. п. 26. л. 240-241. *Тихвинский С. Л. и Мясников В. С.* Русско-Китайские отношения в XIX веке. Материалы и Документы. 1803-1807. T. 1. M. 1995г. c. 430-431.

六 库伦的寒气：中俄边境的礼仪之争

清政府看来，此时的礼仪问题已不是在北京躬行何种礼仪的问题，而是在库伦学习和演练礼仪的问题了。所以，只要戈洛夫金不同意在库伦演练礼仪，那么，无论什么样的承诺，清政府都不会在意了。

第二件事，一秘巴伊科夫趁递信的机会，与库伦办事大臣再次就礼仪问题进行了一场短兵相接的口舌之争。谈话伊始，一秘就将戈洛夫金的让步态度全盘告知库伦办事大臣。在得知戈洛夫金同意在北京由一秘代为演练跪拜礼的让步后，库伦办事大臣觉得此事似有转机，便也退了一步，提出一个折衷方案：是否一秘可以代替大使在库伦演习跪拜礼？在局外人看来，这应该是解决中俄双方的最佳中间方案了。既然同意由一秘在北京代为演练跪拜礼，那么，把北京换成库伦又有什么要紧？谁知，一秘巴伊科夫却一口拒绝：演练跪拜礼的地点只能在北京，不能在其他任何地方。由此看来，把演习跪拜礼的地点由库伦换成北京，完全有可能是戈洛夫金的一种迂回策略。在戈洛夫金看来，一旦使团到了北京，他就可以直接与清政府交涉。他就会像他的前辈们那样，通过公关活动以获得某种优礼。因此，库伦办事大臣把北京换成库伦的建议恰是俄国使团无论如何也不能接受的。

尽管与一秘的会谈不欢而散，但库伦办事大臣还是答应以信函的形式回复戈洛夫金大使。2月13日，库伦办事大臣派两名官员将回函送给戈洛夫金，其中建议戈洛夫金将日前的信函补充如下几点内容再发回库伦，事情或有转机：

（1）我等将于觐见前数日遵旧例当着御前重臣之面演练跪拜礼；

（2）我诚愿践行皇帝陛下及其圣先祖所订之礼仪；

（3）我本应在库伦行跪拜大礼以谢皇恩，然因未经我国皇帝批准难以成礼；

（4）我在库伦未跪拜香案，罪在不赦，恳请库伦办事大臣代为奏明，请求宽恕，并请降恩，允我赴京，我在觐见皇帝时定行三跪九叩首之礼。特加盖印鉴，以资保证。①

---

① Там же. п. 26. л. 243. Там же с. 431–432.

库伦办事大臣所"建议"的这些条文，无论内容、语气，都是戈洛夫金所不能接受的。果然，戈洛夫金回函表示坚决拒绝，理由如下：有悖于他的先辈们所享有的权利和特权；库伦指责他不行叩拜礼是没有道理的，因为他事先一直没有接到过任何通知，他没有错，所以无论如何也不会请求宽恕；大使本人已在信函中保证：如有幸觐见博格德汗陛下，其本人一定会履行跪拜仪式，无需另做保证。

至此，中俄双方的态度均已凝固，互相说服的希望已变得非常渺茫，俄国使团库伦被逐的命运终于不可挽回。

同日，库伦办事大臣再次致函戈洛夫金，毫不客气地正式下了逐客令："尔今既不演习叩首礼，可速奉圣明皇上之旨，即刻回国。所需骆驼马匹早已备好，即刻启程。"① 不但正式下了逐客令，且要求使团马上出境，由此可见清政府态度之决绝。

2月15日，库伦办事大臣上奏嘉庆皇帝，把近期戈洛夫金、巴伊科夫和蒙语翻译亚历山大的拙劣表演，以及中俄礼仪之争的具体情况进行了仔细申述，以证明嘉庆皇帝驱逐俄国使团的圣明。其中颇为引人注意的是大谈了一番对俄国人的恶感："此辈秉性粗野，甚不知理""今俄罗斯人既如此蛮横无礼，甚是可厌""奴才等仰赖圣主之恩，驻库伦二十余年，从未见如此粗鄙之俄罗斯人，此伙人实不懂理""奴才等查阅，俄罗斯系一穷国，生性小器，上下竟不讲理，皆唯利是图之辈，国内能骑乌者少，而男人竟不懂马箭、鸟枪亦不及务农汉人，性好豪饮，尚浮华，争名望。"② 历史上，中国人对俄罗斯人的印象之恶，莫过于此。客观来说，库伦办事大臣的这番言语，主观发泄的成分较多，理性分析的成分较少。但是，库伦办事大臣的这些感受都源于这段时间以来的礼仪之争，完全是一种实际感受，并非源于文本解读，具有强烈的现实色彩。当然，其中亦不

---

① Там же. л. 245. Там же с. 433.
② 嘉庆十年（1806）十二月二十七日，《蕴端多尔济等奏为遵旨驱逐不肯行跪拜礼之俄使等情折》，第一历史档案馆藏"满文月折档"；另见 ЦГИА Монголии. ф. М–1. д. № 639. л. 746–751. Там же с. 438–439。

排除库伦办事大臣有迎合嘉庆皇帝的倾向。因为此时嘉庆皇帝对俄国使团不行跪拜礼的态度十分不满，任何厌恶俄罗斯人的话都有平息其心中怒火的作用。无论如何，库伦办事大臣的推波助澜，使得俄国使团的被驱逐终成定局。

由于嘉庆皇帝已经下旨，命令驱逐俄国使团，毫无转圜余地，戈洛夫金只好准备行装，回转恰克图。

2月15日（2月3日）晚，俄国使团动身回国。那晚特别寒冷，马匹冒雪奔波，疲惫不堪。一路上使团无处容身，艰难行进。戈洛夫金等彻夜未眠，狼狈之极。

2月16日（2月4日），使团抵达驿站，补充马匹。此时，库伦办事大臣派贝子宁何多尔济造访使团，以退还平日所收礼品。戈洛夫金当着贝子的面大骂库伦办事大臣，声言俄国大使受到了前所未有的侮辱。接下来，为了行程顺利，戈洛夫金将使团分成三批，继续冒着风雪严寒，缓缓朝恰克图进发。① 根据3月3日（2月19日）恰克图海关给鲁缅采夫的报告，戈洛夫金在严寒中经过长途跋涉，"于2月23日（2月11日）自边界回国。由司库奥希波夫率领的第二队人马于2月27日（2月15日）回国。由三等文官、赏戴勋章颇托茨基伯爵阁下率领的第三队人员于3月1日（2月17日）返回恰克图。现使团全部人员均驻于本地要塞。礼品、行李等辎重亦一并运达要塞"。② 3月2日（2月18日），恰克图章京克西克亦报称："俄罗斯使臣由库伦分队回返，头队以戈洛夫金为首四十六人，二十一辆车，七十二驮，由贝勒那木济尔多尔济、郎中富宁阿护送，于正月初六抵恰克图，送往俄罗斯边界，并无滋事等语。继而两队俄罗斯人全部抵达。"③

---

① АВПРИ ф. СПБ Главный архив. 1–7. оп. 6. 1805г. д. № 1–а. п. 28. л. 173–176. Там же с. 440–442.

② РГАДА ф. Государственный архив, разряд ⅩⅤ. 1806г. д. № 30 доп. л. 8. Там же с. 462–463.

③ 嘉庆十一年（1806）正月十三日，《佛尔卿额等奏为逐回俄使事具奏迟缓不胜惶恐折》，第一历史档案馆藏"满文月折档"。ЦГИА Монголии. ф. М-1. д. № 651. л. 19–25. Там же с. 460–461.

可见，虽然是驱逐，但清朝边务衙门仍然遵旨派人沿途护送，外交礼数还是很周到的。

从此，中俄两国除了边境地区的零星接触、继续平稳发展的恰克图贸易，以及布道团在戈壁滩上的偶尔奔波外，没有重大的外交接触。俄国再也没有向中国派遣过官方使团，直至半个世纪之后。

七 是与非：
中俄两国政府对待使团被逐事件的态度

戈洛夫金使团的被驱逐，不仅是中俄关系史上的一件大事，震动中、俄两国，甚至在欧洲外交界也产生了很大影响。一个在欧洲动乱时期即将左右欧洲大陆局势的强国向古老的东方中国派去一个庞大的使团祝贺新皇登基，本是一件十拿九稳的盛事。谁知这个盛大的使团却在一个边境小镇遭遇挫折，遭到驱逐。尤其被驱逐的原因在外人看来似乎微不足道：无非是中国要求俄国大使在库伦演习觐见皇上的跪拜礼，而俄国使臣不愿意，如此而已。然而，正是这个小小的跪拜礼，成为俄国使团失败的直接原因。任何历史事件的发生都有其必然性和偶然性。跪拜礼表面看上去只是几个肢体动作而已，却是历史悠久的东亚传统国际关系体制——天朝体制礼制精神的凝聚。无论你嘴上说得多么好听，你不愿意三跪九拜，那么，你必然要被排除在天朝体制之外。而且，天朝体制下的跪拜礼，尤其是践行三跪九拜礼是有资格限制的。也就是说，在天朝体制里，这种礼仪的践行本身不仅没有侮辱性的意义，而且被阐释为一种荣耀。比如"奴才"一词，无论在东西方何种文化中，都不是一个褒义词。可是，满清入关后，"奴才"

一词竟成为满人权贵大臣的专用词,汉人只能称"臣",他们没资格自称"奴才"。不仅如此,据陈垣考证,乾隆二十三年竟特意下旨:"满洲大臣奏事,称臣称奴才,字样不一。著嗣后颁行公事折奏称臣,请安谢恩寻常折奏称奴才,以存满洲旧体。"① 即公事称臣,私事称奴才。所以,满人王朝的文化属于特质中的特质,东方中的东方,不但西方文化圈的人无法理解,就连汉字文化圈的人也非常纳闷。同样,跪拜礼本身也面临类似的理解困境。从一般文化意义上来理解,跪拜意味着以卑就尊。但如从清代现实政治文化层面来理解,"跪拜"这个词的词义就发生了转化——它由"以卑就尊"转化为"以小尊就大尊",意义就完全不一样了。然而,对这种基于中国历代尤其是清代特殊政治文化的跪拜礼仪,具有浓厚西欧文化背景的戈洛夫金却无论如何都无法理解。在他看来,面对中国皇帝跪拜已经是一种侮辱,而面对象征皇帝威权的香案跪拜,简直就是奇耻大辱。因此,基于如此深刻文化背景冲突的库伦中俄礼仪之争是不可能有丝毫转圜余地的。是故,库伦礼仪之争导致俄国使团被逐,此事的是是非非亦是仁者见仁,智者见智。

(一)戈洛夫金与沙俄政府对使团被逐的态度

戈洛夫金回国后,并没有马上返回圣彼得堡,而是暂留伊尔库茨克,等待沙俄政府的指示。其间,戈洛夫金及其手下连续向沙俄政府寄发了多封信函和报告,几乎涉及所有当时俄国政府所关注的中俄关系问题,如俄船广州贸易事件、使团成员对中俄边境贸易的前景预测、解释使团被逐的原因等。在戈洛夫金看来,俄国使团的被逐,过错全在中方。

1806年3月3日(2月19日),戈洛夫金余怒未消,连续写了两份篇幅很长的报告:一份给亚历山大一世,一份给其亲戚恰尔托雷斯基。

在这些报告中,戈洛夫金认为:自俄国使团从圣彼得堡出发,清政府及其边境地方官员就开始设置种种障碍,阻扰俄国使团的访华进程,这是俄国使团被驱逐的根本原因。清政府故意设置的障碍包括:(1)要求使团

---

① 《陈垣史学论著选》,上海人民出版社,1981,第604页。

七 是与非：中俄两国政府对待使团被逐事件的态度

缩减使团人数。如前所述，清政府曾要求俄国使团缩减人数至40人。最后，由于戈洛夫金的斗争和努力，使团人数最终缩减至124人；（2）要求预先提供礼品清单。从一开始，清政府就一直要求使团预先提供礼品清单，这是天朝体制对朝贡国的一项基本要求。经过戈洛夫金的坚决斗争，清政府最终未能顺利得到完整的礼品清单目录；（3）故意挑起礼仪之争。由于预先设置的障碍一个接一个被克服，清政府走投无路，只好在最后关头另外特别为俄国使团设置了一道不可逾越的障碍——一项崭新的礼仪，即要求俄国使团在边境小镇库伦对着一个香案行三跪九拜大礼。对此，戈洛夫金坚决顶住压力，避免沙皇的名誉受到侮辱。

戈洛夫金认为，中方一个接一个地设置障碍，使团则一个接一个地克服障碍。到最后，清政府没办法，只好公开驱逐使团。尽管戈洛夫金认为俄国使团被驱逐的过错全在中方，但也承认使团被驱逐是多方面具体原因综合作用的结果。

其一，俄国使团访华的借口和背景方面的原因。戈洛夫金认为当时俄国使团访华的理由不太明确，且中俄两国之间"也没有任何冲突需要调解"。在这种情况下，俄国突然向中国派遣如此宏大的使团，一定引起了清政府的强烈不安。因此，清政府虽然表面上同意接待俄国使团，实际上却心怀疑虑，不愿意让势力强大的俄国使团顺利进入中国。

其二，清政府边务衙门库伦办事大臣的阻扰。戈洛夫金认为，两位库伦办事大臣政治上非常狡猾，他们为俄国使团设置了许多障碍。尽管他们两人在阻碍俄国使团到达北京的认识上是一致的，但在具体手段上有些差别：满洲大臣（昂帮）主张将俄国使团拦截在边境，而蒙古大臣（喀尔喀蒙古郡王）则主张在库伦阻碍使团。他们均以侮辱俄国大使为荣。因此，从这个意义上来说，戈洛夫金认为库伦办事大臣的目的没有达到。也就是说，俄国使团不屈服于新的礼仪要求实际上是让中国君主受到了侮辱。因为根据边境探子传来的情报，库伦办事大臣已经被召到北京挨训。

其三，中国政府明目张胆地违反中俄两国已经签署的一系列法律条约。最显著的例子就是当戈洛夫金要求履行《恰克图界约》第九款，派信使直接到北京送信时，遭到了库伦办事大臣的粗野阻拦。

此外，戈洛夫金还认为，俄国使团的被驱逐，是对俄国名誉的损害，也是对沙皇陛下权威的挑战，俄国有权要求得到补偿。情报显示，中国方面也对此忧心忡忡。戈洛夫金预计清理藩院会立即行文枢密院，里面一定会把使团被逐的过错都归诸自己，而库伦将会置身事外。对此，沙俄政府应该如何应付？戈洛夫金提出了自己的建议：

（1）鉴于中国驱逐俄国使团而使俄国蒙羞，为了捍卫俄罗斯帝国的无上尊严，应该以武力加以洗刷，公开鼓吹对中国进行军事报复；

（2）如果沙皇政府出于某种需要，有必要与中国保持外交经贸关系，那么，政府必须注意两点：一是必须在派遣使团之前，就礼仪、人数和礼品清单及入境时间等诸问题与中国政府事先达成协议，否则，任何使团都会遭到失败；二是使团派遣与大军陈兵边境同时进行，没有军队作后盾，任何使团的派遣都是徒劳；

理所当然，戈洛夫金绞尽脑汁，千方百计描述并夸大了库伦办事大臣们故意为难俄国使团的种种作为，为自己的失败作辩解。如前所述，沙俄政府在给戈洛夫金的训令中曾明确阐述了一个总原则：大使行为要不卑不亢，但不能影响俄国的国家利益。由于戈洛夫金在库伦不行跪拜礼导致使团被逐，从而使俄国对华政策完全落空，这实际上是违反了沙俄政府在训令中所规定的原则。为了免责，戈洛夫金便尽量歪曲乃至捏造事实。

（1）指责库伦办事大臣为了不让俄国使团顺利进京，故意在边镇库伦专为俄国使团规定了一种崭新的礼仪。这是违背事实的臆说。库伦跪拜礼的本意其实是演习跪拜礼，它不是一种针对俄国使臣而制定的新礼制。一方面，按照当时的天朝体制，朝贡国使臣面对象征皇帝的香案演习跪拜礼常有其事，并非专为俄国使臣而设；另一方面，清政府之所以要俄国使者在库伦演习跪拜礼，实因有前车之鉴，故也属情有可原。因为此前英国大使马戛尔尼访华拜见乾隆皇帝时，就以不熟悉跪拜动作为由拒行跪拜礼。但戈洛夫金在报告中却有意将库伦礼仪之争阐释为库伦办事大臣特意为难俄国使团而提出的一项崭新的礼制。此外，戈洛夫金还捏造了许多事实，如他诬陷库伦办事大臣在礼仪要求遭到戈洛夫金的拒绝后，就威胁要把戈洛夫金"一个人放在荒漠里，不给马，也不提供住所和食物"。这些纯属子

七 是与非：中俄两国政府对待使团被逐事件的态度

虚乌有，都是戈洛夫金的胡编乱造。

（2）指责库伦办事大臣违反条约规定，阻止俄国信使前往北京。在戈洛夫金拒绝库伦的礼仪要求后，使团便很难避免被驱逐的命运了。此时，戈洛夫金确曾打算依据《恰克图界约》第九款，直接派信使去北京，但遭到库伦办事大臣的阻止。戈洛夫金认为库伦此举违反了中俄条约体制。其实，问题未必如戈洛夫金所说有如此严重。因为按照《恰克图界约》第九款规定：中俄两国政府函来信往，主要经由圣彼得堡（枢密院）—伊尔库茨克（总督或省长）—库伦（办事大臣）—北京（理藩院）的程序。此款的责任者主要是俄国枢密院和清理藩院，根本没有明确规定俄国临时任命的大使也能派遣信使直通北京。因此，库伦办事大臣不同意戈洛夫金派信使去北京不能绝对阐释为违反条约体制。何况，根据当时的具体情况，清政府与库伦在对待俄国使团问题上的态度基本一致，这意味着戈洛夫金根本没有直接向北京派遣信使交涉的必要。

（3）指责库伦办事大臣未供给使团生活用品，导致使团成员忍饥挨饿，如同"羁押"。即使在如此恶劣的环境下，戈洛夫金及使团全体成员都坚持斗争，因此使团应该受到嘉奖。并且，每年1、2月份是恰克图贸易的繁盛时期，戈洛夫金认为正是自己的坚决斗争，为恰克图贸易赢得了时间。① 这些也都是子虚乌有的事情。清政府对俄国使团的食宿供应一应周全，从无怠慢短缺。尤其是恰克图贸易的正常发展与戈洛夫金毫无关联，相反，正如恰克图海关负责人瓦尼方季耶夫所认为的那样，戈洛夫金被逐回国后的拙劣表演在相当长时期内对恰克图贸易的发展产生了十分消极的影响。

总之，戈洛夫金在两份长篇报告中极力吹嘘自己坚持礼仪斗争的正确性，同时夸大俄国使团被逐所蕴含的政治贬损意义，并且不惜歪曲或捏造事实，将俄国使团被逐完全归咎于清政府及库伦办事大臣。尤其令人齿冷的是他还鼓动沙俄政府武力报复中国。戈洛夫金于同日在一份写给亚历山大一世的有关俄中关系发展前景的报告中说："为了挽回俄国在中国面前丧

---

① АВПРИ ф. СПБ Главный архив. 1–7. оп. 6. 1805г. д. № 1–а. п. 27. л. 86–89. 4–19. *Тихвинский С. Л. и Мясников В. С.* Русско–Китайские отношения в ХIХ веке. Материалы и Документы. 1803–1807. Т. 1. М. 1995г. с. 463–467, 468–476.

失的政治尊严，为了使俄国贸易不再受到我们邻邦随心所欲的阻碍，俄国无需到帝国的其他地区去调拨力量来达到这一目的，西伯利亚本身的力量就足够了。"① 基于戈洛夫金的这些话，我们完全可以推断：如果沙俄政府也与戈洛夫金持同一态度，那么，中俄之间在19世纪初势必因外交纠纷而发生一场战争。

其实，戈洛夫金之所以把俄国使团被逐的过错全部推到中国人头上，鼓吹用武力报复中国，除了报复心理，可能还与当时他对整个中俄关系格局所持的那种强烈的不满情绪相关。他在3月3日（2月19日）给沙皇的有关中俄关系发展前景的报告中认为，当时整个中俄关系格局（对俄国来说）"是一种由不公正、傲慢自大和侮辱组成的最广泛、最全面的综合体"。具体表现有：（1）历届俄国访华使团在中国都受到过不公正的、无礼的待遇；（2）七次前往北京进行贸易的商队都不同程度地遭受过中国人的欺诈；（3）乾隆年间中国曾13次无故中断恰克图贸易，无视两国条约体制的法律规定；（4）理藩院在致枢密院的公文中，充满指责和狡辩；（5）俄罗斯乃欧洲强国，但在中国眼里，不过是一个朝贡国而已；等等。戈洛夫金甚至指责以往沙俄政府温和的对华政策，并且检讨当下沙俄政府的对华政策，认为"随着我国力量的不断增强，我们的态度倒反而越来软弱了"。②

3月20日（3月8日），戈洛夫金在伊尔库茨克收到了中国理藩院致俄国枢密院的国书，内容主要是对俄国使团被逐原因的说明。清政府的做法与戈洛夫金如出一辙，将使团被逐完全归咎于对方。于是，戈洛夫金赶紧给亚历山大一世和恰尔托雷斯基各写了一份专门批驳理藩院国书的报告。戈洛夫金的驳斥集中于如下几个问题。

（1）指责理藩院的国书不仅逻辑混乱，且其中对戈洛夫金的所有指责都是粗鲁无礼的。戈洛夫金认为，在这次外交闹剧中，责任全在中方。中国的地方政府欺骗了中央政府，即库伦欺骗了理藩院，理藩院又欺骗了皇帝。他戈洛夫金成为中国了结此事所找的"替罪羊"，如果沙皇惩罚了戈洛夫金，

---

① Там же. л. 93–114. Там же с. 477–479.
② Там же. л. 102–109. Там же с. 484–487.

七 是与非：中俄两国政府对待使团被逐事件的态度

正好遂了中国政府的心愿；

（2）指责理藩院国书中强调"俄国君主对中国君主的感情"是想借此避免受到俄国惩罚的外交辞令，国书中那些表面看似对俄友好的话都是虚情假意，是清政府所玩弄的外交手腕。国书本身即是中国政府害怕和担心的表现，戈洛夫金建议俄国政府措辞强硬地答复中国；

（3）举出一系列的事实，如肆意中断恰克图贸易、任意退回俄国的国书、扣留俄罗斯首次环球航行的船队等，说明清政府政治上从未平等对待俄国，批评俄国对华政策的软弱无力，再次公然煽动俄国武力报复中国："只能诉诸武力，施以惩罚"，主张俄国应该派遣西伯利亚军区司令去和中国谈判。①

戈洛夫金被驱逐回国后就一直滞留在伊尔库茨克。此时他感到有一股危机正逼近他。估计要么是他听到了什么谣言，要么是他已考虑到，根据俄国的政治惯例，自己将受到惩罚。总之，他终日浮想联翩，心神不宁，觉得自己领导的使团被驱逐，可能会损害自己的政治声誉。甚至如果以成败论英雄的话，自己作为一个失败者还有可能上法庭，受到审判。因此，3月21日（3月9日），戈洛夫金再次上奏亚历山大一世，把自己心中的担忧向沙皇倾吐，希望沙皇不以成败论英雄，不要因使团被逐而惩罚他。② 他在给恰尔托雷斯基的信中，则哀求后者帮助他改变目前不利的处境。他可怜巴巴地说："我的心已碎，疲惫不堪，无所适从，健康受到损害，正等着末日的来临。"③ 这说明，戈洛夫金自己尚弄不清楚沙俄政府会如何对待俄国使团被逐这件事情。

3月26日（3月14日），戈洛夫金致函恰尔托雷斯基，要求圣彼得堡把瑞典地方民团建设的计划寄到伊尔库茨克。戈洛夫金已在计划整顿西伯利亚的军事力量。④ 这是明显针对中国的军事准备行为。

然而，上述戈洛夫金的这些信函和报告，沙俄政府直到1806年3月

① Там же. л. 173–178. Там же с. 513–516；Там же. л. 183–186. Там же с. 516–518.
② Там же. л. 194–195. Там же с. 524.
③ Там же. л. 196–197. Там же с. 525–526.
④ Там же. л. 214. Там же с. 528.

下旬才开始陆续收阅。至此,沙俄政府才知道戈洛夫金使团已被驱逐回国。由于此时使团已经丧失了外交职能,因此,鲁缅采夫于5月12日(4月30日)直接致函恰克图海关负责人瓦尼方季耶夫,委托他就允许俄国到广州开市与清政府谈判。信中,他表述了自己对戈洛夫金使团被逐的基本看法:此事错在驻库伦的中国官僚,他们以惯常但很特殊的礼节来为难我国大使,这种礼节与大使所具有的显赫地位的尊严是不相称的。可见,刚开始,俄国政府对此事的看法明显受戈洛夫金系列报告的影响。不过,这位商务大臣同时又根据瓦尼方季耶夫的报告认定:"这一事件对我国的大政方针不会产生影响。"① 也就是说,俄国政府的对华政策不会受制于戈洛夫金的意见。

与此同时,亚历山大一世为使团被逐一事于3月下旬颁旨成立了一个内阁特别委员会,成员有鲁缅采夫、陆军大臣维亚兹米季诺夫、内务大臣科楚别伊、外务副大臣恰尔托雷斯基等。委员会的任务是全面评估大使戈洛夫金所描述的访华使团被逐事件,并制定符合目前国务状况的应对措施。由于自3月下旬开始,沙俄政府陆续收到来自中俄边境及戈洛夫金的相关报告,因此,该委员会前后一共召开了三次会议:第一次会议主要分析4月4日(3月23日)收到的几份由巴伊科夫送达的紧急报告;第二次会议则分析4月18日(4月6日)收到的戈洛夫金的两份紧急报告,古里耶夫送达的第4号报告,戈洛夫金致恰尔托雷斯基的第5、6号两份信件和理藩院致枢密院的国书;第三次会议则分析5月2日(4月20日)收到的由机要信使洛谢夫送来的几份紧急报告和理藩院就俄船突至广州贸易事件致枢密院的国书。经过三次会议,内阁特别委员会将讨论的结果形成了一个报告,其内容可以简要概括为如下几点。

其一,俄国使团被中国驱逐,这是一件不愉快的事。之所以发生这样令人遗憾的事,委员会认为原因是多方面的,其中尚有部分原因目前不太清楚,建议查究。根据戈洛夫金的报告,主要原因可以归结为库伦地方当局对俄国不怀善意。而库伦地方当局如此作为,要么是受清政府中枢的指示,

---

① РГАДА ф. Государственный архив. разряд ⅩⅤ. 1806г. д. No 30 доп. л. 22. Там же с. 550.

要么是自作主张。而中方的所作所为又可能受到南方广州贸易各国的暗中挑拨。根据清政府的国书，使团被逐的责任全在戈洛夫金一人身上，并要求沙皇惩罚大使。委员会认为，中俄关系史资料显示，此前从没有哪位使臣在库伦、张家口或其他京城以外的地方被要求践行跪拜礼，俄国使臣历来只在觐见皇帝本人时才行此跪拜礼。因此，戈洛夫金大使没有在库伦履行清政府所要求的跪拜礼是正确的。

其二，委员会在比较分析了近期所收到的几封理藩院致枢密院的国书后，"发现其中的内容和用语都表明中国政府有对俄友好的意愿，甚至还为遣返我使团可能引发的后果表示了某种担心"。这种认识十分重要，这是内阁特别委员会对清政府国书的一种善意的实事求是的解读。它在某种程度上起到了左右俄国对华政策的作用，并很快就成为俄国政府维持中俄边境和局的政策基础。

其三，尤其重要的是，内阁特别委员会主张从文化差异的角度来审视这次外交事件。委员会一致认为亚洲国家的风俗与欧洲不一样，"俄国对此不必像对待欧洲宫廷发生的类似事件那样予以过分重视"，就像俄国与奥斯曼土耳其帝国打交道过程中所遇到的粗暴无礼一样，这是野蛮国家对外交往体制的常态。从文化学的角度来看，这种基于文化风俗冲突的阐释虽然本身含有贬低东方中国文化的意蕴，但就有利于缓解中俄两国当下的外交危机看，这显然是一种"合理"的做法。也正是这种基于文化冲突的阐释，淡化了这次外交事件给两国关系所带来的不利影响。同时，内阁特别委员会还认为，沙俄政府应该以淡化事态的态度来对待这次外交危机，主张换一个角度来理解：大使宁愿使团被逐也没有同意库伦办事大臣的新的礼仪要求，这也向中国政府表明了俄国使团并非他们所想象的那样身负重任。也就是说，戈洛夫金使团所肩负的使命对俄国并不重要。一个不太重要的使团被迫打道回府，也不是什么大的损失和耻辱。

其四，内阁特别委员会主张，沙俄政府也不应把这次外交事件看得很严重，而应该考虑如何利用此事为自己谋利。至少利用这个机会让俄国对华政策由过去的宽容一变而为强硬。尤其如果俄船果真被扣留在广州的话，那么，沙俄政府必须采取积极措施，在边境地区展示自己强大的军力，甚至实施军事报复。① 8月初，两艘俄船从广州顺利贸易回国，沙俄政府方明白此前相关信息均为误传。于是，委员会这个所谓在中俄边境地区展示俄国强大军力的建议也就烟消云散了。

由此可知，内阁特别委员会的建议并非如戈洛夫金所希望的那样激进，这预示着沙俄政府的对华政策一时半会儿还不会受到使团被逐事件的影响。实际上，沙俄政府暂时维持对华和睦的政策大约于5月下旬就已慢慢确立。5月26日（5月14日），恰尔托雷斯基致函戈洛夫金，将沙俄政府的对华和睦政策做了明确的表述："皇帝陛下期望阁下能大展雄才，尽心竭力维持同中国人的友好和睦关系，杜绝西伯利亚和国外可能散播的一切不合时宜的流言蜚语。因为这些流言对我国对华贸易的危害非常显著。您手下的官员，无论是分散在各地，还是留在您身边，其职权都仅限于履行自身所领受的任务，务要人人以谨慎态度（对华）。"②

尽管如此，沙俄政府还是对戈洛夫金在库伦与清政府的坚决斗争给予了充分肯定。5月27日（5月15日），沙皇在给戈洛夫金大使的谕旨中写道："朕对你3月21日（3月9日）来信中所表露的忠心耿耿的情怀十分满意，并深为赞赏。相信此次无论努力结果如何，你仍将得到朕的赏识。朕要告诉你，朕将不会以成败来评价你。朕深知你才华卓著，具备多方面优秀品质。至于使团遭受失败的原因，只能到一系列无法为你所预见或克服的不利背景中去寻找。"③

看上去，沙俄政府的态度有些矛盾：一方面，充分肯定戈洛夫金在库伦的艰苦斗争，同时，谴责清政府在库伦对待俄国使团的过分行为；另一方面，又主张淡化使团被逐事件的严重性及坚持友好的对华政策。其实，这两个方面是统一的。肯定戈洛夫金是对内，淡化事件的影响并维持友好对华政策是对外。任何外交政策都有其对内和对外两副面孔，这是外交的常态。实际上，我们应该动态地来理解当时俄国的所谓对华友好政策。当

---

① АВПРИ ф. СПБ Главный архив. 1–7. оп. 6. 1805г. д. № 1–а. п. 27. л. 338–356. Там же с. 551–555.
② Там же. п. 2. л. 299. Там же с. 565.
③ Там же. п. 27. л. 337. Там же с. 568.

七　是与非：中俄两国政府对待使团被逐事件的态度

时俄国实施对华友好政策，不仅是欧洲形势所迫、恰克图利益所促，而且也不意味着针对具体问题的外交态度都会迁就中国。比如，沙俄政府自始至终都认为库伦礼仪之争的责任完全在清政府一方。

5月27日（5月15日），俄国枢密院就俄国使团被逐一事致国书于清理藩院，其中表述了沙俄政府对待这件事情的基本态度，主要有如下几点意思。

其一，俄国使团是在清政府同意接待的前提下前往中国的，但是，从使团动身开始，清政府就不停地人为设置障碍，因此，要求清政府就此事做一个详细客观的说明。不过，俄国枢密院在向清政府提出这个要求时，并未直接将责任推到清政府头上，而是像戈洛夫金那样，把责任间接推到库伦办事大臣的头上。沙俄政府在国书中说，任何知悉库伦礼仪之争过程的人都知道，错不在戈洛夫金，而错在库伦办事大臣。"我们认为大使戈洛夫金伯爵准确地履行了政府对他的训示，我们赞赏他坚决拒绝了同他的职衔不相容的礼仪动作。因此，我至圣皇帝陛下命戈洛夫金伯爵继续以全权大使的职衔暂留西伯利亚，并任西伯利亚各省总巡视。"人为地将库伦礼仪之争的过错推倒库伦办事大臣身上，避免直接问责清朝皇帝，这实际上也是一种外交策略，为保持发展日后俄中友好安宁的关系状态留了余地。

其二，关于库伦礼仪之争，沙俄政府认为，历史上到过北京的所有俄国使臣，包括1676年的斯帕法里、1693年的伊兹勃兰特、1720年的伊兹玛依洛夫、1726年的弗拉季斯拉维奇－拉古津斯基，都按照中国的规矩在清帝面前行了三跪九叩的大礼。从那时起，俄国使臣已把这样的觐见礼仪视为制度。大使戈洛夫金伯爵尽管身为枢密官，官居二品，远比以前的使臣显赫，但他也没打算破坏前辈的旧例。然而，问题的关键在于，此次库伦强迫俄国大使履行的礼仪却是要他面对一个香案三跪九拜，是清政府违反了俄中关系的历史惯例。因此，库伦礼仪之争的过错全在清政府，是清政府破坏了中俄两国交往礼仪的惯例。从外交礼仪本身来说，在京城觐见皇帝本人的礼节与在边城库伦对着一个香案的礼节是有本质区别的。为此，沙俄政府质问清政府：如果库伦的礼仪动作是专为俄国使者新制定的，那么，戈洛夫金迟滞在恰克图差不多一个月，库伦办事大臣多次派人交涉，为何从未对戈洛夫金提前做出说明？如果事先说明了，俄国大使表示不同意，那么，俄国使团就可不必进入中国，而是直接返回伊尔库茨克，不但免除了外交耻辱，也免除了蒙古草原的跋涉之劳。再者，在库伦发生的事情，中国理藩院和皇上是否真的清楚其中的真相？或许库伦办事大臣向理藩院隐瞒了实情？不然，为何理藩院把使团被逐的过错全部加诸戈洛夫金大使？

其三，基于中俄两国友好交往的历史事实，中国政府必须做出说明：自俄国使团派出后，先在国境，然后在库伦，中方不停地设置障碍，这些障碍是由谁设置的？原因在哪里？并以生硬的语气说："俄国使团被逐一事极不体面，实乃我方闻所未闻之事，定要贵方做出准确客观的解释。"①

值得注意的是，通观整个国书，虽然语气很严峻，但没有一句损害当时中俄关系格局的话。如此看来，戈洛夫金有关武力报复的建议并未对沙俄政府的对华政策产生什么实质性的影响。

事实上，远在西伯利亚的戈洛夫金虽然嘴上鼓吹武力报复，但在未获俄皇旨意的情况下，也不敢在边境地区贸然行事。不过，他似乎一直在准备着有所举动。6月12日（5月31日），他派使团二秘兰伯特去恰克图打探消息。为此，他给兰伯特下达了一份训令，内容之一就是要他尽量想办法打听有关使团被逐后中方边境的动静，并暗示兰伯特故意向中国人透露，俄国使团的被逐已经引起帝国的高度关注。② 看样子，戈洛夫金似有意在边境地区挑拨中俄矛盾。可惜的是，这位兰伯特先生从恰克图传回来的所谓情报几乎全是道听途说来的模棱两可的小道消息，如库伦办事大臣的命运取决于沙俄政府的态度、库伦的礼仪障碍完全是库伦办事大臣的擅做主张等，几乎没有什么准确性。不过，在他们打听到的这些虚虚实实的消息中，有一点倒是真的，那就是此时清政府确实在考虑重新接待俄国使团。③

---

① ам же. л. 310–314. Там же с. 570.
② Там же. л. 399–401. Там же с. 575–576.
③ Там же. л. 432. Там же с. 579–580.

七 是与非：中俄两国政府对待使团被逐事件的态度

戈洛夫金在西伯利亚有意无意的行为，终于产生了一些后果。6月26日（6月14日），恰克图海关负责人瓦尼方季耶夫向鲁缅采夫报告了戈洛夫金在边境的不妥行为：一是戈洛夫金被逐回国后，向恰克图派了许多暗探，这些暗探连恰克图海关负责人都监视，这严重影响了海关的正常工作；二是戈洛夫金回国后，派人到处散布谣言。有人说沙俄政府将对中国进行武力报复，有人还说俄国已经增兵边境，生意没希望了。许多中国的官员、商人都纷纷前来打听虚实，严重影响了恰克图的贸易前景。① 就当时情况来说，恰克图贸易的税收对俄国摆脱因欧洲危机造成的财政困难十分重要。这也是沙俄政府对使团被逐事件持冷处理态度的关键原因。因此，为了保持和发展恰克图贸易，沙俄政府自然不会容忍戈洛夫金在西伯利亚制造紧张局势。

8月初，此前谣传被扣于广州的两艘俄国军舰（曾见于前述戈洛夫金的报告中）陆续回到俄国。这一令人愉快的消息顿时将使团被中国驱逐一事所引起的不愉快情绪冲淡了许多。8月15日（8月3日），鲁缅采夫上奏，希望枢密院向中国理藩院发一封国书，对中国政府善待俄国军舰表示感谢。8月25日（8月13日），俄国内阁特别委员会趁此令人高兴的时机，就俄中关系问题再次上奏，奏折要点主要有：

（1）俄船突至广州贸易，受到礼遇，理应向中国政府表示感谢。但最好是等收到理藩院的回书后再发感谢的国书。因为"从理藩院的回书中我们可以更准确地了解到，中国朝廷如何看待俄国船只出现在广州、如何看待俄国海路贸易的扩展"；

（2）突至广州贸易的俄船顺利归来，表明中国对俄态度的友善。因此，戈洛夫金继续留在西伯利亚已不合时宜，应该召回。俄国政府也应当向中方表达友善的信息。②

至此，中俄双方因使团被逐而产生的关系阴影已基本消除。沙俄政府的对华态度也已基本明朗，相互友好已成中俄两国及其边境地区交往的主旋律。

---

① Там же. л. 496–501. Там же с. 586–588.
② Там же. л. 477–484. Там же с. 631–632.

（二）库伦办事大臣与清政府对俄国使团被逐的态度

如前所述，库伦地方边务衙门与清中央政府在大是大非问题上的立场和态度是一致的，他们之间并非如戈洛夫金所推测的那样存在什么矛盾。不过，库伦办事大臣位于中俄交涉的前线，许多具体情况一时来不及通报请示，因此在许多问题如落实皇帝谕旨上就多少带有具体环境影响的痕迹。也就是说，库伦办事衙门在具体操作方式上往往是自主的。清政府只重视交涉的结果，嘉庆皇帝不会遥控其具体操作方式。因此，表面看来，库伦中俄礼仪之争的关键原因在于库伦办事大臣的具体操作方式，但实际上，无论库伦办事大臣具体如何操作，俄国大使都不可能在库伦对着象征皇帝威权的香案行三跪九拜之礼。于是，处在交涉前线的库伦办事大臣便对戈洛夫金十分恼火、他们自然把交涉失败的所有责任都推到戈洛夫金身上。而清政府也只能根据库伦汇报的情况来形成自己的态度，以致清政府的态度在很大程度上与库伦的态度是一致的。

需要指出的是，清政府在俄国使团将人数缩减到 124 人之后，确实已准备在北京接待俄国使团。如前所述，根据嘉庆皇帝的谕旨，清政府已经安排好自库伦至北京的沿途护送、接待事项，为此拨了专款，聚集了运输所需马匹，还修缮了沿途各镇的旅社，万事俱备，只欠东风。如果不发生库伦礼仪之争，戈洛夫金在库伦演习了跪拜礼，那俄国使团无疑会出现在北京宫廷。因此，戈洛夫金和沙俄政府认定清政府根本不想让使团赶到北京，为此步步设障阻碍使团进京的论断是绝对错误的。而库伦礼仪之争之所以出现，也确与戈洛夫金本人的态度有关。因为从一开始，戈洛夫金对清政府根据天朝体制给使团所提出的一些要求，总是顽强斗争，这使得库伦办事大臣内心不由升起一股担心的情绪。因为十三年之前就已有前车之鉴。① 1793 年，英国马戛尔尼使团访华，沿途伴送的长芦盐政徵瑞就曾上当。那时的情况（除了时间和地点不同）与此时几乎一样。当时，清政府

---

① ЦГИА Монголии. ф. М–1. д. № 639. л. 621–624. Там же с. 396.

七 是与非：中俄两国政府对待使团被逐事件的态度

也是命令徵瑞在天津教马戛尔尼演习跪拜礼。① 但后来正式觐见时，马戛尔尼不但临阵变卦，②且施礼不合规矩。③ 为此，徵瑞遭到降职处分。④ 英使马戛尔尼的表演应该是清朝君臣强烈要求戈洛夫金在库伦演习跪拜礼的最主要的动机。这也从另一个侧面反证了法国人戴廷杰的推测，即马戛尔尼在北京觐见乾隆皇帝时，确实曾跟着中国官僚行三跪九拜礼。只不过马戛尔尼是单腿三次下跪九俯首，这正是被清政府君臣所阐释的那种外夷行礼不合规矩的情形。所以，对这次俄国使者来访，为了防止出现马戛尔尼那种似是而非的跪拜礼，嘉庆皇帝再三强调一定要库伦办事大臣教化俄使演习跪拜礼，俄使只有行礼中规中矩了，方才允许进京觐见。因此，对

---

① 中国第一历史档案馆编《英使马戛尔尼访华档案史料汇编》，第374页。
② 据称，马戛尔尼觐见前夕，不愿行三跪九拜大礼。当时，马戛尔尼要求"亦应派一职位相同之官员，先向英国皇帝、皇后圣像行三跪九拜之礼，以为交换"，可见，他主观上是不愿行此大礼的。但此前演习三跪九拜礼时并未表露出来，可视为临阵变卦。〔英〕马戛尔尼：《1793年乾隆英使觐见记》，刘半农译，天津人民出版社，2006，第121页。
③ 关于英使马戛尔尼最后觐见乾隆皇帝时的具体礼节，由于中、英资料的差异而异说纷陈。（1）认为马戛尔尼觐见乾隆行了三跪九拜大礼。持此说者主要是当时的军机章京管世铭及晚清的陈康祺。此说的最大问题是没有档案资料支持（管世铭：《韫山堂诗集》卷16，光绪二十年重刊本，第3页；陈康祺：《郎潜纪闻初笔二笔三笔》卷9，中华书局，1984，第207页）。（2）认为马戛尔尼觐见乾隆时没有行三跪九拜大礼，而只是按照英国习俗行了"单腿下跪"之礼，持此说者为马戛尔尼、使团副使斯当东（Sir George Leonard Staunton，1737－1801）、当代法国史学家阿兰·佩雷菲特（Alain Peyrefitte）等人（〔英〕马戛尔尼：《1793年乾隆英使觐见记》，第101页；〔英〕斯当东著《英使谒见乾隆纪实》，叶笃义译，上海书店出版社，1997，第367页）。（3）也有人认为当时马戛尔尼所行礼仪是一种中英结合、不中不英的形式，即单腿下跪三次，俯首九次（〔法〕戴廷杰：《兼听则明——马戛尔尼使华再探》，中国第一历史档案馆编《英使马戛尔尼访华档案史料汇编》，第89－148页）；（4）还有人认为马戛尔尼在不同场合行了不同礼仪。具体而言，八月初十，在万树园的招待宴会上，马戛尔尼行的是英国式单腿跪地俯首礼。八月十三日于淡泊敬诚殿"万寿盛典"上，马戛尔尼行的则是三跪九拜大礼。此说英文资料来自使团成员温德的手稿，但中文资料却未能提供辅注（林延清：《龙与狮的对话——马戛尔尼〈乾隆英使觐见记〉解读》，〔英〕马戛尔尼：《1793年乾隆英使觐见记》，第242－245页）。可见众说纷纭，迄今尚无定论。
④ 王开玺：《清代外交礼仪的交涉与论争》，人民出版社，2009，第186页；〔英〕马戛尔尼：《1793年乾隆英使觐见记》，第133页。

清政府来说，此事已不是戈洛夫金是否保证觐见皇帝时定行三跪九拜礼的问题了，而是能否跟中国官员一样磕起头来中规中矩的问题了。但清朝君臣的思虑，俄国人实无法理解。在俄国人看来，这实际上是中方在旧有礼节之外临时增添的新礼节。也就是说，这是清政府在使团访华的路途上所设置的一道新障碍。这便是不同文化背景的人们对同一事物有不同理解的表现。总之，戈洛夫金在库伦总是以各种借口拒绝演习跪拜礼的行为，使库伦办事大臣和清政府都失去了耐心，从而也对俄国使团尤其是戈洛夫金本人失去了好感。这种情感倾向自然使清政府将使团被逐完全归咎于戈洛夫金。

库伦办事大臣在库伦中俄礼仪之争中一直与戈洛夫金本人处于针锋相对的斗争状态，他们对戈洛夫金的看法尤其不好。1806年2月12日（1月31日），戈洛夫金走投无路，只好让步，命一秘巴伊科夫给库伦办事大臣送信，首次明确书面保证自己觐见皇帝时行三跪九拜礼。然而，库伦办事大臣对此仍十分不满。在2月15日呈嘉庆皇帝的奏折中，库伦办事大臣满怀怒火地申诉：此函有关两国皇帝名号的书写格式有违制式；戈洛夫金虽书面保证觐见时行三跪九拜礼，但仍不肯于库伦演习跪拜礼，且宣称入京后由一秘代为演习跪拜礼，其本人仍不愿亲自演习跪拜礼。此时，在库伦办事大臣的笔下，戈洛夫金已被视为"愚鲁有罪""无事生非""态度狂诞""生性顽劣，好吹毛求疵""贪黩之徒""狡诈阴险""悬尸示众之徒"。可见经过库伦礼仪之争，库伦办事大臣已对戈洛夫金乃至俄罗斯人毫无好感了。

2月22日，库伦办事大臣上奏，其中说俄国人："此辈秉性粗野，甚不知理"，"今俄罗斯人既如此蛮横无礼，甚是可厌，经奴才等商议，遵照训谕，于二十七日凌晨，派贝勒那木济尔多尔济等，仍由来路驿站好生护送，驱逐出境"，① "此次到来之俄使全然不知礼节，于琐事无端吹毛求疵，

---

① 嘉庆十年（1806）十二月二十七日，《蕴端多尔济等奏为遵旨驱逐不肯行跪拜礼之俄使等情折》，第一历史档案馆藏"满文月折档"。

七　是与非：中俄两国政府对待使团被逐事件的态度

实属卑劣"。① 可知，此时库伦办事大臣已将俄国使团被逐的原因归诸戈洛夫金的不知礼节了。

2月25日，清理藩院致函俄枢密院，主要解释驱逐俄国使团的原因。其中说：

> 本院查得，此次尔汗派遣贡使，前来瞻觐圣颜一事，大圣主甚嘉之。谕令当尔使臣前来时，妥为款待，抵达库伦、张家口时，设宴款待；到达京城时，预备重赏物品等情，迭经降旨各该管大臣，实属破格鸿恩。不料戈洛夫金抵达库伦后，当我王、大臣等遵旨赏宴，请尔使臣照例行三跪九叩之礼谢恩时，戈洛夫金竟不遵行。当该王、大臣等奏请即著该使臣等返回时，大圣主仍悯念尔汗之诚意，暂不忍遣回尔使臣，仍著本院详查归档具奏。并将查得雍正五年尔俄罗斯使臣、公萨瓦前来瞻觐时，曾行三跪九叩之礼之归档记载，送我驻库伦王、大臣等，以为再次晓谕尔使臣之例证。然戈洛夫金竟不遵行此例，仍骄横胡言。故该王、大臣等方遵旨遣派贝勒那木吉尔多尔济等，妥为款待尔使臣等而遣回，并其贡物亦均退回。戈洛夫金未能善体尔汗之意，如此骄横，不遵行所定旧规，甚属误记谬，其罪实不可恕。然我大圣主未将戈洛夫金治罪，仍著我王大臣等差遣贝勒那木吉尔多尔济等，妥为款待遣回。此举实属我圣主悯念尔汗恭顺心意而周全之殊恩。请尔萨纳特衙门将此缘由明确奏闻尔汗，理应对戈洛夫金治以重罪。②

由这段话，我们可以看出至少如下几层意思。
其一，清政府同意俄国派使团来朝贡的请求本身就是对俄国的一种恩

---

① Ц ГИА Монголии. ф. М-1. д. № 651. л. 2-5. Тихвинский С. Л. и Мясников В. С. Русско-Китайские отношения в XIX веке. Материалы и Документы. 1803-1807. Т. 1. М. 1995г. с. 448.
② 嘉庆十一年（1806）正月，《清理藩院为俄使不行跪叩礼而予遣回事咨俄萨纳特衙门文》，第一历史档案馆藏"满文俄罗斯档"；АВПРИ ф. СПБ Главный архив. 1-7. оп. 6. 1805г. д. № 1-а. п. 27. л. 152. Там же с. 451-452.

惠，何况清政府在俄国使团到来之前就已经安排好了自库伦经张家口至北京沿途的接待事项，并额外施恩，准备在库伦和张家口赐宴；

其二，根据天朝体制，皇帝赐宴，朝贡的大使必须三跪九拜谢恩。然戈洛夫金却不愿照办，于是只好让使团回国。可见，俄国使团之所以被驱逐，原因很简单直接，就是大使不愿意跪叩谢恩；

其三，告知俄国政府，历史上俄国使臣如萨瓦等在觐见皇帝时都行了三跪九拜大礼。因此，清政府要求戈洛夫金行跪拜礼是有历史依据的。很明显，此处清政府偷换了礼仪之争的概念。因为库伦礼仪之争的焦点是戈洛夫金是否在库伦学习、演练礼仪的问题，而不是觐见时是否行礼的问题；

其四，清政府虽然驱逐了俄国使团，但沿途派人护送，饮食运输，供给不缺，以礼相对。且使团所带贡品分毫未动，全部护送回俄，可谓仁至义尽；

其五，清政府断定，戈洛夫金在库伦的无礼行为肯定不合俄国沙皇的旨意，也与中俄两国交往旧例不符，建议俄皇惩罚戈洛夫金。

总之，清政府认为，俄国使团之所以被驱逐，错在戈洛夫金。戈洛夫金的行为既违反了清政府的礼仪，也违背了俄国政府的意愿。这样的说辞，表明清政府主观上也并不想因此而完全断绝与俄国的关系。

3月12日，此国书由买卖城扎尔固齐派手下章京协理台吉达西敦多布及梅勒章京图门等送往伊尔库茨克。外交部驻恰克图特派员伊兹玛依洛夫曾与信使交谈，据称：该信使偷偷告知，国书内容事涉大使阁下被逐回国之事；在谈及库伦办事大臣的状况时，他面带微笑，称其仍在库伦任职；然告别时又偷偷说，库伦办事大臣情况不妙，由于在场人杂，未能介绍更多情况。① 有关库伦办事大臣在使团被逐后的命运，一直是戈洛夫金为自己辩解的一个重要因素。戈洛夫金多次言及，由于清政府已经发现驱逐使团错在库伦办事大臣，因此，有意惩罚库伦办事大臣。其实，这是子虚乌有的事，估计消息最初就源于信使的这番无法考究的言论。至于该信使是否说了这些话，又如何会这么说，有何根据，都不得而知。随即，在3月

---

① Там же. л. 130. Там же с. 503.

七 是与非：中俄两国政府对待使团被逐事件的态度

13日（3月1日）伊兹玛依洛夫给戈洛夫金的报告中，这个消息便被渲染得有根有据了。① 有意思的是，到3月23日（3月11日），还是那位传布虚假信息的信使达西敦多布，亲自向蒙语翻译伊古姆诺夫谈及库伦的情况。不过，这回透露的消息完全相反：蕴端多尔济郡王将于下月即4月14日（4月2日）前后由北京返回，并官复原职，在他离职期间，临时代理库伦办事大臣的张家口固山昂邦佛尔卿额在交接之后，过两天仍将返回张家口；蕴端多尔济郡王并未因遣返使团而获罪，因为他得到的命令就是要教戈洛夫金大使演练跪叩礼。② 这些情报虚虚实实，真真假假，但有一点是很清楚的，即清政府认为库伦办事大臣驱逐俄国使团完全正确，因此，库伦办事大臣没有受罚。

4月28日（4月16日），恰克图海关负责人瓦尼方季耶夫报告鲁缅采夫：在库伦迎接和接待俄国使团的库伦办事大臣，于使团回国后被皇帝召到北京大受封赏，并且，皇帝还赐给蕴端多尔济一枚印章。③ 可见，俄国政府始终比较关注清政府对待库伦办事大臣的态度。因为这牵涉到清政府对俄国使团被逐问题的认识。如前所说，俄国政府亦曾大肆表彰戈洛夫金。看来，中俄的态度和做法如出一辙：对内表彰自己人，对外责备对方但不过分。于是，清政府表彰库伦办事大臣的消息和沙皇赞誉戈洛夫金的消息同时在恰克图和买卖城等边境地区流传。④ 这在一定程度上平衡了中俄边境地区的民众、商人及官员的心理波动。

然而，清政府表彰库伦办事大臣的消息显然对戈洛夫金不利，因此，戈洛夫金一伙仍然热衷搜集那些库伦办事大臣受到惩罚的不实谣传。6月18日（6月6日），原使团二秘兰伯特在给戈洛夫金的报告中，就胡说库伦办事大臣在北京受到了冷遇，只是由于清政府不愿承担驱逐使团责任的缘故才让他回库伦继续任职；至于库伦的礼仪之争，根本不是嘉庆皇帝本人

---

① Там же. л. 132. Там же с. 504.
② Там же. л. 201–202. Там же с. 527–528.
③ РГАДА ф. Государственный архив, разряд Ⅹ Ⅴ. 1806г. д. № 30 доп. л. 49. Там же с. 547–548.
④ АВПРИ ф. СПБ Главный архив. 1–7. оп. 6. 1805г. д. № 1–а. п. 27. л. 261–262. Там же с. 548–549.

的意愿，一切都是库伦办事大臣自作主张，因此，清政府正在审查库伦办事大臣。① 很显然，这位二秘所搜集的这些情报都属于虚假情报。其实，兰伯特在恰克图是一个不受欢迎的人，他自己就说中国人不愿意与之交往。② 既然如此，那这些情报从何而来？很明显，不是胡编，就是道听途说，毫无客观真实性可言。

---

① Там же. л. 402–404. Там же с. 578–579.
② Там же. л. 406. Там же с. 585.

八 和与防：
中俄边境双边交往政策

尽管当时欧洲战云密布，大家的注意力都集中于变幻莫测的局势演变，但戈洛夫金使团被逐一事仍不可避免地在欧洲外交界造成了某种程度的震荡。理所当然，戈洛夫金使团的被逐，也给中俄两国之间的关系蒙上了一层阴影。事件发生后，两国边境地区的局势相对紧张，双方都极力搜集对方情报，加强边境巡视，互相防备。而民间更是充满猜测，谣言纷飞。不过，沙俄政府当时限于如下三种情势：忙于欧洲称霸；出于财政需求要努力维持恰克图贸易；广袤的西伯利亚问题丛生，道路艰难，俄国控制远东力有未逮。是故，沙俄政府不得已选择了一种温和而又富于弹性的方式来接受使团被中国驱逐这一外交事件，勉力从文化差异的角度来解读库伦发生的礼仪之争。于是，一桩本无法忍受的外交侮辱事件便被悄悄淡化了。这既是东西方文明之间的相互理解，也是不同国际关系体制之间的协调和适应。更为重要的是，由于中俄政府均理智地淡化了使团被逐事件的影响，因此，笼罩在中俄边境上空的战争乌云便慢慢消散。在中俄两国的共同努力下，营造出了中俄关系史上的嘉道和平时代。

（一）中俄双方在边境地区的互相防备

首先，来看看中方在边境地区所采取的防范举措。

依一般情理，由于中国驱逐了俄国使团，自然担心俄国有可能在边境地区制造事端，进行政治或军事报复。因此，在边境防范事务方面，中方是比较主动的。嘉庆皇帝在2月2日决定驱逐俄国使团的谕旨中就提醒库伦："惟俄罗斯等或为此而恼羞成怒，胡乱寻隙滋事等情亦不可料定。著蕴端多尔济等，对其返回途经之路，及交界各卡伦，除详细晓谕，加以留心，妥善防范。戈洛夫金返回时，在我境内，仍照迎接之例，凡所备办诸项，妥加备办，予以供给，断不可使俄罗斯有所借口。"① 尽管此时俄国使团尚在中国境内，但使团拥有124人，实力如同一个连队，防止其沿途生事，自不可稍有疏忽。2月15日，在遵旨驱逐俄国使团之后，库伦办事大臣即奏报嘉庆："今戈洛夫金等，暂不能滋事，奴才等钦遵训谕，仍饬各卡伦暗防一事，另行具奏。"② 2月22日，库伦办事大臣再次奏报："今奴才等会商，俄罗斯等虽无滋事之能，亦应暗防。据查，奴才等所辖喀尔喀四十七处卡伦，由四部委派四名札萨克管理，又奏准二名较大札萨克总管之；总管札萨克等每年查看一次该管卡伦。奴才等奏请由总管卡伦公齐旺达西、贝子宁何多尔济于启印后，即于二月初查一次卡伦，乘便严饬官兵凡事留意，暗中防备；秋季再亲往查看一次。卡伦官兵照常与俄罗斯和睦相处。奴才等亦将此事交付恰克图章京克西克，不时呈报俄罗斯有何反应，将此奴才等再行文黑龙江、乌里雅苏台、科布多、伊犁等地将军、大臣。"③ 2月24日，军机处再次转达谕旨："俄人乃一小族，无论如何不敢有轻慢之举。然其使

---

① 嘉庆十一年（1806）正月初四日，《谕蕴端多尔济等著急速奏闻俄使聆听前奉旨谕后之情形》，第一历史档案馆藏"满文俄罗斯档"；另见 ЦГИА Монголии. ф. М–1. д. No 639. л. 679. Там же с. 416。
② 嘉庆十年（1806）十二月二十七日，《蕴端多尔济等奏为遵旨驱逐不肯行跪拜礼之俄使等情折》，第一历史档案馆藏"满文月折档"；另见 Там же. л. 751. Там же с. 439。
③ 嘉庆十一年（1806）正月初五日，《蕴端多尔济等奏报遵旨严饬边界各卡伦加强防范折》，第一历史档案馆藏"满文月折档"；另见 Там же. д. No 651. л. 10–12. Там же с. 447。

八　和与防：中俄边境双边交往政策

臣被驱回国，大失所望，甚感羞愧，故当防其寻找口实，再生事端。令佛尔卿额、福海按前旨密令各卡伦官兵对俄国边界严加关注，预作防范。"① 面对北京的再三提醒，库伦办事大臣不敢松懈，命卡伦总管贝子宁何多尔济、古纳齐旺达西等于雪融后各自带队赴卡伦视察，提高警惕，采取妥善的预防措施。② 5月25日（5月13日），库伦办事大臣奏告："鉴于积雪已融，奴才等特派贝子宁何多尔济、古纳齐旺达西前往巡视其属下喀尔喀47哨卡"，"卑职等为办好此项差遣，人人恪尽心力，巡查各自属下位于恰克图两翼之喀尔喀四部。据卑职所见，兵器、马匹、牲畜均完好，各哨卡官兵当差尽责尽力，行事小心谨慎。哨卡境外俄人未见些微滋扰，行为十分恭谨平和。奉王及昂邦训示，已向各哨官员下达指示，着彼等恪尽职守，谨慎小心"。③ 直到8月份，清政府尚严令库伦认真巡查卡伦以防范俄国："此时蕴端多尔济等惟须时刻留意，不露声色，严加防察与俄罗斯交界之卡伦、鄂博，不致令俄罗斯挑起事端。"④ 10月31日，库伦办事大臣奏报："今正值秋令，又应派人往查。奴才等遂派协理台吉恩克图鲁、伊达姆札布分路查看恰克图两翼喀尔喀四十七处卡伦。奴才仍饬恩克图鲁等：尔等好生巡查卡伦。卡伦外之俄罗斯虽甚敬顺，并无滋事，仍须明白晓谕各卡伦章京、官员，与俄罗斯照常和睦相处。凡追踪瞭望会哨等差，俱应勤勉，加意暗防俄罗斯等语。"⑤

清军频繁巡视卡伦之举，俄国边务报告中也有体现。4月14日（4月2日），恰克图海关瓦尼方季耶夫曾报告：中国特派官员日内曾到买卖城作短暂停留，之后前往东部边境直至阿穆尔河，似为巡视卡伦。据

---

① 嘉庆十一年（1806）正月初七日，《谕佛尔卿额等俄使既已逐回著详饬各卡伦留心防范俄另起事端》，第一历史档案馆藏"满文俄罗斯档"；Там же. д. № 651. л. 31. Там же с. 450。
② Там же. л. 44. Там же с. 499.
③ Там же. л. 141. Там же с. 559.
④ 嘉庆十一年（1806）六月十八日，《谕蕴端多尔济著将理藩院咨俄文书照例递发并严防俄国政府挑起事端》，第一历史档案馆藏"满文俄罗斯档"。
⑤ 嘉庆十一年（1806）九月二十日，《蕴端多尔济等奏报秋季遣员巡查卡伦折》，第一历史档案馆藏"满文月折档"；ЦГИА Монголии. ф. М–1. д. № 651. л. 291–293. Там же с. 654–655。

探到的消息，清军实则想查看俄方在边境是否对中方有所动作。据称，另一位官员不久将沿边向西巡视。① 7月24日（7月12日），俄国格尔必齐防务段长官谢列勃连尼科夫（Серебренников）将清军巡查中俄边界西段卡伦的消息报告伊兹玛依洛夫："22日（10日）下午4时，有中方巡逻队约50人，在协领博勒戈（Болго）、章京查金博（Цакимбо）、哈番图热博（Тужебо）、达因博（Даинбо）等率领下朝我方走来，至离要塞4俄里处的格尔必齐河，分乘5艘木船沿己方水界由石勒喀河上溯。据他们说，在距我阿穆尔河口哨所大约两俄里附近彼方一侧，他们还留有两艘木船共20人，由吉生博章京率领。两股兵力合为70人。"② 7月28日（7月16日），中俄东段边界俄方长官戈尔布诺夫（Горбунов）也报告："7月15日（7月3日），中国常规边境巡逻队由一名协领率领，来到马列特卡小河口。17日（5日）及18日（6日）他们到达老祖鲁海图哨卡对面。他们……在当地逗留到11号。"③ 可见，清军虽然加强了边境巡视，但兵力有限。这表明清政府加强边境防备是有分寸的，并非要制造边境紧张局势。也许确实由于边境地区未见俄国方面有何举动，所以，各边境卡伦一直没有相关报告，以致库伦办事大臣于10月9日函责买卖城扎尔固齐瑞春：以前库伦曾命他会晤俄国人，了解彼方是否有什么新动向。基于当下微妙的背景，我们需要尽一切可能探听俄国人是否在准备针对我大清的军事行动，各卡伦是否收到新的命令，这些卡伦演练的内容是什么，对待我国哨卡的态度是好是坏，然迄今未得到任何需要的情报。④ 可见，尽管俄国使团被逐已过去了大半年，清朝对边境的防守显然未曾松懈。

在这次俄国使团被逐的外交事件中，俄国方面被认为是受到政治侮辱的一方。因此，戈洛夫金心怀怒火，鼓吹军事报复，并有意无意地采取了

---

① РГАДА ф. Государственный архив, разряд ⅩⅤ, 1806 г. д. № 30 доп. л. 69. Там же. с. 541.
② АВПРИ ф. СПБ Главный архив. 1–7. оп. 6. 1805 г. д. № 1-а. п. 27. л. 550. Там же с. 600.
③ Там же. л. 507. Там же с. 601.
④ Там же. л. 589. Там же с. 649.

八　和与防：中俄边境双边交往政策

许多举措，在边境地区制造了某种紧张气氛。但是，俄国边防机构及恰克图海关为了恰克图贸易的平稳发展，均不主张对中国进行武力报复。他们甚至因此与戈洛夫金发生摩擦。不过，在防备清朝方面，他们的立场倒是一致的。

据俄国政府的报告，戈洛夫金临回国的那天晚上处境颇为艰难："伯爵大人等因当夜严寒，马匹疲惫，无处容身，与随从人等彻夜无眠"，戈洛夫金气急败坏，指着自己的头颅说，"这颗头颅不值五戈比，为了我伟大君主的荣耀随时可抛"。① 可见，他心里那股怒火已经在吞噬着自己的理智。也因此，他在狼狈回到俄国后，主观上就一直有意无意地鼓吹军事报复。

如前所述，3月3日（2月19日），刚回到恰克图才两天，戈洛夫金便迫不及待地就俄中关系的前景给沙皇上奏，其中开篇就主张利用西伯利亚当地的军事力量惩罚中国，挽回俄国丧失的政治尊严。随后，戈洛夫金在他所写的《贸易领域中俄关系发展前景报告》里也提出：（1）只要明智合理地利用，西伯利亚当地的资源就足以保持对中国的力量优势，足以保卫当地福祉的唯一源泉——恰克图贸易；（2）经过仔细权衡，利用西伯利亚的力量惩罚中国，无论对国库还是对国家，其花费要比停止贸易带来的损失小得多；（3）基于西伯利亚现有的资源，只要增加不多的防御经费，就可以变防御为进攻，不仅可以轻易让俄罗斯获得上百年来一直都在努力从中国索取的那些好处，而且还可以带来那些在总报告中已表述过的其他好处。这些好处较之由此造成的损失，实在不知要高出多少倍；（4）所谓同中国开战，不过是一次轻而易举就可稳获全胜的短期冒险行动；（5）这种冒险行动的成功可以说毋庸置疑，它将为俄罗斯带来辽阔富饶的土地，并在东方开辟更广阔的贸易市场；（6）即使中国人同意我们在阿穆尔河自由航行，但如果我们不占领该河左岸，那这种权益也随时会被中国人剥夺。② 在这里，戈洛夫金非常明确地鼓吹同中国开战，并且分析了同中国开战的

---

① АВПРИ ф. СПБ Главный архив. 1–7. оп. 6. 1805г. д. № 1–а. п. 28. л. 174. Там же с. 442.
② Там же. л. 113. Там же с. 489–490.

军事力量、经费、步骤、结局等问题。戈洛夫金的这份报告尽管表面谈的是俄中贸易前景,实际上却不啻是一份鼓吹边境军事报复的计划。其实,早在3月份,戈洛夫金就曾要求恰尔托雷斯基将瑞典组织民团的计划副本寄到西伯利亚。很明显,戈洛夫金是想借瑞典民团组织的经验整合西伯利亚各城寨的军事力量,为军事报复中国做准备。

此后,戈洛夫金利用逗留伊尔库茨克的机会,深入研究了西伯利亚的军备情况,最后于8月份形成了一份报告,即前面提到的《利用自身资源完成西伯利亚军事配置的计划报告》。其内容包括:边境哥萨克军队的配置计划;伊尔库茨克省民兵的组织计划;涅尔琴斯克边区地形述略及宫廷侍从多夫列上校提出的进攻和防御体系;满族人兴起的历史述略、当前状况以及他们和俄国关系的历史。① 其主旨是建议俄国:(1)采取紧急措施以确保涅尔琴斯克地区及贝加尔湖以东的全部边境地区不受中国的入侵威胁;(2)如果同中国政府的争论需要军事威慑,则应采取措施尽快扩大军队数量;(3)如果需要同中国继续保持友善关系,则应采取适当措施显示力量,让中国不敢小觑伊尔库茨克省的军事力量。据戈洛夫金调查,俄国短期内在俄中边界总共可以动员的兵员达17745人。②

与清政府在边境地区采取的防卫举措相应,俄国边务衙门也密切关注中国边境的动静,采取措施,加紧防范。3月6日(2月22日),戈洛夫金在给新任命的外交部驻恰克图特派员伊兹玛依洛夫的训令中就规定:(1)要督促所有边务官员高度注意,努力工作,严密监视中国臣民的活动,并随时报告观察所得;(2)要不择手段在买卖城等地打探北京朝廷的消息和行动,以及库伦的动静。③

不过,戈洛夫金及其同伙在边境地区的一些过激举措,与当地以恰克图海关负责人瓦尼方季耶夫为代表的注重商务利益的部分人发生矛盾。这些人为了不影响恰克图贸易及其给俄国国库带来的巨大利润,均一致反对戈洛夫金敌视中国的做法。5月26日(5月14日),瓦尼方季耶夫在给鲁

---

① Там же. п. 24. л. 147–149. Там же с. 617–618.
② Там же. п. 43. л. 58–69. Там же с. 620.
③ Там же. п. 41. л. 203. Там же с. 494–495.

缅采夫的报告中就表明了这种担忧。① 而当时俄国政坛内部在对华政策方面，似乎亦存在两种倾向：偏重领土利益和偏重商贸利益。其中，商务大臣与恰克图海关一线是比较重视发展俄中商贸关系的。自然，他们也招致了戈洛夫金的反感。6月12日（5月31日），戈洛夫金派遣使团二秘兰伯特前往恰克图边境地区刺探情报，就曾命令他暗中监视瓦尼方季耶夫的行动。② 戈洛夫金之所以对瓦尼方季耶夫不满：一是瓦尼方季耶夫反对戈洛夫金鼓吹军事报复中国的做法，二是瓦尼方季耶夫认为使团被驱逐与俄船突至广州要求贸易一事没有关联，这与戈洛夫金的看法相左。6月26日（6月14日），瓦尼方季耶夫向鲁缅采夫状告戈洛夫金，指责戈洛夫金向恰克图派遣密探："整个恰克图商城中已经布满了暗探，为的是阻挠卑职同中国人会见。卑职现在都不敢到恰克图去。与此同时，到处流传着足以破坏两国之间的安宁和危及贸易的说法。上个星期有一名中国甲长来到俄美公司的大股东西佐夫经理的家中，非常恳切地要求我们像朋友一样对他说实话：我方是否向边境增派了许多部队？此间国境上究竟会出什么事？……这说明，中国人已强烈地感到我方企图制造麻烦。"由此，瓦尼方季耶夫猜测，恰克图市场之所以如此人心惶惶，极有可能是因为代表戈洛夫金利益的"七等文官伊古姆诺夫、八等文官伊兹玛依洛夫等人，在同扎尔固齐频频会见时，为了吓唬中国人，在谈话中就随口乱说了一通俄国增兵之类的事情"。③ 反之，戈洛夫金则在报告中骂瓦尼方季耶夫为"叛徒"。④ 由此可见，他们两人在理解政府的对华政策、边境地方层面的对华交涉策略方面都存在巨大分歧。其实，戈洛夫金鼓吹军事报复中国不过是他给沙俄政府的一个建议而已，虽然是其内心想法的流露，但不接到沙俄政府开战的命令，他自然不敢悍然付诸行动。在这方面，戈洛夫金能做的也不过是制造谣言、探听小道消息、写些歪曲事实真相的报告而已，根本起不了什么实际的作用。

---

① РГАДА ф. Государственный архив. разряд ⅩⅤ. 1806г. д. № 30 доп. л. 58. Там же с. 562.
② АВПРИ ф. СПБ Главный архив. 1-7. о п. 6. 1805г. д. № 1-а. п. 27. л. 399. Там же с. 575.
③ Там же. л. 497–499. Там же с. 586–587.
④ Там же. л. 427. Там же с. 591.

瓦尼方季耶夫之所以反应如此强烈，还有一个不能宣之于口的原因，那就是对戈洛夫金广泛干预恰克图乃至西伯利亚事务不太满意。

（二）中俄双方努力维持边境和局

不过，值得欣慰的是，尽管中俄两国之间发生了不愉快的事情，双方也都在加强边境防守，但两国都不想因此破坏外交和局。俄国并未因使团遭到驱逐而起边衅，此时他们需要全力应付越来越复杂的欧洲局势，也需要恰克图稳定增加的税收。而饱受苗事、河槽、吏治困扰的嘉庆皇朝更是不希望边境不宁。如此，双方都抱着息事宁人的态度，在许多问题上协力合作，努力维持双边关系的和局。

1. 俄国帮助中国北方灾区克服粮荒

1806年6月22日（6月10日），伊兹玛依洛夫自恰克图报告戈洛夫金：中国北方各省遭旱灾，粮食歉收，清政府命扎尔固齐向俄国购买粮食。请大使考虑如何办理。① 12月15日（12月3日），伊兹玛依洛夫又报告：从买卖城扎尔固齐那里听到消息，中国北方确实遭受旱灾，山西已经饿死7000多人，中国政府正四处筹粮。② 可见，1806年整个下半年，俄国政府都在密切关注中国北方的粮荒问题。

6月19日（6月7日），清边境官员向俄国政府提出购买粮食的要求。7月1日（6月19日），戈洛夫金致函亚历山大一世和恰尔托雷斯基，询问政府对此事的态度。戈洛夫金的意思是：按常理，俄国不能答应这类要求，但在这个特殊时期，如果不答应清政府的要求，可能会加剧双方的不信任；同时，粮食危机可能会影响商路的稳定和安全，从而影响恰克图贸易。因此，戈洛夫金主张把粮食卖给清政府，并说已通知伊尔库茨克省长，按照"外运粮食虽不禁止，但要略加限制"的原则办理此事。③ 就当时的实际情况

---

① Там же. л. 405. Там же с. 582–583.
② Там же. л. 606. Там же с. 664.
③ Там же. л. 414–418. Там же с. 591–593.

而言，无论是买方还是卖方在这个特殊时期，这种交往本身就说明了双方都具有维持外交"和局"的意图。可惜，当时清朝库伦边务衙门是否真的向俄国政府提出了购买粮食的要求以及中俄双方最终是否进行了粮食交易，等等，目前尚缺汉、满语资料的佐证。①

2.中俄双方在新布道团赴北京换届的事情上友好合作

如前所述，由于清政府的坚持，戈洛夫金使团前往库伦时，新布道团就滞留在伊尔库茨克。戈洛夫金使团被逐回国后，新布道团的换届问题便提上了日程。1806年3月14日（3月2日），俄枢密院函告清政府，请求友好接待新布道团。② 1807年5月7日（4月25日），在多次信函往来商讨后，清理藩院终于同意新布道团前往北京换届。③ 5月23日（5月11日），库伦办事大臣致函伊尔库茨克省长特列斯金（Н. И. Трескин），要求告知新布道团的人员构成及到达边境的具体时间。9月23日（9月11日），新布道团抵达库伦。库伦办事大臣赶紧安排沿途护送事宜："除照旧行文沿途之

---

① 笔者查了相关"上谕档"、"满文月折档"、"满文俄罗斯档"及《清实录》，嘉庆十一年未见北方大旱乃至饿死几千人之类的记述。只有嘉庆十一年三月有"陕西粮价贵"、七月因粮食不足引起"宁陕镇"兵变之类的记载（《清仁宗睿皇帝实录》第30册，第65、122页）。至于近现代一系列有关清代自然灾害史的研究著述中，亦未发现嘉庆十一年中国北方发生旱灾引起粮荒及救灾的相关史料。如《西北灾荒史》就记载，1800-1814年，西北发生大规模旱灾6次，局部旱灾不断，且"许多地方发生饥荒"。6次旱灾具体发生的时间、波及的地点、饥荒的具体情况等，均未能细化（袁林：《西北灾荒史》，甘肃人民出版社，1991，第70页）。类似著述如《中国灾害通史·清代卷》（袁祖亮主编，郑州大学出版社，2009）、《中国农业自然灾害史料集》（张波编《中国农业自然灾害史料集》，陕西科学技术出版社，1994，第324页）等所述大致差不多。倒是随"希望"号、"涅瓦"号到过广州的俄美公司商务代表谢梅林，于1806年1月2日（1805年12月21日）从广州写给俄美公司董事会的报告中提到：广州的"商人抱怨，北方几个省正遭饥荒，粮食歉收，因此，没有商人从北京或其他城市来此购买毛皮，故本地商人也就不敢大量购入海狸皮及其他批货"（Внешняя политика России XIX и начала XX Века. Документы Российского министерства иностранных дел. Москва. Т. 3. 1963гг. с. 19）。可见，俄国人在广州都听闻当时中国北方各省遭遇旱灾饥荒的消息了。

② АВПРИ ф. СПБ Главный архив. IV–4. оп. 123. 1805–1809г. д. № 1. л. 420–422. *Тихвинский С. Л.* и *Мясников В. С.* Русско-Китайские отношения в XIX веке. Материалы и Документы. 1803–1807. Т. 1. М. 1995г. с. 505.

③ Там же. л. 445–446. Там же с. 691–692.

喀尔喀土谢图汗、车臣汗二部及哲布尊丹巴·呼图克图之商卓特巴、苏尼特王、察哈尔都统等，请由库伦至张家口派遣官兵一路护送外。奴才等仍遣员妥送至张家口内，并亦行文直隶总督"，还友好地答应特列斯金的额外请求，另派人将新布道团的薪俸护送至京。① 为此，10月24日（10月12日），特列斯金还专程派人送给库伦办事大臣"狐皮各两张、海龙皮各一张、松鼠皮各200张"② 等贵重礼品，以示感谢。10月28日（10月16日），特列斯金又特意致函库伦，衷心感谢库伦办事大臣在布道团换届事情上的友好合作。随后，旧布道团回国，一路上同样受到优待。清政府在布道团换届问题上与俄国政府的友好合作，向俄国政府明确表露了维持中俄关系和局的意图，而俄国政府对此亦心照不宣。外交和局是需要相互呼应的，这是历史的经验。

3. 中俄双方都采取措施加强边境事务管理，建构和谐的中俄边境

如此规模宏大的使团被逐，对俄国来说，绝不是什么光彩的事情。然而，如前所说，无论就当时西伯利亚的交通状况，还是其所面临的复杂的欧洲局势，都不允许俄国在俄中边界滋生事端。同样，当时清朝内部亦极不稳定，"苗事""教事""海事"此起彼伏，弄得嘉庆皇帝焦头烂额。因此，俄中两国都面临复杂的局势，双方在互相防备的同时，也都在努力维持和局。

首先，满怀怒火的大使戈洛夫金虽然不停地写报告鼓吹对华军事报复，但在未得到沙俄政府的命令之前，亦不敢妄自行动，甚至表面上还不得不尽量采取措施维持边境的和局。1806年3月6日（2月22日），戈洛夫金在给新任外交部特派员伊兹玛依洛夫的训令中最后一条便是："你应向全体边境官员发布密令，令其避免两国臣民之间酿成纷争，致生矛盾"；③ 3月8日（2月24日），伊兹玛依洛夫命令各边防段长官及界务巡视员：要与边

---

① 嘉庆十二年（1807）九月二十四日，《蕴端多尔济等奏报俄换班驻京教士等已抵库伦不日进京等情折》，第一历史档案馆藏"满文月折档"；另见ЦГИА Монголии. ф. М–1. д. № 663. л. 186–188. Там же с. 722–723。

② Там же. л. 191–192. Там же с. 723–724。

③ АВПРИ. Ф. СПБ. Главный архив. I –7. оп. 6. 1805г. д. № 1–а. п. 41. л. 204. Там же с. 495.

八　和与防：中俄边境双边交往政策

境地带的中国人友好相处，避免卡伦之间发生冲突。各卡伦长官要严格约束手下，避免滋生事端，否则，严惩不贷。① 3月9日，清库伦办事大臣亦奏告：已遵旨命各边境卡伦官兵密切注意俄国动向，但绝不能滋生事端，"务须保持原有对俄友好关系"。② 不独戈洛夫金、库伦办事大臣从大局出发，维持边境和局，那些原本注重贸易利益如商务部、恰克图海关负责人瓦尼方季耶夫等自然更加力促边境和睦。5月12日（4月30日），鲁缅采夫在致瓦尼方季耶夫的信中写道："据此间收到的情报，恰克图扎尔固齐将〔升任〕库伦昂邦……根据你在中国边境效力的这段时间来看，深知恰克图商人对你赞誉有加。我想，你同那位扎尔固齐的关系一定很好，这一点能给目前的政治局势带来好处。如能运用得当，方法巧妙，则更为可观，将为你博得君上的恩宠开辟道路。我要委托你运用相应的手段亲自出面说服扎尔固齐，要他坚信俄国宫廷对中国朝廷的和平意愿决不动摇。"③ 所以，当时沙俄政府对使团被逐没有产生很剧烈的反应，也与商务部门的这种态度有关。在他们看来，国家的外贸利润远比所谓外交的侮辱重要。尤其是5月14日（5月2日），内阁特别委员会在给亚历山大一世的报告中建议确立对华外交政策"和"的基调以后，维持中俄边境和局的做法就一边倒了。

基于此，中俄双方的边军经常互相帮助、互赠礼品，在边务方面全面合作。这里，不碍摘录一份外交部驻恰克图特派员伊兹玛依洛夫所记中俄边境的交涉日志（自4月13日至5月26日），从中我们大致可以看到戈洛夫金使团被逐后相当长一段时期内中俄边境和局的影像。

"4月13日。买卖城扎尔固齐派两名章京来祝贺我们的节日，请求按例收下面包、盐、1小箱茶叶、水果若干、酒、1只活羊。我们也回赠两名章京价值4卢布的狐皮各1张、两名蒙古人棉织头巾各1块。为了回礼，次日我派百人长纳吉莫夫（Назимов）和十三等文官利亚霍夫（Ляхов）送去1套五味瓶、2张上等貂皮、1瓶1俄升维因酒、1瓶法国酒、1瓶1俄

---

① Там же. п. 27. л. 127–128. Там же с. 496–497.
② ЦГИА Монголии. ф. М–1. д. 651. л. 44. Там же с. 499.
③ РГАДА ф. Государственный архив, разряд ⅩⅤ. 1806г. д. № 30 доп. л. 22–23. Там же с. 550–551.

383

升装白酒、1块14俄磅重白糖和1只宰好的羊。同时感谢扎尔固齐送我礼物。他高兴地收下全部礼物，并吩咐向我致谢。还赠给百人长纳吉莫夫1匹绸缎，赠给十三等文官利亚霍夫1匹纺绸，赠给随行3名哥萨克6块砖茶。

4月29日。据吉兰斯基卡伦长官、军士苏耶京（Суетин）口头报告：当天早晨中方发生一起林火，在岔路口向吉兰斯基卡伦东窜去，当日即被卡伦人员和当地土著扑灭。为此，我派一名官员去见扎尔固齐，建议他严令边境哨所人员及其他过路人员小心用火。因为草原大火会把上好的森林烧毁，而双方灭火都十分困难，令人疲惫不堪。扎尔固齐高兴地接受了这个建议，当着我官员的面向所属人员下达了相关命令，并托我官员回话：感谢我的提醒，他将准确按我的建议行事。

5月13日。我邀请买卖城扎尔固齐共进午餐。他带了一名蒙古军官和一些服役人员共20人前来赴宴。宴会时用小提琴演奏俄罗斯歌曲，扎尔固齐对此深表满意。餐后我们友好交谈了一阵。他们逗留到下午5时，道谢后返回。次晨扎尔固齐派一名章京前来对宴请表示感谢。

5月21日。我按常规派百人长纳吉莫夫和十三等文官利亚霍夫给新来的扎尔固齐送去一些食物：甜点心、野味、1瓶1俄升装的法国酒、1块14俄磅重的白糖和1只活羊。他高兴地收下了这些食品，并托他们向我致谢。他还送给百人长纳吉莫夫半匹丝织物，送给十三等文官1块利亚霍夫纺绸、4名哥萨克12块砖茶。次日，他派一名甲喇、一名章京送我1匹单色粗织物、1箱茶和水果。我亦赏给甲喇两张狐皮和两张海狗皮，送给章京两张海狗皮、3名蒙古人各1张海狗皮。"①

6月20日（6月8日），祖鲁海图边务段边务官戈尔布诺夫报告，正在边境巡视的清兵赠与俄方边兵很多礼品。② 7月24日（7月12日），在西部格尔必齐河防务段，清、俄边军相遇，相互问候。俄军宰杀一头牲口接济清军，而清军也向俄军赠送礼物若干。双方还互相请客喝酒，其乐融

---

① АВПРИ Ф. СПБ. Главный архив. Ⅰ-9. оп. 8. 1806–1818г. д. № 2. л. 88–91. Там же с. 538–540.

② РГАДА ф. Государственный архив, разряд ⅩⅤ. 1806г. д. № 30. доп. л. 67–68. Там же с. 580.

融。① 1807 年 9 月 11 日（8 月 30 日）是俄国沙皇的命名日庆典，为此，西伯利亚总督佩斯捷利（И. Б. Пестелъ，1765–1843）特意选在中俄边境城市恰克图举行大规模庆典活动，并邀请中国买卖城扎尔固齐、商人、边军头目等约 117 人参加了庆典联欢。庆典于晚 7 时开始，恰克图城灯火通明，焰火绚丽多彩。多才多艺的俄国歌手唱起悠扬的俄国民歌。宾主双方觥筹交错，兴致勃勃，互致祝贺。一段俄中友谊之曲在这个边境小镇悠扬奏响。②

上述资料充分说明，边境地区中俄双方的边官、边军、边民之间的关系十分融洽。这既是常态，也是异态。常态是因为自乾隆至嘉庆乃至道光年间，长达百年的中俄边境确实未曾发生过大规模军事摩擦事件；之所以称异态，是因为俄国使团被逐，中俄双方都特意摆出一种和解的姿态，边官或边军之间如此和睦相处，互赠礼品，多少有些做秀。然无论是常态还是异态，只要是"和"态就好。经过中俄双方边务部门的友好经营，边境的这种和平气氛一直保持了半个世纪之久。③ 这也正是中俄恰克图贸易在 19 世纪上半叶迅猛发展的基础。

---

① АВПРИ Ф. СПБ. Главный архив. Ⅰ –7. оп. 6. 1805г. д. № 1–а, п. 27. л. 550. Там же с. 600.
② Там же. Ⅰ –9. оп. 8. 1806–1819гг. д. № 2. л. 38–39. Там же с. 721–722.
③ 《故宫俄文史料》，《历史研究》编辑部印，1964，第 207–261 页。

九　调查与规划：
戈洛夫金在西伯利亚

实际上，在沙俄政府最初赋予戈洛夫金的使命中，并未见考察俄国东部各省尤其是西伯利亚政经民情的内容。但根据戈洛夫金1805年7月31日（7月19日）的奏章自述，亚历山大一世曾谕令他附带考察自圣彼得堡至中国边境沿途各省尤其是西伯利亚的政经民情。当时戈洛夫金率使团刚到莫斯科附近的弗拉基米尔省，他在奏章中写道："遵照吾皇陛下谕令，臣将于明天开始巡视弗拉基米尔。臣对所有省份均将进行检查，直至西伯利亚边境，届时臣将荣幸地向陛下再行奏报。"① 可见，戈洛夫金这位"大使"就职能讲可以说是前所未有的。他不仅肩负外交使命，同时还肩负检察沿途各省政情民风即视察内政的使命。因此，戈洛夫金对西伯利亚地区的考察可以库伦被逐为分界线分为前后两个阶段。库伦被逐之前，戈洛夫金对沿途

---

① АВПРИ Ф. СПБ. Главный архив. I -7. оп. 6. 1805г. д. № 1–а. п. 24. л. 22. *Тихвинский С. Л.* и *Мясников В. С.* Русско–Китайские отношения в XIX веке. Материалы и Документы. 1803–1807. Т. 1. М. 1995г. с. 189–190.

所经各省情况的考察是走马观花式的，主要集中考察了各地集市，并且从文本和实地考察相结合的角度对俄国政府所关注的阿穆尔河等俄中边境地区进行了资料的收集、整理和分析；库伦被逐之后，戈洛夫金坐镇伊尔库茨克，派遣使团成员四处奔波，广泛考察了整个西伯利亚尤其是广袤的俄中边境地区的政治、经济、民情和历史地理情况，并在许多问题上通过自己的分析提出了有益于俄国的设想，为半个世纪后俄中关系的大变局做出了基础性的预测、论证。

（一）俄国使团到达库伦之前戈洛夫金及使团成员的沿途调查

1805年7月，戈洛夫金从圣彼得堡出发，自西向东，行程横跨欧亚两洲。他一路走马观花，所谓考察也主要是围绕自己所肩负的外交、贸易使命进行。根据资料，在到达中俄边境之前，戈洛夫金结合沿途考察所得，道听途说，搜集各种情报，分析归纳各种资料，就俄中贸易、外交诸问题不停地给圣彼得堡写了很多报告。

如前所述，争取"阿穆尔河通航"是这次使团访华的主要外交使命之一。还在出发之前，戈洛夫金就给恰尔托雷斯基写了有关"阿穆尔河通航的报告"。很显然，这个报告是建立在纯文本资料分析基础上的，主要是将他在档案馆、图书馆所收集的相关文本资料进行综合分析的结果。这种报告显然没有多大实际用途，但从中我们可以看出当时俄国人了解阿穆尔河的程度。不过，这只是一种典型的文本分析，还不能算作实地考察。真正可以算作实地考察的是他在马卡里耶夫集市的活动。马卡里耶夫集市位于伏尔加河流域的下诺夫哥罗德省，16世纪中叶开始形成，到19世纪初，已经发展成全俄最有名的国际贸易集市之一。高尔基在其小说《童年》里就提到过它，其在俄罗斯可谓家喻户晓。第一次看到如此繁荣的集市，戈洛夫金非常兴奋。尤其这里有来自恰克图的商人，戈洛夫金频频向他们打听恰克图贸易的现状，并且跟他们一块探讨改进目前这种贸易状况的方法。但奇怪的是，这些商人似乎很满意目前的贸易状况，他们对改进贸易之类的

18 世纪的马卡里耶夫集市

新想法不感兴趣，甚至担心沙俄政府派遣访华使团会损害贸易。确实，乾隆年间清政府动辄单方面宣布停止恰克图贸易，让俄商吃尽苦头，在恰克图俄商的心里甚至已经形成了一种"乾隆效应"。为了维持贸易现状，这些商人不希望沙俄政府有所谓改进的企图。因为根据他们的经验，任何来自俄国政府的异动都有可能引起灾难性的结果。而这点，雄心勃勃、意气风发的戈洛夫金似乎不太理解。经过了解，戈洛夫金方才知晓，原来这些商人居然早已知道库伦办事大臣向俄国政府提出：如果使团不缩减人数、提前告知礼品清单，那么，库伦将拒绝接待俄国使团。也因此，他们很担心俄国此举可能会影响恰克图贸易。为此，戈洛夫金再三解释，俄国使团访华绝不会导致俄中关系破裂，而只会更有利于保持目前俄中关系的态势。① 从恰克图商人的态度中，戈洛夫金似乎感觉到与中国政府打交道不是一件容易的事情。

马卡里耶夫集市的实地考察，使戈洛夫金开始怀疑自己此前所获相关消息的客观性。戈洛夫金在即将离开圣彼得堡的前夕，得知布赫塔尔玛海关曾向商务部副大臣报告：中国政府一度建议同俄国在该地区开展贸易。这样的情报会是真的？戈洛夫金现在对此已将信将疑。于是，8 月 11 日（7 月 30 日），戈洛夫金特向西伯利亚边防巡阅使拉夫罗夫少将询问该消息是否属实，并命拉夫罗夫告知详情。② 8 月 23 日（8 月 11 日），这位拉夫

---

① Там же. п. 46. л. 217. Там же с. 196.
② Там же. п. 24. л. 28–30. Там же с. 195–196.

罗夫少将先给伊尔库茨克总督谢利丰托夫写了一份报告，其中阐述了中国西部地区中俄贸易的现状。

（1）中俄只能通过当地的土居民族吉尔吉斯人和哈萨克人进行贸易，俄国商人只能以较高价格从吉尔吉斯人、哈萨克人手中购买中国货物；

（2）根据中国方面的限制，此地不允许私人买卖，只存在官方买卖，实际上他们所进行的贸易就是卡伦贸易，贸易量很小；

（3）为了解决上述问题，建议在边境临近中国的地区开辟一个集市，较为方便的贸易地点是在额尔齐斯河被称为红色亚尔基的天然边界线上。该地在布赫塔尔玛要塞和布赫塔尔玛河口以上60俄里的地方。①

看情况，在布赫塔尔玛设立集市开展贸易的提案只是俄国边防部门的设想，中方根本不知道此事，更不存在来自中方的所谓建立贸易点的建议。直到9月1日（8月20日），拉夫罗夫才给戈洛夫金回信。由这封回函，我们始得知中国西部中俄贸易的一些真相。

（1）所谓"中国人要求在布赫塔尔玛开展贸易"实与清政府无关，不过是中国边境卡伦边防军根据惯例，在巡边过程中顺带了一些货物与俄国边境哨所进行的卡伦贸易；

（2）拉夫罗夫认为伊尔库茨克边务办不会同意开辟布赫塔尔玛的集市贸易，因为他们怕因此影响恰克图贸易。只有商务部主张在中国西部开辟俄中贸易。②

大概戈洛夫金在8月11日后曾再次给拉夫罗夫去信，提了很多有关中俄西段边界的问题。所以，9月6日（8月25日），拉夫罗夫专门为此作答。

问题一：俄中边境（此处主要指西段）地区有哪些民族？

拉夫罗夫回答，俄中西段边境地区的民族主要是吉尔吉斯-哈萨克，又分为大玉兹、中玉兹和小玉兹三部分："中玉兹游牧在俄国西伯利亚防线附近，其游牧地从布赫塔尔玛要塞到兹韦林诺戈洛夫斯卡亚要塞，沿中国边境则由布赫塔尔玛要塞到塔城要塞，再向西沿通往边境省城库勒札（即

---

① Там же. л. 49–52. Там же с. 204–206.
② Там же. л. 33–34. Там же с. 208.

伊宁）的大道直至博罗塔拉小河；小玉兹的游牧地在奥伦堡防线俄国边境附近；而大玉兹则位于布哈拉、塔什干和库坎等国属地附近。从博罗塔拉小河向西沿中国边境直到巴尔喀什湖，这片山地无人居住。山地以南的山中住着柯尔克孜人，我国称为黑吉尔吉斯人或石头吉尔吉斯人，其中一部分向中国纳贡。他们的游牧地几乎延伸到喀什城；小布哈拉省被占领后，该城成为中国领土。"

问题二：这些民族的军事力量如何？其中是否发现有亲这一方或那一方的现象，是否有愿意取得俄国国籍的？布哈拉人和柯尔克孜人（吉尔吉斯人）同中国人是否有特殊关系？

拉夫罗夫回答，在三部分玉兹中，只知中玉兹男丁人口约为30万，其余两个玉兹人口不太清楚，但估计大、小玉兹人口不会超过中玉兹；中玉兹是双重贡民，他们既臣服中国，又臣服俄国。

问题三：目前俄中两个帝国的政治关系处于何种状况？是否有哪一方曾就逃人问题或其他问题提出过抱怨？

拉夫罗夫回答，目前，中俄两国整个边境地区只允许伊尔库茨克民事省长经恰克图与库伦办事大臣进行联系，中国方面完全禁止在西段边境进行政治联系，商务联系只能隐秘进行。目前中俄双方未发生任何边境纠纷。不过："俄国始终认为，从布赫塔尔玛要塞到捷列茨科耶湖的这片600余俄里的土地，从保障科雷万－沃斯克列先斯克矿厂供给的角度，需要加以占领。"

问题四：在边境上中国人对俄国人的态度如何？

拉夫罗夫回答，"中国人尽量避免同俄国人发生关系，但是当他们走近边界捕鱼和干别的营生时，他们总是对俄国人表示出种种敬意，显示出好客态度"。

问题五：有没有什么准确的情报说明中国人想要扩大自己的领土？

拉夫罗夫回答，边境地区的中国穆斯林有扩展领土的想法，同时，中国边境卡伦官兵经常到阿尔泰山巡视，但不必担心中国在这里扩展领土。

问题六：边境地区的中国人是否知道我方向他们派遣使团之事？这个消息是否产生过什么影响？

拉夫罗夫回答，柯尔克孜（吉尔吉斯）－哈萨克人知道俄国向中国派遣使团之事，但未对他们产生任何影响。

问题七：这里的边境线上是否存在秘密俄中贸易？是通过中介还是直接与中国人交易？交易的货物是什么？

拉夫罗夫回答，这里的边境线存在走私贸易，经过两个环节：首先是柯尔克孜（吉尔吉斯）－哈萨克人与中国卡伦之间贸易，然后是柯尔克孜（吉尔吉斯）－哈萨克人与俄国人之间的贸易。货物以中国丝织品、棉织品和普通织品为大宗。

问题八：在布赫塔尔玛或在别的合适地点开辟市场，会有哪些收益和好处？

拉夫罗夫回答，在布赫塔尔玛开辟贸易的好处见 8 月 23 日（8 月 11 日）给伊尔库茨克总督谢利丰托夫的报告。在这个报告里，拉夫罗夫写道："这种贸易无论对维持附近各省商人还是外地商人的生存，都是必要的。它甚至可以提供俄国内地所需，比如当地人做衣服所需的布料，都是通过吉尔吉斯人用牛、马、羊在草原上换成由固勒札和塔城运来的中国货。"①

问题九：是否有从布赫塔尔玛到北京的这条路的准确情报？

拉夫罗夫回答，暂时没有确切情报，只知道距布赫塔尔玛要塞约 400 俄里的城市戈尔德，他们的边防长官需要 6 周才能收到来自北京的呈报批复，而信使只在白天行走，因此，估计北京到布赫塔尔玛的距离不超过 3000 俄里。

问题十：俄国军事力量在西段边境地区有何防御方式？

拉夫罗夫回答，俄国在该段边境地区有正规军两个连，两个龙骑兵炮团，还有三个枪兵营、两个步兵营、八个野战边防营、近 6000 名哥萨克防线驻军，总共 25000 人，足可以发动进攻。但要在乌斯季－卡缅诺戈尔斯克要塞和布赫塔尔玛要塞事先建好仓库，部队由此出发占领额尔齐斯河地带之后，便有办法消解敌人对我额尔齐斯防线任何一座要塞的进攻。为了保卫防线，我们在边境地区设有许多要塞和多楞堡。不过，我防线一带地域极其辽阔，防御起来甚为不便。中国在该处边境地区驻扎有蒙古军队约 30000 人，另

---

① Там же. п. 20. л. 39. Там же с. 204.

有满族军队约4000人。①

很显然，这些信息十分详备，使戈洛夫金相当满意。9月7日（9月26日），戈洛夫金特意致函拉夫罗夫少将，深表谢意。此外，另提了三个要求、一个建议。

三个要求：（1）请拉夫罗夫报告在此地建立新贸易点的坏处；（2）请拉夫罗夫报告其应商务大臣的要求在此地开展贸易的成功尝试；（3）请拉夫罗夫报告捷列茨科耶湖对科雷万矿场的意义，以及采取了何种措施防止中国人的侵犯。

一个建议：由于戈洛夫金此时正行进在去中国的路上，因此，有可能在中国境内收到拉夫罗夫的回函。为此，戈洛夫金建议拉夫罗夫用词一定要谨慎，不必署名亦不必注明日期，以免中国人看到引起不必要的麻烦。②

前面三个要求，说明戈洛夫金心思细密，以及对待调查态度认真。后面那个建议不但十分合理，也很及时。因为照常理，戈洛夫金使团一定会到达北京，而拉夫罗夫寄往北京的信，中国边务部门完全有可能开封阅读，倘若信中有不慎言语，则难免节外生枝。不过，戈洛夫金的建议相比后来俄罗斯驻北京布道团用隐形墨水书写情报来说，③ 可谓小巫见大巫了。

戈洛夫金对拉夫罗夫提供的情报十分受用。9月8日（8月27日），他从中抽出自己认为十分重要的部分上报给商务大臣：（1）应该关注中国边防巡逻队经常巡视俄国领土的问题；（2）应该关注边境地区的民族如三玉兹人的政治意向，防止中国人在这里扩大影响；（3）过去所谓中国人赞同在布赫塔尔玛开展贸易的消息不实，这些赞同开展贸易的人不能代表清政府。④ 看来，随着调查的深入，戈洛夫金开始慢慢了解边境中俄关系的态势了。

10月底，中俄边境的交涉已经白热化了，此时已经被中国边务部门弄得头昏脑胀的戈洛夫金并未因此疏忽调查工作。10月29日（10月17日），

---

① Там же. п. 1. л. 130–133. Там же с. 209–212.
② Там же. п. 24. л. 61–62. Там же с. 212–213.
③ 蔡鸿生：《俄罗斯馆纪事》，第21页。
④ АВПРИ Ф. СПБ. Главный архив. I -7. оп. 6. 1805г. д. № 1-а. п. 24. л. 45–46. *Тихвинский С. Л. и Мясников В. С.* Русско-Китайские отношения в XIX веке. Материалы и Документы. 1803–1807. Т. 1. М. 1995г. с. 214–215.

九 调查与规划：戈洛夫金在西伯利亚

戈洛夫金在给沙皇的报告中就提到，自己每到一个城市，就要考察与外交使命相关的各类问题。除了与当地各类人士谈话外，还要翻看当地所藏的各类档案资料。在报告中，戈洛夫金抱怨怎么也找不到1755年索伊莫诺夫（Ф. И. Соймонов）有关阿穆尔河及其毗邻地区的旅行考察资料。其实，索伊莫诺夫的相关档案早在18世纪下半叶就已毁于火灾。① 戈洛夫金在这份报告里，主要是把自己对将来谈判有关中俄东段边界划界问题的打算告知沙皇，希望得到最高指示。戈洛夫金之所以提出这个问题，主要有两个方面的原因：(1) 如果不先确立中俄两国东段边界线，就无法谈及阿穆尔河的通航以及在河口建立仓库等问题。划界是阿穆尔河通航问题的前提；(2) 根据俄中关系史的规律，中国人一贯重视划界，此前历史上两次主要的中俄边界划界问题都是中国率先提出来的。应该说，戈洛夫金提出问题的理由非常充分且合乎事实。

此外，使团科学考察队的部分专业成员自圣彼得堡出发就开始了沿途科学考察活动。如俄罗斯科学院测量学家舒伯特院士就"同少尉特涅尔一道，进行了彼得堡—下诺夫戈罗德—喀山—叶卡捷琳堡—托博尔斯克—伊尔库茨克交通干线的测量。在戈洛夫金使团行进到伊尔库茨克的一路上，他对该交通线进行了实地测绘"。舒伯特于1806年初被裁减后回到了圣彼得堡，其科考报告及相关成果迄今保留在俄罗斯科学院档案馆圣彼得堡分部，② 拥有较高的科考价值。

由戈洛夫金组织的对西伯利亚特别是俄中边境地区的实地考察实际上始于使团到达伊尔库茨克之后。当时，清政府强烈要求俄国使团将人数缩减至一百多人。这意味着其余一百多人只能滞留在伊尔库茨克，不能进入中国。这些人滞留在西伯利亚干什么？显然只能是肩负考察西伯利亚尤其是俄中边境地区的山水地理风土人情了。为此，戈洛夫金于1805年10月2日（9月20日）倡议成立一个"西伯利亚各省调查委员会"，并发布鼓动裁减使团工作人员自愿加入"西伯利亚各省调查委员会"的倡议书，其中重

---

① Там же с. 911.
② Там же с. 885.

点阐述了成立这个委员会的目的。该委员会将从事如下八项工作①：

（1）自圣彼得堡至西伯利亚沿途各省的历史和地理研究；

（2）通过实地考察补充迄今政府向本大使所提供的相关情报；

（3）视察沿途各省的公益机关和慈善机构；

（4）汇聚沿途各省所有农业、工业和商业发展的一切考察结果；

（5）视察沿途各省的矿山、工厂、冶铁作坊、盐场、工场和手工作坊；

（6）发现各地可供建立企业且能够产生利益但鲜为人知的地方；

（7）研究纳贡民族的状况及其管理形式和纳贡办法；

（8）搜集各种反映西伯利亚全貌的资料，以期引起政府对帝国境内这一有趣而又尚未加以研究的地区的注意。

12月28日（12月16日），尽管此时戈洛夫金正与清朝边务办就使团入境问题进行艰难的磋商，但他仍然没有忘记向沙皇汇报组织裁减人员考察中俄边境地区的情况。戈洛夫金当时派遣的是由宫廷侍从瓦西里奇科夫（Васильчиков）率领的考察队。其考察路线为：首先考察中俄东段边境，即沿涅尔琴斯科—雅库茨克—托木斯克一线行进，附带考察沿斯塔诺夫山脉至鄂霍茨克海一线的情况；其次，考察中俄西段边界，即从巴尔瑙尔到布赫塔尔玛及整个额尔齐斯河一线的情况。② 至于考察队成员的名单，戈洛夫金将之附在这份奏折的附件中。附件包含了使团缩减人员的名单，部分返回圣彼得堡，部分自愿留在西伯利亚准备考察工作。"宫廷侍从瓦西利奇科夫带领八等文官克列门特前往涅尔琴斯克、雅库茨克及沿西伯利亚各条防线旅行；天文学家、五等文官舒伯特及其助手舒伯特少尉回圣彼得堡；使团三秘、七等文官杜布罗斯拉夫斯基留在特罗伊茨科萨夫斯克要塞处理各种事务；帝国科学院助理研究员克拉普罗特留在伊尔库茨克各档案馆研究历史问题；皇家军需部侍从少尉、八等文官波格丹诺维奇（Богданович）、艺术学院退休画师瓦西里耶夫、考察队向导莫申斯基（Мошинский）等奉派参加沿斯塔诺夫山

---

① АВПРИ Ф. СПБ. Главный архив. Ⅰ -7. оп. 6. 1805г. д. № 1-а. п. 25. л. 114. Там же с. 239.

② Там же п. 35. л. 11-13. Там же с. 352-353.

脉至乌第堡的考察；八等文官科尔涅耶夫、维格里回圣彼得堡；设计师库罗奇金回圣彼得堡；八等文官阿列克谢耶夫、护送使团的龙骑兵部队留边境者27人、哥萨克部队留边境者10人则留伊尔库茨克。"① 由上述名单可见，缩减下来的使团成员分成三部分：5人返回圣彼得堡、31人滞留在特罗伊茨萨夫斯克和伊尔库茨克、6人参加考察队。其中，6人组成了两支考察队，2人考察涅尔琴斯克、雅库茨克及沿西伯利亚各条防线，4人沿斯塔诺夫山脉至乌第堡一线考察。

（二）俄国使团被逐之后戈洛夫金及使团成员在西伯利亚的科考

1806年2月23日（2月11日），戈洛夫金被逐回国。在刚回国相当长一段时间里，戈洛夫金恼羞成怒，一个劲地埋头向沙皇及其政府恶人告状，写了好几个有关中俄关系态势的分析报告。其中心内容无非是谴责中国政府不顾外交礼节驱逐使团的行为，把使团被逐的责任全部推到中国边务办及清政府身上，并且鼓吹针对中国的军事报复。所以，在回国初期，至少他本人并未参与对西伯利亚的考察活动。尽管如此，他不甘寂寞，仍然热心组织使团成员对西伯利亚进行全方位的科考。

1. 戈洛夫金《利用当地资源实施西伯利亚军事配置的计划》

如前所述，戈洛夫金所领导的西伯利亚的科考探险实际上在俄国使团出境之前就已经开始了，只不过成规模的行动是在戈洛夫金被逐回国之后。就科考的实际情形来说，戈洛夫金组织了科考的实施，但其本人却未亲自参加科考行动。他在西伯利亚所关注的仅仅是如何利用和动员西伯利亚本身的资源对中国进行军事威慑，以泄心头之怒。

1806年5月20日（5月8日），亚历山大一世谕令戈洛夫金，命他以特命全权大使衔暂留西伯利亚一段时间，整顿西伯利亚的内政，搜集中俄

---

① Там же п. 25. л. 233. Там же с. 921.

边境、海关等各方面的情报并及时报告。① 这道谕旨，暂时赋予了戈洛夫金干涉西伯利亚内政和主持考察西伯利亚的权力。赋予戈洛夫金考察西伯利亚内政的权力虽在某种程度上使西伯利亚的官僚集团尤其是恰克图海关利益集团与戈洛夫金的矛盾趋于白热化②（如西伯利亚总督谢列丰托夫就因戈洛夫金的考察与密报而下台③），但也进一步推动了正在进行的科考探险工作。

6月17日（6月5日），戈洛夫金在给恰尔托雷斯基的报告中提到多夫利（Ф. Ф. Довре）考察队已经传来了好消息，可惜，报告中没有罗列相关的具体内容。④ 然而，由于使团失败所引起的心情不畅、西伯利亚地方势力的反抗等原因，疲惫不堪的戈洛夫金身染微恙。7月1日（6月19日），戈洛夫金在给恰尔托雷斯基的急件中坦言自己已陷入贫病交加的状况，言语之间已萌班师回朝之意。⑤ 同日，戈洛夫金奏告沙皇：有关西伯利亚的综合报告已经基本完毕。⑥ 但直到8月初，戈洛夫金都还在努力修改完善自己的报告。8月6日（7月25日），戈洛夫金在给恰尔托雷斯基的紧急报告中写道："当前，我全心贯注于完成一部论述西伯利亚资源及其利用的报告。托木斯克省和额尔齐斯防线在同中国的军政关系方面与伊尔库茨克省是一个整体，如果不对它们进行描述，这个成果将是不完整的。"⑦ 次日，戈洛夫金上奏亚历山大一世，直接汇报考察成果：（1）多夫利上校已经完成考察返回；（2）目前自己正利用考察资料修改补充有关西伯利亚资源调查及其充分利用方式的报告；（3）准备亲自秘密考察在叶尼塞河与安加拉河之间建立交通的可能性、托木斯克省的资源情况以及完成比斯克－库兹

---

① Там же п. 27. л. 269. Там же с. 558.
② Восточная сибирь. с. 136–137. Там же с. 857.
③ Вопоминания Ф. Ф. Вигеля о его поездке в составе посольства Ю. А. Головкина в Цинскую империю（1805–1806）. Там же с. 823.
④ АВПРИ Ф. СПБ. Главный архив. I –7. оп. 6. 1805г. д. No 1-a. п. 27. л. 397. Там же с. 577.
⑤ Там же. л. 427. Там же с. 591.
⑥ Там же. л. 417. Там же с. 593.
⑦ Там же. л. 491. Там же с. 613.

九 调查与规划：戈洛夫金在西伯利亚

涅茨克防线的考察。如果还有时间的话，再完成额尔齐斯一线的考察。①然而，并没有资料证明他曾亲自到过这些荒无人烟的地方。他后来所写的报告不过是综合利用使团其他成员实地考察的结果写成的。

8月13日（8月1日），戈洛夫金终于向沙皇呈递了一份完整的报告：《利用当地资源实施西伯利亚军事配置的计划》。从标题就可以看出，戈洛夫金在鼓吹对华军事威慑，它实际上是对3月3日（2月19日）报告的一个大的补充。在那个报告中，戈洛夫金极力主张改变目前俄中交往的关系态势，不能让俄国的政治跟着中国的规矩运行。而这个报告的目的首先在说明俄国改变俄中关系政治态势的力量就在西伯利亚地区本身。按照戈洛夫金的意见，所谓改变目前俄中关系政治态势实际上就是要将俄国从清朝的天朝体制的势力范围下分离出来，再把清朝纳入欧洲国际关系体制。然后，在这种新的政治基础上来开展俄中新交往，建构崭新的俄中关系政治格局。为此，戈洛夫金建议首要利用军事力量的威慑手段。其次，一旦需要利用军事力量，那么，针对中国的什么地区最为合适？戈洛夫金认为应针对阿穆尔河流域及其邻近的满洲地区。"控制这一地区对清政府极为重要，因为它与阿穆尔河右岸许多繁荣的城市和富饶的地区离得很近，并且由此极易靠近北京，特别是进入满洲——当今王朝的发祥地。这是清王朝的圣地，也是中国发生暴乱时它唯一的避难所。"占领这一地区，对俄国的好处很大。比如：可以获得一般贸易的利益；有利于解决鄂霍茨克海、堪察加和俄美公司的给养运输问题，可以免除雅库特人向鄂霍茨克长途运输的艰辛；利用阿穆尔河右岸的资源和商品开发西伯利亚广袤地区的财富资源；可以把阿穆尔河与斯塔诺夫山脉之间以肥沃著称的广袤地带转化为农耕区，还可以使该地区极为丰富的狩猎和捕捞资源得到利用；大大改善目前东西伯利亚的水上交通运输状况。从伊尔库茨克可以沿贝加尔湖和色楞格河到上乌丁斯克；从上乌丁斯克陆路行420俄里即可抵达汇入石勒喀河的音果达河。还有一条更便捷的路，即由色楞格斯克溯流而上进入希洛克河，再由该河转到音果达河上的多罗宁斯克，途程仅为20俄里281俄丈。

---

① Там же. л. 488–489. Там же с. 614–615.

同时，这个地区也是中国人攻击俄国的最佳位置。为了防患于未然，戈洛夫金建议加强俄国在这一地区的军事防御措施。

（1）采取紧急措施以确保涅尔琴斯克地区以及贝加尔湖以东的全部边境不受入侵威胁。戈洛夫金所建议的"紧急措施"包括如下几个方面。

其一，军队部署措施。根据戈洛夫金的调查，由机动骑兵营组建而成的伊尔库茨克和色楞格斯克两个团仍留驻以前的防区，贝加尔湖以东地区能调动的俄国部队主要有如下两支。

第一支：色楞格斯克团，下辖四个营，总人数为1440人，加上士兵子弟可服兵役者160人，共1600多人；

第二支：约6717人，包括边境地区的哥萨克人900人及适合兵役年龄的哥萨克子弟304人、已经受洗的布里亚特人196人、布里亚特人2400人（共4个团，每团600人）、通古斯人1000人、临时可征调的布里亚特人1800人、配备10门火炮的伊尔库茨克炮兵317人。

至于军事装备，戈洛夫金建议启用托波尔斯克兵器库里的长矛和火器代替马刀。

其二，食品和饲料的供给措施。要打仗就要解决后勤问题，对此，戈洛夫金也制订了万全的计划。实际上，此前雅各比① （И. В. Якоби）就已经做过类似的后勤供给计划。根据他的计划，粮食供给问题采取两手准备策略：部分依赖当地出产，部分依赖从克拉斯诺亚尔斯克、叶尼塞斯克等地调拨。当时，他据此养活了三万多人的部队。相对而言，戈洛夫金时代西伯利亚的农业比以前要发达一些，因此，戈洛夫金认为，仅依赖伊尔库茨克就能解决粮食供应问题。具体而言，由于西伯利亚当地酒厂进行了技术革新，比过去能节约出276601普特面粉（未言明时间），国家可以平价购入，进行商业运作，既有利于地方商业的发展，又有利于保障军队的粮食供应；根据调查，土豆在后贝加尔地区生长良好，应该大力推广种植，

---

① 雅各比（И. В. Якоби. 1726–1803），陆军中将，伊尔库茨克 - 科雷万总督。此人一贯主张侵占阿穆尔河流域，并于1796年11月制订了一个吞并阿穆尔河流域的军事计划，这个计划曾在1858年整理公开发表（Начертание к двойственному умножению польз с расширением пределов со стороны Китая // ЧОИДР 1858. кн. 4. ч. V. отд. "Смесь"）。

以足粮食之需；改变过去牧民散养马匹的习惯，建立若干马草库，并且随时停止与中国的牲畜交易，以备军需；利用后贝加尔地区密布的水道，改造平底船，大力发展水运优势，解决运输问题。

其三，应该在格尔必齐河、祖鲁海图、库达拉河、乌斯季－恰克图一线择地修建要塞堡垒，建构完整的防御进攻体系。

（2）如当前同中国政府的争论需要采取更具威胁性的手段，则应采取措施尽快扩大军队数量。根据戈洛夫金的计划，按受到攻击的程度进行军队扩建。

其一，如果受到一般的军事攻击，那么，军事应对措施为：

①由伊尔库茨克抽调部队奔赴后贝加尔地区，然后再调托木斯克的军队防守伊尔库茨克；

②征调在伊尔库茨克服役的545名巴什基尔人和423名哥萨克人组成哥萨克团。另外还可以从归顺伊尔库茨克的30970名布利亚特人中招募骑兵，在下乌丁斯克也可以招募200人。这样一来，可以扩建的军队就将达到5594人（伊尔库茨克团：2160人＋士兵子弟补充兵员240人＋枪兵营6个共2400人＋内地省份的哥萨克649人＋巴什基尔人545人＋特别征召的通古斯人1000人＋伊尔库茨克的布里亚特人1000人）＋外贝加尔的驻军6717人，合计一个军团共12311人。

③每年军需给养为7900卢布〔边境哥萨克（每人年饷6卢布16.5戈比，外加粮草90戈比，合1100卢布）＋通古斯人（每人年饷6卢布，无粮草，合2000卢布）＋布里亚特人（每人年饷与边境哥萨克同，无粮草，合4800卢布）〕；

其二，如果上述措施无法控制事态的发展，那么，继续采取扩军措施：

①将防御伊尔库茨克的托木斯克部队调往外贝加尔地区；

②从当地移民（约有12000人）中招募一部分人为勤务兵、轻重兵、库房管理兵、炮兵等。如此，两年之后，就可以扩建15000人的部队。

其三，再进一步，还可以采取如下措施：

①将上乌丁斯克和涅尔琴斯克合并，根据多夫利上校的计划重组军队：16个枪兵营（6400人）＋骑兵（11345人）合计17745人，另组建4个步

炮连+3个骑炮连（98门大炮）+2个工兵连+1/2地雷工兵连；

②让额尔齐斯河一线的部分军队配合伊尔库茨克省的军事行动，牵制蒙古人。

（3）最后，应采取措施，以较小的代价让中国对伊尔库茨克省的军事规模不敢小觑，为此，我们要同中国继续保持友善的关系，使我们赢得喘息的机会。①

大概估计沙皇阅读如此冗长的报告有困难，因此，戈洛夫金另外附写了一份《计划书》的要点，② 非常简短。按照这份附函，戈洛夫金的《计划书》共有四个要点：①边境哥萨克的配置计划；②伊尔库茨克省民兵组织计划；③涅尔琴斯克边区地形述略和多夫利上校所提出的进攻防御体系；④满族的发展史略、当前状况及他们与俄国的关系述略。

从这个附件要点看，它似乎与正式报告书的内容有所出入，但利用西伯利亚本身的资源、鼓吹对华军事威慑这些中心内容则差不多。

由此可见，戈洛夫金在被逐回国后对西伯利亚的所谓考察，其实主要是坐在伊尔库茨克的办公室内阅读使团成员们外出考察调查的记录。戈洛夫金的那些报告实际上都是综合了使团成员实地考察的记录而写成的。从其报告内容可见，他本人主要对后贝加尔边区尤其是中俄东段边境地区俄国政府的军事威慑力量的重组感兴趣，别的都不在他视线里。

然而，正当戈洛夫金踌躇满志的时候，沙俄政府基于突至广州贸易之俄船"希望"号、"涅瓦"号的顺利回国，同时，也由于西欧越来越严峻的国际局势的逼迫，决定暂时继续保持对华和睦的外交政策。8月25日（8月13日），经过讨论，内阁特别委员会建议召回戈洛夫金及其使团成员。③ 戈洛夫金在西伯利亚的日子不会太久了。9月1日（8月20日），

---

① АВПРИ. Ф. СПБ. Главный архив. I -7. оп. 6. 1805г. д. № 1–а. п. 43. л. 58–59. Тихвинский С. Л. и *Мясников В. С.* Русско-Китайские отношения в X IX веке. Материалы и Документы. 1803–1807. Т. 1. М. 1995г. с. 618–624.

② Там же п. 24. л. 147–149. Там же с. 617.

③ Там же п. 27. л. 477–484. Там же с. 630–632.

亚历山大一世下旨，正式召回戈洛夫金及其使团成员。11月11日（10月20日），戈洛夫金致函外交大臣布德别尔格（А. Я. Будберг，1750-1812），告知已率使团剩余人员动身返回圣彼得堡。随着回程脚步声的响起，戈洛夫金使团及其在西伯利亚的折腾便也宣告终结了。

2. 戈洛夫金组织使团成员对西伯利亚的科考活动

1806年3月21日（3月9日），恰尔托雷斯基就北京谈判问题一连向戈洛夫金写了两个急件。大概此时沙俄政府尚不知道使团已经被逐，所以，急件中不但允许戈洛夫金与中国政府谈判未定边界的划界问题，且支持他组织对中俄东段边境地区的考察活动，但前提是不要因此影响俄中关系的现状。[①] 尽管这些急件是在沙俄政府对使团现状不知情的背景下发来的，但其中支持考察中俄东段边境地区情况的意向对戈洛夫金使团当时正从事的考察活动是有益的。事实上，戈洛夫金在被逐回国后，出于种种考虑，对考察活动十分热心。他不但组织考察中俄东段边境地区，还派人考察更远的极东地区，以探索解决俄美公司给养通道的问题。戈洛夫金如此作为，主要目的在于给沙俄政府一种继续使团事业的印象。因为戈洛夫金使团访华的关键任务之一就是要尽量扩充俄中贸易边界并争取阿穆尔河的通航权，以解决俄美公司的贸易、给养运输困境问题。戈洛夫金也可以因此而体现自己的价值。

于是，在戈洛夫金异乎寻常的热情号召下，使团部分成员基于各自的专业技能优势，对西伯利亚广大地区进行了广泛的科学考察、探险活动，取得了不少历史学、地理学、矿物学、动物学、植物学领域的成果。根据现有资料，概而言之，有如下几个方面的内容。

（1）潘茨列尔的科考

潘茨列尔，毕业于德国耶鲁大学，教授、矿物学家。1803年受聘到俄国绘图局服务，后参加戈洛夫金使团科学考察队，主要负责地理学和矿物学考察。1806年初，戈洛夫金被逐回国后，他被派往上乌丁斯克、巴尔古

---

① Там же. п. 25. л. 348. Там же с. 521.

津斯克及涅尔琴斯克县等地方进行矿物学考察,还附带发现了一些古代城市遗址。潘茨列尔后来写了一系列考察报告,其中所涉内容十分广泛,包括:

①从特罗伊茨科萨夫斯克到涅尔琴斯克之间的道路情况;

②大兴安岭与库伦的海拔差别;

③研究地质关系对国家的重要性;

④认为根特木尔作为姓氏本源自蒙古贵族,却误以为源自通古斯族;

⑤涅尔琴斯克的档案中对国家历史有用及有关生活在当地的异族人的资料;

⑥在涅尔琴斯克、祖鲁海图等地发现了不少古代遗址,有人说是中国城市,也有人说是蒙古庙宇;还发现了保存在涅尔琴斯克城堡的铭文,以及该地古代居民久切尔人和达斡尔人的衣物,等等。潘茨列尔得出结论:从所发现的铭文看,不止一个游牧民族在这里生活过,他们懂得艺术,拥有一定程度的文化修养。①

如前所述,基于潘茨列尔内容广泛的考察报告,颇托茨基曾推荐他获得300卢布的奖金及戒指一枚。

(2)亚当斯的科考

亚当斯,自然探险家、动物学家、植物学家。1804年,成为俄罗斯科学院通讯院士。1805年,作为博物学家参加戈洛夫金访华使团。后来,使团成员缩减,他被留在国内,自愿参加科考。戈洛夫金被逐回国后,就派他去考察自伊尔库茨克至北冰洋的勒拿河流域。1806年4月23日(4月11日),他从伊尔库茨克出发,沿大兴安岭向北开始考察,中途写了一系列报告。谈及的问题有:

①勒拿河流域的地图;

②大兴安岭的地理情况;

③在贝加尔湖以南的山岭中发现了很多鲜为人知的动物种类;

④1803年,雅库特商人波格丹诺夫在冰海以北距日干斯克1500俄里、距贝科夫角5俄里的海湾发现了猛犸象遗体,亚当斯在沿勒拿河到北冰洋

---

① Баснин В. Н. О посольстве в Китай графа Головкина. М. 1875г. с. 92–93.

九 调查与规划：戈洛夫金在西伯利亚

的考察中发现并带回了整只猛犸象遗体；

⑤亚当斯还请求俄罗斯猎人允许他考察了列亚霍夫群岛中的三个岛屿。①

对于这次科考活动，沙俄政府十分重视，亚历山大一世专门为之拨付了资金。根据 5 月 30 日（5 月 18 日）戈洛夫金给恰尔托雷斯基的紧急报告，还在亚历山大一世的谕旨之前即 5 月 4 日（4 月 22 日），伊尔库茨克省长向戈洛夫金报告已经接到国库的命令，拨付 2360 银卢布及 11859 卢布 30 戈比现钞用于资助亚当斯的勒拿河流域考察队。② 这既表明了沙俄政府支持科考并非纸上谈兵，也表明了戈洛夫金对科考的关注程度。亚当斯同样受到颇托茨基的推荐，获得了 300 卢布的奖金及戒指一枚。

（3）列多夫斯基的科考

列多夫斯基，植物学家、旅行家。1805 年，参加戈洛夫金使团，负责使团沿途的自然、地理和民族学考察。他曾随使团到达库伦，被逐回国后，又受命于戈洛夫金，考察雅库特、堪察加、千岛群岛、尚塔尔群岛和萨哈林岛。1806 年 4 月 23 日（4 月 11 日），戈洛夫金在给恰尔托雷斯基的紧急报告中谈到：使团成员列多夫斯基自告奋勇去堪察加、千岛群岛和尚塔尔群岛考察。为了不浪费整个考察的黄金时间——夏天，戈洛夫金已先期从使团的特别经费中拨出若干，以尽快支持列多夫斯基对鄂霍茨克地区的考察，并请求外交副大臣批准。戈洛夫金还阐述了自己先斩后奏挪用经费的理由：目前，俄国对雅库茨克和阿尔丹河口之间那条新通道的情况一直模糊不清，为了解决政府向俄美公司运输给养的问题，戈洛夫金希望尽快彻底弄清通道的实际情形，并探索究竟是气候条件还是其他自然条件，抑或是人为因素造成目前这种艰难的状况。此前，政府已在这条通道上花了 60000 多卢布建立了一些俄罗斯的、雅库特的或通古斯的居民点，但工程一直未能完成。列多夫斯基的考察可以帮助政府尽快完成这个工程。为了方便考察，戈洛夫金还花了 600 卢布雇用了当地一位姓科热文（Кожевин）的老土地丈量

---

① Там же. с. 93-94、100.
② АВПРИ Ф. СПБ. Главный архив. I -7. оп. 6. 1805г. д. № 1-а. п. 27. л. 360. Там же с. 572.

员来帮助列多夫斯基。科热文曾从多个方向穿越该地区，还参加过海军将军福明（Фомин）的考察队，通晓通古斯和雅库特人的语言。① 列多夫斯基对鄂霍茨克地区的考察于 4 月 23 日（4 月 11 日）从伊尔库茨克出发。②

4 月 30 日（4 月 18 日），列多夫斯基根据科考的具体需要向俄罗斯科学院写了一个报告，请求扩大考察范围。于是，科学院重新制订了一个为期 3 年的庞大的考察计划，考察路线为：伊尔库茨克—鄂霍茨克海沿岸—鄂霍茨克—吉日金斯克—堪察加—白令海峡—千岛群岛和尚塔尔群岛—乌第堡—雅库茨克，目的在于搜集这些地区的历史、地理和社会经济状况的资料。考察队的任务和人物组成都在不停地变化。1806 年 6 月 1 日（5 月 20 日），列多夫斯基率考察队从伊尔库茨克出发，考察路线与计划稍有不同：基廉斯克—奥列克明斯克—雅库茨克—阿姆金斯克镇—乌斯特—马亚—尼利坎—鄂霍茨克的阿尔多马斯克码头—伊尼亚陶伊斯克—奥拉—吉日金斯克。不幸的是，列多夫斯基突然在吉日金斯克自杀了。于是，这次考察活动被迫中途而止。③

（4）多夫利上校的科考

1806 年 3 月 20 日（3 月 8 日），戈洛夫金就使团被逐的原因上奏沙皇，其中末尾谈到："微臣将所有校官都派往涅尔琴斯克，继续做他们的工作。特别是多夫利上校，他奉命去搜集我国边地直到阿穆尔河的情况和邻接满洲地区的资料。"④ 确实，戈洛夫金对多夫利考察队的期望是有明确目标的。自使团在库伦受辱回国后，戈洛夫金就急不可耐地想弄清中俄东段边境地区的具体情况，以备完成他正在努力构思利用西伯利亚资源实行对华军事威慑的计划书。5 月 5 日（4 月 23 日），戈洛夫金给多夫利上校考察队下达了一个训令，其中主要内容有：尽一切可能多搜集自斯特烈尔卡至恰克图一段贝加尔和中国边界之间地区的军事情况，特别是阿穆尔河什尔卡至额尔古纳汇合处一段的情况；搞清中国满洲军队沿阿穆尔河及其他地区的分

---

① Там же п. 35. л. 298–299. Там же с. 546–547.
② Там же. п. 27. л. 360. Там же с. 572.
③ Там же с. 887.
④ Там же. п. 27. л. 178. Там же с. 515–516.

布情况；搞清楚是否有可能秘密派一个考察队去考察阿穆尔河与外兴安岭之间的那个地区。①

可见，训令的主要内容与戈洛夫金后来相关报告的主体内容是十分接近的。6月以后，多夫利陆续发回考察报告，传回很多信息，如：阿克什的情况；从尼布楚到什尔卡、额尔古纳的情况；中国境内道听途说的有关戈洛夫金使团的消息；考察自戈尔比茨至尼布楚的整个中俄边境；考察队发现格尔毕齐河附近刻有五种文字的碑文，同时，还看到其他不一样的界碑，中国人每年都进行维护；考察阿穆尔河沿岸叛逃到俄罗斯的通古斯人及他们关于这块土地属于俄罗斯的传闻；等等。②

7月1日（6月19日），戈洛夫金在给沙皇的奏章中提到了考察队的情况："总参谋部上校多夫利带领手下两名军官正沿石勒喀河顺流而下，准备到阿穆尔河后，再沿额尔古纳河溯流而上。另外两名军官刚刚结束了在国境其他地段的工作。这次考察将为陛下献上一批国家最遥远边疆的地图和略图，并报告当地的一般和详细情况，这些资料都非常翔实。"③

（5）使团医生的科考

1806年3月20日（3月8日），戈洛夫金就使团被逐的原因上奏沙皇，其中末尾还谈到："使团外科医生还要在那里考察医院的状况"，"目前有一位医生正在研究位于巴尔古津郊区的两个矿泉，花不了多少代价，这两个矿泉便会十分有用"。④ 另外，戈洛夫金还把使团外科医生加里派到尼布楚地区考察植物，列曼医生则考察巴尔古津附近有益健康的泉水。⑤

（6）克拉普罗特的科考

克拉普罗特，德国东方学家，1804年，受聘到俄罗斯科学院，负责东方语言学的研究。1804年，正值沙俄政府倡议派遣访华使团，克拉普罗特

---

① *Баснин В. Н.* О посольстве в Китай графа Головкина. М. 1875г. с. 90.
② Там же с. 91.
③ АВПРИ Ф. СПБ. Главный архив. Ⅰ-7. оп. 6. 1805г. д. № 1–а. п. 27. л. 417. Тихвинский *С. Л.* и *Мясников В. С.* Русско-Китайские отношения в ⅩⅨ веке. Материалы и Документы. 1803–1807. Т. 1. М. 1995г. с. 593.
④ Там же. л. 178. Там же с. 515–516.
⑤ *Баснин В. Н.* О посольстве в Китай графа Головкина. М. 1875г. с. 90–91.

被确定为使团学术组的一员。1804年5月6日（4月24日），科学院学术会议确定，克拉普罗特随行使团的任务主要是搜集各种汉、满、蒙等东方语言著作以丰富科学院的藏书。① 沙俄政府还专门为他赴恰克图的路费以及到中国买书拨了一笔款子。

1805年春，克罗普罗特早于使团出发，其行经的路线是：喀山—彼尔姆—叶卡捷琳堡—托博尔斯克—鄂木斯克—克拉斯诺亚尔斯克—伊尔库茨克。1805年秋，克拉普罗特随使团到达恰克图，开始研究当地的蒙、满语。使团缩减后，他回到了伊尔库茨克，在翻译的帮助下，于伊尔库茨克图书馆研究汉语，且在伊尔库茨克日语学校的日本人的帮助下研究日语。② 在这段时间里，克拉普罗特还研究了伊尔库茨克的海关史档案。③ 1806年3月份，科学院再次训令克拉普罗特，要求他继续研究西伯利亚。此后，他的足迹遍及阿尔泰地区，后来发表了《中俄边界问题之我见》等重要论文。④

---

① *Тихвинский С. Л. и Мясников В. С.* Русско-Китайские отношения в XIX веке. Материалы и Документы. 1803–1807. Т. 1. М. 1995г. с. 895.
② *Скачков П. Е.* Очерки истории русского китаеведения，Москва. 1977г. C. 90.
③ АВПРИ Ф. СПБ. Главный архив. I -7. оп. 6. 1805г. д. № 1-а. п. 25. л. 233. *Тихвинский С. Л. и Мясников В. С.* Русско-Китайские отношения в XIX веке. Материалы и Документы. 1803–1807. Т. 1. М. 1995г. с. 921.
④ *Клапрот Ю. Г.* Окитайко-руской границ, собранный Юлием Клапротом во время путешествия по оной, в 1806 году. //Северный архив. 1823. No 9. c. 184–204；No 10. c. 253–277；No 11. c. 328–346；No 12. c. 413–432.

十 善后：
戈洛夫金使团的遗留及关联问题

戈洛夫金使团被驱逐后，不独边境的局势受到影响，还有一些与使团有关系的遗留的问题，亟待处理。其中，遗留问题首先是礼品的处理问题，包括俄国使团赠送给清朝皇帝的礼品的处理、俄国使团在与库伦办事衙门交涉过程中互赠礼品的处理乃至中俄边境日常互赠礼品的开支及处理等。其中比较重要的当然是俄国使团赠送给清朝皇帝的大宗礼品的处理。因为这些俄国礼品的处理方案直接关系到当时清朝对未来中俄关系动态的认识。对这些礼品的处理，甚至引发了中俄边境地方层面有关续派使团的交涉。当初，俄国为了访问成功，根据惯例，精心为清政府准备了很丰足的礼物，且许多礼物像体积庞大的玻璃制品，沿途雇用大车、动用很可观的人力物力克服无数艰难险阻，好不容易才运到库伦。现在，使团半途而废，人马倒是很容易就撤回去了，这些礼品要运回去却不是那么容易的事情。因此，如何处理礼品，成了俄中双方共同的难题。其次是使团成员被召回后的奖励问题。由于沙俄政府最终决定采取对华友好政策，将使团被驱逐所带来的外交丑闻的影响尽量降低，召回了一直徘徊在西伯利亚的使团。但由于戈洛夫金一直坚持认为外交使团失败的责任全在中方,这种认识在形式上也一直得到沙俄政府的肯定,因此,使团被召回时,戈洛夫金竟然以有功人员自居,要求沙俄政府嘉奖使团相关成员。而俄国政府对这个问题的处理态度也在某种程度上体现了其对待戈洛夫金事件的态度。

至于与戈洛夫金使团事件相关联的问题,首先便是第九届布道团换届的问题。如前所述,按照俄罗斯的原定计划,第九届布道团成员随使团一块进京,但是遭到清政府的坚决拒绝。现在,使团被驱逐,那么,还等候在伊尔库茨克的换届布道团怎么办?这个问题是否能处理好,直接关系到中俄关系的未来走向。其次,由于俄国使团的大宗礼品长期存放恰克图,于是,在边境地区谣传着俄国想再派使团访华的消息,这种谣传甚至影响到中俄两国政府的态度。一方面,清政府信以为真,并主动询问沙俄政府;嘉庆皇帝甚至下旨,如果俄国再派使团,就取消库伦赐宴及演习跪叩礼。另一方面,沙俄政府也开始关注此事,以致伊尔库茨克新任省长特列斯金向库伦发出边境谈判的邀请,双方就是否续派使团的问题进行了多次谈判。最后虽然无果而终,但谈判本身作为库伦与伊尔库茨克之间地方层面官方交涉的典型,极大地丰富了嘉庆朝中俄交涉的内容。实际上,所谓"关联问题"和"遗留问题"都基于访华使团的派遣和驱逐,互相之间都存在一些或多或少的内在联系。

(一)礼品的处理问题

一般来说,朝贡行为中的贡品问题往往不为人注意。其实,贡品除了象征朝贡国政治上的俯首帖耳以外,也反映着朝贡国本身的社会经济发展水平。天然贡品居多,说明朝贡国的手工业发展程度有限。反之,如果人工创作的产品居多,且工艺水平很高,则说明朝贡国本身的手工业发展水平很高。所以,礼品本身同样透着不简单的信息,它能反映很多问题。就连礼品的处理问题,也相当复杂。如前所述,沙俄政府为了实现自己对华巨大的政治贸易计划,在组建戈洛夫金使团时,曾精心准备了大量礼品。

十　善后：戈洛夫金使团的遗留及关联问题

现在，使团被逐，礼品的处理就成为重要问题。它不仅是一个经济问题，同时也是一个外交问题。简言之，当时中俄两国需要处理的礼品问题主要有三个方面：俄国使团对所赠礼品的销账（包括俄方边境官兵对受赠礼品的处理），库伦办事衙门对所赠、受赠礼品的处理，以及沙俄政府对使团留置在西伯利亚的大量剩余礼品的处理。尤其有意思的是，礼品的处理问题居然对当时中俄两国关系产生了一些微妙的影响，由此促成了1810年（嘉庆十五年）初中俄地方层面有关续派使团问题的边境交涉。

1. 俄方对俄国使团所赠礼品及边境卡伦受赠礼品的处理

自戈洛夫金至恰克图之后，俄国使团开始与库伦办事衙门的人员接触，也就开始了双方礼品的互赠往来。戈洛夫金自恰克图到库伦的旅途中，不停地将礼品赠给清朝相关人员。对于这些已赠送的礼品的处理很简单，就是销账。因为使团本身是有财务制度的，经费的使用与礼品的处理都必须有财务手续。

1805年12月22日（12月10日），戈洛夫金送给布哈拉商人阿布达拉伊姆（Абдараим）一只银表。

1805年12月24日（12月12日），戈洛夫金还在恰克图，未入华境。因其间身体不适，嘉庆皇帝即专程派御医前来为他诊治。虽然医生到达时戈洛夫金的身体已经痊愈，但戈洛夫金仍然表示感谢，并赠给御医一只金表。

俄国使团入华境后第一批销账的礼品主要是戈洛夫金从恰克图至库伦旅途中所赠礼品。当时，库伦办事大臣派人到恰克图迎接戈洛夫金，为了表示感谢，戈洛夫金照例赠送礼品。1806年1月22日（1月10日），戈洛夫金口头命令使团司库奥希波夫将所赠礼品销账。这些礼品包括：1805年12月27日（12月15日），赏库伦衙门护送御医统领狐皮两张，一为1797年的玄褐狐，一为1803年的赤狐；又赏1804年镶牙松鼠腹皮毯一块（编号5）；赏御医绛红缎子马褂料6俄尺、1804年托博尔斯克貂皮两张（编号35）。1806年1月2日（1805年12月23日）在中国境内行至第二驿站时，赏护送队伍官员贝子1804年仓房内玄狐皮7张、1804年札沃伊白桦色貂皮一张（编号6）。1806年1月22日（1月10日）于库伦赏供应使团伙食的蒙古公1802年玄赤狐腹皮毯一块（编号7），赏其手下宰桑玄赤狐皮各两张。①

使团此后的行程由于种种原因，不太顺利，最终因礼仪问题被驱逐。1806年2月24日（2月12日），戈洛夫金回到恰克图。清政府尽管做出了驱逐使团的决定，双方在争论中也是针锋相对，乃至唇枪舌剑，互相讥刺怒骂。但是，在宣布驱逐俄国使团之后，清政府并未因此冷待俄国使团，而是派人沿途护送，饮食运输都照顾周到，无一丝一毫的疏忽，体现了礼仪之邦的风范。也因此，俄国使团在从库伦回到恰克图的旅途中，亦照例赠送给清政府护送官兵以丰厚的礼品。3月1日（2月17日），戈洛夫金又下令使团司库奥希波夫，命他把从库伦到恰克图一路上赠送给清政府护送官兵的礼品销账。这些礼品相当丰厚，计有：

1月25日（1月13日），赏护送宰桑郎宫扎普（Лангун-зап）天鹅绒12俄丈，编号20；804年产镶边灰鼠腹皮大衣一件，编号2。

1月27日（1月15日），赏蒙古公803年产火狐皮两张；赏其手下图撒拉克奇托博尔斯克产紫貂皮6张，编号35。

1月29日（1月17日），拨给使团两位秘书小礼品用金银丝线半磅、各色彩纸1刀、小刀6把、剪子6把、小镜子6面、锁6把。

1月30日（1月18日），为答谢蒙古策凌贝子所送礼品，赠托博尔斯克产紫貂皮6张，编号29。

2月1日（1月20日），赏蒙古包中的蒙古仆役802年产橙色开司米4俄丈，编号3；火狐皮一张。

2月8日（1月27日），赏前来送礼的两名军官托博尔斯克产紫貂皮6张，编号29。

2月9日（1月28日），赠库伦办事大臣玻璃器皿，编号9；带托盘大碗1对，编号10；凸花糖罐一对，编号25；描金彩绘长柄勺一对，编号26；描金彩绘冰激凌小桶12只，编号28；描金彩绘带把冰激凌杯32只，

---

① АВПРИ Ф. СПБ. Главный архив. І-7. оп. 6. 1805г. д. № 1-а. п. 42. л. 69–70. Там же с. 387.

编号 39；牛奶杯一对，编号 41，牛奶杯 1 只，编号 52；描金描银各色茶杯 24 只，编号 60；水果盘 5 个，编号 64；带盖酥油碗及托盘一套，编号 68；汤罐 4 只，编号 69；杯子，编号 73 的 4 只，编号 95 的一对；小花瓶，编号 99 的一对，编号 103 的一对，编号 106 的一只，编号 122 的一对；有腿小碗 5 只；儿童用小酒杯 6 只，编号 132；银锭 1 俄磅；玻璃匣子 1 只；小刀 6 把；剪子 6 把。

2 月 14 日（2 月 2 日），赏送消息来的蒙古人森多扎布（Сендожап）托博尔斯克紫貂皮 10 张，编号 29。

2 月 15 日（2 月 3 日），赏奉派送还礼品的贝子呢料 8 俄丈；赏随行军官 2 人呢料各 6 俄丈，共 12 俄丈。

2 月 25 日（2 月 13 日），赏护送使团回国的贝子纳木吉勒多尔吉 804 年产紫貂裘皮大衣 1 件，编号 18；赏图撒拉克奇达西敦多布 804 年产狐裘皮 1 件，编号 17，红色开司米 10 俄丈；赏 4 位章京 804 年产石貂皮四张。①

当时，俄国使团回国分为三队人马，其中护送最后一队人马的是蒙古贝子宁何多尔济。戈洛夫金送给他一台显微镜。3 月 4 日（2 月 20 日），戈洛夫金下令奥希波夫销账②。

1806 年 2 月 16 日（2 月 4 日），戈洛夫金又赠给蒙古札萨克一只银表。3 月 5 日（2 月 21 日）销账。③

此外，按照惯例，俄方信使到中国边务衙门送信，往往在受赠礼品的同时，也回赠礼品。对此，俄方边务办有专门经费以供支出。1807 年 5 月 7 日（4 月 25 日），俄信使桑热哈耶夫前往库伦送信。回国之际，信使与清边务衙门互有礼品往来。库伦边务衙门赠给信使两匹半吴丝绸缎、两箱茶叶，赠给哥萨克班长同样的绸缎半匹，赠给 3 名哥萨克士兵各砖茶两块。当时，信使桑热哈耶夫也有回礼。动身前，他曾从恰克图边务衙门领到狐皮 24 张，另钱款 102 卢布 30 戈比。根据惯例，信使回赠 3 名陪同警官各 5 张狐皮，库伦边务衙门的拨什库和侍卫各 3 张狐皮，护卫至库伦的章京 2

---

① Там же. л. 75–77. Там же с. 459–460.
② Там же. л. 78–79. Там же с. 493.
③ Там же. л. 82–83. Там же с. 493.

张狐皮，陪护的蒙古人1张狐皮。至于领到的钱款102卢布30戈比，尚余22卢布70戈比，已用于旅费开销。① 8月9日（7月28日），信使维里金（И. Н. Веригин）也说："卑职出境时，由于是初次出差，恰克图海关关长瓦尼方季耶夫为帮助卑职尽量多结识中国官员，除由国库给卑职调拨狐皮作为礼品外，又自己拿出一些小镜子和海象肉干用作礼品。卑职从恰克图至库伦给沿途各驿站长——章京和昆度——都送了礼品。"② 11月6日（10月25日），信使桑热哈耶夫报告伊尔库茨克省长特列斯金："边务衙门拨给卑职的25张狐皮,按惯例全数作为礼品赠给了蒙古官吏。"③ 这些都说明，俄国边务办对惯例性礼品开支有一笔专门经费。

综上所述，一方面，俄国使团遇事礼品当头，贿赂公行，总希望能浑水摸鱼，以礼品换取国家利益。尽管双方在库伦发生激烈摩擦，俄国使团遭到驱逐，但一路上，清政府细心护送，俄国使团亦未吝啬礼品。场面上大家彼此都很客气。另一方面，俄国使团大使对所赠礼品拥有独立处理权，其处理的方式是直接"销账"，这只不过是一种财务处理方式而已。在一般情况下，大使能够随心所欲地处理所赠礼品，这对使团的成功是一种便利。由此也可看出，沙俄政府当初对该使团的成功是志在必得的。同时，俄国边务办对双边日常交往中按惯例赠送礼品有专门的经费开支，这也是边境和平时期礼尚往来的常态表现。

至于戈洛夫金本人，也曾受赠礼品。如1806年2月25日库伦办事大臣在自己的奏章中提到：此前曾送给戈洛夫金"茶叶1包、玉鼻烟壶1只、鼻烟及各色食品若干，渠欣然接受"。④ 但是，由于相关资料阙如，我们无法知道戈洛夫金本人最终究竟如何处理这些礼品。此外，俄国信使每次往来，中方都要赠送礼品，⑤ 信使受赠的礼品如何处理，同样由于史料局限，

---

① Там же. Ⅳ –4. оп. 123. 1805–1809гг. д. № 1. л. 441. Там же с. 690.
② Там же. л. 483. Там же с. 708.
③ Там же. л. 539. Там же с. 727.
④ ЦГИА Монголии. Ф. М–1. д. № 651. л. 51–54. Там же с. 498–499.
⑤ 如1804年11月8日,库伦办事大臣就赠给俄国信使桑热哈耶夫"茶叶、绫罗、锦缎"等。ПИА КНР Ф. 3. оп. 197. коробка 3653, конверт 7. 8 год правдение Цзяции 1–2 луна. Там же с. 76–77. 赠送信使礼品，是中俄两国之间的外交惯例。

十　善后：戈洛夫金使团的遗留及关联问题

不得而知。不过,对于边境地区卡伦受赠礼品的处理,我们还是比较清楚的。根据惯例,边境线上中俄双方卡伦官兵之间也有礼品往来,尤其是俄国使团访华期间,边境的双边交往变得更加频繁,这种双边的礼品往来自然也十分频繁。1806年6月8日,祖鲁海图海关哨卡呈报恰克图海关:6月6日,黑龙江边务部门派人带队巡查边界卡伦,他们拜访了俄国祖鲁海图哨卡的官兵,并赠送礼品:"章京送了哨卡每人红蓝缎子各半匹,绸子荷包各4个,白毫茶各1包,茶砖各1块;昂邦送了每人绿色缎子各半匹,单独送边务官白毫茶2包,茶砖2块,绸子荷包4个;随行的其他官员送他点心2盒,白毫茶1包。此外,对边务官和大尉手下3名军人和20名哥萨克也赠了礼品:章京赠送每人1块中国大布,1块茶砖,昂邦则整个赠给他们中国大布4块,茶砖10块。"

俄方如何处理这些意外之财?报告里说:"边务官戈尔布诺夫把上述中国礼品运抵本哨卡后,要求登记并加盖戳记,经验明数量无误,现已全部按规定正式加盖戳记,发还边务官,并着其分发各人。经计算,他应缴纳关税如下:缎子15卢布,荷包6卢布,白毫茶5磅计87.5戈比,砖茶1普特28磅计3卢布70戈比,中国大布4卢布80戈比,总计30卢布43.5戈比。此外,每缴纳1卢布税款,应征收中国贸易公共设施费61戈比,新增商业银行开办费等费用30.5戈比,检疫费61戈比,总计31卢布96戈比。"①

据此可知,边境卡伦之间日常受赠礼品的处理,俄方一般有三个步骤:首先,登记造册,核实数量后加盖印戳;其次,将礼品分发卡伦官兵个人;最后,补缴各种税费。根据俄国海关的规定,各类物品的税率不一样,且还要附带缴纳诸如"公共设施费""银行开办费""检疫费"等。一般来说,前两个步骤好理解,不过是一些行政性质的手续而已。但礼品不是商品,为何要缴纳税费?问题的实质正在于边境地区的礼品往来恰恰被视为贸易行为。历史上,尤其是嘉庆时期,中俄边境卡伦及巡视官兵之间互赠礼品的事例很多,几乎成了一种惯例。这既是一种相互友好态度的表示,在大

---

①　РГАДА. Ф. Государственный архив. разряд ⅩⅤ. 1806г. дю №30 доп. л. 67-68. Там же с. 580-581。

多数情况下,也被看作是一种另类的边境贸易活动。按照俄罗斯的边务条例,中俄两国巡边官兵之间互赠的礼品,也被视为边境贸易行为,受赠者也需要缴纳各类税费。一方面,赠送礼品的行为经常是一种"互赠",极少单方面赠送,"互赠"可以被看作是一种类似于"以货易货"的贸易行为;另一方面,中俄卡伦官兵之间的礼品互赠行为实际上经常与巡视边务的边军之间的卡伦贸易行为混在一块。一般来说,卡伦贸易主要是巡视卡伦边军及随行的边商之间定期定点的贸易活动,即所谓卡伦集市贸易,① 地点比较集中,但时间不定。而且这类卡伦贸易亦是以货易货的贸易,与互相赠送礼品的行为难辨难分。如1806年8月9日(7月28日),祖鲁海图边务段长官戈尔布诺夫在呈外交部驻恰克图特派员索科洛夫的报告里就谈到:7月29日(7月17日),中国边境巡逻队由一位协领率领到达祖鲁海图哨卡对面,并送来了礼品:棉丝混纺料1段、缎子8段、茶叶1箱。随后,哨卡官兵回礼:牛、羊各1头。然后,俄国政府官兵受邀去做客,中方巡边官兵再次赠送礼品。送给戈尔布诺夫的礼品有混纺缎半匹、红缎4块、中国点心3盒、扇子1把、刺绣荷包5只、念珠3串、次等绿茶1罐、芦甘(Луган)茶40包。至于其他人,也赠送了同样的茶100包、中国酒2缸。8月6日(7月25日),俄方哨卡邀请中国巡边官兵做客,并赠送了3头牛。与此同时,中方巡边官兵还带了一些质量较次的货物与俄方官兵进行了易货贸易,但数量不是很多。② 可见,卡伦贸易与卡伦礼品往来经常是混在一块的,也难怪俄方边务办习惯上把礼品与商品同等对待。限于史料,这种情况以前很少为研究者所注意。至于戈洛夫金本人及信使受赠礼品的处理是否也与此相类似,尚无法确知。

2. 库伦办事衙门对所赠、受赠礼品的处理问题

库伦办事衙门作为清朝中俄中段边境地区防务体系的中心,在越来

---

① 汤洪庆:《清代黑龙江地区卡伦贸易考述》,《中国边疆史地研究》1995年第1期。
② АВПРИ Ф. СПБ. Главный архив. I –7. оп. 6. 1805г. д. № 1–а. п. 27. л. 507. Тихвинский С. Л. и Мясников В. С. Русско–Китайские отношения в XIX веке. Материалы и Документы. 1803–1807. Т. 1. М. 1995г. с. 601.

十 善后：戈洛夫金使团的遗留及关联问题

频繁的双边往来中，与俄方边务办自然少不了礼品的双边往来，形式亦无非赠送与受赠。清朝的边务条例对所赠礼品的处理是有规定的。《理藩院则例》中记载："又该司员给赏俄罗斯玛玉尔普尔、鲁克喀米萨尔等绸缎价值，皆于口北道衙门支领报销。"① 也就是说，依照惯例，买卖城司员送给俄方边务官员们的礼品开销账都由口北道衙门报销。根据相关档案资料，中国边务部门赠送给俄国信使的礼品费用也应该算在此列。因为库伦办事大臣多次将赠给俄国信使的礼品名称、数目奏告清政府。② 而且，这项礼品账目是没有限额的，大致是赠多少报销多少。嘉庆六年七月，库伦办事大臣蕴端多尔济曾在一份奏折附片中提到："惟赏俄罗斯少校丝帛什物未有定例，故无定额，故奴才奏请汇总一年所用什物，领取银两时一并支取，补发恰克图章京等因"，"由去年五月奉旨之日，至今年五月，所用什物数目皆符合。惟此一年内，费与俄少校丝帛什物、招待饭食等项共用银三十九两五钱。经奴才核算，亦与数相合，现应支取银两。故奴才由口北道支取银两时，将此项银两亦一并支取，补发恰克图章京以外，所用什物亦造细册行文户部以备核查"。③ 由此可知，自嘉庆五年五月至嘉庆六年五月一年，恰克图边务办的礼品费用值银三十九两五钱。同时，礼品费虽然最终是从国库拿，但恰克图边务办要先垫上，事后根据账单明细审核报销。实际上，上述这种由恰克图边务办经手的礼品往来尤其是所赠礼品性质上属于国家层面的交涉，基本可以说是政府预算之内的。但是，边境地区双边交往中不可控的礼品往来远不止此。还有许多国家预算外的礼品往来情形实际存在着。如卡伦及巡查卡伦边军之间的礼品往来，还有已成惯例的信使的互赠礼品等。

根据当时边境交往的实际情形，以恰克图为中心的中俄边务办之间的日常礼品往来十分频繁，俄方边务部门历来都是遇事礼品当头。中方的所赠、

---

① 清会典馆编《乾隆朝内府抄本〈理藩院则例〉》，第366页。
② ЦГИА Монголии. Ф. М-1. д. № 639. л. 100. *Тихвинский С. Л. и Мясников В. С. Русско-Китайские отношения в XIX веке. Материалы и Документы. 1803–1807. T. 1. M. 1995г. с.* 137.
③ 嘉庆六年七月二十八日，《蕴端多尔济奏为支取恰克图赏赐少校等所用银两片》，第一历史档案馆藏"满文月折档"。

受赠的情况也相当可观。但是，清朝边务部门对于受赠礼品究竟是如何处理的？是否有如上所述类似的处理条例？就目前所掌握的资料，尚不十分明了。中方既没有上缴礼品的记录，也没有类似俄方边务办上税缴费然后礼品归个人的记录。

以信使受赠礼品的情形为例。应该说，中俄两国边务部门对双方信使均有互赠礼品的惯例。可惜，中方受赠礼品很少被记录。以戈洛夫金使团访华为中心，其间清朝信使受赠礼品有记录的统计如表10-1。

表10-1 戈洛夫金访华期间清朝派往俄罗斯的信使受赠礼品情况

时间	信使	受赠礼品
1805年1月	协理台吉达西敦多布等	每人细红毡1块、黄狐皮5张、缎2匹、粗布及各类细软[①]
1805年2月	协理台吉达西敦多布等	每人粗呢若干匹[②]
1806年2月	协理台吉明珠等	波斯绒、狐皮等[③]
1806年3月	协理台吉达西敦多布等	波斯绒及其他礼物[④]
1806年9月	协理台吉伊达姆扎布等	波斯绒、上等上羊皮等[⑤]
1806年10月	协理台吉达西敦多布等	薄呢料、火狐狸皮等[⑥]
1807年4月	协理台吉达西敦多布等	每人毛料1块、绒布1块及其他礼物[⑦]

注：① ЦГИА Монголии. Ф. М-1. д. No 639. л. 17–18. *Тихвинский С. Л. и Мясников В. С. Русско–Китайские отношения в XIX веке. Материалы и Документы. 1803–1807. Т.1. М.1995г.*" с. 98.
② 嘉庆十年正月，《蕴端多尔济等奏报所派信使卦俄罗斯省长处递文情形并俄使尚无确信折》，第一历史档案馆藏"满文月折档"。
③ ЦГИА Монголии. Ф. М-1. д. No 651. л. 46. *Тихвинский С. Л. и Мясников В. С. Русско–Китайские отношения в XIX веке. Материалы и Документы. 1803–1807. Т. 1. М. 1995г.* с. 500.
④ Там же д. No 651. л. 105. Там же с. 543.
⑤ Там же. л. 261. Там же с. 645.
⑥ Там же. л. 463. Там же с. 661.
⑦ Там же д. No 663. л. 95. Там же с. 700.

戈洛夫金使团访华期间，中俄两国的信使往来十分频繁，根据惯例，每次都要赠送礼品给信使，但有记载的只有上述七次。这些信使受赠的礼品如何处理，由于史料局限，我们亦不得确知。

不过，1806年3月9日（2月25日），库伦办事大臣在一份奏折中谈及中俄双边交往中零星受赠礼品的处理问题，可能对我们有些启发。戈洛

十 善后：戈洛夫金使团的遗留及关联问题

夫金大使临被驱逐的前夕，曾派人送给库伦办事大臣一些礼品，包括"带小碟玻璃碗各一套、各色玻璃器皿茶杯、酒盅、酒杯等计 30 余只"。按照库伦办事大臣的本意，在双方矛盾日趋激烈的背景下不宜接受这些礼品。于是，遣贝勒纳木吉勒多尔吉退回。但戈洛夫金借口礼品已经送出，拒绝收回。库伦办事大臣只好将礼品分给下属。"以奴才愚见，戈洛夫金赠与奴才等各色玻璃器皿，所值无多。因渠坚拒带回，奴才等拟将其分赐蒙古官员士兵，以犒赏其前不久往返送俄人之劳。"① 这说明清朝边务制度中没有制定有关边务部门受赠零星礼品处理的条例。边务办长官可以随便处理，分赠边务有功辛劳人员即是一例。至于像俄方边务部门那样将礼品当作贸易商品纳税缴费，则前所未闻。由此，我们大致可以结论，清朝边务部门对受赠礼品的处理比较自由，可以交公，也可以自理，独无缴税之举。也就是说，中国边务衙门并不把礼品往来看作是一种贸易行为。由此也可以隐隐看出中俄两国对待贸易的不同态度了。

3. 俄国对使团剩余礼品的处理

戈洛夫金使团被驱逐出境，使团携带的礼品也运回了俄罗斯。据资料记载，这些礼品运回俄罗斯后，被分成了两部分：一些不太好携带的礼品如大镜子、玻璃器皿等就留在了特罗伊茨科萨夫斯克要塞；其余运输便利的礼品如历史纪念章、毛皮、兵器及军舰模型等则运回了伊尔库茨克。本来，俄国使团费了九牛二虎之力才将这些礼品运入华境。现在，使团失败，再费无数人力物力把这些礼品运回圣彼得堡，显然是得不偿失的事。因此，使团铩羽后，这些礼品如何处理，竟成为十分棘手的事情。

1806 年 5 月 26 日（5 月 14 日），恰尔托雷斯基在给戈洛夫金的信中提到："皇帝陛下还谕令阁下将留置于伊尔库茨克的博格德汗的礼品保护完好，以待上谕。"② 很显然，圣彼得堡天高皇帝远，对戈洛夫金在西伯利亚的活动及礼品的存放情况不太了解。其实，礼品中的大宗如难运输的大镜子、玻璃器皿等都还存放于特罗伊茨科萨夫斯克要塞。关于这一点，嗣后戈洛夫

---

① Там же д. No 651. л. 44. Там же с. 499.
② АВПРИ Ф. СПБ. Главный архив. Ⅰ-7. оп. 6. 1805г. д. No 1-а. п. 2. л. 299. Там же с. 565.

金的行为足以证实。

6月12日（5月31日），戈洛夫金为了监视清库伦边务衙门的动静，了解清政府对驱逐俄国使团的反应，特派属下二秘兰伯特伯爵前往特罗伊茨科萨夫斯克要塞"视察边务衙门的档案室和索科洛夫移交给新任特派员伊兹玛依洛夫的案卷"。戈洛夫金在训令中就特意吩咐兰伯特："在特罗伊茨科萨夫斯克要塞逗留期间，要监督对镜子和玻璃器皿的必要增补。"① 这一方面说明，礼品中的镜子、玻璃器皿都暂时放置在特罗伊茨科萨夫斯克要塞；另一方面，"增补"一词也说明这些难以运输且容易破碎的镜子、玻璃器皿一路上有所损失。6月17日（6月5日），兰伯特将礼品损失的情形报告戈洛夫金。据称，兰伯特于抵达特罗伊茨科萨夫斯克后的次日即视察了留置海关的礼品。他发现4号和5号镜子已碎，2号和3号镜子已被水所毁，致使水银都由玻璃上剥落，无疑必须重新喷涂水银，或者至少需把镜面截去一半。这样一来，好镜子就只剩下八面。其中有一面镜子也遭受轻微水害，其壁镜和镏金框已完全被湿气所毁，需要修复。其他礼品则都保存完好。如果需要使用2号和3号镜子，那就一定要重新喷涂水银。这需要从圣彼得堡增派一至两名工匠来，并供给他们所需原材料及工具。兰伯特请示，是否要将两面镜子的碎片运往伊尔库茨克。另外，海关关长瓦尼方季耶夫说，恰克图海关仓库没有可以遮蔽雨水的好房子，他建议兰伯特将镜子安置于专为使团修建的马车库中。但马车库比海关仓库更易受火灾的威胁。因此，如何办理，请戈洛夫金指示。②

由此可知，大镜子已经毁坏了四面，其中两面虽说可以修复，但必须从圣彼得堡派来技师才能办到，显然要费大力气。尤其是尚未找到理想存放这些礼品的仓库。此后兰伯特与恰克图海关关长瓦尼方季耶夫交涉，存放仓库一事最终勉强得到解决。6月29日（6月17日），兰伯特报告戈洛夫金，除了镜子有所损毁，其余礼品经检查，可以确定损坏的不多；但经过这些天，几乎所有壁镜及镜框均已严重受潮腐烂；司库奥希波夫目前正在紧张工作，

---

① Там же. п. 27. л. 401. Там же с. 576.
② Там же. п. 30. л. 19–20. Там же с. 928.

礼品详细清单再过两天就能统计出来；届时兰伯特将把所有礼品箱子都堆放到海关仓库，海关关长已对此做出安排；然后司库将与所有同行的工人返回伊尔库茨克，并将礼品清单呈交。①

仓储问题虽然形式上得到了解决，但兰伯特在实地察看了仓库后，感觉仓库的条件不好。于是，他在7月8日（6月26日）再次报告戈洛夫金，礼品已存入1号和2号仓库，据海关关长及其手下说，1、2号仓库是整个海关条件最好的仓库。因此，自己才同意把礼品存放进去。但是所有的仓库包括1、2号仓库，均已年久失修。海关工作人员亚岑科夫受关长的特别指派负责看管这些礼品。据他说，只要雨水稍大一点，就能渗进仓库。如果要做到安全可靠，那就必须对仓库顶盖进行翻修。因此，自己给海关写了一个报告，请求维修仓库。但不知道海关关长是否会重视该报告。据估计，这一翻修将耗资150-200卢布。然俄国政府每年拨给恰克图海关用于修缮房舍的款项为600卢布，故翻修所需的经费理论上没有问题。②

由该报告可知，留置在特罗伊茨科萨夫斯克要塞的礼品经兰伯特的监督，已经存放到海关最好的仓库里了。但是，这些仓库即使是最好的，也年久失修，十分陈旧，一旦有雨水侵蚀，礼品将难保完全。因此，兰伯特建议戈洛夫金下令海关对仓库进行维修，并打听到维修费用国家也已给足，不成问题。关键在于，戈洛夫金此时已与海关关长瓦尼方季耶夫不和。瓦尼方季耶夫是鲁缅采夫的亲信，他们这帮人都特别偏重恰克图贸易。在他们的意识里，贸易是俄国此时最大的政治利益。他们一直担心戈洛夫金在库伦的行为会影响恰克图的贸易。所以，瓦尼方季耶夫与戈洛夫金及其行为格格不入。尤其此时，他们双方的矛盾已经明朗化，势同水火，几乎不可调和。不独兰伯特的建议不会有结果，就算是戈洛夫金亲自干预，也会遭到抵制。不过，由此我们也可以看出，尽管戈洛夫金此时驻节于离中俄边界几百公里以外的伊尔库茨克，但他对于使团存放在边境要塞的礼品仍然具有掌控处理权。

---

① Там же. п. 30. л. 21. Там же с. 929.
② Там же. п. 30. л. 22. Там же с. 929.

布德别尔格（А. Я. Будберг, 1750-1812），德国贵族，曾任圣彼得堡军督（1803）、外交大臣（1806-1807）

然而，随着时间的流逝，戈洛夫金大使在西伯利亚的日子快要到头了。7月1日（6月19日），他的靠山、亲戚恰尔托雷斯基退休了。① 8月25日（8月13日），沙俄政府基于两艘俄船从广州贸易后顺利回国，重新梳理了中俄关系的现状，最终决定暂时采取对华和谐政策。② 9月1日（8月20日），沙皇亚历山大一世正式谕令戈洛夫金，基于清朝的友好态度，俄国决定采取对华和谐政策，因此，戈洛夫金没必要继续留在西伯利亚，命其率使团成员返回圣彼得堡。③ 在这种情况下，戈洛夫金无法继续掌控留置在西伯利亚的礼品。那这些礼品怎么办？

9月2日（8月21日），新任外交大臣布德别尔格连发三份公函，其中两份是给戈洛夫金大使的：一份宣布召回使团；④ 一份命令戈洛夫金大使将保存在伊尔库茨克和恰克图的礼品、清单及其他相关资料移交给西伯利亚新任总督佩斯捷利；⑤ 另一份则是致西伯利亚新任总督佩斯捷利的，其中最主要的意思有两层：一是命佩斯捷利迅速从戈洛夫金大使手上接管留置在伊尔库茨克和恰克图的所有礼品；二是向佩斯捷利转告沙俄政府对这批礼品的处理意见。沙俄政府认为，遣回俄国使团不是清政府的意思，而只是库伦办事大臣自作主张。然沙俄政府对中国的友善及和睦态度并未因此动摇。故皇帝谕示，这

---

① Там же. п. 27. л. 466. Там же с. 594.
② Там же. л. 477–484. Там же с. 630–632.
③ Там же. л. 557–558. Там же с. 635.
④ Там же. л. 562. Там же с. 639.
⑤ Там же. п. 30. л. 33. Там же с. 639.

批原定要送给中国皇帝的礼品仍旧要争取交付北京朝廷。为此，首先要弄清北京是否愿意接受这批礼品。而要弄清这点，不能直接询问，只能通过可靠人员将此意思以得自传闻的方式透露给买卖成的扎尔固齐，再看他们的态度。一旦弄清北京愿意接受礼品，那么，皇帝就可以直接下旨，通过伊尔库茨克省长与库伦办事大臣交涉，直接将礼品运往恰克图，交给库伦办事大臣。①

布德别尔格的这份公函对如何处理礼品的方式、方法都做了详细的指示。但是，新任总督佩斯捷利对中俄关系问题尚一无所知。所以，在他眼里，这份公函仍有许多问题不太清楚，具体操作起来叫人无从下手。于是，11月4日（10月23日），他只好致函戈洛夫金，请求告知"具体给中国什么人送什么礼，送多少礼"。② 可是，已经奉命返回圣彼得堡的戈洛夫金归心似箭，根本无心认真回答佩斯捷利的问题，仅于当日敷衍道："具体给中国什么人送什么礼，送多少礼的事我没法告诉您，因为没有任何人告诉过我。这些礼品交给我的时候，只是笼统地告诉我，是带到中国去的礼品。"③ 戈洛夫金的态度似乎有点事不关己的味道，但也算符合当时的情况。事实上，俄国使团既然都已经被清政府驱逐了，那为何仍要将这些礼品赠送给中国？同样，自高自大的清政府又如何能无缘无故接受这些莫名其妙的礼品？所以，沙俄政府如此处理礼品，确实令人费解。不独如此，俄国使团携带的这些"贡品"久存西伯利亚，一度也引起清朝的注意。当时派往伊尔库茨克的信使就特意多次提到这些"贡品"，④ 以致清政府最终还误认为俄国有再次派遣使团访华的想法。⑤ 所以，总的来说，当时沙俄政府如此处理礼品，似有不妥之处，尤其具体操作起来有很大难度。

由于沙俄政府如此处理礼品的办法很难具体操作，于是，礼品处理的事情就一直拖延下来。直到1807年，才又有了相关消息。1807年4月24日（4月12日），外交大臣布德别尔格在致西伯利亚总督佩斯捷利的密函中强调：必须搜集清政府是否愿意重新接待俄国使团的准确情报，密函上

---

① Там же. л. 34–36. Там же с. 638.
② Там же. л. 60. Там же с. 931.
③ Там же. л. 84. Там же с. 931.
④ ЦГИА Монголии. Ф. М-1. д. № 651. л. 463. Там же с. 661.
⑤ Там же. л. 472. Там же с. 663.

还有沙皇的批示:"照准。"① 可见,此时沙俄政府仍然没有放弃处理礼品的初衷,仍然在积极寻求将礼品赠予清政府的机会。不过,随着时间的推移,沙俄政府中有些人也开始对原定处理礼品的方式有所疑惑。8月31日(8月19日),皇室宫内厅总管古里耶夫在给外交大臣布德别尔格的公函中说:"皇帝陛下令我致函阁下,要求阁下将这批毛皮的情况报告陛下:是否还有必要将其作为国家礼品留置伊尔库茨克?抑或将其归还宫内厅?"② 实际上,要求把这些毛皮礼品归还宫内厅未必是沙皇本人的意思,很有可能是这位宫内厅总管自己的意思。当时,留存于伊尔库茨克的礼品毛皮价值达52612卢布30戈比,这对宫内厅来说,无疑是一笔巨大的财富,这位宫内厅总管未必看着不眼红。无独有偶,9月10日(8月29日),外交部亦上奏沙皇:西伯利亚总督佩斯捷利遵循沙俄政府的意愿,一直在寻找有利时机,以恰当的方式向中国边官转达沙皇的圣意。可是,直到现在,尚无确切消息。且总督亦认为,要确切知道清政府是否能接受礼品或者是否同意俄国再次派遣访华使团都不是一件容易的事情,至少短期内无法办到。但这些留存的礼品特别是那些珍贵毛皮,长期存放于气候恶劣的西伯利亚,却完全有可能受到毁坏。因此,请沙皇降旨,如果短期内无法处理这些礼品,那么,是否可以先把其中的毛皮运回?还有,那些镜子和玻璃等工业品又如何处理?③ 随后,整个十月份,皇室宫内厅总管古里耶夫和外交大臣鲁缅采夫之间一直就如何处理礼品而函来信往。然而,这些人的动摇并未影响到亚历山大一世。鲁缅采夫于10月4日(9月22日)把沙皇处理礼品的最终旨意通知古里耶夫:"所有为使团准备的礼品,其中包括毛皮,均要留置于伊尔库茨克,等待中国边境事务趋于明朗,此事须等待西伯利亚总督的回答。"④ 可见,在礼品处理问题上,沙皇仍然坚持初衷。直到1808

---

① Внешняя Политика России XIX и начала XX века. Документы Российского Министерства иностранных дел. Т. 3. М. 1963г. С. 556–557.

② АВПРИ Ф. СПБ. Главный архив. I-7. оп. 6. 1805г. д. № 1-а. п. 30. л. 120. "*Тихвинский С. Л. и Мясников В. С.* Русско-Китайские отношения в XIX веке. Материалы и Документы. 1803–1807. Т.1. М.1995г." с. 936.

③ Там же. л. 121–125. Там же с. 716.

④ Там же. л. 128–130. Там же с. 937.

年3月12日（2月29日），西伯利亚总督佩斯捷利致函外交大臣鲁缅采夫，认为重新派遣访华使团条件尚不具备，坚决反对以任何方式无缘无故将礼品送给清政府。并建议迅速将礼品特别是毛皮运回圣彼得堡，减少损失。①然而，佩斯捷利的建议是否被允准，不得而知。这些礼品的最终命运如何，亦不得而知。不过，有一点倒是很清楚，那就是这些礼品自使团被驱逐回国时起就慢慢流失，或流落民间，或出现于市集。西伯利亚总督佩斯捷利在10月份呈给沙皇的礼品清单中所标出的毛皮、纺织品、玻璃制品、成套纪念币的价值共152348卢布，已亏损了7989卢布。② 根据瓦京（В. И. Вагин）的研究，这些礼品后来大都流散到了伊尔库茨克的市场上："有一套很有意思的法文书籍，后来在西伯利亚新总督斯佩兰斯基任上，部分转到了新一届俄国布道团手上，部分转到了伊尔库茨克贵族中学。大使把某些礼品留给恰克图海关处理，后来它们就流到了伊尔库茨克的市面上。"③有些礼品则被俄国边务衙门挪用。1810年，伊尔库茨克总督特列斯金到特罗伊茨科萨夫斯克要塞与库伦办事大臣商谈重新互派使团一事时，在边务办宾馆里所看到的沙皇肖像、银制餐具及其他金碧辉煌的日用品就都源自那些留存在要塞仓库中的礼品。④

（二）使团成员的奖励问题

戈洛夫金自1806年2月23日（2月11日）被驱逐回国后，就一直滞留在伊尔库茨克。他接受沙皇的旨意，调查西伯利亚防务体系的概况，尤其是调查中俄中、东段边界的情况，直到9月1日（8月20日），沙皇决

---

① Там же. л. 142–143. Там же с. 734–735.
② Там же. л. 126–127. Там же с. 936.
③ Вагин В. И. Посольство графа Головкина в Китай в 1805г. Известия Сибирского отдела имп. русского географического общества. 1872г. Ч. 3. № 3–4. с. 184.
④ Бодянский О. Журнал дружеского свидания Иркутского гражданского губернатора, действительного статского советника Трескина. с Китайсими пограничными правителями. Ваном и Амбанем. с 19-го Февраля по 13 Марта 1810 года. Чтения в императорском обществе истории и древностей Российских при Московском университете. 1860г. кн. 1. М. с. 2.

定召回戈洛夫金及其使团。大约 11 月初，戈洛夫金使团离开伊尔库茨克，返回圣彼得堡。其间，俄国的对华政策和中国的对俄政策都经历了"既防且和"并最终确定为"和"的历程。实际上，中俄双方在使团被逐事件之后外交政策方面的这种变化本身就说明了戈洛夫金这次访华外交行动的失败。然而，戈洛夫金却不承认这点。他一直为自己的失败多方辩解。他坚持认为访华使团被驱逐，责任全在清朝一方。而沙俄政府出于多方理由，至少在使团被逐初期，确曾对戈洛夫金在库伦礼仪之争中的亢奋表现表示了肯定。① 既然政府肯定了使团，那么，使团成员便都是有功之臣。既然有功，便应该嘉奖。因此，戈洛夫金被召回圣彼得堡之后，立即频频上奏亚历山大一世，要求嘉奖使团成员。

1807 年 2 月 1 日（1 月 20 日），戈洛夫金通过外交大臣布德别尔格上奏沙皇：

> 在荣幸地向皇帝陛下呈交了我的著作成果之后，余下最重要的事情便是向您推荐一批勤勉的官员。他们在为国效劳中所表现出的学识，对我助益很大，使我能思路清晰地完成赋予我的使命。我必须诚心诚意地指出，如果没有他们的帮助（其名单我荣幸地附在后面），仅凭我个人的能力和智慧，是绝对不可能完成这些繁杂工作的。我冒昧向陛下您保证，使团所有成员都应该受到伟大君主的赏赐。他们都希望能够被选拔到新的工作岗位上做出贡献。然而，我个人没有能力满足他们的愿望，也不敢奢望陛下对所有做出贡献的人都进行赏赐，我仅仅推荐一些负有特殊使命的官员，以期得到陛下的关怀。陛下，除了要褒奖那些有功的官员外，毫无疑问，您也定会公正而慷慨地关怀那些现在赋闲在家，没有俸禄、没有财产的官员。作为他们的上司，我有责任关注因此产生的所有问题。②

---

① Внешняя Политика России XIX и начала XX века. Документы Российского Министерства иностранных дел. Т. 3. М. 1963г. С. 269–270. примеч. 183.
② АВПРИ Ф. СПБ. Главный архив. I-7. оп. 6. 1805г. д. № 1-а. п. 37. л. 13. *Тихвинский С. Л. и Мясников В. А.* Русско-Китайские отношения в XIX веке. Материалы и Документы. 1803–1807. Т. 1. М. 1995г. с. 673.

解读戈洛夫金的这份奏折，我们可以发现，在许多关键问题上，他都采取了隐晦的处理方式。

问题一，使团成员究竟凭什么来获得皇上的奖赏？对此，戈洛夫金并未明确地说清楚。按常理，使团最终被驱逐，没有完成国家赋予的外交使命，便是一种失败。一个失败的使团，怎么能有资格请求奖赏？这实在说不过去。就历史实际看，戈洛夫金使团的活动可以划分成两个阶段：被驱逐之前的出使阶段的阶段和被驱逐后西伯利亚的考察阶段。那么，是否因为使团成员后来在西伯利亚的考察中获得了一些成绩而请求奖赏？他也没有明确说明，只是说使团成员帮助自己完成了国家赋予的"使命"，却不知具体指什么"使命"。但从后面他所推荐的请赏人员名单来看，是出使和考察兼有的。

问题二，戈洛夫金究竟要求沙皇如何奖赏使团成员？是既奖赏钱财又赏给职位？还是有的奖赏钱财物品，有的则赏给职位？这些问题也是模糊不清。估计当时有很多使团成员在回到圣彼得堡以后就失业了，生活无着。因此，戈洛夫金才请求沙皇赏给这些人一个职位，让其谋生。然具体需要何种职位，亦未能清楚提出。

问题三，究竟该奖赏的是所有使团官员还是部分使团官员奏折中时而是部分官员，时而是所有官员，也比较模糊。但从下面戈洛夫金所列举的受赏人员名单来看，显然不是所有使团成员都要受赏。

其实，戈洛夫金之所以在奏折中没有讲清楚上面三个问题，是因为该奏折还有一个附件。在附件中，至少三个问题中的后两个问题一目了然。

戈洛夫金在附件中推荐的请赏名单如下。①

第一份名单是所谓"负有特殊使命"的官员，包括：

（1）宫廷侍从瓦西里奇科夫，被推荐的理由有：孜孜不倦地学习对工作有用的知识；完成戈洛夫金交付的任务、收集值得高度关注的资料或观察成果，他自费穿越了西伯利亚许多不为人知的地区；

（2）低级侍从巴伊科夫作为使团的一等秘书，组织和主持了使团办公

---

① Там же. л. 14–15. Там же с. 673–674.

厅的工作；

（3）兰伯特伯爵，二等秘书。他在一等秘书离职后主持办公厅工作。无论是执行本职工作，还是边境秘密使命，或是三次科学考察的组织和条例编写工作，他都是一位勤勉的官员，应给予最高奖励；

（4）七等文官杜布罗斯拉夫斯基，三等秘书。他从1803年开始担任七等文官，后来在主管使团内部事务和贸易时，特别尽职，勤勤恳恳，堪称楷模。现赋闲在家，没有俸禄；

（5）七等文官奥希波夫，1805年任使团财务主管。其职责重要，包括款项的使用、礼品的保管和分配。他一贯遵守规章制度，账目清楚。他工作兢兢业业，诚实勤勉，堪称楷模。现赋闲在家，没有俸禄；

（6）七等文官弗拉德金，外交部汉、满文翻译。1806年到使团任职。他精通汉、满两种语言，在同中国官员打交道时翻译谨慎准确，值得特别推荐；

（7）八等文官尤尼，使团侍从官。他尽心竭力完成办公厅交付的繁重任务，特别是潜心研究俄中政治、贸易关系，对未来的工作很可能非常有益。现赋闲在家，没有俸禄；

（8）八等文官佩罗夫斯基，使团侍从官。他工作努力，表现机敏勤勉，非常出色；

（9）列曼，使团的医生。使团官员人数众多，患者和途中事故也多，因而比较辛苦，而且他还对沿途医院、药局、矿泉水乃至所有慈善机构进行了专门的检查。由于他的热心，牛痘才传布到北冰洋和堪察加沿岸。他对所有的人都有求必应，不求回报；

（10）少尉施托斯，来自通信兵团，在使团中担任警务稽查和督察。使团曾交给他多项棘手的秘密任务。他办事雷厉风行，机敏过人，值得特别推荐。

同时，戈洛夫金在另一份奏折中，罗列了具体奖赏要求：①

（1）宫廷侍从瓦西里奇科夫因贡献卓著，工作重要，应授予勋章；

---

① Там же. л. 16–17. Там же с. 675.

十　善后：戈洛夫金使团的遗留及关联问题

（2）低级侍从边肯道夫、纳雷什金、古里耶夫、涅利多夫、六级文官卡拉乌洛夫等均应授予价值能体现陛下赏识的奖品；

（3）六等文官、使团二秘兰伯特伯爵在接到新的委任前应按使团规定的1000卢布年俸继续发给俸禄；

（4）七等文官杜布罗斯拉夫斯基按其在使团的职务发放一年俸禄；

（5）七等文官奥希波夫同杜布罗斯拉夫斯基一样享受一年年俸；

（6）八等文官尤尼和佩罗夫斯基应各提升一级；

（7）省秘书赫沃斯托夫和十四等文官克列门特，每人提升一级；

（8）列曼大夫发给相当于使团俸禄一半的退休金；

（9）所有参加边远地区艰苦考察的医务人员都应得到同样奖励。

在这份奏折里，戈洛夫金推荐受赏的人比上封奏折又多了几个，并对每位推荐受赏的人给予什么样的具体奖赏都提供了自己的建议，可谓周到之至。可见，戈洛夫金还是一个很有人情味的人物。这和我们前面得到的不懂俄国文化、盛气凌人的印象似乎有些反差。

2月2日（1月21日），戈洛夫金上书外交大臣布德别尔格，推荐部分"未负特殊使命"的使团成员受赏，请求授予他们"使团骑士"和"使团侍从"的荣誉称号。①

受推荐的人员名单如下：

（1）宫廷侍从戈利岑公爵、低级侍从纳雷什金、低级侍从边肯道夫、低级侍从古里耶夫、六等文官卡拉乌洛夫等五位应授予"使团骑士"荣誉称号；

（2）省府秘书赫沃斯托夫、十四等文官克列门特应授予"使团侍从"荣誉称号。②

仔细核对可发现，戈洛夫金所举荐的两份受赏名单里有些人实际上是重复的，也就是说，有些人，戈洛夫金是希望他们既获得名誉奖励，又获得物质奖励的。

---

① Там же. л. 18. Там же с. 675–676.
② Там же. л. 19. Там же с. 676.

库伦办事大臣、蒙古王爷蕴端多尔济画像

然而，戈洛夫金所举荐的这些访华使团成员是否最终真正受赏，尚不得而知。有资料证明真正受赏的是如下几人。

（1）使团画家亚历山德罗夫，受赏的原因是画家呈奉了他画的库伦办事大臣、蒙古王爷蕴端多尔济的画像（该画像目前收藏于圣彼得堡俄罗斯国家博物馆，为世存唯一一幅库伦办事大臣油画肖像）。根据3月27日（3月15日）宫内厅总管古里耶夫致外交大臣布德别尔格的函件，奖赏的物品为价值400卢布的钻戒。①

（2）12月15日（12月3日），外交大臣布德别尔格致函使团科学部主任颇托茨基，向他通告，已将戈洛夫金保举的访华使团科学部的七等文官克拉普罗特、八等文官亚当斯、潘茨列尔的贡献奏闻皇帝。陛下已决定由帝国国库支付他们终身年金每人300卢布，此外还赐予每人戒指一枚。②

至于戈洛夫金自己，出使之前就是俄国宫廷的宠臣。尽管出使失败，但也仅仅只是一次出使失败。所以，他自己的仕途仍然一帆风顺。这主要是因为使团被驱逐，并没有影响到当时俄中外交贸易关系的发展水平。使团的失败只是宣告了俄国进一步扩展中俄政治贸易关系的行动或计划暂时受挫。中俄两国基于各自当时所面临的国际国内政治局势，事后并未扩大事态，而是共同采取了息事宁人的做法，反而使当时中俄贸易关系水平相对

---

① Там же. п. 40. л. 34. Там же с. 684.
② Там же. п. 30. л. 31. Там же с. 732.

过去有所发展。二十年之后，中俄恰克图贸易就发展到历史的高峰，迎来了贸易高潮。

（三）第九届布道团的续派问题

如前所述，按照沙俄政府的如意算盘，最初是想让换届布道团随访华使团一道前往北京，但遭到了清朝的激烈反对。清朝反对使团与布道团一块前往北京的理由不外是不合历史惯例，但实际上可能也隐含有经济上的考虑。因为按照过去中俄两国的交往惯例，外交使团的沿途费用一贯都由清政府负责，但换届布道团的费用却历来都是自理。所以，如果自费的布道团与由清政府出资的访华使团搅在一起，路上是不太好管理的。不过，隐含的这层意思，清政府在相关文件里未明确表现出来。当时，沙俄政府及戈洛夫金为了不影响访华使团的进展，最终不得不满足清政府的要求，把布道团留在伊尔库茨克，以待来日。

1806年2月初，中俄双方由于礼仪之争无法调节，戈洛夫金使团被驱逐出境。鉴于访华使团已经失败，戈洛夫金也已经回到了伊尔库茨克，俄国枢密院认为该是解决滞留在西伯利亚的换届布道团问题的时候了。因此，枢密院于3月14日（3月2日）以国书形式向清朝理藩院发函，提请解决：（1）布道团的换届问题，并告知新布道团的成员名单：大司祭阿颇洛斯，两名下级神父谢拉菲姆及阿尔卡吉，修士辅祭涅克塔里，两名教堂执事瓦·亚菲茨基和康·帕利莫夫斯基，学习汉、满语言的学员西帕科夫、列夫·济马伊洛夫、马·拉夫罗夫斯基等；（2）旧布道团成员的遣返问题；（3）正式将前封国书的书写格式错误归咎于满文翻译者。① 前两点较为清楚，但后面这点却要稍加阐释。

早在1805年8月14日（8月2日），俄国枢密院致国书于清理藩院。迫于当时形势，俄国政府不得不遵照清政府的意愿，将布道团与访华使团

---

① АВПРИ Ф. СПБ. Главный архив. Ⅳ −4. оп. 123. 1805–1809гг. д. № 1. л. 420–422. Там же с. 505.

分开,待机另行入华。① 如前所述,10月29日,军机处谕令库伦办事大臣,要求将俄国枢密院的国书退回。退回国书的理由主要有两点。一是书写格式不合惯例。具体而言,主要是国书中将俄国君主的谕旨内容写在清朝皇帝谕旨内容的前面,同时,两国君主尊号的书写格式也有误;二是相关事情叙述不清。为了说明这两个问题,才有了1806年3月14日沙俄政府的新国书。

对于沙俄政府的解释,先不说清政府是否愿意接受,戈洛夫金对此就颇不以为然。1806年4月15日(4月3日),戈洛夫金看到俄枢密院致清理藩院的新国书,深觉不妥,遂立刻给恰尔托雷斯基写了一份紧急报告,其中主要论点为:

(1)认为这封新国书与此前被退回的国书一样,没有说清目前换届布道团正在伊尔库茨克等待清朝皇帝的恩准启程;

(2)认为枢密院承认国书书写格式有问题并归咎于译者的做法不妥。在他看来,没有哪一个条约规定过国书应遵守什么样的格式。以前双方函来信往的格式(例如克罗波托夫1768年所签《中俄修改〈恰克图界约〉第十条》的君主尊号书写格式)都是各自把自己君主的尊号抬格大号书写。中俄双方的公文书写格式历来如此,且中方从未提出过异议。因此,枢密院不用承认书写不合格式,更不用归咎于译者。

基于上述理由,戈洛夫金主张暂时不要将国书发往库伦办事衙门,先摸清清政府的真实想法再说。②

但外交副大臣不同意戈洛夫金的意见。6月22日(6月10日),恰尔托雷斯基致函戈洛夫金,对其看法进行了驳斥。信中说,他已命令外交部官员重新检查了国书,认为国书不存在问题没说清楚的情况。布道团目前滞留在伊尔库茨克待命而动,这些消息在此前的国书中就已经告知清政府,没必要再次啰嗦;关于国书中君主尊号的书写格式,恰尔托雷斯基认为确实违反了惯例。外交部所收藏的几份克罗波托夫1768年所签《中俄修改〈恰

---

① Там же. л. 417–418. Там же с. 199–200.
② Там же. Ι –7. оп. 6. 1805г. д. No 1–а. п. 27. л. 352–354. Там же с. 544–545.

十 善后：戈洛夫金使团的遗留及关联问题

克图界约〉第十条》的抄本，与戈洛夫金所见的版本不一致，其君主尊号书写格式确实已经形成惯例。首先，俄国政府致函清政府，双方君主尊号（和国名）书写格式为平行大写，都抬格，这体现了俄国在政治上平等待人的做法；其次，清政府致函俄国政府，一般都把自己君主的尊号（和国名）大写抬格，高于俄国政府君主尊号（和国名），这体现了清朝政治上一贯不平等待人的理念。但这些格式，长期以来，双方都已习惯。而遭到清政府退回的这份国书中，俄国政府君主的尊号被抬格大写在清朝皇帝尊号之上，这显然违背了俄国政府一贯的政治平等原则，也违反了中俄双方历来形成的格式惯例。而之所以如此，错在翻译弗拉德金，是他在将俄文国书译为满文时不小心违反了传统格式。①

如前所述，外交副大臣的这种说法，虽然能息事宁人，但离真相较远。实际上，导致清政府对国书格式不满意的不是国书的满文译本，而是俄文本。

不过，由此也可以看出，戈洛夫金与恰尔托雷斯基所言并非同一问题。戈洛夫金所言是中俄两国政治上平等与否的问题，而外务副大臣所言乃是历史上中俄双方所习惯的信函书写格式惯例问题。因为戈洛夫金刚刚在库伦政治上受到了不平等的待遇，所以，他对中俄两国交往中的政治平等期望特甚。而外交部远在万里之遥的圣彼得堡，他们对中俄两国在交往中政治文本上的不平等没有切肤之痛，他们为了维持恰克图贸易的可观经济利益，似乎更满足于自己平等对待中国而中国不平等对待俄国的历史惯例。至于这种已经形成的历史惯例，在目前俄国面临复杂的欧洲局势的情况下，没必要因此而交恶中国。

由于外交部的坚持，7月14日（7月2日），戈洛夫金只好遵命将国书发往库伦。②

就在国书发走之后，那位替罪羊——满文翻译弗拉德金也认为自己冤枉，他在8月20日（8月8日）上书戈洛夫金，为自己辩护。他认为，以往俄罗斯枢密院致清理藩院的国书一般都把俄国君主的尊号（及俄国国名）

---

① Там же. IV –4. оп. 123. 1805–1809гг. д. No 1. л. 341–346. Там же с. 583–585.
② Там же. л. 361–362. Там же с. 597.

抬格书写，而清朝皇帝的尊号平写。反之，清理藩院致俄枢密院的国书，一般也只把清朝皇帝（和大清国名）的尊号抬格书写，而俄皇尊号平写。①可见，弗拉德金也不过是在据常理推测，他实际上也不清楚中俄函件中皇帝尊号的书写格式惯例，其申诉书中所持论点与清朝退还国书的理由不符，双方的认识可谓风马牛不相及。其实，如前所述，清政府此次对国书格式不满，最关键在于两点：一是国书中把俄皇尊号、俄国国号与清皇尊号、清朝国号都一样抬格大写；二是国书中把俄皇的谕旨内容写在清帝谕旨内容之前。也就是说，国书中并列出现俄皇与清帝尊号时，只能是清帝尊号抬格大写；俄皇尊号不能同时抬格大写；并且，当国书中并列俄皇与清帝尊号或其谕旨内容时，要将清帝尊号或谕旨内容放在俄皇尊号及谕旨内容之前。可见，清朝对外往来公文的格式是非常霸道的，可以说，直到嘉庆时期，清朝尚掌握着中外交涉的绝对话语权。

9月27日（9月25日），清政府收到这份国书，甚感不满。经过廷议，决定再次退还国书，并由理藩院拟定了一份致枢密院的国书。10月10日（9月28日），军机处谕令库伦办事大臣将国书速递伊尔库茨克。② 仔细研究清理藩院致俄枢密院的国书，我们可以发现，清政府之所以再次退还俄国书，主要原因有四点：（1）俄国政府在国书中没有明确说明布道团换届的原因；（2）未明确表示请求清理藩院恩准布道团换届之意；（3）未说明换届布道团成员、学员现在何处等候；（4）未说明如果布道团换届得到了皇上的恩准，那么，布道团将以何种自费的方式前来中国。③

值得注意的是，清理藩院这次退还国书的理由中已经不见了君主尊号书写格式不符的问题。这说明，此前俄国政府国书最大的问题即君主尊号书写格式问题已经得到解决。至于清政府究竟是已认同俄国枢密院归咎于翻译的解释，还是出于其他什么原因不再提起文书格式问题，尚不清楚。该国书中所提到的上述几个问题均为鸡毛蒜皮之事，解决起来不是很困难。

---

① Там же. л. 358–359. Там же с. 629–630.
② ЦГИА Монголии. Ф. М–1. д. № 651. л. 275–277. Там же с. 649–650.
③ АВПРИ Ф. СПБ. Главный архив. IV –4. оп. 123. 1805–1809гг. д. № 1. л. 378–379. Там же с. 650–653.

十 善后：戈洛夫金使团的遗留及关联问题

大约于 12 月份，外交部对清政府的国书进行了研究，并由外交大臣布德别尔格综合意见，向沙皇亚历山大一世进行了汇报。总的来说，外交部认为清政府再次退还国书的行为是自戈洛夫金使团被逐后两国关系冷却的一个信号。因为其中所要求解释的四个问题，俄国政府在历次相关国书中都已经解释清楚。比如，布道团换届的原因是履行中俄《恰克图界约》第五条。迄今为止，俄国已经根据该条约向北京派遣了八届布道团，因此，没必要在国书中屡次申明这点。既然是依据条约派遣布道团，那便没必要请求中国皇帝的恩准。又比如俄国布道团的派遣费用，依照惯例，历来都是由俄国政府负担，从没让中国政府负担过，那又有何必要在国书中申明。① 表面上看，俄国外交部的意见颇有道理。但仔细研究就可以发现，中俄双方在某些问题上存在一定程度的误解。其他的不说，仅就派遣布道团费用一项，俄国外交部就没有真正体会清政府的意思。其实，清政府并非不知道布道团的派遣费用由俄国政府承担，而是想知道俄国政府用什么方式承担。以前，俄国政府给布道团的费用部分是将卢布按北京比价换成银两，一般由俄国赴京师互市的国家商队代付。18 世纪中叶京师互市贸易取消后，中俄贸易一变而成边境互市。于是，布道团的费用要么用卢布在边境兑换成银两，要么用货物替代运到京师，以买卖所得作为费用。且后一种情况越来越普遍。② 如 1762 年，信使克罗波托夫就携带布道团费用——相当数量的皮货运到北京后出售，"实际得款一万四千七百二十卢布，从中拨出一万一千零五十卢布交给了大司祭及其下属人员"。③ 而 1794 年，第八届布道团首脑格里鲍夫斯基离开伊尔库茨克时，总督也曾命令他携带皮货前往恰克图贸易。④ 如果费用由卢布换成银两，那只能在中国中俄中段边境防务体系的前哨买卖城兑换。且不说兑换过程牵涉到货币兑换率的商定等问题本身就是一件麻烦事。倘若费用由携带的皮货来抵，那就必须要

---

① Там же. л. 404–412. Там же с. 668–670.
② 〔俄〕尼古拉·阿多拉茨基：《东正教在华两百年史》，第 91、229–230 页。
③ 〔俄〕尼古拉·班蒂什 – 卡缅斯基编著《俄中两国外交文献汇编（1619–1792）》，第 350–351 页。
④ 〔俄〕尼·维谢洛夫斯基编《俄罗斯驻北京传道团史料》（第一册），第 58 页。

将皮货运到北京卖掉，费用才能出来。而买卖的过程在清政府眼里相对来说就更加麻烦了。可见，布道团派遣费用虽然是自理，但自理的方式本身往往都不简单，很容易使中俄地方层面的交往擦出火花来。尤其是后来俄国政府经常要求清边务办帮助转交布道团费用，这无疑给边务办增加了很多麻烦。这才是清政府所提问题的关键所在。然俄国政府似乎将问题仅仅简单理解为费用是否自理的问题。

然而，尽管清政府又是退还国书，又是提出问题，似有故意为难的迹象，但最终还是打算接待俄国新布道团。1807年1月26日（1月14日），据外交部驻恰克图特派员伊兹玛依洛夫报告：按照惯例，此时库伦办事大臣之一的蒙古王爷应该去北京觐见皇帝，但买卖城传来的消息说，为了接待新布道团，王爷取消了北京之行。① 同样，尽管俄国政府在内部讨论中指责清政府退还国书乃小题大做，但丝毫没有影响其在实际行动中全盘接受清政府的意见。2月20日（2月8日），枢密院再次就布道团换届问题致清理藩院国书，对清政府提出的问题一一明确作答。② 2月27日（2月15日），外交大臣布德别尔格又特意致函西伯利亚总督佩斯捷利，进一步向他说明了此时俄国完全满足清政府所提要求的原因，并希望俄国边务部门采取一切措施，消除戈洛夫金使团被驱逐后所导致的中俄两国关系的冷却局面。如此看来，嘉庆时期，沙俄政府对华政策的重心依然是保持和发展恰克图贸易。为此，俄国当时确实想和中国建立一种和谐的关系。关于这点，西伯利亚总督佩斯捷利在接到外交部的函件后颇有认识。他在4月15日（4月3日）给外交部的回函中谈及俄中关系的调整问题时写道："我国目前政治事务的形势要求集中全部注意力于相反方向的国境线上。现在，如果我能保持俄中边境平安无事,（与中国）继续开展贸易、保持友好联系，决不让任何微小的疑虑产生，就

---

① АВПРИ Ф. СПБ. Главный архив. Ⅰ –9. оп. 8. 1806–1818г. д. No 2. л. 100. *Тихвинский С. Л. и Мясников В. С.* Русско-Китайские отношения в XIX веке. Материалы и Документы. 1803–1807. T. 1. M. 1995г. c. 671–672.

② АВПРИ Ф. СПБ. Главный архив. Ⅳ –4. оп. 123. 1805–1809гг. д. No 1. л. 398–403. Там же c. 678–680.

十 善后：戈洛夫金使团的遗留及关联问题

足够了。"①

5月7日，清理藩院致俄枢密院国书，很爽快地答应了俄国布道团换届的请求。并且言明，俄国方面应提前将换届布道团成员名单、过境时间等信息告诉库伦办事衙门，他们将安排官员把新布道团护送至京，并按条约供给布道团住京食宿费用。至于新、旧布道团的往返路费则按惯例由俄方自理。② 为了防患于未然，清政府随即谕令库伦办事大臣：依旧不允许布道团与有可能再次派遣的访华外交使团一块前来。③ 5月23日，库伦办事大臣遵旨致函伊尔库茨克省长特列斯金，请他务必提前告知布道团到达恰克图的时间、护送人员的职衔、自费旅行人数、马匹牲畜数、总人数等情况，以方便接待。④

佩斯捷利（И. Б. Пестель，1765—1843），西伯利亚总督

1807年7月9日（6月27日），伊尔库茨克省长特列斯金按惯例通告库伦办事大臣：(1) 除布道团原定人数外，另派护送人员大尉佩尔武申（С. Первушин）、军官衔文书波波夫、翻译官布里丘科夫（Я. Бритюков）及低级办事员、杂役等27人，马、牛共275头；(2) 通报大司祭阿颇洛斯由于身体突患疾病，故由比丘林代替。⑤

---

① Там же. л. 431–432. Внешняя Политика России ⅩⅨ и начала ⅩⅩ века. Документы Российского Министерства иностранных дел. Т. 3. М. 1963г. С. 547–548.

② Там же. л. 445–446. *Тихвинский С. Л. и Мясников В. С.* Русско-Китайские отношения в ⅩⅨ веке. Материалы и Документы. 1803–1807. Т. 1. М. 1995г. с. 691.

③ ЦГИА Монголии. Ф. М–1. д. № 663. л. 59–60. Там же с. 694.

④ АВПРИ Ф. СПБ. Главный архив. Ⅳ–4. оп. 123. 1805–1809гг. д. № 1. л. 444. Там же с. 696–697.

⑤ Там же. л. 478. Там же с. 703.

临阵换将，为了怕因此引起不必要的麻烦，8月8日（7月27日），沙俄政府专门为此致国书于清理藩院，正式通告此事。①

自2月份接到外交大臣布德别尔格有关一定要关注中俄边境局势并尽力建构中俄友好关系格局的公函以来，西伯利亚总督佩斯捷利密切关注中俄关系的调整问题，并采取了许多措施搞好中俄边境关系。7月份，佩斯捷利派信使维里京造访买卖城和库伦，受到了买卖城扎尔固齐和库伦办事大臣热情周到的接待。8月12日（7月31日），他在给外交大臣的密报中写道："同中国人的友好关系正在变得紧密起来。库伦对信使的接待和边务衙门的相关安排都令人感到非常满意。而且随着时间推移，利用这一次次琐细的信件往来，当可同他们建立友好通信联系。为达到此目的，本人将不遗余力。"② 1810年，佩斯捷利反对陆军部将西伯利亚城防哥萨克改编为边防哥萨克的计划，尽量弱化边境军事色彩的主张无疑是其边境和睦政策的一种自然延伸。③ 可见，边境地区的和谐关系态势是需要互相呼应的。俄国鉴于西部边境的复杂局势，不得不与中国建构和谐关系态势。而中国亦自始至终采取对俄和谐政策。由于双方的这种呼应，所以，尽管发生了戈洛夫金使团被驱逐这样不愉快的外交事件，但嘉庆年间中俄边境关系的总态势仍然以和态为主流。

8月14日（8月2日），佩斯捷利给前往护送布道团成员的武官佩尔武申下达了秘密训令，一共十条，基本内容有如下几个方面。

（1）了解有关戈洛夫金使团在库伦被驱逐的原因，以及中国朝野对驱逐戈洛夫金使团的舆论看法。其中问题相当多，涉及戈洛夫金使团访华失败的方方面面，包括：了解中国人由这次失败中得出了什么结论？他们未让俄国使团至北京是否有惋惜之意？同时，要得体地通过闲谈打听，在中国朝廷决定接待俄国使团之前，北京都下达了一些什么指令？沿途采取了什么措施护送该使团经由何种途径从库伦到北京？使团经过的城市都做了

---

① Там же. I －5. оп. 4. 1823г. д. No 1. п. 15. ч. 1. л. 280–281. Там же с. 706.
② Там же. IV －4. оп. 123. 1805–1809гг. д. No 1. л. 477. Там же с. 708–709.
③ 〔俄〕А. П. 瓦西里耶夫：《外贝加尔的哥萨克》第2卷，中国人民大学清史研究所徐滨、许淑明、刘棠、张曾绍等译，商务印书馆，1977，第316–317页。

什么准备工作？专门任命了哪些官员在途中护送？到达北京后准备如何迎接使团？入城时打算举行什么仪式？如果他们很在意接待的礼节排场，是否会因此对中国老百姓造成负担？北京居民以何种心情在等待使团的到来？而使团突然回国了，他们对此又有什么感想？如果可能，打探一下中华帝国是否同意重新接待一个新的俄国使团？皇帝陛下是否会同意重新考虑这件事？人们私下里对此有什么看法？会不会感到是个负担，或者会高高兴兴承担这样的义务？

（2）了解欧洲人（尤其是英国人）与中国的外交、商务关系情况：要了解英国和其他各国商人的数量，了解他们同中国人的关系到了什么程度，以及中国对其货物所需的数量。"因为1792年英国使团的成功为其国民向博格德汗争取到在广州甚至在其他中国领地有利可图的自由贸易权和进入北京的权力"，"英国人已获准进入北京，因此你一定要尽最大的努力打探，英国人是否同1792年一样，继续享有进入北京的权利？众所周知，1792年使团留下了几个随员常驻北京，要尽量探明，还有几人留驻该地？都是什么职衔？以何为业？他们与清朝大臣们、主要官员们以及朝廷亲密到何种程度？生活的富裕程度如何？是否领取博格德汗的薪俸？是否常给官员们送礼？送什么礼？他们对北京有些什么看法？还要尽量了解过去历年欧洲人和英国人在解决自己同中国人之间的贸易问题时都提了些什么要求？要努力了解他们已经实施和正在实施的不利于俄国的阴谋行为。还要打探中国人对所有中外贸易关系的看法，分国别加以整理。"应该说，这段训令的内容都基于对中英关系的错误认识，说明这位西伯利亚总督根本就不了解中英关系史。

错误一：1792年（应为1793年）英国马戛尔尼使团访华，虽然获准进入北京，但是其所负外交使命完全失败。而且，他的失败与是否履行了跪叩礼仪毫无关系。两种文化的冲突和两种国际关系体制的冲突，决定了其失败的命运。所谓"自由贸易权"的获得更无从谈起，而进入广州贸易的权利则早就在天朝体制之内，亦与马戛尔尼使团毫无关系。

错误二：马戛尔尼使团自承德避暑山庄觐见之后，就被乾隆赶走，根本没有什么随员留驻北京，更谈不上清政府薪俸供养的事情，这些全属子虚乌有，或者更确切地说，是这位总督以己推人的想象。因为俄国布道团不但常驻北京，且确实由清政府薪俸供养。

但也有两点内容，显出这位总督的见识差强人意。一是把英国人获准进入北京看作英国人的一项外交权利。这种认识主要是基于不久前戈洛夫金使团未获准进入北京的外交事件。这说明在俄国政界，似乎对戈洛夫金事件存在着另一种理解，即认为戈洛夫金事件不是一种偶然事件，而是具有一种普遍意义——意味着俄国已经丧失派遣外交使团进入北京的权利了。这也许是此后差不多半个世纪俄国未再向中国派遣正式外交使团的原因所在。二是开始关注中国与英国及其他各国的关系，尤其着重关注后者针对中俄关系的阴谋。这种想法从俄国宫廷到西伯利亚总督佩斯捷利，再到19世纪中叶的东西伯利亚总督穆拉维约夫，都如出一辙，一脉相承。

（3）了解中国政府和商人对待恰克图贸易的态度，尤其要注意其是否有缩小或关闭恰克图贸易的想法。如果有这种想法，那就要摸清原因。此外还要探听与此间商业相关联的中国手工制造业的状况。它们是否有新的增长？当下生产的货物是否会供过于求？我国货物在中国销售情况如何？特别是呢绒如马斯洛夫呢、米季里茨克呢、科尔洛夫呢、特里特察托夫呢的销售情况。哪些货销路不畅？哪些货滞销？为什么会滞销？我们的货和中国的货在其国内的价格差距如何？等等。可见，这个佩斯捷利跟商务部－恰克图海关在对华政策方面是一致的，那就是恰克图贸易为俄国最重要的利益，也是俄国对华政策的重心。因此，他特别关心中国人对恰克图贸易的态度。

（4）了解中国国内的政治动态，包括：中国内政方面是否有重大的变故？倘有，究竟是什么变故？原因是什么？中国内部是否在对谁开战？要对哪些民族开战？已经打了多久？中国人对此有何看法？中国政府究竟是想结束战争，还是要继续打下去？政府对此有何打算？是大家看法一致还是有反对意见？其中尤其要关注从前叛逃回去的土尔扈特蒙古的情况，"了解他们目前的状况，生活是否安定？他们是否已被分散到各地，特别是分散到柯尔克孜边境居住？他们游牧的地方离哪个汗国比较近？有没有一块专属他们的栖息地？此外，他们那里是否有被裹胁的俄国人或者逃亡的俄属吉尔吉斯人？这样的人有多少？在那边已经居留了多长

十　善后：戈洛夫金使团的遗留及关联问题

时间？"①

综上可见，训令本身内容是十分丰富的。不过，据后来佩尔武申的秘密报告，由于其本人不懂汉、满语，在中国滞留时间不长，所以，未能很好地完成训令中的情报搜集要求。② 历史上，注重搜集有关中国的全方位的情报一直是俄罗斯对华政策的传统之一。自 17 世纪末以来，沙俄政府每次派遣使者来华，都要对其颁布类似的训令，目的是要全方位了解中国，以便政府制定最为有利的对华政策。反观中国，自 18 世纪中叶以后，就不见其派遣使者访问外国，至于类似详细的训令就更不会有了。一个国家进入保守时代，外交的保守或退让是其最直接的表征。

但接下来，布道团换届的事情又出现了一个小麻烦。9 月 15 日（9 月 3 日），外交部驻恰克图特派员康德拉托夫报告，买卖城扎尔固齐提出一个布道团的人数错讹的问题，即俄国政府前后申报的布道团人、畜数量不一致。7 月 6 日（6 月 24 日），特列斯金致函库伦办事大臣，告知了新布道团赴北京人员名单，其中神甫、教士、学员总共才 10 人；而 7 月 9 日（6 月 27 日）再次函告，为护送该布道团，又决定派遣警官 1 名，书记 1 名，通译 1 名，下级职员和工人 27 名，总共 40 名，外加马、羊 275 头（匹）；此外，为应付意外之需，考虑到马车、牲畜量大，特添加工人 5 名，马 37 匹。因此，整个布道团由 45 人组成，携带马、羊 312 匹（头）。关键是后面这则新信息，仅仅由康德拉托夫口头通告买卖城扎尔固齐，却因疏忽未及时通告库伦办事衙门。为此，特列斯金恭请库伦办事大臣原谅其疏忽，饬令买卖城扎尔固齐允许新布道团人、畜过境。③

大概特列斯金的请求得到了恩准，9 月 29 日（9 月 17 日），俄国换届布道团全体人、畜全部顺利通过边境哨卡，进入中国境内。④ 事后，根据库伦办事大臣 10 月 24 日的奏折可知，入境的新布道团及其陪同人员都受

---

① АВПРИ Ф. СПБ. Главный архив. Ⅳ-4. оп. 123. 1805–1809гг. д. № 1. л. 508–513. *Тихвинский С. Л.* и *Мясников В. С. Русско-Китайские отношения в* ⅩⅨ *веке. Материалы и Документы*. 1803–1807. T. 1. M. 1995г. c. 709–713.

② Там же. л. 172. Там же с. 743.

③ Там же. л. 522–523. Там же с. 716–717.

④ Там же. л. 518. Там же с. 719–720.

到了热情周到的护送。库伦办事大臣认为虽然此次陪送换届布道团的人数比以前多5名，但自认尚可恩准，并派笔帖式富松格带同一名拨什库前往恰克图专程迎接。换届布道团于9月29日由恰克图启程，10月11日（9月29日）顺利抵达库伦。然后，库伦办事大臣又按旧规紧急传令喀尔喀蒙古土谢图汗和车臣汗所属各部、山左德拜泽布增丹巴呼图克图、苏尼特王、察哈尔都统等，于库伦至张家口一线布置官员士兵，护送布道团通过各驿站。此外，又行文直隶总督，要求于俄人经过张家口等地时尽力保护。换届布道团于10月17日离开库伦向北京进发。① 然而，正当其时，库伦办事大臣又收到特列斯金的函件：沙俄政府要给新布道团追加俸银18普特18俄磅27佐洛特尼克3切特维尔季，请求清边务办帮助转交。② 对此，库伦办事大臣经过商议，考虑到俄国神甫和学员刚离开不久，决定满足特列斯金所请，命恰克图衙门章京瑞春接受俸银，然后委托章京富松格于旅途将饷银交付俄国大神甫[雅金福]等。但是，为了避免将来的麻烦，特严告特列斯金，此后不许再以此种方式由清朝边务办转交俸银。10月28日（10月16日），特列斯金特致函库伦办事大臣，对中方的帮助表示由衷感谢。③ 11月21日（11月9日），西伯利亚总督佩斯捷利函告总理大臣鲁缅采夫：“中国当局派遣扎兰达什敦多布为前述布道团送银两，已在过库伦后第四站赶上了布道团，并于10月26日（10月14日）返回……带回了布道团随行的领队八等文官佩尔武申开具的银两收据。”④ 由于清边务办和理藩院的重视，特派蒙古官员图苏拉克齐、扎克罗克奇等沿途护送布道团，从库伦经张家口于1808年1月22日（1月10日）到达北京。⑤ 同样，在佩尔武申、图苏拉克齐的陪同下，旧布道团成员也于7月5日（6月23日）回到库伦，并立刻前往买卖城。为此，库伦办事大臣于8月6日（7月25日）

---

① ЦГИА Монголии. Ф. М–1. д. No 663. л. 186–188. Там же с. 722.
② АВПРИ Ф. СПБ. Главный архив. IV –4. оп. 123. 1805–1809гг. д. No 1. л. 529–530. Там же с. 718.
③ Там же. л. 531. Там же с. 725.
④ Там же. л. 532. Там же с. 937.
⑤ Там же. л. 565–566. Там же с. 746.

十　善后：戈洛夫金使团的遗留及关联问题

将这一切函告伊尔库茨克省长特列斯金，^①并且，为了表示友谊，通过佩尔武申向特列斯金回赠礼品。首先是以蒙古王爷名义送的礼品：红花织锦缎1整匹、黄花绿草织锦缎半匹、烟色软缎1匹、烟色暗花缎半匹、蓝色软缎1匹、白毫花茶4箱；其次是以满族昂邦名义送的礼品：黄色织锦缎1匹、红花绿草织锦缎半匹、天蓝软缎1匹、深绿软缎半匹、湖绿软缎半匹、白毫花茶4箱。^②旧布道团剩余人员大约于8月18日（8月6日）回到恰克图。8月29日（8月17日），修士大司祭索夫罗尼函告外交大臣鲁缅采夫："我等此次由北京回国，与此前各次礼遇有所不同。因为从北京出发到张家口，大汗招待的饮食极为丰盛，为订立条约以来往来北京的布道团所仅见；自入蒙古境后，朝廷任命的一位傅姓军官特派员对我优礼有加，极为友好，一路上成为我的好友，对所运送的辎重百般呵护，有困难尽力相帮。库伦办事大臣王和昂邦辖下的沿途各卡伦长官也尽力予以协助，态度极佳。"^③

至此，与戈洛夫金使团颇有渊源的第九届俄罗斯驻北京布道团的换届问题基本上落幕了。事后，第九届布道团的护送人员如佩尔武申、波波夫，还有卸任回国的第八届布道团大司祭索夫罗尼等，都写有许多秘密报告。其中所记都显示，中国这次接待俄国布道团在礼节方面极为友好得体，沿途的护送也是尽心尽意，充分表明了中国政府的对俄友好政策。同样，沙俄政府迫于日益复杂的欧洲局势，面临英、法的压迫和煎熬，不得不采取友好的对华政策。应该说，由于中俄双方的共同努力，嘉庆时期的中俄关系态势呈现出历史上少有的和态。

（四）中俄有关续派使团问题的交涉

与戈洛夫金使团有关联的另一个问题便是1810年3月份中俄双方就是否续派使团问题的边境交涉。伊尔库茨克民事省长特列斯金与库伦办事大臣在恰克图就俄国是否续派访华使团问题交涉了20多天，最后无果而终。

---

① Там же. л. 585–586. Там же с. 738.
② Там же. л. 597. Там же с. 739.
③ Там же. л. 572–573. Там же с. 740–741.

关于这次边境中俄交涉，国内尚未见相关论述。大家之所以不关注它，可能与不关注戈洛夫金使团的理由一样：因为这次交涉同样没有成功。中俄双方由于外交理念的差异，最终没有就是否续派使团问题达成什么具体协议，交涉不了了之。在这里，我不想详细叙述这次无果的边境中俄交涉，只想就它与戈洛夫金使团的关系做一些梳理。

实际上，自戈洛夫金使团在库伦遭遇礼仪之争并最终导致使团被驱逐始，由于俄国政府一些偶然的做法，致使中国边务部门产生误解，以为俄国有续派使团访华的意思，从而慢慢引出1810年的边境中俄交涉。最早提到续派使团问题的是俄外交部驻恰克图特派员伊兹玛依洛夫。他于1806年5月17日（5月5日）在给戈洛夫金的密报里首次写道："从扎尔固齐的话中，还有他们的各种反应中可以得出结论，只要我方有一点表示，他们就会请求俄国续派使团。"① 伊兹玛依洛夫之所以如此判断，估计不会是无中生有，应该是确实从中方边务办相关人士那里听到了某些风声。紧接着，5月25日（5月13日），伊兹玛依洛夫在给戈洛夫金大使的密报中再次谈到了一个道听途说的情报，即清政府已经另外派遣一位大员到了张家口，打算撇开库伦办事大臣，准备亲自接待重新访华的俄国使团。② 不过，从其行文语气看，清政府准备接待的这个俄国使团似乎不是新派遣的使团，而是刚被驱逐的戈洛夫金使团。可见，由此引发的1810年中俄有关续派使团的边境交涉实际上经历了两个阶段，第一阶段就是建立在情报误解基础上的有关中国重新接待戈洛夫金使团的揣摩。实际上，结合前面的相关内容来看，我们知道，伊兹玛依洛夫当时作为戈洛夫金的心腹被任命为外交部驻恰克图特派员，其活动的目的就是要千方百计将戈洛夫金使团被驱逐的责任全部强加到清朝边务办身上。所以，在使团被驱逐的初期阶段，其所密报的绝大多数消息均为小道消息，非但不准确，甚至具有某种故意捏造的痕迹。如伊兹玛依洛夫密报中所谈及的清政府派遣大员进驻张家口一事，就没有汉、满资料可资为证。而且，据伊兹玛依洛夫自己交代，这些

---

① Там же. I –7. оп. 6. 1805г. д. No 1–а. п. 27. л. 352–382. Там же с. 557.
② Там же. л. 385–386. Там же с. 560–561.

十 善后：戈洛夫金使团的遗留及关联问题

虚实不明的小道消息都来自扎尔固齐手下一名小人物博什库丰德。

边境是一个复杂的场所，小道消息满天飞。但清政府准备再次接待俄国使团的消息却并非空穴来风。因为，有证据表明，清政府很有可能也听到了类似风声，并做出了反应。8月2日（7月21日），军机处奉旨谕令库伦办事大臣："如彼等就其来北京问题再次恭敬地提出请求，蕴端多尔济等在获悉确实消息后可按以前办法，派400里快马廷寄火速奏报皇上，并将该使团头领送至库伦。先按以前所示，设宴款待，命其对皇帝'叩头'谢恩，之后方可允使团赴京朝见。绝不可出现疏漏，亦不可做出让俄国人得意忘形之事！"① 可见，清政府确曾明确谕令库伦办事大臣如何应付俄国再次请求派遣使团访华的问题。清政府之所以有此谕令，很可能是因为与俄国政府一样听到了相关消息。从俄国边务办的反应来看，相关消息至少自5月份就流行于边境，清政府也风闻此事，但行动缓于俄国，所以，迟至8月份方有类似谕令。只不过谕令中仅言"该使团"，似乎并未明指戈洛夫金使团。而且，清政府准备接待新使团的条件未有丝毫松动。新使团仍然要在库伦演习跪叩礼，双方仍然要进行礼仪斗争。这种固化思维的前提就是嘉庆皇帝在这份谕旨里面所说的那句话："俄国使团来京，于我天朝无丝毫利益可言。"既然认为外国使团来京毫无利益可言，那么，来不来就无所谓了。

事实上，中俄双方之所以在戈洛夫金使团被驱逐后都产生所谓续派使团的问题，亦各渊源有自。就清政府一方来说，如果当时的边务部门没有类似议论，那么，消息也不会传到北京，也就不会有上面提到的谕旨了。而清朝边务部门之所以有此议论，也不是空穴来风，实际上与戈洛夫金使团回国后其礼品长期滞留边境地区有关。清朝边务部门曾十分关心礼品一事。1806年12月1日，库伦办事大臣上奏，汇报信使带回的情报，其中就特意谈到戈洛夫金所带的礼品仍滞留西伯利亚。② 为何特别谈及这点？在接到库伦的这道奏折后，军机处立即于12月10日向库伦转达嘉庆皇帝的谕令，其中有这么一句："又据另折内称：俄罗斯去年所遣使臣、枢密大

---

① ЦГИА Монголии. Ф. М-1. д. No 651. л. 180. Там же с. 611.
② Там же. л. 463. Там же с. 661.

臣戈洛夫金及其贡物，今仍在于厄尔口地方等情。据此，俄罗斯仍欲为遣朝觐而前来请求之处，亦不可料定。"值得注意的是，这句话中的两层意思——俄国使团的礼品仍存放伊尔库茨克和俄国是否续派使团"朝觐"——是连在一块的，前后显然存在一种逻辑关系，即俄国人之所以没有把礼品运回圣彼得堡，戈洛夫金及其使团尚滞留在伊尔库茨克，是因为俄国仍在考虑重新续派使团访华的问题。然根据这份谕令，我们可以看出，如果说库伦边务衙门对俄国礼品与续派使团两者的关系比较肯定的话，相对而言，清政府中枢的态度却要谨慎得多。在这份谕令的下文中，清政府是以或然性的态度来看待此事的。他们认为其中存在两种可能：(1) 如果俄国确实有续派使团的想法，且主动请求恩准，那么，库伦办事大臣应该向其说明：此前赐宴戈洛夫金并要求其在库伦演习叩首礼，是皇帝对他们的无上优礼；既然俄国人不珍惜这种优礼，那么，续派使团将不再享受这种优礼，将取消库伦赐宴和演习礼仪。清政府不担心使团到达京师不行跪叩礼。请注意：嘉庆皇帝在这里似已改变在库伦持续礼仪之争的初衷了。可以想象，该消息一旦流布，难免会让俄国人推断：清政府已经认识到驱逐俄国使团是错误的。(2) 如果俄国没有续派使团的意思，那么，库伦办事大臣绝不应该主动打听，也不要主动解释什么。① 由此可见，清政府中枢并未完全确定俄国是否一定续派使团访华。

但是，谕令一到库伦，坊间难免坐实俄国人一直在传布的清政府主动同意接待续派俄国使团的消息。关于这点，库伦办事大臣也有所防备。12月20日，库伦办事大臣在接到谕令后，立刻上奏，表示不会将谕令中有关同意俄国续派使团的内容公布。② 与此同时，当时俄国政府边务办官员作为戈洛夫金的心腹，一心想搜集所有对戈洛夫金有利的消息，哪怕是伪消息也在所不惜。基于这种情势，他们特别关注清政府冷遇库伦办事大臣以及同意接待俄国续派使团的消息。因为既然库伦办事大臣受到清政府冷遇，

---

① 嘉庆十一年 (1806) 十一月初一日，《谕蕴端多尔济如俄罗斯再请遣使入觐著即行具奏而准其所请》，第一历史档案馆藏"满文俄罗斯档"；另见 Там же. л. 472-474. Там же с. 663。

② Там же. л. 486. Там же с. 666。

而且清政府有意重新接待俄国续派使团,其中的隐含意义就只能是清政府认为库伦办事大臣在库伦礼仪之争中所持态度是错误的。这样戈洛夫金使团没有完成外交使命即被驱逐的责任也就淡多了。如此一来,所谓续派使团问题(包括俄国愿意再派、清政府愿意再接待)就在边境复杂的情报消息传播过程中误打误撞地产生了。

但是,清政府的边务部门并非铁板一块。尽管库伦办事大臣没有把军机处的谕令公布,但是,相关消息还是泄露出去了。泄露的途径可能与库伦呼图克图活佛身边的喇嘛有关。军机处的谕令虽然没有公布,但在蒙古政治生活中一向占有重要地位的活佛却完全有可能知晓其中的内容。据外交部驻恰克图特派员伊兹玛依洛夫1807年2月16日(2月4日)的密报,他们就是从活佛身边的朋友那里知道了清政府准备重新接待俄国续派使团的消息。而且,估计由于他们所获消息经过了许多曲折,中间许多人添油加醋,导致消息走样。比如谈到续派使团的事时,居然说中国皇帝希望:俄国沙皇若有意派遣使团,望能亲自告知所委派的人员和抵达国境的时间,且不必由枢密院和理藩院信函往还,北京将绕过库伦直接派人迎接;为此清政府已令张家口地区长官准备车队,辎重车辆的数量增加为150辆,每车由5匹马牵引,载重达70普特。双方在大漠途中一个叫赛拉乌苏的地方会合。① 听起来言之凿凿,但实际上均属子虚乌有。只是这种不实消息直接传给了俄国外交部,在某种程度上影响到沙俄对华政策的制定,尤其对后来中俄边境交涉续派使团问题的行动产生了直接的影响。

虽然类似消息在边境地区广为流传,但根据中方文献的记载,库伦的官方态度还是较为谨慎的。4月23日,库伦办事大臣上奏,其中附带谈及对俄国续派使团的态度:(1)如果俄国政府谈起续派使团事,库伦将遵旨晓谕不再对续派使团赐宴,也不再坚持使团演练跪叩礼;(2)由于迄今俄国边务官员并未明确谈及续派使团问题,所以,库伦办事大臣并未对信使宣布这份谕旨。② 这说明,清边务衙门并未以官方的立场正式向俄国政府

---

① Там же. Ⅰ-9. оп. 8. 1806–1818гг. д. No 2. л. 102. Там же с. 677.
② ЦГИА Монголии. Ф. М-1. д. No 663. л. 56. Там же с. 686.

谈及续派使团的问题。所以，俄国政府有关清政府愿意再次接待俄国续派使团一事尚只限于道听途说。然而，俄方的资料却说明事实并非如此。

5月7日（4月25日），俄国信使桑热哈耶夫向西伯利亚总督佩斯捷利密报：库伦办事大臣直接跟他谈到了续派使团的问题。一方面，他们认为当时只要戈洛夫金大使对皇帝库伦赐宴表示感谢，并保证至京觐见时行跪叩礼，那么，使团就不会被驱逐；另一方面，如果俄国朝廷希望再次遣使，中国肯定会同意接待，并不再于库伦赐宴行礼。① 这说明，库伦还是把嘉庆皇帝的谕旨内容泄露出去了。

与此同时，清政府在即将批准俄国布道团换届事宜之际，再次谕令库伦办事大臣，同样绝不允许俄国续派使团与换届布道团一块行动。② 清政府之所以屡次强调此项原则，说明其对俄国续派使团这一传闻印象已深。5月23日，库伦奏告，已吩咐前往伊尔库茨克送信的信使协理台吉达西敦多布等，其间若俄国省长打听是否可以趁机派使团与布道团一块到北京朝贡，"尔等即严词拒绝，断不可姑息"。③ 事情果不出所料，根据事后达西敦多布的回忆，伊尔库茨克省长虽未询问类似问题，但边境一位接待他的俄军中尉军官伊万却打听了类似问题。"前来看望我等之中尉伊万探问道，前年我俄罗斯汗为进贡事所遣使戈洛夫金及侍从官等，已召回惩处，因未能完成使命，今不准其再来，而有再派同级官员之意，只不知于库伦仍须行叩拜之礼乎？我等明白告称，此非我等所知之事，尔方应向我院及库伦王大臣等行文询问，方能定夺。该中尉听后，面露喜色。又称：我方贡品并未带回，现仍珍藏恰克图北栅，去年俄罗斯汗尚派省长暗地查看等语。"④

---

① АВПРИ Ф. СПБ. Главный архив. IV –4. оп. 123. 1805–1809гг. д. No 1. л. 440. Там же с. 690.
② 嘉庆十二年（1807）三月三十日，《谕蕴端多尔济著将准许俄国更换其驻京教士等人之咨文递送俄省长》，第一历。档案馆藏"满文俄罗斯档"；另见 ЦГИА Монголии. Ф. М–1. д. No 663. л. 60. Там же с. 694。
③ 嘉庆十二年（1807）四月十七日，《蕴端多尔济等奏报已将理藩院准许俄更换驻京教士之咨文送出等事折》，第一历史档案馆藏"满文月折档"；另见 Там же. л. 74. Там же с. 698。
④ 嘉庆十二年（1807）五月十三日，《蕴端多尔济等奏报遣赴俄省长送文之员已回并报在俄见闻折》，第一历史档案馆藏"满文月折档"；另见 Там же. л. 96. Там же с. 701。

十　善后：戈洛夫金使团的遗留及关联问题

解读这段对话，我们可以做出如下推论。

（1）这是俄国政府边务官员第一次明确告知清政府：俄国有可能续派使团访华。尽管仅仅出自一个边防下级军官之口，但应该不是该军官的个人议论，极有可能是受俄方边务办的授意，本意是对前述库伦所透露相关情报的一种回应或者试探。否则，一个下级军官是不可能毫无根据擅自议论如此国家大事的。

（2）如前所述，戈洛夫金使团被驱逐回国后礼品一直滞留西伯利亚的事实曾引起清政府产生俄国将续派使团的猜测。经过这位中尉军官的话，这种猜测就基本上坐实了。中尉虽然没有直接把礼品滞留西伯利亚与俄国续派使团联系起来，但他在如此语境下谈及此事，势必使清政府更加坚定原来的猜测。而实际上，沙俄政府此时正为怎么处理这些滞留西伯利亚的礼品而发愁。虽然不能说沙俄政府已经将这些滞留礼品与续派访华使团联系起来，但至少借续派使团之机而再次将这些礼品送给清政府是沙俄政府处理这些礼品所考虑的途径之一。

（3）清政府信使达西敦多布根据库伦办事大臣先前的吩咐，自认身份低微无权议论国家大事，故建议中尉直接询问库伦办事大臣。这种回答本无深意，只不过是按照库伦办事大臣的吩咐尽职而已。但外交上，信使的这番话却可以被误解为一种暗示，即清政府希望俄边务办就续派使团访华事宜直接与清边务衙门接触。

但当时清朝边务办官员根本不谙西方外交，他们一般不会从西方外交的角度来如此解读达西敦多布带回的这些消息。库伦办事大臣上奏时，就承认未知达西敦多布所说是否属实，而清政府中枢则同样持半信半疑的态度。6月26日，军机处向库伦转达嘉庆皇帝的谕令，其中就直接点明："陆军中尉伊万，乃是俄罗斯一不甚重要之小官，怎可深信其言。唯既有此言，蕴端多尔济等即应妥加留意。嗣后俄罗斯汗果若恭顺请求遣派贡使，届时蕴端多尔济等即一面奏闻，一面准该使团前来库伦。本次既非前次之戈洛夫金，则不必于库伦宴请伊等，亦勿习练三跪九叩之礼。当该使等来京瞻觐时，想必伊断不敢不行三跪九叩之礼。若该使随员过多，仍旧裁减；若比前次仅多十余人，即准其随同前来。该使等抵达库伦后，著蕴端多尔济等扣算日期再由库伦启程，或十月万寿节前，或十二月二十日左右抵达京城。倘或抵达库伦稍早，将伊等在彼处多歇息几日，届期再启程，亦未不可。蕴端多尔济等惟静候俄罗斯信息，断不可攀问其来往人等，流露期盼其使臣前来之状。"① 由此可见，无论清政府对这种来路不正的消息是否将信将疑，但同意接待新派俄国使团的态度当确切无疑。而且，假如俄国重新派遣访华使团，那么，将取消库伦演习礼仪及赐宴。

尽管嘉庆皇帝一再强调库伦的态度应当谨慎，然俄方资料显示，相关消息还是泄露出去。8 月 9 日（7 月 28 日），另一位伊尔库茨克的信使维里金从库伦回去后，即密报西伯利亚总督佩斯捷利：库伦官员说，北京朝廷非常希望保持与俄罗斯帝国的友好关系，他们也非常希望俄国再派使团访华；目前，库伦正在等待理藩院就此向俄国枢密院尽快发出国书；如果俄国宫廷再派访华使团，它将受到热情接待，并将在边镇库伦免除一切天朝礼仪，使团只需在北京遵守他们的礼仪即可。② 这其中最关键的消息，即清理藩院准备向俄国枢密院主动发出邀请使团访华的国书是虚假不实的。清政府根本就不可能事实上也没有考虑为此主动向俄国发出邀请俄国使团访华的国书。由此可见，这些往来信使的话，确实如嘉庆皇帝所认为的那样——虚虚实实，真真假假。而无独有偶，俄国边务衙门对这些信使的话也持同样态度，并未全部采信。8 月 14 日（8 月 2 日），西伯利亚总督佩斯捷利在给护送布道团的武官佩尔武申的训令中，就要求他尽力打探此事确实与否。③ 如果佩斯捷利完全相信信使所带回的消息，那就不必要求佩尔武申费此辛劳了。

关键在于，这些边境地区的流言居然传到了圣彼得堡，甚至沙皇也对此有所了解。且俄国宫廷的反应要比遥远的边务办极积得多，甚至似已确定续派使团访华的国策。9 月 10 日（8 月 29 日），外交部为处理滞留在西伯利亚的礼品而上奏沙皇，其中就正式谈及续派使团访华的问题："俄国宫

---

① 嘉庆十二年（1807）五月二十一日，《谕蕴端多尔济等俄国可能再次请求遣使来京著妥加留意届时奏闻》，第一历史档案馆藏"满文俄罗斯档"。Там же. л. 106. Там же с. 702.
② АВПРИ Ф. СПБ. Главный архив. Ⅳ –4. оп. 123. 1805–1809гг. д. № 1. л. 482. Там же с. 707.
③ Там же. л. 513. Там же с. 713.

十　善后：戈洛夫金使团的遗留及关联问题

廷丝毫没有动摇第二次向北京派遣使团的意图，但需要北京宫廷经正式途径宣布，而不能通过我国低级官员来暗示。"也就是说，沙俄政府虽然愿意续派使团访华，却要等待清政府官方的主动邀请。这是嘉庆年间中俄外交关系上的一种变化，此前一直是俄国主动致函清政府要求访华，现在则准备等待清政府的主动邀请。这种外交关系新动向一直持续下去，有可能是戈洛夫金使团失败的重要后果之一，以致此后四十多年俄国未再主动派遣使团访华。然而，西伯利亚总督佩斯捷利所获相关信息都只是边境地区的传闻，始终没有获得清政府的正式官方邀请。有意思的是，清政府也一直在等待俄国的再次主动函问。1808年3月3日，军机处向库伦转达皇帝的谕令："俄罗斯若再恳请遣使，奴才等即遵旨办理，毫不流露主动期盼之情。且亦严饬驻恰克图部院章京荣春，于言谈中断不得表露主动之状。"① 由此可见，中俄双方都在等待对方主动。如此一来，本来就建构在虚假信息基础之上的续派使团问题就变得更加遥不可及了。3月12日（2月29日），佩斯捷利在给外交大臣鲁缅采夫的报告中，明确反对此时俄国向中国续派使团。他认为首先要采取措施消除因戈洛夫金使团给清朝政府造成的阴影，先加强两国之间的互信，培育两国之间的友谊，然后再谈下一步。② 这说明，从圣彼得堡到伊尔库茨克再到恰克图，这三个环节中比较关键的伊尔库茨克，也就是俄国中俄中段边境防务体系中心的首脑已经明确反对俄国续派访华使团了。这当然会对俄国的对华政策产生很重要的影响。这也是中俄双方有关续派使团问题的边境谈判延迟到1810年的原因。

需要说明的是，1810年中俄边境有关续派使团问题谈判的实际内容已经演变为双方互派使团的问题。且双方争论的焦点不仅是谁先派使团的问题，尤为关键的又是清政府是否愿意向俄国派遣使团的问题。关于这个问题，其实在戈洛夫金尚未过境到库伦前就有所预见。1805年10月29日（10

---

① 嘉庆十三年二月二十九日，《蕴端多尔济等奏为遵旨惟静候俄罗斯再请遣使入贡而不露期盼之状折》，第一历史档案馆藏 "满文月折档"；另见 ЦГИА Монголии. Ф. М-1. д. № 671. л. 14. Там же с. 734。

② АВПРИ Ф. СПБ. Главный архив. I -7. оп. 6. 1805г. д. № 1-а. п. 30. л. 142. Там же с. 734.

月17日），戈洛夫金在给沙皇的报告中就提到清政府派遣回访使团的问题。戈洛夫金当时就考虑，假如清政府要求向俄国派遣回访使团，究竟是答应还是拒绝？因为此前所有的出访训令中均未谈到这个问题。戈洛夫金本人的意见是：只要清政府提出这个问题，就应该予以肯定的答复。① 其实，戈洛夫金提出这样的问题，完全是以西方外交思维来看中国外交。清朝经过康、雍、乾的强盛，其文化潜意识中的"华夷之辨"已经被强调到无以复加的程度了。等到嘉庆保守时代到来的时候，中国已经没有派遣使团外访的兴趣了。当然，随着库伦受阻，戈洛夫金所担忧的这个问题事实上已没有可能变为现实了。但1810年边境谈判中俄国政府的态度似与此不无关联。1810年有关续派使团的中俄边境谈判似乎表明，俄国在与中国政府打交道时已经开始强化自己的近代西方外交观念。中俄北方的外交舞台已经早于南方悄悄地将近代西方外交体系与清朝东亚"天朝体制"的斗争提前上演了。只不过基于当时俄国所遭遇的欧洲特殊局势，致使中俄北方外交舞台上演的只是"文戏"，而非"武戏"。但叙述1810年中俄边境谈判的细节，已超出本书的范围。有关内容，将在另一个专题研究中详述。

---

① Там же. п. 25. л. 125. Там же с. 275.

结论　失败的俄国使团与失败的中国外交

两个多世纪过去了，作为历史研究者，现在回过头来再看前人所走过的这段路程，不由心生无限感慨。19世纪初，中俄两国前后共同努力了差不多四年的一场外交"舞会"居然半途而散，无果而终，这不能不令人遗憾。但是，历史又时刻蕴含着出人意料的悖论。谁能想象到，失败的外交事件居然给变幻莫测的邻邦关系临时抹上了一层甜蜜的色彩，尤其这种甜蜜色彩的背后却又隐藏着一场半个世纪之后才显现出来的巨大的外交变局。这是历史长河中的一种异象，有待于我们来探讨、发现。

（一）19世纪初的戈洛夫金使团事件是中俄两国社会整体发展态势差异的一种反映。如前所述，经过发端于意大利的文艺复兴运动，西欧社会把人从神的桎梏中彻底解放出来。人们用人文主义精神来考察世界，追求物质享受，重视现实世界，提倡科学实验。脱胎于文艺复兴的人类乐观进取的精神不仅驱使人们去探讨内心精神世界，尤其驱使冒险家、商人等积极去征服外部世界，推动了西欧的航海探险和地理大发现，从而使西欧社会发生了一系列重大变化。地理大发现建立了一个世界性的大市场，刺激了西欧各国工业的发展。随之，西欧各国纷纷实行重商主义政策，通过剥削海外殖民地聚集了大量财富，并在此基础上逐次发生了科学革命、工业革命和资产阶级革命，西欧开始引领世界发展的大势。在欧洲开始出现支配世界的趋势时，俄国就已经意识到并于17世纪末18世纪初开始向西欧学习。彼得大帝身体力行，亲自参加考察队，到西欧诸国进行深入考察。回国后，他立即颁布了许多法令，从政治、经济、社会生活各方面改革俄罗斯社会，使俄罗斯社会发展开始向西欧靠拢。① 从18世纪开始，俄国实施重商主义政策。18世纪中叶，俄国形成自己的重商主义思想体系，贵族、官僚纷纷加入到从事海外贸易的大潮中，不但发展了俄国的对外贸易，还拓展了俄国社会的世界发展眼光。18世纪，俄国的生铁产量及出口量占世界首位。19世纪30年代，俄国开始了工业革命。② 立足于朝气蓬勃的社会发展趋势，俄国的外交也显示出前所未有的积极进取态势。19世纪初，俄国一方面积极组织进行首次环球航行，另一方面，在全力应付欧洲局势的前提下，开始关注远东的贸易和外交。俄国不但向中国派遣了使团，同时也向日本派遣了使团。虽然这两个使团最终都因中日两国的闭关锁国而未获成功，但俄国社会发展的上升趋势③ 以及外交的进取态势却势不可挡。反观清朝，自满族入主中原，就恢复了华夏传统的天朝体制。统治者高居整个东亚地域国际关系体制的中心，俯视世界。传统的文化中心主义华夷秩序的观念泛滥成灾。唯我独尊的文化霸权主义心态杜绝了中国向世界学习的可能。整个中国社会对欧洲引领支配世界的发展大势不闻不问、麻木不仁，重商主义等进步思想、航海探

---

① 列宁曾说，"一般说来，俄国无疑正在欧化，也就是说，正在按欧洲的面貌改造自己。但是这种欧化一般说来，从亚历山大二世时代，甚至从彼得大帝时代就开始进行了"。《列宁全集》第18卷，中共中央马克思、恩格斯、列宁、斯大林著作编译局译，人民出版社，1959，第561页。
② 〔苏〕诺索夫主编《苏联简史》第1卷下册，生活·读书·新知三联书店，1977，第285页。
③ 早在20世纪60年代，英国学者郭玫瑰女士就已经结论，19世纪初，俄国"已逐渐成为经济与军事强国，虽然尚落后于西欧，但已跃居中国前头。即使在一般文化教育领域，俄国也已开始赶上千年以来一直被认为居首位的中国"。Quested R. K. I., *The Expansion of Russia in East Asia 1857–1860*, University of Malaya Press, Singapore, 1968, p. 3.

险和冒险事业在帝国境内杳无声息。清朝不但一度实施海禁政策，一贯提倡抑商主义。清帝国昧于世界大势，无法借助西方发达的科学、工业和技术力量来改革中国社会，使中国社会的发展陷入"内卷化"的漩涡。所以，19世纪初的清帝国作为社会发展"内卷化"的典型模式已经达到它的极致，以致社会发展趋势慢慢由盛转衰。而与此相应，帝国的外交也开启了保守退让的时代。从前康熙那种动辄就谈边界划分的雄风远略到嘉庆时已经不再，帝国已经无力像往昔那样让别国自愿恭行天朝礼仪了，唯有举起盾牌挡住外来的挑战者：中国人不让出去，外人也不让进来。因此，那个时代所发生的东西方之间"派遣使团"与"拒绝（驱逐）使团"的一系列事件，表面上是外交交锋，其实却是东西方各国综合国力发展趋势的表露。因此，俄国使团虽然失败，但其所体现出的那种国势日升的发展趋势及其外露之外交强势进取精神却是昭然若揭。清朝虽然驱逐了俄国使团，但这种表面的胜利恰恰显示了其国势日下的发展趋势及其外露的外交保守退让气象。

（二）19世纪初戈洛夫金使团的失败绝不是一件孤立的外交事件，它不但是当时整个东西方外交接触中的一环，也是当时俄国远东外交活动链条中的一环。

翻开18世纪末19世纪初东西方的接触史，我们就会发现，有三个年代引人注目：1793年、1805年和1816年。1793年，英国派遣马戛尔尼使团访华；1805年，俄国派遣戈洛夫金使团访华；1816年，英国再派阿美士德使团访华。比较世纪之交这三次东西方大规模外交接触，我们发现它们彼此之间存在着许多相似之处。

首先，这三个使团都肩负非常重要的外交、贸易使命。1793年英国马戛尔尼使团访华肩负着建立英中正式外交关系尤其是全面扩展英中贸易边界的重要使命。外交上，马戛尔尼提出派遣英国使臣常驻北京，以利于协调中英外交关系；① 贸易上，马戛尔尼提出了六项具体要求："（1）请中国允许英国商船在珠山、宁波、天津等处登岸，经营商业；（2）请中

---

① 中国第一历史档案馆编《英使马戛尔尼访华档案史料汇编》，第14页。

英国访华使臣马戛尔尼（George Macartney，1737—1806）

国按照从前俄国商人在中国通商之例，允许英国商人在北京设一洋行，买卖货物；（3）请于珠山附近划一未经设防的小岛归英国商人使用，以便英国商船到彼即行收藏，存放一切货物且可居住商人；（4）请于广州附近得一同样之权利，且听英国商人自由往来，不加禁止；（5）凡英国商货自澳门运往广州者，请特别优待赐予免税。如不能尽免，请依一千七百八十二年之税律从宽减税；（6）请允许英国商船按照中国所定之税率切实上税，不在税率之外另行征收。且请求中国将税则赐一份以便遵行。缘敝国商人向来完税，系听税关人员随意估价，从未能一窥中国税则之内容也。"[①] 此所谓"六条"，概括而言，不外开口岸、割地和减税，要么损害中国的国家主权，要么企图突破清朝对外贸易体制，因此遭到了乾隆皇帝的严正驳斥。但英国锲而不舍，于1816年再派阿美士德使团访华，该使团也与马戛尔尼使团一样肩负着扩展对华外交、贸易的重大使命，大致可以概括为四个方面：其一，要求改善广州口岸通商的条件，即所谓"四条"："（1）消除地方政府的暴政及不法侵害；同时，对东印度公司的权益要有更为确切的详细的规定；（2）取得常川贸易的保证（在遵守规定的章则法令的前提下），使之免于受突然的和任意的干扰。在投下如巨额财产和没有信心就不能进行商品交易（这种交易为商品移转及流通所不可少）的地方，这一保证是必要的。还要保证大班有权雇佣他们认为合意的中国商人，

---

① 〔英〕马戛尔尼：《1793年乾隆英使觐见记》，第156页。

或与这种中国商人进行交易；（3）取得不让中国官员闯进东印度公司商馆的自由，准许商馆的人员雇佣中国仆人。免除中国官府队英国人的侮辱、藐视及傲慢的待遇；（4）为商馆人员与北京的某些国家机关或法院公开通信，开辟一条途径。其方式，或者让一个英国人驻在北京，或者以中文善陈意见。同时要求允许对地方政府呈送各种文件及呈诉时，有使用中文之权"；其二，争取在广州之外，另开口岸；其三，争取派使臣常驻北京；其四，探求在中国大力推销英国制造品的手段。① 由此可见，18世纪末19世纪初，英、俄派遣的三个访华使团都负有外交、贸易方面的重大使命。其中，尤其以贸易为重。

英国访华使臣阿美士德（Lord Amherst，1773—1857）

其次，这三个使团都遭遇了礼仪之争。根据相关中文档案资料，马戛尔尼使团到达天津时，曾在长芦盐政徵瑞的监督下演习跪拜礼动作。英使觐见之前，乾隆皇帝认可了军机处所拟定的英使觐见礼仪，其中最关键就是要"向上行三跪九叩首礼"，② 可见，以乾隆皇帝好大喜功、怀柔远人的胸怀，即使在其他方面有所优待，也不可能在"跪拜礼"这个最关键的问题上有丝毫动摇。所以，尽管觐见之前，马戛尔尼就礼节问题向清政府进行了抗争，甚至提出变通办法，即觐见时，马戛尔尼对着乾隆皇帝行跪拜礼，与此同时，清政府择同样级别的

---

① 姚贤镐编《中国近代对外贸易史料（1840—1895）》第1册，中华书局，1962，第158-159页。
② 中国第一历史档案馆编《英使马戛尔尼访华档案史料汇编》，第147页。

嘉庆十年
——失败的俄国使团与失败的中国外交

1793年英国马戛尔尼使团觐见乾隆皇帝（使团画师亚历山大绘制）

官员对着英王的画像行跪拜礼。① 但如此一来，岂不意味着英王与清朝皇帝拥有同等的政治地位？这等要求，清政府自然不会答应。至于马戛尔尼觐见之时是否履行了跪拜礼，中外舆论一直意见纷纭，莫衷一是。② 不过，后来嘉庆君臣的态度似乎表明：马戛尔尼确行跪拜礼，但未必中规中矩，极有可能是敷衍了事，似是而非。1816年，英国再派阿美士德使团访华，同样遇到了礼仪之争。嘉庆皇帝饬谕直隶总督那彦成，等英国使团到达天津后"或礼节不遵制度，

---

① 〔英〕斯当东：《英使谒见乾隆纪实》，第321页。
② 对于马戛尔尼觐见时是否履行了跪拜礼，众说纷纭。之所以如此，主要是因为英国使团主要成员有关此事的各类记录都说马戛尔尼未行跪拜礼。然马戛尔尼觐见时究竟行了何种礼节，却未能自行解说明白。我们认为马戛尔尼觐见时应该行了跪拜礼。一是当时热河觐见大礼参与者众多，如果马戛尔尼没有行跪拜礼，势必有人大惊小怪，留下相关记述，可是，包括《清实录》在内的官、私史料，无半点痕迹可寻。再者，就算是西人的著述，也不完全都说马戛尔尼未行跪拜礼。柔克义（W. W. Rockhill）就指出："马卡特尼伯爵之抗议，人多疑之，安迭生（Aeneas Anderson），使团中之一人也，但彼未预朝见之事，则谓其时所行之礼，凡目睹其盛者皆严守秘密，疑其中必有不可告人之事也。而中国人方面，皆啧啧谓马卡特尼伯爵叩头也。不独此也，俄籍译员维特金（Vladikin）者，其时正在北京，及其它躬逢盛会之人，皆谓英国大使行其叩头之礼，人言籍籍，要非无因。"参见〔美〕W. W. 柔克义：《欧洲使节来华考》，朱杰勤译，《中外关系史译丛》，海洋出版社，1984，第180页。其中的俄国译员"维特金"就是后来戈洛夫金使团之满文翻译弗拉德金。此处引弗拉德金言语是否有俄文资料旁证，不得而知。不过，戈洛夫金使团访华时，嘉庆君臣曾以马戛尔尼为戒，坚持在库伦要俄国使团演习跪拜礼，以使其礼仪动作规范。由此推测，当初马戛尔尼确实履行了跪拜礼，极有可能是动作不太规矩而已。

结论 失败的俄国使团与失败的中国外交

即据实奏闻","即在天津筵宴,遭回本国,均无不可"。① 阿美士德使团到达北京后,军机处为英使觐见拟定礼节,其中特别规定"该使臣等向上行三跪九叩礼"。② 但阿美士德也不愿意践行跪拜礼,而要求将礼节简化为"三次跪一膝三俯首"。直到钦差尚书和世泰等奏告:阿美士德等"演习跪拜,尚堪成礼",嘉庆才决定接见使团。然而,觐见时"正贡使罗耳阿美士德已到宫门,忽患重病,不能行动;副使亦俱患病,竟系无福享受天朝恩赉。该贡使等即日遣回"。③ 正、副使都忽然患病,不能觐见,这显然是借口。关键还是他们都不愿意在觐见时行跪拜礼。至于俄国戈洛夫金的礼仪遭遇,相对两位英使而言,其区别不过是遭遇礼仪之争的地点不在北京,而在边镇库伦。他们骨子里对待天朝体制传统礼仪的态度是一致的。

最后,这三个使团都以失败告终。历史上,马戛尔尼使团、戈洛夫金使团和阿美士德使团均以失败告终。这三个使团之所以被判定为失败,主要是因为英、俄两国政府赋予使团的使命均未能实现。许多相关论者认为,18、19世纪之交的三个西方使团之所以碰壁,主要是因为遭遇了礼仪之争。确实,三个使团不约而同都遭遇了礼仪之争。已经引领世界大势的西欧强国——包括紧跟在西欧后面前进的俄国都不愿意践行隐含政治不平等意义的天朝跪拜礼。中外双方在礼仪之争中,态度都趋于固化,因而导致使团均以失败告终。其实,礼仪之争只是三个使团失败的表层原因。实际上,一方面,欧洲列强此时已引领世界大势,它们赋予使团的外交使命很大程度上都具有侵略性质。如马戛尔尼就要求割让中国的领土以供英国商人囤货;而俄国戈洛夫金更是负有推翻《尼布楚条约》秩序、重新划定有利于俄国的俄中东段边境的使命。此外,他们还有一个共同的使命,那就是将中外商务边界扩充至中国内地,突破清朝对外贸易体制,试图把中国变为欧洲工业产品的倾销地。这样的外交、贸易要求,中国是不可能答应的。

---

① 《清嘉庆二十一年英使来聘案》,故宫博物院编《文献丛编》第 10 辑,1931,第 2-3 页。
② 《清嘉庆二十一年英使来聘案》,故宫博物院编《文献丛编》第 11 辑,1931,第 17-19 页。
③ 以上分见《钦差工部尚书苏楞额等奏英贡使请以三次跪一膝三俯首为觐见之礼片》,北平故宫博物院编《清代外交史料》第 5 册,1933,第 39、50、55 页。

所以，应该是这些使团的使命本身决定了其失败的命运。另一方面，如前所述，此时清朝由于长期居于天朝体制的巅峰，所以慢慢养成了故步自封、夜郎自大的政治文化个性。由于昧于世界大势，滋生了一种文化中心主义的观念，国势慢慢趋于下行，整个朝廷弥漫着一股老人政治的气氛，闭关自守，没有与外人建立密切外交、贸易关系的观念主动。所以，任何外国使团试图打破已经固化的天朝体制的行为都必然遭到失败。从这个角度来看，18、19 世纪之交的中外关系必定是一个失败的结局，这是时代的特色，礼仪之争不过是其表征。

此外，戈洛夫金使团还是整个俄国远东外交战略中的一环。应该说，19 世纪以前，俄国整个外交战略的重心一直在欧洲，其对远东不过是偶尔看一眼罢了。可是，有两方面的因素，促使俄国从 19 世纪初开始关注远东的中国和日本。首先，远东地区的贸易因素。一是中俄恰克图贸易。自 18 世纪中叶开始，俄中边境恰克图贸易开始蓬勃发展起来。到 19 世纪初，俄国国库收入的 15%—20% 源自恰克图。① 而且西伯利亚经济的发展也越来越离不开恰克图贸易。因此，在俄国政府内部，一直存在着一种视恰克图贸易为俄中关系重心的对华政策。二是俄美公司的贸易。以皇室贵族、大官僚、大商人为主要股东的俄美公司在 19 世纪初遭遇前所未有的困境。一方面，由于俄国远东地区的道路和气候恶劣，导致俄美公司的给养运入及货物运出十分艰难；另一方面，英、美商人到北太平洋岛屿及北美洲与俄美公司争夺毛皮资源。英、美商人把掠夺来的毛皮海运广州廉价出售，间接影响到俄美公司恰克图毛皮贸易。因此，俄国亟待获得参与中国南方广州贸易的机会。其次，欧洲现实政治格局的巨变因素。法国 18 世纪末爆发资产阶级革命后，开始强烈影响欧洲的政治格局。尤其是拿破仑上台以后，在欧洲大陆实行积极扩张政策，致使整个欧洲局势飘摇，俄国亦被迫参与组织多次反法同盟。为了政治上有一个稳定的后方，也为了进一步扩展俄中贸易关系，为参与欧洲争霸聚集资财，俄国于 19 世纪初开始关注远东的中国和日本。1803 年，俄国向日本派遣列扎诺夫使团，随首次环球航行的

---

① 郭蕴深：《中俄茶叶贸易史》，黑龙江教育出版社，1995，第 52 页。

船队造访日本。① 稍后又于 1805 年又派遣戈洛夫金使团访问中国。无独有偶，俄国向远东派遣的这两个使团都以失败告终。就目前史料来看，戈洛夫金使团的失败并未对恰克图贸易造成不利影响，却未能让俄美公司避免日趋衰亡的命运。

（三）戈洛夫金使团事件既是中俄两国异质文化冲突的结果，又是现实政治层面国际关系体制之间冲突的结果。任何外交事件都是深层文化与现实政治综合作用的结果。

如前所述，俄国使团从圣彼得堡动身的那一刻起，中俄两国就在一系列问题上展开斗争。其中，最尖锐的斗争要算是礼仪之争，而礼仪之争的高峰又是发生在边镇库伦的演习跪拜礼仪之争。库伦礼仪之争之所以最终无法调和，关键在于中俄双方的态度都趋于固化。基于资料的分析，俄方对待中国礼仪的态度可以分为两个层面，第一个层面是俄国政府的态度：一是尽量拒绝践行有损人格、国格的中国传统礼仪；二是当礼仪与国家利益相冲突时，应以国家利益为重。也就是说，为了国家利益，使团可以践行中国外交礼仪。国家利益第一，礼仪第二。可见，俄国政府对待礼仪的态度是富有弹性的。第二个层面是俄国大使戈洛夫金的态度，可以表述为：礼仪第一，国家利益第二。当库伦办事大臣明确通告：如果戈洛夫金不在库伦演习跪拜礼，使团将被驱逐。戈洛夫金不为所动，仍然坚决拒绝在库伦行跪拜礼。可见，俄国政府与戈洛夫金的态度差别正是俄国使团铩羽的关键。而戈洛夫金之所以坚决拒绝在库伦行礼，理由很简单，即库伦办事大臣未能预先通告库伦的跪拜礼仪。表面上，戈洛夫金似乎拒绝的不是行跪拜礼本身，而是拒绝在库伦对着香案行跪拜礼。实际上，这只是一种烟幕。问题的本质在于：无论是面对皇帝本人，还是面对象征皇帝的香案，俄国大使从骨子里就根本不愿意践行三跪九拜这套礼仪动作。就情理而言，如果戈洛夫金愿意践行这套跪拜的礼仪动作，那么，无论在哪里，面对谁，都不应该反对行礼。何况戈洛夫金在库伦不是单独面对香案行礼，而是跟在库伦办事衙门大小官员的身后依样而行。而外国使臣在觐见皇帝本人之

---

① *Тихвинский С. Л. и Мясников В. С.* Русско-Китайские отношения в XIX веке. Материалы и Документы. 1803–1807. Т. 1. М. 1995г. с. 867.

前要学习演练跪拜礼一直是天朝体制的惯例。无论是亲密如朝鲜的使臣，还是疏远如英国的使臣，在觐见之前都曾学习和演练跪拜礼。但历史的惯例和别国的同等遭遇都不曾软化戈洛夫金的态度。戈洛夫金宁愿书面保证在觐见时行跪拜礼，同时也书面保证使团到达北京后在一旁看着使团一秘演习跪拜礼，也绝不答应在库伦践行这种跪拜礼。

相对而言，在对待朝贡礼仪的态度方面，中国政府与库伦边务衙门之间没有任何差别，认识高度统一：外国使臣既然前来中国朝贡，就要无条件地遵循天朝礼仪。使臣觐见时践行跪拜礼既是清朝皇帝和王朝的荣耀，更是朝贡国本身的荣耀。在以清朝为首的天朝体制里，俄罗斯虽然属于"余国"（"互市国"），政治隶属关系不如朝鲜等属国亲密，但如果自愿前来天朝"朝贡"，那么，也要一丝不苟地遵循各种朝贡礼仪。本来，根据以往中俄外交关系的历史惯例，俄国使臣都是到了北京才遇到礼仪之争。而且，双方礼仪之争的结果都是俄国使臣屈居下风。所以，历史上所谓中俄礼仪之争，也主要是指在北京觐见皇帝本人的礼仪之争。然而，这次戈洛夫金所遭遇的礼仪之争却并非北京觐见的礼仪之争，而是在库伦对着香案演习跪拜的礼仪之争。礼仪之争的地点由北京移到库伦，这绝对是偶然的。即使在俄国使团入境的前夕，清政府都没打算要戈洛夫金大使在库伦演习跪拜礼。可是，一方面，此前俄国使团在许多问题上与中国政府一直进行激烈斗争，使团在斗争中所体现出来的强硬态度已经让清政府十分不满；另一方面，乾隆年间英国使臣马戛尔尼借口跪拜礼动作不熟练而敷衍行礼的阴影一直萦绕在嘉庆君臣的脑海中，无法驱除。于是，嘉庆君臣为了吸取历史的教训，为了不让礼仪之争在北京发生，在俄国使团入境时，突然强制要求戈洛夫金大使在边镇库伦学习演练跪拜礼。按照嘉庆皇帝的旨意，如果戈洛夫金在库伦演练礼仪，动作中规中矩，态度虔诚，那么就照例赐宴，以示君恩。虽然后来，库伦办事大臣在具体操作过程中稍稍变通嘉庆皇帝的旨意，把赐宴演绎成逼迫戈洛夫金演习跪拜礼的手段，但清朝君臣的目的却是一致的，那就是必须让俄国人下跪行礼。俄国人不在库伦行礼，那就驱逐他们。

于是，中俄双方对待库伦跪拜礼问题的态度都开始固化，终至不可调和。在俄国人看来，下跪叩头简直就是一种人格侮辱。反之，在中国人看来，不但觐见皇帝行跪拜礼是一种不世的荣耀，而且，在库伦面对象征皇帝威权的香案行跪拜礼与觐见皇帝本人行跪拜礼的意义和价值完全一样。这就是不同文化背景的人们对同一问题的不同理解。可见，就深层来看，礼仪之争其实就是文化之争。本来19世纪初中俄两国的相互了解尚十分粗浅，[①]连俄语都说不好且拥有浓厚西方文化背景的戈洛夫金自然更无法理解中华帝国的传统礼仪。

历史发展是一种复杂的立体的过程。我们在揭示中俄库伦礼仪之争的文化冲突本质时，也不能忽略现实政治层面国际关系体制之间的冲突。实际上，自俄国政府倡议派遣访华使团开始，中俄两国政府对使团的性质就存在着根本对立的定位。在俄国政府看来，其所派遣的这个访华使团是身负重要外交、贸易使命的使团，其所秉承的是当时已经逐渐引领世界大势的西方近代国际关系体制之国家主权及政治平等的外交原则。因此，相对于以往的历届使团来说，此次使团不但规模最大，尤其处处要求天朝体制给予其政治上的平等待遇。也因此，从使团自圣彼得堡动身开始，中俄双方就不停地在许多相关问题上进行激烈的斗争。其中的关键就在于俄国力图突破中国传统天朝体制的"不平等"政治原则。反之，从一开始，清朝就把俄国使团认定为一个"朝贡使团"。一方面，天朝体制作为东北亚区域性的国际关系体制，发展到清朝已经根深蒂固。所以，清朝把俄国使团看作"朝贡使团"乃是一种历史惯性的自然反应。另一方面，也是清朝故步自封、昧于世界大势的必然结果。自明朝永乐年间郑和下西洋的航海探险行动无果而终后，中国的历史和文化实际上已经失去了具备世界眼光的客观可能。如此，西欧自14世纪以来所发生的文化、经济、政治等全方位的巨大变革，清朝及其天朝体制内的子民根本无从知晓，自然也根本不存在学习和借鉴的可能。由于清朝对19世纪初以西欧为中心的近代国际关系体制开始引领世界发展大势的情况茫然无知，因此，它能做的自然只是努力按照传统天朝体制的"不平等"政治原则来要求和规范俄国使团。首先，清政府通过国书和往来信函单方面将俄国大使认定为"贡使"；然后，再根

---

① Quested R. K. I., *The Expansion of Russia in East Asia 1857–1860*, University of Malaya Press, Singapore, 1968, pp. 8–9.

据天朝体制的相关原则单方面规定俄国使团的"贡时"、"贡道"和"贡护"。在清政府将俄国使团打扮为"朝贡使团"的过程中,中俄双方斗争和互动的主要是使团人数限制和预先提供礼品清单两个问题。在俄国人看来,这两个问题充分体现了清朝天朝体制的不平等政治原则。所以,双方为此争论十分激烈。然而,最能体现天朝体制不平等政治原则的还是跪拜礼。如果说人数限制、预先提供礼品清单等要求戈洛夫金尚能忍受的话,那么,跪拜的礼仪动作实已经超出戈洛夫金的心理承受限度。此时的俄国紧跟西欧的身后,已经参与世界大势,国势趋于上升;此时的近代西方国际关系体制之国家主权与政治平等的原则也已确立达一个半世纪之久。因此,具有深厚西欧文化背景的戈洛夫金自然不甘屈服。只不过此时所谓西方近代国际关系体制尚未完全取得支配世界的资格,所以,它在18世纪末19世纪初与天朝体制的历次斗争中,虽已显示出势均力敌的趋势,但终未能如愿战胜天朝体制。

俄国使团被逐一事,在当时的欧洲引起了不大不小的波澜。法兰西皇帝拿破仑就曾对此事发表评论。他认为,"使臣应该服从一个国家为其高官定下的礼仪。须知中国人并未请我们向他们派遣使臣,既然我们把使臣派出去了,这就证明,我们是在谋求某种宽恕或某种好处。因此我们要么服从他们的习俗,要么就根本用不着派人去"。这是拿破仑的私人医生奥梅阿尔(Омеар)在自己的回忆录里透露的。奥梅阿尔还说,拿破仑与沙皇亚历山大一世在提尔西特会晤时,曾以自己的这种观点成功影响过亚历山大一世。[①] 这说明,当时欧洲的上层社会不但知道俄国使团被逐,而且知道被逐的原因是"礼仪之争",即"叩头"还是"不叩头"。应该说,拿破仑的看法是与当时东、西方社会经济的整体发展水平相适应的。当时的欧洲开始引领支配世界的发展大势,以西欧为中心的近代国际关系体制也开始在全世界范围内尝试支配世界,但其力量还远未达到真正支配世界的程度。古老中华帝国的天朝体制及其礼仪尚在欧洲势力范围之外,尚具有存在的合理性。欧洲人虽然企图用自己的礼仪来支配世界,但其心有余而力尚未

---

① *Избрант идес и Адам бранд*. Записки о русском посольстве в Китай (1692–1695). М. 1967г. с. 353.

达。所以，1794年，马戛尔尼在访华失败之后不得不承认："以我们欧洲人的准则来判断中国，没有比这更能使人犯错误的了。"①

（四）戈洛夫金使团事件无论对俄国还是中国，都具有相当重要的历史意义。在俄国来说，通过这次外交活动，俄国政府上上下下，群策群力，共同为使团制定了内容丰富的外交、贸易使命，从而使整个19世纪俄国对华政策的轮廓基本上确定下来。贸易方面，俄国企图将俄中商务边界扩展到全中国境内，除了要在中国西部开展边境贸易，还要染指中国南方的广州贸易，还要在中国中部长江流域开辟口岸，还要借道西藏、新疆与西亚、南亚地区开展贸易；在边界方面，俄国已基本确定要推翻中俄《尼布楚条约》秩序的战略目标，要占领《尼布楚条约》中待议的乌第河流域大片土地，要争取俄国船只在黑龙江的通航权，企图以黑龙江为界重新划定中俄东段边界，等等。而这些目标正是整个19世纪俄国对华政策的基调。正因为俄国一直拥有明确的对华政策，所以，在19世纪中俄外交互动关系中，俄国始终掌握着外交的战略主动权。而反观清朝，它从没有制定过明确的对俄政策。俄国主动派遣访华使团，肩负着庞大的外交、贸易使命而来，但清政府不过是将之纳入"朝贡"使团之列而被动应付。而且，由于库伦礼仪之争，嘉庆皇帝一怒之下将俄国使团驱逐出境。当下看似乎是清朝占了上风，然长远看却是清朝落了下风。首先，中国有可能失去了一次与俄国签订有利于中国的中俄东段边界协定的机会。如前所说，戈洛夫金使团最重要的使命就是与清政府谈判解决黑龙江与乌第河流域之间的中俄边界问题。根据当时戈洛夫金制定的三层方略，无论按哪层方略办，中国都能保住黑龙江以北大片土地。嘉庆朝虽然处于清朝由盛转衰的转折时期，但当时中国的国力并未立即衰落，尚可与俄国一争短长。何况，当时俄国正深陷于欧洲的战争泥潭，无力东顾。可惜，中国未能利用如此有利的国际局势和尚盛的国家力量，主动与俄国解决悬而未决的中俄东段边界问题。其次，驱逐戈洛夫金使团也使清朝失去了对俄外交的战略先机。由于戈洛夫金使团未能到达北京，因此也就未能将19世纪初俄国对华政策的新内容和盘托出，

---

① 〔法〕佩雷菲特：《停滞的帝国——两个世界的撞击》，扉页。

以致清政府对当时俄国觊觎黑龙江以北至海大片领土的阴谋毫不知晓。尽管清政府即使了解了俄国的侵略企图也未必能改变19世纪中叶的对俄外交败局，但至少可以做到知己知彼，早为预防。何况东北乃清政府的"根本重地"，[①] 一旦清政府知道俄国觊觎黑龙江以北的领土，以当时嘉庆王朝的国力，完全可以对黑龙江以北大兴安岭以南包括乌第河流域的领土进行详细调查，并采取一些防务措施。可惜，清政府根本不知道沙俄的对华领土要求，自然就无从关注东北问题。当半个世纪后面临沙俄处心积虑已久的领土侵占时，内困外扰的清政府竟然无法做出任何有意义的抵抗。正如陈复光先生所说："清政府自博闻强记，喜研讨西方文化之康熙帝以后，多故步自封，昧于邻邦局势，而不加以研究，以致人知我而我不知人，影响外交之着着失败，此亦不为无因焉。"[②] 因此，戈洛夫金使团的被逐对俄国来说不过是一次外交战术上的失败，却奠定了日后俄罗斯在远东对华外交战略上的胜利；而对中国来说，这充其量不过是一次外交战术上的胜利，却埋下了日后对俄外交战略失败的种子。俄国失败了一个外交使团，清朝则失败了整个外交战略。

（五）戈洛夫金使团被驱逐后，中俄两国处理此事的理性态度可圈可点。首先，清政府在驱逐俄国使团的过程中，始终礼节周全，沿途派遣官员周到护送。与其说是驱逐，不如说是礼送出境，显示了中华礼仪之邦的大度胸怀。事后，清政府虽然下令库伦边务衙门加强中俄边境地区的防务，频繁巡视卡伦，但并没有调动军队，没有在边境地区制造紧张气氛。戈洛夫金使团被逐回国后，虽然其本人在边境地区一度鼓吹军事报复，但俄国政府始终坚持从文化冲突的层面来解读使团被逐这一不愉快的外交事件，并最终淡化了此事给俄中关系所带来的阴影。其次，中俄两国政府之所以相互克制，采取理性态度来处理这一不愉快的外交事件，既决定于各自所面临的复杂的国内国际局势，也取决于各自的国家利益。一方面，19世纪初的嘉庆王朝正步入清朝由盛转衰的时代。社会内部极端混乱，"吏

---

① 《清高宗纯皇帝实录》卷1189，第23册，中华书局影印本，1986，第896页。
② 陈复光：《有清一代之中俄关系》，国立云南大学文法学院丛书，1947，第62页。

治""河槽""苗乱""教乱"层出不穷，外则面临西欧强国觊觎，政府穷于应付，焦头烂额。而19世纪初的俄国，虽然土地面积在扩大，但农民暴动遍及全国。尤其麻烦的是，1789年法国爆发资产阶级革命，直接影响到整个欧洲大陆的政治局势。俄国为了争霸欧洲，参与组织了多次反法同盟。尤其随着拿破仑的上台，欧洲局势显得更加变幻莫测，俄国需要集中全部精力去应付。由于中俄两国在19世纪初都面临复杂特殊的国际国内局势，所以，当这种不愉快的外交事件发生后，中俄两国政府都能够冷静地对待。双方主动采取措施，尽量维持边界的和局。另一方面，正是基于这种边界的和局，中俄边境的恰克图贸易也获得了平稳快速的发展。俄国政府一直十分看重恰克图贸易。在相当长时期内，平稳发展恰克图贸易一直是俄国对华政策的重心。资料显示，恰克图贸易的极盛时期正是19世纪上半叶中俄边境和局稳定的时期。恰克图贸易的发展不但充实了俄国的国库，还改变了俄国西伯利亚的落后面貌，促进了俄国手工工场的发达。当然，尽管清政府一贯不重视恰克图贸易，但恰克图贸易同样促进了蒙古、山西等边境省份经济的发展。而且，由于中国当时输往恰克图的主要商品是茶叶，所以，恰克图贸易的发展还促进了中国南方产茶地区如湖北、湖南、江西、福建等省份的经济发展。历史经验证明，外交和局带来的一定是双赢局面。

（六）戈洛夫金使团访华对中俄文化交流也产生了非常重要的影响。19世纪上半叶是中俄文化交流比较发达的时期，而其中的关键就是比丘林出任第九届东正教驻北京布道团首脑。而当时正受处罚的比丘林之所以能够出山，与戈洛夫金的赏识不无关系。俄国东正教事务衙门原定新布道团的首脑为修士大司祭阿颇洛斯。[1] 但是，这位修士大司祭天性鲁钝，没有激情，缺乏领导能力，学术修养不足，不但为布道团成员所诉，尤其引起大使戈洛夫金的不满。[2] 后来，戈洛夫金到了伊尔库茨克，正为应付清政府要求缩减使团成员等问题而焦头烂额。他希望找到1720年伊兹玛依洛夫使团访

---

[1] АВПРИ Ф. СПБ. Главный архив. I-7. оп. 4. 1823г. д. No 1. п. 15. л. 37–49. *Тихвинский С. Л. и Мясников В. С.* Русско-Китайские отношения в XIX веке. Материалы и Документы. 1803–1807. Т. 1. М. 1995г. с. 139.

[2] *Адоратский Н.* Отец Иакинф Бичурин (исторический этюд). Казан. 1886г. 13–14.

第九届俄罗斯东正教驻北京布道团大司祭比丘林（1777—1853）

华的相关资料，但伊尔库茨克及使团自身均无人能提供帮助。而此时正于托博尔斯克修道院受罚的比丘林却很熟悉访华使团的历史。他于1805年9月29日（9月17日）致函戈洛夫金，帮助解答了相关疑难问题，深得戈洛夫金的赏识。1805年10月29日（10月17日），戈洛夫金直接致函东正教事务衙门总监戈利岑（А. К. Голицын），要求撤换阿颇洛斯，并极力推荐才干卓著的比丘林任大司祭。① 但是，戈洛夫金的这次举荐未获成功，沙皇不同意免除东正教事务衙门对比丘林的处罚。② 直到1807年4月24日（4月12日），由于布道团成员对阿颇洛斯的抱怨、主教阿姆甫罗西（Амвросий）和大使戈洛夫金的推荐、托博尔斯克主教的美言等多方面因素的综合作用，沙皇与东正教事务衙门终于同意任命比丘林为第九届俄罗斯东正教驻北京布道团首脑。③

比丘林之被任命为第九届俄罗斯东正教驻北京布道团首脑一事意义非同寻常。因为正是比丘林使俄国驻北

---

① АВПРИ. Ф. СПБ. Главный архив. I -7. оп. 4. 1823г. д. № 1-а. п. 42. л. 692-об. 693. *Тихвинский С. Л. и Мясников В. С.* Русско-Китайские отношения в XIX веке. Материалы и Документы. 1803-1807. Т. 1. М. 1995г. с. 282.

② *Тихвинский С. Л. Пескова Г. Н.* Выдающийся русский китаевед о. Иакинф（Бичурин）（к 220-летию со дня рождения）. История российской духовной миссии в Китае. М. 1997г. с. 169.

③ АВПРИ. Ф. СПБ. Главный архив. I -5. оп. 4. 1823г. д. № 1. п. 15. ч. 1. л. 246-247. *Тихвинский С. Л. и Мясников В. С.* Русско-Китайские отношения в XIX веке. Материалы и Документы. 1803-1807. Т. 1. М. 1995г. с. 687-688. В.〔俄〕纳武莫夫：《杰出的俄国汉学家——雅金夫·比丘林》，唐修哲、傅显明、孙萍等译，《历史研究》1958年第1期，第79页。

京布道团脱胎换骨。比丘林到任后，身体力行，严督布道团成员认真学习汉、满语，不遗余力地收集和翻译汉、满典籍，为俄国汉学的民族化和近代化奠定了基础。更为重要的是，一方面，由于比丘林的努力，此后俄国驻北京布道团开始有能力履行学馆、商馆、使馆等多重职能，为俄国顺利实践19世纪的对华政策立下了汗马功劳；① 另一方面，比丘林回国后，努力研究汉学，取得了巨大成就。据统计，比丘林完成了一百多种汉学著作、论文、译作，② 未发表的著（译）作手稿超过万页。③ 当时的传记作家舒金（Н. Щукин）估计：以往历届俄罗斯驻北京布道团教士一百多年所取得的汉学研究成绩尚抵不上比丘林个人成就的1/4。④ 这样的评价是名副其实的。在俄国汉学史上，比丘林确实起了承前启后的作用。此外，尤其有意义的是，比丘林回国后，并非做一个"躲进小楼成一统，管他冬夏与春秋"的书呆子汉学家，而是广泛交游，参与圣彼得堡各种文艺沙龙活动，结识并影响了很多当时俄罗斯社会文化、政治、艺术界的精英人士，如诗人普希金（А. С. Пушкин，1799-1837）、批评家别林斯基（В. Г. Белинский，1811-1848）、历史学家波利伏伊（Н. А. Полевой，1796-1846）、作家奥陀耶夫斯基（В. Ф. Одоевский，1803-1869）、十二月党人别斯杜热夫（Н. А. Бестужев，1791-1855）等，在俄国社会正面传播了中国文化，增进了中俄两国人民的互相理解。

---

① 参见陈开科《巴拉第与晚清中俄关系》，上海书店，2008。
② *Тихвинский С. Л. Пескова Г. Н.* Выдающийся русский китаевед о. Иакинф（Бичурин）（к 220-летию со дня рождения）«История российской духовной миссии в Китае», М. 1997г. с. 166.
③ *Скачков П. Е.* Письма Н. Я. Бичурина к М. П. Погодину. Советское Китаеведения. 1958г. № 3. с. 141.
④ *Щукин Н.* Иакинф Юичурин. Журнал Министерства народного просвещения（ЖМНП）. 1857г. 95. отд. V. с. 119.

参考文献

中、俄文档案资料

北平故宫博物院编《文献丛编》第10、11辑，1931。

北平故宫博物院编《清代外交史料》(嘉庆朝)，《文献丛编特刊》，1932。

俄罗斯科学院图书馆手稿部（圣彼得堡）(ОР БАН)，16.9.2

俄罗斯科学院档案馆圣彼得堡分馆（ЛО ААН），第2分部，目录1，№ 181

俄罗斯国立古代文献档案馆（РГАДА Ф. 1385. оп. 1. Ед. хр. 415. л. 12.）

《故宫俄文史料》，《历史研究》编辑部，1964。

国家档案局明清档案馆编《戊戌变法档案史料》，中华书局，1958。

《明太祖宝训》，台北：中研院历史语言研究所校印，1962。

《清实录》，中华书局影印本，1986。

清会典馆编、赵云田点校《乾隆朝内府抄本〈理藩院则例〉》，中国藏学出版社，2006。

（清）允禄等监修《大清会典》（雍正朝），沈云龙主编《近代中国史料丛刊》第3编第79辑，台北：文海出版社，1995。

（清）昆冈等奉敕撰《大清会典》（光绪朝），沈云龙主编《近代中国史料丛刊》第3编第13辑，台北：文海出版社，1966。

（清）昆冈等奉敕撰《钦定大清会典事例》，光绪戊申，商务印书馆。

（清）托津等奉敕撰《钦定大清会典事例》（嘉庆朝），《近代中国史料丛刊》第3编第70辑，台北：文海出版社，1996。

（清）嵇璜、刘墉等奉敕撰《清朝通典》，"万有文库"，商务印书馆，1935。

（清）张廷玉等奉敕撰《清朝文献通考》，"万有文库"，商务印书馆，1936。

（清）王彦威纂辑、王亮编、王敬立校《清季外交史料》，书目文献出版社，1987。

苏联科学院远东研究所等编《17世纪俄中关系：资料与文件》，厦门大学外文系、黑龙江大学俄文系翻译组译，商务印书馆，1975。

吴晗辑《朝鲜李朝实录中的中国史料》，中华书局，1980。

中国第一历史档案馆藏"满文俄罗斯档""满文月折档""俄罗斯来文原档""满文录副奏折""上谕档"（嘉庆朝）。李静杰等编《清代中俄关系档案史料选编》第2编，未刊稿。

中国第一历史档案馆、中国古籍整理研究会编《清宫粤港澳商贸档案全集》，中国书店，2002。

中国第一历史档案馆编《英使马戛尔尼访华档案史料汇编》，国际文化出版公司，1996。

中国第一历史档案馆编《乾隆朝上谕档》，档案出版社，1998。

中国第一历史档案馆编《清代中俄关系档案史料选编》第1编，中华书局，1981。

中国社会科学院边疆研究中心编《清代理藩院资料辑录》，全国图书馆文献缩微中心，1988。

Внешняя политика России XIX и начала XX Века（Дакументы

Российского министерства иностранных дел）. Москва. Т. 3. 1963гг.

Переписка о подкупе китайских сановников Ли-Хун-Чжана и Чжан-ин-Хуана. Красный архив. № 2. 1922г. с. 287-293.

Тихвинский С. Л. и *Мясников В. С.* Русско-Китайские отношения в XIX веке. 1803-1807. М. 1995г

俄文著作

Адоратский Н. Отец Иакинф Бичурин. Исторический этюд（Из журнала. Православный Собеседник. за 1886г. февраль. март. май. июль）1886г. Казань

Александров В. А. Русско-китайская торговля и нерчинский торг в конце XVII в. К вопросу о первоначальном накоплении в России（XVII - XVIII вв.）. М. 1958.

Барсуков Н. Граф Николай Николаевич Муравьев-Амурский. М. 1891г.

Бартольд В. В. История изучения Востока в Европе и в России. Л. 1925г. с. 320.

Баснин В. Н. О посольстве в Китай графа Головкина. М. 1875г. с. 103.

Баснин В. Н. Историческая записка о китайской границе, составленная советником Троицко-Савского пограничного правления Сычевским в 1846 году. 1875 г. М.

Бахрушин С. В. Торги гостя Никитина в Сибири и Китае. С. В. Бахрушин научный труды. т. 3. М. 1955г.

Безпрозванных Е. Л. Приамурье в системе Русско-Китайских отношений. XVII -середина XIX в. М. 1983г.

Бичурин Н. Я. Описание Пекина. С приложением плана сей столицы, снятого в 1817 году. СПб. 1829.

Бичурин Н. Я. Записки о Монголии. сочиненные монахом Иакинфом. С приложением карты Монголии и разных костюмов. СПб. 1828.

Бодянский О. Журнал дружеского свидания Иркутского

гражданского губернатора, действительного статского советника Трескина, с Китайсими пограничными правителями. Ваном и Амбанем. с 19-го Февраля по 13 Марта 1810 года. Чтения в императорском обществе истории и древностей Российских при Московском университете. 1860г. кн. 1. М.

Бунаков Е. В. Из истории русско-китайских отношений в первой половине XIX в. см. Советское Востоковедение. 1956г. № 2.

Бурышкин П. А. Москва купеческая М. 1991г.

Вагин В. И. Посольство графа Головкина в Китай в 1805г. Известия Сибирского отдела имп. русского географического общества. 1872г. Ч. 3. № 3–4.

Васильев В. П. Открытие Китая. Спб. 1900г.

Витте С. Ю. Воспоминания. М–Л. Т. 1. 1923г.

Воскресенский А. Д. Китайские хроники о пребывании И. Ф. Крузенштерна и Ю. Ф. Лисянского в Гуанчжоу. И не распалась связь времен. М, 1993г. стр. 151–163.

Гаркави А. Я. Мусульманских писателей о славянах и русских. СПБ. 1870г.

Горбачева З. И. Китайские ксиографы и старопечатные книги собрания Института востоковедения Академии наук СССР. Ученые записки ИВ АН СССР. Т. 16. М. 1958г.

Дашкова Е. Р. Записках княгини Е. Р. Дашковой. Лондон. 1859г.

Джильс Флетчер. О государстве русском. Перевод князя М. А. Оболенского. СПБ. 1905г.

Довнар–Запольский М. В. Торговля и промышленность Москвы XVI и XVII вв. М. 1910г.

Забелин И. Е. Большой боярин в своём вотчинном хозяйстве. Вестник Европы. 1871г. кн. 1–2.

Заозерский А. Н. Царь Алексей Михайлович в своём хозяйстве. П.

1917 г.

Избрант идес и Адам бранд. Записки о русском посольстве в Китай (1692-1695). М. 1967 г.

История царствования Иппература Александра I и России в его время, Т. 1. СПБ. 1869 г.

История России с начала XVIII до конца XIX века. М. 2001 г.

Карнович Е. П. Замечательные богатства часных лиц в России. СПБ. 1874 г.

Кильбургер. Краткое известие о русской торговле. перев. Д. Языкова. СПб. 1820,

Кирьяков В. В. Очерки по истории переселенного движения в Сибир (в связи с историей заселения Сибири). М. 1902 г.

Клапрот Ю. Г. Описание Кяхты. СО. 1816. ч. 33. № 41-42.

Клапрот Ю. Г. О китайко-русской границ, собранныя Юлием Клапротом во время путешествия по оной. в 1806 году. Северный архив.

Ключевский В. О. Сказания иностранцев о Московском государстве. М. 1916 г.

Ключевский В. О. Курс русской истории. М. 1989 г.

Ковалевский Е. П. Путь каравана. Журнал для чтения воспитаникам военно-учебных заведений. 1846 г. Т. 62. № 245.

Костомаров Н. Очерки торговли Моковского государства в XVI - XVII вв. СПБ. 1862 г.

Краткая история русской православной миссии в Китае. 1913 г. Пекинъ.

Крузенштерн И. Ф. Путешествие вокруг света в 1803. 4. 5 и 1806 годах по повелению Его Императорского Величества Александра I на корабле Надежде и Неве под начальством Флота Капитанъ Лейтенанта, нын? Капитана втораго ранга, Крузенштерна, Государственнаго Адмиралтейскаго Департамента и ИМПЕРАТОРСКОЙ Академіи Наукъ

Члена. СПБ. Ч. 2. 1810г.

Курц Б. Г. Русско-Китайские отношения в ⅩⅥ. ⅩⅦ и ⅩⅧ вв. Харьков. 1929г.

Ломоносов М. В. Полные собрание сочиния. т. 6. М–Л. 1952г.

Лященко П. И. История народного хозяйства СССР. Т. 1. М. 1952г.

Мартынов А. Е. Живописное путешествие от Москвы до китайской границы. СПБ. 1819г. с. 67.

Миллер Г. Ф. Изъяснение сумнительств. находящихся при постановлении границ между российским и китайским государствами 7197 （1689）года. Ежемесячные сочинения к пользе и увеселению служащие. СПБ. 1757. № 4.

Морошкин М Я. Иезуиты в России，с царствования Екатерины II и до нашего времени. Ч. 1–2. СПб. 1867

Мясников В. С. Русско–китайские отношения 1689–1916. М. 1958г

Мясников В. С. Посольство Ю. А. Головкина в Китай. Русско-Китайские отношения в ⅩⅨ веке. 1803–1807. М. 1995г. с. 5–22.

Мясников В. С. Договорными статьями утвердили. Дипломатическая история русско–китайской границы XVII–XX вв. М. 1996

Нарочницкий А. Л. и. д. Внешняя политика России ⅩⅨ и начала ⅩⅩ века. Документы Российского Министерства Инастранных Дел. М. 1960г.

Невский В. В. Первое путешествие россиян вокруг света. М. 1951.

Отечественная история. с древнейших времен до 1917 года. Т. 1. М. 1994г.

Панюшина Л. П. Реферат На тему.《Иркутск в XIX веке》Иркутск. 2004.

Палладия. Дорожный заметки на пути по Монголии в 1847 и 1859 гг. СПБ. 1892г.

Письма и донесения иезуитов о России конца XVII и начала XVIII века. СПб. 1904. 405 с.

Путешествие архимандрита СофронияГрибовского от Пекина до Кяхты в 1808 году. Сиб. вестник. 1823г. ч. 1.

Радищев А. Н. Полные собрание сочинения. т. 3. М–Л. 1952г.

Самойлов Н. А. Россия и Китай в XVII–начале XX века : Тенденции, Формы и Стадии социокультурного взаимодействия. СПБ. 2012г.

Сборник договоров России с Китаем. 1689–1881гг. СПБ. 1889г.

Семенов А. Изучение исторических сведений о Российской внешней торговле и промышленности с половины XVII столетия по 1858г. СПБ. Ч. 3. 1859г.

Силин Е. П. Кяхта в XVIII в. Иркутск. 1947.

Скачков П. Е. Очерки истории русского китаеведения. Москва. 1977г.

Скачков П. Е. Письма Н. Я. Бичурина к М. П. Погодину. см. Советское Китаеведения. 1958г. № 3.

Словцов П. А. историческое обозрение Сибири. СПБ. 1886г. Т. 2.

Таранович В. П. Научная переписка Санкт–Петербургской Академии наук с иезуитами. проживавшими в Пекине в XVIII веке. СПб. 2004.

Тизенгаузен В. Г. Сборник материалов. относящихся к истории Золотой Орды. Т. I. СПБ. 1884г

Тихвинский С. Л. Пескова Г. Н. Выдающийся русский китаевед о. Иакинф (Бичурин) (к 220–летию со дня рождения). История российской духовной миссии в Китае. М. 1997г.

Уляницкий. В. А. Русские консульства за границей в XVIII веке. Ч. 2. М. 1899г.

Фишер И. Е. Сибирская история с самого открытия Сибирь до завоевания сей земли российским оружием. СПБ. 1774г.

Хохлов А. Н. Кяхта и кяхтинская торговля (20-е гг. XVIII в. —Середина XIX в.) Бурятия XVII —начала XX в. Новосибирск. 1989г.

Чулков М. Историческое описание российской коммерции при

всех портах и границах от древних времен до ныне настоящего, и всех преимущественных узаконений по оной Государя Императора Петра Великого и ныне благополучно царствующей Государыни Императрицы Екатерины Великой. в7 т. 3. кн. 2. СПб. 1785г.

Шилов Д. Н. Государственные деятели Российской империи. Главы высших и центральных учреждений. 1802–1917. Биобиблиографический справочник. СПБ. 2002г.

Щукин Н. Иакинф Юичурин. см. Журнал Министерства народного просвещения（ЖМНП）. 1857г. 95. отд. V.

Шунков В. И.（ред.）Вопросы истории Сибири и Дальнего Востока. Труды конференции по истории Сибири и Дальнего Востока. Новосибирск1961г.

Якоби И. В. Начертание к двойственному умножению польз с расширением пределов со стороны Китая. ЧОИДР 1858. кн. 4. ч. V. отд. "Смесь".

Яковцевский В. Н. Купеческий капитал в феодально-крепостнической России. М. 1953г.

英文著作

D. C. Coleman, *The Economy of England 1450–1750*, Oxford, 1982.

Earl H. Pritchard, *The Crucial years of Early Anglo-Chinese relations, 1750–1800*, NewYork, Reprinted 1970.

The New Encyclopedia Britannica, Macropaedie, Volume 15, Chicago, 1980.

John K. Fairbank, *The Chinese World Order：Traditional China's Foreign Relations*, Cambridge：Harvard University Press, 1968.

Quested R. K. I., *The expansion of Russia in East Asia 1857–1860*, University of Malaya Press, Singapore, 1968.

E. Roll, *A History of Economic Thought*, N.Y., 1946.

外文译著

〔比〕亨利·皮雷纳:《中世纪的城市》,陈国樑译,商务印书馆,2006。

〔俄〕鲍里斯·尼古拉耶维奇·米罗诺夫:《俄国社会史》,张广翔等译,山东大学出版社,2006。

〔俄〕尼·维谢洛夫斯基编《俄罗斯驻北京传道团史料》(第一册),北京第二外国语学院俄语编译组译,商务印书馆,1978。

〔俄〕阿·科尔萨克:《俄中商贸关系史述》,米镇波译,阎国栋校,社会科学文献出版社,2010。

〔俄〕特鲁谢维奇:《19世纪前的俄中外交及贸易关系》,徐东辉、谭萍译,陈开科校,岳麓书社,2010。

〔俄〕А.П.瓦西里耶夫:《外贝加尔的哥萨克》第2卷,中国人民大学清史研究所徐滨、许淑明、刘棠、张曾绍等译,商务印书馆,1979。

〔俄〕婆兹德奈夜夫:《蒙古及蒙古人》,北洋法政学会译,北洋法政学会,1913。

〔俄〕尼古拉·班蒂什-卡缅斯基编著《俄中两国外交文献汇编(1619~1792)》,中国人民大学俄语教研室译,商务印书馆,1982。

〔俄〕В.П.帕尔申:《外贝加尔边区纪行》,北京第二外国语学院俄语编译室译,商务印书馆,1976。

〔俄〕尤·弗·里相斯基:《涅瓦号环球航行记》,徐景学译,贾宝财校,黑龙江人民出版社,1983。

〔俄〕В.纳武莫夫:《杰出的俄国汉学家——雅金夫·比丘林》,唐修哲、傅显明、孙萍等译,《历史研究》1958年第1期。

〔俄〕鲍里斯·尼古拉耶维奇·米罗诺夫:《俄国社会史》,张广翔等译,山东大学出版社,2006。

〔德〕恩格斯:《自然辩证法》,于光远等译编,人民出版社,1984。

〔法〕艾田蒲:《中国之欧洲》,许钧、钱林森译,河南人民出版社,1992。

〔法〕张诚:《张诚日记》,陈霞飞译,商务印书馆,1973。

〔法〕佩雷菲特:《停滞的帝国——两个世界的撞击》,王国卿、毛凤支、谷炘、夏春丽、钮静籁、薛建成译,生活·读书·新知三联书店,1993。

〔法〕加斯东·加恩:《彼得大帝时期的中俄关系史》,江载华译,商务印书馆,1980。

〔法〕葛斯顿·加恩:《早期中俄关系史》(1689~1730),江载华译,商务印书馆,1961。

〔法〕亨利·特罗亚:《神秘沙皇——亚历山大一世》,迎晖、尚菲、长宇等译,世界知识出版社,1984。

〔法〕伊芙斯·德·托马斯·德·博西耶尔夫人:《耶稣会士张诚——路易十四派往中国的五位数学家之一》,辛岩译,大象出版社,2009。

〔法〕戴廷杰:《兼听则明——马戛尔尼使华再探》,载中国第一历史档案馆编《英使马戛尔尼访华档案史料汇编》,国际文化出版公司,1996,第89~148页。

〔捷克〕严嘉乐:《中国来信(1716~1735)》,丛林、李梅译,大象出版社,2002。

马克思:《机器、自然力和科学的应用》,人民出版社,1978。

《马克思恩格斯全集》第1、2、4、21、23卷,人民出版社,1972。

〔美〕詹姆斯·W.汤普逊:《中世纪晚期欧洲社会经济史》,徐家玲等译,商务印书馆,1996。

〔美〕尼古拉·梁赞诺夫斯基、马克·斯坦伯格:《俄罗斯史》,杨烨、卿文辉等译,上海人民出版社,2007。

《莎士比亚全集》(五),人民文学出版社,1994。

〔美〕斯塔夫里阿诺斯:《全球通史》(上、下),童书慧、王昶、徐正源译,北京大学出版社,2005。

〔美〕费正清编《剑桥中国晚清史》,中国社会科学院历史研究所编译室译,中国社会科学出版社,1983。

〔美〕约瑟夫·塞比斯:《耶稣会士徐日升关于尼布楚谈判的日记》,王立人译,商务印书馆,1973。

〔美〕E. B. 库尔提斯：《清朝的玻璃制造与耶稣会士在蚕池口的作坊》，米辰峰译，《故宫博物院院刊》2003年第1期。

〔美〕帕尔默、科尔顿：《近现代世界史》（上册），孙福生等译，商务印书馆，1988。

〔美〕W. W. 柔克义：《欧洲使节来华考》，朱杰勤译，《中外关系史译丛》，海洋出版社，1984。

〔日〕野见山温：《〈尼布楚条约〉的不同文本的比较研究》，吴怀民译，《黑河学刊》1996年第6期。

〔日〕冈洋树：《关于"库伦办事大臣"的考查》，乌云格日勒、佟双喜译，《蒙古学信息》1997年第2期。

〔日〕木宫泰彦：《日中文化交流史》，胡锡年译，商务印书馆，1978。

〔苏〕帕舒托：《蒙古统治时期的俄国史略》上册，黄巨兴译，姚家积校，科学出版社，1958。

〔苏〕巴齐列维奇：《蒙古统治时期的俄国史略》下册，黄巨兴、姚家积译，科学出版社，1959。

〔苏〕《列宁全集》第18卷，中共中央马克思恩格斯列宁斯大林著作编译局编译，人民出版社，1959。

〔苏〕约·彼·马吉多维奇：《世界探险史》，屈瑞、云海译，世界知识出版社，1988。

〔苏〕诺索夫主编《苏联简史》，武汉大学外文系译，生活·读书·新知三联书店，1977。

〔苏〕普·季·雅科夫列娃：《1689年第一个俄中条约》，贝璋衡译，商务印书馆，1973，第99页。

〔苏〕С. Б. 奥孔：《俄美公司》，俞启骧译、郝建恒校，商务印书馆，1982。

〔苏〕戴维森、马克鲁申：《远洋的召唤》，丁祖永等译，新华出版社，1981。

〔苏〕米·约·斯拉德科夫斯基：《俄国各民族与中国贸易经济关系史》，宿丰林译，徐昌汉校，社会科学文献出版社，2008。

〔苏〕符·阿·库德里亚夫采夫等:《布里亚特蒙古史》(上),高文德译,中国社会科学院民族研究所社会历史室(征求意见本),1978。

〔意〕哥伦布:《航海日记》,孙家堃译,上海外语教育出版社,1987。

〔意〕《阿奎那政治著作选》,马清槐译,商务印书馆,1982。

〔英〕亚当·斯密:《国富论》,唐日松等译,华夏出版社,2005。

〔英〕劳特派特修订《奥本海国际法》,王铁崖、陈体强译,商务印书馆,1981。

〔英〕斯当东:《英使谒见乾隆纪实》,叶笃义译,上海书店出版社,1997。

〔英〕马戛尔尼:《1793年乾隆英使觐见记》,刘半农译,天津人民出版社,2006。

〔英〕巴德利:《俄国·蒙古·中国》,吴持哲、吴有刚译,商务印书馆,1981。

〔英〕托马斯·孟:《英国得自对外贸易的财富》,袁南宁译,商务印书馆,1965。

〔英〕W.C.丹皮尔:《科学史及其与哲学和宗教的关系》,李珩译,张今校,商务印书馆,1987。

〔英〕亚·沃尔夫:《18世纪科学、技术和哲学史》,周昌忠、苗以顺、毛荣运译,周昌忠校,商务印书馆,1997。

〔英〕C.W.克劳利编《新编剑桥世界近代史》第9卷,中国社会科学院世界历史研究所译,中国社会科学出版社,1992。

中文著作及论文

宝因朝克图:《清代北部边疆卡伦研究》,中国人民大学出版社,2005。

北京师范大学清史研究小组:《1689年中俄尼布楚条约》,人民出版社,1972。

(北齐)魏收:《魏书》,中华书局,1974。

蔡鸿生:《俄罗斯馆纪事》,中华书局,2006。

陈博文:《中俄外交史》,万有文库,上海商务印书馆,1929。

陈复光：《有清一代之中俄关系》，国立云南大学文法学院丛书乙类第1种，1947。

陈开科：《俄总领事与清津海关道》，《中国社会科学》2012年第4期。

陈开科：《失败的使团与失败的外交——嘉庆朝中俄交涉述论》，《近代史研究》2011年第4期。

陈开科：《1850年以前俄国东正教驻北京布道团的内部整顿及其经济情报收集情况》，中国社会科学院近代史研究所《青年学术论坛》（2005年卷）社科文献出版社，2006。

陈开科：《巴拉第与晚清中俄关系》，上海书店，2008。

陈小川、郭振铎、吕殿楼、吴泽义：《文艺复兴史钢》，中国人民大学出版社，1986。

陈尚胜：《中国传统对外关系的思想、制度与政策》，山东大学出版社，2007。

陈维新：《嘉庆时期中俄外交礼仪制交涉——以"封贡体制"概念分析》，《俄罗斯学报》2007年第6期。

陈维新：《清代对俄外交礼仪体制及藩属归属交涉》，黑龙江教育出版社，2012。

陈垣：《陈垣史学论著选》，上海人民出版社，1981。

冯承钧：《景教碑考》，商务印书馆，1931。

付百臣主编《中朝朝贡制度研究》，吉林人民出版社，2008。

樊国梁：《燕京开教略》（中篇），北京救世堂，1905。

高翔：《近代的初曙：18世纪中国观念变迁与社会发展》，社会科学文献出版社，2000。

故宫珍本丛刊第578册：《清仁宗味余书室全集定本》，第1~2册，海南出版社，2000。

关文发：《嘉庆帝》，吉林文史出版社，1993。

管世铭：《韫山堂诗集》，光绪二十年重刊本。

郭蕴深：《中俄茶叶贸易史》，黑龙江教育出版社，1995。

（汉）司马迁：《史记》，中华书局，1985。

（汉）班固:《汉书》,中华书局,1962。

何汉文:《中俄外交史》,中华书局,1935。

何芳川:《"华夷秩序"论》,《北京大学学报》第35卷第6期,1998年。

江文汉:《中国古代基督教及开封犹太人》,知识出版社,1982。

姜涛:《清代中国北部沿边卡伦设置及沿边卡伦路》,《北方文物》1992年第4期。

计翔翔:《明末奉教官员李之藻对"景教碑"的研究》,《浙江学刊》2002年第1期。

（晋）傅玄著、刘治立评注《〈傅子〉评注》,天津古籍出版社,2009。

李云泉:《朝贡制度史论——中国古代对外关系体制研究》,新华出版社,2004。

李齐芳:《中俄关系史》,台北:联经出版事业公司,2000。

李陈顺妍:《晚晴的重商主义》,《中央研究院近代史研究所集刊》1972年第3期。

李明伟主编《丝绸之路贸易史》,甘肃人民出版社,1994。

李学勤主编《十三经注疏》,北京大学出版社,1999。

李浚源、任乃文等编《中国商业史》,中央广播电视大学出版社,1985。

李丽、张爱华:《论地理大发现的文化背景》,《北华大学学报》（社会科学版）2004年第3期；

刘祚昌:《论文艺复兴、地理大发现与宗教改革——兼论世界近代史的开端问题》,《史学月刊》1991年第1期；

柳岳武:《"一统"与"统一"——试论中国传统"华夷"观念之演变》,《江淮论坛》2008年第3期。

林基中编《燕行录全集》卷99,韩国东国大学校出版部,2001。

鲁友章:《重商主义》,商务印书馆,1964。

孟森:《明清史论著集刊续编》,中华书局,1986。

明骥:《中俄关系史》（上、下）,台北:三民书局,2006。

刘锦藻:《清朝续文献通考》卷341,浙江古籍出版社,2000。

钱实甫：《清代的外交机关》，生活·读书·新知三联书店，1959。

《清朝野史大观》，上海书店出版社，1981。

《清代野史》（第7辑），巴蜀书社，1988。

《清史稿》，中华书局，1977。

（清）夏琳：《海纪辑要》，《台湾文献史料丛刊》第6辑（《海纪辑要》、《闽海纪略》、《海上见闻录》、《闽海纪要》合订本），台北：大通书局，1997。

（清）何秋涛：《朔方备乘》，卷37《俄罗斯互市始末》，《中国边疆丛书》第2辑，台北：文海出版社，1964

（清）张廷玉等撰《明史》第6册，卷67，中华书局，1974。

（清）陈其元：《庸闲斋笔记》，中华书局，1989。

（清）赵翼：《檐曝杂记》，中华书局，1982。

（清）昭梿著、何英芳点校《啸亭杂录·续录》，中华书局，1980。

（清）唐甄：《潜书注》，四川人民出版社，1984。

（清）张玉书：《外国记》，《昭代丛书》（辛集补），吴江沈氏世楷堂，光绪年间刻印。

（清）西清纂《黑龙江外记》，《中国方志丛书》（东北地方）第2种，台北：成文出版社，1969。

（清）俞正燮著，涂小马、蔡建康、陈松泉等校点《癸巳类稿》，辽宁教育出版社，2001。

（清）邹容：《革命军》，张枬等编《辛亥革命前十年间时论选集》，生活·读书·新知三联书店，1960。

（清）梁廷枏总纂、袁钟仁校注《粤海关志》，广东人民出版社，2002。

（清）黄宗羲：《黄宗羲全集》，浙江古籍出版社，1985。

（清）松筠：《绥服纪略》，王锡祺：《小方壶斋舆地丛钞》第3帙，上海著易堂1891年铅印本。

（清）王先谦撰，沈啸寰、王星贤点校《荀子集解》，中华书局，1988。

（清）郑观应著、夏东元编《郑观应集》，上海人民出版社，1982。

（清）王之春撰、赵春晨点校《清朝柔远记》，中华书局，1989。

权赫秀:《晚晴对外关系中的"一个外交两种体制"现象刍议》,《中国边疆史地研究》2009年第19卷第4期。

饶宗颐:《选堂集林》,中华书局香港分局,1982。

萨那:《新航路开辟与中西经济文化交流》,《通向现代世界的五百年》,北京大学出版社,1994。

司提反:《景教碑·景教·基督教》,中国基督徒社区(http://www.cccbbs.org/index.asp)资源,2004。

(宋)李昉等编《太平广记》,中华书局,1961。

(宋)王溥:《唐会要》,中华书局,1955。

(宋)范仲淹著,李勇先、王蓉贵校点《范仲淹全集》,四川大学出版社,2007。

(宋)司马光编著、(元)胡三省音注《资治通鉴》,中华书局,1956。

《申学士校正古本官板〈书经大全〉》(刻本,出版年代未知)。

《十三经注疏》,中华书局影印,1980。

石磊译注《商君书》,中华书局,2009。

宿丰林:《早期中俄关系史研究》,黑龙江人民出版社,1999。

(唐)杜佑撰,王文锦、王永兴、刘俊文、徐庭云、谢方点校《通典》,中华书局,1988。

(唐)房玄龄等:《晋书》,中华书局,1974。

唐力行:《商人与中国近世社会》,商务印书馆,2006。

汤洪庆:《清代黑龙江地区卡伦贸易考述》,《中国边疆史地研究》1995年第1期。

谭其骧主编《中国历史地图集》,中国地图出版社,1996。

万福麟监修、张伯英总纂、崔重庆等整理《黑龙江志稿》,黑龙江人民出版社,1992。

王梦鸥:《礼记今注今译》,台北:商务印书馆,1970。

王开玺:《清代外交礼仪的交涉与论争》,人民出版社,2009。

王锷:《〈礼记〉成书考》,中华书局,2007。

王加丰:《"地理大发现"的双重背景》,《通向现代世界的五百年》,北京大学出版社，1994。

王加丰：《扩张体制与世界市场的开辟》，北京大学出版社，1999。

王尔敏《商战观念与重商思想》，台北：《中央研究院近代史研究所集刊》1976年第5期。

王开玺：《清代外交礼仪的交涉与论争》，人民出版社，2009。

王利器校注《盐铁论校注》，中华书局，1992。

王铭、王薇：《英国工业革命的前提条件》，《辽宁大学学报》2004年第1期。

王松亭、张乃和：《从〈贫富论〉看18世纪初俄国的重商主义》，《历史研究》1995年第6期。

王绍坊：《中国外交史》，河南人民出版社，1988。

王绳祖主编《国际关系史》第1卷（1648–1814），世界知识出版社，1996。

王希隆：《中俄关系史略》（1917年前），甘肃文化出版社，1995。

王铁崖编《中外旧约章汇编》第1册，生活·读书·新知三联书店，1959。

王瑾：《〈俄国中国学史概要〉简介》，《中国史研究动态》1980年第12期。

韦庆远、叶显恩主编《清代全史》第5卷，辽宁人民出版社，1991。

吴于廑主编《十五、十六世纪东西方历史初学集》，武汉大学出版社，1985。

吴伯娅：《耶稣会士与〈尼布楚条约〉》，《世界宗教研究》1998年第3期。

薛虹：《彩绘满文黑龙江地图和格尔必齐河的位置》，《清史研究》1993年第4期。

严中平：《老殖民主义史话选》，北京出版社，1984。

杨伯峻：《孟子译注》，中华书局，1960。

杨天宇：《〈周礼〉译注》，上海古籍出版社，2004。

姚莹：《库伦记》，王锡祺：《小方壶斋舆地丛钞》第2帙，上海着易堂铅印本，1891。

（元）脱脱等撰《辽史》，中华书局，1974。

姚贤镐编《中国近代对外贸易史料（1840~1895）》，中华书局，1962。

袁林：《西北灾荒史》，甘肃人民出版社，1991。

袁祖亮主编《中国灾荒通史·清代卷》，郑州大学出版社，2009。

叶柏川：《戈洛夫金使团来华考论》，《中国边疆史地研究》2009年第4期。

赵汝清：《从亚洲腹地到欧洲：丝路西段历史研究》，甘肃人民出版社，2005。

赵云田：《清朝理藩院与中俄关系》，《西北史地》1981年第3期。

张西平：《他乡有夫子》，外语教学与研究出版社，2005。

张德泽编著《清代国家机关考略》，中国人民大学出版社，1981。

张维华、孙西：《清前期中俄关系》，山东教育出版社，1997。

张箭：《地理大发现研究（15~17世纪）》，商务印书馆，2002。

张波编《中国农业自然灾害史料集》，陕西科学技术出版社，1994。

张启雄：《东西国际秩序原理的冲突——清末民初中暹建交的名分交涉》，《历史研究》2007年第1期。

张启雄：《中华世界秩序原理的起源——先秦古典の文化的价值》，《中国—社会と文化》第24号，2009年7月。

张启雄：《中华世界秩序原理的源起——近代中国外交纷争中的古典文化价值》，吴志攀等编《东亚的价值》，北京大学出版社，2010。

张世华：《意大利文学史》（上），上海外语教育出版社，2003。

张玉全：《俄罗斯馆始末记》，《文献专刊》，1944。

中国社会科学院近代史研究所：《沙俄侵华史》（1~4卷），中国社会科学出版社，2006。

赵秀荣：《1500~1700英国商业与商人研究》，社会科学文献出版社，2004。

周湘：《清代毛皮贸易中的广州和恰克图》，《中山大学学报论丛》2000年第3期。

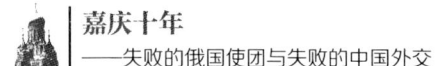

《中俄边界条约集》,商务印书馆,1973。

朱杰勤译《欧洲使节来华考》,《中外关系史译丛》,海洋出版社,1984。

朱克敬:《溟庵二识》,岳麓书社,1983。

庄吉发校注《满汉异域录校注》,台北:文史哲出版社,1983。

人名索引[*]

A

阿美士德　10，453–457

阿桂　51

阿拉克切耶夫（А.А.Аракчеев）　56

阿勃林（С.Аблин）　88，112，220，233

阿尔塔锡第　186，225

阿穆尔（Амур）　4，5，144，147，148，161–166，169–173，176，188，256，307，375–377，387，393，397，398，401，404，405

阿列克谢耶夫（Алексеев）　199，201，266，395

阿尔卡吉（Аркадий）　266，429

阿颇洛斯（Аполлос）　274，276，429，435，465，466

阿克当阿　285，288–290，295，297，299，300

奥孔（С.Б.Окунь）　74，76，78，150，151，478

希波夫（Осипов）　201，266，271，331，351，409，410，411，418，426，427

奥列格（Олег）　206，207

奥梅阿尔（Омеар）　462

B

巴伊科夫（Ф.И.Бойков）　87，88，112，197，201，220，233，266，267–269，

---

① 以中文姓氏拼音为序。

271，282-284，308，319，325-329，332，333，338，339，342-345，347，349，350，360，368，425

巴拉第（Палладий，П. И. Кафаа́ров）129，467，480

巴德利（J.F.Baddeley）132，133，135，139，479

巴克扎布 244，245，249

拜耶尔（Г.З.Байер）130，131

班固 72，218，481

班蒂什-卡缅斯基（Н.Бантыш-Каменский）87-89，117，124，125，132，138，142，163，164，202，233，234，237，314，316，330，327，330，433，476

米罗诺夫（Б.Н.Миронов）65，476

保罗（Павел I Петрович）41，43，44，48，56，57，78，81

彼得大帝（А. Р.Пётр）43，58，64，66，77，82，90，91，92，122，193，207，210，319，320，330，452，477

比丘林（Я.Бичурин）84，125，126，127，182，208，435，465-467，476

比尔（Бил）287，288，291，292

边肯道夫（边肯多尔斯，Бенкендорф）197，266，271，427

布德别尔格（А.Я.Будберг）401，420-422，424，427，428，433，434，436

波索什科夫（И.Т.Посошков）73，74

波利特科夫斯基（Политковский）197，276

波波夫（М.Попов）250，435，441

C

蔡鸿生 6，103，122，123，129，181，285，286，291，392，479，501

车林（凌）札布 245

陈复光 6，464，480

陈维新 6，7，480，502

陈体强 163，479

陈垣 354，480

D

达西敦多布（Дашидондоп）119，188，190，245，249，329，329，370，371，411，416，446，447

戴维森（А. Б. Давидсон）77，78，478

戴廷杰（Pierre–Henri Durand）367，477

德米特 245，249

董浩 51

杜雷孟德（Drummend）285，288，289，292

多夫利（Ф.Ф.Довре）396，399，400，404，405

E

鄂尔泰 36

恩格斯（Friedrich Von Engels） 19，23-25，31，32，452，476-478

恩克图鲁 245，249，375

F

法沃罗夫（Иван Фаворов） 317，319

费正清（J.K.Fairbank） 5，6，10，11，477

冯·苏赫特伦（Фон Сухтелен） 197，198，266，271

佛尔卿额 103，186，213，242，245，247，248，346，351，371，375

弗拉德金（Владыкин） 93，125，197，201，244，266，271，322-334，426，431，432，456

弗拉季斯拉维奇（С.Л.Владиславич-рагузинский） 237，326-328，339，340，348，363

弗拉索夫（Власов） 142

福长安 50

福海 269，328，337，346，375

富僧阿 97

富宁阿 351

G

戈洛夫金（Ю.А.Головкин） 1-12，14，15，55，58，79，107，118，119，137，140，142，147，148，158，160，161，164-182，193-196，200，202，207，209-211，220，224，238，240，243，244，249，251-258，261-271，273，276-285，290，291，304-310，317，320，321，324-351，353-371，373，374，376-383，386-389，391-405，407-421，423-431，433-439，441-447，449-451，453，456-466

戈洛文（Ф.А.Головин） 89，121，133-135，202，317

戈利科夫（И.Л. Голиков） 150

戈利岑（果里岑，Голицын） 197，266，271，427，466

格里鲍夫斯基（索夫罗尼，С.Грибовский） 118，125，126，433

格鲁伯（Грубер） 135，137

根特木尔 112，220，402

古里耶夫（Д.А.Гурьев） 209，266，271，360，422，427，428

郭玫瑰（Quested R.K.I.） 5，6，452

H

哈尔查嘎（哈尔恰噶） 244，245

和珅 42，45，50

赫沃斯托夫（Хвостов） 266，271，427

胡佳科夫（П.Р.Худяков） 91，123

瑚图灵阿 97，180

瑚图礼 180

瑚素通阿 245，345

J

季沃夫（П.Г.Дивов） 136，161

嘉庆帝（爱新觉罗·颙琰） 35，44，47，51，52，178，181，190，245，302，336，480

加斯东·加恩（Gaston Cahen） 90–92，122，319，330，477

加利（Гарри） 151，200，207，271，312

捷普洛夫（切普洛夫，Теплов） 197，266

K

卡尔特维林（Н.М.Картвелин） 186，188，190，191，226，230

卡拉乌洛夫（Караулов） 197，201，266，271，427

康熙帝（爱新觉罗·玄烨） 116，122，220，464

康·帕利莫夫斯基（К.Пальмовский） 274，429

克柳切夫斯基（В.О.Ключевский） 41，49

克拉普罗特（Г.Ю.Клапрот） 3，182，394，405，406，428

克劳利（C.W.Crawley） 49，55，479

克鲁逊什特恩（И.Ф.Крузенштерн） 78，286–288，292–294，307–309

克罗波托夫（И.Кропотов） 96，97，430，433

克列门特（Клемент） 197，201，394，427

克西克 228，256，270，351，374

科楚别依（В.П.Кочубей）

科尔萨克（А.Корсак） 91，93，98，99，104，106–108，137，143，476

科尔尼洛夫（А.М.Корнилов） 264，281，282，302

科尔涅耶夫（Корнеев） 266，395

科热文 Кожевин） 403，404

库罗奇金（Курочкин） 200，266，395

L

拉加尔普（Ф.С.Лагарп） 39，40，41，44

拉季舍夫（А.Н.Радищев） 149

拉夫罗夫（Н.И.Лавров） 158，254，274，276，388–392，429

拉夫罗夫斯基（М.Лавровский） 274，276，429

兰伯特（朗伯特，Я.О.Ламберт） 179，197，255，256，263–266，271，363，391，372，379，418，419，426，427

郎喀（Ланг Лоренц） 97，124，128

鲁缅采夫（Н.П.Румянцев） 1，54，78，152–156，158，160，162，184，202，203，221，280，284，291，292，304–306，310，351，360，365，371，

379，383，419，422，423，440，441，449

里相斯基（Ю.Ф.Лисянский）79，286，288，292–294，305，306，476

黎颜裕 285，288，293，294

利亚霍夫（Ляхов）383，384

列扎诺夫（Н. П. Резанов）151，191，458

列扎诺夫（Г.Я.Резанов）151，191，458

列 曼（О.О.Реман）2，200，266，271，405，427

列昂节夫（М.Леонтьев）122

列昂季耶夫（А.Л.Леонтьев）128，129

列多夫斯基（И.И.Редовский）266，271，406，404

留里克（Рюрик）59，206

罗索欣（И. К.Рассохин）124，128，129，181

罗蒙诺索夫（М.В.Ломоносов）149

罗曼诺夫（Романов）207，234

洛谢夫（Лосев）266，271，331，360

M

马克思（Karl Heinrich Marx）18–20，22–25，29，31，32，121，452，477，478

马丁诺夫（А.Е.Мартынов）2

马可·波罗（Marco Polo）23

马戛尔尼（George Macartney）10，81，135，214，221，226，233，240，265，282，335，338，356，366，367，437，453–457，460，463，469，477，479，497

马克鲁申（В. А, Макрушин）77，78，478

马喇 112，113，132，133

马齐 113

孟古 245，249

米罗诺夫（Б.Н.Миронов）65，476

米洛瓦诺夫（В.Милованов）88

米亚斯尼科夫（В.С.Мясников）3，5，6，8，9，250，499，501

米哈依罗 275

闵明我（Philippus Maria Grimaldi）135

穆拉维约夫（М.Н.Муравьев）39，41，176，438

穆拉维约夫（Н. Н.Муравьёв–Амурский）39，41，176，438

莫罗佐夫（Морозов）64

莫洛科夫（Молоков）96

N

纳雷什金（那雷什金，Нарышкин）197，200，266，271，427

纳吉莫夫（Назимов）383，384

那彦成 285，288，289，295–298，300，301，456

南怀仁（Ferdinand Verbiest） 133，135

尼基京（Никитин） 89，198

宁何多尔济 244，245，248，256，339，351，374，375，411

涅克塔里（Нектарий） 274，276，429

涅夫斯基（В.В.Невский） 274

聂利多夫（Нелидов） 201，266

诺沃西利采夫（Н.Н.Новоси́льцев）

P

帕连（П.А.Паллен） 43

帕尔申（В.П.Паршин） 148，476

帕雷舍夫（А.И.Парышев） 244，322，323

潘茨列尔（坦茨诺尔，Л.И.Паннер） 198，266，271，401，402，428

佩斯捷利（И.Б.Пестель） 385，420-423，434-436，438，440，446，448，449

佩尔武申（С.Первушин） 435，436，439-441，448

皮雷纳（Henri Pirenne） 26，476

颇托茨基（波多茨基，И.Потоцкий） 178，266，271，351，402，403，428

Q

祁彻白 112

齐赫文斯基（С.Л.Тихвинский） 3，499

齐旺达西 374，375

奇恰戈夫（П.В.Чичагов） 196，200，209

恰尔托雷斯基（А.Ю.Чарторы́йский）4，53，54，136，137，157，158，162，164，166，168，169，179，180，182，194-196，200，202，203，205，207，209，228，243，263，263，277，278，280，281，307-309，324，354，358-360，362，378，380，387，396，401，403，417，420，430，431

恰达耶夫（П.Я.Чаадаев） 83

乾隆帝（爱新觉罗·弘历） 101，302

钱恂 98

庆桂 51，186，243

裘行简 245，246，247

S

萨瓦季耶夫（伊万·萨瓦捷耶夫，И.П.Саватеев） 91，234，235

桑热哈耶夫（Санжихаев） 119，186，213，222，265，267，411，412，446

斯拉德科夫斯基（М.И.Сладковский） 4，89，93-95，99，100，103，108，144，145，153，478

斯特鲁威（Х.А.Струве） 2，200，266，271

斯特罗甘诺夫伯爵（П.А.Стро́ганов） 53，54

斯佩兰斯基（М.М.Сперанский） 55，

56, 423

斯帕法里（Н.Г.Спафарий）87, 88, 113, 132, 202, 234, 319, 320, 363

斯卡奇科夫（П.Е.Скачков）104, 182

斯捷潘诺夫（О.Степанов）121

斯维雅托斯拉夫（Святослав）206, 207

斯当东（Sir George Leonard Staunton）367, 456, 479

松筠 51, 95, 101, 102, 141, 482

孙玉庭 285, 289, 290, 295-297, 299, 300

施蒂墨尔（Штюрмер）137

施托斯（Ф.Штосс）271, 331, 426

舒伯特（舒贝尔特, Шуберт）198, 393, 394

顺治帝（爱新觉罗·福临）82

索额图 112, 113, 115, 116, 120-122, 134

索伊莫诺夫（Ф.И.Соймонов）169, 393

索科洛夫（А.И.Соколов）186, 188-190, 228, 229, 238, 249, 345, 414, 418

T

汤若望（Johann Adam Schall von Bell）132

特鲁谢维奇（Х.Трусевич）4, 88, 93, 142, 148, 204, 476

特列斯金（Н.И.Трескин）381, 382, 408, 412, 423, 435, 439, 440, 441

图理琛 123, 237

托克托布 242, 332-334, 339

W

瓦西里耶夫（В.П.Васильев）4, 119, 142, 145, 182, 196, 394, 436, 476

瓦西里耶夫（А.П.Васильев）4, 119, 142, 145, 182, 196, 394, 436, 476

瓦西里耶夫（瓦锡利也夫, Т.А.Васильев）4, 119, 142, 145, 182, 196, 394, 436, 476

瓦西里奇科夫（Васильчиков）394, 425, 426

瓦尼方季耶夫（П.Д.Ванифантьев）244, 250, 264, 291, 304, 308, 310, 357, 360, 365, 371, 375, 378-380, 383, 412, 418, 419

瓦京（В.И.Вагин）423

维格里（魏格利、藤涅尔、Ф.Ф.Вигель）3, 193, 266, 395

维尼乌斯（А.А.Виниус）122

维里金（И.Н.Веригин）412, 448

文纽科夫（Н.Д.Венюков）113, 317, 319, 320

沃隆佐夫（А.Р.Воронцов）54, 149, 154, 155, 162, 184, 189, 221, 222, 224

乌拉尔寨 100, 101

X

西帕科夫（М.Сипаков） 266，276，429

希什科夫（А.А.Шишков） 125，201，240，241，260，273，279

谢列丰托夫（И.О.Селифонтов） 188，396

谢拉菲姆（Серафим） 274，276，429

谢梅林（Ф.И.Шемелин） 287，288，381

徐日升（Thomas Pereira） 133，134，477

Y

亚菲茨基（В.Яфицкий） 266，274，276，429

亚历山大一世（Алекса́ндр I Павлович） 1，35，36，38-40，43，44，48，49，53-57，76，78-82，127，137，151，152，154，160，167，169，178，179，181，185，189，193-195，197，200，203，205，207，209，222-224，227，232，243，254，262，264，273，276-280，290，291，305，308，308，325，354，357，358-360，380，383，386，395，396，401，403，420，422，424，433，462，477

亚历山德罗夫（И.П.Александров） 2，196，271，428，502

亚当斯（亚达木斯，М.И.Адамс） 196，198，402，403，428

雅罗波尔克（Ярополк） 207

雅各比（И.В.Якоби） 398

延丰 285-287，289，290，295-301

严嘉乐（Karel Slavīček） 130，131，477

叶卡捷琳娜二世（Екатери́на II） 38，39，41，43，48，49，53，66，74，77，78，82，129，135，162，193，347

伊格纳季 112

伊杰斯（Э.И.Идес） 90，122，234

伊腊离宛（Илларион Л.） 123

伊兹玛依洛夫（Л.В.Измайлов） 202-204，237，262，308，316，317，319，326，327，328，330，339，340，346，363，370，371，376，378-380，382，383，418，434，442，445，465

伊戈尔（Игорь） 206

伊古姆诺夫（Игумнов） 266，271，371，379

伊达姆札布 375，416

雍正（爱新觉罗·胤禛） 41，85，95，103，113-115，117，118，124，129，138，140，220，258，260，315，318，327，330，369，469

尤尼（Юни） 197，201，266，271，426，427

蕴端多尔济 100，101，103，104，141，162，186，189，191，213，225，226，228，229，231，241-245，249，256，258-260，264，265，269，

270，276，275，280-284，289，291，302，321，323，324，328，330，336-338，346，348，350，368，371，374，375，382，415，416，428，443，444，446-449，493

泽尔古兰（Цергулан） 188
张诚（J. F. Gerbillon） 133-135，477
郑和　22，70，79，461
徵瑞　335，337，455
朱珪　37，38，40，51
朱波夫（П. А. Зубов） 49

Z

后　　记

　　这本书是我 2008 年申报的中国社会科学院近代史研究所重点课题"嘉庆十年——嘉庆朝中俄关系史研究"的结晶。后来，随着解读中、俄文档案资料的深入，遂改标题为"嘉庆十年——失败的使团和失败的外交"。其间，课题研究的阶段性成果《失败的使团与失败的外交》一文，于 2010 年 6 月在近代史所六十周年所庆学术会议上宣读，得到了茅海建等先生的肯定。实际上，该论文在 2010 年 2 月份就已经投给《历史研究》，但一直没有音信。因此，当《近代史研究》主编徐秀丽先生于会场约稿时，鉴于稿件已超三月未收到《历史研究》的回音，我欣然答允。谁知此后不久，即收到《历史研究》编辑部的来函，告知论文已通过专家评审，并附了匿名审稿人的意见。但鉴于当时的情况，我不能从《近代史研究》上撤下这篇文章，只好婉谢《历史研究》。论文最后以《失败的使团与失败的外交——嘉庆十年中俄交涉述论》为题发表于《近代史研究》2011 年第 4 期（中国人民大学复印报刊资料《明清史》2011 年第 11 期全文复印）。但《历史研究》匿名审稿人提出的很多意见，对我的后续研究起了很好的推进作用。比如审稿人认为论文偏重俄文资料的利用，缺少中文资料的对比分析。然限于当时所掌握的资料，虽有心但实无力按如此中肯的意见来修改我的论文。当时，

后 记

出于保护、整理原档的意识,第一历史档案馆已经不允许查阅相关未公布的满、汉"中外关系史"原档。直到2011年,在李静杰、薛衔天等前辈的关怀下,才得以窥见嘉庆时期相关满、汉原档。也因此,摆在读者面前的这个成果得以基本上弥补缺乏中、俄文档案资料比较分析的不足。所以,态度认真、学术水平高的匿名审稿人的意见实有助于后进研究工作的深入。2012年,该课题结项。所外审稿人又提出了一个问题:能否将俄国戈洛夫金使团与时间稍早的英国马戛尔尼使团做一些比较分析?我觉得这个意见值得考虑。一方面,我本就认为18世纪末19世纪初相继发生的三件中外交涉事件(1793年的马戛尔尼使团、1805年的戈洛夫金使团和1815年的阿美士德使团)本质上是一连串同一性质的外交事件,我对戈洛夫金使团的思考实际上就立足于这种外交事件相互串联的基础上;另一方面,我所接触的相关中、俄档案资料本身也处处吐露戈洛夫金使团与马戛尔尼使团之间的关联。关键在于以何种形式来触及这个问题。如果单列一节,肯定有些远。考虑再三,我决定不列专节讨论这个问题,而在相关段落中插叙,并在总结中再做简要分析。2013年,研究所学术委员会决定推荐该成果申报院创新工程学术出版资助,又提出了两个需要斟酌的问题。一是有学术委员认为标题"失败的使团与失败的外交"比较隐晦,不太鲜明。经过思考,觉得确实如此,究竟是谁失败了使团、谁失败了外交不是一眼能看明白。因此,遂改成"失败的俄国使团与失败的中国外交",相对而言,就要明确多了。二是所内所外审稿人都提出了同一个问题,即背景内容叙述有点多,建议删削一些。我仔细研读了稿子,觉得意见很正确。尤其是对"世纪之交中、俄所面临的世界大势"一节做了比较大的删削,但仍保留了相当分量的内容。需要说明的是,我之所以比较注重该问题,关键是要揭示嘉庆时期的中国、俄国与当时西欧所代表的世界发展大势之间的"分流"与"合流"问题。很显然,嘉庆朝是清代内政外交的盛衰转折时期,但同时也是中国与西欧所代表的世界发展大势明显"分流"的时期,此后中国的国势走向渐趋下行。而此时俄国则努力追赶西欧社会所代表的世界发展大势,慢慢与西欧所代表的世界发展大势"合流",国势走向渐趋上行。当时中、俄两国与世界发展大势的这种"分流""合流"关系态势,不仅昭示了中、俄两国国势、国运的发展差异，同时，也体现了中、俄两国对外政策和具体对外交涉事务操作方式的差异。也只有立足于如此广阔的背景，才能将库伦中俄礼仪之争的本质揭示出来。从历史学的视角看，中俄礼仪之争的本质就是异质文化之争；从国际关系学的视角看，中俄礼仪之争就是以中国为中心的东方"天朝体制"与俄国所代表的西方"条约体制"两种不同的地域国际关系体制之争。可见，本课题的顺利完成，离不开各位学界前辈、同仁的悉心帮助。

当初，我之所以选择申报这个课题，主要基于我对早期中俄关系史学科建设的全盘思考：尽力挖掘、利用中、俄档案资料，弥补早期中俄关系史研究领域存在的学术"断层"和"空白"。早期中俄关系史研究经20世纪七八十年代的风光，如今随着国际形势的剧变，已不可避免地变成了明日黄花。但是，随着中、俄档案史料的不断发现、整理、公布，18、19世纪中俄关系史研究领域的问题不断暴露出来。这些问题主要表现为两个方面，一是学术研究的"断层"问题。中外关系的实践是分层级的。一般而言，中外关系的实践可分为两个大的层面：官方层面和民间层面。其中，基于交涉的规模及交涉问题的性质等，官方层面的交涉又可划分为"国家层面的交涉"和"地方层面的交涉"。以中俄关系而言，国家层面的交涉主要指牵动中、俄两国关系大局的高层交涉（1860年以前，主要指俄枢密院与清理藩院之间的交涉；1860年以后，则主要指俄国驻华公使与清朝总理衙门以及清朝驻俄公使与俄国政府之间的交涉），交涉的主题不外条约体制的建构与完善。地方层面的交涉则指中、俄边务衙门之间的日常交涉，或通商口岸俄领事与清地方政府衙门如海关道（在西北中俄边境地区的通商口岸则为将军、参赞或领队大臣、道台等新疆地方官）之间基于条约体制的交涉，主要解决边境小规模往来及纠纷，或通商口岸实践条约体制过程中所出现的各类具体问题如华俄商务、法律纠纷等。一般而言，国家层面交涉的结果赋予地方层面交涉以法律依据，地方层面的交涉则具体实践国家层面交涉的结果。事实上，近代中外条约文本中有相当多的不平等要求在很大程度上都要通过地方层面的具体交涉才能落实。同时，只要具备一定的条件，地方层面的交涉随时又可以上升为国家层面的交涉。国家层面的交涉与

后　记

地方层面的交涉是相互关联的。只有把国家层面和地方层面的交涉结合起来考察，才能展示中俄官方交涉的全貌，把握官方交涉的本质。然而，已往中、俄学界大都集中关注国家层面的交涉，相对忽略地方层面的交涉。实际上，我们现在所接触的相当大部分资料都是反映中、俄地方层面交涉情况的。由于以往人们不重视地方层面的交涉，所以，感觉这些资料所涉均为鸡毛蒜皮的小事，登不了大雅之堂，甚至感觉没什么用途。然而，历史资料怎么会没用途？只是我们的研究视角受到局限而已。本书立足于这种中外关系的层面认识，从国家层面和地方层面对嘉庆年间的中俄交涉进行了比较立体的分析研究。通过这种层面性研究，我们发现，更多时候，地方层面的中俄交涉实际上是中俄关系的"常态"，而国家层面的交涉反而是中俄关系的"异态"。二是学术研究的"空白"问题。由于资料的缺失，再加上问题意识的影响，往昔的早期中俄关系史研究领域存在很多学术空白点。如，过去在我们的印象中，嘉庆时期中俄之间就没有关系，因为嘉庆年间中俄没有签署什么双边条约。然而，嘉庆时期不但存在中俄关系，而且，随着中、俄文档案资料的不断挖掘、公布，我们发现嘉庆时期中俄关系的内容十分丰富，本书所涉不过是当时中俄交涉的一个片断而已。可见，资料的挖掘对暴露和解决早期中俄关系史研究领域的学术"空白"点起了决定作用。在资料挖掘方面，自20世纪下半叶迄今，中、俄学界都进行了不懈的努力。俄国方面，在齐赫文斯基（С. Л. Тихвинский）院士和米亚斯尼科夫（В. С. Мясников）院士的组织下，团结了一批有志于研究中俄关系史的专家，枯坐档案馆，数十年如一日，不断挖掘中俄关系史资料，整理、编辑出版了系列《俄中关系：资料与文献》。目前，已经问世的早期中俄关系史档案资料集有《17世纪俄中关系：资料与文献》第1~2卷，《18世纪俄中关系：资料与文献》第1、2、3、6卷，《19世纪俄中关系：资料与文献》第1卷。目前，这项工作仍在进行中。在资料整理方面，中国学者也相当积极。自1995年开始，以中国社会科学院学部委员李静杰为首，聚集了薛衔天、陈春华和故宫博物院一批有志于整理挖掘中俄关系史料的专家，历经十数年寒暑，勉力完成了2200多万字、34卷的《中俄关系历史档案集（1652~1965）》。这部资料集汇集了中国第一历史档案馆、台北中研院近代史研究所档案馆藏的中俄关系档案，还有部分翻译的日、俄文档案资料，规模之大，前所未有。所以，就资料整理情况来看，目前形势喜人。基于比较齐全的中、俄文中俄关系档案资料，我们也具备了基本弄清早期中俄关系史真面目的基础了。本书即立足于这些中、俄文档案资料，揭示了嘉庆年间丰富的中俄关系史内容，比较全面深入地弥补了早期中俄关系史研究领域的一段学术空白。

历史呈现在人们面前的是由一系列大大小小、成败不一的事例所自然串在一块的链条。大多数时候，人们的兴趣自然聚焦于成功的范例，而相对忽略失败的典型。然而，作为史学研究者，我从不否认成功历史事件的意义，但深感失败的历史事件也自有其独特的分析价值。本书所研究的对象——俄国戈洛夫金使团访华是一个典型的外交失败案例，但其中所反映出来的历史运作之道及成败智慧之得失却十分深刻，不仅隐含深刻的历史文化意义，同时还具有不可忽视的政治现实意义。戈洛夫金访华失败的事例告诉我们：中俄关系不仅受制于两国异质文化，同时还受制于两国所奉行的国际关系准则。而且，两国关系当下所形成的任何格局都隐含着某种作用于未来的因素。也就是说，我们在确立中俄两国现实关系格局的时候，就要考虑到其中所隐含的作用于某个时段以后未来双边关系格局的因素。这其实就是一种国际关系的战略观。分析戈洛夫金访华失败事例，感觉其中最需要我们反思的就是中国的国际关系乃至国家建设的"战略观"。自19世纪初始，晚清中国政府在中俄关系方面最需要检讨的就是"战略观"：只重视眼前利益的战术得失，而轻视未来长远利益的战略得失。基于这种历史教训，以国家发展战略而言，我们要将过去的那种"陆海空"战略观转变为"空海陆"战略观。实际上，未来决定中华民族命运的战略发展观首先是空间战略观。国家应当把发展空间技术即宇航技术放在首位，未来宇宙空间的开发和争夺绝对是真正决定中华民族发展命运的战略要点。其次是海洋战略观。在地球资源枯竭之前，海洋资源的开发、控制和争夺是决定国家和民族发展命运的战略重点。西欧的许多国家自16世纪起就已经把海洋战略观摆在国家发展战略观的首位。落后于西欧的俄国自18世纪起也开始重视海洋战略。1803年，俄国开始了首次环球航行，在此后的半个

后 记

世纪里，俄国进行了30多次环球航行。然而，根据相关资料，直到2002年，中国才进行首次环球航行；而直到2013年，中国才首航南美麦哲伦海峡。毫无疑问，中国的国家发展战略观应该吸取历史的教训。这也是本书为何直书"失败的俄国使团与失败的中国外交"以及用较多篇幅来论述"世纪之交中、俄所面临的世界大势"的原因之所在。

本书的主体内容实际上是我正撰写的《早期中俄关系通史》之第四卷（嘉道时期）的主体内容。其中除了新史料的利用，也有新方法运用的痕迹。考虑到中俄关系史既是历史，也是"当时"的国际关系，因此，我感觉，分析中俄关系史，除了运用历史学方法外，还应适当运用国际关系学的一些方法来分析其中的某些问题。因此，在揭示嘉庆十年中俄库伦礼仪之争的内幕时，不由自主地运用了国际关系学乃至文化学的方法来帮助分析，从而得出结论：中俄库伦礼仪之争既是中俄异质文化观念之争，同时也是现实政治层面东西方不同地域国际关系体制（俄国所奉行的欧洲条约体制与中国所奉行的天朝体制）之争。问题的分析过程未必圆通，分析结论亦绝非毫无瑕疵，热诚欢迎学界同仁批评指正。来函可寄：北京市东城区王府井大街东厂胡同一号近代史研究所，邮政编码：100006；也可电邮至 chenkk@cass.org.cn。万分感谢!

感谢博士后合作导师、中山大学蔡鸿生教授对我的研究工作一如既往的教导；感谢茅海建教授的指教和鼓励；感谢本所前辈薛衔天研究员、步平研究员、王建朗研究员，以及科研处长杜继东研究员及其他同仁的指教。尤其薛衔天先生，不弃鄙陋，为书作序，且多有赞言，提携之恩，令我感怀不已。还要特别感谢中国社会科学院学部委员李静杰研究员的赏识。如果不是他邀请我中途参加国家大型资料项目"中俄关系历史档案集1652-1965"的编辑校订工作，让我得以窥见、利用大量未刊中、俄文档案资料，那么，本书就无法立足于中、俄档案资料比较分析的视野，得出比较客观的结论；还要感谢我的老师——俄罗斯科学院远东研究所贝列罗莫夫（Л. С. Передлмов）研究员，以及该所罗基雅诺夫（А. Е. Лукьянов）研究员、伊帕多娃（А. С. Ипатова）研究员，东方学研究所霍赫洛夫（А. Н. Хохлов）研究员、社会科学学术信息研究所的米亚斯尼科夫院士、莫斯科大学亚非学院汉语教研室主任乌里扬诺夫（М. Ю. Ульянов）教授等俄国汉学家在资料文献、研究视角等诸多方面对我的帮助与启发。尤其要感谢圣彼得堡大学的萨玛伊洛夫（Н. А. Самойлов）教授，如果没有他的鼎力帮助，唯一存世的库伦办事大臣蒙古郡王蕴端多尔济的油画肖像就无法复制。该油画1805年由使团随行画家亚历山德罗夫亲手绘制，一直收藏在圣彼得堡俄罗斯国家博物馆（1917年以前称亚历山大三世博物馆）。根据该馆的规定，要复制这幅油画，必须得到俄罗斯文化部有关部门的许可，所以，好几次都失之交臂。还要感谢张启雄研究员、李随安研究员、陈维新研究员、叶柏川副教授、柏锋女士等所有帮助过我的师友们。同时，也要感谢研究所各位领导、各职能处为我提供的安静平和的研究环境；感谢夫人包揽家务，使我心无旁骛，专注于研究工作；还要特别感谢社会科学文献出版社的编辑们为出版本书所付出的辛劳！

陈开科于北京大兴得壹斋
2013年4月

图书在版编目（CIP）数据

嘉庆十年：失败的俄国使团与失败的中国外交/陈开科著.
—北京：社会科学文献出版社，2014.3
ISBN 978-7-5097-5667-6

Ⅰ.①嘉⋯ Ⅱ.①陈⋯ Ⅲ.①中俄关系—历史事件—研究—嘉庆（1796~1820） Ⅳ.①D829.512

中国版本图书馆CIP数据核字（2014）第026899号

嘉庆十年
——失败的俄国使团与失败的中国外交

著　　者 / 陈开科

出 版 人 / 谢寿光
出 版 者 / 社会科学文献出版社
地　　址 / 北京市西城区北三环中路甲29号院3号楼华龙大厦
邮政编码 / 100029

责任部门 / 近代史编辑室（010）59367256　　责任编辑 / 赵　薇
电子信箱 / jxd@ssap.cn　　　　　　　　　　责任校对 / 张　羨
项目统筹 / 宋荣欣　　　　　　　　　　　　责任印制 / 岳　阳
经　　销 / 社会科学文献出版社市场营销中心（010）59367081　59367089
读者服务 / 读者服务中心（010）59367028

印　　装 / 北京季蜂印刷有限公司
开　　本 / 787mm×1092mm　1/16　　　　　印　　张 / 32.25
版　　次 / 2014年3月第1版　　　　　　　　字　　数 / 493千字
印　　次 / 2014年3月第1次印刷
书　　号 / ISBN 978-7-5097-5667-6
定　　价 / 98.00元

本书如有破损、缺页、装订错误，请与本社读者服务中心联系更换
▲ 版权所有　翻印必究